中华上下五千年

刘宝江

—— 编著 ——

中国商业出版社

图书在版编目（CIP）数据

中华上下五千年：上下／刘宝江编著. —北京：中国商业出版社，2020.3（2022.11 重印）
ISBN 978-7-5208-1015-9

Ⅰ.①中… Ⅱ.①刘… Ⅲ.①中国历史—通俗读物 Ⅳ.①K209

中国版本图书馆 CIP 数据核字（2019）第 276790 号

责任编辑：许启民
策划编辑：武维胜

中国商业出版社出版发行
（www.zgsycb.com　100053　北京广安门内报国寺 1 号）
总编室：010-63180647　编辑室：010-83128926
发行部：010-83120835/8286
新华书店经销
三河市华润印刷有限公司印刷

*

710 毫米×1000 毫米　16 开　40 印张　652 千字
2020 年 3 月第 1 版　2022 年 11 月第 4 次印刷
定价：108.00 元（全两册）

* * * *

（如有印装质量问题可更换）

前言

中华文明源远流长，在漫长的发展过程中，经过反复不断地交流、融合、沉淀，形成了兼收并蓄、求同存异的文化特性，使中国成为世界上所有文明古国中唯一一个文化延绵不绝、从未中断的古老国家。中华文化之所以在世界文化之林独树一帜，是祖先们用顽强的生命力、伟大的创造力和巨大的凝聚力，一点点积累而成，他们历经磨难，不畏艰辛，从蒙昧走向文明。五千年来，走出一条不同寻常的道路，铸就出灿烂而辉煌的中华文明。

中华传统文化博大精深，是悠久历史的重要组成部分。五千年来，中华民族在这片古老而神奇的土地上，创造出来的奇迹犹若夜空中的繁星，数不胜数，向世界上其他地区和民族奉献出无穷的智慧，推动了人类社会的发展。丰厚的文化遗产不仅是我们炎黄子孙的骄傲，也是我们中华民族繁衍不息的力量源泉。总之，我们在继承和弘扬中华传统文化的同时，更应该读懂这份厚重的历史，它是我们中华民族厚积薄发的巨大力量。

历史蕴含着真知与经验，无论帝国王朝的兴衰与成败、历史人物的功过是非，还是重大事件的曲折内幕、伟大改革背后的艰辛……这些已经发生的历史，无不告诉我们一个道理——读史以明鉴，察古以知今。从古至今，有识之士基本上都是博古通今之人。读懂历史，从历史的兴衰演变过程中，感悟生存的智慧，我们才有足够的信心与勇气担当起中华民族伟大复兴的重任，同时这也是每一个中国人必须正视的课题。因此，了解和掌握中国五千年的发展史，具有极其重要的现实意义。

历史是一部伟大的教科书，也是展现人类文明和发展创造的窗口。鉴于此，在尊重史实的前提下，《中华上下五千年》与广大读者见面，尤其对青少年的心灵成长具有重大的帮助。本书上承远古神话传说，下至近代五四运动，囊括了中华文明发展的各个历史阶段。编撰过程中，在参考诸多权威性历史书籍的基础上，博采众家之长，力图还原历史的真实性和严肃性。书中以时间为主线，把中华五千年历史中发生的重大事件、辉煌成就、风云人物、灿烂文化等相关内容一一串联起来，在保证历史的完整性和延续性的基础上，精彩地勾勒出中华五千年历史的基本脉络和发展历程。

尊重历史就是尊重自己，忘却历史意味着背叛。历史就是历史，不能割断也不能因个人喜好而改变，与其说《中华上下五千年》是中华历史的缩影，毋宁言它是中华民族勤劳与智慧的结晶，是每一位中华儿女值得骄傲和自豪的资本。

目 录

第一章 远古传说与进化

盘古开天辟地 …………………………………………… 002
女娲造人 ………………………………………………… 003
女娲补天 ………………………………………………… 004
伏羲的传说 ……………………………………………… 005
燧人取火 ………………………………………………… 007
神农尝百草 ……………………………………………… 008
精卫填海 ………………………………………………… 010
夸父逐日 ………………………………………………… 011
黄帝战蚩尤 ……………………………………………… 013
仓颉造字 ………………………………………………… 015
杜康酿酒 ………………………………………………… 017
后羿射日 ………………………………………………… 020
后稷藏种 ………………………………………………… 023
尧舜"禅让" ……………………………………………… 024
大禹治水 ………………………………………………… 026
元谋人 …………………………………………………… 027

蓝田人	028
北京猿人	029
丁村人	031
山顶洞人	032
仰韶文化	033
河姆渡文化	035
龙山文化	036
良渚文化	038

第二章 夏商周

夏王朝的建立	042
太康失国	043
五子之歌	044
少康中兴	045
商汤革命	046
汤祷桑林	048
伊尹流放太甲	049
太戊中兴	050
盘庚迁都	051
武丁举奴为相国	052
武丁中兴	053
女将军妇好	054
祖甲创周祭	056
武乙射天	057
帝乙征夷人	059
商纣王荒淫亡国	061
比干剖心	062
周族兴起	064

圣母太姒	065
渭水垂钓	066
观兵孟津	068
牧野之战	069
耻食周粟	071
周公辅政	072
周公东征	073
国人暴动	075
宣王中兴	076
烽火戏诸侯	078
平王东迁	079

第三章 春秋战国

齐桓公称霸	082
曹刿论战	083
南宫之乱	085
田成子夺齐	087
唇亡齿寒	088
晋文公退避三舍	089
秦晋崤之战	091
楚庄王一鸣惊人	094
子罕篡权	096
"三桓"之争	098
晋分三家	099
百家争鸣	104
老子的哲学思想	106
孔子的哲学思想	108
诗经	109

太伯迁吴 …… 111

孙子用兵 …… 113

勾践灭吴 …… 115

李悝变法 …… 118

商鞅变法 …… 119

围魏救赵 …… 121

马陵之战 …… 122

巧匠鲁班 …… 124

吴起变法 …… 127

上下求索的屈原 …… 129

赵武灵王胡服骑射 …… 131

完璧归赵 …… 132

长平之战 …… 136

信陵君窃符救赵 …… 138

毛遂自荐 …… 141

李冰与都江堰 …… 143

荆轲刺秦王 …… 144

第四章 秦 汉

秦始皇统一中国 …… 148

修筑万里长城 …… 149

始皇帝焚书坑儒 …… 151

泰山封禅 …… 152

大泽乡起义 …… 154

项梁起兵 …… 156

指鹿为马 …… 157

巨鹿之战 …… 158

约法三章 …… 160

- 鸿门宴 …… 161
- 西楚霸王 …… 163
- 四面楚歌 …… 164
- 白登之围 …… 165
- 叔孙通制定朝规 …… 167
- 田横和五百义士 …… 168
- 萧规曹随 …… 170
- 吕后篡权 …… 172
- 贾谊的政治才能 …… 175
- 文景之治 …… 177
- 七国之乱 …… 179
- 飞将军李广 …… 180
- 雄才大略汉武帝 …… 183
- 常胜将军卫青 …… 184
- 勇猛无比的霍去病 …… 187
- 张骞出使西域 …… 190
- 一代史家司马迁 …… 192
- 罢黜百家,独尊儒术 …… 195
- 戾太子事件 …… 196
- 苏武牧羊不失节 …… 197
- 昭君出塞 …… 200
- 匡衡凿壁偷光 …… 202
- 王莽篡汉建新 …… 203
- 昆阳大战 …… 204
- 刘秀称帝 …… 204
- 刘秀得陇望蜀 …… 206
- 刘秀不杀"强项令" …… 207
- 白马驮经 …… 209
- 班超投笔从戎 …… 211
- 南北匈奴归汉 …… 213

王充著《论衡》	214
蔡伦革新造纸术	216
邓太后临朝	218
张衡的智慧	220
外戚、宦官专权	222
党锢之祸	224
黄巾军起义	227
董卓乱政	228

第五章　三国两晋南北朝

挟天子以令诸侯	232
官渡之战	233
外科祖师华佗	236
孙权称霸江东	238
三顾茅庐	240
赤壁之战	241
医学理论家张仲景	243
刘备入川	245
三国鼎立	247
曹植七步成诗	248
白帝城托孤	249
七擒孟获	251
诸葛亮北伐	253
司马氏专权	255
三国鼎立结束	256
洛阳纸贵	257
傻瓜当皇帝	258
石崇、王恺斗富	260

八王之乱	261
西晋灭亡	263
王马共天下	264
祖逖北伐	265
石勒建后赵	268
书圣王羲之	269
兰亭序	271
田园诗人陶渊明	273
桓温北伐	274
淝水之战	276
顾恺之绘画	278
洛神赋图	280
士、庶族之争	282
祖冲之的贡献	282
莫高窟壁画	284
元嘉之战	285
范缜不信鬼神	287
梁武帝北伐	288
侯景乱梁	290
陈霸先抗齐灭梁	292
花木兰替父从军	294
北魏文成帝开凿石窟	295
孝文帝定计迁都	296
地理学奇书《水经注》	297
贾思勰编著农书	300
玉壁大战	301
画像砖《竹林七贤图》	302
周武帝释奴废佛	303
北周灭齐	304

第一章
远古传说与进化

关于人类的起源，不同民族和地区基本上都有自己的传说，中华民族也不例外。中华民族的传说故事，内容丰富，精彩纷呈，反映出远古先民对自身及自然的探索。当然，远古传说表现出的是人文精神，在东方这块古老而神奇的土地上，进化正在漫长的岁月里悄然发生，我们的远古先祖们从初级到高级，一步步留下文明的遗迹。

盘古开天辟地

关于创世,每一个民族、国家或地区,基本都有自己的创世之说。西方人笃信"上帝创世",古埃及人认为"努神喊出世界",日本人坚信世界是由伊奘诺、伊奘冉兄妹二神所创造的……中华民族也不例外,当其他区域的神祇正在为自己的民族创造世界时,盘古也同样在为中华民族做贡献。

相传很久很久以前,天地之间还没有分开,宇宙万物灰蒙蒙一片,仿佛包裹在一个巨大的鸡蛋之中,盘古就诞生在这里面。

在这个大鸡蛋里,盘古悄悄地孕育和生长着,就像冬眠的动物那样沉睡了一万八千年。有一天,盘古突然醒来了,睁开眼睛一看,四周都是漆黑一片,什么东西也看不清。他向周围舞着双手,猛然间,感到手上抓到一根木棍,木棍的另一端很沉,他用力拉到身边,发现竟然是一把大斧子。于是,盘古抡起大斧,朝着漆黑的四周竭尽全力猛劈过去,只听得一声山崩地裂的巨响,像大鸡蛋一样的宇宙在巨响中上下分裂开来,明净而轻盈的部分徐徐上升变成天空,混浊而厚重的部分慢慢下沉变成大地。从那时开始,宇宙之间就有了天与地的区分。

盘古在新的天地间是唯一的神人,有龙一样的头,蛇一样的身子,而且一天之中能变化九次。开天辟地之后,盘古担心天地会再次合拢,就用双脚抵住大地,用双手擎着天空,随着天地的变化而变化。天空每天升高一丈,大地每天增厚一丈,盘古也每天长高一丈,这样又过了一万八千年,盘古终于成了一位顶天立地的巨人,天空和大地感念于他顽强的决心和毅力,从此再也没有合拢过。

盘古开天辟地后,看到世界仍然是一片静寂无声,死气沉沉,甚至没有黑夜与白天的区分,这怎么行呢?于是,他吸一口气,天地之间开始有了风霜雨雪四季的变化;他吹一口气,天地之间开始有了雷霆、闪电和彩虹;他睁开眼睛,世界就有了白昼;他闭上眼睛,世界就变成黑夜。从此,世界上有了春夏秋冬四季的变化，阴晴的周转，日夜的运行。

盘古像一根万丈巨柱支撑着天空与大地，这是一项寂寞孤独、艰辛劳苦的工作。年复一年，日复一日，他终于耗尽了全部的精力。有一天，他在衰竭中轰然一声，倒地死去。

由于盘古一生都在想着为以后的黎民百姓带来幸福，为这个世界带来光明美好的东西，因此，在他临死的时候，他的愿望在他的身体上得到了体现：他的尸骨变成了山脉，身上的毛发变成了大地上的树木和丰茂的芳草，身体和血变成了江河湖海，筋络变成了大地上人们行走的条条道路，肌肉变成人们耕种的土地，为人们的生息繁衍提供了条件。

盘古开天辟地，创造了世界，把一切贡献给了人类，他是古代英雄的化身。

女娲造人

盘古开天辟地以后，天空中有了日月星辰，地面上有了鸟兽虫鱼、高山河流、花草树木，但是天地间却没有人类活动的影子。这时，出现了一位长着人的头、蛇的身躯的伟大的女神，她就是女娲。

女娲漫无目的地走着，大地上鲜花盛开、鸟儿歌唱、绿树成荫；山谷里，各种野兽若隐若现；河流里，鱼儿在水里自由游弋。天地间尽管生机勃勃，但女娲总觉得有一种孤独寂寞感盘绕在心头。她左思右想，终于想出之所以孤独寂寞的原因了，原来没有一个生命长得能像自己一样。

女娲独自不知走了多久，她又累又渴。来到一条小河边，蹲下身子，捧水喝。当身体补足水分后，她觉得有些无聊，就用手抓河边的泥巴玩。抓着抓着，她产生了一个奇怪的想法，为什么不用黄泥巴做出另外一个我呢？这样的话，她就可以陪伴我，也可以帮我排遣孤独和寂寞，当我想说话的时候，我就可以对另外一个"我"说话。

心里有这种想法后，女娲抠出黄泥，用水和好，按照水中自己的倒影做起来，很快小泥人做成了。她把捏好的小泥人轻轻放到地上，奇迹顿时发生了，小泥人竟然活了。小泥人笑着、跳着，还不停地喊着"妈妈"。女娲简直高兴极了，便给小泥人取名为"人"。

女娲非常满意，用黄泥继续捏人，许许多多的人在她的揉捏下，活蹦乱跳地出现在面前。有了人的陪伴，女娲再也不感到孤独和寂寞了。

大地这么大，人太少，我要创造更多的人，陪着我一起生活在大地上。女娲想到这里，脸上露出会心的笑意，继续创造人类。她不分昼夜地工作着，可是距离自己的愿望还很远很远，怎样才能加快速度创造出更多的人呢？女娲左思右想，终于想出了一个办法。她随手扯来一根藤条，伸进河边的泥水里，反复搅动。河水搅浑了，藤条上沾满黄泥浆。女娲提起藤条，站直身子，对着地面挥动手中的藤条。藤条上沾满的泥浆溅落到地面上，这些泥浆瞬间有了生命，成了活蹦乱跳的人。

据说，女娲在造人的过程中，为了区别男人和女人，就在一些泥人的身上注入阳刚之气，这些人就成了男人；仅有男人也不行呀，女娲就在剩下的人身上注入阴柔之气，这些人就成了女人。由于泥浆溅落到地面时，会造成损伤，所以在这些人中，出现一些肢体和器官不健全者。就这样，连女娲自己也不知道究竟创造了多少人，大地上布满了人类的踪迹。这就是女娲造人的传说。

女娲补天

女娲是人类伟大的母亲，一生始终致力于为人类造就幸福的事业。她默默地关注着人间的繁荣兴旺、困苦和艰辛，把毕生的精力用来为人类造福，为人类消灾除难。

恶神共工撞倒不周山后，天空中出现了一个个的大窟窿和裂缝，已不能把大地覆盖住。大地也被震裂了，破裂成一道一道的大口子，地下的水也"咕嘟咕嘟"不停地往上冒，大地已不能承载万物。山林燃起不灭的熊熊大火，洪水滔天，奔涌不息。猛兽从山林中逃窜出来，吞噬、残害善良的人民，凶猛的大鸟专门捕食毫无反抗能力的老人和小孩。

女娲看到她的孩子们受到这么大的灾难，心里十分难过，焦急万分，于是她做出一个伟大的决定：补天。

补天可不是一件容易的事，需要付出艰辛和努力。但是，女娲毫不畏惧，独自担负起了这个重任。

女娲先在大江大河里挑选出许多五色石子，然后又找来一些树枝，燃起大火，把五色石放在火中熔炼，这些五色石烧成糊状的石浆，然后她用手捧着石浆，一次次地飞上天空去补苍天。一个个的大窟窿和裂缝都被补好了，女娲还是有点儿不放心，她怕天再坍塌，就到东洋大海之中抓来巨龟，斩断巨龟的四只脚，用它们分别代替原来的天柱，竖立在大地的四方，支撑着天空，使天地间又恢复了原来的平衡。

天空修补好之后，面对地面上的滔天洪水，女娲知道，有一条黑龙趁乱兴起，从大海跳出来，兴风作浪，为害黎民。它所到之处，毁坏了无数的房屋和庄稼，使人类更加难以为生，人们一旦提起黑龙，脸上就惊恐地变了颜色。女娲听说了黑龙的劣迹，在完成补天的巨大工程并重新撑好天柱之后，立即就从西方赶到中原，追捕那条十恶不赦的黑龙。她上天入地，历尽万难，终于擒住了黑龙，用变作神剑的手，一下砍掉了黑龙的头颅。那些跟着黑龙助纣为虐、残害人类的各类野兽凶禽，见黑龙被杀，群龙无首了，就只得各自找地方躲避起来，再也不敢出来为非作歹了。

修补好了天空，平衡了天地，又斩杀了罪恶的黑龙，女娲开始着手治理大地上泛滥成灾的洪水。要想彻底根除漫天的洪灾，必须从根本上截住洪水的源头，那就要把共工撞倒天柱后造成的大地下陷之处填平，地面上的裂缝补好。女娲搜集了大地上所有的芦苇，把它烧成灰，用这些堆积如山的灰烬，来填补地上的缺陷，来吸收滔滔的洪水。这种办法十分见效，不久，大地上的洪水就由大变小，由小变无了；地面上的裂隙和缺陷也给补平了，人类又能安居乐业，生息繁衍了。

伏羲的传说

历史的车轮一直没有停止其行进的步伐。当人类历史迈入新石器时代时，中原大地已出现原始农业、养畜业和手工业。远古先民从适应自然、征服自然再到利用自然的漫漫路途中，积累了大量生活、生产经验。他们懂得了怎样取火、用火；懂得了怎样磨制石器、制作陶器……

总之，人类文明是一点一点积累起来的。在人们不断探索与实践的征途中，不乏杰出人物的涌现，伏羲便是此历史阶段中最典型的一位。

伏羲是三皇之首，一作宓羲、包牺、伏戏，亦称牺皇、皇羲。传说，伏羲的母亲是华胥氏。一次外出时，华胥氏看到地上有一个很大的足印，她就用自己的脚去度量地上的足迹，不知不觉中就怀孕了。华胥氏怀孕整整十二年，才生下伏羲。伏羲是中国文献记载中最早的智者之一，对中华远古文明的发展，做出了巨大的贡献。

谈及八卦，人们很自然地就会想到伏羲。《周易·系辞下》载："古者包牺氏之王天下也，仰则观象于天，俯则观法于地；观鸟兽之文与地之宜，近取诸身，远取诸物，于是始作八卦，以通神明之德，以类万物之情。"伏羲做八卦，标志着远古先民对世间万物认知水平的提高，对社会进步和自身发展具有特殊的意义，为中国的自然科学、社会科学的创立与发展，奠定了充分的理论基础。所以，伏羲被后人誉为"人文始祖"。

当时生产力低下，先民基本挣扎在饥饿的状态中。如何让大家不饿肚子，伏羲为此夜不能寐，苦苦寻找解决的办法。一天，他无意中看到蜘蛛在房檐下结网，伏羲眼前顿时一亮，于是教导人们用绳索编织成网，捕捉禽兽和鱼虾，从此人们不再过着忍饥挨饿的日子。《周易·系辞下》说："（伏羲）做结绳而为网罟，以佃以渔。"又《尸子》中说："伏羲之世，天下多兽，教人以猎。"自从"网"出现了以后，渔猎得到空前的发展，捕捉量大大增加。当人们吃不完时，就把猎物驯养起来，畜牧业由此出现，继而原始农业出现，社会进入农业与牧业同时发展的时代。由此，伏羲也就成了畜牧文化的代表。仰韶文化遗址中发现有石网坠、骨鱼钩、鱼叉等捕捞工具，鱼或动物的形象也进入了彩陶艺术制品中，网格装饰纹样更是常见，都能证明伏羲时代畜牧在生产生活中的重要性。

氏族社会的早期，人类过着群居的原始生活，尽管有男女之别，但是没有独立的家庭生活。随着社会继续向前发展，群婚的弊端日益凸显出来。伏羲看到这种情况，决定对现行的婚姻方式进行革新。三国谯周《古史考》说："伏羲制嫁娶，以俪皮为礼。"所谓的"俪皮"就是两张鹿皮。我们稍加想象，脑海中就会出现一幅画面。一个阳光明媚、风和日丽的日子，伏羲在部落联盟大会上庄严地宣布："从今天开始，以前陈旧迂腐的繁衍形式不再适用。大家一定要管好自己，作为男方，如果想得到一个女人，必须明媒正娶，至于礼物，两张鹿皮就可以了。希望各位要牢记在心，如果有违反者，将受到严厉的惩罚。"就这样婚姻制度发生了革命性的变化。血缘杂婚变为族外对偶婚,从而提高了人口的生育质量,提高了人口的体能,推动了社会进步。

伏羲氏的功绩,除以上列举之外,还有许多。总之,伏羲时代是中华文明的肇启时代。在西部渭水流域的黄土高原上活动的伏羲部族发展壮大以及和东方部族的斗争融合,使生产力水平大大提高,于是就有了许多创制方面的发明。伏羲正是这个时代的杰出代表,为社会的发展做出了重大贡献,因此人们将这个时代的发明创造统统依托在他身上,以表示对这位杰出部族首领的崇拜和颂扬,可以说伏羲的发明创造既是伏羲的,同时也属于整个伏羲时代。

燧人取火

在远古时期,人们还不知道有火,也不懂怎样得到火,更不懂如何使用火,所以一到夜里,当山林四处陷入一片漆黑,野兽的吼叫声开始此起彼伏时,人们只能又怕又冷地蜷缩在一起,熬过漫漫的长夜。

天上有位大神看到人间生活如此疾苦,不禁悲从中来。他想让人们知道火的用处,于是一挥衣袖,在山林中降下一道雷电。随着"咔"的一声,雷电劈在树木上,树木随即燃烧起来,很快就变成了熊熊大火。人们皆恐于此,到处奔逃。但相较雷电,密林中的野兽更为可怕,所以,四处奔逃的人们不得不重新聚拢在一起。

他们惊恐地看着燃烧的树木,手足无措。这时有个年轻人突然发现,原来经常在周围出现的野兽的嚎叫声没有了,他想:"难道野兽也怕这个发亮的东西吗?"

于是,他勇敢地走到火边,一阵暖流顿时将他的恐惧全部驱走,他兴奋地招呼其他战战兢兢的人一起来感受火。

不仅如此,人们还闻见了不远处飘来的阵阵香味。走近一看,原来是大火烧死的野兽散发出来的。于是人们把野兽抬到火边,分吃烧过的兽肉,觉得那是从未吃到过的美味。

从此以后,人们认识到了火的可贵。他们捡来燃烧的树枝,将火种保留。每天都有人轮流守着火种,不让它熄灭。可是有一天,值守的人睡着了,火燃尽了树枝，熄灭了。于是野兽又来侵扰，人们再次陷入了黑暗和寒冷之中，痛苦至极。

悲悯人间的大神将一切都看在了眼里，于是他托梦给最先发现火的用处的那位年轻人，告诉他："在遥远的西方有个遂明国，那里有火种。"年轻人醒来就即刻动身。他翻山越岭，好不容易来到遂明国，可是发现这里没有阳光，不分昼夜，四处一片黑暗，根本没有火的影子。年轻人倍感失望，就坐在一棵叫"遂木"的大树下休息。突然，年轻人眼前闪过一道火光，把周围照得格外明亮。年轻人立刻站起来，四处寻找光源。这时候，他发现在遂木树上，有几只大鸟正在用短而硬的喙啄树上的虫子，只要它们一啄，树上就闪出明亮的火花。年轻人看到这种情景，脑子里灵光一闪。他立刻折了一些遂木的树枝，用小树枝去钻大树枝，树枝上果然闪出火光，不过却燃不起火来。年轻人不灰心，他找来各种树枝，耐心地用不同的树枝进行摩擦。终于，树枝上冒烟了，也出火了。年轻人高兴地流下了眼泪。

后来年轻人回到了自己居住的密林，为同伴们带去了永远不会熄灭的火种，即钻木取火的方法。年轻人把这种方法教给了人们，使他们学会了怎样取火，如何用火烤制食物、照明、取暖、冶炼等，人类文明从此走向了新纪元。

后来人们推举这位年轻人做首领，并称他为"燧人"（也就是取火者的意思）。随着人类文明发展到更新的阶段，后人又称这位圣人为燧人氏，或是"燧皇"。

神农尝百草

远古先民经过不断繁衍生息，人口数量日渐庞大。至神农氏时期时，单纯依靠打猎为生的生活模式已无法满足人们生存的需要，加之医药知识的匮乏，导致大量的人因饥荒或疾病纷纷死去。此情此景令氏族首领神农氏备感心痛。

有一年春天，发生了一场瘟疫，死了不少的人，连家禽家畜也病死了不少。神农虽然没有病倒，但一直为那些病得不能起床的人担忧。一天，他在土坎上闷坐，看见自己家里那条得病的黄狗，一跛一跛地在草丛中拱来拱去，一时闻闻这种草，一时又闻闻那种草。最后，见黄狗咬了一种开紫色小花的野草,在嘴里嚼了一阵后,就拖着尾巴走了。

第二天一早,神农看见昨天这只病怏怏的黄狗,一夜之间就摇头摆尾、蹦蹦跳跳地好了。他就想:黄狗是不是吃了那开紫色小花的草治好了病的呢?于是,神农也去扯了几株那样的小草放进嘴里咀嚼,尝出这种小草味道苦得很。他想:苦味也许可以医病吧?他就去扯了很多那样的小草,熬汤给病人们吃。不久,那些病了的人,大部分都能起床干活了。这下,他才晓得,山上有些野花、野草能治人的病。但是,漫山遍野的野花野草,哪些能治病?哪些不能治病呢?他就自己上山,亲自去尝,因为自己能看清楚自身的五脏六腑。他在尝百草时,吃了一种草后,就低下头去看它在腹内走的哪个部位,并且都一一地记在心头。久而久之,他就能分辨出什么样的草能治好什么样的病了。神农在尝草时,也曾被有毒的野草野花毒得又呕又吐,浑身肿得像发面馍一样;同时他会找出另一些草来治肿、治吐。神农每天背起背篓,扛起药锄,边尝草挖药,边给山民治病。

一天,他在山林内看到一种圆形的野花,这种野花的颜色很好看。它能不能治病呢?想到这里,神农就采下一朵野花吞进自己的肚子里。没过多久,他的眼前一片天旋地转,肚子疼痛难忍。神农低头一看,原来自己刚才吞下的野花,竟然变成一条数寸长的虫子,在自己肠子里面蠕动。虫子在肠子内,他没有办法取出来,只能眼睁睁地看着虫子蚕食自己肠子的内壁。虫子每咬一口,神农都疼得无法忍受,豆粒大的汗珠从额头上滚落。为了缓解疼痛,他只好在地上反复打滚,把身边的草都压倒了。

我不能这样死去,还有很多人等着我给他们采草药治病。求生的欲望让神农挣扎着,扯了一些止痛的草药,嚼碎后吞服下去,但对虫子来说丝毫不起任何作用。难道我命该如此吗?神农不再挣扎了,他费尽全身力气,挪到一棵茶树下,靠着茶树等死。疼痛导致他呼吸都很困难,他只好张开嘴仰面喘气,巧的是,从茶树的叶片上滚落一滴滴水珠,正好掉在神农张开的嘴巴里。他蠕动喉结,把水珠吞入腹内。让他想不到的是,奇迹发生了。水珠顺着食道进入胃中,然后再流入肠内,流向那只蚕食神农肠子内壁的虫子。虫子一遇到水珠,顿时蔫了,眨眼的工夫便化作秽物。

野花变成的虫子死了,神农的肚子也不疼了,精神马上恢复过来。神农好了以后,就向当地人请教。从当地人的讲述中,他得知那种色泽鲜艳的野花叫滚山珠，人类或牲畜吞食后，滚山珠就在吞食者体内变成虫子，破坏相关器官，导致对方疼痛而亡。当地人对滚山珠束手无策，神农就把茶水医治滚山珠的经历告诉大家。当地人听后非常高兴，从此以后，牛羊等误食滚山珠后，人们就用茶叶熬水给它们喝。

后来，起源于神农氏，代代口耳相传，秦汉时期众多医学家共同编成了中医四大经典著作之一的《神农本草经》，一代一代地传了下来，人、畜病了，也就有药医治。

精卫填海

炎帝的小女儿名叫女娃，是一个聪明、美丽、天真、活泼的小姑娘。她从小深受炎帝和大臣们的宠爱，是父母的掌上明珠，长到十几岁了，父亲退朝在家时，她还常常要到父亲怀中撒娇。

炎帝从来对孩子就不溺爱，在女娃刚刚"咿咿呀呀"学语时，就聘请了宫中的史官每日教授女娃的学业。小姑娘自幼聪颖好学，过目能诵，从历史掌故，到农耕八卦天文地理及各种知识，女娃都表现出了浓厚的兴趣。而且，这小小的人儿还喜欢对教授的知识追根究源，提一些深刻而尖锐的问题。老师在引经据典授课时，必须预先准备好所授内容的出处，以备她不时地提问。

一次，老师给女娃讲述了东海龙王和东海龙宫的故事。故事中的水晶宫和宫中千奇百怪的奇异珍宝，笼罩着一种神秘的色彩，对女娃有着磁石般的吸引力。小姑娘像着了魔似的，她向父母亲提出去东海游玩的请求。炎帝觉得女娃还小，想等她稍微长大些，再带她出去见识外面的大世界。另一方面，炎帝自己日理万机，公务实在繁忙，抽不出时间来满足女儿的心愿。女娃看父母亲都脱不开身和她一起去东海玩，可大海的诱惑使她产生了强烈的猎奇心理。一天趁大人们都不注意的时候，就悄然溜出宫，独自一人去了东海。

来到无垠的大海边，东海瑰丽的景色，雄奇的波涛，自由翱翔的海鸥，是那样的动人心魄，让人心旷神怡啊！女娃撒开两只小腿在大海边尽情地奔跑，在海滩上捡拾贝壳和鹅卵石玩耍，多么高兴啊！

可是在海边终究看不到东海龙宫里的景色呀，女娃想起了小时候父亲教她作为天神的上天入地的本领。于是，她跳上云端，驾驭着天风向东海的深处飞去。

东海龙王不曾想到炎帝的小公主会只身来到东海龙宫，惊喜万分，拿出宫中的珍奇海鲜和美味佳肴盛情招待女娃，又领着她四处去参观奇异的海底世界。女娃一路兴高采烈，忘记了疲惫，忘记了时间，当她尽情玩耍后，告别好客的龙王，从龙宫游出海面。往回飞的时候，海面上天气发生了骤变，乌云滚滚，一会儿电闪雷鸣，暴雨如注，片刻之间，女娃的浑身淋透了。她自幼在宫中从没遇到过此种境遇，心中很是害怕，再加上在龙王那儿游耍本就十分疲劳了。在倾盆大雨之中，她越飞越慢，身子像灌了铅一般越变越重，而可恶的暴风雨丝毫也没有变小的意思，离海岸的距离像是越来越远了。她终于精疲力竭，突然从空中坠入海里。她本来就没有掌握多少法术，一时竟再也施展不出来了。她的身子在暴雨中慢慢下沉、下沉，最后与漂亮衣裙一起，被大海的狂涛吞没了。天真美丽的女娃，从此与她喜爱的大海融为一体了。

女娃死后不久，在距离东海不远的发鸠山上，出现了一只花脑袋、红脚爪、白嘴壳形状与乌鸦十分相像的鸟，它常年飞翔在发鸠山与东海之间，把山上枯树的枝杈和碎石子用口衔着甩到东海里去，这只鸟还会不停地叫"精卫——精卫"。

相传，这只叫精卫的鸟，就是炎帝的小女儿女娃所变的。女娃死得冤啊！她曾是那样地热爱生活，是东海夺去了她美丽的生命，她死了之后，便发誓要把东海填平呢。

后世的人们一直称精卫是一种哀怨之鸟，又是一种矢志复仇之鸟。

夸父逐日

相传远古时代，北方荒野中的一座叫作"成都载天"的山上，居住着后土的子孙。他们个个都是身材高大、力大无穷的巨人，耳朵上戴着两个用蛇做成的耳环，手里还握着两条蛇。别看他们的相貌和打扮显得奇异，但都很勤劳、善良。他们浑身蕴藏着用不完的精力，为了创造幸福美满的生活，即使永无休止地劳动也不会感到疲劳。可是，太阳每天早晨升起来，傍晚又落下去。太阳落下去之后，黑暗和寒冷便笼罩了大地，后土的子孙们就什么事情也做不成了。于是，后土的子孙们就想派人把太阳追回来，让它永久高挂在"成都载天"的上空，让大地永远充满光明和温暖。经过反复计议，他们终于推选出本族的英雄夸父去追赶太阳。

夸父临行前，本族的人全都带着干粮、酒肉赶来送行。夸父说："我决不辜负父老们的希望。为了赶上太阳，宁愿用尽最后的气力！"说罢，他吃尽了乡亲们送给他的所有干粮和酒肉，迈开双腿，跨着大步出发了。夸父一直朝着太阳落山的方向奔跑，那速度就像风驰电掣一般，转瞬间就是几千里。

夸父与太阳之间的距离越来越近，开始感受到太阳的热力，他把上身的衣服扔在了路边，不断地用手挥去额头上的汗珠。终于，夸父渐渐地跑进了太阳的光轮里面，火球般的太阳当空悬挂，夸父仿佛置身于火山附近，周身被烈焰烤炙。他越来越感到口渴难耐，喉咙里像在吐着火舌，双眼冒着金星。他走到黄河和渭河边上，趴在河边一口气吸干了两条大河的水还是不解渴，他知道在北方有大泽大湖，里面水源充足，只有到了那里才能真正解渴，又片刻不停地向北方奔去。可是，他始终在太阳的光轮里竞走，不停地受到强烈的烤炙，口干舌燥的咽喉像毒蛇般撕咬着他。他没有看到大泽大湖，在半道上就被渴死了。当他扑倒在地时，携带的手杖滚落到了路旁的水沟里。过了不久，人们看到，夸父丢落手杖的地方，变成了一大片的桃树林。

据说，这桃树林子后来形成了一个关塞，它就在距离长安东面四百里的地方。在以后历次战争中，若有军队从这个关塞经过，这片桃林就会因为军队的好坏而分别做出决然不同的反应，凡是正义的军队，打的是正义的战争，队伍在此一切就会安然无恙，官兵们可以到华山山麓自由地放马，可以在桃树林子里随意休养歇息，养精蓄锐，成熟的季节，他们还可以尽兴地品尝鲜美的桃子；凡是非正义的军队，打的是非正义的战争，队伍若要途经此处，河渠里的水就会自动喷出漫溢，泛滥起来，形成一道令人马无论如何都无法通过的自然屏障，任凭你采取什么办法都不能过去。

夸父是我国古代劳动人民追求光明，追求正义，征服和改造自然的精神象征。

黄帝战蚩尤

据古史记载，早在4000多年前的上古时代中晚期，中国的黄河流域、长江流域就散居着许多氏族和部落。这些氏族、部落通过长期战争、交往、迁徙和联盟，逐渐形成了华夏、东夷、苗蛮三大部族。

华夏族兴起于今天的关中平原、山西西南部和河南西部，以黄帝、炎帝两大部族为核心。经融合后，华夏族沿着黄河南北岸，向华北平原西部发展。与此同时，兴起于黄河下游的东夷部落，也在其著名领袖蚩尤的领导下，以今天的山东为根据地，由东向西发展，开始进入华北平原。这样华夏部落与东夷部落之间的一场冲突也就不可避免了。中国历史上最早的战争——涿鹿之战就是在这种历史背景下爆发的。

传说蚩尤有81个弟兄，他们一个个长得如同凶神恶煞：有的铜头铁额，头上生出锋利的角；有的耳朵旁边的毛发直立起来，就像剑戟；有的长有四只眼睛、六只手，两只脚像牛脚一样。蚩尤的这些弟兄们不仅长相奇特，吃的东西也与众不同，他们食用沙子、铁块、石头如同家常便饭。

战争初始阶段，蚩尤的军队很凶猛，黄帝在和蚩尤交战时，尽管有大量的野兽冲锋陷阵，还有四方鬼神来帮忙，依然打不过蚩尤，接连吃了好几场败仗，被蚩尤打得非常狼狈。

有一次，双方的军队在一片原野上打得正激烈时，蚩尤突然施起魔法，天地间顿时大雾弥漫，把黄帝和他率领的军队紧紧包围其中。

黄帝的军队在迷雾中左突右冲，分辨不出东南西北。蚩尤的军队却如鱼得水，特别是他的那些长相凶恶的兄弟，更加可怕。他们在雾中时隐时现、来去自如，挥动手中的兵器，如同砍瓜切菜般，把黄帝的军队杀得人仰马翻。

黄帝也从来没有遇到过这种情况，他站在战车上，指挥军队向外冲。四方鬼神也一齐呐喊，"冲出去呀！冲出去呀！"

不仅如此，老虎在吼、熊在叫、狼在嚎，面对威胁生命的漫天大雾，谁都想冲出去。可是，他们所有的努力等于白费，大雾把他们紧紧包围其中。

再这样下去，极有可能全军覆没，黄帝不免有些心急，却找不到解决大雾的办法。正当他愁眉不展之际，却看到叫"风后"的臣子正在战车上打瞌睡。

黄帝见此情形，有些生气，大声说道："你不替大家想办法，还在这里打瞌睡，简直太不像话了。"

风后睁开惺忪睡眼，说："我根本没有睡觉，我在闭目凝神想办法呀。"

事实上，风后的确在想办法。他想，北斗星的斗柄，无论是在哪个季节，都指向一个方向。如果能发明一种东西，像北斗星那样，一直指向一个地方，问题就可以解决了，就可以从大雾的包围中冲出来。

想到这里，他运用鬼斧神工的本领，短时间内给黄帝做了一辆指南车。这辆指南车的前方，是一个铁制的小人，小人伸出手臂，指向南方。有了一个准确的方位后，其他三个方向就能够准确辨识出来。

黄帝靠着这辆指南车的引导，率领军队，冲出大雾的包围。

黄帝和蚩尤之间的战争远没有结束，没过多久，蚩尤又向黄帝发起挑衅。黄帝上次在对阵中，吃了蚩尤大雾包围的亏以后，更加痛恨这个狡猾的敌人。他心想，蚩尤可以施展法术，给我布下大雾，我可以让应龙对着蚩尤的军队下雨，让他没办法施展大雾的法术。应龙是黄帝的一条神龙，身上长有一对翅膀，能飞上天空，行云布雨。所以，这次对阵，黄帝把应龙带上。

双方刚一对阵，应龙就飞上天空，对着蚩尤的军队就开始喷水，哪知道突然刮起飓风，把应龙吐出的水，全都吹到黄帝的一方。正当黄帝和应龙迷惑不解时，突然间，黄帝军队的头顶出现瓢泼大雨，狂风暴雨把黄帝的军队打得溃不成军。原来，蚩尤请来风伯和雨师助阵，这狂风暴雨就是他俩所为。

黄帝见应龙无济于事，只好让自己的女儿上阵。黄帝的这个女儿叫"魃"，经常穿着一件青色的衣服，长相也不漂亮，据说还是个秃头。但是，她具有特异功能，身体能散发出巨大的热能。"魃"接到父亲的命令后，立刻走上战场，说来也怪，狂风暴雨刹那间消失得无影无踪，一轮烈日对着蚩尤的军队直射而下，高温炙烤着蚩尤的军队。蚩尤的军队从来没有见到这种情形，一个个惊慌不已。黄帝抓住战机，冲杀过来，杀得蚩尤节节败退，不仅损失了军队，有好几位兄弟也被黄帝杀死。

黄帝尽管取得暂时性的胜利，但他知道蚩尤不会善罢甘休。所以，黄帝加紧备战，准备迎接新的战斗。为了鼓舞士气，黄帝命令手下用神兽"夔牛"的皮做鼓面，又到雷泽，杀死雷神，从雷神的身体里取出一块最大的骨头做成鼓槌。如此一来，只要一敲响，震耳欲聋，比雷声还要响，能传到500里外。一切就绪，正当黄帝准备与蚩尤决战之际，一位人头鸟身的神人，奉九天玄女之命，向黄帝传授兵法。黄帝学会兵法后，更是如虎添翼。

蚩尤不甘心失败，请来巨人夸父一族，希望反败为胜。决战时刻到来了，这是一场史无前例的交战，天地间鼓声震天，飞沙走石，厮杀声、怒吼声、刀剑撞击的声音，连成一片，简直是惊天地泣鬼神。

黄帝的军队越战越勇，渐渐地，蚩尤落于下风，最后溃不成军，被黄帝的军队包围。最后，蚩尤被黄帝生擒活捉，黄帝取得最后的胜利。

黄帝与蚩尤之间的战争，据古史记载，发生在涿鹿（河北涿鹿县），也称"涿鹿之战"。为了警示后人，不再发动战争，黄帝杀死蚩尤。涿鹿之战后，黄帝统一中原，其他部落慑于黄帝的威严，均安分守己，中原及四方趋于安定局面。涿鹿之战对远古时代向文明时代的转变，产生重大的影响，华夏大地从此进入一个崭新的历史时期。

仓颉造字

传说，仓颉小时候是个很爱思考的孩子。他沉默寡言，不像一般的孩子那样喜欢追逐嬉闹，但却对什么事情都爱动脑筋。他问大人：天上为什么会下雨？地上为什么会长树？鸟为什么爱在空中飞？鱼为什么总在水里游……有的问题得到了满意的回答，他心里非常高兴。而当有些问题连大人也不能说出个所以然来，他就皱着眉头自己想。久而久之，他知识丰富，被人们称为"最聪明的人"。谁要是遇上不懂的问题，就去问他。

仓颉慢慢长大了，名声也被越传越远。后来传到了黄帝的耳朵里。黄帝亲自找到他，当面问了他许多事情，他都对答如流。最后，黄帝问："你小小年纪，为什么懂得这么多东西？"他说："这都是我从别人那里学来的。别人一告诉我，我就记在心里了。"黄帝夸奖道："你真是好记性。直到现在，我还没有发现第二个像你这样聪明的人。"那时候为了避免灾难，寻求平安，大家就虔诚地祭祀天地鬼神，希望得到诸位神灵的饶恕和恩赐。黄帝是一个贤德的国君，为了使百姓得到幸福，对祭祀一点也不敢马虎。黄帝对仓颉说："我掌管天下，事情太多，生怕有时忘了祭祀，给人们招来祸灾。我想选一个记性好的人，把一年里所有祭祀的事情都记住，以便随时提醒我。但选了很长时间，都没选到一个合适的人。今天见到你，总算找到了一个我最满意的人，你就跟我当一个掌管祭祀的官儿吧。"仓颉高兴地答应了下来。

仓颉虽然聪明过人，但因为"神"的名目繁多，祭祀的仪式又不一样，祭祀的次数也数不胜数，单凭一个脑袋，很难把各种季节里要进行的各种各样的祭祀活动全部准确地记下来。他想：黄帝是为天下人造福的，如果因为自己记忆的错误而给黄帝造成过失，为天下人惹出灾难，该是多大的罪过呀，我应该想法把每次要进行的祭祀都记得准确无误才是。他想呀，想呀，终于想出了一个好办法。

仓颉对祭祀活动记得很认真，黄帝对他十分赞赏。一天，黄帝来到仓颉的住所，见屋里有许许多多的绳子，结满大大小小的疙瘩，整整齐齐地挂在墙上，疙瘩上还涂着各种各样的颜色。黄帝问："你这是搞的什么名堂？"他说："我这是对各种祭祀活动做的标记。有大的祭祀，我就结个大疙瘩，有小的祭祀，我就结个小疙瘩。这样，到该祭祀的时候，我可以随时向您提醒，再也不会遗漏。"黄帝问："那为什么还涂得花里胡哨的？"仓颉说："这是为了区别一年四季。春天里的祭祀，我就用黑色做记号；夏天里的祭祀，我就用绿色做记号；秋天里的祭祀，我用黄色做记号；冬天里的祭祀，就用白色做记号。"黄帝点点头，笑了笑，问："要是发生在同一季节里而又同样大小的祭祀，你怎么区别？"仓颉说："现在我发愁的就是这个，所以有的祭祀就被我搞错了，该用羊祭祀的，我却准备了牛；该用鱼祭祀的，我却准备了鸡；该用谷物祭祀的，我却准备了肉食。"黄帝说："你是个聪明人，应该想出个更好的办法，把每一次祭祀都记得准确无误。"

为这事，仓颉可费了脑筋，想了好多天，都没能把办法想出来。他急得坐卧不安，饮食难进。这天，他来到一条小河边，见一群人在那里捉鱼。一个人捉了一条鱼，来到河岸上。忽然，鱼又从那人的手里滑了下来。那人急忙把鱼捡起来，地上印着鱼的形状。仓颉心里豁然开朗，我若把牛、羊、鱼、鸡和谷物的形状画下来做标记，不就可以记准哪样祭祀相应用什么祭品了吗？他高兴极了。回到家里，便在墙上乱画起来。从此，他对每一次祭祀该用什么东西，再也不会弄错了。这种以各种东西的形状作为某种东西的标记的画儿，后人叫作象形字。

仓颉会造字的消息传开，人们都非常惊奇，纷纷从四面八方来到他的面前，要求他把自己要记的事情画下来。大家吵吵嚷嚷，像一群麻雀似的，弄得仓颉一双眼睛怎么也难以看清所有的人，两只耳朵怎么也难以听清各人要求的都是什么，一个脑袋也难以将每个人要求画的图形都想出来，两只手也难以把大家需要的图形都画出来。他一时急得浑身打颤。这一急，使他一下子变成了四个脑袋，八只眼睛，四双手。人越聚越多，他眼望着大家，耳朵里听着每个人的请求，四个脑袋不停地思考大家提出的问题，四双手也不停地在地上画。一天又一天，一月又一月。就这样，他最后被累死了。

黄帝听说了消息，急忙赶来看望。仓颉安静地躺在地上，再也不能同人说话了。

黄帝说："仓颉活着没有把人们所需用的字全造出来，死了一定会接着造。"他让人们挖了一个宽敞的地下室，用绳子和木板给仓颉制了一张悬床，让仓颉安安静静地躺在悬床上，然后把地下室的出口封住了。老人们都说，后来葬人的悬棺，就是仿照当时的办法。

有人说，仓颉后来又活了。只是因为整天在地下室里忙于造字，没时间再出来同人们见面。每到夜深人静的时候，他便来到世上，把自己一天里造出的字撒在自己的坟墓周围，让白天来祭奠他的人捡去。据说，现在我们所用的文字，都是后人从他的坟墓周围陆陆续续地捡来的。

杜康酿酒

杜康，也叫少康，是传说中酿酒的发明者。

那时候，黄帝的部落兴盛起来，他带领着人们耕种粮食，并且命杜康专门负责狩猎和粮食生产。粮食越收越多，人们吃不完，杜康就把粮食堆放在山洞里。

杜康自己很满意，觉得这样存放粮食很安全，风吹不着，雨淋不着，人们需要粮食的时候，就到山洞里来拿。可是山洞里很潮湿，有一天人们发现粮食全发霉了，不仅造成了很大的浪费，同时人们也开始闹饥荒。

黄帝很生气，立刻把杜康捉拿来问罪。黄帝说："你生产粮食，固然有功劳，但是你让粮食都发霉了，罪不可恕，不杀你就不能够平民愤，你有什么话说么？"

杜康说："臣知罪，浪费了宝贵的粮食，臣死而无怨。"

这时候，后土对黄帝说："杜康不可杀，如果杀了杜康，让谁带领人们去种植五谷，生产粮食呢？臣愿以性命担保，再给杜康一个立功赎罪的机会。"

黄帝沉吟了半天，说："好吧，杜康听着，现在我撤了你其他的官职，让你专门保管粮食。要是粮食再发了霉，就定然处死不饶。"

杜康跪拜说："谢黄帝不杀之恩，臣一定再想办法，一定要把粮食保管好。"

但是究竟应该怎样保管粮食呢？杜康愁眉不展地走进森林里，左思右想，也没有什么好的妙计。

杜康痛恨自己，为什么如此愚蠢呢？他一拳打到大树上，发出"砰"的一声响。忽然，他发现这是一棵枯死的大树，树身都空了，他赶紧四处察看，又发现了几棵枯死的大树，树身也都空了。他站在树下想，山洞里潮湿又不通风，要是把粮食放在树洞里，下雨不怕潮，上边又有太阳晒，一定就不会发霉了。

杜康想着，赶紧跑回村子，和大家一说，大家都拍手称好，同意这个主意。

于是他们跟着杜康来到森林里，大家一起动手，把森林里的树洞掏空了，又经过一番修理，这才把剩余的那些粮食装进树洞。

杜康想这样粮食就不会发霉，也就放心了。

可是过了些日子，杜康又走进森林，查看这些粮食。他发现了几只山羊、野兔都躺倒在装粮食的树洞旁，不像是睡着了，也不是死了，可就是醒不过来。

杜康觉得自己闻到了一种什么香味儿，那味道是他从来没有闻过的。他觉得非常奇怪，就四处查看，忽然又发现了两只山羊站在不远处的一个树洞旁，正用舌头舔那树洞，没过一会儿，这两只山羊也歪歪斜斜地躺倒了。

杜康走过去，仔细地查看山羊舔过的地方，立刻惊呆了。

树洞裂开了缝，正一滴滴地往下滴水，那些山羊和野兔正是喝了这些水而躺倒的，是不是粮食又发霉了呢？

杜康的两眼发黑，不仅对不起那些辛辛苦苦种粮食的人们，同时自己的这颗脑袋也快要搬家了。杜康镇静了一会儿，凑上前去闻一闻，啊！这水的味道很美呀。他用舌头舔了舔，虽然有些辣涩，但是味道特别清香。

杜康不由得在那里吸吮起来，哎哟！天下居然还有这么好喝的东西！杜康觉得自己很兴奋，浑身的血液似乎都在膨胀着，如果说这是毒水，就算是喝死也心甘情愿啦。他喝了一会儿，觉得天也在旋转着，地也在旋转着，地里的粮食在生长，鲜花在开放，大河在奔流……过了没多久，自己也倒下了。他不知道那就叫醉。

天上响起了雷声，是那轰隆隆的雷声惊醒了杜康，他醒来之后，想了想，要给黄帝一个交代，于是就解下了腰间装水的葫芦，慢慢地盛了些香水进去，准备回去向黄帝请罪。

黄帝看见杜康晃晃悠悠地走进来，就说："杜康啊，听说你把粮食存放在树洞里了，这次再不会发霉吧？要知道，百姓们从春到秋，打下的粮食都是用汗水换来的，辛辛苦苦的很不容易呢。"

杜康说："尊敬的黄帝，我们放在树洞内的粮食，接受天地之灵气，变成了琼浆玉液，所以，杜康特来请罪！"

黄帝忽然变了脸色，厉声喝道："什么，难道那些粮食又发霉了不成？"

杜康不慌不忙，打开葫芦盖子，双手把葫芦递到了黄帝面前。

黄帝闻到了一股醇香的味道，说："这是什么？"

杜康说："这是我们粮食的精华，赛过天庭的琼浆玉液，请黄帝品尝之后再处死杜康不迟。"

黄帝将信将疑，接过葫芦，尝了尝那水，立刻赞不绝口道："好东西！好东西！"说着，又喝了好几大口。

诸位大臣也都尝了尝，齐声夸赞这水清香醇厚。

杜康说："这是粮食中的一种元气，能够滋补身体，就起名叫'酒'吧。"

正说着，就看见黄帝晃晃悠悠地醉倒下去了，诸位大臣也都晃晃悠悠地醉倒下去了。

这一次，黄帝非但没有降罪于杜康，还特别奖赏了他，封他为酒神，让他带着人们专门从事酿酒。那时候，酒的产量很少，专门供给黄帝和诸位大臣饮用。许多年后，大概是夏朝末年，才流传到了民间。

后羿射日

　　传说东方天帝帝俊和妻子羲和生了十个儿子,这十兄弟就是十个太阳。他们一起居住在东方海外的一个叫汤谷的地方,也就是在黑齿国的北边,这汤谷四周环水,上面有一座天然浴场,叫作天池,汤谷之上还长着一棵扶桑树,这棵大树与其他树木不同,它笔直地耸立,高达300里,树冠伸入高高的云天,它的树叶有点像芥菜的叶子。十个太阳兄弟根据父母的安排,每天派出一位兄弟到扶桑树顶的枝条上值班,其余九位兄弟都住在下面的枝叶间。他们一有空就相邀到天池里去洗澡玩耍,十分热闹。十位兄弟都在贪耍爱玩的年龄,晚上玩得迟了,到扶桑树顶值班的太阳,往往会与住在树下的哥哥弟弟们一样,早晨贪睡不起,可是在树冠值班是一项十分重要的工作,人间的每天时序运转,都要由这项工作来确定。值班的太阳睡懒觉会给人间造成重大危害的。因此,为了确保儿子的工作万无一失,天帝帝俊专派了玉鸡居住在扶桑山上,每天清晨一到钟点,就"喔喔喔"地叫醒当天值班的太阳。每次,玉鸡的叫声总会引来金鸡的应和,金鸡鸣叫又会带动石鸡的歌唱,在这一片鸣和声中,值日的太阳告别香甜的睡梦,梳妆仪容,整理衣衫,振奋精神,驾驶着母亲给配置的由六条火龙牵引的车开始了一天从东方到西方的巡逻工作。完成一天的巡逻工作后,太阳再回到汤谷的扶桑树上。

　　太阳十兄弟每天都要有一个轮着去扶桑树冠值日,因此,每次大家想约齐了一道到扶桑山上,或去天池中游玩都凑不齐人头。而且,他们的父母再三关照,千万千万不能忘掉值班,哪个人因工作岗位失职,将按天庭的条律严惩不贷。然而十兄弟之间的感情太好了,一次他们进行了集体商议:"既然值班的事我们谁也躲不了,就不如我们大家一起到扶桑顶上去,这样我们玩耍起来就不会再缺哪一个了。"

　　一致做出决定后,次日清晨,十兄弟就一起跃上了树顶。玉鸡司过晨后,十位太阳兄弟就蹦蹦跳跳地在天空中嬉笑追逐起来。瞬间天地一片通明彻亮,大地上的气温急剧上升,变得火烧火燎起来。

　　太阳十兄弟一旦离开了汤谷老家,看到了如此精彩的外部世界,哪一个也不愿再回去受禁锢,过以往那种死气沉沉的日子了。他们在苍穹之中自由自在地遨游，享受着无穷的乐趣。然而，十兄弟如何知道，他们这么一来，人世间的老百姓可遭了大殃。长时间烈日当空，干旱无雨，庄稼全都枯萎了，森林草原也大片大片地在枯焦中死去，大地上水塘被蒸发得底朝天，大江大河也迅速干涸了，连岩石都在高温下快要熔化了。许多人耐不住奇热高温而相继死去，食物越来越少，人们在死亡的边缘上苦苦挣扎着。世界的秩序变得混乱不堪，那些过去一直躲在深山或大海中的鬼怪巨兽，开始在大地上肆虐横行，像龙头虎牙的怪兽，牙齿像凿子的怪兽，长着九个脑袋的水火巨怪，凶猛的飞禽，巨大的野猪，几十尺长的大蟒蛇等，在大地上见人就咬，吃人不吐骨头，老百姓的生活真是雪上加霜，苦不堪言。他们逃无处逃，躲无法躲，简直是求生不得，求死不能。

那个时候，是尧当国君，他看到人民遭到了如此空前的灾难，心如刀绞，连忙率领群臣向天帝祈祷，把人间发生的灾况上报到天帝帝俊那里，天帝知道是自己十个调皮的儿子闯下祸了，忙关照妻子羲和快制止儿子们顽皮的行为。羲和领了帝俊的御旨，马不停蹄赶到天宫之外，对着孩子们大喊："儿子们，快回家去吧，你们给人间添乱了，快回家去吧。"这些平时最听母亲话的小伙子，一个个嘴上应承，可谁也不肯第一个启程回家，他们还在上下翻腾，你追我赶，笑闹游玩，根本就没有想到人世间正在遭受的苦难。

十个太阳看见爹妈拿他们没办法，就越发胡闹得起劲了。可是代表亿万人民普遍愿望的尧帝的祷告，天天都上达天庭。帝俊既然身为天帝，对于这种呼吁，绝不能充耳不闻；再加上他也实在讨厌孩子们的胡闹了，就决心派一个擅长射箭的名叫"羿"的天神到下方去，诛除那些为害人民的恶禽猛兽，捎带着也把他的坏孩子们吓一吓。

后羿领了帝俊的旨令，就带着妻子嫦娥，辞别天庭。临行的时候，帝俊赐给后羿一张红色的弓，一口袋白色的箭。这华美的神弓和神箭，都是天上稀有、世间所无的宝贵武器，刚好配得上像后羿这样一个高明卓绝的射手。

"孩子们胡闹，给他们点颜色看看就是了，不要太难为了他们。"帝俊这么嘱咐后羿说。

"是。"后羿恭敬地回答说。

后羿于是带着妻子，降到下方，在闷热难当的茅草屋里，见到为了旱灾而愁苦的尧。尧一知道后羿就是天帝派遣下来的天神，不禁大喜过望，顿时烦恼和忧愁都消散得干干净净。

尧就陪伴着后羿夫妻俩去巡视人民的灾难。可怜的人民，每天在十个太阳的烤炙下，有的已经热昏死去，不死的也奄奄待毙，只剩一把黑瘦的骨头了。可是当他们听到天神后羿下到了凡间，顿时又都恢复了活力。远远近近的人民，都赶到王城所在的地方来，聚集在广场上，大声地呐喊和欢呼，要求后羿替他们诛除祸害。

最为人民痛恨的，当然就是一起出现在天空中的这十个太阳。起初，后羿原也想虚张声势，吓吓他们，叫他们不敢再调皮就算了的。哪知道这些骄纵惯了的少爷，看见后羿在下面拈弓搭箭，作势要射的样子，竟根本不当回事儿。这一来，果真惹恼了后羿。正直的后羿心想：哪怕你是天帝的儿子，你们既然决心和人民为敌，我就敢于收拾你们！

于是后羿就走到广场中央，举起神弓，搭上箭、拉满弓，对准天空中的一个太阳，飕地一箭射上去。起初没有反响，隔了顷刻，只见天空中一团火球无声地爆裂了，流火乱飞，一团红亮亮的东西落在地上。人们跑近前去一看，原来是一只极大的金黄色的三足乌鸦，想来就是太阳精魂的化身了。再一看天上，太阳果然已经只剩下九个，空气也似乎凉爽了一些，人们不由得齐声喝彩。

祸事既然闯定了，后羿索性一不做二不休，便又连忙张弓搭箭，向着天空中东一个西一个战栗而正想逃跑的太阳射去。一支支的箭像疾飞的鸟一样地从弓弦上发出，只听得嗖嗖嗖的箭声，只看见天空中一团团火球无声地破裂，满天是流火，数不清的金色羽毛四散在空中。三足乌鸦一只只地坠落下来，人民的欢呼声响彻了大地。

站在土坛上看射太阳的尧，忽然想起太阳对于人民也有大功，是不能全射下来的。于是，尧帝趁后羿弯弓搭箭之时，悄悄地从旁边抽掉了一支神箭，终于在后羿连续九箭射下九个太阳后，留下了一个太阳。接着，后羿又在尧的请求下奔波于九州各地，剿杀乘乱兴起的四方妖孽，把牙齿像凿子的怪兽杀死在南方的沼泽里，把九个头的水火怪兽杀死在北方的凶水地方，用绳子系着石块，把凶禽大风鸟捕杀在东方的沼泽地青邱，又在洞庭、桑林等地杀掉了大蟒蛇、大野猪以及龙头虎爪兽。从此消除了人间的灾难，百姓又恢复往日里平安宁静的生活。

尧帝因为为民请命，实现了为百姓消灾化难的心愿，他更加受到万民敬崇和拥戴。然而，后羿这个遵循法度，铁面无私，为民除害的天神，却因此得罪了天帝帝俊，因而遭受到帝俊的冷遇。当他功成回朝时，连天门也未跨进，就被告知他已被销除神籍，后羿夫妇从此只能留在人间，永远不得返回天庭。

后羿射日的故事说明，自古以来，无论天上人间，要能做到维护正义，不畏权势，秉公执法，是何等艰难。而那些英雄豪杰们正因为如此，才会千秋万代光照人间。

后稷藏种

后稷是传说中的农业之神，是我国古代周民族的始祖神，他本来的名字叫弃。关于他的诞生还有一段神奇的故事。后稷的父亲是天帝帝喾，即帝俊。母亲姜嫄，是帝俊的结发妻子，婚前是邰氏部落首领的女儿。

姜嫄生得俊美，性情活泼奔放，有一次外出游玩，因踩了一个巨大的脚印而怀孕。经过十月怀胎，姜嫄竟然生出了一个肉球。面对怪胎，姜嫄非常害怕，就把肉球抛到荒郊野外。就在这时，不知从哪儿飞来一群鸟儿，它们像早就知道姜嫄要在这儿遗弃自己的骨肉似的，"咕咕咕"地一面叫着，一面纷纷展开翅膀，有的把翅膀盖在小肉球的身上，有的把翅膀垫在它的身下，一起用体温温暖它，咦，这孩子难道是个神灵下凡的？姜嫄被眼前的景象惊呆了，她不由分说走上前去，再次抱起小肉球。这时，奇迹发生了，只见小肉球像莲花开瓣一样张开了，姜嫄惊喜地看到里面有一个壮硕漂亮的小男孩正在伸展四肢。姜嫄顿时转悲为喜，紧紧搂着儿子回到宫中。

于是，姜嫄根据儿子出生后的第一次经历，就给他取名为"弃"，这就是后稷名叫弃的来历。随着后稷渐渐长大，他的与众不同之处不断显露出来：还是个小男孩时，就爱牵着妈妈的手往田野里跑，他会在田间或野地里仔细地观察各种禾苗和花草，当果实成熟时，他会采下细心地品尝果实的味道，留心记下它们的生长期，以及对阳光和水分的需求，在何时在何种土壤上生长最相宜等。10岁时，他就能一口气说出上百种植物的名称，并能头头是道地说出这些植物的生长习惯、果实特点等，他能把各种谷物、豆类、蔬菜以及瓜果的种子收集起来,在一年中适应的季节播种在土地里,施肥、培土并收获新的果实。

后稷长大后,就开始向民众传播他掌握的种植谷子、黄豆、蔬菜、果瓜的技术和方法。老百姓们运用他的方法,在土地里收获了更多的食物。他们的生活由贫困逐渐变得富足起来,原始的农业生产就此发展起来了。

那个时候,老百姓只知道在收获季节把一部分农作物的优良种子收集起来,可是苦于没法保存或保存时间不长,每每到第二年播种季节,那些种子常常霉烂变质,或被虫子啃噬得所存无几了。这个情况被后稷知道了,心想少量种子可在屋内通风透气处存放,数量一多,就难保不变质了,而且种子一部分变质后,立刻会影响其他种子。他开始认真琢磨起这个问题。为了如何保存的事,后稷连续多日茶饭不思,睡梦中都在思考,他采用了几十种方法来进行试验观察,可是效果均不甚理想,他的焦虑让父亲帝俊知道了,父子连心,身为天帝的帝俊就关照天庭分管种子的天神帮助儿子一下。于是,一天晚上在沉思中入睡的后稷,从天神那里知道了一种极为简单的种子保存法。

第二天,后稷就马上把这个方法教给了老百姓。他教民众用马屎煮成水汁洒到农作物种子上,这样种子就不会霉坏烂变,也不会被虫子吃掉了。

世间的老百姓感激后稷的恩德,把他奉为农业之神,尧帝了解到他的才能后,就任命他当了朝廷的农师。

尧舜"禅让"

求贤治国,举贤让位,在中国已有悠久的历史,并被视为崇高的美德。尧让位给舜,舜又让位给禹,即所谓"尧舜禅让",就一直传为美谈。

尧是帝喾之子,此人勤劳、节俭,为人民做了不少好事,因而是颇受民众拥戴的圣明君主。史书上说"其仁如天,其知如神",这里边便饱含了人们对他的深切崇敬和怀念。尧活了118岁,在位执政就长达98年,也可见他的威望之高。他在位多年,年事已高,需要选择一位才高德重的人来接替自己。为此,他费尽苦心,到处访贤,并反复征询部属的意见。

起初,有个名叫放齐的大臣举荐尧的儿子丹朱继位,尧不同意。他认为自己的儿子丹朱既无才华,品行又不端正。尧先征询诸臣和部落首领的意见,大家面面相觑，无人肯站出来。最后，他们对尧说："我们都不是管理天下大事的人才，请另选贤能吧！"

尧对群臣说："诸位既然不能替我治理天下，则应为我推荐治理天下的贤才。你们经常外出，奔走四方，应当知道何处有能人。"

当时四方的首领称为"四岳"，向尧推荐说："民间有一人，名舜，听说是个贤才，何不请来接替您以治理天下呢？"尧请具体介绍舜的情况。四岳说："舜居于历山脚下，德才兼备。他父亲是个盲人；生母早逝；继母又是个蛮不讲理的泼妇；异母弟是个凶残之徒，伙同其愚盲之父多次要害死舜。在如此家境中，舜仍能够孝敬父母，照顾弟弟，一家人和睦相处，足见其贤。"

尧已知舜贤能，便欲让帝位给舜，但却十分慎重。他不仅反复征询众臣意见，而且对舜进行了长期考察。先是把两个女儿娥皇和女媖嫁给舜为妻，要从舜理家的能力上考察他是否有治国本领。之后又让自己的九个儿子与舜相处，借以考察舜在社会上待人接物的品行如何。

经过这些考察，尧极为满意。他看到：女儿嫁给舜后，处处恪守妇道，不敢以自己的地位慢待公婆；儿子们也从舜那里受到了很大教益。从而证实舜的确贤能。

舜的才能闻名遐迩。他擅长种地，还是一个制作陶器和日用家具的能工巧匠。他辛勤的劳动，受到了人们的称赞。舜不仅吃苦耐劳，手艺高超，还是一位十分注重道德的贤士。人们都喜欢和他接近，听取教导，并请他调解日常发生的各种纠纷。在他的教育和影响下，形成了良好的社会风尚。

通过数年考验，尧觉得舜果然是一位难得的贤才，便任命他担任司徒之职，开始管理一些国家事务。

舜任贤用能，赏罚分明，重用贤者，发展生产和文化教育。舜在任用贤才的同时，也对那些凶顽作恶之徒进行了惩治，因而社会安定，人们都赞扬舜的功德。

经过如此多方面考验，尧才决定把帝位禅让给舜。尧死后，舜正式继位。

舜像尧一样，也是一位非常爱好贤才的古帝。他在位期间，对所有官吏要三年考核一次，有功者赏，有过者罚退。于是，百事俱兴，天下大治。舜在所重用的贤才之中，以重用禹最为著名。禹因治水有功，舜年老后，禅位于禹。

尧、舜都是古代传说中的明君，不让自己无能的儿子继位，而是让位给贤者。他们这种任人不论亲疏贵贱，"选德才兼备者而让之"的精神，至今犹堪效法。

大禹治水

相传，尧做部落联盟首领的时候，黄河流域洪水泛滥，百姓的房屋、农田都被淹没冲垮了。尧忧心如焚，召集各部落的首领商议对策。大家一致推荐夏后氏的部落首领鲧来治水。鲧只知道水来土挡，采用了"堵"的方法来治水。整整九年的时间，洪水不但没有被治理好，反而更加肆虐。

舜接替尧做了部落联盟首领后，将治水无功的鲧处死在羽山（位于江苏东海县和山东临沭县交界处）。鲧是禹的父亲，因为治水无功而死。禹悲愤之余，立志要实现父亲的夙愿。

禹接着治水，刚开始时，像他父亲一样，对洪水进行围堵，效果不理想。于是，他想出了疏通江河，把洪水引入大海的办法。这个办法是正确的，但是工程量要比围堵洪水困难得多、艰巨得多。

禹有个助手叫应龙，不仅能够兴云布雨，还有辨明水土高低、河脉走向的本领。禹命令应龙测定河道。应龙在前面走着，尾巴划着地面，划过的地方就是最适宜开凿河道的线路。后来大禹带领人民开凿成功，就成了现在横贯中华的大江大河。

可是要为天下江河开凿疏通水道，这是多么艰巨的工程啊！禹站在黄河之尾，望着浩渺无际的滔滔黄水，感到无处下手。正在他冥思苦索的时候，波涛中跃出一个人首鱼身的巨神，他立在波浪上，自称河伯，捧着一块光滑的青石板递给大禹。大禹刚想问他什么，他早已隐进波涛之中，再也不出来了。禹仔细端详这块石板，见上面天然生着一些弯弯曲曲的白色花纹。他左看右看，终于明白了，这就是有名的"河图"呀，有了它，再加上应龙带路，天下河道都一清二楚了。

禹疏通黄河的中途，一座大山挡住了去路。他用一柄开山巨斧，把大山一劈两半。大山中间劈开了百丈悬崖峭壁，河水就从这峭壁之间奔腾流过。这里河道狭窄，水流湍急。据说每年的暮春时节，天下的大鲤鱼都要汇聚在这里，溯流而上。凡是能闯过这几十里激浪的就可以变成龙升天。所以这里就被叫作"龙门"。而那座大山就是今天的龙门山。

黄河由龙门往下,又遇到一座大山阻住去路。大禹用大斧连劈三下,把这座大山切成数段。河水就分作三道,穿过大山。这三道峡谷像三座大门一样,所以这地方就被人叫作"三门峡",这三个门也分别叫作"鬼门""神门"和"人门"。

禹疏通了黄河,又去治理淮河。他路过桐柏山的时候,陡然起了飙风惊雷。山啸树鸣,沙飞石走,把跟着大禹治水的百姓打伤了不少。禹知道这是妖物有意作怪,给治水捣乱,就又一次会集众神擒拿妖怪。这妖怪原来是神通广大的猿猴无支祁。他一身青毛,头白如雪,眼里射出的金光照出几丈远,口里吐出的白雾能弥漫十几里。他力气比九头象还大,身体又非常灵活,纵身一跳就翻过十重山。大禹费了好大力气,终于把他捉住,怕他再给人们捣乱,就把他用金锁锁住,压到现在的江苏淮阴的龟山下面。

治好了淮河,又去治理长江。四川湖北一带万山耸立,江水不通,大禹就一路开凿峡谷。在导引水路时,有一条龙领错了路,大禹跟着它开山,结果峡谷开出了,却根本不能用。禹很生气,就把这条龙吊在山崖上,斩掉了龙头示众,然后又重开了现在的长江三峡,让江水冲出群山。现在湖北巫山县附近还有"错开峡"和"斩龙台"的古迹。

禹在治理洪水的过程中,兢兢业业,十三年艰苦奋斗,三次路过家门而没有进入,在他的带领下,终于治好了大江大河三万条,支流小河三千条,没有名字的河流不计其数。从此,洪水不再肆虐了,大地重新焕发出生机,人们从高山上搬了下来,重新过上幸福安定的生活。

禹治理好洪水,得到人们的爱戴。据说禹铸了九个铜鼎,将九州的地形和物产分别镌刻在上面。后来,九鼎成了王权的象征。他死后,人们把他安葬在会稽山上,纪念这位治水英雄。

元谋人

1965年5月初,钱方、浦庆余等地质工作者,在云南元谋县上那蚌村后的第四纪更新世早期地层中,发掘出两枚青年男性的左、右中门齿化石,后经测

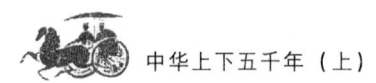

定,这两枚牙齿化石是原始人类留下的,生活的年代距今170万年之久。因在元谋县发现的,故而称之为"元谋人"。

大约170万年前,云南元谋一带,是一片亚热带的草原和森林,这里生活着以枝角鹿、爪蹄兽等为主的第三纪残存下来的动物。光阴如梭,转眼过了若干年,山西轴鹿、桑氏鬣狗、云南马等物种成为这里的主宰。元谋人为了生存繁衍下去,不得不猎取这些动物作为食物。要想成功捕捉它们,并非是一件容易的事儿。元谋人在长期与自然和动物搏斗的过程中,渐渐学会了制造一些简单的石器。手里有了工具,他们捕猎的成功率大大提高,获取猎物比先前容易了许多。人类的进化,正因为懂得使用工具,正缓慢地从低级阶段向高级进化。

在这次考古发掘过程中,考古工作者在元谋人生活的遗迹中,共发现7件石制品,这些石制品上人工打磨的痕迹清晰可见。出土的石制品器型不大,有石核和刮削器等,制作原材料以脉石英为主。尽管这些石制品与人牙化石不在同一个水平面上,但基本在同一个层位上,二者相处的距离也不远,应该是元谋人制作和使用的。遗址中的炭屑,大致分为三层,层与层之间的间距在30~50厘米,内有哺乳动物的化石。考古工作者对这些炭屑进行测量,发现最大的直径在15毫米左右,最小的直径在1毫米左右。他们还发现,在一个4厘米×3厘米的平面上,有16粒1毫米以上的炭屑。另外,还发现两块骨头,经过鉴定这两块骨头被火焚烧过。相关研究者认为,这是元谋人使用火的直接证据。

这些实证说明,当时的元谋人在狩猎和采集的过程中,已经在制造和使用石器,同时还说明他们在食用烤熟的食物,摆脱了茹毛饮血的时代。元谋人遗迹是中国迄今为止发现的最早的人类活动遗迹。

蓝田人

1963年考古工作者在陕西省蓝田县陈家窝村附近,发现一块30多岁女性下颌骨的化石,第二年5月在公王岭地层中发掘出一个保存基本完整的中年女性头骨的化石。后经对头骨化石进行修复,复原出一颗完整的猿人头骨化石。陈家窝的下颌骨和公王岭的头骨均在蓝田县发现,故命名为"蓝田人"。蓝田人是中国发现距今最古老的直立人化石,生活在70万至115万年前。相关科研机构进行测定,发现蓝田人的脑容量在778.4毫升左右,与印度尼西亚爪哇人的775~900毫升基本相当。

蓝田人生活的年代要比北京猿人早数十万年,在体质和形态上也有较大的差别。例如,蓝田人的长相更接近猿猴,四肢和智力也远不如北京猿人发达。因此,在人类进化分类上,考古学家把蓝田人归类为"早期直立人",把北京猿人归类为"晚期直立人"。

当时,蓝田人生活在气候温暖湿润,草木茂盛的环境中,秦岭山脉不像今天这么高,不妨碍动物迁徙。以公王岭动物群落为例,发现哺乳动物化石数十种,不仅包括李氏野猪、三门马和葛氏梅花鹿等华北中更新世常见的种属,还发现大熊猫、东方剑齿象、华南巨貘、中国貘、毛冠鹿和秦岭苏门羚等带有南方色彩的动物。

在蓝田人生活的中更新世地层中,先后发现200多件石制品,主要为砍砸器、刮削器、大尖状器和石球,还有一些石片、石核等器物。其中从公王岭含化石层和稍晚的层位中发现的石制品不超过13件,剩余部分则分布在同一层位或相近层位的20多个考古点。这些石制品在制作技术上,几乎没有差别,所以统一归为蓝田人的文化遗物。这些石制品的材质,大多是石英岩、砾石和脉石英砾。器物中,最大的特色是大尖状器,断面呈三角形状,又称"三棱大尖状器"。

蓝田人在制作石制品上,没有特殊之处,与华北其他旧石器时代早期遗址中发现的石器,大体上都差不多。另外,在公王岭化石层里发现三四处灰烬和灰屑,散布范围均不大,研究者认为这是蓝田人用火的遗迹。

北京猿人

1921年8月的一天,瑞典地质学家、考古学家安特生等人在当地人的带领下,来到北京市房山区周口店龙骨山下。安特生等人在一堵峭壁前,发现一条裂隙里填满了石灰岩块、沙土、动物化石和一些明显搬动过的石英石,凭着职业的敏感性,他敲着岩壁,激动地说:"我有一种预感,这里极有可能找到我们远古祖先的遗骸,现在唯一的问题就是如何发现它们。"

从 1927 年 3 月开始，考古工作者对该区域进行系统的考古发掘。果然不出安特生所料，初战告捷，考古工作者发现了人牙化石。对这些人牙化石进行研究后，将生活在这一区域的猿人定名为"中国猿人北京种"，或"北京中国猿人"。此次发现，不过是一个小小预演，更重要的发现正徐徐拉开大幕。

1929 年 12 月 2 日下午 4 时许，寒风呼啸，猛烈地吹着龙骨山的考古现场。在一个 20 米深的洞穴内，工作了一天的考古工作者正准备收工时，处于洞底、手里拿着蜡烛的工地负责人裴文中，突然兴奋地大叫起来，"出现一枚人的头盖骨。"考古现场顿时沸腾起来。

震惊中外考古界的北京猿人头盖骨就这样被发现了。周口店龙骨山一共有五处人类活动的洞穴，其中，以裴文中发现第一个头盖骨的第一地点最为壮观。该洞的存在距离今天已经有 100 万年以上，它东西长 140 米，中部宽达 20 米，含文化遗物的堆积厚度为 30 至 40 米，分为 13 层，历时数十万年。

北京猿人时期，龙骨山附近的地理环境与现在没有太大的差别。北面是重重叠叠的高山，西南面以低山为主，东南方是宽阔的草原与河流。当时的北京猿人以采集和狩猎生存。采集对象是植物的果实和根茎，如被烧过的朴树籽；狩猎对象主要是鹿类，也捕鱼，可能也吃大型食肉动物留下的残肉。

周口店遗址动物群里既有喜冷的动物，如狼獾、洞熊、披毛犀、安氏鸵鸟等；也有喜热的动物，如竹鼠、水牛、水獭等。可见，在北京猿人存在的数十万年间，气候和自然环境曾经发生了多次冷暖干湿的变化。

北京猿人及其文化的发现，把中国人的历史向前推进到距今 70 万至 20 万年之间，以事实回击了中国没有石器时代的假说。周口店遗址先后共发现了四十多个个体的人类化石，为研究直立人的体质特征提供了珍贵资料。北京猿人的牙齿粗大，呈铲形，这是蒙古人种的一大特点。头骨粗硕厚重，眉脊突出，平均脑容量为 1088 毫升。鼻梁较塌，前吻突出，下颌后收，肢骨比现代人粗壮。身高男性为 156 厘米，女性为 144 厘米。上、下肢骨已经十分接近现代人，但其头骨则带有很多原始特征。这种情况说明，在人类演进的过程中，首先确立了直立行走的特征，手从原来的支撑作用中解放出来，因而可以制作和使用工具进行劳动。而人脑则是在直立行走的基础上，经过长期的劳动实践逐渐发展的，这证明了恩格斯关于劳动创造人类的理论。

北京猿人已经学会在石核上打击石片，打击方法至少有锤击法、砸击法和碰砧法，再把石片修整成较精致的刮削器、尖状器、雕刻器、砍砸器和石球等。此外，考古学家还在一些鹿角上发现了砍砸、切凿的痕迹，这表明北京猿人已会制作骨器。

北京周口店遗址多处发现了人类用火的痕迹，洞穴堆积中发现了大量被火烧过的灰烬层，最厚处达一米而且集中分布，说明当时的人们已经学会了用火和管理火，从而把人类用火的历史提前了数十万年。

令人遗憾的是，轰轰烈烈的北京猿人遗址考古工作因1937年卢沟桥事变而被迫中止，1927～1937年十年间发掘出的大量珍贵材料，也在1941年12月爆发的太平洋战争中下落不明，给古人类学研究造成了无法挽回的巨大损失。

丁村人

丁村遗址发现于山西省襄汾县城南边的汾河岸边，因这个地方叫"丁村"，就把从遗址中发现的早期人类的化石称为"丁村人"。丁村遗址，是我国目前发现的旧石器时代中期的文化代表。

丁村遗址被发现的时间为1953年，1954年考古工作者对其进行发掘。先后出土的石制物品比北京猿人使用的器物先进，并且数量也更多。这些石器大致可以分类为：单边形器、多边形器、石球、石核、大石片、砍砸器、小尖状器和刮削器、鹤嘴形尖状器。在这些石器中，三棱尖状器最为突出，考古工作者称为"丁村尖状器"。丁村尖状器后被认定为中国华北两大旧石器时代的典型器物之一。

不仅如此，考古工作者还在丁村遗址文化层中发现3颗人类牙齿的化石，根据科学推断，这3颗牙齿都属于一位十二三岁少年的门齿。其中一颗门齿，呈铲形状，咀嚼面上的纹路，远比北京猿人简单，但比我们现代人复杂，另外两颗门齿比北京猿人的细小，比我们现代人的略微短一些，与当时欧洲的尼安德特人相差无几。

同时还出土了河狸、鼠、熊、野驴、野马、水牛、羚羊等动物骨骼的化石。根据这些动物骨骼的化石，可以推测出，当时的丁村人生活在气候由温暖向清凉过度的自然环境中。

丁村人与大荔人、许家窑人、长阳人、金牛山人、马坝人等同属于早期智人。

与直立人相比较，早期智人有以下几个主要特点：

身体发育方面。在形体上，他们有了很大进步，与现代人较为接近；脑容量基本在1400毫升左右，也与现代人较为接近；头骨壁已经变薄，但仍然保留有一些原始的特征。

有关石器的使用。早期智人使用的工具，分得越来越细，功能也越来越齐全，用石球制作而成的"飞石索"是当时最为重要的捕猎工具。

有关火的控制。早期智人在使用和管理火的方面，有了很大的提高，根据考古现场遗留的证据，可以推测出他们已经懂得了人工取火。

人口密度方面。仅就丁村遗址而言，在方圆十公里左右的汾河两岸，就有二十处早期智人活动的痕迹，从而可以说明，当时的人口较为稠密。

总体来看，早期智人无论是体质发育、技术水平以及人口发展等方面，都已经远远超过了直立人，他们正在向人类进化的下一个阶段迈进——晚期智人。

山顶洞人

早期智人进一步进化后，出现晚期智人，距离今天大约四万年前，由于受到各种自然条件的影响，逐渐形成了在外貌上有所差异的人种。

1930年，我国发现了晚期智人的活动痕迹，也就是发掘出北京猿人第一个头盖骨的第二年。当时，考古工作者为了划定北京猿人活动的范围，在遗址南部的一个山顶上清理浮土时，意外发现一个被泥土封盖的小洞口，因而取名为山顶洞。1933年、1934年，经过两年系统的发掘，发现山顶洞的洞穴分洞口、上室、下室和下窨四部分，出土人类及动物骨骼的化石等。

根据形状考古工作者判断出，这些骨骼化石至少来自8个不同的个体，其中在下室内发现的3个完整的头骨，具有共同的特征，也就是说他们生活年代基本相同。这3个头骨比较高、比较长，脑容量大，经过分析在1300～1500毫升；脑壳明显变薄，牙齿细小，眼眶与现代人较为接近，不过看起来有些扁。

山顶洞人遗址的发现，极大地超出了考古工作者的前期预料。发掘过程中，发现一个有趣的现象，在骨骼化石的下面和四周出现一层赤铁矿粉。考古工作者认为，红色代表血液，山顶洞人死后，后人希望死者能够再生，从而说明原始宗教已经萌芽。后来，对山顶洞遗址出土的头骨化石经过复原，发现他们的面貌，与我们现代人没有什么差异，并且呈现出黄种人的基本特征。

考古工作者根据骨骼和头骨的化石，以及其他出土实物，进行科学推测，发现当时生活在山顶洞内的晚期智人，寿命要比北京猿人的长，死亡率也比北京猿人低。山顶洞人中，14% 的人能够活到 60 岁，北京猿人死于 50～60 岁的仅占 2.6%，这同样说明了人类的寿命已经延长了。

根据发掘出的大腿骨的长度进行推算，山顶洞人中的男性身高在 174 厘米左右，女性身高在 159 厘米左右，他们比北京猿人要高，与我国现代人基本差不多。

在山顶洞中除了发掘出人体骨骼化石和动物骨骼化石外，还出土有石器、骨角器和各式各样的装饰品。其中，25 件石器的选材，均来自附近河滩或者河沟里的砾石，制作方式采用砸击法和锤击法，石器的种类分为砍斫器和刮削器。

特别令考古工作者惊讶的是，发掘出一枚骨针。该骨针长 82 厘米，粗细与火柴棍相当，略微有点弯曲，表面磨得非常光滑，针孔细小，针尖十分锋利。在那个生产技术落后的年代，要想制造出如此精致的骨针，极其不容易，需要对骨头进行切割、刮削、挖眼、磨制等一系列复杂的工序。骨针的发现，表明当时的山顶洞人已经懂得如何用动物的皮缝制衣服了。

考古工作者综合发掘出来的实物，进行科学推测，认为山顶洞人在生存的过程中，不再以采集果实为主要食物来源了，而是围猎动物和捕鱼，然后把收获的食物架在火上烤熟食用。根据山顶洞人留下的文化遗迹，说明他们已经进入氏族公社时期。

仰韶文化

1921 年，考古工作者在河南省渑池县仰韶村发现一处文化遗迹，后来又陆续在陕西、山西、河北南部等地发现具有相同特征的文化遗迹，因为最先发现于仰韶村，故而把这大片区域统称为"仰韶文化"。

居住方面。当时的人们已经形成了完整的长期定居的氏族村落。在一处遗址中，考古工作者发现一座大型房屋，这个大房屋的周围分布有几十个中小型的房屋，每个中小型房屋的外围，几乎都有一条宽五六米的壕沟。

农业生产方面。仰韶文化的农业生产以种植粟类为主。例如，西安半坡遗址中，考古工作者在一处房屋内的陶罐、陶瓮中都发现有粟，在另一处房屋的窖穴也有粟壳，还发现了一个窖穴内堆积的粟壳有数斗之多，此外在其他仰韶文化的考古遗址中也都有粟的身影。

农具使用方面。锄耕农业是仰韶文化的显著特征，不过还处于原始阶段，为了获得生存所需的粮食，他们采用刀耕火种和土地轮休的方法。翻耕时使用的工具可能是削尖的木棒、石铲、石锄等，而石斧的切面呈椭圆形，主要是用来砍伐树木和开垦荒地。收割农作物的器物主要是石刀和陶刀。加工粮食的工具主要是石磨盘、石磨棒和木杵、石杵等。

家畜饲养方面。从考古发掘来看，仰韶文化的各个氏族村落饲养的家禽主要有猪、狗、羊、鸡等。出土的马的骨头较少，此时马可能已经被驯化。

丧葬习俗方面。仰韶文化已经形成了简单的丧葬习俗，成年人死后，墓坑呈长方形，陪葬品以陶器为主，未成年的孩子中途夭折则采用瓮棺葬。从埋葬的特点来看，当时比较盛行单人仰躺的直肢葬，合葬也占有一定的比例。从出土的文物来看，女性的陪葬品要比男性多，说明以女性为中心的特点。

制陶是仰韶文化的核心部分。其彩陶的特征主要表现为：对陶泥的选择较精细。胎质洁净、细腻。陶器的表面多经过磨制光滑，这一时期的陶器多呈红色，这主要是烧制时的火候较高。除红陶之外，还有一些棕黄陶、灰陶和少量的白陶。常见的陶器装饰纹样有弦纹、堆纹、拍印的绳纹以及篮纹等，甚至还有一些陶器的表面有白色陶衣，并用黑白红等颜色来彩绘的图案纹饰。

仰韶彩陶常见的器型有：炊器类，主要有大口深圆腹的罐子，圆腹平底的三足鼎，小口圆底的三足釜及平底灶等；饮食器具类，主要有大口的平底缶，大口鼓腹斜壁的平底碗，大口浅腹的高柄豆；盛储类，主要有大口深腹的平底盘，折腹的平底盆，深腹平底罐，小口深腹的尖底瓶等。

仰韶文化的陶器根据不同的艺术特性，可分为：半坡类型、庙底沟类型、马家窑类型、后岗类型、大司空类型与大河村类型等。

在西安半坡出土的彩陶器皿中，有一件"人面鱼纹盆"极具代表性，对于这种人面鱼纹的解释中国学术界一直众说纷纭，主要有"巫术图腾说""捕鱼丰收说""生殖崇拜说""寓人于鱼"等。种种扑朔迷离的推想让人觉得神秘难测，更加耐人寻味，从而引起人们对它无限的探究和揣摩。

仰韶文化在中国考古史乃至世界考古史占据着重要位置。仰韶文化的发现，说明黄河流域的人类文明已经形成，对中华民族的发展具有重要的意义。

河姆渡文化

河姆渡文化遗址主要分布在杭州湾以南的宁绍平原，是中国迄今已发现的新石器时代比较早的主要遗址之一，也是长江中下游地区发现较早的一处文化遗址。根据碳14测定，它的大体年代约为公元前4800年左右，距今已有6000多年的历史了。因1973年首次在浙江余姚河姆渡村被发现而得名。

居住方面。河姆渡文化遗址先后进行两次考古发掘，在第二、三、四层中均发现有木质建筑遗迹，特别是第四文化层中，表现得最为壮观和密集，数量达到千件以上。主要木质物件有长方体木材、圆木、木桩和丫杈的柱子等。考古学家和建筑学家经过科学分析，认为河姆渡人居住的房屋以一排排整齐的木桩为支架，然后在支架上铺设地板，再在地板上建筑房屋。房屋建造过程中，构件垂直相交时，使用了榫卯技术。先前认为榫卯技术出现在金属时代，此次发现，把榫卯技术向前推进了三千年。

农业生产方面。河姆渡人以种植水稻为主，考古过程中，发现稻谷遗迹几乎是一个普遍现象，也就是说每一处遗址中都能发现稻谷的身影。在有的文化层中，稻谷、稻叶、稻壳混在一起，厚达0.2～0.5米，有的甚至超过1米。稻谷遗存之多、保存之完好，在历来远古考古中都是罕见的。后经相关专家鉴定，这些水稻属于籼亚种，是目前世界上最为古老的人工栽培稻。

农具使用方面。考古工作者在河姆渡文化遗址中发现有大批的农业生产工具，骨耜是当时人们翻耕土地时使用的具有代表性的农具，仅在一处遗址中就发现有上百件。骨耜是由水牛、鹿的肩胛骨制作而成。此外，还出土有木耜、石斧、石刀和舂米用的木杵等与农业生产相关的器物。

家畜饲养方面。狗和猪是当时河姆渡人主要饲养的家畜。考古工作者在许多陶制器物上发现有狗和猪的形象,它们的骨骼和牙齿也出土了很多。由于许多骨耜是由水牛的肩胛骨制作而成,说明当时的水牛已经被人们驯养。

手工业方面。河姆渡人的手工业颇为发达,制陶业、纺织业、骨器制作、竹木器加工,在人们的生活中扮演着重要角色,特别是制陶技艺相当成熟。常见的器具造型主要有缶、釜、罐、盆等几种。具体看来,炊具器皿主要有砂质陶釜(部分陶釜的口部或腹部还有握手),敛口、卷沿、扁圆腹、圈底三足鼎,敞口、浅腹、双耳、平底、带镂孔陶甗等;饮食器皿主要有大口、深腹杯,敞口或微敛口、浅圆腹或折腹、带耳或带握手的平底罐,大敞口、斜壁盘等;盛储器皿主要有小口、卷沿、深腹、鼓圆腹、双耳、平底瓮,小口、带把或双耳、深腹、鼓圆腹、圈底罐等。

在出土的众多陶器中,有一件陶猪玩具,别具一格。这件器具拱背长嘴,四肢细长,形体肥大,带有明显的野猪特征。有人推测这件陶猪是原始人们刚开始驯养的猪的样子。在历史书籍中曾有这样的记载,在巫术活动里,古人把猪看作是"水畜",在祈天地、求雨水、防洪涝时,古人要举行祭祀仪式,猪常常被作为供品献给神,作为沟通人与神关系的媒介。由此衍生出了后世把猪作为随葬品的习俗。

河姆渡文化的成就,不但使考古学家和历史学家们赞叹不已,并使他们不得不重新考虑。中国古老文化的摇篮,并非只有一个黄河流域,长江流域也是中华民族文化的一个古老的摇篮。

龙山文化

龙山文化的范围应包括山东全境及江苏、安徽北部、河南东部的部分地区。发现各类遗址一千多处,经过发掘的遗址近 70 处。其相对年代晚于大汶口文化而早于岳石文化,绝对年代大致界定在距今 4600 至 4000 年之间,其年代跨度大约为 600 年。

龙山文化发现了一批规模较大的城址,大的可达 30 多万平方米,小的仅有 3 万至 5 万平方米,分布范围相当广泛,几乎涵盖了龙山文化的所有类型,在一定程度上出现了两极分化的标志。

龙山文化的制陶工艺和技术之高,可谓空前绝后。龙山陶器一般很少进行彩绘，器物表面大多光素无华，只有一些陶器采用了磨光、镂孔等手法，不过也有一些陶器用篮纹、方格纹、绳纹、弦纹、划纹、附加堆纹、指甲纹、圆圈纹等装饰。这些隐隐约约的纹饰，使陶器看上去更加富有生趣，同时一些规整的线条纹饰，具有一种节奏的美感。

值得一提的是，龙山文化制陶工艺中成就最突出的黑陶，由于其典型的特征，漆黑光亮、超薄而精湛，被人称为"蛋壳陶"，名副其实，如鸡蛋壳一样非常薄，享有"黑如漆、明如镜、薄如纸、硬如瓷"的美誉。另外，龙山文化的白陶工艺，也有一项很重要的特性，有的白陶轻轻叩击时，可以发出类似瓷器的金石之声。这是由于其烧制的温度较高，致使陶器的硬度很高。

制玉技艺的繁荣和提高是龙山文化手工业的又一突出成就。山东临朐西朱封墓地出土了一件冠状玉饰，分别由冠首和柄两部分组成，冠首呈乳白色，整体雕刻成兽面状，表面抛磨光润，镂孔形状各异且左右对称，冠饰左右两边，各镶嵌一枚圆润的绿色玉珠，实为艺术精品。

与玉冠饰同时出土的还有二件玉钺、一件四孔玉刀、一件浮雕人面玉簪等，均为上层人物乃至王室使用的高级礼器。礼器的出现和礼制兴盛是密不可分的，山东龙山文化发现的礼器种类繁多，并出现专业化倾向。礼器种类有玉钺、玉版、玉冠饰、蛋壳黑陶高柄杯、磨光黑陶垒等，这些器物均非实用器，但制作精良，是人们区分社会等级和身份的象征及标志。

文字是文明社会的重要标志，山东龙山文化已经发现了真正的文字。山东邹平丁公遗址出土的龙山文化陶文发现于一个大平底盆底部，年代为龙山文化晚期，绝对年代约在距今4200至4100年间。该陶片上现存五行十一个字，右起第一行为三字，其余四行均为二字。这十一个字，其笔画线条流畅，排列规律，字体规范，显然是一种成熟的文字。

对于这片陶片上的文字，多数学者表示认同，有学者认为这批文字以连笔为主，与殷商时期的甲骨文和金文有很大区别，应不是汉字的祖先，可能是古彝文。

纵观龙山文化的社会生产力发展水平，不仅出现了一批大型遗址和城址，发明和使用了文字，而且出现了一批具有相当规模和等级的墓葬和高规格礼器，很多方面具备了文明社会的基本要素。

良渚文化

良渚文化主要分布在今浙江省北部和江苏省南部的太湖周围地区。距今5300至4000年之间，良渚文化的陶器，普遍使用先进的快轮制造，有些非常精致，带有刻划纹和镂空纹饰。石器磨制精良，有犁、镰等成套的农具，有多种多样的竹编器和已知最早的丝绸。良渚文化墓葬出现的玉器种类繁复，造型优美，雕琢精细，大多经过极细心的打磨抛光，呈现玻璃样的光泽。浮雕的纹饰纤细如发，其中，饕餮纹开启了商周青铜器饕餮纹的先河，令人叹为观止。

良渚文化的中心性遗址有浙江余杭良渚遗址群，江苏昆山赵陵山，吴中草鞋山、张陵山，常州寺墩，上海青浦福泉山等。

后来，通过大规模的钻探和试掘，发现了良渚文化古城，其平面大致呈正南北方向，大体围绕莫角山和反山分布，总面积约290万平方米。城墙底部普遍铺垫石块作为基础，其上再用较纯净的黄色黏土堆筑而成，内外两侧都有壕沟。

城内的反山遗址为一东西长90米、南北宽30米的人工堆筑土墩，总面积约2700平方米。1986年在土墩西部进行发掘，清理出良渚墓葬11座，墓中发现棺床和朱漆木棺痕迹，出土精美玉器1100余件（组）。其中包括被称为"玉琮王"的玉琮、被称为"玉钺王"的玉钺以及玉冠状饰等大量精美绝伦的玉器。

莫角山遗址为一人工堆筑的长方形土台，基本为正南北方向，上有三个高土墩，分别为大莫角山、小莫角山和乌龟山。目前在大莫角山西南、乌龟山东侧和小莫角山南侧都发现有夯土基址，其总面积不少于3万平方米。有些夯基上有成排的柱洞，并发现了大量土坯和大型的方木料。有的地方夯基厚近一米，可能是大型建筑的基址。

良渚文化古城是目前所发现的中国同时代最大的城址，被誉为"中华第一城"，它的出现标志着良渚文化已经跨入文明社会的门槛。

人工堆筑的大型墓地兼祭坛是良渚文化的特色之一。其中，良渚遗址群东北端的瑶山祭坛最为典型。这处祭坛整体规模宏大，其中心部位为一红土台，外围一圈灰色土，灰土外围再筑一周铺有砾石的黄土台，台西、北两侧保留有石坎。祭坛上发现南北两列排列整齐的 12 座墓葬，墓葬中出土各类器物 2600 多件，其中仅玉器即多达 2500 多件。

良渚文化玉器上面，发现有不少形体复杂的刻画符号，个别陶器上还有成串的符号。据研究，不少符号与大汶口文化的符号相同，很可能是原始的文字。在一件良渚文化陶壶腹部，有几个连续的符号，专家们普遍认为，它们不再是刻画符号而是真正的记录语言用的文字。

第二章
夏商周

夏商周是中国夏朝、商朝、周朝三个朝代的简称，公元前21世纪，禹的儿子启打破了尧舜以来的禅让制，开创了父死子继的王位世袭制度。中国历史上的第一个王朝——夏朝就这样出现了。随后，经过商和西周两朝数十代人的努力，奴隶社会达到顶峰。夏商周都是分封制。从夏朝初期，一直到西周末期，诸侯管理着王朝的地方政治经济，而中央王朝主要还是接受诸侯贡奉及税赋。到了东周（春秋战国），中央王朝的势力急剧衰落，形成了诸侯纷争的局面。

夏王朝的建立

禹治水成功加之讨伐三苗的胜利，使夏部族的威望大涨，而禹也得到了包括舜在内的所有首领的青睐。当舜年老时，大家一致推举禹为继承人，禹遂成为联盟首领。

禹即位后，建都于阳城（今河南登封告成镇），后又将都城迁至阳翟（今河南禹州）。两座都城都地处颍水上游，西连伊洛，东临河济，南望淮上。它们既是中原地区的中心地带，又便于联合东南地区众多邦国或部落。

为了巩固王权，禹沿颍水南下，在淮水中游的涂山（今安徽蚌埠西郊）大会诸部落首领和众多邦国君长。因禹治洪水的创举远传天下，众首领及邦国君长皆以玉帛相见，对禹行臣服礼，甘愿成为禹统治下的诸侯。这就是历史上所说的"涂山之会"，亦是夏王朝建立的重要的政治基础。

禹年老时，曾经试图仿照尧舜的做法，想将王位禅让给一个贤能之人。刚开始，人们推荐的是从帝舜时就负责刑法的皋陶，但他还未来得及接任就病逝了。后来，伯益被诸侯们一致推选为新的王位接任者。

随着社会生产力的发展，禹的想法有所变化。权力是自己千辛万苦换来的，应该由自己的儿子继承，不应该传给其他人，应该把伯益排挤出去。就这样，禹按照计划让自己的儿子启一步步地参与到国事的处理中来。

启这个人也挺争气的，在禹的指导下，把国家治理得井井有条，口碑也变得越来越好。伯益尽管被定为继承人，但他在这几年时间里，没有做出任何新的功绩，人们也渐渐地把他遗忘了。

禹死后，启以继承人的身份管理一切事务，大部分部落首领也乐意听命于启。事情发展到这种地步，让伯益非常恼怒。本来我是合法的继承人，禹私心把权力传给自己的儿子，这是一件违背道义的事情，我一定要征讨启，夺回本该属于自己的权力。

伯益本是东夷人，他就联合东夷的各个部落，率领大军向启发起进攻。启早就提前做好准备，以绝对的优势战胜伯益。胜利之后，启在钧台（今河南禹州）举行了盛大的宴会以示庆贺。

有扈氏对启破坏禅让制的做法大为不满，坚决不予出席。出于对权力和社会统一的维护，启调动军队对有扈氏进行征伐。两军在今河南洛阳市以西的甘地展开决战。最后有扈氏大败，其士兵皆被启所诛杀，而族众亦沦落为奴。这就是历史上著名的"甘之战"。这次战争使启的专制政权得到了巩固。在这次战争之后，启建立了中国历史上第一个王朝——夏，中国历史也从"公天下"的时代进入了"家天下"的时代。

太康失国

启建立夏王朝后，引发"有穷氏"的不满，该部落的首领叫后羿，是个勇猛善战的神箭手。他的祖先就是传说在帝尧时射掉天上九日、为民除害的英雄后羿。

后羿参加过夏启举行的钧台、璿台两次大会，对夏王的富贵权势早就垂涎三尺，打起"取而代之"的主意了。起先，后羿还只是在夷人部落中扩大势力，网罗党羽，如今发现夏人各部已经与太康离心离德，就决定西进夺取王位。

他得知太康不理朝政、狩猎几个月不归的消息后，觉得这是向夏王朝发动进攻的最佳时机。于是他借口夏王无道，集合有穷国的精兵向夏王朝发起进攻。有穷国的军队迅速进入了夏后氏境内。

因为太康不问政事，漠视军队布防和地方管理，所以夏王朝边境防线如同摆设，丝毫不具备抵御外敌入侵的能力。因此，有穷军队侵入夏朝境内后，一路进攻，没有遇到太大的抵抗，很轻松地就来到了夏的都城，并将其包围。此时，城内的守军都是一些老弱残兵，没有一点作战能力，哪里抵抗得住有穷军队的猛烈进攻呢？而且朝中官员都没有打过仗，此时全都没了主意。经过讨论，他们居然做出了逃离都城的决定。趁着有穷军队围攻南门和西门的时机，夏后氏一族的官员和百姓从北门和东门逃了出去。但没跑出多远，他们就陷入了有穷国军队的包围之中，最后全部沦为了俘虏。随后，后羿所统率的有穷军队很轻松地攻下了夏都鄩。

除此之外，后羿还亲自领兵驻扎在洛水北岸，切断了太康回国的道路。当太康携带收获的猎物兴冲冲地赶到洛水边时，发现对岸有重兵把守。于是他赶紧命人到对岸去了解情况，得知是后羿为了阻止他回夏都，堵住了他的去路。此时，各部落首领既对太康的荒诞做法感到愤怒，又对后羿的势力感到害怕，所以没有人愿意帮助太康。太康追悔莫及，不得已在洛水南面修筑起一座土城，暂时安顿下来，史称"太康失国"。

但是，后羿也是一个残暴的统治者，夺取权力后他也开始不修民事而淫乐于色。他把政事交给一个名叫寒浞的亲信，而寒浞乃奸诈小人。他对后羿极尽谄媚之能事，获得了后羿的信任；同时，又骗取同僚和一部分庶民的支持，在条件成熟之后，勾结后羿的亲信随从，杀死后羿，并霸占了后羿的妻妾和财产，夺得了最高统治权。

五子之歌

太康失国后，他的五个弟弟各自写下了一首歌，表达对先王禹的怀念和眼前失国的忧伤。这就是《尚书》中有名的《五子之歌》。

第一首说："我们伟大的祖先大禹曾经明确告诫我们，人民能靠近但不能轻视；国家以百姓为基础，只有根基牢固了，国家才可以安定。我觉得，全天下的人，即使是愚昧无知的男人和愚昧无知的女人都可以胜过我。一个人屡次犯错就会招致人民的埋怨，难道非等到无法挽回的地步才去纠正吗？应该在埋怨还没有出现时就防患于未然，要深谋远虑。我管理百姓，就像用坏索子驾驭六匹马时那样小心谨慎。作为君王，怎么能对人民毫无敬畏之心呢？"

第二首说："禹王是这样教导我们的，在宫内贪恋女色，在宫外沉迷于游猎中，喜好饮酒和听音乐，大建亭台宫室并雕刻、装饰宫墙，做了其中任何一件事，都会丧失人民的拥护，招致亡国的恶果。"

第三首说："那陶唐氏尧皇帝，曾经占据着冀州这个地方。如今放弃他的治国之道，打乱他的政治纲领，就是自取灭亡。"

第四首说："我们功高盖世的祖父，他作为万民之主，既有典章又有法律制度，在他的统治下，国家井然有序，百姓安居乐业。他是一位多么英明、贤德的帝王啊！如今舍弃他的传统，既拖累了宗族亲人又断绝了祖先的祭祀！"

第五首说:"唉!他能回到哪里呢?我心中十分忧伤!如今,太康违背祖训,置朝政于不顾,引起百姓对我们的仇视和怨恨,祖先传下的王位也被别人篡夺了,使我们处于凄凉的境地。我们以后可以依赖谁呢?我心中烦闷,深感愧疚啊!太康啊,你犯了大错,我们是多么的心痛啊!"

夏帝太康整日沉迷于酒色、游猎而荒废朝政,最终落得个国破家亡的下场。他的五个弟弟和年老体弱的母亲于洛水岸边唱着自己写的歌曲,唱一句叹三句,心情十分悲凉。后来,这几首歌被人们记录下来,是为《五子之歌》,用以警戒后人。

少康中兴

太康失国不久,其弟仲康在部分臣僚、贵族的拥护下,在斟鄩附近建立了一个小政权。由于其实力一时还无法与庞大的后羿王朝匹敌,遂决定先安步当车,慢慢蓄积力量。仲康死后,其子相在帝丘(今河南濮阳南),依靠斟灌(今山东寿光东北)、斟鄩等东方诸侯和亲夏势力的支持,积蓄力量。不料后羿王朝此时发生了政局倾覆,寒浞杀后羿窃国,并展开了消灭亲夏势力的大屠杀。其速度之疾,出人意料。很快寒浞的军队就攻陷了斟灌、斟鄩二地,又向相所驻之地帝丘发起攻击。相被杀。当时相妻已身怀六甲。她情急之下,从墙洞逃脱,回到母家有仍(今山东金乡),生子少康。

少康出世后,相妻对他管教极其严格,不但每日要求太康习武练剑,还要他研习兵法。目的就是要将少康培养成雄杰,为父报仇,夺回夏国。

少康长大后,在有仍充当牧正。寒浞之子过浇派人追杀少康,少康自不会坐以待毙。为了躲避浇的追杀,少康逃至有虞(今河南虞城)。有虞君主虞思任少康为庖正,并把两个姚姓女子送给他做妻子,还封以纶邑十里的土地,以500之众供其使用。少康施恩布德,积极招纳夏之余众。与此同时,寒浞的暴虐统治令国内民怨四起。

少康见时机已到,在不到一年的时间内除灭了寒浞、过浇和戈豷,自认是祖宗在天之灵的保佑,诸侯们也认为这是上天的旨意,夏朝的国运还很长呢。少康把寒浞杀了,祭祀天地祖宗,然后大会诸侯,宣布夏室复兴,表示要重修大禹的德政。诸侯们受够了后羿和寒浞的虐政,也希望换个世道,让大家过过安稳的日子,所以大家都表示拥戴少康。

夏朝从太康失位到少康复国,中间相隔据说有四十来年。后羿、寒浞与夏王朝的争斗反映了华夏内部夷人与夏人(主要由狄人和羌人组成)的种族矛盾和斗争。华夏内部的这种斗争还要继续下去,但一面斗争,一面融合,一面还要不断地吸收华夏以外的夷、戎、狄、蛮各族融入这个大家庭,中华民族就是这样逐步形成的。

少康不仅举行了祭祀先祖的典礼,还慰问百姓,整治故都,使国家恢复安定。少康深知王位得来的艰难,所以他积极开展农业生产,重新实行稷官掌管农业的制度,同时还十分注意兴修水利。这些措施促使夏朝的社会经济水平获得了一定程度的提高。少康的小儿子奉他的命令,在修建大禹陵的地方新建了一个国家,被称为无余国,也就是后来春秋时期曾经称霸一时的越国。后人将这段历史命名为"少康复国",也叫"少康中兴"。

少康恢复夏王朝的统治后,夏朝统治者集中精力治理国家,并渐渐往黄河中游迁移,夏朝政权逐渐稳固下来。少康之子季杼登上王位后,开始对东夷进行大规模的武力征讨,最终使黄河中下游大部分地区到淮河流域,都纳入了夏朝的势力范围内。至此,夏朝发展到了巅峰时期。

商汤革命

桀是夏第14代君主,中国历史上有名的暴君。他不但荒淫无度,且暴虐无道。据古史记载,桀继位之初,对百姓极尽暴虐搜刮之能事。为宠妹喜,他不惜大肆征兵"饰瑶台,作琼室,立玉门"。不仅如此,他还对外滥施征伐,勒索小邦,在内重用佞臣,大肆网罗天下美女供其淫乐。夏王朝内部阶级矛盾日趋尖锐,与周围部落之间的关系也渐趋紧张。可是桀却一意孤行,拒不听从忠臣劝谏,大臣关龙逢因苦谏被杀。桀还时常自信地以太阳自喻,自认为夏朝统治永不灭亡,可实际上夏朝的统治已岌岌可危。

夏桀荒淫无道,商汤在伊尹的辅助下迅速强大起来。随着夏桀的羽翼被商汤一个个剪掉,逐步包围夏桀的战略也顺利实现。但商汤明白"百足之虫,死而不僵",夏朝尽管已濒临崩溃的边缘,可是依然有强大的实力。

因此,商汤采取伊尹的建议。先中断对夏王朝的进贡,试探夏桀的反应。

夏桀没有收到商汤的朝贡，立即调动九夷兵马，打算征讨商汤。商汤和伊尹见状，知道攻打夏桀的时机还不成熟，就马上向夏桀谢罪，恢复中断的朝贡。转眼，过了数年，夏桀的残暴统治，激起了九夷族的不满，他们纷纷背叛夏桀，夏桀的实力大大削弱。商汤在伊尹的辅佐下，见时机到来，毅然发兵讨伐夏桀。

军队出发前，商汤全副武装，当着所有将士的面，发表讨伐誓言，他说："全体将领、武士们，对夏桀发动战争并不是我的本意，但他罪恶滔天，上天把惩罚罪恶的重任交给了我们，我们必须顺应天意，替天行道。如今，即便是夏国的臣民，也是对夏桀恨得咬牙切齿，没有人愿意服从他的命令。因此，讨伐夏桀，拯救夏国人们于水火之中，是我们义不容辞的责任与义务。希望你们团结一致，服从我的命令，实现上天对我的重托，你们都会得到我的重赏的。我说话算数，决不食言，如果你们中间谁敢不服从我的命令，我将严惩不贷，绝不姑息。"

宣誓动员大会上，商汤公布了严明的军纪，还把夏桀破坏生产、盘剥民众的罪行逐一罗列出来。他还格外强调，讨伐夏桀是天命所在，是为了拯救天下黎民苍生。军队的士气因此空前的高涨。

宣誓结束后，商汤挑选出70辆装备精良的战车和六千名军人组成敢死队，同其他方国的军队一起，采用迂回战术，绕到夏朝都城西面的鸣条，准备向夏桀发动突然袭击。夏桀得到消息后，惊慌不已，连忙从各地调集军队，保卫都城。这些军队表面听从夏桀的调遣，实际上他们早就不想为夏桀卖命了。商汤的军队刚一冲过来，他们就土崩瓦解，四散奔逃，商汤带领的军队没费多大力气，就轻而易举地夺下夏都。

夏桀见大势已去，仓皇逃往南巢（今安徽巢县西南）。商汤率领军队紧追不舍，在南巢将夏桀活捉。为了赢得民心，宣扬自己宽容、仁爱的思想，商汤并没有处死夏桀，而是将他投入了南巢的大牢。不久，夏桀死于狱中。

商汤推翻夏桀的暴政，在"景亳之命"大会上，他本人获得诸侯们的拥戴，成为天下诸侯们共同的主人。于是，商汤在夏朝的基础上，建立起一个全新的强大王朝——商朝。

商汤灭夏，历史上称为"商汤革命"。从政治的角度而言，这场革命具有进步意义，开创了武力夺取天下的先河，中国历史因此变得精彩纷呈，君主不可更改的规律也由此失效。

商朝建立后，商汤总结夏朝灭亡的教训，对臣属提出劝诫：不要为了个人享受，搜刮民脂民膏，应该多为天下苍生做好事做实事。商朝的建立，不仅推动了当时社会生产力的发展，还为古文明的发展注入了新的生机。从此，中国迈入上古文明国家的代表行列之中，与古埃及、古巴比伦并驾齐驱。

汤祷桑林

商朝初年，爆发了一场严重的旱灾，时间长达七年，结果水源枯竭，草木枯死，田地寸草不生，颗粒无收，到处是一片横尸遍野的景象。商朝自上而下被这场旱灾极大地震动了。

汤亲临汝河沿岸，他看到这里滴雨未下，老百姓们为了求雨，赤裸上身、头顶香炉，在旷野上叩拜，很多人在炎炎烈日下死去。

于是，商汤就命人在郊外设下祭坛，连续数日举行祭祀大礼，祈祷上天降雨灭旱。史官满怀诚意地祈祷道："是由于我们的商王不按法度办事，没有节制吗？是我们让人民吃了苦吗？是官员们有收受贿赂的行为吗？是有小人在传播谣言吗？是有女人干预朝政吗？还是宫殿造得过大过漂亮了？那为什么还不赶快降雨呢？"

为了求得上天的雨露，在汤的授意之下，史官每天都进行祭祀，苦苦祈求，但始终未能打动上天，上天依然未能降下一滴雨来。商汤为了能帮百姓求雨，没有理会随从的阻拦，也赤膊跪了下去。但跪了许久，依然是烈日当头。

商汤觉得可能是上天认为他为民求雨没有诚意，就命令史官重新选址设坛进行祭祀。这次，他在一座树木繁茂的山上选了一个名为桑林的地方作为祭祀地点。史官们占卜后说："这次祭祀不仅要用牛羊作祭品，还要用人祭奉上天。"

商汤沉思片刻后说道："我本就是为民而祭祀祈雨，又如何能够拿我的子民作祭品呢？就拿我作为祭品来祭祀上天吧！"

说完，他剪掉头发和指甲，洗浴净身，然后让人将用来祭祀的柴火堆成一堆，并告诉拿着火种的随从："假如到了午时三刻，仍未降下一滴雨，这就说明我惹怒了上天。到时，你立刻让柴堆燃烧起来，我心甘情愿用我的性命为民求得一场雨。"

然后,他端坐于祭台上,对上天祈祷道:"苍天啊,求求你发发善心,救救我的黎民百姓吧!我一个人的罪过,不能让万民来替我承担。万民有罪,都是我一人的罪过。不要因为我一个人的无能,而给万民的生命带来伤害。"

时间很快就到了午时三刻,就在随从即将点火之际,只见天空霎时间乌云密布,大风骤起,伴随着电闪雷鸣,一场及时大雨落了下来,将河道、沟渠都填满了。雨过天晴后,人们向汤施以了最隆重的礼节,并为他欢呼。这便是有名的"汤祷桑林"。

从此之后,商汤的圣人之德为天下人所知。相传商汤求雨的高台就位于现在河南汝阳的圣王台村。

伊尹流放太甲

太甲是商王朝的第五任国君,商汤的嫡长孙。相传太甲学习的《伊训》《肆命》《徂后》等均为伊尹亲笔所作,他这样做的目的是希望将太甲培养成一个明君。

在《伊训》中,伊尹以商朝先王所取得的丰功伟绩来教育太甲,希望他不要贪图享受,学习爱敬之法来陶冶性情,树立德行。《肆命》则是教人辨别是非的道理,它将应该做的事和不应该做的事阐述得一清二楚。文中还说天命无定数,规劝太甲要培养品行、陶冶情操,防止堕落。《徂后》主要说的是商汤时期的法律制度,伊尹在文中告诫太甲务必要从历史中吸取经验教训,要遵循先祖订立的规矩办事,不可以违背祖训,肆意妄为,不要重演夏朝亡国的一幕。

起初,伊尹的教导和文章还是挺有效的,太甲也可以做到按祖规办事,态度十分恭谨。然而到了第三年,太甲看到天下归一,得意忘形起来。开始把伊尹的告诫当成耳旁风,甚至还效仿桀用凶残的方法欺压百姓,与商汤的做法背道而驰。因此,民怨之声不绝于耳。

伊尹显然不会眼看着商朝民心尽失,汤王亲手建立的王朝毁在太甲手中。他先苦口婆心地对太甲进行劝说,希望太甲注意反思自己的言行。但当他发现劝说无用后,遂将太甲赶下了帝位,并将他流放到了商汤坟墓所在的桐宫(今河南偃师），希望他认真反思自己的所作所为，学习先祖关心百姓疾苦、胸怀仁爱的品德。

　　流放桐宫的日子里，面对先祖商汤的丰功伟绩，太甲心情十分矛盾，憧憬的同时又充满了愧疚。在对自己过去的行为进行反省时，太甲的愧疚之情越发深重，他决意改过自新，弃恶从善，广行仁政。从此，太甲像换了一个人，他无时不在向祖父学习，竭力去帮助老弱孤寡，他办事风格也变得严厉、迅速起来。这以后，他再也没有做过一件违反祖制和朝廷法律的事。

　　在太甲流放的过程中，伊尹始终留意着太甲在桐宫的一举一动。三年后，伊尹看到太甲已经洗心革面，心中非常高兴，于是他又率领群臣亲自将太甲迎回了商都亳城，并将王权庄重地重新交给了太甲。有了前车之鉴，太甲办起事来始终遵循着商汤传下来的法度，认真听取群臣的忠言良策，大小事情都处理得井井有条。这时的商朝，政通人和，诸侯臣服，人民生活安定，重现了商汤之风，商朝由此走上了稳定发展的道路。相传太甲去世后，伊尹还专为他写下三篇《太甲训》，文中对其进行了称颂，还尊称他为太宗。

　　伊尹在手握国家大权和君王命运时，却可以抛开个人私欲，公正地看待君王，做到一心一意为国家、为百姓谋福利，所以他无愧为中国历史上的第一贤相。以伊尹为开端，忠、正、勤、智、柔便成了中国宰相的优良品德。

太戊中兴

　　太甲去世后，商朝又先后经历了沃丁、太庚、小甲、雍己四任商王的统治。这一时期，商朝开始衰败，一直到太戊即位，起用伊陟、巫咸二人处理国事，商朝才又出现繁荣局面，政治清明，百姓安乐，各小国重新臣服。这是太甲之后商朝政局最好的时期，所以太戊又被商人称为"中兴之君"。

　　太戊登上王位，起用伊尹的儿子伊陟为相。太戊从小生活在钟鸣鼎食的帝王之家，继承王位时还是一个愣小伙子，所以整天只图安逸享受，不勤政事。当他执政到第七年时，王宫庭院中长起了一棵构树，这本无特别之处，但在桑树下又长了另外一棵树，而且它长得很快，七天就已经很大了。由于自然知识的缺乏，人们就将它看成是妖魔鬼怪。太戊顿时心生畏惧，觉得上天要给他降下一场灾祸。

正当太戊为妖树的出现而发慌时，大臣伊陟抓住机会规劝太戊："臣听说妖怪赢不了德行，可能是大王在处理政务时存在什么违背道德的行为，因而才引出了妖怪。假如大王善政修道，以德治民，灾祸自然就消失了。"太戊觉得伊陟的话很对，真就改过自新了，从此在治理朝政上变得十分勤奋，此外他还广修德行。实际上，这种非正常生长的共生树木，长到一定程度是会自然死亡的，而太戊却认为这全是因为自己修德治国，用德行将妖怪压下去了，因此他更加勤于政务了，也更懂得体恤百姓了。太戊由是对伊陟充满感激之情，还在祭祀先祖时赞扬了伊陟，他计划给伊陟以更高的礼遇，而不只将其看作一名臣子了。而伊陟非常谦虚，继续全心全意为国家服务。

根据古书记载，太戊是商朝执政最长的君王，执政时间长达七十五年。他在位时勤于政务，注重修德，治国安民，很有作为。他大力治理朝政，很多小国又归附商朝，商朝因而出现了中兴的局面。因此，为纪念他为商朝所做的贡献，太戊被后人称为中宗。

盘庚迁都

商朝是个奴隶制国家，拥有雄厚的实力。但从商王中丁之后，作为统治阶级的奴隶主贵族之间的矛盾凸现出来，这导致商朝政局发生了剧烈的动荡，商朝对外也慢慢失去了控制力，原本归附于商的各方国，都摆脱了商的控制，商朝国势日渐衰微。

约公元前1324年，阳甲死后，他弟弟盘庚继立为帝。盘庚名旬，生卒年月不明，祖丁是其父，阳甲是其兄。

盘庚是商代第二十位君王，继位时商国都曾5次迁徙，盘庚继位时商王朝已形成政局混乱，统治阶级豪华奢侈的局面，王朝的统治出现了危机。国势衰弱的一个重要原因是争夺王位的内部斗争所造成的。商朝建立后，嫡长子的王位继承制还未确立。商王死后，王位一般由其弟继承，没有弟弟才传给儿子。商王又实行多妻制，一个商王生许多儿子。这样兄弟多，为继承王位，争夺不休。自中丁至阳甲九个商王，为争王位，造成九世混乱，以致诸侯不来朝贡。盘庚继位后，盘庚提倡节俭，改良风气，减轻剥削，施政有略，为缓和内部矛盾，使商朝强大，他决心迁都至殷地。那里原来就是殷氏子契一族及先祖商汤居住过的地方。因此那地方也称殷地。由于殷地土地肥沃同时可避开山东水患,有利于农业生产。客观上,暂时缓和了长期以来尖锐的社会对抗和阶级矛盾;另外,迁都到一个新的地方,就会形成新的气象,开始一种崭新的生活,这对于那些不富裕的人而言,也会寻求到新的希望和机会,不定会弄出什么花样儿,从此改变自己的命运。

盘庚要迁都到殷的消息传出后,引起了社会上的一片混乱,不愿迁都的贵族大臣乘机四处造谣,搬弄是非,煽动反对迁都的情绪。盘庚力排众议,说服反对者,带着奴隶主贵族和臣民们北渡黄河,将都城迁至殷(今河南安阳市小屯村)。到了一个新地方,老百姓生活肯定有些不便。贵族们又乘机起哄,煽动大家搬回老家去。盘庚毫不退缩,他发表了一篇措辞强硬的训诰,指责了那些闹事的贵族。过了几年,局面才安定下来。

盘庚迁都至殷后,二百多年间一直没有再迁都,因此商又称作殷,也称殷商。对于商王朝而言,盘庚迁殷是一个划时代的事件。迁殷以后,商朝国势迅速上升,特别是武丁继位后,任用甘盘、傅说为相,巩固了殷商王朝的统治,使商朝到达鼎盛阶段,史称"武丁中兴"。

盘庚迁殷是我国文明发展的一座重要里程碑,它使内忧外患的商王朝成功摆脱了困境,亦使盘庚的王权得到了巩固。从此商王朝社会稳定,社会生产力和生产技术得到了很大的提高,一度出现"百姓由宁,殷道复兴"的政治局面。商王朝在之后二百多年都以殷为都,殷也成了商的代名词。

武丁举奴为相国

商王武丁,是商朝第二十三代帝王。武丁继位之初,朝政已经衰败。他立志复兴商王朝,又苦于手下缺少贤臣。现任官吏,多为平庸无能之辈,无法帮他实现振兴的理想。为此,他决定用三年时间来做社会调查,以了解国风民情,物色治国贤才。

三年中,武丁先是仔细考察了贵族状况,接着又对下层劳动民众进行了考察。终于在诸多筑城的奴隶中,武丁发现了一位贤人。他决定把这位贤人请出来,帮助自己治理朝政。这位有才能的奴隶,就是后来为振兴商王朝做出不少有益事情的贤相傅说。

奴隶社会等级森严，贵族与奴隶间存在着不可逾越的鸿沟。为把傅说从奴隶提拔到宰相地位上来，商王武丁煞费苦心。他编造了一个假说，说他夜里做梦，上帝赐予一个贤臣。在一次早朝之后，他对群臣说明了夜里梦中上帝赐予贤臣之事。他先是详细描绘了"梦中贤人"的身材、相貌，然后遍观朝中众臣面貌，无一类同。于是，便派使者四处寻找。几天过去，各路使者相继回来报告，说没有找到商王梦见的贤人。最后，只有到傅岩地方访查的这路使者报告说，见到有一人相像，但却是一筑城之奴隶。武丁便亲往验证，一见傅说，便高兴地说，就是他。武丁在原先访查的基础上，和傅说又进行了一次长谈，越加感到傅说果然贤能，就举傅说为相，负责治理朝政大事。

原来，傅说本为贤士，隐身于筑城奴隶之中。筑城之处，多有贤才栖身，故称为圣人窟。因其住地名傅岩，便借地名为姓而隐居。傅说被武丁擢拔为相后，辅佐武丁，整顿朝政，加强教化，安定民心。仅用三年时间，便使国家兴盛起来，重新出现了商朝开国明君商汤时的大治局面。

武丁擢用傅说，如此得力，当然十分高兴。但他并不满足，更进一步访查，又得到了另一位贤士名叫祖己，也委以重任，让祖己和傅说共同治理朝政。

商王武丁举奴隶傅说为相，从而使商朝中兴之事，千百年来，一直传为美谈。武丁选拔贤才的独到之处，就在于他能亲自深入下层，遍访贤能；经过认真考察，只要真有才能，便不论出身贵贱，坚决提拔重用。这在奴隶制社会中，在社会等级森严的情况下，尤属难能可贵。故后来的史学家评论这段历史时，都称赞武丁为中兴之君。

武丁中兴

武丁是盘庚以后最贤明的君王，当时农业兴盛，百姓生活富裕，国库充盈，这为武丁发动对不归附部落的讨伐战争打下了牢固的经济基础。

在商朝北方草原地区，有一个游牧部落叫作鬼方，他们常常对商的管辖区域进行侵扰。武丁亲自领兵出征，经过三年的讨伐，终将其平定。

北方的另外两个游牧部落工方和土方，抓住商朝发生"九世之乱"的时机，快速扩展自己的势力。他们为了抢夺大量的生活资料，频繁对商朝属国进行侵袭，商的王畿西郊也成了他们频繁进行抢夺活动的区域，这严重威胁到了商朝政权的安全。因此，武丁令武将禽和甘盘领兵对他们进行征讨，经过几年的战争，商朝终于收服了工方和土方，由此，他们的领地也划入到了商朝的疆域之中。

西羌也是武丁讨伐过数次的一个古老部落，武丁将战争中俘获的战俘，当作"人牲"用来祭祀鬼神。

在商朝的南方地区也存在着不少的方国、部落。位于江汉流域的"荆楚"是其中较为强大的一个。相传，商族武士在武丁的带领下，来到荆楚的腹地，并最终击败了荆楚。商军不仅俘获了大量的荆楚人，还灭掉了这个方国。至此，商朝版图进一步扩大到了江汉流域。

商朝有两个方国叫大彭和豕韦。河亶甲时期，他们的国力大增，因而就不想再臣服于商朝，还中断了对商的朝贡，结果最后为武丁消灭。战场上的节节胜利，使商朝的势力在四方都得到了扩展，商朝也在此时达到了顶峰，因此历史上称这一时期为"武丁中兴"。

武丁统治时间长达半个多世纪，在这个时期中，虽然商朝重新走上了中兴之路，并取得了极高的成就，但盛景背后，却是沉重的兵役、徭役和贡赋，包括奴隶在内的人们被迫进行了反抗斗争，从而暴露出商朝潜在的社会危机。

女将军妇好

妇好，生卒年代不详，是武丁三个妻子中的一个。她不仅长得清秀端庄，而且性格豪爽，武艺高强，懂得用兵之法，能够领兵打仗，为商王朝的巩固和发展立下了赫赫战功，因此最受武丁喜爱。妇好的名字最早见于《殷墟甲骨卜辞》。据考释，辞中的"妇"字，专指商王的妻子，"好"字是她的名字。由于"辛"是妇好的庙号，因而她又被商朝的后人们赋予了"母辛""妣辛""后母辛"的尊称。

武丁时期，商朝的军事力量最为强大。武丁以频频的征战使商朝的领土面积翻了几番，而统率军队南征北战的正是妇好。甲骨文记载，某年夏，商朝北部边境出现战事，双方形成对峙局面。妇好挺身而出，主动要求前去征战。武丁迟疑不决，在对此战占卜之后，方才接受妇好的请求，派她出战，最终取得了胜利。

在商朝的东南方，有一个称作夷的国家。夷国实力一般，可也偶尔会对商朝领土进行侵袭，杀人越货。于是妇好受武丁之命前去征讨。妇好来到前线后，并没有立即起兵攻打夷，而是先悄悄刺探对方军情，等待良机到来后，才发起进攻。此仗过后，夷国再不敢挑起事端了。地处商朝西南方的巴方，与商朝战争不断。一次，武丁亲自率军出征，战前他与妇好商量好计策，由妇好领兵设下埋伏圈切断巴军退路，自己率精兵对巴军实施突袭。巴军在商军的突袭之下，阵脚大乱，还未来得及交战就溃败了。妇好所设的伏击圈又给予巴方逃兵迎头痛击。结果，商军在此战中全歼巴军，西南部边境至此彻底安定下来。这次战役可能是中国历史上最早的有文字记载的"伏击战"了。

妇好作为一位能征善战的女将领，曾经多次参加对外作战，见于《甲骨卜辞》的就有伐土方、伐姜方、伐巴方、伐夷等。在这些战争中，妇好常常担任商军的最高统帅，率领千军万马作战。

商朝时对周围方国或部族作战，一般发兵3000～5000人，如武丁三十年的七、八、九三个月间，敌方数次侵犯，商王朝7次发兵相抗，其中6次为3000人，一次为5000人。从《卜辞》记载看，商后期只有一次特大规模的军事行动超过了10000人，这就是武丁时期妇好征伐姜方的一次战争。以13000人的军队出征，战争的规模已是极大，而且姜方远在西北，调拨粮草、输送粮草都非易事，妇好荣膺统帅之职，说明她的指挥才能受到武丁的器重。

妇好既是一位威慑敌胆的女将领，又是一位深受宠爱的王妻。没有战事的时候，她经常陪侍在武丁左右，武丁也十分希望她为自己多生育王子。一次妇好怀孕了，武丁再三占卜，预测吉凶，殷殷之情溢于言表。妇好至少生育一子一女，武丁曾有意传位给这个儿子，可是他却在武丁之前就夭折了，使武丁晚年又增了一份丧子之痛。不过，在后世的王室祭祀中，这位王子也受到了与先王一样的隆重待遇。

长期的军旅生活，妇好终于累倒了。武丁尽管想了许多办法，也不能挽救妇好垂危的生命。人到中年的妇好，终于永远地闭上了眼睛。为了纪念妇好的功绩，武丁破例给她修了一个特大的墓，以丰厚的物品作为她的随葬品，还陪葬了16名奴隶。

1976年，妇好的墓被挖掘出来，人们从中找到了很多女性饰品，像精致的骨刻刀、铜镜、骨笄、玛瑙珠等，此外还有一些供人玩赏的"弄器"，像大石蝉、小石壶、石垒、石罐等，这些都体现出了妇好作为女性柔美的一面。

让人啧啧称奇的是，墓中还有很多兵器作为陪葬品，尤其是一件九公斤重的大铜钺，上面不仅有双虎噬人纹作为装饰，还刻有"妇好"铭文，因此备受人们关注。后来专家在考证之后认定，这是妇好作战时用过的兵器。这么沉的武器都能为妇好所用，充分说明她武功高强，力气过人。由于钺在古时候代表着军权和王权，这更证明了妇好女将军的身份。

由于妇好生前取得了杰出的功绩，因此武丁在她死后，命人在她的墓地上建起了一座享堂，卜辞中称之为"母辛宗"，将她的灵位与商人经常供奉的先祖的灵位放在一起，让她享受与商朝先王汤、盘庚一样盛大的祭祀礼仪，让后人一直纪念她。

祖甲创周祭

商王武丁的第三个儿子叫祖甲，祖庚是他的兄长。商朝进入鼎盛期后，由于武丁非常喜欢祖甲，有意让祖甲取代祖庚成为太子。祖甲自幼就熟知礼义大道，明白大是大非，当得知父亲有这个想法后，他就离开国都，到民间体验生活去了。

武丁去世后，王位顺利地传到了祖庚手中。祖庚有感于当年祖甲让位的行为，就将祖甲定为了自己的王位继承人。祖庚在位时间大约有7年，期间他政绩平平。祖庚病逝后，祖甲才回到王宫登上了王位。

由于祖甲有过民间生活的经历，所以他知道平民的困苦。在接过"武丁中兴"的事业之后，祖甲进行了拓展。他遵循礼制，对奴隶主贵族压榨、搜刮人民的行为加以约束，他甚至对《汤刑》做出改动，用严厉的刑法来约束不肖子孙。祖甲可以说是一位开明、仁孝的奴隶制君王。他执政三十多年，期间商朝经济、文化繁荣，国家昌盛，青铜文化也日臻完善；四方诸侯无论远近都会向商纳贡；百姓生活安定，因而这段时期也是商朝历史上政治清明、社会兴盛的一个阶段。

祖甲时期，商人普遍用祭祀的方式来感念先人的功德。可是由于当时祭祀之礼并没有对祭祀对象的次序做出明确的规定，所以祭祀起来总是显得杂乱无章。为解决这一问题,祖甲创立了"周祭"之法。它的具体内容是:以每年第一旬甲日作为开端,依照商王及其法定配偶世次、庙号的天干顺序进行祭祀,祭祀方法共有三种。

旬是周祭的单位,十日为一旬,周祭按照王、妣庙号的天干顺序进行。献祭那天的天干必须要与庙号相符,例如:第一旬中甲日、乙日、丙日应分别祭祀上甲、报乙和报丙,这样一直到癸日祭示癸;第二旬的乙日、丁日分别祭太乙(汤)和太丁;第三旬里甲日和丙日分别祭太甲和外丙。这样按旬祭祀直到祖庚。从上甲到祖庚,用一种祭法祭完要九旬。之后,再换成另两种祭法分别进行遍祭,全部祭完,周祭才算结束。

周祭法进一步规范了商人的祭祀体系,因而在商朝后半期流行开来。周祭法最大限度地反映出了中国上古的祖先崇拜制度和宗教制度。在上古文明中,各大民族都拥有自己的祭祀系统,周祭法作为中国古代社会所专有的祭祀体系,与古巴比伦、古埃及的祭祀法都是不一样的。

武乙射天

武乙是商王康丁之子,姓子名瞿。康丁死后,武乙成为新的商王。在他执政初期,商朝国势衰落,其相邻的方国则壮大起来,其中东夷的势力甚至扩展到了中原地区——这里本是商朝统治的中心。根据《后汉书·东夷传》的记载,武乙时期,"东夷寖盛大,分迁淮岱,渐居中土"。

为巩固政权,武乙决定出兵,对周边的方国发动战争。周王季历听说此事后,也派部队参与了武乙的征伐战。当时,商朝西部的旨方,实力较强,武乙曾经数次讨伐它,所率作战部队往往有数千人。最终,武乙平定了旨方,两千多旨方俘虏大部分沦为了奴隶。此外,武乙还曾武力收服了南方诸侯国归(今湖北秭归县境内),并对其居民进行了大肆杀戮。

凭借周侯季历的协助,武乙逐一平定了那些闹了许多年的反叛方国,商朝统治因此逐渐稳固下来。

由于武乙统治时期,商朝已经走在了由盛转衰的道路上,因此商朝的政治观念和礼制也出现了不小的改变,传统的天神观念遭到了猛烈的冲击,武乙本人就是攻击天神的代表。

那时，商人非常崇信天帝和鬼神，巫教因此拥有了很大的势力。卜官们常常通过占卜、祭祀等活动对君王的言行加以约束，但武乙却对此不屑一顾，他坚信唯有武力才能帮助他支配天下，因此他千方百计对巫权进行打击。

一次，武乙令工匠雕了一个木偶。它衣冠整齐，表情威严，武乙称其为"天神"。他令一名卜官替"天神"和他赌博。由于卜官畏惧武乙，所以处处让着他，次次都惨败给他。结果，武乙在连赢三局后，手指木偶笑道："你是天神，如何会输给我呢？这样没用，还配得上'天神'的称呼吗？"于是，他令人摘下木偶的衣冠，对它进行鞭打、羞辱，最后将其损毁。

武乙似乎还未尽兴，他了解到天神都生活在天上，就非常想同天神打斗一番。尽管他贵为君王，但对他而言，天依然是无法触及的，因此很是烦恼。这时，一个近臣想出个办法，说："大王您想和天搏斗，不妨用兽皮做一个皮囊，里面盛上血，再将它挂到高处。然后大王仰面向它射箭。大王这一射，就是射天。如果上天显灵，一定不会让皮囊被射破，让血流出来。"

武乙听了大喜，就立即令人做了一个皮囊，并将动物的血充进去，然后把皮囊挂于高杆上。武乙还命令群臣都来看他射"天"。结果，囊破血出，武乙拿着弓放声笑道："今天，我将'天'射出了一个窟窿，但它没有做出任何反应，真是太窝囊了！"

从此以后，再没有人敢对武乙的行为指手画脚了。一系列的斗争之后，巫权被大大削弱，王权得到了大大加强。

武乙酷爱狩猎。一次，他在黄河和渭水间进行游猎时，突遇雷雨，由于没来得及躲避，被雷电击中而亡。导致武乙死亡的雷电原本只是一种自然现象，但由于此前武乙凌辱"天神"的种种行为激怒了群臣，因此，他们就将"惹怒天神而被天神诛杀"作为武乙非正常死亡的原因传播开来。

虽然武乙死后，大多数商人仍旧崇信鬼神，但以武乙"射天"等行为作为开端，商朝社会中开始出现怠慢鬼神的现象，并且这种现象还越来越突出。这是社会发展，商人认识取得进步的结果，具有进步意义。这也是商王为摆脱鬼神控制而对社会上的鬼神观念和神权势力进行的攻击。这种现象的出现也预示了商朝的神权政治在向着王权政治转化。可是由于那时鬼神观念和神权势力特别强大，这也被看成是商朝亡国的主要因素之一。

武乙是商朝后期君王中较为重要的一个，在那个鬼神观念深入人心的时代，他敢于蔑视天神，削弱神权，强化王权，并通过各种措施拯救王朝统治，虽然初衷是为自己，且效果并不明显，但依然推动了神权政治向王权政治的过渡，为后人树立了榜样。但由于他性格凶残，又贪图享乐，因此他依然被后人看作昏君。他执政时间仅有四年，因此其影响力主要体现在社会观念上。

帝乙征夷人

武乙死后，他的儿子文丁继位为王。由于武乙的骄恣，周围各国和商王朝的关系已经十分紧张。这时，地处东方的夷人已经十分强盛，逐渐由江淮流域向中原地区发展，对商王朝造成了极大的威胁。文丁不得不着手进行对付东方夷人的准备。

文丁死后，他的儿子帝乙又继续做对付东方夷人的准备。他首先对商军进行了严格的训练，同时使用威胁利诱等各种手段稳住了西方和北方各国，然后和东方位居要冲的攸国建立起牢固的同盟关系。为此，帝乙花费了九年的工夫。

帝乙九年二月，商王国的东土刚入初春，寒气仍然有些逼人，商周的军队已在陆续开往东方。突然，夷人向商军展开了声势浩大的进攻。前方的消息传到了商王的宫廷，帝乙立即派出大批援军奔赴东土，拦截夷人的进攻。

浩浩荡荡的商军经过连续数天的急行军，刚刚走到盂（今河南睢县附近），夷方已由左右两边迂回到了这里，对商军进行了截击，商军伤亡惨重，退了回来。

帝乙接到商军在盂遭到夷人袭击的消息，连夜调集了商国的全部人马，迅速向东进发，迎击夷人。在帝乙的亲自指挥下，会合了退下来的商军，在盂与夷人展开了激战，一举攻下了盂，击败了投靠夷人的盂方伯炎的军队，取得了决定性的胜利。夷人在盂吃了败仗后，只好迅速退回东方，向帝乙求和，双方暂时休战。

经过这次交战，商军的士气大振。帝乙根据和夷方交战中的经验教训，又对商军作了一年半的休整训练，商军的作战能力更强了。

帝乙十年九月甲子（甲子是干支纪日的第一天）这天，帝乙把商军集合在宗庙前，亲自在宗庙中举行了隆重的祭祀，用龟甲牛骨卜问了吉凶，然后命令

军队向东方展开了全线进军。

这一年是闰九月。到了闰九月癸亥这天,帝乙率领的商军已经占领了东方前哨的顾(今山东范县东南)。经过大约六天的激战,夷人战败,退守东方。商军乘胜追击,在十一月辛丑日,商军收复了故都商(今河南商丘),受到当地人民的热烈欢迎。

商军在商丘休整了几天,补足了军需,于十一月癸卯日又继续挥戈东进,经过27天的行军与战斗,终于来到了它的东方盟国攸。攸国国君攸侯喜,把商军迎入城内,两军会师,准备一举彻底击溃夷人的防线。

商、攸两国的军队在攸进行了10天的准备,然后开赴前线,当夜驻扎在夷人防线的西侧,一夜没有任何动静。原来夷人得知商、攸两国大军压境的消息后,已经望风而逃了。

八天以后,帝乙率军深入到夷人固守的新防线上,彻底挫败了夷人。夷人派使臣到帝乙的驻地前来讲和,表示愿意退守东方,永不侵扰商的东土,这场战争终于以商军全胜而告结束。

商军住下后,攸侯喜连日摆设宴席,招待帝乙,同时也拿出好酒好肉犒劳商军。这样日复一日,不觉已经到了一月头上。帝乙感到应该班师回朝了,于是告辞了攸侯喜向西撤回。

帝乙满怀胜利的喜悦,一路上不断停留,到处观赏风景,打猎游玩,足足用了73天才来到故都商丘。在商丘又停留了几天,修复了被夷人破坏的宗庙举行了隆重的祭祀,然后继续向殷前进。

帝乙一路上游山逛水,打猎围狩,直到帝乙十一年七月,才进入殷都。为了使疲惫不堪的将士们得到休整,他整整三年未再进行任何征伐。

东方的夷人自从帝乙十年被商军击败后,一直耿耿于怀,并不甘心于失败。他们联合了东方的各小国,重新聚积起力量,准备发动一场新的战争。

帝乙十五年,夷人再次向商的东土发起进攻。消息传到殷都,帝乙再次重整旗鼓,率军向东方挺进。由于商军已有与夷人作战的经验,两军交锋后,夷人又惨遭重创。商军乘胜追击,直追到远在东方的齐(今山东临淄一带)地,赢得了彻底胜利。

帝乙经过两次对东方夷人的征伐,深深感到东方是一个必须认真对付的忧患,决心在靠近东方的沬水北岸,建起一个陪都,这就是有名的朝歌(今河南淇县)。

商纣王荒淫亡国

自商王朝建立以来,奴隶和平民群众反抗奴隶主贵族的斗争就从未停歇。到了商纣统治时期,阶级斗争更为激烈。

公元前1075年,帝辛继位。他不仅将殷都扩大至沫邑,还大建朝歌,实为暴贪之君。

纣王为和妲己纵情玩乐,四处强征苛捐杂税,对人民进行盘剥,无视人民的疾苦,大搞土木工程,建起了鹿台。这座新宫修建时间长达7年,人力物力耗费巨大。鹿台高千尺,周长三里,高大雄伟,金碧辉煌。这里是纣王享乐的专用之所。

另外,在沙丘(今河北平乡东北),他还让人建造了苑囿、台榭,规模都很宏大。苑囿是他专设的皇家动物园,里面的珍禽异兽均为各地所进献。苑囿中还建有用美玉装饰的寝宫、琼室,华美而壮观。

鹿台中藏有价值连城的财物,"钜桥"中也堆积着很多的粮食,这些东西都是商纣王从人民手中盘剥、强征来的。鹿台中还有一个池子,也是他命人所挖,池底和四壁都用鹅卵石进行了装饰。商纣王让人将好酒倒入池中,并把烤肉挂成树林一般,这就是有名的"酒池肉林"。商纣王还命很多的男人、女人裸体在"酒池肉林"中通宵达旦地嬉戏打闹,从而满足自己的淫欲。因此,"酒池肉林"就成了君王荒淫生活的代名词。

在纣王肆意浪费奴隶们的劳动成果,尽情享乐的同时,人民却过着苦不堪言的生活。

纣王十分好色,他在宫中供养了大批来自民间的美女,过着荒淫的生活。当他知道九侯之女很漂亮时,就让人将她强抢到了宫中,想强迫她做自己的妃子。但九侯之女对纣王的荒淫无耻非常憎恶,不肯顺从,结果惨死在了纣王的手中。

九侯和他的好友鄂侯获悉此事后,十分悲伤。他们斥责纣王道:"你如此草菅人命,定会引起人神共愤。你会受到天下人的征讨,商朝不久就要灭亡了。"纣王听了,怒不可遏,就把他俩一个煮成了肉汤,一个烤成了肉干。

在妲己的教唆下，纣王又发明了一种新的刑罚，名叫"炮烙"，即把一些抹上油的铜柱子架在炭火上烧，当铜柱子烧得滚烫之时，纣王就让那些反对、斥责他的臣民赤脚在上面行走，没走几步，那些人就被烫得皮开肉绽，跌到炭火中去。每当见此情景，纣王和妲己不但不同情他们，还欢喜得拍起手来。

纣王和妲己惨无人道、滥杀无辜的做法让一些正直的大臣心痛万分，他们纷纷进言，希望他们有所克制，多行仁政。然而纣王不仅没有听进去，反倒用炮烙或扔进虿池的方法将他们残害致死。

见纣王越来越昏庸、残暴，纣王的兄长微子也多次入宫觐见。在劝说无效后，他携带着商族祭器无奈地离开了。此后，纣王杀害了忠臣比干，又将箕子囚禁起来。他这些残忍的行为致使人民的愤怒达到了极点。纣王已处于了孤立无援、四面楚歌的境地。不久，周武王就以替天行道为名征讨商纣。

俗话说："天作孽，犹可恕；自作孽，不可活！"数年之后，在内忧外患、众叛亲离之下，纣王变为孤主。日益严重的统治危机致使各地诸侯纷纷叛离，周边各部亦乘机内侵。纣王决定对周边各部用兵。他先集中大量兵力向黄土高原上的西北各部展开进攻，可这使东南方面的兵力虚乏，引起了东夷各部的叛离。接着，纣王又回师东向，全力进攻东夷。东夷虽被平定，并且俘获了大批夷人，但却损耗了殷商大量兵力、财力，这又加剧了人民群众的反抗斗争。而此时位于殷都以西的诸侯国——周，正在迅速崛起，商王朝的败亡已成定局。

比干剖心

比干是沫邑（今河南淇县）人，商朝贵族，商王太丁之子，帝乙的亲弟弟，商纣王帝辛的叔父。《孟子杂记》中记录："王子干，封于比，叫比干。"从中可以看出，比干并非其本名，而是因其封地在比（今山东曲阜一带）故得此名。依据商朝继承法的规定，长子登上王位后，次子会获得封赏，比干就是一位被册封的王子。

幼时的比干勤奋好学，从不懈怠。到 20 岁时，他就成为太师，协助帝乙治理国家了。帝乙病入膏肓之时，比干曾经祈求神灵护佑自己的哥哥，并许下了代哥哥去死的承诺以换得哥哥的病愈。帝乙去世后,纣王登上王位,比干倾力协助他治理国家。比干不仅提倡轻徭薄赋,积极进行农牧业生产,还倡导发展冶炼铸造业,兴国兴兵。后来,纣王残暴荒淫,强征苛捐杂税,比干数次直言进谏。

一次,纣王和妲己饮酒作乐时,看见远处有一老一少正在过河,年少的走在前面,已经成功过了河,而后面的老者则裹足不前。纣王就说,老人怕水冷而小孩不怕是因为小孩的骨髓饱满而老人的骨髓已经空了。妲己不相信他的说法,于是纣王令人抓来老少二人并将他们的腿骨劈开呈给妲己看。

妲己不甘落入下风,就宣称自己有识别腹中胎儿性别的本事。于是纣王就将一百名孕妇抓来试验。妲己命令她们先坐下然后站起来,之后她告诉纣王,左腿先抬起的孕妇的胎儿是男的,反之则为女的。纣王也不相信,妲己便让人现场剖腹验证……

目睹了纣王和妲己杀人取乐的做法,比干气得全身颤抖,他快步来到纣王跟前,当面指出了他的过错,还提出了诛灭妲己及其全族的要求。纣王十分生气,坐在那里一言不发。比干接着说道:"汤王在位时,天下发生严重的灾祸,道路都被尸体堵塞了,汤王下车用手摸着尸体而痛哭,还责备自己无德。他立刻发放粮食,救济贫民,饥者获得食物,寒者得到衣服,因此他获得了天下的颂扬。你如今的行为背离了先王的仁政,如果不改,国家就有危险了。"接着比干又将历代先王的事迹说给他听:商汤艰辛创业;盘庚搭建茅草屋;武丁与奴隶一同砍柴锄地;祖甲严于律己,为避免耽误国事,饮酒从未多于三杯……纣王虽然连连称是,但其实并未改错,反而变本加厉了。

比干回去之后,又和箕子、微子商量,让他们也去规劝纣王。次日,箕子向纣王进谏,结果却被纣王剃掉头发,投入了大牢;微子也劝说纣王,依然无用,微子不得不携带祖先的祭器离开了商。此外,还有一个叫辛甲的大臣前后向纣王进谏达七十五次,可纣王毫无悔改之意,辛甲便投奔了周文王。眼见纣王不可救药了,很多大臣也都投靠了周。

比干认为,做臣子的不可以如微子那般一走了之,即使是面对丧命的危险也要竭力谏诤。"主过不谏非忠也,畏死不言非勇也,即谏不从且死,忠之至也。"他不顾灭门之祸,接连三天进宫直言纣王的过失。

面对比干的责备,纣王哑口无言,他愤怒地喝问比干:"你为何如此不肯放弃？"比干答道："君王有谏诤之臣，父亲和士人有能直言规劝的儿子和朋友，我作为臣子，有我需要尽的大义。"纣王又问："什么是大义？"比干说："夏桀因没有实行仁政而丢掉了江山，我王也仿效他的做法，就不担心失去江山吗？我今天进谏，就是大义之举。"听完比干的话，纣王怒不可遏，他说："我听说圣人的心有七窍，你信吗？"说完，他就下令挖出比干的心。比干没有丝毫胆怯，大义凛然地面对死亡……

比干作为商朝敢于冒死直谏的忠臣，在历史上也赢得了很高声望。他同箕子、微子不遗余力协助纣王治国的事迹更赢得了人们的好评，并被载入史册，三人由此被合称为"商末三贤"。

周族兴起

周族有着悠久的历史。从夏初以来，周一直是夏王朝西部的重要方国。到夏代后期，夏王朝的统治力量逐渐削弱，西北黄土高原上的游牧部落不断南下侵扰，致使渭北平原的农业生产遭到破坏，周人的居住地也受到严重侵害。于是，在首领古公亶父的率领下，周族北迁至泾水中游一带（今陕西岐山）。通过扩大耕地、整治农田，周族的农业生产蒸蒸日上，囤积的粮食堆满粮仓。经过几代人的辛劳，周很快就发展为一个繁盛兴旺之邦。

公元前11世纪初，周族的势力已初具规模。他们一面征伐邻近小国，扩充实力，一面向东进逼。至周文王时，周已在泾渭之间建立毕邑（今陕西咸阳以北），作为向东扩展的前哨。接着经过几年的征伐，周族大军又渡过渭水，灭掉亲商的崇国，占据渭南。不久，周在沣水西岸建立丰邑（今陕西西安西南）作为周都。至此，关中平原全部为周所有，号称"西伯"。周族亦在此征伐过程中，完成了由部落到国家的转变。

自周太王以来，周人始终保持淳朴的传统。周文王初即位时，勤于政事，不敢"盘于游田"。他亲自率众开垦土地，大力发展农业。同时，周文王还推行"怀保小民，惠鲜鳏寡"的政策，以缓解国内的阶级矛盾。此外，周文王还礼贤下士，广罗天下人才。其中一生穷困潦倒的姜尚，被周文王重用，成为周国军师。他辅佐文王、武王，屡建奇功。

周国占据关中平原后，其势力很快就扩展到河东地区。周文王调和了虞

(山西平陆东北)、芮（山西芮城西）争夺田地的纠纷，河东地区的众多小国因此纷纷归附于周。河东地区与关中平原紧密相连，成为周灭商的战略要地。周沿河东出河南和河内，一度攻克太行山上的黎，直接威胁到殷商。

后来周国的势力又进一步扩大，西南的大部分邦国和少数民族部落都归顺于周。这对正处于内外交困的商王朝来说，构成了极大威胁。周、商之间的冲突日益加剧。

综上所述，文王时期的周社会经济有了很大的飞跃，阶级关系急剧变化，军事实力大增。周逐渐成为一个强大的奴隶制国家，基本完成了"翦商"的各项准备。

圣母太姒

西伯姬昌的夫人太姒姓姒，出身于有莘国的显贵之家。她深明大义，仁厚温和，知书达理。太姒不仅生得貌美如花，还心灵手巧，她能纺出又匀又细的线，织出又平又展的布；她以助人为乐，无论哪家有事都愿意相帮；她对老人非常恭顺，老人们纷纷夸奖她心地善良。另外，太姒勤俭节约，从不浪费。

人们交口称赞："天上的神仙究竟如何，谁都没看到过，但是太姒却是人间的仙女！"

太姒的美名不胫而走，传到了远在西岐的姬昌耳中。姬昌非常爱慕太姒的美德，便派遣使者到有莘国微服私访。

使者明察暗访，所到之处人人都夸奖太姒，没有一个人说太姒不好。

姬昌听了使者的汇报，很是开心，于是亲赴渭水去迎娶太姒。渭水无桥，姬昌便命舟舟相连，建起了一座浮桥，将太姒接到对岸，这反映了他对太姒浓厚的感情。

人们都觉得姬昌和太姒是天生一对，他们结为夫妻是老天的安排，称赞他们是"天作之合"。后来，人们在写新婚对联时，常在横批上写下"天作之合"，就是源于此。

太姒嫁给姬昌后，仍旧保持贤良淑德，仁厚温和。她特别敬慕祖母太姜和婆婆太任的人品，秉承了她们完美的品德、操行。

她一天到晚都辛勤劳作，恪守妇道。太姒孝敬公婆，体贴丈夫，谦恭有礼，举止得体，还常抽时间去看望父母，宽慰老人。每次回娘家，她都预先请女先生告知姬昌。总之，太姒用妇礼妇道教育、感化天下，被世人尊敬地称为"文母"，姬昌主外，文母主内，夫唱妇随。

太姒一共生了十个儿子，长子伯邑考，次子武王发，三子周公旦，四子管叔鲜，五子蔡叔度，六子曹叔振铎，七子霍叔武，八子成叔处，九子康叔封，十子聃季载。

太姒教子有方，是个成功的母亲，她的儿子正直善良，没有搞过歪门邪道的事情。儿子成人后，文王又接着教育他们，培养出武王、周公这样的圣主贤臣。

曾有周朝人赋诗称颂太姒的美德：

思齐大任，文王之母。

思媚周姜，京室之妇。

大姒嗣徽音，则百斯男。

大意是说：太任雍容仪态端，文王慈母真圣贤。太姜高贵又美丽，王室宫中美名俱。太姒继承好名声，养育百儿王室兴。

太姒秉承了太姜与太任的贤淑，她用妇道来感化教育天下，帮助文王、武王、周公成就了宏图大业。周朝王后母仪天下，其绝代风范，的确是旷古未有，流芳百世。

渭水垂钓

姜尚（约公元前1156～约前1017年），名望，字子牙，出生于东夷。相传，姜尚的祖上是贵族，在舜统治时期当官，因有功被封到吕这个地方，也就是今天的河南南阳，因此又称为吕氏，叫姜尚。后来家世败落，到姜尚出生时吕氏已沦落为贫民。为了糊口，姜尚年轻时曾在商都朝歌（即今天的河南淇县）宰牛卖肉，还到孟津（即今天的河南孟津县东北）当垆卖酒。他虽然贫困，但穷且益坚，一直都勤学不辍，孜孜不倦地钻研、探求兴国安邦之道，希望终有一天能施展抱负、建功立业。

当时，殷商大国日渐没落，由盛转衰。殷纣王荒淫无道，奢侈腐化，致使吏治腐败，经济萧条，社会黑暗，民怨沸腾。而西部的周国因为西伯昌励精图治，施行仁政，大力发展经济，实行勤俭建国和裕民的政策，遂至人心稳定，政清治明，国力日渐强盛，四方的诸侯闻风归顺。姜尚胸怀大志，学富五车，有经天纬地之才，他听说西伯姬昌求贤若渴，广纳贤才，便果断地离开无法施展抱负的商朝，来到渭水之畔的西周境内，终日垂钓，冷眼旁观世事变换，伺机出山。

关于西伯昌聘请姜太公，就有一段传奇故事：西伯昌做了一个梦，梦见天帝穿了一身黑袍，站在一个渡口，一位须眉雪白的老人站在他的身后。天帝说："昌，我赐给你一个好帮手，他的名字叫作望。"西伯和那个老头刚要向天帝倒身下拜，就醒了。从此，西伯在出外游玩、打猎的时候，特别留心观察，总想找到他梦中见到的那位贤人。

有一次，西伯又要出去打猎，出发前，太史卜了一卦，对西伯说："预兆大吉大利。"

西伯问："今天能打到什么东西呢？"

太史吟唱道："在渭水边上打猎啊，收获可真不小，不是龙啊不是螭（古代传说中类似龙的黄色怪兽），不是熊啊不是罴（熊的一种，也叫人熊），不是虎啊不是貔（古代传说中类似熊的一种猛兽），得到的乃是国君的帮手，治国的人才。"

西伯听了非常高兴，率领一班勇士出发了。那时候的渭水流域，草深林密，野兽极多。勇士们在林中布置好围猎点，就开始轰赶野兽，箭射斧砍，猎获无数。打罢猎，这一行人沿渭水慢慢行走，来到了蟠溪。那里林木稀疏，幽雅静寂，一股山泉蜿蜒曲折，发出了清越的水声。溪边有块大石，一位鬓眉银亮、长须飘拂的老人，正仪态悠闲地坐在石头上钓鱼。旁边人声沸腾，车马喧哗，他充耳不闻，目不旁视，只管钓自己的鱼。

坐在车上的西伯眯起眼睛，仔细打量这个老头，发现他的样子、风度，竟和他在梦中见到的那位老人一模一样。老人对西伯昌等人视而不见，全神贯注地坐着钓鱼，同时喃喃自语。

西伯昌非常讶异，便走下马车，来到老人身旁。他仔细一听，更是奇怪，老人念念有词："上钩啊！上钩啊！愿意来者快上钩。"西伯昌再看向水中，发现老人的鱼钩是直的，光秃秃的也没有鱼饵，而且远离水面。西伯昌感觉这老者不是凡人，便和他攀谈起来，才知道这老者叫姜尚。西伯昌发现姜尚满腹经纶，谈吐不俗，天文地理、时事政治、兵法谋略无所不通，无所不晓，简直是个奇才。西伯昌虚心向姜尚请教兴国安邦之道，姜尚马上提出了"三常"之说："一曰君以举贤为常，二曰官以任贤为常，三曰士以敬贤为常。"大意是说，要兴国安邦，必须以人为本，靠人才兴国，发现人才，尊重人才，任人唯贤。西伯昌听后非常欣喜，喜出望外地说："我祖父生前曾对我说'有朝一日，肯定会有个旷世奇才助你完成大业'，您便是我祖父所说的、我一直在期盼的那个奇才啊！"说完就邀请姜尚同他一块乘车回宫，谋划治国兴邦的千秋大业。由于姜尚是古公亶父早就占卜出了的奇才，因此被大家尊称为"姜太公"。

姜尚是个杰出的军事家。为了兴周灭商，他不负厚望，制定了一系列优秀的内政外交政策：对内，推行轻徭薄赋等一系列经济政策，农民帮助耕种公田，缴纳九分之一的赋税，八家各分私田百亩，大小官吏都分有土地，并可传给子孙，当作俸禄，这些政策都极大地促进了生产的发展，奠定了伐商的经济基础；对外，姜尚实行韬光养晦的策略，表面上事商甚恭，用来打消纣王的戒心，暗地里却招揽邻国，慢慢笼络、瓦解商朝的盟邦，以剪除商朝的羽翼，使商朝陷入孤立无援的困境。在姜尚的精心谋划下，越来越多的诸侯国和部落前来归顺周朝，周文王渐渐占领了殷商王朝的大多数领地，开创了"天下三分，其二归周"的局面，给最后消灭殷商完成统一大业，创造了良好条件。

观兵孟津

周文王去世之后，次子姬发继位，是为武王。周武王继位后，殷之叛国越来越多，商王朝内外交困，由周代商而王天下的形势已经形成。在这样的形势下，周武王扩建都邑，将都城从沣水东岸迁至镐京。

在兴兵伐纣前，为了试探其成功的可能性，周武王于公元前1059年10月初举行大规模军事演习。武王为这次演习煞费苦心。为了激励士气，完成演习，他专门派人制作木质的文王令牌佩戴于身，向外发出此次演习并非自己擅作主张，而是奉"文王遗命"。此举不但激励了全军的将士，亦使武王本人的自信心得到了提升。另一方面，武王严明军纪，制定奖罚制度，希望众将士能够像对待战争一样来对待此次演习。

周武王带着大军,顺利地来到黄河南岸的孟津(今河南孟津县东北,孟州市西南),停了下来。这一带地势平坦,是沟通黄河南北交通的重要渡口。隔河相望,对岸就是殷王朝的直接统治区。

姜尚左手握着黄斧,右手挥动装饰着白色牛尾的指挥杖,威严地宣布:"黄河里有一种怪兽,如果谁在渡河时迟疑不决,动作缓慢,它就会把谁的船顶翻。你们快整顿好队伍,备好船、桨。谁晚到对岸,就以军法处置!"

周军聚集在孟津的消息迅速传开了,邻近大小部族的首领们纷纷赶来。他们平时深受商王朝的压迫,财物、奴隶被抢走,心里自然恨透了商朝的统治者。可他们谁也吃不准周人到底有多大力量,所以有的是实心实意想来帮助周人,有的只是来探探消息,摸摸虚实。可不管怎么想,他们都极力怂恿周武王渡河一战。

别看周武王年轻轻的,可考虑事儿还挺仔细。他想,既然这些部族都知道他来到了孟津,那么殷人一定也有所准备了。虽然殷人内部搞得乌烟瘴气,但到底是个统治天下多年的大国,力量很强,兵马众多。周人这边呢,势孤力单,没有什么同盟军。这些诸侯、首领们,话虽说得好听,可没有人带来实实在在的人马,要打赢这一仗,看来是很不容易的;要是给殷人打败了,他们还不是躲在一旁看笑话吗?

想到这儿,周武王微微一笑,高深莫测地说:"诸位想错了。你们还不知道老天的意思,现在还不到灭殷的时候呵!我这次来孟津,不过是'观兵'罢了,并没有渡河的打算。"

此次观兵,虽没有直接兴兵伐纣,但却对外彰显了周军的军事规模以及作战能力,亦使周军将士的士气大增。此外,孟津观兵还动员了各地诸侯,使其与周建立联盟,巩固了翦商的军事势力。因此,"孟津观兵"意义重大,可视为武王伐纣的序幕。

牧野之战

武王伐纣时,发生一次著名的战役,称为"牧野之战"。当时,周武王带领的军队在商都的郊外牧野布好阵,并进行庄严的誓师,历史上称之为"牧誓"。周武王在宣誓中说:"啊!众位诸侯,随军的大臣、司徒、司马、司空、亚旅、师氏，千夫长、百夫长，还有庸、蜀、羌、髳、微、卢、彭、濮等地区的将士们，请你们举起手中的戈，握紧你们手中的盾牌，高高竖起你们的矛枪，请允许我再次向各位诸侯和将士宣布我军的誓言。古人说：'唯有公鸡才会在早晨发出鸣叫，如果谁家的母鸡在早晨像公鸡一样鸣叫，预示着这家人会遭遇劫难，甚至家破人亡。'今天，商纣王昏庸无道，只听信妲己的逸言，不但践踏'敬祀上帝的郊社之礼'及'祭拜祖先的宗庙之礼'，还轻视先王的遗训，遗弃父母亲友，不顾兄弟姐妹骨肉亲情，反而庇护罪犯，委任他们为朝廷高官。我们都知道，罪犯丧失人性，不懂得体恤天下黎民苍生，他们为非作歹，想尽各种方法，来虐待和残害百姓，把朝廷内外搅得乌烟瘴气。今天，我带领大家替天行道，执行上天对商纣王的惩罚。"

誓师大会上，周武王悉数列举商纣王的种种暴行，包括他暴虐荒政、听信宠姬逸言、不尊重祖制、残害忠良、欺压百姓等。周武王列举商纣王的暴行，其目的就是激励各路诸侯和将士，在战斗过程中，要奋不顾身、勇往直前，一鼓作气推翻商纣王的残暴统治。经过周武王的战前总动员，各路诸侯和将士精神奋发，同心协力，决定打赢这场战争。

誓师以后，各路诸侯派来的参战部队，仅战车就多达4000乘。武王和姜尚果断做出决定，率领三军前进到距离朝歌只有70里一个叫牧野的地方安营扎寨，稍做整顿和休息，然后再向商朝的国都朝歌进军。

周武王率领各路诸侯来犯的消息传到朝歌后，朝廷内外一片惊慌。商纣王万般无奈，只好仓促应战，他急忙调集亲军、侍卫，但这些军队远远不够。于是，商纣王下令打开牢门，把那些罪犯和奴隶们放出来组成临时的部队。然后，自己带着这些乌合之众，来到牧野，摆开阵势要与周武王率领的军队一决高下。他哪里知道，周武王的军队训练有素，自己临时拼凑的军队，根本没有任何战斗力。再说了，这些罪犯和奴隶们，早就恨透了商纣王，根本不愿意为他卖命。

周军休整以后，周武王号令三军，向商纣王的军队发起攻击。周军将士们听到号令后，一个个犹若下山猛虎，扑向商军。罪犯、奴隶们无心恋战，希望周武王能战胜商纣王，他们阵前倒戈，掉转矛头，帮助周军攻打商纣王的部队。商纣王的军队号称70万，双方刚一接触，便全线崩溃。商纣王见无力回天，转身向朝歌逃去。姜尚指挥三军，紧追不舍，一直追到了朝歌。殷商最后的精锐力量被灭,而万念俱灰的纣王最后自焚于鹿台,统治中原 600 年的商王朝自此败亡。

武王灭商的牧野之战是我国古代车战初期的著名战例,它结束了殷商王朝六百余年的统治,确立了周朝对中原地区的统治,开创了西周空前繁荣的奴隶制文明,也深刻影响了后世的历史进程。而牧野之战反映的韬略和作战艺术,也对我国古代军事思想的发展做出了不可磨灭的贡献。

耻食周粟

伯夷、叔齐是商纣时候的人。他们是兄弟俩,哥哥叫伯夷,弟弟叫叔齐,原来是孤竹国(今河北卢龙)国君之子。他们的父亲在位时,钟爱叔齐,有意把国君之位传给他。

孤竹国国君去世后,叔齐认为:按照宗法制度,应由长兄伯夷继位。而伯夷认为:自己若要继位,便违背了父亲的遗命,是不孝的行为。同时他又想到自己若留在国内,会让弟弟叔齐为难,于是主动离开了孤竹国。叔齐也觉得,不能因为自己而挤走哥哥,便也离开了孤竹国,孤竹国的贵族们只好拥立他们的另一个兄弟为国君。

周武王的父亲周文王姬昌在世时,伯夷、叔齐听说贤明的文王尊敬老人。兄弟二人跋山涉水,千里迢迢地来到了西岐,却正赶上西伯昌刚刚病故,新即位的武王正用车运载着西伯昌的木像,号称西伯昌是文王,浩浩荡荡出兵举行"孟津观兵"。

伯夷、叔齐听说武王率军伐商,非常吃惊,急忙赶来阻止。武王接见了他俩。伯夷问道:"不知大王起兵欲往何处?"武王说:"纣王荒淫无道,残害百姓,囚杀忠良,逆命于天。我恭行上天惩罚他的旨意,继承先王的遗志,顺应万民的要求,去讨伐纣王。"

伯夷、叔齐听了,惊恐失色,拉住武王坐骑的缰绳说:"大王,这万万使不得。您的父王死去不久,尚未正式安葬,您现在发动战争,违背了礼的规定,这是不孝的行为!纣王是天子,您是他的臣下,臣子讨伐天子,这是大逆不道的行为!如果您率军前往,我们担心,您会留下不忠不孝的罪名!"

武王的将士们听了这些话,非常生气,准备把他俩杀了。姜尚忙制止说:

"不可！这两人虽然固执守旧，但他们作为商朝的子民，忠于商朝，并没有错；再说两人一向品行高洁，是天下闻名的忠义之士，我们不可为难他们。"姜太公示意部下把他俩扶到路旁，吩咐大军继续前进。

伯夷和叔齐原本打算去西岐投靠"有道"的文王，没想到碰到了"父死不葬""以臣弑君"的武王，二人兴致勃勃而去，垂头丧气而返，懊悔自己未能阻止周武王这种不义之举，因而决定隐居于故国的首阳山（地处今山西永济），还决定一生都当殷商的遗民，而不做周朝的顺民。

伯夷和叔齐为了和周朝彻底划清界限，还一致决定，要坚持大义，发誓不食周朝的粮食。他们终日在首阳山上采薇充饥，秋季降临了，薇菜越来越少，兄弟二人食不果腹，慢慢憔悴不堪，瘦得皮包骨头。

有一天，伯夷和叔齐正在采薇的时候，碰到了一个打柴的农妇，农妇询问他们为什么采薇吃。当她听了伯夷和叔齐誓不食周粟的缘故后，或许是想奉劝两人不要钻牛角尖、固执己见，于是便恳切地对他们说："你们兄弟坚持大义，不肯食周朝的粮食，但是你们采食的薇菜也是周朝的草木啊，就不必太执拗了。"从此之后，伯夷与叔齐便拒绝采薇了。

伯夷与叔齐念及自己的身世，想到尧舜盛世早已一去不返，自己洁身自好，不想与世人同流合污，却又没有东西可以充饥，兄弟俩不禁悲从中来，万分惆怅。他们随口吟诵了一首《采薇歌》："登彼西山兮，采其薇矣，以暴易暴兮，不知其非矣，神农、虞、夏忽焉没兮，我安适归矣。吁嗟徂兮，命之衰矣。"大意是说：秋风渐凉啊登上首阳，采撷薇菜啊一充饥肠。以残暴代替残暴啊，竟不知错在何处。神农、虞舜啊转眼消亡，兄弟二人啊该去何方？呜呼哀哉啊命已不长，哀哉呜呼啊人将死亡。他们兄弟二人最后在首阳山上生生地饿死了。

周公辅政

周武王灭掉商朝建立周朝，表面上看似风平浪静，实际上却激流暗涌，刚刚诞生的周王朝并不太平。在这种复杂的局势下，周武王偏偏英年早逝，朝廷内必须推选出一位德高望重的人来辅佐新即位的君王。周公是周武王的弟弟，周朝政权的核心人物，是最为合适的人选。因此，周公义不容辞地担当起大任。

周公辅政以后，广泛招揽天下人才，生怕错过一位贤者，即便沐浴的时候，只要有人前来求见，阐述治国理政的方案，即便正在洗头，也不顾湿淋淋的头发出来接见；即便吃饭的时候，听说有人来见，他会即刻吐掉嘴里的饭菜，急不可待地去接见有识之士。这就是"一沐三握发，一饭三吐哺"的来历。

周公主政第七个年头时，周成王已经长大成人，周公就把政权还给周成王，自己则回到大臣的位置上，恭恭敬敬地谨守君臣礼节。经过周公的悉心辅佐，周成王成为一代明君。在中国的皇权史上，为了争夺皇位，多次上演父子相残的血腥场面，而周公则胸襟宽广，全心全意辅佐自己的侄子姬诵，从来没有动过一丝的邪念。

周公把政权还给周成王三年后，在丰京颐养天年，可是没过多久就身患重病，临终前他说："我死了以后，请把我安葬在成周，以表达我对成王的赤胆忠心。"这是周公临终的心愿，他一生为周朝呕心沥血，鞠躬尽瘁，到死仍不瞑目，依然心系周朝，不愧为后世宰相的楷模。

周成王深知自己的叔叔功高劳苦，为周朝的巩固与发展献出了毕生的精力，万万不能让他给自己陪葬。于是，周成王一声令下，厚葬周公，让他给周文王陪葬。由于周公是周文王的儿子、周武王的弟弟，周成王把周公安葬在周文王坟墓的旁边，就是想说明，周成王从来就没有将周公作为大臣看待。这算是君王对待丞相的至高礼节了。

周公不但是一位卓越的政治家，而且还是中华文化杰出的始祖。在中国的历史长河中，周公的人品、睿智与涵养举世无匹，旷古未有。可以说，周公的不朽精神已成为中华文化的魂魄。

周公东征

周公东征发生在公元前1042年至公元前1040年间，是平定武庚叛乱及削除"三监"，征服东方诸方国的战争。周军在周公的率领下，从洛邑出发，渡过孟津，直扑武庚盘踞的旧时殷都。姜尚和伯禽，则分别率领一部分军队向东进发，切断徐戎、淮夷和奄对武庚的支援。

管叔、蔡叔和霍叔本是周武王的弟弟，由于三人的封地（邶国、鄘国、卫国）都在殷都附近，目的是监督商纣王的儿子武庚，史称"三监"。周公辅政，引起管叔、蔡叔和霍叔及其群弟的疑忌，武庚趁机发动叛乱。当时，管叔、蔡叔、霍叔虽然投靠武庚，但他们手下的军队都是周人，并不愿意造周王朝的反，也不愿意和自家兄弟打仗。所以管叔和蔡叔只能派人运送粮草武器，在物质上接济武庚。

武庚的声势虽然大，但力量分散，集中在殷都的军队人数并不多，而周军却集中兵力打殷都。殷人自己很明白，如果失败，等待着他们的将是什么命运，所以尽管周公的军队紧紧围住了殷都，他们还是拼死守城。几个月下来，双方的伤亡都挺大。

慢慢地秋尽冬来，天气冷下来了。殷人好几代以来，就染上了酗酒的坏毛病。越是有钱有势的大官、贵族，越是爱喝酒，一喝就喝个昏天黑地，烂醉如泥。

周公摸透了他们这种习气，毫不松懈地连日攻城，终于趁守兵喝得烂醉时，把城攻破了。

武庚见大势已去，只带了少数亲信向北方逃去。有人说后来周兵追上了武庚，把他杀了。也有人说武庚并没有死，而是带了那些残兵败将去和北方的猃狁族结合起来，后来成了中国北方的大患。

周公攻下殷都以后，立刻移兵攻打"三监"。霍叔见事情闹成这样，吓得魂飞魄散。他知道自己虽然没有主动帮助殷人，但过去不该听信管叔的话，在周兵前来镇压叛乱时，自己又没派兵随周公打仗。所以他赶紧到周公军前认罪。

蔡叔本来是个软骨头，一见武庚覆灭，大军压境，他也不敢抵抗，立即投降了。

只有管叔，一向心高气傲，又仗着是周公的哥哥，丝毫没有服软的意思。周公见管叔如此顽固，按捺不住心头的怒火，攻破管国以后，就下令把管叔杀了。

蔡叔是从犯，又是主动投降的，就把他流放到远方，看管起来。霍叔罪最轻，被革去国君的职位，罚作平民。三年之后，没有犯一点过失，才又恢复了他的地位。

殷地的叛乱被扑灭了,东方的战争还打得正热闹呢!殷人在东方最重要的盟友是奄国。奄是个强国,殷王朝覆灭时,有许多殷人曾逃到奄国,他们的国君又曾经竭力怂恿武庚起兵,所以奄国拿出全部力量来与周人交战。此外,徐戎、淮夷又从南边夹攻,搞得姜尚、伯禽应付不暇,非常被动。

周公平定殷地后,就立即将军队投入到了东方战场。对于周人来说,东方还是个神秘的境界。殷代诸王用了很长的时间,消耗了无数力量,才勉强征服了那里。周武王就是趁殷人在东方搞得筋疲力尽时取代殷王朝的,可他到底没敢往东伸一伸脚。如今周公要借平叛的机会,一举平定东方,不仅摧毁殷人的残余势力,而且要彻底征服东方诸国的地方势力,建立起一个统一的大王朝,这真是一个壮举,它的意义甚至超过了周武王的伐纣。所以连年轻的成王在镐京也坐不住了,亲自跟随大军向东方挺进。

东方各部族连年遭受战火的蹂躏,到了殷王朝末年,多数已一蹶不振了,哪里还阻挡得住刚刚取得大胜、锐气方盛的周军呢?周兵所向披靡,连连得胜,到了战争的第三年,终于灭了奄国、徐戎、淮夷、熊盈等族。周成王亲自下令,将奄国的国君流放在渤海边一个叫作蒲姑(今山东博兴县东北)的地方。其他小国、部族的首领,杀的杀,流放的流放;周族以及和周一起作战的其他族的贵族,留了一部分住下来,成为当地的新统治者,周成王就率领大军回京了。

周公东征的胜利,扩大和巩固了周王朝的统治。中原地区先进的文化和农业技术,在东方得到广泛传播,各地区的经济得到进一步的发展。

国人暴动

西周发展至中期以后,周王朝逐渐衰微。到周厉王时期,由于各种社会矛盾进一步激化,爆发了震惊世人的"国人暴动"。国人是指居住在"国中"的平民,也就是现今意义上的"城里人"。

周厉王的残酷暴政是暴动的导火索。他为了搜刮民财,实行独占山林川泽的"专利"政策。这样一来,限制了占"国人"多数的平民的谋生出路,引起了极大的民愤。

周厉王采取高压手段,派人监视"国人"的活动,禁止"国人"谈论国家政事，违反的人就杀头。但是，恐怖手段只能得逞一时。"国人"表面上沉默了，但内心更加愤恨。周厉王却得意忘形，对人说："我的办法消除诽谤了！"

他没料到，沉默的火山爆发了。以共伯和为首的贵族联合"国人"，包括王宫所属的工匠、卫兵全都参加暴动。周厉王仓皇出逃，渡过黄河，奔匿到彘（今山西霍县），后来就在这个地方死去。他的儿子姬静躲藏到召公家里。"国人"包围了召公的住宅，要杀死周厉王的儿子。召公无可奈何，将自己的儿子交出来，冒充太子姬静，才算了事。"国人"推举共伯和"摄行天子事"，历史上称为"共和行政"。从此以后，周天子在诸侯中的控制权开始动摇了。

"国人"暴动说明西周阶级矛盾的尖锐化。周朝长期的战争，频繁的徭役，加重了平民的负担。平民的处境如此艰难，奴隶们的生活就更悲惨了。白天，奴隶主驱赶他们到田野里，在监工们的鞭子下和斥骂声中像牛马一样地劳动；夜晚，还要给奴隶主搓绳子，捻麻线，从事副业生产。一年到头，无论烈日炎炎，还是寒风刺骨，天天都要给奴隶主干活。奴隶们自己却吃不上，穿不暖。古书上说"无君子莫治野人，无野人莫养君子"，反映出奴隶和奴隶主之间对立的关系。

西周社会的奴隶毫无人身自由，奴隶主贵族把他们像牲畜一样买卖和转让。据西周时期的一件青铜器《大盂鼎》上的铭文记载，周王赏赐给一个名叫盂的贵族各种奴隶竟达一千七百多人。

在奴隶主层层控制下，奴隶们经常用怠工、破坏生产工具等方式进行斗争，一有机会便设法逃亡。当时有个奴隶主和别人发生纠纷，出去打官司。他回家一看，几百个奴隶全跑光了。西周末年，奴隶的数目大量减少。周宣王执政时，曾经进行一次大检查，但检查也不能阻止奴隶们的反抗，奴隶们再也无法忍受下去了。他们说："老子发誓另找生路，明儿搬家去找乐土。乐土啊乐土，那才是我的安身之处。"在当时的历史条件下，奴隶们的"乐土"只不过是空想，但是，追求自由的愿望激励着他们不停地战斗。

宣王中兴

周厉王统治天下时，发生了"国人暴动"，周宣王姬静继位后，谦虚勤谨，励精图治。

在政治上，周宣王从谏如流，他事事征求臣民的意见，从不独断专行，例如当时铸就的铜鼎"毛公鼎"上便刻有文字说，周宣王发布的所有命令，一定要毛公签字后方能生效。在吏治上，周宣王一再告诫大小官员，让他们恪守职责，切忌贪婪、嗜酒、作威作福。在经济上，周宣王废除了厉王的"专利"方针，将山川林木开放给民众，还给奴隶分配了公田。

所以，周朝很快扭转了局面，稳定了政局，并开始走向兴盛。宋代出土的圆形附耳的青铜器"兮甲盘"，上面翔实地记录了这段史实。

"兮甲盘"内刻有133个铭文，叙述的历史事件如下：周朝的大将军兮甲奉周天子之令，去征讨猃狁，猃狁平定后得到朝廷的奖赏，接着又再次奉天子之命出征南淮。经过专家判断，这个青铜器在周宣王时代铸成。盘内刻的铭文"夸伯吉父"，便是《小雅·六月》里面的"文武吉甫"，即"尹吉甫"。《诗经·大雅·常武》也讲述了宣王成功讨伐淮河一带的徐国的历史。诗中说道，"率彼淮浦，省此徐土""截彼淮浦""徐方来庭"。这说明周朝制服了淮夷徐戎。

可是东夷刚刚归顺周朝，就被实力更雄厚的楚国征服，导致南淮流域的贡品络绎不绝地输送到楚国。

刚开始时，并没有引起周宣王的注意，可是楚国也太胆大妄为了，竟然敢在周朝的土地上称王称霸。周宣王不能任其继续发展下去，任命召伯虎率军攻打楚国。周朝的军队把楚国的军队打得落花流水，还在楚国的地盘上长驱直入。楚国兵败如山倒，无奈之下，便顺着今天的荆山山脉，举国南迁。

周宣王的高明之处，不仅仅体现在震慑诸侯、振兴国势上，而且还体现于控制楚国的英明策略上。他的韬略就是在中土南面构筑了一道固若金汤的防御工事，用来保障周朝的安全，然后效仿祖宗周武王和周成王的分封制，在以周国为中心的中原各诸侯国和楚国中间的广袤土地上，缔建了一个大规模的诸侯国集团，当作遏制楚国北犯的缓冲地带。这个诸侯集团，被人们称为"汉阳诸姬"。

"汉阳诸姬"地处江汉流域，是西周朝廷所封的以姬姓为主的诸侯国，其中也有周王室的姻亲诸侯国。汉阳诸姬遵照周朝的命令共同进退，步调一致，假若楚国向北侵犯，他们便联合起来，在周朝军队尚未抵达之前，建成诸侯国盟军一起抵抗楚军。"汉阳诸姬"不但是周朝向南方推进的战略基地,还为周朝的安全提供了保障。

此外,周宣王还仿效周武王与周成王,将郑封给自己的弟弟友,将谢封给舅舅申伯,用来保卫周王室。

周宣王在位时,制定、推行了种种有利的政策,在某种程度上使内外矛盾和冲突得以缓解,不但使经济稳定发展,还维护了周王朝的政权,历史上将这段时期称作"宣王中兴"。

烽火戏诸侯

古时候,一般的公文、信件,主要是靠驿站接力传送。如果遇到敌情,则是靠烽火台报警。那些烽火台都建在地势较高的地方;在边境线上,各交通要道,以及在京城附近、各个诸侯国的都邑,每隔几里就造上一座,相邻的两座烽火台能够相互看得见。如果某处白天发生了敌情,守军就在台上点燃晒干的狼粪,邻近的守军看到又黑又浓的"狼烟",也迅速点燃狼粪。这样一个传一个,用不了多长时间,京都就得知了敌情,迅速备战迎敌,要是在夜里,守军就靠点燃干柴,传递军情。

周王朝的大敌就是西北的西戎。幽王即位后,曾经派军队去攻打"六济之戎",结果连主将伯士都送了命。守卫京城的王家军队力量非常薄弱,为了对付戎狄的突然袭击,天子就同附近的诸侯们约定,只要看见报警的烽火,不管是白天还是黑夜,诸侯们都要带着本国的人马火速赶来救援。为了讨褒姒一笑,虢石父出了一个点子,就是叫幽王点燃烽火,假报敌情,召各路诸侯的救兵火速赶来。褒姒看见诸侯兵马的狼狈模样,肯定会开怀大笑的。幽王这个昏君,竟采纳了这个坏点子。

这一天,周幽王带着褒姒来到桥东的城楼上。他派人在烽火台上燃起了熊熊大火。这一下可热闹啦,诸侯们一看到火光,真的以为天子有难,赶快派出大军赶来救援。将领们乘着战车,士卒们奔跑赶路,个个都累得气喘吁吁,汗流浃背。他们赶到镐京城下,却看不到一个犬戎的兵,只见幽王和褒姒坐在城楼上喝酒,旁边还有人奏乐助兴呢。先到的诸侯们请问幽王有什么情况,幽王搂着褒姒说:"没有什么情况,我们点起烽火,只是为喝酒助兴,你们都回去吧。"

诸侯们这才知道自己受了愚弄，心里憋着一股气，只好命令退兵。这时还有一些军队不明情况，仍不断向城下涌来，退的退，进的进，一片兵慌马乱的景象。褒姒往城下一看，嫣然一笑。周幽王见褒姒笑了，高兴得什么似的，马上给了虢石父千金的奖赏。可他万万没有想到，这场儿戏最终导致了他的灭亡。

公元前771年，申侯勾结犬戎兵临镐京城下，周幽王看到犬戎真的打来了，赶快派人去点燃烽火，向诸侯求救，可是这一次，诸侯们以为幽王又在拿他们取乐，一个也不派兵来。事情就这样糟了。镐京终于被犬戎攻破，幽王逃到骊山脚下，被杀掉了，褒姒被掳走了，周王室历年积存下来的宝货财物都被洗劫一空。

平王东迁

犬戎突然袭击镐京，杀死周幽王，诸侯们才弄清楚这一次真的有了敌情，急忙集结队伍，分四路前去抵挡。

其中三路兵马，一路是郑公子掘突率领的郑国军队，一路是卫武公率领的卫国军队，一路是晋文侯率领的晋国军队。这三路救兵都是姬姓贵族，王室的近亲。第四路是秦襄公的军队。秦人虽说同周王非亲非故，但和戎人仇深如海，不共戴天，所以打西戎的积极性也很高。

西戎本来不过是要抢劫。现在要抢的都已到手，又把镐京烧成一片废墟，何苦再和这四支劲旅拼命呢？所以他们就带着大批的战利品回去了。

申侯见西戎已撤，就同诸侯们讲和。于是大家一致同意拥戴申侯的外孙，被废的太子宜臼当了天子。他就是周平王。

这时候另外有个叫虢公翰的贵族，也有人说就是那个大坏蛋虢石父，乘着当时的一片混乱，立幽王另一个叫余臣的儿子当了天子，号称携王。一个国家哪能有两个天子呢？晋文侯自告奋勇，带兵去打败了虢公翰，把携王杀了。平王这才坐定了天下。

可是镐京这会儿已经没法再住了，而且西戎随时还可能来骚扰。诸侯的军队不能长期留在镐京，平王自己又没有军队，于是平王决定把王都迁到东都成

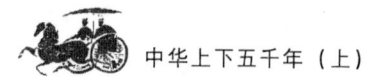

周去。一来那儿有现成的宫殿可以居住，二来那里是中原诸侯的势力范围，容易得到他们的保护。

诸侯们都挺赞成这个主意。公元前770年，秦襄公、晋文侯、卫武公和郑公子掘突就率领人马，护送平王到了成周。从此，人们就把从周武王定都镐京到平王东迁的这二百多年，称为西周。从平王东迁到周朝灭亡，就称为东周。

平王东迁以后，虽然避开了戎狄的威胁，但却落在了中原诸侯的掌心里，再也不能像西周的天子那样发号施令，指挥全国了。中国历史从此进入了一个诸侯争霸、动荡分化的新时期——春秋战国时期。

第三章
春秋战国

　　春秋战国分为春秋时期和战国时期。春秋时期,简称春秋,指公元前770年~公元前476年,春秋时代周王室的势力减弱,诸侯群雄纷争,齐桓公、晋文公、宋襄公、秦穆公、楚庄王相继称霸,史称"春秋五霸"。战国时期,简称战国,指公元前475年~公元前221年,是中国历史上东周后期至秦统一中原前,各国混战不休,故被后世称之为"战国"。齐国、楚国、燕国、韩国、赵国、魏国、秦国,是这一时期七个强大的诸侯国,史称"战国七雄"。

齐桓公称霸

周平王迁都到洛邑以后，历史上把东周分为"春秋"和"战国"两个时期。春秋的时候，周王室衰落，天子名义上是各国共同的君主，但实际上地位只相当于一个诸侯。强大的诸侯国通过战争兼并小国，大国之间也经常混战。得胜的诸侯趁机称霸，号令其他诸侯，其中最先称霸的就是齐桓公。

春秋初期，齐国是东方的大国。齐国位于今山东省北半部，原是西周初期"太公望"姜尚的封地。公元前697年，齐襄公即位，他治国无方，最终引发暴乱，于公元前686年被叛军杀死。齐国陷入无主的局面。齐襄公有两个弟弟，一个叫公子纠，当时在鲁国，由谋士管仲辅佐；一个叫公子小白，当时在莒国，由谋士鲍叔牙辅佐。两位公子得知齐国无主的消息后，都有意回国继承王位。最终，公子小白在鲍叔牙的协助下顺利登上王位，即齐桓公。

当时，北方的戎、狄部族势力强盛，经常侵扰中原。公元前663年，山戎族侵犯燕国，燕国连吃败仗。最后，山戎族还将燕国都城团团围住。燕庄公派人向齐国求救。齐桓公与管仲立即整顿军队，火速赶往燕国救援。山戎族听说齐国大军就要到了，就抢掠了一些百姓和财物，慌忙往孤竹国（今河北卢龙一带）方向逃窜。齐桓公在管仲的帮助下，消灭了山戎，同时也灭了孤竹国。齐桓公将山戎、孤竹的地盘交给燕国，让燕庄公好好管理。从此，燕国也归附了齐国。这样一来，齐桓公在中原各诸侯国中的威望更高了。

周朝南方以江汉平原为中心的楚国也是一个强国，楚国也想北上称霸，并逐渐向黄河流域扩展。公元前656年，齐桓公约集了宋、鲁、陈、卫、郑、曹、许七国的力量，共同进攻楚国。很快，齐桓公打败了楚国的附属国蔡国，然后向南进军。

齐、楚两国势均力敌，谁也打不败谁，于是双方在召陵（今河南郾城）会盟。从此，楚国不再进攻郑国，并恢复进贡，以此表示对周王室的尊崇。齐国虽然没有打败楚国，但也阻止了楚国向北侵犯的计划，这极大地巩固了齐国在中原的霸主地位。公元前651年，齐桓公在葵丘（今河南兰考）召集诸侯会盟，周襄王也派人来参加，这实际上承认了齐国在中原的霸主地位。

齐桓公举行的诸侯会盟共有九次，因此有后人称赞齐桓公"九合诸侯，一匡天下"。齐桓公的称霸，对中原的稳定起到了很大的作用。

曹刿论战

公元前684年，在桃红柳绿的明媚春光里，齐国大军在鲍叔牙的率领下，浩浩荡荡地向鲁国杀去了。鲁庄公得知这一消息后，肺都气炸了，决定立刻迎战。

不过，别看庄公的劲儿憋得挺足，可看到齐国的大军一天天向边界推进，再想想前些时候在乾时的惨败，心里多少有点儿胆虚。众位大夫，包括施伯在内，对是否能打胜这一仗也都没有把握。可巧，在乡间隐居的曹刿听到这一消息后，心中十分不安，匆匆忙忙地赶到国都来了。

他见了鲁庄公，就开门见山地说："听说齐国大军已经打到我国边境，主公决定进行抵抗。不知主公依靠什么抵御齐国？"

庄公认真地回答道："寡人对人向来宽厚，凡是衣食等东西，从来不肯独自受用，总要拿出来和大家一起分享。现在国家遭到危难，人们如果念及寡人平时对他们的好处，一定会支持寡人抗击齐国的。"

曹刿摇摇头，向庄公笑着说："这算不了什么。主公给人们的只是衣食之类的小恩小惠，况且这些小恩小惠布施得也不普遍，人们不会因此就去为主公拼命的。"

庄公接着又说："寡人不仅对臣民好，对待天地也很忠诚。在祭祀天地神明的时候，所用的牛羊等牺牲，还有丝绸等祭品，从来都是按照礼仪的规定办事，不敢有一丝一毫的虚假。寡人听说，'精诚所至，金石为开'，上天必然会助寡人打败齐国的。"

曹刿又笑着对庄公摇摇头说道："主公对天地神明如此忠诚，固然很好，但这只能算作小的信用，还不能算大的信用，人们不会因此就信服主公，神明也不会因此便降福给主公的。"

庄公着急了，望着曹刿大声说："在咱们鲁国，打官司告状的，一年不下千百起，寡人虽然不敢说对每个案子都查清审明，处理得毫无差错，但实在也尽心尽力了。因此，他们不会不支持寡人的。"

庄公刚说完，曹刿就连连点头道："好，好！打官司的案子，无论大小，都关系着百姓的生命财产。对这些案件处理得是否公正得当，直接影响着人心的向背得失。主公既然能这样重视打官司的事，百姓是会信任主公的。凭这一点，就可以和齐国一战了。"

庄公听罢，嘿嘿地笑起来。接着，曹刿自告奋勇，愿随庄公一同出征。经过刚才一番交谈，庄公对曹刿的才学已有几分敬佩，一见曹刿愿随自己出征，更是大喜过望，也顾不得君臣礼仪，起身拉住曹刿的手说："爱卿足智多谋，这实在是再好不过了。不知爱卿以为这一仗该如何打法？"

曹刿答道："打仗这事，没有一定之规，必须随机应变才好。"

鲁庄公听后，连连点头。

一切安排就绪后，鲁庄公就亲自率领鲁国大军，浩浩荡荡地向齐军迎去。这时，齐军已深入鲁国境内，两军在长勺（在今山东省西南部）遭遇了。

这两军阵前是一大片河滩，如今正是枯水季节，河滩里零零星星地散布着一些发绿的小水洼。曹刿仔细地观察了一下地形和齐军的阵势，然后让鲁庄公把弓箭手调到阵前，一字儿摆开，战车则隐蔽在坡下待命。鲁军刚摆好阵势，齐军阵中突然响起了一阵惊天动地的战鼓声，齐军开始进攻了。鲁庄公见此情景，也想下令击鼓反击。曹刿挡住他说："主公，敌人士气正盛，咱们如果出战，岂不正合他们的心意。不如在这里等着，以逸待劳，先消磨消磨他们的锐气。"

一直等齐军冲到鲁军阵前，曹刿才让鲁庄公命令弓箭手们一齐放箭。齐军遭到这突然的打击，纷纷退了回去。

齐军经过一番整顿，过了一会儿，又擂起了战鼓，发起第二次冲击。鲁军还是一动不动，直到齐军来到阵前，才又用弓箭将齐军射退。

齐军白忙活了半天，有劲使不上，便有些泄气。鲍叔牙可不灰心，他站在战车上，舞动着手中的令旗，鼓励士兵说："鲁国人胆弱心虚，不敢与我们交锋，只要我们再冲一次，准能打赢他们！"

说罢，把手中的令旗一挥，命令鼓手们擂起了第三通鼓。

齐军将士白白冲了两次，伤亡了许多人，早有些疲劳了，这第三次冲锋已显得软弱无力，鲁国的弓箭手没费多大力气就把他们射了回去。

这时，站在鲁庄公身边的曹刿说："主公，敌军已没了锐气，可以出击了！"

于是，鲁庄公挥动令旗，鼓手把鼓擂得震天价响。鲁国的士兵早已憋得不耐烦了，一听到出击的命令，一个个像猛虎下山一般，呐喊着朝齐军冲去。筋疲力尽的齐军哪里抵挡得住？不一会儿便被冲得七零八落，狼狈逃窜。

庄公见齐军败走，想乘胜追击。曹刿一把拦住他，说道："主公且住，待我看看再说。"

说罢，曹刿登上战车，向齐军溃退的方向望了望，又跳下车来，俯身查看了一下齐军撤退时留下的脚印和车辙印。然后转身对庄公说："主公可以下令追击了。"

鲁军得到了追击的命令，军心大振，一阵风似的朝前追去，大败齐军，并缴获了很多兵器和车马。

鲁庄公糊里糊涂地打赢了这一仗，便向曹刿问道："爱卿，寡人有几事不明，想请教一下。爱卿为什么要等到敌人三通鼓罢，才让寡人擂鼓反击呢？敌人既已溃散，爱卿却不让追击，自己登上战车，先望望远处，又看看脚下，然后才许寡人下令追击，这又是什么道理呢？"

曹刿微笑着答道："两军对阵，士兵听到第一通冲锋的鼓声时，士气最旺。如果第二次冲锋也不能取胜，士气就有些衰退了。等到第三通鼓罢，那士兵的勇气也就所剩无几了，这就叫作'一鼓作气，再衰三竭'。而此时我们的士气正旺，所以主公一声令下，用不了多大气力，便打败了齐军。至于追击的时候，我之所以如此谨慎，这是因为齐国是个大国，诡计多端，我怕他们诈败，留下伏兵截击我们，所以，我不让主公急急忙忙地下令追击。我登高远望，见他们的旗帜东倒西歪，下车后又见他们撤退时留下的脚印和车辙十分混乱，所以断定齐军是真败了，这才让主公下令追击。"

鲁庄公连连点头，对曹刿的才智更为敬佩了。

南宫之乱

公元前684年夏季的六月，齐国军队和宋国军队侵入鲁国，驻扎在接近鲁都曲阜的郎地。鲁国大臣公子偃说："宋国军队的军容不整，可以打败它。宋军一败，齐军就会撤兵。请主公下达进攻宋军的命令。"鲁庄公不同意。公子偃便自己带兵，私自从鲁都南城的雩门出发，把虎皮蒙在战马上，径向宋军营地发起袭击。鲁庄公忙率领部队随后增援，在乘丘（今山东宛州县境内）将宋军打得落花流水。齐国军队果然也撤走了。

第二年夏季，宋国为报复去年的战败，出兵侵扰鲁国。鲁庄公率军迎战。宋国军队还没来得及摆开阵势，鲁军就逼压过去，在宋、鲁交界的鄑地击溃宋军。

上一年乘丘战役中，鲁庄公用一种叫"金仆姑"的箭射击宋国的勇将南宫长万，在庄公战车上担任护卫的敝孙趁势将其活捉。用开玩笑的口吻奚落南宫将军说："以前我很敬重您。现在您是鲁国的囚犯，我不再敬重您了。"

南宫长万因此怀恨在心。

公元前682年的秋季，宋国的南宫长万在蒙泽（今河南商丘市北）将宋闵公杀害了。他走到门口，正撞上宋国大臣仇牧，他一拳将仇牧打死；又在主公寝殿的西面遇到宋国太宰华父督，又把华父督给杀了。随后，他便拥立公子游为宋国君主。

宋国公室贵族都逃到萧国避难，公子御说则逃到亳地（今河南商丘市北）。南宫长万的儿子南宫牛及同党猛获随即率兵将亳地包围住。

冬季的十月，宋国大臣萧叔大心和宋国戴公、武公、宣公、穆公、庄公的族人，率领曹国军队讨伐南宫长万。在亳地将南宫牛诛杀，在宋都将公子游处死，拥立闵公的弟弟御说为国君，史称宋桓公。

猛获逃亡去卫国。南宫长万让母亲坐在车上，亲自驾车，母子俩一起逃向陈国，仅用一天时间便抵达。

宋国要求卫国把猛获引渡回宋国，卫国准备拒绝。卫国大臣石祁子说："不可以！天下人对邪恶的仇视心理是一致的。猛获在宋国作恶，来我国请求庇护。庇护这种人对我国有何裨益？收留一个恶人，失去一个盟国；袒护了邪恶，舍弃了友好，这可不是好主意呀。"卫国便将猛获交还给宋国。

宋国也要求陈国把南宫长万引渡回宋国，还送上财礼。

陈国让女人劝南宫狂饮，等他酩酊大醉后，把他捆在犀牛皮中。待这个特殊的包裹送抵宋国时，南宫长万的手脚已经把犀革捅穿，露在皮包外面了。宋国把猛获和南宫长万处死后做成了肉羹。

田成子夺齐

齐桓公时,齐国成为当时最强大的国家。齐桓公十四年,陈国公子陈完逃至齐国,改姓田氏,给自己取名叫田完,在齐国住了下来,子孙都仕宦于齐。

到了齐景公时,田完的六世孙田乞在朝做大夫。这时田氏已经是齐国的大族,财富充足。齐景公向百姓征收很重的赋税,田乞则采取相反的方法,对于他食邑内的百姓,田乞用小斗收他们的赋税,而借贷时,则用大斗量给他们。齐国的百姓因此都心向田氏,田氏宗族因此更加强大。

齐国的大臣晏婴看出田乞是在收买人心,屡次向齐景公建议,应禁止田乞的这一做法,齐景公并不放在心上。晏婴出使晋国时,与叔向谈起此事,说:"齐国的政权大概最终是要落到田氏手中了。"叔向也为晋国大权归于六卿而感叹不已。

齐景公死后,相国高昭子、国惠子立晏孺子为君。田乞鼓动大臣,杀了高昭子,晏孺子和国惠子逃走。田乞率众拥立阳生为君,即齐悼公,而田乞也因此取得相位。这是田氏执掌大权的开始。

齐悼公四年,田乞病死,田常(田成子)继承父职,仍为相国。大臣鲍牧原先曾反对立悼公,这时乘机杀了悼公。悼公之子壬继位,是为简公。齐简公早年在鲁国生活时,有一个亲信名叫监止,这时和田成子一起成为齐简公的左右相国。

田成子和监止有矛盾,但监止毕竟是齐简公的亲信,田成子也不能马上把他怎么样,只好暂且忍耐,另一方面又效仿田乞的做法,用大斗借贷,小斗收回,以收买人心。

大夫御鞅看出田成子和监止势同水火,便劝谏简公说:"田成子和监止不能同样重用,一旦他们的矛盾激化,会出大乱子,国君还是做个选择吧。"齐简公不听。

田成子想除掉监止,监止也想除掉田成子。田豹是田成子的远族,在监止手下任职。监止有一次对田豹说:"我要杀光田氏的嫡系子孙,让你去掌管田氏宗族。"田豹推辞说:"我和田氏宗族已经很疏远了。"监止不理他的解释。

田豹权衡利弊，觉得还是田氏宗族更重要，便对田成子说："监止要对田氏下手了，田氏如果不先下手为强，就要大祸临头了。"

田成子决定立即下手，兄弟几人带着士卒，到宫里来杀监止。监止将宫门关上，躲了起来。齐简公正在饮酒作乐，以为田成子谋逆，点起士兵就要来攻打田成子。太史子余劝道："田成子不是要作乱，是想除害。"齐简公这才作罢。

田成子从宫里出来，听说齐简公发怒，生怕他会杀了自己，打算逃到别国去，田子行说："事到临头还在迟疑，那能干成什么？"田成子醒悟过来，整顿人马，准备向监止发动进攻。

监止也已从宫中出来，起兵来攻打田成子。田成子势力强大，很快就将监止打垮了。监止在逃亡的路上被田成子派人杀死。

齐简公见监止被打败，也吓坏了，只好出逃，半路上被田成子部下抓获。简公仰天长叹说："我要是早听从御鞅的话，就不会落到今天这个地步了！"田成子的部下害怕齐简公复位对自己不利，就把简公给杀了。

田成子立简公之弟骜为君，是为平公。至此，田成子实际上已经掌握了齐国政权。

唇亡齿寒

春秋时期有两个小国，一个叫虞（今山西平陆县东北），一个叫虢（今山西平陆县东南）。这两个国家山水相连，他们的祖先又都姓姬，所以相处得十分和睦。虢国和晋国是近邻，晋国是个大国，当时在位的晋献公老想发兵讨伐虢国，把它吞并了，但一直没找到机会。

有一天，他问大夫荀息："现在我们可以讨伐虢国吗？"荀息说："不行，现在虞、虢两国关系很好，要是攻打虢国，虞国一定来援助。咱们一个对付他们两个，我看恐怕不能取胜。"献公说："虢国总是在边境骚扰我们，我怎能坐视不管？"荀息说："虢公喜欢玩乐，我们送些美女去，让他尽情享乐，不理政事，我们就可以乘机去攻打了。"献公觉得这个计策好，就派人去办。

果然，虢公见了晋国送的美女，什么都不干了，整日花天酒地，吃喝玩乐。晋献公又问荀息："现在可以攻打虢国了吧？"荀息说："可以。不过咱们要是去攻打虢国,最好不要让虞国来援救它。您可以给虞公送一份厚礼,向他借条路去讨伐虢国。这样一来,虢国就会猜疑虞国,虞国也就不会帮助虢国了。"晋献公说:"虞虢两国是近邻,还是亲戚,咱们伐虢,虞公会同意吗?"荀息说:"虞公贪心重,我会有办法的。"

荀息见了虞君,先不说借路,却呈上礼物。虞国地狭物少,境内既不产美玉,也不出良马,虞君见到荀息送来价值连城的玉璧和世上罕见的千里马,心里乐开了花,一时间觉得晋国对自己真是太好,心下暗暗打定主意,不管荀息有什么要求,都要答应。

荀息见虞君一副魂不守舍的模样,知道计策已成功了一半,说:"晋国和虞国本来是友好国家,只因虢国从中挑拨,以致互相攻伐,眼下我国愿意重修旧好,贵国不会反对吧。另外,虢国是祸首,我国打算教训他们一下,希望贵国能借条大路,让我国大军通过。"

大夫宫之奇一见这情况,十分着急,他不断地向虞公使眼色,说:"您千万不能答应啊。虢虞两国好比嘴唇和牙齿,俗话说'唇亡齿寒'。如果没了嘴唇,牙齿就会受冻。虢国灭了,咱们虞国还能够生存吗?"虞公说:"晋君连这么贵重的宝贝都送给我了,咱们连条道都舍不得借给他,未免太说不过去了。而且晋国比虢国强大十倍,就算失去了虢国,交上了一个强大的晋国做朋友,这还不合算吗?"

虞君不听宫之奇的劝阻,答应了荀息的请求。荀息回国后,晋献公马上借道虞国,攻打虢国。班师回朝时,还把从虢国抢到的战利品送了些给虞君,虞君大喜,对晋国感激不已。

三年后,晋军再次从虞国借道,去攻打虢国。虢国自从上次元气大伤后,一直未能恢复,在晋军的攻击下,很快就灭亡了。晋军班师时,虞君亲自出城犒师,指望再分些战利品。不料荀息乘虞国没有准备,突然袭击,又将虞国灭了。虞君做了俘虏,才想起宫之奇的话,但后悔已经来不及了。这就是"唇亡齿寒"的故事。

晋文公退避三舍

春秋时期,晋献公的宠妃骊姬为了把自己的亲生儿子奚齐立为太子,唆使晋献公逼死太子申生。为了斩草除根，以绝后患，她又想谋害公子重耳和夷吾。兄弟二人不甘被骊姬谋害，离开晋国，远走他乡。

重耳一路上忍饥挨冻，分别到过卫、齐、曹、宋及郑国，所到之地，都对他极其冷淡。在曹国，他甚至还遭受观裸之辱。后来，重耳辗转到楚国，楚成王对他热情款待，这让重耳非常感动。有一天，在宴会上，楚成王忽然问重耳："假如公子以后回到晋国当上国王，该怎样报答我呢？"重耳说："金银财宝，楚国应有尽有，我还能用什么报答您呢？"但是，楚成王非让他回答，重耳略加思考，说："假如我能重新回到晋国，能当上国君，万一哪一天楚晋两国相争，双方军队相遇，我一定率军退避三舍。"当时的一舍为三十里，也就是说重耳许诺若两国交兵，晋军将退后九十里。

后来，重耳在秦穆公的支持下，终于回到晋国，并立为国君，就是晋文公。

公元前632年，晋文公攻下了曹国和卫国。以前在逃难时，他曾经在这两个国家受过侮辱，现在这口气总算出了。

楚成王听说晋国接连打下曹、卫两国，怕领兵在外的大将子玉有个闪失，就打发人叫他班师回来，还告诉他："重耳在外头跑了19年，现在已60多岁了。他吃过苦，凡事很有经验，我们与他打仗未必能占上风。你躲着他点儿，趁早回来吧。"子玉不服这口气，派人向楚成王奏道："宋国早晚能拿下来，请主公再等几天。我一定打了胜仗回来见您！如果军队遇到晋国军队，愿决一死战。倘若打败，我甘愿受军法处置。"

晋文公为了称霸中原，又耍了些手腕。他一面打发人去联络秦国和齐国，请他们一起来帮助中原的诸侯抵御"楚蛮"，一面逼迫曹、卫两国国君与楚绝交。曹、卫两国迫于无奈，遵命给子玉写了一封绝交信。子玉本来打算为这两国向晋国求情，没想到他们来信与楚国绝交，气得差点背过气去。他跺着双脚大嚷："老贼！老贼！今天不是你死就是我活！马上撤军，找重耳老贼算账去。"他带领兵马，撤除了对宋国的包围，气势汹汹地向晋军扑来。

两军相遇，晋军中军大将先轸打算立即开战。狐偃阻拦说："当初主公在楚王面前许过诺：要是两国交战，晋军将要退避三舍。主公既然不失信于中原，也不能失信于楚国。"

众将士全部反对："这不行，晋国的国君怎么能在楚国的臣子面前退避呢？"狐偃说："咱们不能忘记当初楚王对主公的好处。退避三舍是向楚王表示友好，不是向子玉示弱。出兵打仗，理直才能气壮，理亏士气就会低落。他们理亏，我们理直，打起仗来，必将对我们有利。"将士们没有再说话了。晋文公传令："三军俱退！"

晋军退后90里，恰好是三舍之远，安营扎寨在城濮（今山东鄄城西南），秦国、齐国、宋国的兵马也先后到这里会合。晋军的后退，被子玉误认为是害怕楚军。子玉手下一位大将劝子玉说："晋国国君躲避我们这些楚国的大臣，咱们已经很有面子了。大王早就吩咐我们回去，我想不能太固执，见好就收吧！"子玉回答道："现在回师已晚，不如打个胜仗，还可以将功折罪。"于是，楚军紧逼不舍，一直追到城濮，两军在城濮相接，先轸诈败。子玉一向不把晋军放在眼里，犯了轻敌的错误，不顾一切地追了过去。

先轸把楚军引诱到设有埋伏的地方，伏兵齐出，切断了他们的退路。先轸回兵，杀得楚军七零八落。晋文公叫先轸吩咐将士们只要把楚国人赶跑就行了，不许追赶滥杀，免得辜负了楚王先前的情义。这叫作留有余地，日后还可以跟楚国和好。

晋军联合秦、齐、宋国的军队打败了楚军，楚将子玉羞愧得无地自容，自杀了。

晋文公得胜后，周天子派使臣慰劳诸国军队。晋文公借着招待使臣，在践土（今河南原阳）邀集十来个诸侯签订盟约，正式做了霸主。

秦晋崤之战

公元前628年，晋文公去世了。秦穆公就想趁晋国办丧事、无暇他顾的机会扩大地盘，灭掉郑国。

可是老臣蹇叔、百里奚不同意偷袭郑国。蹇叔说："郑国离咱们这么远，咱们劳师远征，郑国能不知道吗？人家做好准备，以逸待劳，对我们不利呀，这事干不得。"

秦穆公不听，派孟明视、西乞术、白乙丙带着大军偷偷地出发了。西乞术、白乙丙都是蹇叔的儿子，出发前，蹇叔在城门外哭着说："我今天看到你们出征，只怕看不到你们回来了。"秦穆公听了，气得直骂："这个老不死的，尽说不吉利的话！"

再说晋国，早就觊觎郑国，现在得到情报，知道秦国趁着晋国办丧事的时候攻郑，他们都很气愤。晋国在秦军回国的必经之地崤山（今河南渑池、洛宁一带）布下了重兵，专等秦军的到来。

再说秦军本想神不知鬼不觉地灭了郑国，没想到走到半路上被牛贩子弦高碰到了。弦高是郑国人，看到秦军向郑国浩浩荡荡地开去，郑国还不知道呢，很是着急。他急中生智，一面派人去郑国报信，一面赶着牛群向秦军走去。

弦高见了秦将孟明视，不亢不卑地说："我是郑国的使臣，听说将军带兵经过敝国，我奉郑君之命，送上薄礼，慰劳大军。"

孟明视心里一惊，这才知道袭郑的意图已经暴露，只好另做打算。弦高走后，孟明视与其他部将一商量，不如顺手把附近的小国滑国灭掉吧，也算没白来一趟。

秦军灭滑以后，抢掠了大量的金银珠宝、粮食衣物，班师回国。四月初，秦将孟明视率领军队到了渑池（今河南渑池县）。白乙丙对孟明视说："离这儿不远就是崤山了，我父亲再三嘱咐要多加小心，咱们可得千万注意，防备晋军有埋伏啊！"孟明视说："有什么好怕的？过了崤山，就是咱们秦国的地界，我在前边开路，你们放心走吧！"

孟明视派勇将褒蛮子做先锋，自己紧紧跟着，在前面开路。一路上没见一个人影，孟明视更放心了，他让士兵脱下盔甲，轻装前进。士兵们有的扶着车，有的牵着马，三个一群，五个一伙，队伍拖得很长，慢慢悠悠地前进。

秦军走着走着，忽然听到远处有鼓角的声音，有人大喊："不好了，晋兵来了！"秦军一听，队伍顿时乱了起来。孟明视说："不要慌，深山野岭，哪儿来的晋军？你们放心走吧，我来断后。"说完，他跟在队伍的最后头。又走了一段路，有人跑来报告："前边的路让乱木给堵死了，没法通过。"孟明视跑到前面一看，只见横七竖八的木头上竖着一面红旗，旗杆有三丈多高，旗上大大一个"晋"字。孟明视心里有些嘀咕，可又故作镇静，大声喊道："这是晋军吓唬人的，不要停留！"他吩咐士兵放倒红旗，搬开乱木，开路前进。

谁知这边秦军刚放倒红旗，那边顿时鼓声大作。山谷中旌旗闪动，不知有多少军马。原来这里是崤山最高的地方,晋军人马都埋伏在山谷当中。红旗是晋军的信号,按照事前约定,晋军见红旗一倒,便立即冲杀出来,直扑秦军。秦军不敢抵抗,只得向前逃命。没跑多远,一支晋军迎面杀了过来,秦军只好又往回跑。前有堵截,后有追兵,秦兵走投无路,孟明视只好下令回到堆着乱木的地方。哪里知道晋军早在那些木头上撒上了硫黄等引火物,他们见秦军都挤到那里,便把火点着,霎时间树木毕毕剥剥地燃烧起来,风助火势,烈焰腾空,山谷变成了火海。秦军更是一片慌乱,争相逃命,你推我挤,互相践踏,烧死的、挤死的、踩死的不计其数。

孟明视看到这副惨象,已经完全绝望,他叹了口气,对西乞术、白乙丙说:"伯父真是料事如神哪,可惜我没有听他的话!今天我只能死在这儿了,你们赶快逃命吧。"话没说完,晋军从四面八方围了上来,三员大将都成了晋军的俘虏。晋军把孟明视等三人装入囚车,押回都城,准备用他们的头来祭祀祖先,庆贺胜利。

晋襄公的后母文嬴(即怀嬴)是秦穆公的女儿,向晋襄公要孟明视、西乞术、白乙丙三个被俘的秦军将帅,说:"这些人实际上是挑拨晋、秦两位君主关系的人,如果我的君主(秦穆公)获得他们把他们吃掉也不满足,哪里用得着你去惩办他们呢?让他们回秦国接受杀戮,以满足我的君主的心愿,怎么样?"晋襄公答应了。先轸上朝,问起秦国的这三个囚徒,晋襄公说:"夫人要他们,我已经放了他们了。"先轸听后大怒,说:"武士们用尽全力在战场上捉住他们,妇人凭欺诈就把他们赦免了,这是摧毁军队的士气而增长仇敌的气焰,我们离灭亡没有多少日子了。"晋襄公有所醒悟,马上派阳处父追赶这三人,到达黄河边,这些人已经坐在河里的船上了。阳处父解下车上的套马,以晋襄公的名义赠送给孟明视。孟明视在船上低头下拜说:"你们国君的恩惠,不把我这被俘的人杀掉用血来祭鼓,使我回去接受秦国的杀戮,我的君主如果把我杀了,那我是死而不朽;如果依照你的恩惠赦免了我,那么三年后我将拜谢你的赐予。"

秦穆公穿着白衣服在国都郊外等待,向着秦军大哭,说:"我不听蹇叔的话,使各位受了屈辱,是我的罪过啊。"关于如何处置孟明视,秦穆公说:"是我的过错,他没有任何过错,况且我不会因为一次过错就掩盖了一个人的全部优点。"

秦晋崤之战是春秋史上的一次重要战役，标志晋、秦关系由友好转为世仇。它的爆发不是偶然的，而是秦、晋两国根本战略利益矛盾冲突的结果。秦在崤之战中轻启兵端，孤军深入，千里远袭，遭到前所未有的失败。从此秦国东进中原之路被晋国扼制，穆公不得不向西用兵，"益国十二，开地千里，遂霸西戎"，崤之战标志晋、秦关系由友好转为世仇。此后秦采取联楚制晋之策，成为晋在西方的心腹大患。而晋国为保持霸主地位，也不得不在西、南二方对付秦、楚两大国的挑战。

楚庄王一鸣惊人

楚国在楚成王时国力发展到第一个高峰，在他当政的46年中，屡次北进。然而，在召陵受到齐桓公霸权的阻挡，城濮又遭到晋文公的打击。这时，步入晚年的楚成王又想改立继承人，事情还没有成功，就被儿子逼死。成王死后，穆王即位，穆王无所作为，国内一些强宗大族势力兴起，互相争夺，使楚国政治上出现危机。楚庄王就是在这种困难环境中即位的。晋国趁这个机会，把几个一向归附楚国的国家又拉了过去，并订立了盟约。楚国的大臣们很不服气，就向楚庄王提议出兵争夺霸权。

据传说楚庄王在即位的头三年中，"左拥郑姬，右抱越女"，日夜作乐，怠于政事。不少人劝谏他，他却发布了一条命令：谁要是敢劝谏，就立即处死。三年过去了，有个名叫伍举的大臣实在看不过去，决心冒死劝谏楚庄王。伍举见到楚庄王，对他说："大王，有人让我猜个谜语，我怎么都猜不着。大王您是个聪明人，请您猜猜吧！"

楚庄王果然对此很感兴趣，忙让他说来听听。伍举说："楚国山上，有一只大鸟，身披五彩，样子挺神气。可是一停三年，不飞也不叫，不知这是什么鸟？"楚庄王明白伍举这是在借鸟讽刺自己，于是不紧不慢地说道："这可不是一只普通的鸟。这只鸟，不飞则已，一飞将要冲天；不鸣则已，一鸣将要惊人。"原来他即位初年，不问政治，是采取外昏内智的策略，用沉湎于酒色作掩护，使矛盾暴露，洞悉忠奸，一旦着手整顿朝政，就能情况明，决心大，处理正确。

之后，楚庄王一改常态，大刀阔斧地进行政治改革。经过六年的苦心经营，楚国的势力和声威大大振作起来。

公元前 613 年，楚国开始征伐其他国家。当年，楚国就收服了南方许多部落，第六年终于打败了宋国，第八年又打败了陆浑（在今河南嵩县东北）的戎族，一直打到周都洛邑附近。为了显示楚国的兵威，楚庄王在洛邑的郊外举行一次大检阅。这一来，可把周天子吓坏了。他派大臣王孙满到郊外去慰劳楚军。楚庄王和王孙满交谈的时候，楚庄王问他周王宫里藏着的九鼎（传说为大禹所铸造，九鼎象征九州大地，后用"九鼎"代表君王权力）大小轻重如何，大有夺取周朝天下之势。这也是成语"问鼎中原"的来历。

王孙满是个善于应付的人，他劝楚庄王，说："国家的强盛，主要靠德行服人，不必去打听鼎的轻重。"楚庄王自己知道当时还没有灭掉周朝的实力，也就带兵回国了。后来，楚庄王又请著名的隐士孙叔敖当令尹（国相）。孙叔敖当了令尹以后，鼓励开垦荒地、挖掘河道，并奖励生产。没几年工夫，楚国更加强大起来，先后平定了郑国和陈国的两次内乱，终于可以和中原霸主晋国相抗衡。公元前 597 年，楚庄王率领大军攻打郑国，郑国的盟主国、中原的霸主晋国，趁楚军获胜回师之际，出兵攻楚。两军在邲城（今河南荥阳市北）一带相遇，结果楚军大败晋军。楚军将士个个欣喜若狂，有个叫潘党的大夫趁机对楚庄王说："今日这一仗，杀得晋军尸横遍野，大获全胜，震慑了中原诸侯。大王何不借此机会，把晋军的尸体堆起来，再在尸体上筑起一座高台，用以显示楚国的武功，张扬国威？"楚庄王笑着对他说："如此行事不妥啊！"他拔剑在地上写了个"武"字，说："你看，这'武'字不就是'止''戈'二字合起来的么！周武王在推翻殷商王朝建立周王朝之后，曾写过一首《颂》诗和一篇《武》文，昭示全国说：征讨的目的只是为了求得天下太平。我今天用武功，本来是为了惩罚强暴，止戈息战，安抚百姓的；我若堆尸筑台，就显示出自己的强暴，这会不得人心啊！"潘党听了这番话，连连称颂说："大王高明，真是仁德之君，臣下深表敬佩！"于是，楚庄王在黄河边上祭祀河神之后，便率军回国了。

三年不鸣的楚庄王终于一鸣惊人，他后来成功地问鼎中原，成为春秋时期的霸主。而楚庄王称霸中原，不仅使楚国强大，威名远扬，也为华夏的统一，民族精神的形成发挥了巨大的作用。

子罕篡权

宋桓公的时候,有个叫司城子罕的人,出身于宗族大家,生得面白如玉,长眉细目,直鼻阔口,两耳垂轮,一副有福之像。子罕从小受父亲的严格教导,饱读诗书,满腹经纶。子罕年纪很轻的时候便出仕做官,仰仗着父辈的余荫,加之本人知书达理,有真才实学,所以一直是平步青云,官运亨通,直到当了相国。子罕每天出门、回府,都有几百名随从前呼后拥,浩浩荡荡好不威风,子罕自己也非常得意。

有一天,子罕又前呼后拥地出府,突然看见一个又瘦又高的人,长衣飘飘在路边慢慢地走,觉得很特别。那人听见后面有车马,便回过身来让在一边,平静地望着车马走过,两眼很有神采。子罕心中一动,忙叫住车马,下车走到那人面前,施一礼,说道:"我看先生不凡,一定懂得世上的许多前因后果,先生看看我这个人有什么福祸之事吗?"那人笑了笑,说:"我不知道你这位官人是谁,但却长得相貌不凡,像是有帝王之气。我说不准,官人最近难道没有做过什么奇怪的梦吗?"子罕听了,心头很是欢喜,说道:"前几日做了一个奇异的梦,梦见有一个人在很熟练地驾着车子飞跑。谁知跑着跑着,突然不知从哪里蹿出一只猪来,拉车的马就受惊了,那人怎么也驾不好车,不一会儿,车就翻了。"那人听了,摇摇头,说:"啊,官人可能要掌握军政国家大权,只是……国家会大乱了,真是件可怕的事情呀!"说完,也不对子罕招呼一声,竟自匆匆忙忙地走了。

子罕看他这样,很是不解,但刚才听他说自己有帝王之气,心里特别高兴。

本来子罕自恃才高,看到宋桓公昏庸无能,很是不服气,早想把宋桓公撇在一边,自己掌管国家大权,只是碍于情理不敢妄自行动。今天听到这人的一席话,虽说是不甚明白,可是自己有帝王之气,看来这是天意。从此以后,子罕招纳贤才,广施恩惠,准备有一天能够成就大事。

一天,一个幕僚和子罕闲谈。幕僚对子罕说:"大人现在礼贤下士,广施恩惠,百姓们都很敬爱大人啊。"子罕叹了口气,说:"这当然很好啊,可是我还有更大的心事,却不能实现。"幕僚看着子罕,微微一笑,说:"大人的心事,小人也许能帮上一点忙。"子罕一惊,猛地抓住幕僚的手说:"什么!我说什么了?"幕僚轻轻拍拍子罕的手说道:"大人放心,小人什么也不知道,只是国家的赏罚之权很重要,要由聪明的人来掌管才好。"说完,又对子罕轻声耳语了几句,子罕听了微微点头。

  第二天,子罕便早早地吃过早饭,穿上朝服,带领着众随从坐上马车去上朝了。宋桓公一直让子罕做相国,很赏识他的才华,信任他的忠诚,凡事总喜欢找他来商量。这天宋桓公看见子罕早早地来上朝,心中很高兴,便劝慰说:"宰相每天早早上朝议事,真是很辛苦啊!"子罕忙施礼道:"哪里,君王日理万机才是真正的辛苦,臣子每每惭愧不已,恨不能肝脑涂地来为君王分忧呀!"宋桓公说:"啊,你不必谦言,我已经很满意了。"子罕又说道:"君王每天处理朝政大事,事无巨细,都要过问,真是太劳累了,微臣总是在想,要是能够分担一点才好。臣想了好些天,终于想出一个办法。君王您知道,一个国家,它的安定和危险,百姓的治理和混乱,在于国君所实行的赏与罚。对于功臣忠臣,国君自然要对他们封官晋爵,赏赐给予,这是人民所喜欢的事情,做了之后,国君就会受到人民的感激、爱戴,所以还是请君王自己来掌握为好。这样,人民才会顺服、依从于国君。而对那些罪臣逆子,要对他们杀头判刑,逮捕处罚,这是老百姓所痛恨的事情,做了之后呢,国君就会受到人们的嫉恨和怨气,所以我劝国君还是不要担这恶名,把这些事情交给我来处理,让全国的老百姓只感激爱戴您而不怨恨您。而且君王也可以省去许多麻烦和闲气,那是多么好的事情呀!不知道君王以为臣的主意怎么样?"宋桓公沉吟了一会儿,心想:这真是好事,难为他想得这么周全。本来这些乌七八糟的朝政就懒得理它们,只是怕诸侯们笑话,所以才每天装装样子,现在相国要做这些事情,就让他去做好了,想来他肯定会做得比我好吧。反正这事对我总是有好处的。想到这里,便笑着对子罕说道:"这样也好,相国的才学高深,我一向对你办事很放心,这方面的事你以后就放手去做吧。我承受的都是美事,你担当的都是令人怨恨的事儿,我自己知道这样就不会被天下诸侯笑话了。"于是子罕当朝颁布了命令,高高兴兴回府了。

  从此以后,宋国的上上下下,都知道生杀大权掌握在子罕手里,大臣亲近他,百姓畏惧他,过了不到一年,子罕便派人杀死了宋桓公而夺取了权力。

"三桓"之争

公元前585年的秋季，晋厉公在宋国的沙随（今河南宁陵县北）同鲁成公、齐灵公、卫献公及宋国相国华元、邾国国君等碰头，商量一起攻打郑国的计划。

鲁国贵族叔孙侨如事先派人向晋国的郤犨秘报说："鲁国国君带兵逗留于坏隤，是想要坐观晋、楚决战的输赢后再作决定。"当时郤犨已任新军主帅，并且当上了公族大夫，专司与东方各国的联络。他从叔孙侨如那里收取了贿赂，便帮其到晋厉公面前诽谤鲁成公，晋厉公因此而取消了与鲁成公的会晤。

七月，鲁成公会同周朝高级官员尹武公及晋、齐、宋、卫、邾等各国军队一起攻打郑国。正要出发时，穆姜又像上回一样，向儿子发布要驱逐季、孟两人的命令，鲁成公也像上回一样，先落实好一切防范措施后再带兵出征。

晋、齐、邾等国的军队驻扎在郑国的西部，鲁国的军队驻扎在郑国的东部督扬，竟不敢经过郑国国都去同多国部队会合。鲁国老臣子叔声伯为此特派叔孙豹去晋军请求，要他们来接应鲁军，自己则在郑都郊区为他们准备伙食。

晋军的接应部队开来了。声伯四天没有吃饭，等着他们，直到晋军联络官吃饭后，自己才敢吃。

多国部队与鲁军会师后，移驻到制田（今河南新郑市北），由晋军下军副帅率领其中一部去进攻陈国，抵达鸣鹿（今河南鹿邑县西），接着又进攻蔡国。没等这支部队返回，多国联军又移驻到颍水旁。七月二十四日，郑国的子罕于夜间向他们发动突然袭击，宋、齐、卫三国部队都溃不成军。叔孙侨如派人去晋国密告郤犨说："鲁国有季孙氏、孟孙氏，就好比晋国有栾氏和范氏，政令都由这些家族制定。现在他们商量说：'晋国的政令出自不同家族，不能统一，让人无所适从。宁可侍奉齐国和楚国，至多是亡国而已；反正不能再听从晋国了。'贵国要是想让鲁国继续服从自己，就请拘留跟随鲁军出国作战的季文子并将他处死，我也在国内将仲孙蔑击毙，使鲁国坚决侍奉晋国，再无三心二意。鲁国没有三心二意，其他小国自然跟着服从晋国。否则，季文子回鲁国后，肯定背叛晋国。"

九月，晋国在苕丘逮捕季文子。鲁成公回国后，在郓邑停留，让子叔声伯去晋国请求放还季文子。郤犨对他说："如果除掉仲孙蔑，再把季文子扣押在晋，我将让您执掌鲁国政权，对待您比对待鲁国公室还亲热。"郤犨于五年前出使鲁国时，娶回声伯同母异父的妹妹，故与声伯有郎舅之亲。

声伯回答道："叔孙侨如私通国母且想夺取季、孟财产的情况，想必您都听说了。如果晋国真要顺其心愿，把仲孙蔑和季文子除掉，那可就是自己丢失鲁国，同时使敝国国君遭罪了。如果晋国还不想丢失鲁国，并且要求享受周公的福祉，让敝国季文子能够侍奉尊大王，那么仲孙蔑和季文子两人正是鲁国的辅弼干城。假使他们在早晨灭亡，鲁国准定在晚上灭亡。以鲁国靠近晋国仇敌的地缘论，要亡的话，准亡在他们手上，反过来也成为晋国的仇敌，到那时想要补救还来得及吗？"

郤犨说："我为您向敝国国君请求采邑。"

声伯答道："我在鲁国只不过是个地位低微的人，哪敢仗恃大国为自己索取利益？现在是奉敝国国君的命令来请求贵国放还季文子，如果能得到所请求的，您对我的赏赐就够多啦，我还有什么要求呢？"

士燮对栾书说："季文子在鲁国的地位，是辅佐两任国君的国相，可是侍妾不穿丝织品，马匹不吃粮食，难道能否认他是忠良吗？我们若是听信奸邪的谗言而抛弃他这样的忠良，该如何面对列国？子叔声伯执行国君的命令不怀私心杂念，为国家打算没有三心二意，把国君的利益放在个人利益的前面。我们若是拒绝他的请求，就是抛弃好人呀，您仔细考虑！"

于是晋国接受鲁国的请求，放还了季文子。

冬季十月，鲁国将叔孙侨如驱逐出境，大臣们为此而专门举行了要以他为戒的盟誓。侨如逃往齐国。

十二月，季文子和郤犨在扈地签署鲁晋盟约。季文子回到鲁国后，即提审公子偃并将其处死，同时把侨居齐国的叔孙豹召回鲁国，让他继承叔孙氏的爵禄。

孟孙、叔孙、季孙"三桓"的内部厮杀，暂告一段落。

晋分三家

春秋末年，在晋国六卿中，以智氏最为强大，智伯瑶率领韩、赵、魏三家灭掉了范氏、中行氏二家，从此，六卿只剩下四卿，智伯瑶隐然为四卿的首领。

几年之后，智伯瑶又想逐一吞灭其他三家，决定先试试他们的态度。智伯瑶首先向较弱的韩康子索要土地。韩康子见智伯瑶无缘无故来索要土地，就想拒绝。

韩康子的家臣段规很有眼光，看穿了智伯瑶的意图，劝谏韩康子说："不能不给他。智伯瑶这个人，非常贪婪，既傲慢又刚愎自用。他来索要土地，您却不给他，他就会起兵来攻打韩氏。您还不如满足他，把土地给他一些，他就会习惯地再去向别人要。别人不一定会给他，智伯瑶就会对拒绝他的人动武。这样，韩氏就可免受战乱，静观事态发展。"

韩康子认为段规的话有理，说："好。"就派人割了一个有一万户居民的县给了智伯瑶。智伯瑶见韩康子顺从地献地，高兴得很，又派人去向魏宣子索要土地。

魏宣子当然也不肯平白无故就把土地送给别人。魏宣子的家臣赵葭分析了形势，劝谏魏宣子说："智伯瑶向韩氏索要土地，韩氏给了他，现在来向魏氏索地，魏氏要是不给，显得魏氏自恃强大，不将智氏放在眼里，一定会激怒智伯瑶。这样，智伯瑶就会起兵来攻打魏氏。不如先给他一些土地，静观待变。"

魏宣子想了想，认为赵葭说得很对，也命人割了一个有一万户居民的县给智伯瑶。智伯瑶见魏氏也不敢违抗，益发得意，干脆狮子大开口，向赵氏索要蔡、狼皋一带的土地。

赵襄子为人强硬，对智伯瑶的无理要求不予理睬。智伯瑶没想到会在这里碰到钉子，恼羞成怒，便想发兵攻打赵氏，又觉得自己并无必胜把握，就暗中联络韩、魏两家一起出兵，约定灭掉赵氏后，三家共同瓜分赵氏领地。

赵襄子拒绝了智伯瑶，知道他一定不会善罢甘休，一场战争就在眼前，敌强我弱，必须做好御敌的准备。于是把家臣张孟谈召来，说："智伯瑶这个人，表面上亲近友善，实则贪婪狡诈。他三次分别向韩氏、魏氏、赵氏索要土地，只有我拒绝了他，他一定会起兵来攻打我，我现在应该怎么办呢？"

张孟谈说："董阏于是您父亲赵简子最有才干的臣子，他曾经治理晋阳，后来尹铎继续按他的办法做，董阏于的教化仍然存在，您现在迁到晋阳去定居就可以了。"

赵襄子说:"好。"随即召来延陵生,让他带着军队先去晋阳,赵襄子随后也到了晋阳,顾不上休息,赶紧巡视城郭,检查仓库。

赵襄子吃惊地发现,城墙被风吹雨打,损坏严重,粮仓中没有粮食,官府没有钱财,武器库里没有盔甲兵器,城防用的器械也没有。赵襄子惊慌失措,忙召来张孟谈,说:"我刚才巡视了城防,检查了府库,发现什么也没有,这样怎么能够应敌呢?"

张孟谈不慌不忙地说:"我听说圣人治理国家,粮食财货由人民收藏,而不是收藏于国家的府库中;重视对百姓的教育,而不是一味地修城筑墙准备打仗。您现在可以下这样一道命令:百姓自己留下三年的粮食,有多余的都交到粮仓里;留下三年用的钱财,有多余的都交到官府里;家里有闲余的劳动力,都来修缮城池。"

赵襄子依言,当晚发布了这道命令。这晋阳城原是赵氏的封地,赵氏世代对晋阳人民爱护有加,晋阳人民对赵氏也极为爱戴。

因此,赵襄子的命令一出,大家都踊跃地献粮献财,第二天,粮仓里的粮食多得堆不下,官府里也堆不下钱了,武器库里盔甲兵器也是多得装不下。五天后,城池修缮完毕,牢固异常,城防器具也都修建完毕。

赵襄子没料到晋阳人如此忠心,困难解决得如此顺利,极为高兴,又把张孟谈召来,说:"我们城池已经修好,守卫器具也准备好了,钱财粮食充足,盔甲兵器多得用不完。可是没有箭,怎么办呢?"

张孟谈说:"我听说董阏于治理晋阳时,宫室的墙都是用荻、蒿、楛、荆之类筑起来的,有的楛木长达一丈,您可以取出来做箭。"

赵襄子下令拆了宫室的墙,取出楛木做成箭杆,发现它比坚硬的菌簵竹还要硬。赵襄子高兴地说:"箭杆是有了,可是没有铜做箭头怎么办呢?"

张孟谈说:"我听说董阏于治理晋阳的时候,宫室官府的房子,屋柱和屋基都是用精炼铜做的,您可以取出来用。"

赵襄子命人拆倒宫室、官府,取出铜柱、铜基,做箭头、兵器绰绰有余。

经过一段时间的准备,晋阳城做好了一切战备,军民齐心协力,决心为赵氏效命,整个城防固若金汤,静候敌军来攻。

这时,智、韩、魏三家军队也做好了准备工作,一齐杀到晋阳城下。赵襄子兵少,坚守不出。敌军日夜攻打,但晋阳城守得异常牢固。激烈的战斗持续了三个月，三家联军损兵折将，没有占到任何便宜，赵襄子损失也不小，幸得晋阳人众志一心，死守不退。

智伯瑶是联军方面的统帅，见连日攻城不下，反而吃了大亏，心生一计，命令军队后撤，远远地围住晋阳城，然后在城外修堤筑坝，再挖渠引水来淹晋阳城。

智伯瑶这一招果然厉害，晋阳人虽然挡得住联军的进攻，却挡不住水，虽然左塞右堵，水还是缓缓地灌进城里。不过晋阳人还是牢牢地守着城池，不肯投降。智伯瑶一见晋阳城被水淹得一片狼藉，也不急于进攻了，只让军队将晋阳城紧紧围困，等待晋阳人支持不住时出城投降。

双方就这样僵持着，一直过了三年。城外的水越来越高，城墙露出水面只有三板（六尺）的高度。这一天，智伯瑶出来巡视，魏宣子为他驾车，韩康子在身旁保护。智伯瑶见水攻十分有效，哈哈大笑说："我原来不知道水也可以灭掉别人的国家，现在总算知道了。汾水河可以灌安邑，绛水河可以灌平阳。"

原来，安邑是魏宣子的封邑，平阳是韩康子的封邑。韩、魏二人痛恨智伯已久，这次出兵攻打赵襄子，一来惧怕智伯瑶，不敢违抗；二来智伯瑶答应事成后分地，这也是个很大的诱惑。现在忽然听到智伯瑶说出可以用水灌平阳和安邑的话来，二人明白，赵氏灭亡之后，下面的目标就是自己了。魏宣子用手肘偷偷捅了一下韩康子，韩康子则偷偷踩了魏宣子一下，两人没有说话，却已明白对方的心思。

再说晋阳城里，被水淹得一塌糊涂，房屋都浸在水里，人们只好住在屋顶上或高地上，把锅吊起来做饭。城中粮食、钱财消耗殆尽，将士疲惫不堪，病的病，倒的倒。赵襄子对张孟谈说："粮食吃完了，钱财花光了，将士们疲弱无力，我恐怕再也守不住了，打算举城投降，但不知道向谁投降好？"

张孟谈说："我听说：不能使灭亡的趋势转为生存，不能使危险的情况转为安全，就没有必要尊重有智慧的人了。您先暂且放弃这个计划，请让我偷出城去，见见韩、魏两家君主。"

当晚，张孟谈果然溜了出去，找到了韩康子和魏宣子，说："我听说过唇亡齿寒的故事，目前也正是这种情况。现在智伯瑶率领您两位攻打赵氏，赵氏眼看就要灭亡了。赵氏灭亡后，依次就该轮到您二位，您二位难道没什么打算吗？"

韩康子和魏宣子说:"我们也知道会是这样。可是,智伯瑶这个人,性情粗暴,缺乏仁爱。我们要是有什么图谋却暴露了,一定会大祸临头。你说怎么办呢?"

张孟谈说:"计谋从您二位口中说出,进入我的耳中,别人不会知道的。"韩康子和魏宣子也认为应该趁着目前智伯瑶还没对他俩提防的时机,先下手为强,否则赵氏灭亡之后,智伯瑶就会对他们采取行动了。

三人紧张地商量了半夜,把行动的日期、方式、步骤等细节都确定好,连夜又把张孟谈送回晋阳。赵襄子听了张孟谈的禀报,又惊又喜,静候这一天到来,同时暗中调整部署,挑选精兵,准备厮杀。

这天,韩康子和魏宣子朝见过智伯瑶,出来时在辕门口碰到智伯瑶的族人智过。智过觉得二人面色有异,赶紧入军帐禀报智伯瑶说:"韩魏两位君主脸色不对,情况一定有变化。"

智伯瑶问:"怎么啦?"

智过说:"他们现在行动傲慢,意气高扬,不像过去总是恭敬的样子,肯定是出了意外的事情,他们说不定会作乱,您不如先下手为强。"

智伯瑶说:"我同他们早已商量好了,灭了赵氏后,大家一起瓜分赵氏的地盘,所以我一向同他们友好,从不侵犯欺辱他们。大军围困晋阳已经三年了,现在眼看就能攻下城池,大家都可以得到好处,怎么还会有别的想法呢?一定不会这样的,你放宽心好了,不必担忧,也不要再提这件事了。"

智过见智伯瑶不听,只好怏怏离去。

第二天,韩康子和魏宣子朝见过智伯瑶,出来时又在辕门口碰见智过。智过见二人神色同昨天又不同,连忙去见智伯瑶,问道:"您把我的话告诉韩魏二位君主了吗?"

智伯瑶奇怪地问道:"你怎么知道?"

智过说:"今天两人朝见后出来,正好碰到我,两人神色突然变了,眼光盯着我。这一定是他们有所变故,您不如杀了他们。"

智伯瑶哪里肯信,况且没有韩、魏二家相助,他也未必攻得下晋阳,说:"你不要再提这件事了。"

智过说:"不行,一定要杀了他们。如果实在不能杀,您就向他们表示亲近。"

智伯瑶问："怎样表示亲近？"

智过说："魏宣子的谋臣叫赵葭，韩康子的谋臣叫段规，这二人都能改变君主的想法。您可以去和韩、魏二人商量，灭了赵氏之后，封给段规和赵葭每人一个有万户居民的县。如果是这样的话，二位君主大概就不会变心了。"

智伯瑶说："原来约定灭了赵氏后，三家瓜分赵氏地盘，又要封给两人每人一个有万户居民的县，那我得到的土地就太少了。这样做不行。"

无论智过怎样劝说，智伯瑶既不肯杀掉韩魏二位君主，也不肯拉拢他们。智过无可奈何，只好离去，为了避免受智伯瑶的牵连，智过将自己的家族都改为姓辅。

到了事先三家约定的这天夜里，赵襄子率领精兵锐卒，摸出城来，消灭了智伯瑶手下看守河堤的部队，掘开河坝，将水引向智伯瑶的军营。智军正在酣睡，黑暗之中大水突至，顿时一片大乱，清醒一些的赶忙想法堵水，糊涂的四下逃窜，更有许多人在睡梦之中做了鱼鳖。

正当智军乱作一团之时，赵襄子率军杀到，韩魏两军也从侧翼杀来，智军被杀得七零八落，死的死，降的降，智伯瑶本人也做了赵襄子的俘虏。后来，智氏被灭族，地盘反被韩、赵、魏三家瓜分。公元前403年，东周威烈王姬午正式册封赵、魏、韩三家大夫为诸侯，晋国从此不复存在了。

百家争鸣

在中国历史上，有一个时代的思想文化最为辉煌灿烂，并且涌现出了很多著名的思想家、文学家和政治家，这就是春秋战国时期。这一时期诸子百家相互争鸣，许多伟大的思想家诞生，极大地促进了中国思想史的向前发展。

春秋末期到战国初期，社会上的政治斗争十分复杂，新兴的地主阶级和没落奴隶主之间进行着激烈的阶级斗争。代表着本阶级、本阶层、本派政治力量的学者或者思想家们，都试图按照本阶层的利益和要求，对社会以及万事万物做出解释或提出主张。他们著书立说，广收门徒，互相辩难，导致思想领域出现"百家争鸣"的局面。

百家流派中影响力较大的有儒家、道家、墨家和法家。儒家创始人孔子，被后人尊为"万世师表"。他的理论核心是"仁"，要求人与人之间要相互爱护，融洽相处，"己所不欲，勿施于人"，对待别人要宽容。孔子首创私人教学，认为不分贫富，人人都有受教育的权利，打破了贵族垄断文化教育的局面。同时，孔子还主张"为政以德""节用爱人"，这些思想就是他所提倡的道德观和伦理观。孔子整理的教本，被后人称为"六经"，不过后来六经中的《乐》失传，现存的《诗》《书》《礼》《易》《春秋》被称为"五经"。

孔子之后，儒家学派的代表人物有孟子和荀子。孟子主张"仁政"，进一步提出"民为贵，社稷次之，君为轻"的观点，他认为人性本善，孟子被后世称为"亚圣"。儒家另一个代表人物荀子，在政治方面主张"仁义"和"王道""以德服人"。荀子改造儒家思想，综合了法家和道家思想的积极合理成分，使儒家思想更能适应社会需要。战国后期，儒学发展成为诸子百家中的大宗！

道家学派创始人老子，与孔子大约生活在同一时期，老子是楚国的没落贵族，他的哲学里包含着丰富的辩证法思想，他认为任何事物都有矛盾对立的两个方面，矛盾双方可以互相转化。反映老子思想的书籍为《道德经》，老子在政治上主张"无为而治"，不妄为，不胡作非为，不为所欲为。

道家在战国时期的代表人物是庄周，他和门人编写了《庄子》一书，与《道德经》齐名的道家经典。道家思想讲究一切顺应自然，不可强求，这一点与儒家思想相反。

墨家思想的创始人墨翟，他的主张与儒家是针锋相对的，墨子主张"兼爱""非攻"，认为应该消除贵贱的分别，人人平等，谴责非正义的战争，主张任人唯贤，反对王公贵族任人唯亲。墨家的思想代表了平民百姓的愿望，维护的是平民的利益，特别是手工业者的利益。墨家思想一度成为战国时期的显学，并被其他学派吸收引用，他的弟子根据墨子的授课笔记编撰了《墨子》一书，但是，到战国后期，墨家思想渐渐不受重视。

法家学派的思想代表着新兴地主阶级的利益，早期的代表人物有吴起、商鞅、申不害等人，后期法家代表韩非子是专制主义中央集权理论集大成者。韩非子是荀子的大弟子，和秦国的丞相李斯是同学，《韩非子》一书是韩非总结前期法家思想的成果，他注重吸收法家不同学派的长处，提出了"法""术""势"相结合的法治理论。

韩非子认为历史是向前发展的，当代必然胜过古代，人们应该按照现实情况进行政治改革,而没有必要遵循古代的传统。他还提出了系统的法治理论,主张君主要利用权术驾驭大臣,以绝对的权威来震慑臣民百姓。韩非子主张建立君主专制的中央集权的封建国家,大权应掌握在君主一人手中,迎合了建立大一统专制国家的历史发展趋势。

除以上四个学派之外,较有名的还有兵家、名家、阴阳家、纵横家、杂家、农家、小说家等学派。"百家争鸣"是历史上的一次文化繁荣,它反映了当时社会的激烈斗争,也奠定了整个封建时代的文化基础,对中国古代文化有着非常深远的影响。

老子的哲学思想

老子(公元前571~前480年),姓李,名耳,字聃,楚国苦县(今河南鹿邑)人。道家学派创始人。《道德经》是他留给后人最珍贵的著作。《道德经》亦名《老子》,全书分上下篇,共81章,约五千言。

在老子的哲学中,"道"作为本原,是一种原始的混沌状态。由于它没有具体的规定,无法直接去把握。它的存在只有通过它的作用来表现,它的特征也只有通过它的作用去把握。"道"的作用首先表现在"道"的永恒变化与运动。《周易》从阴阳消长中也发现了事物的变化与运动,老子在阴阳之上又安置了本原性的"道",进一步阐明变化与运动是"道"所固有的,因而也是天地万物所固有的。"道"的作用还表现在事物运动中的"物极必反"。《周易》原来也包含着这种辩证意蕴,老子不但把它理论化,而且提出了"反也者,道动也"的哲学命题。从大道整体的运动来看,这个命题说明了大道的"周行"而反复。如果从大道在具体事物中的作用来看,则是矛盾对立面的转化。

老子从事物"反也者"的运动中,既看到可能有好的结果,也看到可能有坏的结果。为了求得好的结果,防止坏的结果,他提倡一种"贵谦处下""贵阴守柔"的态度。在老子看来,这是"道"本身所具有的品德,也是人,特别是王者所应该具有的品德。

老子从"道"的作用中揭示了客观世界的辩证法,也揭示了社会生活实践的辩证法,标志着《周易》以来中国哲学辩证法的最高成就,至今仍保持着强烈的思想魅力。但同隐士的身份、地位相联系,老子的辩证法也反映了他单纯

"明哲保身"的生活态度，无疑有它的局限性。"贵谦处下"和"贵阴守柔"是我们民族精神与民族智慧的一个重要方面，自有其积极的价值。

另外，老子的治国之道或人道论可以用"自然无为"来概括，其理论基础就是"道法自然"。道既然是宇宙的本原，又是万物的根本法则，那么有关人道的一切问题，都必须以道为根据。

在人道问题上，老子的无为论完全是从"人法道"和"道法自然"中所引申出来的。道之自然而然本身即表明"道恒无为也"。因而人做一切事情，特别是王侯治理国家，都应该像道那样走一条"无为"之路。"无为"的本质说到底，也就是"辅自然"或"顺自然"。人们常常把老子的"无为"等同为"不为"或"无所作为"，这是一种误解。老子的"无为"只是要求人们不要胡作妄为，不要违背物之自然，事之自然，道之自然。这是极不容易的。在老子看来，只有圣人才能真正做到无为。王侯若能恪守无为，也就能真正治理好国家。

"无为"是方式或手段，"无不为"是目标或目的。"无为"为什么能达到"无不为"呢？因为"无为"是基于"人法道"，体现了"道无为"。道创造了天地万物，同时又支配着天地万物，人按照"道"来看问题，办事情，有什么目标达不到呢？"无不为"表现了"人法道"所获得的最大自由，可以看作是老子表示"自由"的一个特殊概念。从哲学理论思维来看，我们今天承认"无为"的合理内容，却不能把它绝对化，更不能用"无为"去反对"有为"。"有为"如果不尊重客观规律，主观妄为，当然是错误的和有害的。但"有为"如果遵循客观规律，它同"无为"不仅是相通的，而且是一致的。在尊重客观规律的基础上，我们提倡"无为"和"有为"的辩证统一。

老子以"道"观天和观人，从根本上摆脱了传统的天命、神道观念。他所阐明的天道自然无为理论，后来成为中国古代无神论的重要思想来源之一。但是，老子的修道理论追求"长生久视"和"玄同"境界，并未清楚地说明其内在机制，后来又被道教宗教修炼所利用。

老子的辩证法对中国传统哲学做出了极其重要的贡献，并成为中国古代辩证法史的一条重要线索。但是，他的辩证法既深刻揭示了客观事物相反相成和矛盾转化的规律，又有其消极的方面。后世不同的哲学家和哲学学派分别从不同方面、沿着不同方向阐发其内容，必然产生出不同的历史作用。

老子的哲学思想至今仍保持着它的生命力,并成为中华民族哲学智慧的重要资源,与儒家哲学同时构成中国传统文化和传统哲学的主干。

孔子的哲学思想

孔子(公元前551~前479年),名丘,字仲尼。春秋时期鲁国陬邑(今山东曲阜东南)人。先世为殷人后裔,宋国贵族。少年贫贱,曾做过管理仓库、管理放牧牛羊的小吏。由于熟习礼数,亦曾以"儒"为业。为人好学,精通"六艺",30岁即聚徒讲学,同时从事政治活动。50岁后为鲁国中都宰,迁为司空、司寇,行摄相事,时间均不长。55岁后率弟子周游列国,不见用。晚年主要从事古代文献的整理工作。《史记》有《孔子世家》,记载他的生平活动。他的言论由门人记录整理,后来编成《论语》一书,是研究孔子哲学思想的重要依据。

在孔子的哲学思想体系里,最高的道德标准是"仁"。孔子的"仁"有着鲜明的阶级性,他说:"君子而不仁者有矣夫,未有小人而仁者也。"在春秋时代,就政治类别而言,"君子"是指贵族统治者,而"小人"则指被统治的人民,因而孔子这句话的意思是说:被统治阶级是没有资格达到"仁"的。"仁"或"不仁"在这里成为区别两种人的两种道,正如《孟子》一书中引述孔子的话:"道二,仁与不仁而已矣。"《论语》中,孔子曾一再把"仁"与"爱人"联系起来。孔子的"仁者爱人",绝不是爱一切人。相反地,他把人分成"君子"和"小人",并坚决反对"小人"。可见,孔子并不主张普遍的人类爱。在商品经济没有充分发展的中国奴隶制社会,是不可能产生像后来的资产阶级所鼓吹的那种"博爱"思想的。以"仁"为核心,他还提出了孝、悌、忠、恕、宽、信、惠、敏、恭、直、温、良、俭、让等道德规范。

在世界观上,孔子基本上没有摆脱西周以来的传统思想,仍然认为"天"是有意志的神,并且承认天命。但是,在孔子的世界观中也蕴含着若干新的内容。这首先表现于他一般是从心理活动方面去谈"知命""畏命",而很少像西周人那样讲"降命""受命",其次,他也表现出脱离宗教思想的初步企图,如:"季路问事鬼神,子曰:'未能事人,焉能事鬼?'曰:'敢问死。'曰:'未知生,焉知死?'"等。

孔子在认识论上，表现出一系列的矛盾和调和的倾向。首先，关于认识的来源，他说："生而知之者，上也，学而知之者，次也；困而学之，又其次也；困而不学，民斯为下矣。"这里，孔子肯定了学习的重要性，但他把"生而知之者"规定为上等，"困而不学"的平民规定为下等，这样就从认识论方面划分了人的等级。他虽然把"生而知之"虚悬为最高的一格，并且说："我非生而知之者。"但所谓"生而知之"毕竟是承认有先验的知识存在，这就给后来孟子所谓"良知良能"的唯心主义开放了门户。其次，孔子在论述学习的时候，表现出一定的唯物论的经验论倾向。在《论语》中有不少提倡学习的语句。例如，"温故而知新"，"学而不思则罔，思而不学则殆"，"学而不厌，诲人不倦"，"不耻下问"，"知之为知之，不知为不知"，等等。这些话，都成了后人探求知识的有益格言。孔子强调"学则不固"，学习，即后天的认识活动是去除愚昧固蔽的必要手段。孔子所说的"学"，包含有由行而致知的意思，他说"学而时习之"，"习"主要是指所学知识的运用和验证。

总而言之，孔子的哲学思想是时代的产物，创造性地建立了一个儒家哲学的体系，成为儒家学派的创始人，其哲学思想对中国和世界哲学的发展，产生了深远的影响。

诗经

《诗经》原名《诗》，或称"《诗》三百"，列为儒家"六经"之一。《庄子·天运》记孔子谓老聃曰："丘治《诗》《书》《礼》《乐》《易》《春秋》六经。"《荀子·劝学》提及"始乎诵经"，《诗》亦列入其中。可知《诗》之为"经"，由来已久，但获得尊崇地位是后来之事。汉武帝"卓然罢黜百家，表章六经"，"置五经博士"（《汉书·武帝纪》），崇《诗》为"经"，称《诗经》。

《诗经》本来就是一部乐辞，三百零五篇都可以合乐歌唱。《墨子·公孟》篇："弦诗三百，歌诗三百。"《礼记·乐记》："宽而静、柔而正者，宜歌《颂》。广大而静、疏达而信者，宜歌《大雅》。恭俭而好礼者，宜歌《小雅》。正直而静、廉而谦者，宜歌《风》。"《史记·孔子世家》："三百零五篇，孔子皆弦歌之。"因此，一部乐辞按照乐曲分类是合乎常理的。

《诗经》中的三百零五篇作品，按照音乐的特点编排为风、雅、颂三类。

"风"是《诗经》中的精华部分，吟唱的对象主要是爱情、劳动、想念故土、思念征人等。常用复沓的手法进行咏唱，也就是说，在一首诗歌中，各章大部分字相同，只有少数的字不同。"风"以各地民歌为基调，主要来源于河南、河北、山东、山西、陕西等地，收集后进行润色，这些歌谣也称"十五国风"，共计有160篇，分别为：周南11篇、召南14篇、邶风19篇、鄘风10篇、卫风10篇、王风10篇、郑风21篇、齐风11篇、魏风7篇、唐风10篇、秦风10篇、陈风10篇、桧风4篇、曹风4篇、豳风7篇。其中，《关雎》《桃夭》《伐檀》《硕鼠》《蒹葭》等都是脍炙人口的名篇。

　　《诗大序》："雅者，正也，言王政之所废兴也。政有小大，故有《小雅》焉，有《大雅》焉"。所以，"雅"分"大雅"和"小雅"，是流行于周王朝国都附近的乐歌，共有105篇，"大雅"31篇，小雅74篇。"雅"的作者基本是贵族文人。"大雅"创作于西周前期，以宴饮乐歌、祭祀乐歌、祈福乐歌、歌颂祖德为主，其中歌颂周朝王室祖先的乐歌，赞颂的对象主要包括周文王、周武王等，不过"大雅"中也有反映周厉王、周幽王昏暗统治的诗篇。"小雅"中诗篇的组成，以西周末年周厉王、周幽王时期为主，部分诗歌与《国风》类似，其中最为突出的是描写战争和劳役的诗篇。《鹿鸣》《南有嘉鱼》《谷风》《文王》《卷阿》《民劳》，小雅有《鹿鸣》《采薇》《斯干》等都是流传广泛的名篇。

　　"颂"记录的是周代王公贵族宗庙祭祀的乐歌，分为《周颂》《鲁颂》和《商颂》，共计40篇。对于《颂》的释义，最早见于《诗·大序》："颂者，美盛德之形容，以其成功告于神明者也。"孔颖达《毛诗正义》说："颂者"之下省略了"容也"二字。朱熹《诗集传》说："颂"与"容"古字通用。"周颂"31篇，是周王室的宗庙祭祀诗，除了单纯歌颂祖先功德外，还有一部分于春夏之际向神祈求丰年或秋冬之际酬谢神的乐歌，从中可以看到西周初期农业生产的情况。"鲁颂"4篇，内容均为歌颂鲁僖公。创作时间为春秋时代，产生于春秋鲁国的首都。可分为两类，《閟宫》和《泮水》是歌颂鲁僖公的，风格似《雅》；《駉》和《有駜》体裁类《风》。"商颂"5篇，是商朝及周朝时期宋国的诗歌，产生于商朝发祥及建都地、宋国国都商丘。前三篇《那》《烈祖》《玄鸟》为祭祀商朝祖先的乐歌，不分章，产生的时间较早，早于周朝之前。后两篇《长发》《殷武》是歌颂商朝武丁伐荆楚的胜利，皆分章，产生的时间较晚,晚于宋襄公时期。"颂"的名篇主要有《清庙》《维天之命》《噫嘻》等。

《诗经》较为全面地展示了周代的社会生活,真实地反映了当时我国奴隶制社会由盛到衰的历史面貌。其中有些作品,如《大雅》中的《生民》《公刘》《绵》《皇矣》《大明》等,记载了后稷降生到武王伐纣的历史,可视为周部族起源、发展和立国的史诗。

《诗经》是我国现实主义文学的光辉起点,内容极其丰富,有着很高的思想和艺术成就,在我国乃至世界文化史上都占有非常重要的地位。它为我国后世诗歌开创了优秀的传统,对后来我国文学的发展产生了不可磨灭的影响。《诗经》的影响还扩展到了全世界,日本、朝鲜、越南等国很早就有汉文版《诗经》传入,18世纪以后,又出现了法文、德文、英文、俄文等多种译本。

太伯迁吴

春秋时期有一个吴国,都城就是现在美丽的江南城市苏州。

可是在两千多年前,中华民族的政治、经济、文化中心在黄河流域,今天繁荣富庶的江南在当时不过是偏僻落后的东南一隅。吴国处在这样一个角落里,与中原各国很少有什么来往,所以直到春秋中期,中原各国还不大知道吴国的情况。

其实,吴国也是个历史悠久的国家。

据说,早在商朝的末年,在今天的陕西省西部有一个周族人的诸侯国家。周族的首领古公有三个儿子,老大叫太伯,老二叫仲雍,老三叫季历。哥儿仨中季历最贤明。季历还有个儿子,更是品德高尚、才智超群。古公很喜欢这个孙子,相信他会使周族强大昌盛起来,就给他起名叫"昌"。古公心里有个打算,就是要把自己的王位传给季历,再由季历传给昌。

可是按照规矩,王位是应该由大儿子来继承的,季历是老三,他如果当了王,可能会引起很多人的不满。古公很为这事儿发愁。

太伯和仲雍渐渐看出父亲的心思,俩人就凑在一起商量起来。为了本族的兴盛,他们都愿意放弃自己的王位继承权。而要做到这一点,他们必须离开自己的部族,远走高飞到别人找不见的地方。于是,这哥儿俩就带着自己的妻子儿女和一些随从，悄悄地离开了周族居住的岐山，到几千里以外的江南去了。

古公发现大儿子和二儿子都不知跑到哪儿去了，明白他们这是为了给小弟弟季历让位，也就不再寻找。过了不久，古公死了，王位传给了季历。季历死后，姬昌继承了王位。他就是历史上著名的周文王。

再说太伯和仲雍，他们跋山涉水、风餐露宿，走了不知多少日子，来到了遥远的江南。那里的景物、风俗都和岐山大不相同。本地的土人还不会种田，依靠在江湖里打捞鱼虾度日。他们把自己当成蛟龙的子孙，因此都截断自己的头发，在身上画满鱼鳞似的花纹，认为只要这么一"断发文身"，就和蛟龙的模样差不多了，再下到江河里，蛟龙认得是自己的子孙，自然就不会伤害他们。

太伯和仲雍看到这块地方有山有水、土地肥沃，土人又淳朴忠厚、待人热情，就决定在这里定居下来。他们把这块地方叫作"勾吴"，简称作"吴"。太伯和仲雍让自己的人尊重本地土人的风俗习惯，全部"断发文身"，参加到土著部落中。然后，他们慢慢地把先进的周族文化传授给吴人。周族是有名的善于经营农业的民族。太伯把耕种收获的方法教给了吴人，大大改善了吴人的生活条件，因此也就受到这些淳厚朴实的人民的拥护和爱戴。

太伯不久就被推举做了吴人的首领，后来被追认为吴国的始祖。太伯死后，吴人又推举仲雍做了首领，然后就一代一代地传了下去。

这时周文王姬昌也在西方使周族得到了空前的繁荣昌盛，渐渐成为可以和强大的商王朝对抗的势力。后来，周文王的儿子周武王又联合了一些部族，发兵东征，一举灭掉了商朝，建立了周王朝。

周武王夺得了商王的天下，为了有效地统治这一大片辽阔的国土，就决定把自己的兄弟子侄和征战有功的部族首领都封为诸侯，让他们各据一方，定期向中央王朝进贡。就在周武王热热闹闹地大封诸侯的时候，他想到了太伯和仲雍这两位为了周族昌盛而流浪在外的伯祖父。他想：如果没有太伯和仲雍的慷慨让位，周族哪里会像今天这样兴旺呢？周朝的天下也应该有他们一份！于是武王就派人到处去寻访他们后代的下落。后来，武王终于打听到仲雍的曾孙周章正在做着吴人的首领，就封周章做了诸侯，"勾吴"从此成了吴国。周章还有个兄弟叫虞仲，武王就把虞仲封为虞国的诸侯。

过了几百年，北方的虞国在春秋中期被晋国吞灭了，而南方的吴国却在春秋后期突然强盛起来。

孙子用兵

孙子，名武，字长卿，春秋晚期齐国人。其实，孙武的祖上并不姓孙，到孙武这一代已改换了几次。最早姓妫，是舜帝后裔。周武王灭商后，封妫满为陈侯，改姓陈。传至陈厉公，生一子取名陈完。后来陈完为避祸逃至齐国，改姓为田。

田完的后代不少人身居卿大夫要职，成为齐国一个显赫的家族。田完五世孙田书因军功被齐景公封食邑于乐安（今山东惠民），并赐姓孙，又改为孙姓。孙武就是田书（又叫孙书）的孙子，其祖、父都是齐国的著名将领，从小便对孙武进行军事熏陶，使他小小年纪已颇有军事头脑。

孙子的生卒年月无考，其活动时期大约在公元前6世纪末至公元前5世纪初，约与孔子、伍子胥同时代。

伍子胥出仕吴王阖闾后，得知孙子是一位极有水平的军事家，并著有兵法，就将孙子推荐给吴王阖闾。孙子进见吴王时，将其所著的兵法十三篇呈献给吴王。

孙子献上兵书，就在堂上纵论军事，口若悬河，滔滔不绝，思考精密，神鬼莫测，果然不同凡响。吴王久历战阵，也自诩是会带兵的人，听着听着心底下暗藏着的君王的骄横之气隐隐地透露出来。他想，兵法可是战场上见生死的真功夫，理论上说得再好也没用。你孙子从来没有带过兵，实际效果如何还是个未知数呢。吴王有心要考考孙武，请孙武当面演兵布阵，当即叫来了180名宫女充当士兵。

孙武将180名宫女分成左右两队，吴王说："要不要给她们设个队长？"孙武点头称是。吴王令人到宫中，赶快将自己最宠爱的两个妃子叫来，让她俩当队长。

孙武先传令两队宫女就地坐下，然后公布号令，道："听到第一通鼓，两队一起跃起立正；听到第二通鼓，左队向左转，右队向右转；听到第三通鼓，两队举剑挺矛，准备迎战。"

孙武说罢，命令擂第一通鼓。两队宫女有的站起来，有的还坐着，有的互相拉扯推搡，打打闹闹，都觉得好玩，嬉笑不止。孙武严肃地站起来，自责道："约束不明，号令不清，这是将军的错误。"于是又把三项号令重复五遍（这就是成语"三令五申"的由来），然后亲自握住鼓槌，擂鼓一通。不料宫女们依然和上次一样嘻嘻哈哈、乱成一团。

孙武又一次三令五申，宫女们笑得前仰后合，更不成个队形了。吴王阖闾在场外也不禁哈哈大笑，摇着脑袋对伍子胥道："看来孙武这回要丢丑了！"

孙武在将台上见宫女们仍大笑不止，气得两目怒睁，大喝道："取斧子来！"身旁执法官搬过行刑用的大斧。孙武又道："如果号令不清，那是将军的罪，但既经三令五申，仍然不能遵令而行，那就是士卒之罪了。执法官！按军令，此罪应如何处置？"

执法官答道："按令当斩！"

孙武道："士卒太多，不能都斩首，那就处决队长以为惩戒吧！"当即下令把两名宠妃捆绑处斩。吴王阖闾最初以为是开玩笑，等他见到壮士当真把两个娇滴滴的妃子摔到地上捆绑起来，这才慌了神，赶忙派人去制止孙武，道："寡人已经知道将军用兵的本领了，只是寡人没有这二位妃子，连饭都吃不下了。望将军赦免她们吧！"

谁知孙武答道："我既然已经奉命为将，按照军法，将军在军队中可以不接受君主的命令。大王如果为了自己而破坏军法，以后怎样号令全军呢？"说完，立刻喝令左右速斩二妃。

阖闾还想劝阻，只见两把斧头抡下来，两个妃子的人头已经被砍掉了。孙武好像什么事也没有发生，又操起鼓槌擂起战鼓。两队宫女起立转身、进退回旋，无不严肃认真。整个校场一片寂静，宫女们紧张得连眼睛都不敢眨一下了。

吴王对孙武杀掉他的两个爱妃有点想不通，不禁面有愠色。伍子胥劝吴王道："大王您失去了两个妃子，却得到了一员大将。要知道，美色易得，良将难求啊！"经伍子胥这么一说，吴王终于清醒过来，转怒为喜，立即让孙武做他的军师，并让他计划伐楚的事。

孙武做了吴王的军师后，经常与吴王谈论国家大事。据临沂汉墓出土的《孙子·吴问》篇记载，孙武曾同吴王论晋国中范、中行、智、韩、魏、赵氏六卿实行的土地制度和税田政策的得失，从经济上分析六卿中范、中行、智三氏会先灭亡，而赵氏因亩大税轻，会最后统治晋国，吴王深表赞成。

在吴、越柏举之战中，孙武运筹帷幄，指挥吴军作战，五战五胜；然后乘胜追击，又获破楚都郢之大功，将吴国疆域拓展到今安徽舒城、六安、潜山、巢县一带。

吴王夫差继位之后，孙武又与伍子胥辅佐他南下伐越，公元前494年在夫椒大破越军，困越王勾践于会稽山。公元前482年，北上攻齐，在艾陵大破齐军，俘获齐军主将及战车800余乘、甲盾3000，使吴国终于在公元前482年的诸侯黄池会盟会上，争得了霸主地位。

孙武并不是只会打仗的人，他的政治能力也出类拔萃。楚国都城打下后，伍子胥主张灭掉楚国。孙武却认为楚是一个大国，吴国不可能轻易将它吞并，还不如扶植一个傀儡君王，使楚成为吴的属国。吴王贪图楚国的土地，没有采纳孙武的意见，拆除了楚国的宗庙，把楚国纳入版图。结果激起楚人强烈的反抗，请来秦军助阵，经年激战，吴国劳师伤财，到底吃不掉楚国，只能狼狈地退兵。

吴军回国，论功行赏，孙武功劳最大，升官在即。不料孙武却辞官回乡。伍子胥去挽留他，孙武反而劝伍子胥一起辞官。伍子胥不听，孙武就自己走了。

孙武是一个军事家，但他不是穷兵黩武的战争狂，相反，他念念不忘战争所带来的巨大破坏和灾难结局。他擅长战争，也厌恶战争。正因为如此，他虽然是军事奇才，但他的战争经历却很短，昙花一现，转瞬消失。

孙武的巨大影响在于他著的《孙子兵法》，现存十三篇，为中国古代军事学的经典。战国时著名的军事家吴起、孙膑就从中受益良多。三国时的曹操，博览兵书，对孙子最为敬佩，特地为《孙子兵法》作注。

勾践灭吴

春秋末年，吴国和越国长期争霸，公元前493年，越王勾践败给了吴王夫差。勾践夫妇只好到吴国来当人质，吃的是糟糠野菜，穿的是破衣烂衫，忍受奇耻大辱。待了整整三年，夫差才允许勾践回到越国。勾践回到越国以后，决心发愤图强，以报仇雪恨。他怕自己贪图眼前的安逸，消磨报仇雪耻的意志，特意给自己安排艰苦的生活环境。晚上他睡在稻草堆上,还在屋里挂一只苦胆,吃饭的时候先尝尝它,为的是不忘过去的耻辱。这就是成语"卧薪尝胆"的由来。勾践还亲自下田耕种,让夫人绩麻织布,为的是带动百姓努力发展生产,增加国家的财富。他规定七年不收赋税,为的是增加百姓的积蓄,使大家更安心生产。为了繁殖人口,增加劳动力,补充兵源,他下令不准青年娶老妻,不准老年娶少妻。青年男女若不及时成亲,就要处罚他们的父母。生儿育女,官府都给奖励。生一个以上男孩子的,都由官府抚养。就这样,几年的工夫,国家逐步转弱为强,实力也比较雄厚了。

而吴王夫差呢,自从打败越国以后,变得骄傲起来,他见勾践经常派使者到吴国来朝见进贡,竭尽忠诚,心里更是飘飘然了。老臣伍子胥告诫他说:"大王当初就不该放勾践回国,现在勾践正在养精蓄锐,我们可不能掉以轻心啊!"夫差哪里肯听。

勾践听说夫差要改建姑苏台,趁机派文种送去又长又大的木料。夫差一见这些木料,真是喜出望外,立刻下令按照这些木料的尺寸,重新设计宫殿的样式,增派民工服劳役。一直干了八年,姑苏台才算建成,耗费了许多人力、物力、财力,真是劳民伤财。勾践又叫文种和范蠡选了越国最漂亮的西施和郑旦两个姑娘送给吴王。夫差自从得到这两个美女,成天就像着了迷,很少过问国事。

有一年,越国年景不好,向吴国借粮。夫差念勾践对自己一片"赤诚",不顾伍子胥的反对,同意借给越国一批稻谷。越国把这批稻谷分给了老百姓。第二年,越国年景比较好,勾践就如数把稻谷还给了吴国。夫差见勾践挺讲信用,又见还来的稻谷籽粒饱满,便命令把这批稻谷分给百姓,用来做种子。春天,吴国百姓播了种,过了很久也没发芽,而且一直也没有出苗,结果误了一年的收成。原来越国还给吴国的稻谷都是蒸熟了的。而夫差还以为是吴国的土地不适于越国稻种的生长呢!

公元前484年,吴国正准备攻打齐国的时候,越王勾践曾率领群臣到吴国朝见,向吴王和各位大臣赠送了礼物。吴国人都非常高兴,只有伍子胥心怀忧惧,他说:"这是把吴国当牺牲,在喂养吴国啊。"于是劝谏吴王,让他趁早把越国灭掉,吴王夫差不听。

吴王夫差派伍子胥出使齐国,伍子胥就把儿子留在了齐国,托付给齐国的鲍氏照顾，这就是后来的王孙氏。夫差取得艾陵大胜后返回，听说了这件事，非常生气，就派人把宝剑"属镂"赐给伍子胥，让他自杀。伍子胥将要自杀时，说："我死后，请在我墓上种上楸树。等它成材的时候，吴国恐怕就要灭亡了！三年之后，吴国就要开始衰落。物极必反，这是上天的规律。"

公元前482年，吴王夫差邀集诸侯在黄池会盟，打算争盟主之位。越王勾践趁机发兵攻打吴国都城，在郊外大败吴军，俘虏了吴国的太子友、王孙弥庸等人。吴王夫差得知此讯后，为了防止消息泄露，被诸侯知道，影响自己争盟主，一连杀了自己手下的七个知情者，然后匆匆结束盟会回国，与越国讲和。

公元前478年三月，越王勾践又一次率军攻打吴国。吴王夫差率军在笠泽（即淞江）抵御，两军夹水对阵。勾践创出"左右句卒"阵，到了夜间，或是左军，或是右军，擂鼓呐喊而进，骚扰吴军，吴军被迫在左右两翼分兵抵挡。某一个夜晚，勾践集合三军偷偷渡过淞江，行进到吴军中军营帐前，然后擂鼓进攻。吴军只有中军一军，而越军有三军，吴军抵挡不住，大乱，越军终于大败吴军。

笠泽大败后，吴国元气大伤，但吴王夫差仍旧任用奸臣，不知悔改。吴国的公子庆忌屡屡向夫差进谏，说："再不改变，吴国一定会亡！"夫差不听。

公子庆忌离开都城，居住到艾邑，随后又去了楚国。公元前475年的冬天，听说越国又要进攻吴国，庆忌就向楚国人请求回国，打算帮吴国与越国讲和。庆忌回国后，准备铲除奸臣，缓和与越国的矛盾，结果吴王夫差却将他杀了。

十一月，越王勾践发兵攻打吴国，包围了吴国的都城。当时，晋卿赵鞅去世不久，其子赵无恤继任，正在服丧期间。服丧期间饮食本来就很简单，赵无恤听说吴国被围，又进一步降低了自己的饮食标准。他的家臣楚隆问："服三年之丧，已经是为最亲近的人了。如今主公还要简化饮食，难道是有别的原因吗？"

赵无恤说："黄池之会时，先父与吴王有过盟约，说：'患难与共！'如今越军包围了吴国都城，我作为先父的继承人，想不废弃先父的誓言而为吴王抵御越军，却又非晋国的力量所能办到，所以我只好降低自己的饮食标准。"

楚隆说："若是让吴王知道您的心意，如何？"

赵无恤问："能做到吗？"

楚隆说："让我试试看吧。"于是前往吴国。

当时吴国都城已经被包围，外人无法进入。楚隆就先到越国军队中，说："吴国侵扰我们中原的诸侯国，已经有很多次了。听说大王御驾亲征，率军讨伐吴国，中原各国没有一个人不欣喜若狂，唯恐大王不能获胜，所以请让我进城为大王侦察一下。"越人同意了。

楚隆进入吴国都城，对吴王夫差说："我们国君的正卿赵无恤，特派陪臣楚隆来向大王谢罪。在黄池之会上，我们国君的先臣赵鞅曾与大王一起盟誓，说过'患难与共'。如今大王身处危难，家主赵无恤虽然不敢惮烦救援的劳苦，只是这并非晋国的力量所能办到，所以特派陪臣我来向大王说明这一切。"

吴王夫差拜了两拜，叩头说："寡人愚钝无能，不能抵御越国，以致让贵国的卿大夫担忧，特此拜谢！"然后拿出一小盒珍珠，让楚隆转赠赵无恤说，"勾践不让我好好地活，而我大概也不得好死了。"

夫差又问楚隆："俗话说快要淹死的人，知道自己反正活不成了，反而会笑出来。我现在有个问题要问你，贵国的史墨为什么称得上是个君子？"

楚隆回答说："史墨那个人，在朝廷做官时，没有人会嫌恶他，辞官离任时，也没有人会诽谤他。"

夫差感慨地说："他的确当得起君子之称啊！"早在公元前510年，史墨曾经预言说："用不了四十年，越国就将拥有吴国。"夫差大概正是想起了这个三十五年前的预言，所以才会在绝境之中问起史墨的为人来。

围城进行到第三年，也就是公元前473年十一月的时候，越军终于攻破了吴国的都城，吴国从此灭亡。越王勾践派人告诉吴王夫差，请他居住到甬东。夫差辞谢说："寡人年事已高，哪里还能侍奉大王呢？"说完就上吊自杀了。越国人把他的尸体带回了国都。

李悝变法

战国初年，齐、楚、燕、韩、赵、魏、秦这七个国家，为了完善封建统治政权，都先后在政治、经济等方面进行了不同程度的变法。在这一系列变法运动中，由于魏国在李悝的主持下变法最早，并取得了一定的成果，所以魏国先于其他六国成为战国时期国力最强的国家。

李悝被称为战国时期法家的始祖。他在战国初年的魏文侯执政时,担任魏相十年,主持变法。其主要内容有:

第一,废除旧的世禄爵位制度,按照"食有劳而禄有功"的原则,将禄位赐给有功于封建国家的人,为新兴地主阶级参政创造了条件。

第二,推行"尽地力之教"和"平籴法"。"尽地力之教"是李悝发展封建农业的基本政策,就是把国家掌握的土地分给农民耕作,要求农民"治田勤谨",发挥土地的潜力,提高粮食的亩产量,再让农民承担1/10的实物租税和无偿劳役。"平籴法"就是在年成好时由国家以平价购进粮食,年成坏时则以平价出售,以调剂粮价。它对稳定小农经济和魏国的富强起了一定的作用。

第三,著《法经》六篇。《晋书·刑法志》说:李悝"以为王者之政莫急于盗贼",故《法经》的头两篇就是《盗法》《贼法》;其次便是惩办"盗贼"的《囚法》和《捕法》;另外两篇是《杂法》和《具法》,前者主要用于惩办破坏封建制度和社会秩序的行为,如规定"盗符者诛,籍其家。盗玺者诛。议国法令者诛,籍其家,及其妻氏",又规定"群相居一日以上则问。三日四日五日则诛"。后者则是根据具体情况加重或减轻刑罚的法律,如规定"罪人年十五以下,罪高三减,罪卑一减。年六十以上,小罪情减,大罪理减",等等。《法经》是我国第一部比较系统的地主阶级的法典,奠定了我国封建社会的法制基础。

李悝变法是中国古代规模最大、历时最长、成效最显著的一场变法运动。它有效地打击了旧制度,使魏国经济得以迅速发展,地主政权逐渐稳固,国力逐渐强大,使魏国成为战国初期一个强盛的国家。

商鞅变法

秦最初的领地在今天陕西省西部,在当时属于中国的边缘部分。秦国之前一直是实力较为弱小的国家,并不受各诸侯国的重视。但自商鞅变法以后,秦国就改变了当时的社会经济发展水平,为以后统一六国奠定了坚实的基础。

新兴地主阶级的经济实力增长后,他们要求获得更多的权利。为了提升社会地位,他们纷纷要求在政治上进行改革。奴隶制崩溃、封建制确立的大变革时期到来。公元前361年,秦献公的儿子秦孝公即位,为发展封建经济,建立地主阶级统治，积极寻求改革，决心下令求贤变法。

商鞅本姓公孙，也叫公孙鞅；是卫国国君的后裔，所以也叫卫鞅。

商鞅年轻的时候，就推崇法制，精通刑法，以此来侍奉魏国相国公叔痤。公叔痤知道他贤能，便把他推荐给魏王，但得不到魏王的重用，商鞅就离开魏国，来到秦国，通过秦孝公的宠臣景监去求见秦孝公，秦孝公起用了他，任命他为左庶长，并主持变法。

商鞅在公元前359年和公元前350年，先后颁布了两次变法令。主要内容是：

第一，废井田，开阡陌。这一举措，国家承认土地私有化，私人可以自由买卖土地，土地税由国家统一征收。从此以后，私人土地受到法律的保护。与此同时，奴隶制下的土地，也逐渐转变为封建国家所有，从而促进了封建土地所有制的发展。

第二，废除世卿世禄制，建立军功爵制。此规定明确指出，宗室贵戚中没有立过军功的人，不得列入宗室的属籍。这样做的好处是，军功越大，获得的爵位越高，赏赐的土地也就越多，这种奖励方式突出了军功的重要性。那些旧贵族，没有军功，便逐渐衰落下来；通过军功，新兴的地主阶层，逐渐形成。

第三，重农抑商，奖励耕织。在法律上为小农经济的发展提供保障。

第四，推广县制和什伍连坐。秦孝公以前秦国就已经设立了县，商鞅在此基础上普遍推广县制，县令是全县最高地方长官，掌管一县的政务，县丞是他的助手。全国百姓每十家称为"什"，每五家称为"伍"，一家有罪，其余九家都要检举，否则十家连坐。不告发坏人的，要处以腰斩，告发坏人的，跟斩杀敌人的首级一样受赏，而窝藏坏人的，跟卖国投敌一样被罚。

第五，统一度量衡。制造统一的标准量衡器，促进货物的交换，奠定了经济发展的基础。

第六，"明法令"。商鞅制定了秦国法律，申明"刑无等级"，任何人犯罪，都要得到法律的相应制裁。

第七，迁都咸阳，以适应向东发展的需要。此外，还细化到严禁私家请托，或私通外国，焚烧诗书，禁止游说，禁止私斗，以及改革戎狄旧俗，禁止父子兄弟同室居住等。

商鞅变法说起来容易,实施起来举步维艰,颁布新法的第一年,仅国都内就有上千人反对。太子驷非但不支持,反而触犯法律。商鞅决定依照新法惩罚上层贵族,可太子是国王的继承人,不能对他用刑。商鞅只好把太子驷的老师公孙贾处以黥刑(古代五刑之一,又称墨刑。即在犯人额、颊、手臂等处刺字,然后涂上墨)。就这样,新法才得以推行下去。

秦国在商鞅的主持下实行变法,那些旧贵族的势力遭到削弱和打击,新兴地主阶级的地位得到巩固。由于奖励农耕,农业生产得到了空前的发展,国家的粮食也多了起来。秦国通过商鞅变法,逐渐强大起来,为后来的秦王政统一六国奠定基础。

围魏救赵

当初,齐国人孙膑和魏国人庞涓一起拜师学习兵法。魏惠王效仿秦孝公,花重金招揽天下有才之士。庞涓来求见,并给他讲了一些富国强兵的道理。魏惠王听后非常高兴,就任命庞涓为大将。庞涓的确有点真本领,他每日操练兵马,占领了魏国附近的几个小国,齐国也没逃过。从此,魏惠王就更信任庞涓,而庞涓也自以为是了不起的能人。但他心里知道,他的同学齐国人孙膑,本领比他强。于是,他派人把孙膑请来,让孙膑和他一起共事。哪知道庞涓存心不良,等孙膑来了以后,他却私下在魏惠王面前诬陷孙膑私通齐国。魏惠王十分恼怒,将孙膑处以黥刑("黥刑"就是在脸上刺字或符号,并涂上墨的刑法)和膑刑("膑刑"就是削去膑骨的刑法),使他变成两腿不能行走的残疾人。

不久,齐国有个使臣来到魏国,孙膑就以受刑罪人的身份秘密与他相见,并凭着自己的才学和真情说动了使者,让使者把他藏在车中秘密带回了齐国。齐国大臣田忌闻讯,亲自把孙膑接到家中,把他当作座上客,并把他推荐给齐威王田因齐。田因齐向孙膑请教兵法,孙膑对答如流。田因齐很高兴,就拜孙膑为老师。

公元前353年,魏惠王派庞涓去进攻赵国,重重包围了赵国的国都邯郸(今河北邯郸西南)。第二年,赵国便向齐威王求救。齐威王打算任孙膑为大将,但是孙膑却推辞说:"不行。我是个受过刑的残疾人,如果当了大将,会被人笑话。大王还是任命田大夫为大将吧。"于是，齐威王就任命田忌为大将，而孙膑为军师，发兵去救赵国。

田忌准备把军队直接开往邯郸，孙膑却不同意。他说："假如两个人正打得不可开交，将军去劝架，该怎么办？用拳脚把他们打散？还是上手帮助一方打？不，都不行，将军很清楚。将军只能因势利导，乘虚而入，才可以化解紧张的局势。"

"因势利导？可我们不去赵国，又该干什么呢？"田忌有点不明白。

"围魏救赵！"孙膑微微一笑，一字一句地说，"现在赵、魏两国正在激战，魏国的精兵全被庞涓带去攻打赵国，国内只剩下老弱残兵，后方空虚。如果将军率领军队急速进军，袭击魏国的都城，并且占据交通要道。魏军必定回师自救，这样既解了赵国之围，又打击了魏国，不是一举两得吗？"

"真是妙计！"田忌恍然大悟。

他按照孙膑的计策，率领大军直奔魏国的国都安邑。这年十月，庞涓攻克了邯郸。随后，他乘胜进攻，准备一举消灭赵国。正在这时，齐军向安邑发动了进攻。庞涓闻讯大惊失色，急忙率领军队匆匆返回。他哪里知道，田忌与孙膑早在桂陵设下了埋伏。当庞涓走到桂陵时，已是人困马乏。突然间，四面山上响起一片喊杀声，漫山遍野的齐军如潮水般地冲向魏军，庞涓仓促应战，被齐军打得落花流水。

马陵之战

公元前342年，魏国发兵攻打韩国，韩国也向齐国求救。此时，齐威王已死，他的儿子齐宣王让田忌和孙膑率兵去救韩国。孙膑又使出他的老办法，不去救韩，而直接攻打魏国。庞涓收到本国的告急文书，只好撤兵赶回去，那时齐国的兵马已攻进魏国。于是，魏国发动了大量兵力，太子申亲自率领，奋力抵抗齐军。

孙膑见状便对田忌说："魏国的士兵向来以勇猛著称，他们瞧不起齐国的军队，而齐国的军队也确实素质较差。我们必须因势利导，扬长避短。兵法上说：'百里而趋利者，蹶上将；五十里而趋利者，军半至。'利用魏军轻敌的弱点，我们就能以智取胜。"

孙膑吩咐齐军，头天宿营挖了 10 万个炉灶，第二天只挖 5 万个，第三天又减少到 3 万个，到最后只剩下稀稀落落的土灶了。庞涓率兵紧紧追击齐军。他发现齐军的灶坑每天都在大量减少，得意忘形地说："我早就知道齐国人胆小如鼠，不过三天的工夫，他们的军队已经逃散了大半，这样的军队有什么战斗力？"

他当即决定，留下步兵在后面跟着，自己只带一支精锐的轻骑兵，绕道兼程，迅速地追上去。

孙膑估计庞涓的人马在傍晚到达马陵，便停了下来。马陵地势险要，两旁是悬崖峭壁，山上树木丛生，中间是一条弯弯曲曲的小道，道旁长满了几尺深的荆棘茅草。孙膑让士兵砍来树木，从山上推下乱石，把道路堵死，然后在道路两旁的草丛树林里埋伏下一万名优秀的弓箭手，并交代他们，天黑以后，一见到火把的光亮就朝着火光射箭。孙膑又让人把路旁一棵大树的树皮刮掉，在树干上写下一行大字："庞涓死于此树下"。

天渐渐黑了下来，夜幕笼罩着马陵道。这时，一阵阵马蹄声由远而近地传来。庞涓带着魏军进入峡谷，他见前面道路这被堵塞，这才觉得情况有些不妙。

忽然，前面的士兵回来报告说："前面的路被木头堵住啦！"庞涓走上前一看，道旁的树全被砍倒了，只剩下一棵最大的，仔细看去树的一面被人刮去了树皮，露出一条树瓢来，上面影影绰绰地写着几个大字，因为天色昏暗，字迹看不清楚。庞涓让士兵拿火把来照。借着火光一瞧，树瓢上面写的是："庞涓死于此树下。"庞涓大吃一惊，急忙下令将士撤退，但为时已晚。四周箭雨肆虐。一时间，马陵道两旁杀声震天，周围都是齐国的士兵。庞涓走投无路，只能拔剑自杀。齐军乘胜大破魏军，俘虏了魏国的太子申。

马陵之战，齐军获胜，从此孙膑也因此而名扬天下，成为当时公认的大军事家。

虽然孙膑为齐国立下了汗马功劳，但是他在仕途上却不甚得意。马陵之战前后，齐国统治集团内部形成了以齐相邹忌和大将田忌为代表的两股势力，而且双方的矛盾日益激化。孙膑是一个具有深谋远虑的人，在此大捷后不久，他就以残疾之身为借口，开始过起了隐居生活。晚年，他把全部精力都用在了军事理论的研究上，并写出了流传千古的《孙膑兵法》。

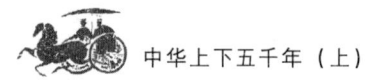

巧匠鲁班

战国时期,兼并战争连年不断,楚国有时候攻打别国,有时候也受到别国的攻击。那时,各国统治者都很重视战备和武器的制作。楚惠王在位期间,就迫切要求改进攻战常用的器械——梯和钩。他曾派人四处探听,悬重赏征聘能工巧匠。经过许多周折,好不容易探听到鲁国有个手艺高超、技艺非凡的人,名叫鲁班。

鲁班出生在鲁国,他家世世代代是木匠。他年轻时,还经常为鲁国统治阶级服役。随着奴隶制的瓦解,有的手工业奴隶得到了解放,成为独立的个体手工业者。鲁班也摆脱了奴隶枷锁,成了自由人。从此,他的劳动积极性非常高,他的智慧也得到了发挥。

据说,鲁班深知鲁国人喜欢凤凰,可是又捉不到,他就决心雕刻一只凤凰。他夜以继日,废寝忘食,费了很大的精力和很多心血,进行雕刻。可是雕刻出来的凤凰,头不像头,尾不像尾,很多人暗暗讥笑,不少人甚至当面讽刺他。鲁班听到这些议论后,不但没有气馁,反而把讥笑、讽刺当成是对他的激励和鞭策,他更加刻苦钻研,尽心雕刻。有志者事竟成,经过长时间的努力,他终于把凤凰雕刻成功了。翠绿的冠羽高耸,朱红的脚爪显得机灵,锦绣的躯干放着霞光,灿烂的两翼闪动着耀眼的彩虹,栩栩如生。后来还传说,这只美丽精巧的凤凰竟然能腾空而起,盘旋云端。

楚惠王听到这些传说,惊奇万分,就派人把鲁班请到了楚国。他非常渴望这位神奇的能工巧匠能为楚国的强盛做出贡献。

鲁班身体健壮,目光有神,眼角两边有着很深的鱼尾纹,额头的皱纹也特别深沉,这是他肯动脑筋的象征;花白的胡子,与其说是表明他的苍老,倒不如说是反映他的智慧,他行动敏捷,精力旺盛,一双明亮的眼睛好像对万事万物都有兴趣。实际上也确是如此,多年的劳动实践,使他养成了对任何细微的事物都不轻易放过的习惯。尤其是看到一件结构奇特的东西,他更是要久久地凝望它的形态,考量它的尺寸,观测它的轮廓,分析它的结构。

楚惠王亲自把鲁班请到宫中,热情欢迎,盛情款待,可是鲁班却默不出声,非常沉静。

惠王对鲁班的缄默与沉静反倒非常满意。惠王说:"从你的神态、举动,可以看出你不是一个轻浮的人。我们楚国朝野上下一致欢迎你,请你为我们楚国创制一种便于攻城的梯子,还请你为我们楚国解决一下水战用的器具,这两件事搞成功了,我有重赏。"

鲁班非常镇定地接受了这一任务。

惠王派人把鲁班安置在宾馆里住下,对鲁班照顾得很周到,鲁班也日夜不停地研制。没过几天,鲁班就把攻城用的"云梯"和水战用的"钩强"(又叫钩钜)研制出来了。他创制的云梯,能延伸到高空,成了攻城中不可缺少的器械;他创制的水上作战器具钩强,体积小,威力大。惠王看了云梯和钩强,非常高兴,赞不绝口。不久,楚国就准备拿鲁班创制的新式武器去攻打宋国。

楚国准备用鲁班制造的云梯和钩强去攻打宋国的消息,很快传到了墨翟的耳朵里。

墨翟,鲁国人,大约生于公元前475年,也是手工匠出身,还是一个著名的思想家,墨家学派的祖师,主张"兼爱""非攻"。兼爱,就是提倡互相尊重私有权;非攻,就是反对战争。墨翟对历史上那个三过家门而不入、不辞辛苦为人民治水的大禹是很钦佩的。他效法禹的为人,工作认真,生活俭朴。他喜欢和下层社会的人们生活在一起。

公元前444年左右,主张"兼爱""非攻"的墨翟听说楚国要攻打宋国,便匆忙从鲁国动身,日夜兼程,赶到了楚国郢都。他一到郢都,喘息未定,就找到鲁班,开门见山地说:"听说楚国要用你制造的云梯去攻打宋国。请问,宋国犯了什么罪?你帮助楚国去攻伐别国,占领人家的地方,这种不义的行为,必将被百姓唾弃;不考虑老百姓的忧乐死活,只顾扩充自己的钱财和权力,就不算明智;知道这个道理,还要固执地蛮干下去,那就不是实事求是。"

鲁班过去对墨翟的印象就很好,这次见面,听到墨翟讲的话句句有道理,因此,就更增加了他对墨翟的好感。于是,他便向墨翟诉苦说:"我是一个工匠,不便于向楚王提什么意见,楚王要做什么,我是不知道的,即便知道了,我也不能干涉啊。"

墨翟觉得鲁班说的也是实情话,就自己去见惠王,并把他的著作作为见面礼献给惠王。惠王接过墨翟的著作,一面阅读,一面点头称好,但心里老想着墨翟是"贱民",一国之君怎么能照"贱民"的学说行事呢?读了一会儿,便板着面孔对墨翟说："唉，我年老了，不能实现你的理想了！"

墨翟说："我是北方的一个小民百姓，不敢要求大王照我的意见治理楚国。我现在只是有一个问题想问你一下，听说大王准备攻打宋国，这是真的吗？"

惠王说："实有其事。"

墨翟追问："打宋国是否必要，是否应该，是否一定能打胜呢？如果不应该，不必要，又不一定能打胜，是否还要去打呢？"

惠王反问道："以你的看法，我们能打胜吗？"

墨翟说："依我看，你们楚国一定不能得胜。"

惠王对墨翟轻蔑地笑了笑，抖擞起精神，提高嗓门说："我们有鲁班这样天下闻名的能工巧匠，他为我们制造了很好的兵器，一定能打败宋国。"

墨翟说："我倒想和鲁班比试一下高低，看他制造的新式兵器究竟有多大的威力。"

惠王答应了这一要求，立刻传唤鲁班，让他们二人当场比试。鲁班布置进攻的战阵，墨翟则相应做防守的准备。鲁班展开了九次攻势，都被墨翟一一打退了。力竭智穷的鲁班，恼羞成怒，抛弃了原来对墨翟的好感，顾不得什么情谊，心一横，想出一条诡计。他对墨翟说："我知道怎样打败你了，但我不能告诉你。"

墨翟毫不含糊地说："你心怀鬼胎，我早知道你想用什么方法打败我了，可我也不愿讲出来。"

站在旁边的惠王被弄迷糊了，对墨翟说："请把你不愿讲出来的话讲出来吧。"

墨翟说："鲁班不过是想要在你的王宫杀害我而已，他以为杀了我，就没有人能帮助宋国来破他的云梯了。其实他的算盘打错了，我的学生禽滑厘等三百人早已拿着我创制的守城兵器站在宋国的城楼上了。你即使杀了我，也不会打败宋国。"

鲁班听到这一席话，羞愧难言，很快从敌视、仇恨墨翟的情绪里跳了出来，转变态度，对墨翟作了一个揖，谦虚而诚恳地说："我输了，我错了，我甘拜下风。"

墨翟深情地说："你的技艺高明，在很多方面比我强，比如，你制作的凤凰，能高飞三天而不降落。我也制作了一个木鸟，花了三年时间，只飞一天就跌下来了。我乐意和你交朋友，经常和你来往。"

鲁班被墨翟的话感动了，也讲了几句出于肺腑的话："你是我们鲁国的骄傲，我们鲁国人有见识的都衷心尊敬你。你现在只有三十几岁，身强力壮，前途无量。我虽然已经五十多岁了，在研究学问，待人处事上，却远远不如你。我这老头子要拜你为师啊！"鲁班畅快地笑着，接着又说道，"当我没有见到你的时候，我只埋头搞创造，不顾后果。今天亲耳聆听了你的这番话，以后做事一定要考虑后果，凡不合正义的事，我决不再做了。"

墨翟也对鲁班鼓励说："你既然懂得了正义的可贵，这就很好。正义的范围是广大无边的，只要你努力实践正义，将来你的收获就是无可限量的。我们搞创造发明，一定要有利于百姓。有利于百姓，算是巧，不利于百姓，叫作拙。"

鲁班在墨翟的指点帮助下，懂得了搞创造发明的前提和准则，他立志要做有利于百姓的事，开始专心致力于生产工具和生活器皿的创造发明了。据说，刨、钻、锯等木工工具，都是他晚年发明的。

吴起变法

战国初期的楚国，虽说地域宽广，人口众多，但由于大权掌握在奴隶主贵族手里，政治腐败，经济贫困落后，国家一天天衰落下去。楚悼王时，先后被魏、赵、韩打得大败，丧失了很多土地，楚悼王不得不用重礼请出秦王，请他出面调停，与魏、赵、韩讲和。面对这种内外交困的处境，楚悼王非常着急，很想进行政治改革。正在这时，吴起前来投靠楚国，楚悼王向他征询治理国家的方略。

吴起认为，楚国贫弱的主要原因是大臣之权过大，而享受俸禄的贵族亦太多，他们利用手中的权势胁迫国君、欺压百姓，要改变这种局面，唯有变法革新才能使楚国复兴。楚悼王接受了吴起改革的主张。

吴起的变法基本上继承了李悝在魏国变法的成功经验，主要内容有：

1. 免除贵族三代以上无功人员的官职，收回俸禄；

2. 勒令一些民愤较大的旧贵族，迁移到边远荒凉地区去垦荒生产，没收他们原来的封地；

3. 整顿政治机构，裁减不必要的官吏，建立精干的国家机构，降低官吏俸禄。把省下来的钱用在军事上。

这些措施，一方面开发了边疆，发展了生产，另一方面，又有力地削弱和打击了旧贵族的势力。既有利于加强国家统治的力量，又在一定程度上减轻了人民的负担。

吴起的变法很快就引起了那些旧贵族们的极大恐慌和仇恨，他们坐卧不安，担心着自己末日的来临，力求作拼死的反抗。有个叫屈宜臼的旧贵族按捺不住心头的怒火，质问吴起说："你究竟想在楚国干什么？"

吴起大义凛然地回答说："我奉大王之命，实行改革，要废除长期以来弊多利少的世袭制度，取消那些王公贵族的特权，让百姓们能安居乐业，好好生产，同时加紧军队的训练，使楚国真正强大起来！"

旧贵族们不能阻止吴起的变法，就变着法儿地破坏变法，甚至散布流言蜚语，说吴起是"祸人"。楚悼王听罢大怒道："真是岂有此理！你在变法条文中再加上改革旧俗的内容，不许对新法妄加评论，狠狠打击那些妖言惑众的人。"

在楚悼王的支持下，吴起对变法内容又进行了充实，使摇唇鼓舌的人不能胡作非为，不能制造事端；使正直有为的人不受阻挡地行事，勇往直前。总之，吴起一面推行各种新的改革措施，一面竭力防止旧贵族破坏变法。

为了使楚国富国强兵，吴起还亲自抓军队的整顿和操练。每天清晨，在郢都城南郊的练兵场上，烟尘滚滚，杀声震天，几十队身披盔甲的兵士，在吴起的监督指挥下，进行着严格的军事训练。没过多久，楚国就有了一支能征善战的军队。在吴起的率领下，不到两年时间，先后"南收百越，北并陈、蔡"，还打退魏、赵、韩的进攻，向西打过了秦国的边界，后来又攻魏国。史书上记载说："战于州西，出于梁门，军舍林中，马饮于大河"。就是说，一直打到了黄河岸边。在一个时期中，楚国竟成了仅次于魏国的第二强国。

吴起的变法正在大力推行的时候，公元前381年，积极支持吴起变法的楚悼王死了。旧贵族看到时机到了，就在为悼王办丧事的时候，用乱箭射向吴起。吴起急中生智，赶忙伏到悼王的尸体上。因为楚法规定，谁在君王的尸体上用兵器，就是犯了重罪，要株连三族的。但是疯狂的贵族们哪里还顾得上这些，终于用乱箭射死了吴起。

在吴起变法还没有得到巩固的时候，悼王死去，吴起被害，变法也很快遭到失败。从此以后，楚国就一天天衰落下去了。

上下求索的屈原

屈原出生在公元前 340 年。他从小聪明，读书又很勤奋。长大之后，他看到楚国政治上一天天腐败下去，在自己的脑海里逐渐产生了整顿楚国的想法，立下了雄心壮志。楚怀王在位时，曾任命屈原为左徒。这是相当重要的官职，地位很高，可以同国王直接商定国事，有权制定法令，接见外国来宾，大概相当于后来的副宰相。

屈原通过对各国历史的研究和对当前楚国形势的分析，正式向楚怀王提出了改革政治的主张。屈原的主张得到了楚怀王的支持，并受楚怀王之命，秘密起草一部新法令——《宪令》。

屈原接到这一重任后，心潮起伏，昼夜不眠，浮想联翩。他想到从家乡到郢都以来，自己在一系列的活动中所取得的胜利，但斗争是多么激烈啊！他勉励自己，必须加倍努力，认真工作，早日起草好《宪令》。他胸有成竹，如蚕吐丝，如蜂酿蜜，聚精会神地写着，连饭都顾不上吃。

一天，屈原正在全神贯注地起草《宪令》时，上官大夫靳尚悄悄地走了进来，企图偷看《宪令》的草稿。屈原知道他心怀不善，便机警地捂住草稿，板起面孔，斩钉截铁地说："《宪令》没有公布之前，谁也不许看，这是大王给我的命令。"靳尚讨了个没趣，狼狈不堪，只得灰溜溜地回去了。

上官大夫靳尚偷看《宪令》没有成功，但贼心不死，他眯缝着一对老鼠眼，沉思了一会儿，鬼点子就出来了。

原来，他知道屈原起草的《宪令》很重要，怀王也很担心屈原把起草《宪令》的消息泄露出去。所以，他跑到王宫，在怀王面前编造了一套假话，对屈原进行诬陷。他说："大王叫屈原起草《宪令》，朝廷内外的人都知道了，屈原经常夸口，说除了他，谁也办不成这件事。"政治上动摇不定的怀王，哪儿经得起这些谗言的迷惑，于是从此就疏远了屈原。楚国这一次变革根本没有实行，在母胎内就流产了。

当时，楚国和齐国友好。秦国想进攻齐国，就派谋士张仪到楚国破坏楚齐同盟。屈原虽然在政治上比较失意，但他出于对楚国的热爱，极力反对和秦国联合。怀王刚愎自用，不但不接受屈原的忠告。反而不准屈原参与政事。

几年以后，秦国兴兵攻打楚国，楚国吃了多次败仗。楚怀王又起用屈原，派他到齐国去商谈两国重新联合。不久，秦昭王邀请楚怀王去秦国会谈。在秦国吞并楚国的意图十分明显的形势下。屈原极力劝阻怀王赴会。怀王的幼子子兰却主张他父亲不能失去向秦王献媚的机会。怀王刚进入秦国境内。就被秦国伏兵扣留。逼迫他割地。楚怀王竟死在秦国。

顷襄王继位，任命子兰做令尹，即楚国的宰相。楚国人对他劝父亲入秦而丧命十分不满，屈原在语言和诗作中不免吐露出内心的怨愤。子兰知道后，就唆使上官大夫到顷襄王面前造谣。由此，屈原被流放长达十多年之久。

当他62岁那年，即公元前278年。看到国都鄢郢为秦军所破，悲愤已极。他怀着忧国忧民的心情"行吟泽畔"，写下许多悲壮的诗篇。屈原眼看祖国即将覆亡，就在这年的五月五日，纵身投进汨罗江，以身殉国。后来人们包粽子，据说是为祭祀他；划龙船，是纪念当年楚国人打捞屈原尸体的情景。

屈原为什么得到人民的怀念呢？因为他是一位伟大的爱国诗人。屈原虽然出身于贵族家庭，但一生的遭遇使他有机会接触社会下层群众。他从思想上热爱自己的祖国，同情劳动人民的苦难。

屈原主要的政治见解和思想情感是用诗歌形式表现出来的。他的作品相传有二十五篇，其中《离骚》这首长诗是屈原的代表作品，至今读起来也还有一定的生命力。屈原在这些思想内容丰富、感情真挚的诗歌里，运用浪漫主义的手法，描绘了他的思想见解和为实现理想而宁死不屈的精神，表达了他对楚国人民深厚的同情，深刻地揭露了奴隶主贵族的反动和腐朽。这些不朽的作品，在我国和世界文学史上都享有崇高的声誉。

《离骚》是被离间的忧思的意思，是屈原晚年遭受放逐时血和泪的结晶。这首最负盛名的抒情长诗，主要描写追求、彷徨和幻灭的苦闷，抒发了作者满腔怀乡爱国的情感、生死离别的痛苦。透过丰富的想象和巧妙的比喻，显现出屈原那股深挚的爱祖国、爱人民的感情。

《天问》是表现屈原唯物主义观点的诗篇之一。他在这首诗里，提出一百七十多个问题，对宇宙、自然和历史的传统观念大胆怀疑。如问：天是谁造的？日月星辰为什么不会掉下来？反复无常的"天命"根据什么惩罚或保护人们？百川东流入海为何总不满等。从而表现了屈原反对唯心论的大无畏精神，充满着朴素的唯物主义思想。

此外,《橘颂》《怀沙》等诗篇,也是为人们所千古传诵的。在中国文学史上,把屈原以《离骚》为代表的诗歌体裁称之为"楚辞",屈原自然是"楚辞"杰出的奠基人。

赵武灵王胡服骑射

公元前403年,晋分三家,韩、魏、赵三个诸侯由此而生。当时赵国东边与中山、齐国接壤,北面与胡人楼烦、林胡两个部落相交,西南与魏、韩、卫相邻。赵国传到赵武灵王时,已是第六代了,当时正处于诸侯兼并战的激烈时期。

赵国北部的胡人部落,是游牧民族,他们经常骚扰赵国边境,掠夺财物。这些胡人身穿短衣、长裤,行动迅速,马上射箭十分灵活;而赵国军人,衣服宽大,铠甲笨拙,行动十分不便,在与胡人交战的过程中,吃了不少苦头。

胡人机动灵活,赵武灵王从中受到启发,决定向胡人学习,改穿他们的装束,学习他们骑马射箭的技能。

公元前307年,赵武灵王召见群臣,商讨实行胡服骑射一事。赵武灵王刚把想法讲出来,即遭到许多大臣的反对。他们认为,改变衣着习惯,有违中原礼仪和习俗。让赵武灵王欣慰的是,大臣肥义坚决支持他的主张,认为要想办成一件事情,不能有太多的顾虑,顾虑多了就很难成功,如果实行胡服骑射,就不必在意旧势力旧习惯的非议。肥义还说,自古以来,风俗习惯不是一成不变的,舜、禹就曾向苗、夷等少数民族部落学习过。肥义的话坚定了赵武灵王的信心,他决定率先改穿胡服。

反对胡服骑射的阵营中,以王叔赵成为代表,为了说服王叔改变想法,赵武灵王亲自到王府,对王叔赵成讲述利害关系。经过整整一天的开导,王叔赵成被赵武灵王感化,接受了他的主张,并表示愿意改穿胡服。说服王叔赵成,并不等于大功告成。王族中的赵文、赵造、赵俊和大臣周造等依然坚决抵制这项改革,强烈指责赵武灵王更改古法,是一桩不可饶恕的大罪。赵武灵王又与这些顽固派展开了一场激烈的辩论,摆事实讲道理,证明实行胡服骑射的好处,赵文等人理屈词穷,只好同意赵武灵王的改革。说服反对派后,赵武灵王马上实施,在全国推行这项改革,很快就得到百姓们的拥护。然而,王族中有一个叫赵燕的，此人冥顽不化，坚决不穿，誓要对抗到底。赵武灵王决定杀一儆百，以示天下，赵燕吓得连连称罪，立即改穿胡服。

赵武灵王推行胡服骑射后，下一步就是组建一支骑兵部队，这支骑兵部队很快就成为赵国的主力军。从胡服骑射推行的第二年（公元前306年）起，赵国军队的战斗力得到了空前的提高。凭借这支骑兵部队，赵国攻打胡人，开疆扩土，将边界延伸到榆中（今内蒙古鄂尔多斯）。公元前305年，赵武灵王率领大军攻打中山国，一鼓作气攻取丹丘、华阳、邸、石邑、封龙、东垣等地，迫使中山国割地求和。公元前300年，赵国再次攻打中山国，把地盘扩展北至燕、代，西至云中（今内蒙古托克托东北）、九原（今内蒙古包头市西）。公元前299年，赵武灵王把王位传给次子赵何，是为赵惠文王，这时的赵国已是"七雄"中的强国之一了。

赵武灵王推行胡服骑射极大地增强了军队的战斗力。同时，从胡人那里学习来的这种短衣长裤服装形式，以后就成为汉民族服装形式的一部分，极大地便利了人们的生活与劳动，一直沿用到今天。

完璧归赵

战国时期，赵国国王赵何（史称赵惠文王）得到了楚国出产的闻名天下的"和氏璧"，欣喜若狂，把它看成国宝。

秦国国王嬴稷（史称秦昭襄王或秦昭王）得知后，也想得到这件珍宝，便派使者到赵国，声称愿以15座城池换赵国的"和氏璧"。

由于秦国的国力在当时十分强大，而赵国则相对弱小，赵王心中虽然十分的不愿意，但也不敢怠慢，急忙召集文武大臣们商议对策。

赵国君臣们一致认为，"和氏璧"虽然是稀世珍宝，但用它换15座城池还是合算的。况且，如果秦国强行索要"和氏璧"，也由不得赵国不给。倒不如趁机拿它来换回几座城池。怕只怕"和氏璧"送给了秦国，而秦国翻脸不认账，不按照约定将城池划给赵国，白白被秦国玩耍一回，落了个珍宝、地盘两空，还要被世人嘲笑。可是，如果坚决拒绝秦国的要求，又恐怕秦国以此为借口，出兵伐赵，那就更加得不偿失了。左考虑右考虑，总是感到难办。想找个人到秦国去交涉，可大家都知道这是一件难办的差事，搞不好连性命都可能搭在里面，谁也不愿意出这个风头。

正当大家手足无措的时候，宦者令缪贤发话了："臣下有一位门客，名叫蔺相如，可以担负这次出使秦国的重任。"

赵王对这位十分陌生的士人显然不是那么放心，脱口问道："你怎么就能够肯定，你的这位门客有能力顺利完成这么重要的使命呢？搞不好是要大祸临头的。"

缪贤显得比刚才更有信心了。他清了清嗓子，侃侃而谈起来："大王是否还记得臣下上次犯的那个罪过吗？事情发生后，臣下当时是惊恐万状，曾计划逃到燕国去，以躲避大王的惩罚。就是门客蔺相如劝住了臣下。他对臣下说道：'您怎么知道燕王就一定会友好地接待您呢？'臣下回答：'我曾跟从大王在边境上会见过燕王，当时燕王暗中握着我的手，低声说十分愿意和我结为朋友。所以，我想逃到燕国去。他不会不接待我的。'蔺相如紧接着说道：'可您知道这是为什么吗？这都是因为赵国强而燕国弱，而您又是赵王身边的宠臣啊。燕王想与您交朋友的原因就在于此。现在您是因为犯了罪，才逃出赵国到燕国去的，已经不是原来的您了。况且，燕王又是害怕赵国的。所以，燕王必定不敢收留您。说不定还会用一根绳子将您绑着送回赵国请功呢。'臣下这回真是彻底地绝望了，不知怎么办才好。蔺相如接着又说道：'依我的主意，您摆脱灾难的最好办法，就是主动去向赵王请罪，请求他宽恕您。这样的话，或许还有一条生路。'臣下这才决定向大王交代全部罪行，大王果然赦免了臣下。从这件事上，臣下觉得，蔺相如其人既勇敢，又多智谋，是很适合担任这次赴秦使者的。"

赵王召蔺相如进宫，想看一看他是否真的像缪贤所说的那样足智多谋。一见面，赵王就开门见山地问道："秦王想以15座城池来换寡人的'和氏璧'，你看可不可以与他交换呢？"

蔺相如从容地说道："目前的情况是秦国强大而赵国弱小，不想换也是不可能的，只有答应秦国的要求。"

赵王不动声色地又问道："那么你说，如果秦王拿到了我的'和氏璧'之后，却不如约将城池割划给我们，那该怎么办？"

蔺相如还是那么自信地说道："秦国以15座城池来换赵国的一块宝璧，如果赵国不答应，这就是赵国的不对了，秦国也就有借口进攻赵国了。而赵国如果按秦国的要求将宝璧送给了秦国，秦国却负约失信，不将15座城池割划给赵国，那就是秦国理屈了。臣下认为，与其授秦于口实，还不如置秦于无义。"

赵王的心中有了点谱儿，但还是有点不忍心就这么白白地将好不容易搞到手的"和氏璧"拱手送给别人。他又问："就算按照你的主意办，你看谁能够承担这项使命呢？"

蔺相如明白，赵王这是有意让自己出使秦国，便毫不犹豫地说道："大王手下看来是没有合适的人选出使秦国了。臣下愿意奉璧前往，为大王效劳。臣下保证，城入赵而璧留秦。如果秦国无意将城池割划给赵国，臣下一定设法将'和氏璧'完好无损地送回赵国来。"

赵王要的就是这句话。

赵王和大臣们虽然还是不太放心，可一时也找不到更好的解决办法，只得让蔺相如带着"和氏璧"到秦国试一试。

秦昭王坐在章台上接见了奉璧前来的蔺相如。蔺相如双手捧着"和氏璧"，毕恭毕敬地献给秦昭王。

秦昭王大为得意，没有想到赵国就这么好说话。只派一个信使前去说一声，就把举世闻名的珍宝送了过来。他不由自主地在身上擦了擦双手，仿佛是怕玷污了这块日思夜想的"和氏璧"。

站立在秦昭王身后的宠妃们一看"和氏璧"到了秦昭王手中，不由得一阵欢呼，簇拥到秦昭王身边，争着要看这件牵动人心的神物。

秦昭王一阵大笑，顺手就将"和氏璧"递给自己的群宠们，让她们传看，并与她们嬉笑在一起，早已忘了台下还站着等候割划城池的赵国使者。

蔺相如看到秦昭王根本就没有把城池割划给赵国的意思，以城换宝不过是个幌子，便上前一步，指着众美人手中的"和氏璧"，大声说道："这块璧确实是稀世珍宝，但也不是完美无瑕的，上面有一个很小很小的斑点。"

秦昭王闻言，连忙从宠妃们的手中拿过"和氏璧"，翻来覆去地观看，可就是找不到什么斑点。

他抬起头，脸上显出一副疑惑和询问的神情。

蔺相如微微一笑，走上前去，显得很随意地说道："斑点很小，让我指给大王看。"他说着，便从秦昭王手中拿过"和氏璧"。

秦昭王正伸长脖子等着蔺相如指出那个斑点在哪里，不料，蔺相如脸色一变,向后急退几步,站到了大堂中的立柱旁,两目怒睁。对秦昭王大声嚷道:"当初,大王想得到这块'和氏璧',派人送信给赵王,说要用15座城池来换。赵王立即召集大臣们来商议此事。大臣们都说:'秦王贪得无厌,想倚仗着自己国大势强,索取我们的珍宝。所谓用15座城池换和氏璧,不过是一个小小的诱饵而已。'他们一致反对将宝璧送给大王。臣下以为,布衣之交尚且不可相互欺骗,何况一个大国呢?而且仅仅因为一块玩物而得罪了秦国,也是不值得的。赵王觉得臣下的话还有几分道理,这才决定让臣下护送'和氏璧'到秦国来。临行前,赵王还特意斋戒了五天,以示隆重。这些都是为什么呢?是表示尊重贵国的威严,也是表示小国的敬意。现在臣下来到了秦国,大王对臣下的态度十分傲慢,这暂且不说。大王拿到'和氏璧'后,便随意传给美人们玩耍,借以戏弄为臣。依臣下的观察,大王是绝没有用城池换宝璧的诚意的。所以,为臣才从大王手中取过宝璧。如果大王一定要逼我交出宝璧的话,今天臣下就和这块宝璧一起碎在这根柱子上。"说着,蔺相如便高高举起"和氏璧"就要向柱子上摔去。

秦昭王愣住了,一时不知怎么办才好,两眼只是盯着蔺相如手中的那块"和氏璧"。看到蔺相如已将"和氏璧"高高举起,眼看着就要摔到柱子上去,这才如梦初醒,连忙喝止。并立刻让人拿来地图,摊在案子上,若有其事地指着地图,对蔺相如等人说道:"从这里以外的15座城都归赵国了。你把'和氏璧'留下吧。"

蔺相如知道秦昭王又在玩骗局,便寸步不让地对秦昭王说:"'和氏璧'是天下闻名的珍宝。赵王是因为畏惧秦国的强大,不敢不献出来。赵王在送'和氏璧'离国时,曾斋戒了五日。现在大王亦应和他一样斋戒五日,并设下最隆重的九宾仪式。臣下才敢将'和氏璧'献给大王。"

秦昭王知道不能强夺,那样只能使事情越来越糟,便立即答应蔺相如的要求,下令手下人即刻去准备斋戒事宜,并马上派人将蔺相如等人恭恭敬敬地送到接待贵宾的"广成传"居住下来。

蔺相如当然知道秦昭王玩的鬼把戏。不管怎样,秦昭王是不会把那15座城池轻而易举地划入赵国版图的。他一进入宾馆,便让一位随从将"和氏璧"藏在怀里,化装成赵国百姓,混出咸阳城,回到赵都邯郸城,将"和氏璧"带回了赵国。

转眼五天时间已经过去。秦昭王设在宫里的九宾仪式也已完成，便传令蔺相如立即将"和氏璧"献上来。

蔺相如看着端坐在台上的秦昭王，又看看立在两旁的威武将士，还是那样的微微一笑，说道："秦国自从穆公以来的20多位国君中，就没有一位是十分遵守信义的。臣下唯恐被大王所欺骗，而辜负了赵王的一片信任之心。所以，臣下已经让手下人将'和氏璧'带回赵国了。"

秦昭王怎么也没想到在自己的国土上，在自己的国都中，在自己的宫廷里，在众目睽睽之下，竟然让这么一位不知名的小小的赵国使者给狠狠地戏弄了一番，不由得大为恼怒。

秦国的大臣们也是你看看我，我望望你，不知说什么好了。站在朝堂两旁的武士们都睁大了双眼，竖直了耳朵，只等秦昭王的一声令下，便立刻冲上去，将蔺相如碎尸万段。

蔺相如这时反而感到更加轻松了。他深深地吸了一口气，接着说道："现在是秦国强大而赵国弱小。大王仅仅派出了一位使者到赵国，赵王便急忙将'和氏璧'送到了秦国。所以，只要强大的秦国先将15座城池划给赵国，赵国岂敢还把什么'和氏璧'留在国内而得罪大王呢？臣下当然知道，欺骗大王是犯下了杀头之罪，现在就请大王下令吧。"

秦昭王沉默许久。先是看了看一脸为国捐躯神情的蔺相如，又看了看两旁目瞪口呆的大臣们，再看一看剑拔弩张的武士们，使劲往肚子里咽了口唾沫，好像咽下了一个没有砸破壳的核桃。他像是自言自语，又像是对大臣们说道："现在杀了蔺相如，也得不到那块'和氏璧'了，反而使秦赵之间的关系紧张起来。不如好好地招待他一番，便放他回国。想必赵国国王知道了事情的全部经过后，不会因为一块宝璧而嫉恨秦国的。"

蔺相如终于圆满地完成使命，回到了赵国。赵王很赏识蔺相如的才干，便拜其为上大夫。

秦国最终也没舍得将土地划给赵国，赵国也没有把"和氏璧"送给秦国。

长平之战

战国时期，兼并成为历史的主题，战争越来越激烈，为立于不败之地，各国在进入战国时期后都不同程度地展开了图强的谋划。总体的情况是秦齐楚燕赵魏韩七国面积较大，国家实力相对较强，而七国之中，楚秦赵魏齐五国较强，韩燕较弱。公元前 269 年，赵国和秦国大战，给秦国以重击。为报仇，秦昭王集中兵力进攻魏、赵、韩三国，采纳了范雎提出的"远交近攻"策略。

赵国方面，公元前 266 年，赵惠文王死。长平之战前，赵奢病死，蔺相如病重。这些变化对长平之战的胜败有直接影响。

公元前 262 年，秦将白起攻韩，取野王（今河南泌阳县），完全切断了韩上党郡与本国的联系。赵王接受了韩上党郡守冯亭以上党 17 县降赵，同时派廉颇率军进驻长平，与上党成犄角之势，抵御秦军。

公元前 260 年，秦昭王派左庶长王龁率领大军攻克上党，继而将进攻的矛头转向赵国。赵孝成王派大将廉颇率军驻守长平。廉颇几次迎战都不能取胜，还损失了一员副将和四名都尉。

赵孝成王和上卿虞卿以及大臣楼昌商议对策。楼昌说："我们屡战屡败，不如和秦国媾和。"

虞卿不同意，他说："大王，和与不和，决定权在秦国手中。秦国已下定决心灭赵，我们求和也无济于事。不如派使者向楚国和魏国赠送珍宝，使秦王以为各国又要合纵抗秦，而不得不有所顾忌，那时媾和才有希望。"

赵孝成王不听虞卿的劝告，立即派使臣郑朱赴秦国求和。秦国虽然接待了郑朱，但根本不想媾和。当时，各国使者正云集咸阳，祝贺秦国攻克上党。秦国故意在使臣中大肆宣扬郑朱求和的消息，使各国打消了援救赵国的念头。

赵国处在孤立无援的困境。不过，驻守长平的廉颇毕竟久经沙场，能征善战，他看出秦军虽然兵力强大，士气旺盛，但由于远道而来，粮草运输非常困难，便下令修筑坚固的防御工事，严密防守，拒不出战。

双方僵持了几个月，秦军果然坚持不住了，战局的变化对他们越来越不利。然而，赵孝成王见廉颇不肯出战，以为他是因胆怯而害怕迎敌，气愤得多次斥责他，催促他进攻秦军。秦国丞相范雎抓住他们君臣之间的矛盾，派人携带重金潜入赵国，买通赵孝成王的左右，让他们在赵孝成王面前散布流言，说："廉颇支撑不住，很快就要投降了"，"秦国害怕的人是马服君的儿子赵括，要是赵国用他做大将，秦军必败无疑"。

赵孝成王听信了这些流言，决心起用赵括替换廉颇。蔺相如急忙劝阻赵孝成王说:"大王仅凭赵括的名气就重用他,未免有些胶柱鼓瑟。赵括只会死读兵书,纸上谈兵,却不懂随机应变,恐怕难当大任。"此时,赵孝成王根本听不进去,用赵括替换了廉颇。

赵括上任之后,没有采纳廉颇的部署,不仅在临战时更改了部队的制度,而且还大批撤换将领,使赵军的战斗力大大下降。果然,赵国中计,秦昭王在暗中任命白起为将军,王龁为副将。赵括骄狂自大,根本就看不起白起。

白起面对高傲自恃、鲁莽轻敌的对手,就决定采取后退诱敌,分割围歼的战术。白起让前锋部队来担任诱敌任务,在赵军进攻时,假装失败往后撤退,把主力隐藏在纵深构筑袋形阵地中,另外派精兵5000人,插入赵军先头部队和主力之间,伺机去割裂赵军。八月,赵括在没有查明虚实的情况下,贸然采取进攻行动。秦军假装失败撤兵,暗中却张开两翼设置奇兵来挟制赵军。赵军乘胜追到秦军的壁垒,秦军早已准备充分,壁垒坚固不得入。白起命两翼奇兵迅速迎战,把赵军截为三段。赵军首尾分离,粮道被阻断,后来秦军又派轻骑兵不断骚扰赵军。赵军战势十分危急,只能筑垒壁坚守,以等待支援。秦昭王听说赵军的粮道已经被切断,亲临河内督战,征招15岁以上的男丁从军,并赏赐民爵一级,以此来阻绝赵军的救兵和粮草,倾全国之力与赵国作战。

同年九月,赵兵断粮46天,将士饥饿难耐,甚至自相残杀。赵括在走投无路之下,重新整顿军队,分兵四队轮番进行突围,终不能出,赵括亲自率精兵出战。后被秦军射杀,赵括军队大败,40万大军投降白起。白起与人议论说:"先前秦已攻陷了上党,上党的百姓不愿归附秦却归顺了赵国。赵国士兵反复无常,如果不全部杀掉,恐怕日后会成为祸乱。"于是使诈,把赵国投降的士兵全部坑杀,只留下了240个小兵回到赵国报信。此役,秦军先后斩杀和俘获了赵军共计45万人,赵国上下为之震惊。从此,赵国元气大伤,其他诸侯国也无不为之胆寒。

信陵君窃符救赵

秦昭王派白起为主将,在长平歼灭赵国40多万大军之后,公元前259年,秦军把赵国的都城邯郸团团包围。平原君给魏安僖王和信陵君写信求救。因为信陵君的姐姐是平原君的夫人,他收到姐夫的信,自然着急,就三番两次请求魏王出兵。魏王经不住他的纠缠，就派老将晋鄙率领10万大军去救赵国。

秦王知道了这个消息，派使臣到魏国，警告说："秦国拿下邯郸只是早晚的事，谁要是敢救赵国，等我拿下了赵国，下一步就收拾他。"魏王受到威胁，不敢再救赵国，派人给晋鄙传令，让他停止前进，驻守待命。

平原君不知道这中间的曲折，以为信陵君不讲信义，写信责备他说："我一向佩服公子急人之难的品质，所以才同公子结为亲戚。可现在邯郸眼看就要落到秦军的手里，却等不到魏国的救兵。就算公子您不把我放在心上，不关心我的生死，难道你就不怜惜你的姐姐，忍心让她成为秦国的俘虏吗？"

信陵君感到十分委屈，只能一再向魏王请求出兵。而且还找了一些人，给魏王分析陈说利害关系。可是魏王慑于秦王的威胁，始终不肯答应。

信陵君看此事终于无望，就决心与赵国共存亡。他组织自己手下的门客，总共1000多人，100多辆战车，准备自己去救赵国。

当车队经过东门的时候，信陵君下车跟他最要好的朋友侯嬴辞行，把自己要和秦军拼命的想法告诉了他。侯嬴很冷淡地说："公子好好努力吧！老朽不能跟随您了，请别怪我。"信陵君向他拱手而别，走了几里路，心里很不痛快，便自言自语地说："我向来把他当作知心人，今天却眼看着我去送死，连句体贴、鼓励的话都没有。"他越想越不对劲，再也忍不住了，就叫门客站住，又带着车队返回来询问侯嬴。

这时，侯嬴仍站在门外。他见了信陵君，笑着说："我早就知道公子会返回来！"信陵君说："是啊！我想我一定有得罪先生的地方，因此特地回来请先生指教。"

侯嬴说："公子供养了几十年的门客，吃饭的有3千人，怎么没有一个替您想个好办法的呢？反倒让您去跟秦国拼命？现在您带队去拼命，就好像将肉向饿虎投去，能起到什么作用呢？"信陵君说："我也知道没有什么用，可是我这么一死，总算是尽心尽力了。"侯嬴说："光是这样也救不了赵国，咱们还是再商量商量吧。"

侯嬴支开了旁人，悄悄地对信陵君说："我听说魏国的兵符平时存放在魏王的卧室里。如姬是魏王众多妃子中最受宠爱的一个，她一定有办法盗出兵符。我还听说如姬的父亲是被人杀害的，自魏王以下，如姬想找一个能为自己报杀父之仇的人，一直找不到，后来还是公子您叫门客给如姬报了仇，并把仇人的脑袋给她送去。如姬为了这事非常感激您,她就是替公子去死也在所不辞。只要公子请她盗出兵符,你们拿了兵符夺取晋鄙的军队,就可以发兵北上援救赵国了。"

信陵君认为没有别的更好的办法了,就把这件事通知了如姬。没多久,如姬果然把虎符偷了出来。

信陵君拿着虎符,带上朱亥,连夜赶往魏军军营去调兵。

见了晋鄙,信陵君说:"将军辛苦了,大王特意让我来替换将军,让您休息。"

晋鄙验过了虎符,自然真实无误。可是他想:"大王让我带领这10万大军,我又没犯什么过错,却突然要撤换我。而且这么大的事情,也没有信函,只是口说,实在让人不太放心。"就说道:"请公子先等几天,容我将军队的名册清点好,再进行移交,如何?"

信陵君急了:"我奉命率领军队去救赵国,邯郸危在旦夕之间,连夜赶去都来不及,怎么能够这样耽搁呢?"

晋鄙道:"请公子不要见怪,这样大的事情,还需要禀告大王一声才行……"

话还没说完,朱亥就喝道:"不遵从大王的命令就是反叛!"从袖中取出大铁锤,一下就把晋鄙的头打得粉碎。

信陵君拿着兵符对将士们说:"大王有令,叫我接替晋鄙去救邯郸。晋鄙不听王命,已经被我处死。你们不必害怕,只要服从命令,英勇杀敌,将来都有重赏。"信陵君又发下命令:父子同在军队中的,父亲可以回家去;兄弟同在军队中的,兄长回去;没有兄弟的独子,回家奉养父母。经过挑选,信陵君得到8万精兵。接着进军攻打邯郸城外的秦国军队,在魏、赵两军内外夹击之下,秦军被迫撤除包围,仓皇逃走了。于是救了邯郸,保存了赵国。

侯嬴为了报答信陵君的知遇之恩,在和信陵君诀别后,预计信陵君到达晋鄙军营的那一天,面朝着北面自杀了。

信陵君窃符救赵之后,魏安僖王非常恼恨他,信陵君也知道这件事得罪了魏王,派遣将官率领军队回到魏国,而信陵君自己和他的门客却留在了赵国。

窃符救赵之事,不仅突出表现了信陵君仁而下士,不耻下交,敢于与强秦作殊死斗争的精神。同时通过那些多谋善断,急公好义的门客形象,歌颂了他们忠于知己，直至以死相报的品德。

毛遂自荐

平原君赵胜是赵国的一位公子，以贤能闻名。像孟尝君一样，平原君也喜欢宾客，前来投靠的宾客有几千人。平原君担任过赵惠文王和赵孝成王的宰相，曾三度离开相位，又三度恢复相位，被封在东武城。

平原君家的楼房很高，从上面可以看见老百姓的住宅。有个老百姓是个瘸子，一瘸一拐地去打水。平原君的美女在楼上看风景，看见了这个瘸子，就大声讥笑他。第二天，瘸子来到平原君家门前，请求道："我听说您待人很好，士人们不远千里来投奔您，都是因为您能以士人为贵，而以侍妾为贱。我不幸身患残疾，而您的府里有位美女，看我打水就耻笑我，我希望能得到她的脑袋。"

平原君笑着说："可以！"

瘸子离开后，平原君笑着说："看这蠢货！竟然因为这点小事，就要杀我的美女，想得也太离谱了！"随后就把这件事忘了。

过了一年多，宾客陆陆续续地离开，超过了一半。平原君感到很奇怪："我赵胜招待各位，从来不敢失礼，可是为什么这么多人离开我呢？"有一个客人上前回答说："就是因为您不杀那个讥笑瘸子的美女啊！大家认为您爱好女色而轻视士人，士人于是就只好离开了。"平原君恍然大悟，立刻砍下那个美女的头，并亲自登门送给瘸子，向他道歉。从此以后，客人们才陆续来访。当时，齐国有孟尝君，魏国有信陵君，楚国有春申君，而赵国有平原君，这四个人都很出众，争相招揽天下贤士。

秦军攻打赵国，围攻邯郸，赵国派平原君去楚国请求救援，并跟楚国订立合纵盟约。平原君准备挑选门下文武双全的食客20人同去，他对门客说："如果能用和平方式达到目的，那当然好。假如和平方式不行，那就只能胁迫楚国，争取歃血为盟。总之，要是不能订立合纵盟约，我们就不回来！贤士不必到外面去请，在门下食客中找就足够了。"

找来找去，只找到了19人，其余人没有什么可取，凑不够20人。这时候，有位叫作毛遂的门客，向平原君自我推荐说："听说您准备跟楚国订立合纵盟约,要带20人一起前往,现在还缺少一人。希望我毛遂能有机会,作为备用人员,跟随您一起出发。"

平原君问:"先生在我门下几年了?"

毛遂说:"三年了。"

平原君说:"贤士生存于世,就像锥子放在布袋里,锥子的尖很快就会扎破布袋,显露出来。如今毛先生在我门下三年,从来没有听说过谁夸奖您,可见先生没有什么才能。您不能去,还是留下吧!"

毛遂说:"我可是今天才请求放在布袋里啊!假如我毛遂早就能放在布袋里,那早就脱颖而出了,露出的可不仅仅是锥尖而已!"平原君看毛遂很坚决、很自信,就带毛遂一起出发了。那19个人相互交换眼色,都觉得毛遂很可笑。

到了楚国之后,毛遂跟那19个人辩论,19个人都大为佩服。平原君去跟楚王商议合纵盟约,从早上讨论到中午,还没有什么结果。那19个人对毛遂说:"先生最出色,您去帮帮我们的主人吧!"毛遂于是找到平原君和楚王,对平原君说:"合纵的利害,三言两语就可以说得一清二楚。可是,两位从早上讨论到中午,还不能决定,这是为什么呢?"

楚王指着毛遂问平原君说:"他是干什么的?"

平原君答:"这位是我的家臣。"

楚王于是对毛遂大声呵斥:"退下去!我在和你主人谈话,你来干什么!"

毛遂握着剑把上前说:"大王之所以呵斥我,是因为楚国人多。可是,现在我与大王相距不过十步,楚国人再多,大王也倚仗不上。再说,我的主人就在面前,你呵斥什么呢?况且,商汤凭着70里土地称王天下,周文王凭着百里土地而臣服诸侯,难道是因为他们人多势众吗?不是的,他们的成功,是因为能够顺应形势。现在,楚国土地纵横5000里,军队上百万,这是称霸称王的资本啊!可是,秦国的白起率领几万军队,来挑战楚国,第一战就夺下了鄢邑和楚都,第二战就烧了夷陵,第三战就侮辱了大王的祖先。这是楚国的深仇大恨,也是赵国的耻辱。订立合纵盟约,楚国得到的利益,比赵国大多了。你为什么不想想该怎么顺应形势呢?我的主人就在面前,你吆喝什么呢?"

楚王说:"嗯……啊……先生说的的确有道理。我愿意订立合纵盟约。"

毛遂问:"您完全决定了吗?"

楚王说:"决定了!"

毛遂对楚王左右的人说:"拿鸡、狗、马的血来!"然后,毛遂捧着铜盘,跪着把它进献给楚王说:"大王应当先歃血为盟,其次是我的主人,再次是毛遂。"于是,三人在殿堂上签订了合纵盟约。

合纵盟约签订以后,平原君回到赵国,心里很有感触:"我赵胜今后再也不敢随便判断人了。我考察士人,多则上千,少则几百,认为自己不会看错人。但是我却有眼无珠,看错了毛先生。毛先生平时默默无闻,可是一到楚国,就使赵国尊贵无比。毛先生的三寸之舌,要胜过百万军队啊!"于是把毛遂尊为上客。

李冰与都江堰

秦国强大以后,为了进一步富国强兵,秦昭王特别重视水利建设和农业生产。公元前251年,李冰被秦昭王任命为蜀郡太守,负责为成都平原兴修水利。

当时,蜀地的岷江水流湍急,每年到了夏秋季节,就会发生江水泛滥的事情,给当地的农业生产造成极大的危害。李冰上任后,经过实地考察,发现岷江的发源地带,水源丰沛;流入灌县以后,地势突然变得平坦,岷江便变得无遮无拦,常常把堤岸冲垮;特别是位于灌县西南的玉垒山,阻碍江水向东流,继而造成东旱西涝。李冰认为,要想彻底消除水患,必须在平原开阔地带广修渠道,既可以起到泄洪的作用,也可以用来灌溉农田;而要将水导入人工渠中,就必须凿开玉垒山,使岷江能够顺利东流。

经过一番周密的策划后,李冰决定对玉垒山动手。他指挥民工先在玉垒山开凿宝瓶口,然后在江水的中心构筑分水堰,由于这个分水堰的前端像个鱼头,所以根据这个形状就把分水堰取名叫"鱼嘴"。鱼嘴把江水分成东西两条支流,西面的支流叫外江,是岷江的主流;东面的支流叫内江,是人工渠道的总干渠,江水由此流入宝瓶口。主体工程完成后,李冰还规划、修建许多通向宝瓶口的大小沟渠,从而形成了一个纵横交织的扇形水网。

为了进一步控制流入宝瓶口的水量,李冰还在分水堰的尾部,修建了用于分流洪水的平水槽和飞沙堰。雨季时,当内江水位过高,洪水就经过平水槽漫过飞沙堰流入外江,从而保障平原地区不会发生水患。与此同时,流入外江的水在旋涡的作用下，还能有效地把沉淀在宝瓶口周围的泥沙带走。

但是，李冰并不满足。考虑到都江堰的长久使用和维护，他还制定了一系列监控和维修的方法，这些方法一直沿用至今。

都江堰建成以后，发挥出巨大的引水、防沙、排洪等综合作用。从此，成都平原再也没有发生过水患和旱灾，农业生产也迅速发展起来，四川也由此成为"天府之国"。

治理好都江堰后，李冰还在蜀地修建了其他一些水利工程，这些水利工程造福万代，李冰本人也被百姓所颂扬，被人们尊称为"川主"，今天四川各地还修有"川主祠"，表达对李冰的无限怀念之情！

荆轲刺秦王

战国末期，秦国实力强盛，攻灭了韩、赵两国后，又向燕国进军。为此，燕太子丹曾在秦国做人质，由于不甘受辱，便化装偷偷跑回燕国，并发誓定要报仇雪恨，于是四处寻访刺客，准备刺杀秦王嬴政。

太子丹听说驼背老人田光很有见识，便将他请来，诉说了自己的心愿。田光以死向他推荐了有勇有谋，喜怒不形于色的荆轲。

荆轲原是卫国人，素以勇侠高义闻名远近。太子丹通过处士田光结识了他，便百般善待。荆轲感其礼贤下士之情，也决心以死相许，只是不得机会报答知遇之恩。

不久，秦将王翦攻破赵国，兵临燕南，形势危急。太子丹非常焦急，督促荆轲入秦行刺。荆轲说，秦王平素多疑，防范甚严，要想接近他很不容易。我就这样前去，恐怕难以见到。太子丹问计，荆轲说，必须准备两件见面礼：一个是秦国逃亡将领樊於期的人头，秦王悬赏千金和邑万家购之不得，而樊於期正在燕国避难；另一件是燕国督亢地方的地图，为秦国攻燕所渴求的。有此二物，则大事可行。

太子丹说："地图现成，但樊将军穷困之时投奔于我，我怎可伤害于他！"荆轲知太子丹不忍心，便私下去见樊於期，说："秦王与你可谓深仇大恨，父母宗族尽受其害，而今又用金千斤、邑万家求购将军之头，怎么办？"樊於期仰天挥泪，叹息无计报仇。荆轲遂告诉他以头取信、借机行刺之计。闻此，樊於期便长拜相谢，愿以头颅相赠，拔剑自刎。

荆轲派人报告太子丹，太子丹马上赶去，伏在樊於期的尸体上大哭。过了好久，才止住悲伤，让人好好地埋葬他的尸身，却砍下了他的头，装在木盒子里，交给荆轲。又拿出一把锋利的匕首来，对荆轲说："这匕首上面淬了毒药，就算只碰破一点皮，也会丧命。我早就准备好了，请先生动身吧！"

荆轲说："我约了一个好朋友做我的助手，我还得等他几天。"

太子丹以为荆轲变了卦，说："哪儿还等得及呢？我手下有个叫秦舞阳的勇士，十多岁就杀了人。让他做您的助手，和您一起去吧。"

荆轲看到太子丹这个样子，又不知道自己的朋友什么时候能来，只好说："好，过两天就动身吧！"

荆轲和秦舞阳动身那天，太子丹和一些同荆轲感情很好的宾客穿着白衣白帽，来给荆轲送行。他们一直送到易水河的边上，这才停住，摆了酒宴给荆轲饯行。此刻，除了秋风的飒飒声，流水的哗哗声，谁都不说话，心情沉重。荆轲的好朋友高渐离也来送行，他敲着筑放声歌唱道："风萧萧兮易水寒，壮士一去兮不复还！"这歌声慷慨悲凉，送行的人忍不住都痛哭失声。

太子丹最后斟了一杯酒给荆轲，荆轲接过来一饮而尽，转身上车，绝尘而去，竟连头也不回。

秦王政二十年，就是公元前227年，荆轲到了秦的都城咸阳。秦王听说燕的使者送来重礼表示臣服，非常高兴，就召集群臣，用最隆重的仪式接见他。

荆轲手里捧着装有樊於期人头的盒子，秦舞阳捧着督亢的地图，一先一后进了秦宫。上大殿台阶的时候，秦舞阳见宫殿里仪仗威武，禁卫森严，不禁脸色苍白，浑身打颤，几乎走不上台阶。秦国大臣见他这样，不禁有所怀疑。荆轲心里暗暗着急，忙笑着对秦王道："乡野地方的粗鄙之人，从来没有见过世面，见了大王威武的样子，竟吓成这样，请大王原谅！"秦王就让秦舞阳在大殿下面候着。荆轲只好从秦舞阳手中拿过地图来，独自一人上了大殿。

秦王验过樊於期的人头，放在一边，心中得意，又叫荆轲献上地图来。荆轲捧上地图卷轴，一点一点地打开，一边指给秦王看，一边介绍说："燕国的督亢之地，物阜民丰，相当于秦国的关中沃野啊。"秦王听得心花怒放，不住地点头。卷轴终于完全打开来，露出里面藏着的一把寒光闪闪的匕首来，秦王大吃一惊，跳将起来，却被荆轲用左手揪住了袖子。

荆轲右手一把抓起匕首，就向秦王刺去。秦王使劲一挣，扯断了被荆轲揪住的袖子，拔腿就逃。荆轲手执匕首追上去，嬴政慌忙拔剑，一时又拔不出来，吓得绕着殿柱躲闪。殿上众臣手中均无兵器，也不知如何应付。殿下卫兵无令不敢上前。只有侍医夏无且，急挥药袋抽打荆轲，秦王乘机拔出长剑，刺断了荆轲左腿，终于被擒。后人每读古史，吟其遗诗"风萧萧兮易水寒，壮士一去兮不回还"之句，无不赞其奇志，叹其勇烈。

荆轲刺秦王不成，反而让秦王大怒，命令王翦的部队攻打燕国。十个月就攻破了燕国都城。燕王和太子丹率领精锐部队，向东退守到辽东，而秦军则紧追不舍。这时候，代王赵嘉写信给燕王说："秦军之所以追您追得那么急，全都是因为太子丹。现在大王如果能杀死太子丹，把他献给秦王，秦王必定撤兵，只有这样，燕国社稷才能保全。"燕王于是便派人杀死了太子丹，准备把他献给秦王。可是，秦国就当没有这回事，照样攻打燕王。五年以后，秦国终于灭亡了燕国，俘虏了燕王。

第四章
秦　汉

　　秦汉时期是中国秦汉两朝大一统时期的合称。公元前221年秦灭六国，首次完成了真正意义上的中国统一，秦王嬴政改号称皇帝，建立起中国历史上第一个中央集权制的秦朝。秦始皇嬴政废封建，立郡县，开始实行全面的统一。然而由于缺乏历史经验，秦朝二世而亡。在经过短暂的分裂之后，汉朝继之而起，并基本延续秦的制度，史称"汉承秦制"。秦汉时期是中国历史上第一个大统一时期，也是统一多民族国家的奠基时期。

秦始皇统一中国

登上雄伟壮丽的万里长城,或是来到西安市以东骊山脚下的秦陵兵马俑的雄伟阵容跟前,人们都会想起这些世界伟大奇迹的创造者——秦始皇。

秦始皇,名嬴政,他是第一个统一中国的人。公元前259年,生于战国时期赵国首都邯郸。他13岁继承王位。由于年纪小,所有政务实际上都由他母亲和相国吕不韦掌管。公元前238年,22岁的嬴政开始亲政。当政刚两年,他就以卓越的才干和魄力,除掉了阴谋夺取政权的嫪毐和吕不韦两大敌对势力,稳定了国内的局势,掌握了国家大权。他广招人才,起用了一批杰出的政治家和军事家。嬴政采取了远交近攻、分化离间、各个击破等策略,用了十年时间,先后灭掉了韩、魏、楚、赵、燕、齐六国,完成了统一大业,于公元前221年,建立了我国历史上第一个统一的封建王朝——秦朝。

嬴政把国王的地位和尊严提到空前的程度,他让群臣们议一个"帝"的称号,群臣们说他"德过三皇,功高五帝",应称为"皇帝",嬴政很高兴,他认为自己是开天辟地的第一个皇帝,应叫作"始皇帝",因此,后人就称他秦始皇。

为了把全国大权都集中在皇帝手里,他创立了一套以皇帝为中心的官僚制度。皇帝之下,有管政务的左右丞相,管军事的太尉和管文书、监察的御史大夫,称为"三公"。"三公"之下设"九卿",分管财政、税收、司法、宗庙礼仪、皇室内部事务等。地方上废除分封制,建立郡县制。全国分为36郡,后来增加到40多郡。郡下设县,县下是乡,乡以下是亭。郡县官吏也由皇帝直接任免。地方上发生什么事情都要向皇帝奏报。那时还没发明纸,奏报写在竹简上。秦始皇每天要批阅100多斤重的竹简奏报。秦始皇建立的专制的中央集权制度,对我国两千多年的封建社会产生了深远的影响。以后的各个朝代,基本上都沿袭了这套制度。

秦始皇还以秦国文字为基础,整理出一套笔画比较简便的"小篆"体文字,作为全国通行的标准文字。后来又推广了民间流行的"隶书"体文字。此外,他还统一了货币和度量衡。

秦政府拆毁了原来东方六国设立的关卡、要塞、堡垒,以国都咸阳为中心,修筑了通往东北、华北和东南地区的几条"驰道"。道宽50步,两旁栽树。对车轨的宽度也作了统一规定,这样就使交通迅速发达起来。

在秦灭六国的前后,还加强了对少数民族聚居的边远地区的治理。许多内地人民迁到匈奴地区,与匈奴族人民杂居,一起开荒种地,密切了民族关系。为了防止匈奴贵族南下掠夺,秦政府调集大量人力,把原来几个国家分别修筑起来防御匈奴贵族的城墙,连接起来,筑成一道西起临洮(甘肃岷山县北),东达辽东(辽宁辽阳北),绵延几千公里的城墙,这就是著名的万里长城。秦政府对东南沿海和珠江流域一带以及西南的贵州、云南、四川等少数民族居住地区,也进行了开发和治理。

作为一个封建统治者,秦始皇在历史上也做过许多为后人所指责的事情。他为了加强思想控制;焚书坑儒,烧了许多《诗》《书》等著述和书籍,杀了一批儒生,压制了思想文化的正常发展。他为了过豪华生活,大兴土木,在以咸阳为中心的关中地区,兴建离宫别馆300处,在关中以外还有400处。著名的阿房宫规模之大,更是令人叹为观止。它东西500步,南北50丈,宫内可容一万人,能竖5丈高的旌旗。在陕西临潼东面骊山北侧修建的陵墓,周围5里长,高50丈,墓内有各种地下宫殿,殿内外有各种巨型陶俑。著名的秦陵兵马俑就是在这里发现的。单是阿房宫和骊山墓这两项工程,就常年役使劳动力达70万之多。

秦王朝沉重的徭役赋税和严峻的刑法,使广大人民不堪忍受。秦始皇死后不久,就爆发了中国历史上的第一次农民大起义。

修筑万里长城

长城的修建,可追溯到战国时期。当时秦、赵、燕三国经常受到匈奴、东胡、林胡等游牧民族的侵扰。这些游牧民族精于骑射,来去飘忽,战斗的运动性很大,再加上三国忙于兼并战争,无力去对付这些来去无踪、飘忽不定的游牧民族,遂在自己的北部边境修筑长城,派军队戍守,以抵御游牧民族的

掠夺。

秦始皇统一全国后，匈奴依然南下侵掠，给新生的王朝造成巨大的威胁，秦始皇不得不解决这个棘手的问题。于是，秦始皇命令大将蒙恬率领军队30万对匈奴作战，一鼓作气把匈奴赶到阴山以北，收复了河套地区，并且在那里设置了34个县，修筑了数十座城堡作为防御工事，并且还从内地移民3万到此垦荒守边。为了一劳永逸，秦始皇决定在秦、赵、燕三国原有长城的基础上，重新修建长城，彻底将匈奴挡在关外。

始皇三十三年（公元前214年），一项史无前例的工程全面展开。为了修筑长城，秦朝几乎动用全国之力，大批的民夫背井离乡来到边疆，粮草和物资也源源不断地从全国各地运送而来。在东西长达万里的长城沿线，到处都可以看到开山凿石、肩挑畜拉、打夯砌筑的繁忙景象。长城沿途的地势非常险峻，施工异常的困难，修筑长城者巧妙地利用山河的自然走向，对原有的旧长城进行修缮和增补，同时也建造起新的城墙。这是一项十分艰巨的工程，由于当时生产力水平有限，民夫们必须克服重重困难，才能完成既定的任务。为此，数以万计的人葬身在长城脚下，毫不夸张地说，累累白骨成为长城的奠基。就这样，在异常艰苦的条件下，经过几年的修建，万里长城终于完工了。

新的长城全长5000多千米，它西起临洮，东至辽东，一路沿着阴山山脉，经过内蒙古草原，一直延伸到大海。长城的修筑，绝大多数地段都是建立在山脉之上，有的甚至建立在1300米的高山上。长城本身的高度也有所不同，通常在5~10米之间，墙外用石头和方砖头砌成，里面用黄土夯实而成。作为一项防御性的工程，长城由关隘、城墙、城台和烽隧四部分组成。关隘就是城关，通常建立在高山峡谷等险要地带，扼守战略要冲，在此处派兵把守，可谓"一夫当关，万夫莫开"。城墙就是长城的主体工程，起到连接作用。城台就是瞭望台，站在瞭望台上，视野开阔，可以眺望很远的地方，起到监视敌情的作用。烽隧又叫烽火台，大多建在高山顶端和险要之处，专门负责传递军情而设，一旦发现敌情，专职人员马上点燃烽火，用以报警，白天时点燃掺杂有狼粪的柴草，浓烟就会直插云霄；夜晚时则在干柴里夹杂硫磺石，起到使火光明亮的作用。另外，秦始皇除了派兵把守长城外，还在长城沿线设置10多个郡，进行专门管理。

修筑万里长城的过程中，尽管给当时的人民带来极大的痛苦，但对于保护生活在边境地区的人民和农业生产起到积极的作用，维护了国家的统一。万里长城体现了中华民族的集体智慧，也是中华民族伟大精神的象征。

始皇帝焚书坑儒

秦始皇统一天下后，形势发生了天翻地覆的变化：他在政治、经济上实行的改革，并不是一帆风顺的。矛盾一直伴随着秦帝国的诞生到衰亡。加之秦王朝统治阶级内部的不同政治派别、不同思想的斗争以及国内统治阶级与劳苦大众的阶级矛盾也随外敌的消灭而渐渐激化。还在统一之初，就在要不要分封诸子为王的问题上发生了一场争论。

丞相王绾首先说出了自己的想法："现在六国刚刚被打败，皇上应该及时把几位皇子分封到这些诸侯国去，以防发生变乱。"

廷尉李斯不同意这种意见，他马上站起来说："周武王建立周朝时，封了不少诸侯，结果怎样呢？大家也不是不知道，后来诸侯之间相互残杀，弄得一团糟，历代周王拿他们一点法子也没有。依我看，分封的办法不可取，皇上为什么不试试在全国设立郡县呢？这或许是个好办法。"

李斯的发言正合秦始皇的心意，下令取消原来分封的办法。在全国实行郡县制，郡的长官由朝廷直接任命，国家政事无论大小都由皇帝一人来决定。

过了一段时间，秦始皇在咸阳又举行了一个庆祝宴会。许多人都赞扬他功劳大。但有个叫淳于越的博士重新提出分封制度不能废除，他认为不按古代规矩办事是行不通的。

这时李斯已当了丞相，秦始皇很想听听他的意见。李斯说："五帝的政治措施不互相重复，三代的国家制度不互相因袭，都是各自根据当时的需要来取舍，他们不是有意违背，而是因为时代变了，情况也有变化。如今陛下创建了伟业，建立了万世功勋，愚儒根本就不能理解。再说，淳于越所说的都是遥远的三代施行的制度，那时候的经验有什么值得借鉴的？"

接着，李斯继续说："从前，因为诸侯并立，互争长短，所以才用优厚待遇招揽游学之士。如今不同了，天下已经平定，法令出于一统，是百姓，就应该努力从事生产，是士人，就应该认真学习法令刑律。可是如今那些儒生呢，不重视当今，偏偏要去学习古代，对现行制度指手画脚，在百姓中制造混乱。

如果不加以禁止，势必会降低皇上的威信。"

为此，李斯还特意给秦始皇上奏章，把儒生说成是危险势力，请求秦始皇命令史官把除《秦记》以外的史书全都烧掉。民间有人收藏《诗》《书》等百家典籍者，都应该将这些典籍交到地方官府烧掉。如果有人胆敢收藏、聚众论说《诗》《书》，就要当众处死。用古事来非议当今的人，必须诛灭他的全族。官吏中如果有知情不报的，与他们同罪。命令下达后30天内，仍不愿烧书的人，要在脸上刺字，然后发配到边疆去修筑长城。但是有关医药、占卜和种植的书籍不在焚烧之列。如果人们想要学习法令，就应该拜官吏为师。

秦始皇立刻采纳了李斯的建议，马上颁布"禁书令"，这就是"焚书"。

统一全国后，秦始皇异想天开，希望自己能长生不老，卢生和侯生对秦始皇说，愿意为秦始皇炼制长寿药。秦始皇大悦，赏赐他们很多钱。但是这两人怎么也搞不成长寿药，心里担忧：秦始皇喜好刑罚和杀戮，天下畏惧，忠臣不敢发言，现在搞不成，结果就是一个死，还不如早点逃走吧。两人带了钱财就开溜了。秦始皇听说了，非常震怒，以他的浩然天威，竟然被这两个小小术士欺骗和诽谤，简直是太胆大妄为了，于是命令搜捕。这次搜捕本来是小范围有针对性的，但是被李斯等法家权力人物利用和推波助澜，打着驱除妖言惑众之人的旗号，变成了声势浩大的全国性恐怖活动，一下子逮捕了460多个儒士和术士，并被活埋于咸阳城外，以告诫天下，这就是"坑儒"。

"焚书坑儒"是秦始皇对中国古代文化的摧残，严重地破坏了中国古代文化的传播和发展，是秦始皇犯下的滔天大罪。

泰山封禅

公元前210年10月7日，秦始皇一行人马浩浩荡荡开出了都城咸阳，开始了他的第五次、也是最后一次巡游天下……始皇一行走了一程又一程，来到了齐鲁故地。眼前耸立着一座高山，始皇问起左右，才知是叫邹峄山。该山层峦叠嶂，木石嵯峨。邹峄山一侧又有一山，比此山更加高峻挺拔，景色秀美。始皇问道："这山应该是泰山了吧？"左右皆答正是。始皇高兴地说："朕闻古时三皇五帝，经常巡游泰山，并在这里举办封禅大典。朕既然千里迢迢来到这里，不妨也效法古人，举封禅之礼制。"然后转向李斯问道，"丞相是饱学之士,应知这封禅之制吧?"这一问把李斯问了个大红脸,因为李斯对此一无所知,只能结结巴巴地回应说:"微臣久居故楚之地,对齐鲁之风情,知之甚少……"说完不好意思地低头退到了一边。

赵高见李斯在皇帝面前丢了面子,别提心里有多高兴了。赵高平时对近期得宠的李斯嫉妒得不行,一看到李斯风光,就恨得牙根子发痒。恨不得将李斯踩在脚底下,像碾葡萄一样,把他碾成泥巴才解心头之气。

"赵卿对此有所考究吗?"正当赵高嫉妒之心得到极大的平衡之时,未承想皇上问到了自己。

其实赵高也是擀面杖吹火——一窍不通,但他肩膀上偏长着一颗灵活的脑袋,眼珠子滴溜溜一转,答道:"废臣略知一二,只是封禅乃慎重之事,关系到对神的恭敬与否,邹鲁乃孔孟故乡,儒风盛雅,定有精通封禅稽占之士,待在下为皇上找来,与我等一道主持大礼,岂不甚好?"得到始皇的应允后,赵高为自己的自如应对颇觉得意。

始皇一行披荆斩棘,于泰山之上开出一条车道,从山南上去,直至峰巅。手下人负土为坛,摆设祭器,望天祀祷,立石作志,便为封礼;封礼之后,始皇登临东岳泰山远眺,览胜探奇之余忽发奇想,顾语左右道:"此乃东土名山,朕既然到此,总得刻石留铭,留传百代,不虚此行为好。李斯、赵高诸卿等,为朕作文一篇。"赵高岂敢与李斯争此头功,推让了一番之后,李斯苦思冥想,草就碑辞一篇。

这一篇碑辞说:始皇帝统一天下,想当年只是一个列国君王。如今讨伐叛逆,威震四方,灭掉了诸强。于二十六年依天意而称皇,并普照圣光,亲自巡视四方。随从的臣子们追思往日四分五裂的乱世,天下人无不企盼战争消亡。如今四海统一,不再有战乱,人民永远安康。群臣念及此,遂将皇恩永远镌刻在山石之上。

始皇看了李斯的辞文,见字字句句是歌功颂德的溢美之词,心中甚喜。立即差人让石匠镌刻在山石之上。李斯见自己的文笔得到了皇帝的认可,也在一旁美得不行。赵高见状,心中十分的嫉妒,表面上还得装模作样恭维李斯一番。

随后,始皇一行又从泰山下来,至北面梁父山,在山下辟一块平地,筑一祭坛祭祀,摆上祭神之器,对天祀祷,便为行禅。合起来称为封禅。皇帝兴致很高，对赵高说道："赵卿，你也是一大才子，不妨也按丞相泰山刻辞的格式，也以'皇帝'二字起始，再为我撰上一首刻辞如何呀？"赵高得令后，脑子略加思索，便诵出一辞。

辞文大意是说：秦始皇即位之后，制定了严明的法度，臣下都守法整肃；平定天下后无不归顺臣服；他亲自巡查远方的百姓，登上泰山，指点东土；随从的大臣们追忆皇帝统一天下的雄伟经历，无不赞颂皇上的无量功德；国家治理有道，各行各业兴旺，都是因为有了好的法律制度；如此大义自不待言，望后世永远遵照不移；皇帝事必躬亲，统一之后丝毫也不懈怠，早起晚睡，为国家长远建设着想。谆谆教诲臣民，教化大家讲究礼仪，人们都遵承皇帝的志向；于是上下分明，男女有别，内外有分，人人守规遵章，永世享受太平。

大泽乡起义

秦二世元年（公元前209年）七月，蕲县大泽乡（今安徽宿县东南）一带，连日下大雨，直下得沟满溪平，河水泛滥，冲坏了道路。路经这里的900名戍卒（防守边疆的人），被困在大泽乡无法前进了。这些人是被政府征调去戍守渔阳（今北京密云）的。从他们出发的地方到渔阳，远达两千多里。他们在军吏的督率下，翻山过河，长途跋涉，十分辛苦。偏偏又碰上连阴雨，他们水里滚，泥里爬，人人衣衫湿，个个一身泥，好不容易才走到大泽乡。

陈胜就在这支队伍当中。由于他身强力壮，做事利索，人缘很好，还当上了个小头目——屯长。他在路上结交了一个朋友，这人姓吴名广，又名吴叔，阳夏（今河南太康县）人，也是个屯长。吴广敢作敢为，好帮别人的忙，又有一些武艺。陈胜常和吴广拉家常，两个人成了知心的好朋友。一路上，穷苦弟兄们受的那份罪，他俩记在心里。一天，陈胜和吴广对大家说："按照法律，误期就要被处斩。反正都是一死，我们不如干出一番轰轰烈烈的事业来！"他们的话激励了戍卒的斗志。大家推举陈胜为将军，吴广为都尉，以"伐无道，诛暴秦"为口号，组成一支农民起义军。

农民起义军首先占领了大泽乡，接着攻克了蕲县。起义军旗开得胜，全军上下一片欢腾。然后，陈胜和吴广把起义队伍分成两路。东路由符离（今安徽宿县东北）人葛婴率领，攻打蕲县以东的地方；西路是主力队伍，由陈胜、吴广亲自统率，攻打蕲县以西的地方。

秦朝统治者早已失尽人心，不少官吏和士卒都不肯为它卖命，广大劳苦百姓都站在起义军一边，所以两路起义军的进展都很顺利，特别是陈胜和吴广率领的西路军，一路上势如破竹，很快就攻占了铚、酂、苦（在今河南鹿邑县东）、柘（在今河南柘城北）、谯（今安徽亳州）等许多县城。每攻占一处地方，都有大批农民加入起义队伍，获得大量马匹、兵车、武器和其他物资。当打到陈县（今河南淮阳县）的时候，起义军已有骑兵上千人，步兵几万人，还有六七百辆兵车。

陈县在春秋时期是陈国的都城，战国时期是楚国的北部重镇。它地处南北水陆交通的要道，地理位置十分重要。因此，攻打陈县是农民起义军第一个意义重大的军事行动。这时陈县的长官恰好不在，代替他暂时理事的官员不知高低，还想和农民起义军较量一下。他率领守城士卒出城迎战，不料手下兵卒见了农民军，就一哄而散，各自逃生。这个官员逃跑不及，白白送了性命。陈胜、吴广率领的起义军攻占陈县后，建立了"张楚"政权，陈胜称王。这是中国历史上第一个农民革命政权。

接着，起义军乘胜前进，分三路攻秦。由周章率领的一路农民军很快进抵关中的戏地（今陕西临潼境），逼近咸阳。另一路人马由武臣率领，在占领了旧赵都城邯郸后，武臣在混进起义军队伍的旧贵族势力的代表人物张耳、陈余的怂恿下，自立为赵王。陈胜顾全大局，勉强予以承认，并命他率军西进支援周章。张耳、陈余不但不增援周章农民军，反而割据自立，不听陈胜指挥。周章率军坚持战斗三个月，终因众寡悬殊，损失惨重，周章最后自杀。不久，围攻荥阳的吴广被部将用阴谋杀害。吴广死后，军心涣散。其他几支起义军先后也被秦军各个击破。秦二世元年（公元前209年）十二月，章邯率领大军向陈县扑来，陈胜亲自督率部队与秦军激战。经过一场拼搏，农民军将领张贺等不幸阵亡，陈胜只好率军退出了陈县。秦二世二年（公元前208年）十二月，陈胜率余部退到汝阳（今安徽阜阳），又转移到下城父（今安徽亳州东南）。这时不幸的事情发生了，掌管陈胜车马的官员庄贾，暗杀了陈胜，割下陈胜的首级投降了秦军。

陈胜、吴广相继死亡后，他们的部下继续坚持战斗，但实力已经远远不能和秦军抗衡了。一场轰轰烈烈的农民起义就这样失败了。陈胜、吴广起义从根本上动摇了秦王朝统治，为后来项羽、刘邦灭秦创造了有利条件，在中国农民战争史上占有重要地位，对后世的封建统治者也是一个极好的教育，汉初的休养生息政策和开明统治很大程度上是受农民起义的影响。

项梁起兵

陈胜、吴广大泽乡起兵反秦的消息很快传遍全国，各地的起义此起彼伏，会稽太守殷通见秦王朝马上就要走向灭亡，为了给自己寻找一条新的出路，他也想起兵反秦，但同时觉得自己一个人势单力薄，没有号召力，需要找帮手，思来想去，他想到了两个人，一个叫项梁，另一个叫桓楚。

项梁是当地大族的代表，桓楚是当地反秦势力的代表。殷通的想法是，自己是一郡之首，若能将两个人拉拢过来，为自己所用，无疑增强了自己的实力和资本，就可以得到当地人的广泛支持。

问题是，桓楚因反对秦朝暴政统治被通缉，目前不在本地，当下只剩下项梁一人。有一个总比一个没有要好，想到这里，殷通命人把项梁请来，说："秦王朝的气数已尽，有识之士纷纷加入反秦的洪流之中，我作为一郡之首，必须有所想法，不能再给秦王朝卖命了。所以，我想起义，打算任命你和桓楚为将军，一起共举反秦大旗。"

其实，项梁听到陈胜、吴广起义的消息后，也想起兵反秦。项梁是楚国贵族项燕之子，项燕是楚国名将，秦国灭楚国时，他的父亲中了秦国将领王翦的计，兵败后自杀而亡。国仇家恨，项梁对秦国恨之入骨。殷通邀请他反秦，他是求之不得。

项梁对殷通的想法表示赞同，殷通非常高兴，但很快又陷入沉思之中。项梁见状，问殷通为何愁上眉头，殷通说："桓楚在外逃亡，我根本不知道他在哪里，更没有办法把我的想法告诉他。"

项梁说："这个问题很好解决，我的侄儿项羽可能知道他的消息，不如把我的侄儿叫来，让他去通知桓楚。"

殷通听说可以找到桓楚，马上对项梁说："那就有劳你把项羽找来。"

项梁离开殷通后，找到项羽，把殷通让他找桓楚的消息告诉他后，项羽说："叔叔，我们是楚国贵族的后代，殷通想领导我们，让我们给他卖命，简直太小瞧我们项家了。不如这样……"项梁马上示意项羽说话的声音小点,然后又朝门外看了看,确认没有他人后,项梁压低声音,与项羽小声交流,项羽不住地点头称是。然后,二人离开家门,向殷太守的府上走去。

当时,24 岁的项羽,长得虎背熊腰,比同龄人高出一头,并且他力大无比,可以单手举起铜鼎,在当地年轻人中有强大的号召力。当他带着佩剑出现在殷通面前时,一股英豪之气甚是逼人。

殷通正沉浸在自己的世界里,丝毫没有觉察到有什么异样,并一本正经地向项羽交代任务。话刚讲完,坐在殷通身旁的项梁向项羽使了个眼色,说:"刚才殷太守把话说得很清楚,你现在可以去找桓楚了。"站在殷通对面的项羽明白叔父项梁的意思,突然拔出宝剑,殷通还没来得及明白怎么回事儿,脑袋便被项羽砍下。

府中的人见项羽杀了太守,顿时大乱,殷通的心腹冲过来,想杀掉项氏叔侄,替太守报仇。但是,这些乌合之众哪里是项羽的对手。项羽挥动宝剑,砍瓜切菜般杀死十余人,剩下的人都知道项羽的厉害,纷纷四散而去。

项梁拿着太守的大印,召集其他官员,把刚才发生的事情全盘告诉他们,让他们一起反秦,这些官员心里清楚,再继续为秦朝卖命,不会有好下场,便加入项梁、项羽的反秦队伍中。在项梁、项羽的号召下,很快召集了 8000 子弟兵。

一支新的重要的反秦力量形成了,在项氏叔侄的带领下,起义军势如破竹,打得秦军狼狈逃窜。项梁死后,项羽独自率领这支部队,在推翻秦王朝统治的过程中,起到至关重要的作用。楚汉相争时,曾把刘邦打得落荒而逃,然而刘邦最后夺得天下,建立汉王朝。对于项羽而言,历史却成就了他"西楚霸王"的英名。

指鹿为马

公元前 207 年的一天,群臣们像往常一样,早早地来到朝堂参加每天的朝拜活动。这天,大家都发现了一件奇怪的事情:威严、富丽的秦朝朝堂上,居然出现了一只鹿。这只鹿是怎么跑到朝堂的呢?

大臣们你看看我,我看看你,眼神中充满疑虑。正当他们在心里作种种猜测时,丞相赵高突然出现在鹿的旁边。原来这只鹿是他特地带来的。

说起赵高，你也许不知道。秦始皇死后，次子胡亥继位，为秦二世。秦二世时，秦朝朝政大权就渐渐为赵高所操纵。大臣们都很害怕他，超过了害怕秦二世。今天丞相又要耍什么花招呢？大家谁也不敢作声，只是惴惴不安地等待着，看事情到底如何发展。

秦二世自然也看到了这只鹿，他还没来得及问是怎么回事，赵高已经发话了："皇上，我得到了一匹好马，今天特地来献给您。"

二世一时被搞糊涂了，这明明是只鹿，怎么说成是马呢？因此笑着说："丞相真会开玩笑，这分明是只鹿，谁都看得出的。你怎么说是马呢？"

赵高立即把脸一绷，一本正经地说："这的确是匹好马。皇上怎么说是鹿呢？您如果不信，可以问问各位大臣嘛。"

二世是个糊涂人，没有意识到赵高的真实用意，真的问起大臣来。

大臣中许多人一开始就知道赵高的用意，大家生怕得罪了他，就附和着说："是马，是马，确实是匹好马！"也有的在一旁默不作声。只有少数几个人硬说是只鹿。

其实，赵高自己何尝不知道是只鹿呢？他之所以"指鹿为马"，是想借此试验一下朝中到底哪些人听他的话，哪些人不听他的话。自从害死李斯，操纵秦朝大权以来，他虽然外表十分强硬冷酷，但是内心非常担心有人反对他。这次试验，证明了他的担心并非多余。

发现了这些人，赵高当然不会放过他们，暗中派人把他们全杀害了，一个也不留。

赵高越来越不把皇帝放在眼里。到后来，他已经容忍不了二世的存在，于是使尽多种办法，逼得二世自杀了。逼死了二世，赵高还不敢自己当皇帝，于是抬出二世的侄儿子婴出来执政。子婴脾性很倔强，不甘心受人控制，把赵高杀死了。

赵高篡权，加深了秦朝政治的黑暗，最终招致了秦朝的灭亡。

巨鹿之战

陈胜起义后，曾派他的朋友武臣为将军，张耳、陈余、邵骚为助手，率兵三千人，北上去原来赵国的地方，发动反秦斗争。武臣等人到了赵地后，得到当地百姓的支持，很快就占领了30余座城池，张耳、陈余、邵骚拥立武臣为赵王。

武臣命部将李良攻常山（今河北石家庄市）。李良攻占常山后，在进军太原（今山西太原市）的途中，被秦朝统治者收买。他借返回邯郸（今河北邯郸市）向武臣请求增派援兵的机会，乘其不备，突然进攻邯郸，武臣、邵骚被杀。张耳、陈余侥幸逃出邯郸，收得余兵数万人，寻找原赵王家族的后人赵歇，立为赵王，改以信都（今河北邢台市）为首府。

章邯率领北上攻赵的秦军主力，到达邯郸时，因为痛恨邯郸百姓对赵国的支持，就将城中百姓全部强迫迁至河内郡（今河南焦作市一带），城郭夷为平地。张耳和陈余见秦军来势凶猛，就放弃信都，张耳和赵王退守巨鹿（今河北鸡泽县北），陈余去常山征集数万兵力，在巨鹿城扎营，以为外援，并派使者去各地，请急速派兵援救。

当时围攻赵国的秦军，除章邯所部外，还有从北方边防线上调回的王离、涉间的军队，总数不下三十万人。王离、涉间军为围攻巨鹿的第一线部队，章邯军驻在巨鹿南的棘原，沿着河道构筑了从棘原通至巨鹿城下的工事，源源不断地供应王离、涉间军的粮草。王离、涉间的军队，兵多粮足，不断地对巨鹿发动强攻。巨鹿是通往关中的要道之一，军事地位十分重要。秦军将巨鹿团团包围，形势危急，赵王不断派人向楚怀王求援。

楚怀王命宋义为上将军，项羽为副将，率师北上救赵。同时令刘邦率兵西入函谷关，攻打秦都咸阳。并与众将约定，先入关灭秦者为关中王。

宋义率军进至安阳（今河北阳原东南）后，便逗留不前。项羽看到这种情况，又是气愤，又是焦虑。一天清晨，项羽趁参见宋义的时候，拔剑杀掉了宋义，然后公告全军，说宋义意图谋反，自己已经按楚怀王的密令将他处死。众将领推举他为代理上将军，楚怀王知道以后，也只得正式任命他为上将军。若想救援巨鹿，首先要渡过漳河，渡河前项羽命令把做饭的用具——釜全部砸毁，士兵们只允许带3天的干粮，渡过河后，把渡船一律凿沉，这就是历史上非常有名的"破釜沉舟"。

这时的楚军，前面是几十万秦军主力，后面是波涛汹涌的漳水。如果战败，不是跳入漳水中淹死，就是被秦军杀死。楚军将士都知道这次战斗的重要性，只有全力以赴，打败秦军，才可以绝地逢生。于是，楚军人人奋勇，个个争先，以虎狼之势冲向秦军阵地。一时间，巨鹿城下杀声惊天动地，经过9次惨烈的战斗，楚军在项羽的指挥下终于战胜秦军，脱离了险境。

其实，在楚军与秦军交战时，赶来援赵的各路军队，没有给项羽任何的帮助。他们慑于秦军淫威，都远远地躲在一边，观看这场战争。项羽胜利后，这些援军的将领，来见项羽时，一个个吓得连头都不敢抬。巨鹿之战，显示出项羽果敢的战斗精神和无所畏惧的英雄气概。这一年，项羽才25岁。

约法三章

公元前206年10月，刘邦的军队进至灞上（今陕西西安市东）。刘邦派人命令秦王子婴投降，子婴走投无路，只得答应投降了。他当秦王，前后总共才46天。

子婴的投降仪式，是在咸阳东南约三十里的轵道旁进行的。秦王子婴坐着白马拉的不带彩色华盖的素车，表示丧国，自己是罪人，将皇帝玉玺上的绶带系在颈上，以示罪该万死，将皇帝的玉玺、发兵的虎符、派使者的节杖，都封好献给刘邦，象征国家权力的转让。

刘邦接受了子婴的投降后，樊哙认为，他是秦暴政的罪魁祸首，应该将他杀了。刘邦却有比樊哙更高明的政治远见，不同意把他杀了。刘邦的理由是："楚怀王派我西征的时候，就是因为我有能宽容人的胸怀，秦王子婴已经投降，杀了降者，对我们并没有好处。"

刘邦接受了秦王子婴的投降后，就以胜利者的姿态，率领浩浩荡荡的起义大军，进入秦的首都咸阳。刘邦进入秦皇宫，见到雄伟壮丽的宫殿，摆满了各种珍宝玉器，还有数以千计打扮妖娆的宫女，供皇帝享乐。刘邦本是一个乡间无赖，一下子被这样豪华的场面所吸引。他迫不及待地想住在秦宫中，享受这一切。

樊哙见刘邦迷恋秦宫的豪华生活，舍不得离开，认为是一个危险的迹象。他觉得如果刘邦住进秦宫中，不但会脱离起义的将士，影响整个反秦起义队伍的斗志，还可能断送即将取得胜利的反秦斗争。

樊哙质问刘邦："你是想据有天下，还是想当一个富翁？"刘邦回答："当然是想据有天下。"樊哙说："我今天跟你去了秦宫，宫中珍奇宝物确实不计其数，后宫美女数以千计。这些都是造成秦朝灭亡的原因。你如果想据有天下，就要接受秦朝灭亡的教训，远离这些东西，回到灞上的军营中居住。你如果只想成为富翁，把这些东西抢到就够了，但天下就不一定是你的了。"

刘邦被秦宫迷住了，舍不得离开那里。他听不进樊哙的劝告，执意还是要住进秦宫中享受一番。樊哙一看急了，就把张良请来一起劝说刘邦。

张良很了解刘邦当时的心情。打了几年仗很辛苦，现在秦朝被推翻了，想尽情地享乐一下。但是刘邦还不知道现在不是享乐的时候，因为秦朝被推翻之后，今后到底是谁的天下，还很难说定。如果这时候处理不好，失去民心，刘邦极有失败的可能。

张良把樊哙的道理，对刘邦讲得更为婉转和深刻一点，提醒他说："由于秦朝的统治残暴无道，百姓都反对它，所以我们才能把它打败，占领了秦的宫室。现在我们把残暴的秦政权推翻了，就应该和它的做法不同，要简朴而不奢华。今天我们刚推翻秦的统治，占领了秦宫室，你就有像秦统治者那样享乐的想法，这不和秦统治者一样吗？樊哙的意见很对，有些话说得可能太刺耳，所以你听了不舒服。但'忠言逆耳利于行，良药苦口利于病'，希望你还是听樊哙的忠告，不要住进秦宫。"

张良的一席话，说得刘邦哑口无言。他心里虽然很不乐意，舍不得秦宫中的豪华生活，但嘴里又说不出要留下的理由来，只得怀着恋恋不舍的心情，回到灞上的军营中。

回到灞上后，刘邦召集各县父老乡亲，对他们说："我知道乡亲们吃够了秦朝的苦。今天，我跟大家约法三章：第一，杀人要偿命；第二，伤人要办罪；第三，偷窃财物要办罪。除这三条以外，秦朝的其他法律禁令全部废除。从今以后，大家可以安心生产，不必惊慌。"

百姓听到这个好消息，高兴得不得了。纷纷奔走相告，并争先恐后拿好饭好菜慰劳起义军。刘邦不取一丝一毫，用好话劝他们拿回去自己享用。

如此一来，刘邦的军队在关中百姓心中留下了极好的印象，乡亲们都乐意为刘邦效劳，这为刘邦最终打败项羽打下了坚实的基础。

鸿门宴

公元前206年11月，项羽率军直指关中。可就在即将入关之时，刘邦率领的起义队伍先他一步进入关中，驻军灞上（今陕西西安市东）。眼见到手的关中落入刘邦的手中，项羽大怒，派英布等人率兵攻破函谷关。十二月，项羽率大军到达距咸阳百里的地方，驻扎在鸿门，离刘邦的军营只有四十里。项羽的谋士范增对项羽说："刘邦过去贪图财物，喜爱美女，如今到了关中，财物一点不要，美女一个不恋，说明他志向不小。你可要小心提防，早日除掉他才是啊。"

项羽的叔父项伯与追随刘邦的张良是好友，张良曾救过他的命。项伯得知项羽准备攻打刘邦的消息后，连夜赶到刘邦军中，将这一消息告诉了张良。刘邦得到消息后，便带着谋士张良、武将樊哙和100多个随从，到鸿门拜见项羽。

酒席上，范增见这正是杀刘邦的好机会，便一再向项羽使眼色，可项羽始终无动于衷。无奈之下，范增便找个借口走出营门，找到项羽的武将项庄，让他借口舞剑助兴，伺机杀了刘邦。项伯看出项庄舞剑的真正用意，于是对项庄说："一人舞剑没有意思，不如咱们两个来对舞吧。"说着，他也拔剑起舞，以保护刘邦。

张良一看形势十分危急，到营门外找到将军樊哙。樊哙右手提着剑，左手持着盾牌，直往项羽军帐冲去。项羽见状，立刻按剑问来者是谁。经张良介绍后，项羽放下戒心，并吩咐侍卫赏他一杯酒、一只猪腿。樊哙将他的盾牌倒扣在地上，把猪腿放在上面，拔出剑来切下肉大口地吃喝起来。趁此机会，樊哙对项羽说道："楚怀王曾与诸位将军约定，谁先打败秦军进入咸阳，谁就是关中王。如今，我家主公打败了秦军，却没有独占关中，而是退军灞上等待大王到来……"

项羽听后，对他的勇气感到十分钦佩。过了一会儿，刘邦借口上厕所，走出营门。张良和樊哙也跟了出来，保护刘邦逃回灞上。

估计刘邦已走远后，张良才进去对项羽说："沛公酒量小，刚才喝醉酒先回营了。他叫我奉上白璧一双，献给将军；玉斗一对，送给亚父（对范增的尊称）。"项羽接过白璧，小心地放在座席上。范增却非常生气，把玉斗摔得粉碎，叹道："唉！项羽这小子，真是成事不足，败事有余。将来夺取天下的，一定是刘邦，我们等着做俘虏就是了。"

这就是历史上著名的"鸿门宴"。

西楚霸王

鸿门宴后,刘邦率领大军从关中退至灞上,项羽的大军进入咸阳。他纵容士兵屠杀咸阳城的无辜百姓,处死秦朝末帝子婴,大肆抢夺金银、珠宝、绢帛等,放火焚烧秦朝宫殿。据说,阿房宫的大火,烧了三个月都没有熄灭,这充分说明项羽对秦朝的痛恨。接着,项羽自立为"西楚霸王",然后分封各路诸侯。

项羽担心刘邦与自己争夺天下,在谋士范增的建议下,把刘邦封为汉王,封地在巴、蜀、汉中一带,让其以南郑为都城。

刘邦被项羽封为汉王,这让刘邦很恼火。更令刘邦不能容忍的是,项羽在封他为汉王的同时,把本应封给他的关中这块宝地一分为三,封给秦朝的三位降将章邯、司马欣、董翳,分别称王于关中。项羽把关中封给秦朝的三位降将,其用意显而易见。项羽的本意是让三位降将监视汉王,使汉王的势力不得越过秦岭这道天然屏障进入关中,把汉王刘邦的势力遏止在汉中一隅。萧何头脑清醒,他建议刘邦暂时隐忍不发,先在巴蜀之地积极积蓄力量,等待时机成熟,再东向争夺天下。

封王完毕,项羽下令各个王回到自己的领地,自己则回到彭城。然后,他逼迫义帝迁都长沙。理由是:"自古以来,为帝王的人,在他的方圆千里的国土中,一定是把他的国都定在河流的上游。"实际上,是项羽作为西楚霸王,定都在彭城,嫌义帝在这里碍手碍脚的。途中密令英布等人将其杀害,抛尸江中。此外,项羽又自食其言,他曾分封土地予韩王成,继而又借口韩王成无军功,将其迁至彭城,贬为侯,随后又借故将其杀掉。

项羽劫民掠财、滥杀无辜、篡权谋位、肆意分封、背信弃义等暴行,引起了大多数诸侯王的反感,反叛事件接二连三地发生。这其中,首先兴兵叛变的是田荣。

田荣是先秦齐国贵族,早在陈胜、吴广起义时,就参加了反秦战争,屡建战功,却因不听项羽的调遣而未被封王,对项羽心生怨恨。公元前206年,田荣公然起兵反对项羽,接连击败齐王田都、胶东王田市、济北王田安,武力夺取三齐,自立为"齐王"。与此同时,刘邦采纳大将军韩信的建议,明修栈道,暗度陈仓（今陕西宝鸡），突然袭击雍王章邯，迅速平定三秦。

项羽听到汉、齐、梁反叛的消息后大怒，分兵镇压。张良写信迷惑项羽，说：汉王只是想按照当初的约定，夺回关中，不敢有东进的企图。又将齐、梁联络反楚的信送给项羽，让项羽误以为齐、梁才是他真正的敌人。项羽果然中计，全力北上攻齐。

刘邦扫清关中周围势力后，当年三月，以为义帝发丧为名，发檄文遍告诸侯：天下共立义帝，项羽杀害义帝，大逆不道！寡人愿率诸侯王击楚之杀义帝者！公开向项羽宣战。这一檄文得到诸侯的积极响应，很快便聚集五路诸侯联军，约56万人，东征伐楚。楚汉相争正式开始。

四面楚歌

楚汉相争，经过三年酣战，刘邦逐渐占据上风，他听从张良、陈平之计，单方面撕毁和约，于公元前202年农历十月，率领汉军越过鸿沟，追击项羽。农历十一月，刘邦大军攻到垓下（今安徽灵璧东南）时，楚国的大司马周殷背叛项羽，带领部队帮着刘邦围攻项羽。

这一战，为了彻底打败项羽，汉军中有人想出一条计策：教汉军唱楚国的地方民歌，以此瓦解楚军的军心。这时，项羽手下的兵已经很少了，还缺少粮食。半夜里突然从四面传来楚国民歌，项羽大吃一惊，心中暗想，莫非我的江东老家已经被汉军攻下了吗？不然的话，刘邦的军中怎么会有这么多楚地的人呢？

项羽被楚地民歌折腾得早已六神无主，他手下士兵听到歌声后，思乡的心情更是可想而知了。想当年项梁、项羽起兵反秦，这些子弟兵们跟随着项羽东征西杀，打了无数次的大仗恶仗，从来没有退缩过，即便在最困难的时候，他们依然对项羽忠心耿耿，相信在项羽的带领下能够打败刘邦。可是，面对熟悉的歌声，这些铁骨铮铮的汉子，内心顿时柔软了起来，他们思念家乡、想念亲人，厌恶战争。

这条计策马上发挥出巨大的作用，项羽的军心遭到瓦解，有的士兵趁着夜色逃跑，有的士兵干脆投降了汉军。项羽见军心大乱，顾不得多想，带领800士兵杀开一条血路，冲出汉军的包围圈。天亮以后，汉军发现项羽已经突围，韩信立即派 5000 骑兵前去追杀。项羽突围后，一路狂奔，渡过淮河时，身边仅剩下 100 多名士兵了，等他跑到东城（今安徽定远县东南）时，身边仅有二十多人，而汉军的骑兵一路呼啸而来，又把项羽包围住了，项羽带着这二十几人，一通厮杀，冲出包围。

当项羽来到乌江（今安徽和县东北的一段长江，又称乌江。）边上，早已是人困马乏，身后的汉兵正一窝蜂地追杀过来。只要渡过乌江，就能回到他当初起兵的江东（即长江南岸）。面对滚滚长江，项羽心急如焚，恰在这时一叶小舟出现在项羽面前，撑船者是乌江亭长，专门在此等候项羽。乌江亭长对项羽说："江东虽然狭小，但也是沃野千里，足以称王于天下，请大王赶快渡江。现在江中只有我这条小船，大王不要犹豫，一旦汉军赶到，也就无法渡江了。"

项羽看到不能与二十几位生死与共的兄弟一起渡过长江，便放弃了渡江的念头，悲恸地对亭长说："当年我带领 8000 江东子弟兵渡过长江，北上征战，如今我一个人回去，还有什么脸面去见江东父老啊。"

说完，项羽把心爱的乌骓马交给乌江亭长，带领着二十几个人头也不回地冲向汉军，与汉军进行厮杀，当他身受二十多处创伤后，拔剑自刎。同年，刘邦称帝，国号汉，定都长安，史称西汉。刘邦就是汉高祖。

白登之围

汉高祖七年（公元前 200 年），匈奴的冒顿单于带领 40 万大军进犯中原，一直打到晋阳（今山西太原），围住了晋阳，汉高祖刘邦亲自率领大军抗击来犯之敌。将士们个个英勇，很快就解了晋阳之围。刘邦听到这一胜利的消息，下令继续乘胜追击入侵之敌。

那些侦察敌情的人回来报告说："匈奴的军队，全是一些羸老之卒，战马也都瘦弱不堪，如果追击，我们一定会大获全胜。"对于报告的情况，刘邦有些不放心，为了进一步摸清情况，又派奉春君刘敬以谈判为借口来到匈奴军营。几天后，刘敬回来报告说："从表面看，匈奴人马确实像侦察人员报告的那样不堪一击。但我总觉得不对劲。如果匈奴的军事力量这么弱的话，怎么敢大规模进犯我中原呢？我认为这一定是匈奴设下的一个圈套，妄图引诱我们去追击，让我们中他们的埋伏，一举消灭我们。我军万不可轻举妄动，还请高祖三思。"

刘邦想，几个人亲眼见了匈奴的兵马都是那样的没有战斗力，还怕什么呢？觉得刘敬的顾虑是多余的，认为他是贪生怕死的人，于是把他大骂了一顿，盛怒之下把他关了起来，准备打完仗回来再处置他。

刘邦求胜心切，怕误了战机，就急忙带领一队人马追了上去，哪知刚到平城，匈奴的大队人马就层层地把他们包围住了。这些将士个个精神抖擞，真是兵强马壮，刘邦这才意识到上了敌人的大当。在这危急关头，刘邦拼死率军杀开一条血路突围出去，退到平城东面的白登山，想凭借险要的山势对抗匈奴。匈奴军队虽然一时没有攻上山去，但已是成竹在胸。他们用几万人围住白登山，其余的几十万兵马分头在各要道口拦截后面的汉军，这样，刘邦的这支队伍就成了内无粮草，外无援军的孤军了。

怎样突围逃出呢？高祖非常焦急。在这千钧一发的关头，陈平要舍身冒险搭救高祖。

陈平向高祖请示以后，化装成一个小卒。混出包围圈，独自跑到匈奴的后方，找到匈奴阏氏居住的地方，自称是汉使，声称要见阏氏。阏氏接见了他。阏氏问："现在两国交兵，你到我这里来做什么？"

陈平献上许多金银珠宝，说："我是来向皇后陛下报告情况的，这关系到您今后在匈奴的地位，关系您的太子的前途命运。"

阏氏听了大吃一惊："啊！你要说什么？"

陈平说："汉朝皇帝被匈奴冒顿单于困在平城，汉皇帝已经派人回汉朝去选取最漂亮的姑娘，想献给单于陛下。单于陛下得到美女，一高兴就会把汉皇帝放回。单于娶了汉美女，一定大加宠爱，汉美女生的儿子就会成为单于的继承人。这样一来，您就会失宠，您生的太子也会被废黜。您应该好好为您母子的前途命运想想啊！如果真的生米做成熟饭，后悔可就来不及了。现在最好是马上就去制止这件事情，要千方百计说服单于立刻放还汉皇帝；汉皇帝能回去，自然就不会再来献美女。"

陈平的一席话，说得阏氏晕头转向，开始时她又惊又怒，后来频频点头，连说："对，对。"

阏氏送走了陈平，立刻令人备马，带着侍女卫士，直奔匈奴大营。阏氏来到冒顿单于面前，直截了当地说："两个国家的最高首领不应该互相围困，现在咱们虽然占了汉朝的疆土,但是不能长期住在这里,咱是过不惯他们的生活的,少不了还得回到咱们的草原上。再说,大汉皇帝不是凡人,有天神保护他,您不可伤害他,还是赶快放了他吧!"

冒顿单于觉得阏氏的话有道理,立即发令,让士兵们撤开包围圈的一角,闪出一条宽宽的通道。陈平在包围圈里早已布置好,让所有将领士卒箭上弦,刀出鞘,做好保护高祖突围的准备。包围圈敞开了,高祖、陈平和将士们潮水般地一涌而出。接着就和前来接应的大军会合在一起了。

刘邦从白登突围出来后,到了广武,释放了刘敬后说:"我没有听你的意见,所以被困白登七日。我已经杀了那些侦察匈奴军情不实的人。"于是封刘敬为关内侯。

经此一役,刘邦知道自己没有力量再去征服匈奴,只好回到长安。以后,匈奴一直侵略北方,让汉高祖大伤脑筋。最后,汉高祖采纳刘敬的建议,对匈奴采取了和亲的政策,从那以后,跟匈奴的关系才暂时缓和下来。

叔孙通制定朝规

汉朝建立后,刘邦把秦朝的礼仪制度全废除了。没有了条规的约束,大伙行为更加粗鲁,言语更加放肆,一点样子也没有。以致在正式的朝会上都大叫大嚷,还经常动手动脚,压根儿就不把皇帝放在眼里。

一次,刘邦召集大伙,讨论封位问题。大家争得面红耳赤,不可开交。刘邦说萧何功劳最大,应封一个高位。话一说完。就有人高声叫嚷:"萧何算什么东西,只不过动动嘴皮,摇摇笔杆,有啥了不起,我们冲锋陷阵,攻城略地,多则身经百战,少也不下几十战。汉朝的江山是我们打下的。"有的还一边说,一边朝刘邦吹胡子瞪眼睛。这可惹怒了刘邦,他气红了脸:"你们可知道打猎?"大伙回答:"傻子也知道。""那你们看过猎狗吗?"刘邦接着问。大伙好生奇怪,也不知刘邦在耍什么花招,不屑地嚷道:"知道!知道!"刘邦又说:"那你们也该知道,打猎时在前面追捕野兽的是猎狗,发号施令的却是猎人。没有猎人发号施令,猎狗能追到野兽吗?"

大伙这才知道上了当,叫得更厉害了,有的甚至拔出剑来,要砍宫殿的柱子。会场乱成了一团糟。一向不拘小节的刘邦再也受不了了。他想:这样下去怎么得了，是该好好整顿整顿。但是，怎么整顿呢？

这时有个叫叔孙通的儒生看透了刘邦的心思，对刘邦说："礼仪不是一成不变的，不同时代的人根据当时的需要制定礼仪。我可以把古代的礼仪和秦朝的礼仪结合起来，再根据今天的需要，制定出一套新的礼仪来。"刘邦说："那你就试一试吧。不过千万要简单些，使我和大臣们都容易学会。"

叔孙通立即召来 30 多个儒生，日夜埋头工作，几乎顾不得吃饭、睡觉。朝规终于制定出来了。之后，他们又搭上草棚，进行演练。并请刘邦前来观看。

刘邦十分满意，下令文武百官立即都来学习，并定于公元前 200 年十月正式实行。

这一天到了，天还未全亮，大小文武百官穿戴一新，整整齐齐地在宫殿外排队等候。宫殿外边，彩旗飘扬，一派肃穆和庄严。两边的卫士，手握刀枪，十分威武雄壮。传令官一声令下："传大臣们上殿！"大臣们便分两路顺序进入大殿。待大家站定后，身着龙袍的皇帝坐着辇车缓缓来到殿上。群臣逐个向皇帝报告姓名官职，恭敬地下跪，一叩三拜。最后全体官员齐声高呼："敬祝皇帝万寿无疆！"

自始至终大臣们都规规矩矩，生怕出了差错。那些平时懒懒散散的，也变得服服帖帖。刘邦高兴极了，对叔孙通说："我直到今天才尝到做皇帝的滋味，真该谢谢你啊！"于是拜叔孙通为奉常（专管礼仪），赏金 500 斤。

从此，皇帝有了至高无上的权威。

田横和五百义士

汉高祖登基后，采取了一系列措施平定地方，安抚百姓，封赏功臣，但还有三个人使他寝食不安：一个是齐王田横，逃到了海岛，另外两个是项羽手下的大将季布和钟离昧，不知去向，他们随时都可能召集旧部来与他为敌，大汉天下岂不是又要不太平了吗？

齐王田横自从兵败后，躲到彭越那里，后来彭越被刘邦封为梁王，他眼看无法待下去了，就带了五百多人到海岛上去避难，海岛离陆地不远，不足百里，他们随时担心着刘邦会派人来追捕他们，为了生存，他们就在海岛上种地和捕鱼，生活十分艰难，但也使他们更加团结起来。

刘邦见田横很得人心，不去追捕，而是派人到海岛上去招抚他们。田横便把众人召集起来，商量如何对待。

众人都说："刘邦表面仁厚，内心非常刻薄，投降了他，决无好处。"

田横就对来使说："我油烹郦食其，已经得罪了汉王，郦食其的兄弟郦商正在汉王左右，决不会放过我的，请替我拜谢汉王，让我做个平民百姓吧！"

使者将田横的话报告了刘邦，刘邦当即把郦商找来，声色俱厉地说："齐王田横他们将返陆归顺朝廷，但他们很担心你会因为你哥哥郦食其的事而报复他们，所以迟迟不敢来，现在，我命令，如你们有人敢伤害田横他们，我定将他夷灭三族！"这样，郦商还敢说什么呢？自然只得答应以大局为重，不念私仇旧怨了。然后，刘邦再派使者上岛宣旨，并向田横等人说明了汉朝为他考虑的一切措施政策，以解除田横等人的顾虑。还对他们说："你们回来，功大的将被封王，功劳小的也可封侯！"最后又无不威胁地说，再不服从可要派兵上岛了。

事情已经到了这一步，田横知道，只有离岛归顺一条路可走了。如再次抗拒，刘邦肯定会派兵来攻打。对方算是先礼后兵，仁至义尽了，与其将来落魄被擒斩，不如现在堂而皇之地被召回去要体面得多。于是，田横带了两名随从，随使臣归朝听命去了。

当他们一行人走到尸氏（今河南偃师），田横还是忧惧不已，而且离京城越近越感觉害怕。于是他就对使臣请求说："马上，我们下等草民就要拜见天子了，这可得洗沐修饰一番，以示庄重，别玷污了陛下高贵的地方啊！"使臣一听觉得很有道理，就决定稍作停留，修饰一番。趁使者不在时，田横对两名随从说："当年我是和汉王刘邦并立称王的齐王，如今人家做了天子，而我却成了他的俘虏之臣，这种耻辱叫我很难忍受。而且，我烹杀了郦食其，现在又与他弟弟郦商共事刘邦，即便人家畏于天子之令不敢加害于我们，而我又有何颜面见他呢？刘邦狡诈得很，他招我，不过是怕我们据岛自重，以后威胁到他，而一定要让我离开海岛到朝廷以便于控制罢了，他要见到我的人头才放心。现在这里离刘邦所在的洛阳不过30里路，待会儿我割下自己的头颅你们拿去见刘邦，一定还不至于腐烂，应当可以让刘邦看得清并相信我死了，那样他一定会满意的。"接着还没等随从醒过神来，田横已经拔剑自刎了，于是，使者和随从只好捧着田横的头去见刘邦。

刘邦非常感慨，说："天下还有如此忠义之人！"命人将他尸体缝接起来，筑了一个大墓，以国君的礼节安葬了田横（田横墓在今河南偃师县西），并封田横的两个随从为都尉。

那两个随从，在田横墓前祭奠过后，在墓的左右各挖了一个坑，他们分站两边，拔剑自刎，尸体正好落在坑里。

刘邦听到消息，又多了一份感叹，命人将两人葬于田横墓的两边坑里，让他们死后依然相伴。接着，刘邦第三次派使者去海岛招抚那里的田横部下500人，很快使者就独自回来了。原来，海岛上的500人听说田横死去的消息，全部自杀了。刘邦命人将500义士加以安葬，后来人们为了纪念田横和500义士，把他们待过的小岛取名叫"田横岛"（今山东省即墨县东北）。

萧规曹随

刘邦死后，汉惠帝即位。第二年，萧何也去世了。曹参听说后，便吩咐家人赶紧收拾好行装，准备回长安。家人问原因，曹参说："我马上就要回去当丞相了。"家人们听了，觉得他是想当丞相想昏了头，都暗地里好笑，没人相信。没多久，朝中派来使者，诏书一宣读，果然来召他回去任丞相。

上任前，朝中大臣们猜想，曹参一定会大力改革，推翻萧何当年定立的制度法令，除了新官上任三把火的热情，肯定也要出一口当年与萧何争功失利的恶气，因此就有不少人暗地里准备了萧何的坏话，打算投其所好。不料曹参上任后，一切遵照萧何制定的规矩办事，完全不作任何改动。别人来请示事情，曹参就问萧何在时如何处理？别人说如何如何，曹参就说，好，继续这么办。连最了解曹参的人，也出乎意料。

至于国家大事，他只用一句"按萧何定立的规矩办"就处理完了，其他一概不理。朝中大臣及丞相身边的人见他这丞相当得实在有些不像话，都想找机会劝劝他。曹参也知道，所以不管谁来到丞相府，不等别人开口，就请来人喝酒。喝完酒，如果还想说，就继续请他喝。从进门开始，直到喝醉后离开，都不给人开口的机会。天长日久，朝中就开始有些微词，慢慢就传到皇帝耳中去了。

在相国府内，曹参继续他在齐国任国相时息事宁人的管理方针。丞相府后院靠近政府低级官吏的集体宿舍。那些人每天下了班，就在宿舍里聚众喝酒，喝醉了就放声唱歌，大呼小叫，声音很大。丞相府里的人都很厌烦，实在忍不下去了，就想了个办法。有一天，正当那些人闹得最凶的时候，他们就去请曹参来后院散步，让他亲耳听到这些醉鬼的吵闹，心想这样相国肯定就会去管治他们。曹参见此情景，果然有所反应。他命人取来美酒，搬来桌椅，招呼众人一起痛饮，边喝还要求大家跟他一起大声唱歌，与墙外的醉汉们遥相应和。身边的人员不由得面面相觑，呆若木鸡。不仅如此，平常曹参见身边的人犯错，只要不是很严重的错误，不仅不追究，甚至还尽力帮人遮掩，避免了为此引起的问责、惩罚，犯错的人也感恩图报，所以丞相府中一直平安无事。

曹参身为相国，却成天在家喝酒，朝中大小事情一概不闻不问，不仅朝中大臣们奇怪，就连刚登基不久的惠帝也很纳闷，猜不透他葫芦里卖的什么药。但又不便把他叫上朝来直接问他，一来担心是因为自己年轻不懂朝政，丞相瞧不起自己，问了反而有失体面；二来曹参是两朝重臣，功勋卓著，怕问急了他面子上过不去。刚好曹参的儿子曹窋（是中大夫），在惠帝身边办事，于是惠帝就把曹窋叫过来，吩咐他说："我今天特意给你放个假。你回家去，找个机会，要装作很随意地问你父亲，就说高祖新近去世，惠帝年纪又小，不懂国政，您身为丞相，成天在家里喝酒，不让人来奏请朝中大小政事，这样下去，会有很多人要为国家担心吧？但你千万不要说是我让你去问的。"

曹窋就假装请假回家洗澡，洗完澡，就在父亲身边尽尽孝心，侍候曹参吃饭喝酒，聊些家常，顺便说说工作上的逸闻趣事，然后慢慢往国家大事上扯。等时机差不多了，就如此这般，把惠帝吩咐的话说了出来。曹参吃饱喝足，正在榻上半闭着眼睛养神，一听这话，顿时翻脸，盛怒之下，吩咐家人，把曹窋按倒在地，结结实实地抽了二百鞭，外加一顿臭骂。打完了，骂完了，就对他说："赶紧走！回去好好侍候皇上。你还太幼稚，国家大事不是你所能议论的。"曹窋回去跟惠帝哭诉了一番。惠帝又是好气，又是好笑，又是无奈，只得好言安抚了一通才罢。

惠帝心想，这样下去，如何是个好？就算欺负我年轻，好歹也要瞧在高祖面子上吧？想了一夜，怒了一夜，第二天一上朝，就把曹参叫出班来，说："您为什么要惩罚曹窋呢？是我让他去向您进谏的，他的话，也是我的意思。"

曹参一听，十分惶恐。赶紧摘下帽子，跪在地上叩头谢罪。惠帝就问道："丞相啊，是不是您觉得我太年轻了，不值得跟我谈论国家大事，还是因为我太愚笨了，不值得您教我管理国家呢？"

曹参叩完头，就站起来，恭恭敬敬地问惠帝："陛下，您自己觉得，您的能力才干能不能比得上高祖呢？"

惠帝心想，这不成心为难我吗？就算我自认为比父皇强，我也不能说啊？只得答道："我怎么能跟高祖比呢？"

曹参点了点头，又问道："那陛下觉得，我跟萧何比，谁更贤明能干呢？"

惠帝想了想，答道："您似乎也不如萧何。"

曹参点了点头，又恭恭敬敬地说道："陛下圣明。当年以高祖的英明圣哲，佐以萧何的贤明睿智，定下了治理天下的纲领，在我看来，所有的制度法令都很明确、完备了。如今只需要陛下您每天在朝堂上拱拱手，我们这些人都谨守自己的职责，遵照先帝和萧何定下来的规矩办好每件事，天下不就能治理得很好了吗？"曹参话里，还有一层意思，就是说以高祖和萧何之英明，定下的规矩法令自然比陛下和我能制定的高明，我们再怎么弄，也不可能比这更好了，我们何必要去做自己力所不能及的事情呢？如果一定要折腾，只怕会适得其反。

惠帝听了，虽然不甘心，但也觉得曹参说的是实话，自己年轻尚轻，见识手段尚欠火候，曹参是武将出身，比之萧何自然颇有不如。更难得的是，倒是他有自知之明，不去折腾一些政绩工程、形象工程。等过几年自己成熟了，再慢慢想办法不迟。于是点了点头，对曹参说："嗯，有道理，您回家继续喝酒去吧。"

曹参当了三年的丞相，死在任上，后被谥为懿侯，就是说他的德行高，不是说他智慧多。曹参死后，民间百姓念他的好，编了歌来赞颂他。歌中大意说：萧何制定了法令，清楚得像条直线；曹参继任丞相，治国依照萧何。治国以无为为本，人民得享清静。

吕后篡权

吕后是汉高祖刘邦的原配夫人，名叫吕雉。她心肠狠毒，是个权力欲望极强的女人。在汉高祖还活着的时候,吕后就采用阴谋的手段,与汉高祖策划杀戮异姓功臣。汉高祖死后,吕后为了扫除自己日后专权的障碍,用更加残酷的手段杀戮刘姓诸侯王。

公元前195年4月,刘邦驾崩后,太子刘盈即位,是为汉惠帝。吕雉借口惠帝年少,恐功臣不服,开始以太后的身份把持朝政。

朝权在握,吕雉立即露出了其狰狞的一面。刘邦晚年时候宠幸戚夫人,几使吕后母子遭难。吕后在刘邦死后,便把戚夫人囚禁于宫中监狱永苍,并派人毒死戚夫人的儿子刘如意。在杀死如意后,吕后又让人砍了戚夫人的双手、双脚,挖掉了双眼,并把其致聋致哑,最后把她关进猪圈,称之为"人彘"。几天以后,吕后召惠帝前来观赏"人彘"。惠帝听说是戚夫人,失声痛哭,惊吓致病不能起。后来惠帝派人转告吕后:"此非人所为,臣为太后子,终不能治天下。"此后惠帝每天饮酒作乐,不理朝政,国家大事均由吕后决断。公元前188年,24岁的汉惠帝郁郁而终。

汉惠帝死后,因为没有子嗣继位,吕后就叫人抱来一个宫中美人生的婴儿,假称是皇后所生。于是,这个婴儿做了大汉朝的皇帝,史称少帝。少帝只是个傀儡,朝政大权全都掌控在吕后的手里。

吕后实权在握之后,就进一步通过亲信提议立吕氏为王,以便把江山逐渐转移到娘家。汉之官职以右为上,吕后便征求右丞相王陵的意见。王陵是武将出身,少文尚义气,喜直言,就直言不讳地回答吕后说:"高皇帝生前杀白马而盟誓说:'非刘氏而王者,天下共击之。'现在封王吕氏,恐怕有违高帝之约。"没过几天,王陵便被吕后诬陷,被罢免了右丞相的职务。吕后以左丞相陈平取而代之。而左丞相的职位,则由吕后的亲信审其食来继任。

接着,吕后大封吕氏族人。首先她封王已故的父兄,封父吕公临泗侯为宣王,兄吕泽周吕侯为悼武王。

看到诸大臣无大的反应,吕后便进一步为活着的诸吕封王开路,先封惠帝的假儿子刘疆为淮阳王、刘不疑为恒山王。又指使大谒者张释私下暗示大臣请立悼武王吕泽的长子吕台为王。经大臣推举,吕后表面假意推辞一番后,吕台被封为吕王。这时齐悼王刘肥已薨,由其长子刘襄继位为齐哀王,吕后便第二次向齐国开刀,割济南郡为吕国,作为吕台的奉邑。

吕后深知齐哀王内心不满,他兄弟9人人多势众,很不放心,便采取分散其力,明扬暗抑的手法,令齐哀王的二弟刘章宿卫京师,封为朱虚侯,将侄儿吕禄的女儿嫁给刘章为妻;令齐哀王的三弟刘兴居宿卫京师,封为东牟侯。

接着,吕后封吕产为梁王,吕禄为赵王,吕台的儿子吕通为燕王。朝中的大臣们都是敢怒而不敢言,由她任意妄为。

少帝稍大之后,得知自己不是张皇后所生,大约在公元前184年,忍不住内心的愤怒,忿恨地对周围的人说:"老太后怎能杀了我亲妈而说我是张皇后所生的呢?我长大后,这笔账一定是要算的。"

吕后听了这话后,吓了一跳,很是惶恐不安,于是将少帝关到后宫永巷中,对外扬言少帝的病很重,不许左右人接近。不久,吕后下诏废少帝,少帝就这样成为吕后的牺牲品。

少帝废杀后,吕后立恒山王刘义为帝,并更名为刘弘。刘义原名刘山,本封为襄城侯,是恒山王刘不疑的弟弟,刘不疑死后,由刘山接替为王,并改名为刘义。吕后依旧执掌朝政大权。

刘氏天下,至刘邦死后,可以说是名存实亡了。而吕后也成了中国历史上第一位把持朝政的女强人。公元前180年,吕后病死。吕后死后,其娘家侄吕禄为上将军,吕产为相国,聚兵京城,企图发动政变,建立吕氏王朝。

齐王刘襄的弟弟刘章,以吕禄的女儿为妻,因此知道了这一消息。刘章便把这一消息给传了出去。齐王刘襄决定以刘章为内应,广告天下,发兵讨伐吕氏。吕氏在得到消息后,便派灌婴率军出击,可灌婴大军到达荥阳后,便屯军不前了,并派人和刘襄联系,准备待时机成熟后,倒戈发动讨吕行动。

与此同时,长安城内周勃等人也在紧锣密鼓地商量解决吕氏的措施。周勃在负责皇帝印信保管的符节令的帮助下,持节假传皇上之命闯进北军,骗吕禄交出上将军印信,周勃在得到上将军印信后,马上命令军中军士说:"效忠吕氏的袒露右臂,忠于刘氏的袒露左臂。"士卒们全部露出左臂,周勃遂完全控制了北军。

在控制北军后,周勃命令刘章守卫宫门,禁止吕产进入殿门。这时吕产尚不知道吕禄已交出兵权,便直入未央宫,准备作乱。但到了殿门口,见殿门紧闭,正在不知何故之时,刘章率千余北军冲进未央宫,吕产见大事不妙,忙躲进宫边厕所之中,刘章追进去将其杀死。其后,吕氏集团被彻底消灭。

吕氏集团被一网打尽后,陈平、周勃等商定,迎立刘邦的儿子代王刘恒为帝，即为汉文帝。汉朝也进入中国封建社会的第一个盛世——文景之治。

贾谊的政治才能

贾谊（公元前200～前168年），洛阳（今河南洛阳东）人，西汉初年著名政论家、文学家，世称贾生。18岁时，贾谊就以博学多闻、能文善思闻名于河南郡。河南郡守吴公听到贾谊的名声，就聘请他到自己的官府中任幕僚。

汉文帝刚当皇帝的时候，了解到河南郡守吴公为政宽厚和平，为天下第一，又是秦丞相李斯的同乡，曾跟着李斯学过法律，就提升吴公到中央政府当廷尉。吴公又向文帝推荐贾谊，说他年纪轻轻却精通诸家学说，于是文帝又把贾谊请到长安，担任"博士"（博士，是一种熟悉古今制度，为朝廷重大政策提供参考意见的不算大的官职）。

这一年贾谊才20岁，是博士中最年轻的一个。每次皇帝制定什么法令让博士讨论，那些白胡须老先生都张口结舌，说不清道不明，贾谊却能侃侃而谈，讲得有条有理，说出了大家心里想讲却讲不清楚的话。这样一来，那些老先生也都很佩服他，文帝也很欣赏他的才华。没过一年，文帝就把他越级提升到"太中大夫"，已经是朝廷的中级官员了。

贾谊积极地参与各项法令的制定，提出了一些重要建议。汉文帝想让他担任更高级的职务，就同大臣们商议。但是由于贾谊提出的一些建议触犯了大臣的利益，这些大臣对贾谊很不满，就向文帝说："洛阳来的这个人，年纪不大，刚学了几本书，就想乱抓权力，胡改制度，这只能把朝政搞个乌七八糟。"这些大臣像周勃、灌婴等人都是扶保汉文帝当上皇帝的功臣，汉文帝当然犯不着为贾谊去得罪他们。过了不久，文帝为了讨好大臣们，就任命贾谊去做长沙王吴产（吴芮的儿子，是当时仅存的一个异姓王）的老师，让他到长沙去了。

贾谊失去了施展政治才能的地位，到了偏远落后的长沙，很是郁郁不得志。

又过了几年，周勃被免去了丞相的职务，回到了封地去做列侯，灌婴也死了。文帝又想起了贾谊，把他召到长安。但这时文帝已经没有当年积极改革政治的朝气了。他虽然仍很赞赏贾谊的才能，但并不想安排他重要的职务，就委任他去做梁王的老师。梁王刘揖是文帝很宠爱的儿子，很喜欢读书，梁国又离长安不远，文帝可以随时召请贾谊询问他对朝政的见解，所以贾谊觉得总比困在偏僻荒远的长沙强多了。

就在这时，连续发生了济北王、淮南王造反的事，诸侯王国与汉朝廷的矛盾开始渐渐激化起来。

贾谊被济北王、淮南王的反叛行为所震动，看到了诸侯王国对汉朝的危害，立即给汉文帝上书，建议解决这个弊病。他写道："汉朝已经建立三十年了，可是国家的形势并不稳定。为什么呢？其中一个原因就是各王国的权势、地盘太大。济北、淮南已经背叛了陛下，其他王国也有类似行为，陛下是不能掉以轻心的！我考察了一下过去的事，一般来说，强大的诸侯王国总是首先造反。楚王韩信最强，所以先反；韩王信有匈奴做倚仗，接着也造了反，赵相贯高、代相陈豨、梁王彭越都是因为国强兵精才陆续造反；卢绾最弱，所以最后反；长沙国一共只有二万五千家人口，国小力微，至今仍忠于汉朝。所以我认为，要想天下太平，国家安定，最好让诸侯王国都和长沙国一样小，这样侯王们都忠于汉朝，也不会凭仗势力造反，最后落个国破身亡了。"

贾谊提出：多立一些诸侯国，从而减弱他们的势力。把齐、楚、赵、燕都分成若干个小国，让诸侯王的兄弟子侄分任诸侯王。如果没有那么多兄弟子侄，就先让那些小国的王位空着，生了子孙之后再补上。这样一来，就再也不会发生济北王、淮南王那样的乱子了。

贾谊提出的这一主张并没有被汉文帝采纳。过了不久，汉文帝就把淮南王的四个儿子都封做列侯。贾谊预见到文帝早晚还要把淮南王的儿子封为诸侯王，又上书劝阻文帝。

他写道："淮南王狂妄无道，天下人谁不知道他的罪恶？陛下赦免了他，他羞愧自绝，天下人谁不说他该死？但现在陛下又把这个罪人的儿子全封为列侯，赏罚失当，恐怕天下人要不满意了。淮南地方不算太大，但是英布也曾凭借它造过反。陛下要把淮南重新送给罪犯的儿子，不是太欠妥当吗？您就是把淮南国分成四份，他们兄弟四人还是一条心。这对于汉家天下的安危可是很不利的呀！"

又过了三年，梁王刘揖骑马时不小心，从马背上跌下来摔死了。

当时，汉文帝的儿子代王刘武已经改封为淮阳王，而太原王刘参又改封为代王。这两个诸侯王是皇太子刘启（以后的汉景帝）的兄弟，贾谊认为还算靠得住。梁王已死了,但梁国正好是汉朝的门户,万一诸侯造反,梁国首当其冲,可以阻挡诸侯,所以这地方不能让给疏远的人做诸侯王。于是贾谊就向文帝建议:第一,安排可靠的皇子做梁王;第二,扩大梁国的版图,使梁成为大国,万一将来发生变乱,梁就可以控制叛乱的诸侯。

汉文帝立即采纳了贾谊的主张,把淮阳王刘武(太子唯一的亲兄弟)改封梁王。梁国的边境北抵泰山,西至高阳(今河南省杞县),战略位置十分重要。

又过了不到一年(汉文帝十一年,公元前170年)贾谊病死了。当时他才33岁。

又过了几年,汉文帝想起了贾谊"多立王国以削弱诸侯王的势力"的主张,就把齐国分成六个小国,让刘肥的六个儿子都做了诸侯王。把淮南国一分为三,封刘长的三个儿子做了诸侯王。

文景之治

汉高祖即位后,虽然采取了一些恢复经济发展的政策,但由于国家还没有稳定,年年征战,所以那时的国家政治还是以武备为主。直到文帝即位后,汉朝的政治中心才转到了经济建设上来。

汉文帝刘恒(公元前180年~前157年),在位23年,是汉高祖刘邦庶子,母为薄姬。薄姬不受刘邦宠爱,得以免遭吕后忌恨。高帝十一年(公元前196年),年仅8岁的刘恒就被立为代王,封国远离政治中心,与汉廷的权力斗争没有多少牵连。

正由于这样一种比较特殊的地位,才使他得到太尉周勃、丞相陈平等功臣集团和琅琊王刘泽等刘氏宗室的一致拥护。

文帝即位后,首先封赏诛吕有功的将相大臣,其后颁布了救济贫困、年老百姓的《赈贷诏》《养老诏》等法令。

文帝在位期间,继续奉行"与民休息"的政策。他举行亲耕仪式,并向天下昭示了"以农立国"的思想。此后,多次下发"申劝务农"的诏书,诏令各地官吏设置"常员",督促百姓务农力田。此外,文帝还下诏要求"务省繇费以便民",并裁减侍卫人马,以减轻赋税。文帝"劝民力农、减繇薄赋"的政策,对汉初社会生产力的恢复和发展以及社会的稳定发挥了重要的作用。

另外，文帝慎于用法。汉代时，肉刑往往要往人脸上刺字、割掉鼻子或砍去四肢，极端残酷。文帝下令废除这种酷刑。这件事得益于一个叫缇萦的小姑娘。她的父亲淳于意因误伤人命被判处肉刑，他感叹自己命不好，生了一堆女儿，没有什么用处。小女儿缇萦非常为父亲担心，就随父亲到长安，直接向文帝诉说肉刑的残酷性。文帝不仅废除了肉刑，而且废除连坐法。他又诏令各地官吏慎重审案，严禁徇私舞弊和贪赃枉法，从而使汉朝政治清明，社会安定和平。

文帝在历史上又以节俭闻名。他在位期间，紧缩国家财政支出，皇帝的宫室、花园、车马、服饰都沿用前朝的，没有多大的变化，就连妃子长衣拖地，文帝也下令将它截短，并且要求从俭办丧事，陪葬物不能用金属器具，修建墓陵也要尽量少占土地。他曾经想建造一座露台，工匠说要花费百金，100斤黄金相当于10户中等水平家庭的总收入，文帝觉得太浪费了，便改变主意不再修造。

文帝还十分重视人才，乐于听取不同的建议。贾谊提出农业生产是立国之本，只有多积粮，才能攻守兼备；晁错主张重农抑商，使农民附着于土地，文帝都予以采纳。

公元前157年农历六月，文帝去世，享年54岁。后人遵循文帝遗诏，将其薄葬。同年，太子刘启继位，是为汉景帝。汉景帝刘启是文帝第四子，在位16年。

景帝即位后继续奉行"与民休息"政策。公元前156年春，景帝下诏准许百姓从贫瘠地区迁往土地肥沃地区，以利发展农业。公元前155年，景帝再次下诏，将汉高祖时期推行的"十五税一"的田租，减轻一半。此外，景帝还多次下诏，申明"以农立国"的思想，强调"重农抑商"，要求郡县官吏认真执行，对失职者加以严惩。景帝"重农抑商，减轻赋税"的政策使汉朝的农业得到了空前发展。

在刑法上，景帝也很慎重，强调"欲令治狱者务先宽"。比如他把打500板子的体罚减为300板、打300板的减为200板、打200板的减为100板。他下诏废除了一些刑法，制定了惩处官吏犯罪的办法。这些措施在一定程度上缓和了社会矛盾，安定了社会秩序。

在文帝、景帝两代约40年的时间里，大汉王朝政治稳定，经济显著发展，被后人视为封建社会的"盛世",史称"文景之治"。

七国之乱

汉朝初年,汉高祖为了巩固刘氏家族的统治,大封刘姓子弟为王。这些诸侯王的势力很大,他们不但占据很多土地,而且还有自己的军队和法律。到了汉景帝的时候,诸侯王的势力更强了,光齐、楚、吴三个封国所占有的土地,合起来就占了整个西汉国土的一半,严重威胁着西汉王朝的统治。

晁错是一个很有才干的人。汉文帝时,他接连上了好几道奏疏给文帝,论述自己对治国安邦的看法。他提的建议很有道理,所以都被文帝采纳了。文帝还任命他为太子家令,辅佐太子。汉景帝很信任晁错,经常和他单独谈话,根据他的意见,修改了很多法令,还把他提升为御史大夫。

汉景帝时,诸侯王已经多达22个,他们的封地已远远超过中央直接管辖的郡县。他们有自己的军队和法律。诸侯的势力越来越大,像齐国有70多座城,吴国有50多座城,楚国有40多座城,最为骄横的是吴王刘濞。吴国靠海,还有铜矿,自己煮盐采铜,同皇帝一样富有。加上刘濞狂妄自大,目中无人,一直不把汉王朝放在眼里。

御史大夫晁错认为这样下去,对巩固中央集权、发展生产很不利,便对汉景帝提出了削减诸侯土地的建议。汉景帝经过再三考虑,觉得晁错的建议有道理,便决定削藩。

在这场轰轰烈烈的"削藩"过程中,景帝最先削夺了赵、楚、胶西等王的封地,这令其他诸侯王甚为气恼。就在景帝准备削夺吴王封地之时,吴、楚、赵、胶东、胶西、济南、淄川等七国联合发起了对中央朝廷的叛乱,史称"七国之乱"。

七国之乱的首犯是吴王刘濞,此人不但地盘大,军力强,而且"富埒天子"。他对中央政权早有"怨望",长时期里"称疾不朝",早就蓄谋叛乱。当他听到"汉廷臣方议削吴"时,便马上派出使臣,游说各诸侯王,鼓动他们一起造反。他还说什么:"寡人金钱在天下者,往往而有,非必取于吴(地),诸王日夜用之弗能尽",为发动叛乱战争提供了物质保证。于是,一些"同欲相趋"的诸侯王。便以吴王刘濞为谋主,建立起军事同盟,积极准备向中央朝廷进攻。

公元前154年,吴、楚、胶西、赵、济南、淄川、胶东等七个封国,打出了"请诛晁错,以清君侧"的旗号。他们把攻击目标集中到晁错一人身上,说他离间"刘氏骨肉",而他们起兵,也只是为清除皇帝身边的坏人,以"安刘氏社稷",并非反对皇帝。很明显,这是企图用攻击晁错的障眼法,掩盖其进攻中央的真实目的。

汉景帝刘启在吴王所派奸细袁盎的挑拨怂恿之下,对诸侯王刘濞等人姑息退让,错把晁错处死。然后,他又赶紧派人去向七国宣布,赦免他们发动叛乱的罪行。恢复被削的封地,以为这样便可缓和矛盾,促使七国收兵。但是,刘启的妥协动摇,反而使七国的气焰更加嚣张起来。这时,叛乱的头子刘濞也就公然撕下伪装,拒绝接受朝廷的诏书,宣布自立为"东帝"。

直到这时,景帝才完全觉悟,决心用武力平定叛乱。大将周亚夫奉命领兵东征,与吴王刘濞的主力部队相遇于下邑(今安徽砀山西)。吴军人数众多,攻势锐猛。周亚夫坚守不战。并派出轻骑插入敌后,断绝了吴军的粮道。吴军粮绝以后,士卒多饥死,军心大乱。吴王刘濞只带了几千人,连夜逃去。周亚夫乘胜追击,彻底消灭了吴军残余。后来,刘濞逃过长江,退守东越,被东越人所杀。楚王刘戊等人,也先后兵败自杀。吴楚七国之乱,被完全平息。

吴王刘濞打着"请诛晁错,以清君侧"的幌子造反,虽然狡猾巧妙,但任何骗人的狡计都不能持久。汉景帝曾询问前方回来的将士:"闻晁错死,吴楚罢(兵)不?"将士回答:"吴王为反数十年矣。"造反是必然的,这次不过是"以诛(晁)错为名,其意非在(晁)错也"。对于刘濞的阴谋诡计,都看得很清楚。因此,这次叛乱非常不得人心,得不到群众的支持,从公元前154年正月到二月底,仅仅两个月就迅速失败了。而发明"请诛晁错,以清君侧"的吴王刘濞,也落得个身死名裂的下场。

飞将军李广

李广(?~前119年),出生于军人世家。秦时名将李信是他的先人,曾捕得燕国太子丹。李广善射,得自家传,又生就一双猿臂,练成了百发百中的功夫,没人能比得过他。汉文帝十四年(公元前166年),李广从军反击匈奴,因为战功卓著,升为骑常侍。他随文帝射猎,格杀猛兽如同儿戏。文帝评价他说:"可惜李广生不逢时,要是生在高祖时,最少会当个万户侯。"

汉景帝即位后,李广被任命为陇西都尉,不久又升为骑郎将。吴楚七国叛乱时,李广被任命为骁骑都尉跟随太尉周亚夫抵抗吴楚叛军。因夺得叛军的帅旗由此在昌邑城下立下显赫功绩。虽然立了大功,但是由于他接受了梁王私自给他的将军大印,回朝后,并未得到封赏。

诸王叛乱平定后,李广被任命为上谷太守,与匈奴日夜交战。典属国公孙昆邪上书说:"李广才气,天下无双,自负其能,数与虏敌战,恐亡之。"于是李广又被任为上郡太守。后来,他又分别在陇西、雁门、北地、代郡和云中等地做太守,以打硬仗而闻名。

匈奴入侵上郡(郡治肤施,今陕西榆林东南鱼河堡)时,汉景帝派一名宠信宦官和李广一起抵抗匈奴。一次,宦官带着几十个骑兵去打猎,途中遇到了三名匈奴骑士,与其交战。结果,宦官所带的随从、士兵都被匈奴人射杀,这名宦官也身负重伤。宦官逃回把事情告诉了李广。李广断定这三人是匈奴的射雕手,于是亲自带百名骑兵追赶那三名匈奴射雕手。

匈奴射雕手由于无马而步行,几十里后被李广追上,他下令让骑兵张开左右两翼,自己亲自射杀二名匈奴射雕手,并活捉一名。刚刚把俘虏缚在马鞍上,匈奴的数千骑兵就追了上来,见到李广的军队,以为是汉军诱敌的士兵,都大吃一惊,立刻上山展开阵势。李广带的一百名骑兵,面生恐惧之色,都想掉转头往回跑。李广对他们说:"我们现在距离营地还有几十里地。如果现在往回跑,等匈奴兵追上来,我们就全完了。不如干脆停下来,让匈奴兵觉得咱们是来引诱他们的,这样,一定不敢来攻击我们。"接着,李广下令继续向前走,在距匈奴阵地两里的地方停了下来,他命令兵士全都下马,而且把马鞍全都卸下来,原地休息。兵士们急忙说:"匈奴追兵那么多,现在离我们又这么近,如果他们打过来,怎么办?"

李广说:"我们这样做,表示不走,让敌人相信我们确实是在引诱他们。"

果然,匈奴的将领看到李广这样布置人马,真有点害怕。他们只能远远地观察汉军的一举一动,不敢贸然上前。这时候,匈奴营地中一个骑白马的将军,出来巡视周围的情况。李广带着十几名骑兵翻身上马,突然飞驰过去,一箭射死了那个匈奴将领。然后又回到自己的队伍中，下马躺在地上休息。匈奴兵越看越有些怀疑。这时，天黑下来，他们一致认定汉军肯定在前面设了埋伏，想在半夜袭击他们。就这样，匈奴兵全部撤回军营去了。天亮后，李广看见山上已经没有了匈奴兵，这才带领一百多名骑兵安然地返回大营。

公元前140年，汉武帝即位。因为李广是名将，便任命他为未央宫禁卫军的长官，程不识任长乐宫（太后居住的寝宫）禁卫军的长官。这时守卫汉朝边境的李广、程不识都是名将，一起奉命抗击匈奴。而匈奴皆畏惧李广，士兵也都愿意跟从李广而不愿跟从程不识。后来，李广以卫尉身份率领军队，出雁门关袭击匈奴。匈奴兵多，打败李广的军队，并活捉了李广。单于平素听说李广很贤明，下令说："抓到李广的必须活着送来！"匈奴骑兵抓到李广时他正有伤病，于是匈奴人便把李广放在两马之间用绳子结成的网里躺着。走了十多里，李广斜眼看到旁边有一个匈奴兵骑着一匹好马，便突然腾空而起推下他去，跳上他的马，拿着他的弓箭，策马向南奔驰数十里，与汉军余部一起进入边关。数百名匈奴骑兵在后紧紧追赶。李广拿出夺得的弓箭边跑边射杀追击他的人，终于得以逃脱。从此匈奴人称李广为"飞将军"。逃回汉营时，汉武帝将李广交给执法官审问，法官判决李广失败后逃走的兵多，而且李广自身被匈奴活捉，应当斩首。汉武帝让他纳金赎罪，降为平民。

过了不久，匈奴进犯，杀死辽西太守，打败了韩安国将军，韩将军迁谪到右北平郡。这时汉武帝又召见并拜李广为右北平太守。李广驻守右北平，匈奴听说"飞将军"在此，躲避他好几年，不敢入侵右北平。

公元前119年，大将军卫青率大军出击匈奴，60多岁的李广任前将军职。出塞后，卫青从俘虏口中得知单于的驻扎地。卫青决定亲自率领精锐部队去袭击单于，便命李广和右将军赵食其从东路出击。由于东路道远，水草很少，非常不利于行军。而且还没有向导，最终迷失了道路。落在了大军的后面，耽误了约定的军期。此时卫青与单于交战，单于逃走，卫青也没有收获，在回军的路上才同右翼部队会合。回师之后，卫青派亲信带着酒肉去慰问李广，向他询问右翼部队迷路的整个过程，说卫青要把详细情况上报皇上，并要把所有的责任都推给右将军赵食其。李广一生正直，自然不答应。卫青大怒，又派人逼李广的幕僚去中军接受审问。李广说："他们无罪，迷路的责任在于我，我自己去受审。"于是，把责任全揽在了自己身上。来人走后，李广看着那些与他多年共同生死的部将,感叹道:"我二十多岁起就参了军,与匈奴大小战役七十多场,想不到现今却被大将军这样催逼,我已年过花甲,哪能再受这样的屈辱!"说完拔剑引颈自刎。一代名将,就这样含屈而死。历史书上记载:"老百姓听说李广死了,知道他与不知道他的,老年与壮年人全都痛哭流涕,认为国家失去了一位深得人心的好将军。"

雄才大略汉武帝

汉武帝(公元前156年~前87年),名叫刘彻,景帝之子,汉朝的第五个皇帝,在位五十多年。汉武帝统治时期,政治、经济、军事、文化等各方面达到了强盛的顶点。

第一,汉武帝加强中央集权,解决藩国问题。"七国之乱"以后,分布在全国各地的封国受到很大削弱。但到了汉武帝时期,有些封国的势力依然不可小觑。汉武帝采取"推恩令"的办法,要求诸侯王将自己的封地分给自己的子弟,也就是说诸侯王的每个子弟都分到一块地盘,这样的话,各个封国越分越小,势力越来越弱,就没有能力与朝廷对抗了。汉武帝以前,官员多是功臣或功臣的子弟,到了汉武帝时大量提拔那些处于地主阶层的知识分子,另外他还设立"太学",选拔官员。与此同时,汉武帝还从地方选拔忠于自己的人才,例如董仲舒、公孙弘就是从地方选拔而得到重用的。

第二,为了统一思想,汉武帝采纳董仲舒"罢黜百家,独尊儒术"的建议,为儒学的兴盛铺平道路。汉武帝时期,不缺少法治思想。宣扬儒学的同时,他利用刑罚和法规来维护皇帝的权威。因此,汉武帝的这种方式实际上是"以儒为主,以法为辅,内法外儒"的一种体制。通俗地说,利用儒学显示政府的亲民,而对政府内部采取严苛的法律约束。

第三,朝廷牢牢抓住财政大权。经过汉初数十年的休养生息,当汉武帝走上历史舞台时,汉朝的经济有了长足的发展。汉武帝执政的初期,地方财政大权基本上掌握在大地主、大商人手中,为了控制财政大权,汉武帝实施了以下举措:

(1)统一币制,朝廷铸钱。西汉初年,允许地方诸侯王以及巨商豪强自行铸钱,进行流通。汉武帝统一货币,全国上下都用五铢钱,严禁私自铸造。

（2）盐铁专卖。冶铁、煮盐和铸钱，在当时是国家财政的三大收入支柱。汉武帝对外用兵，需要大量钱财，便采用各种办法进行征收，但是却未能触及盐铁商人的利益。公元前119年，汉武帝任命桑弘羊等三人为理财官，把冶铁煮盐国有化，严令禁止民间作坊从事这两种行业，并在全国设置四十多处铁官，三十多处盐官，对盐铁采取专营专卖。国家收回冶铁和煮盐专营权后，朝廷增加了巨大收入。

（3）算缗钱。商人的本钱叫缗钱，算缗钱即为向商人征收的财产税。具体办法：①商业资本和高利贷资本以二千钱为一个征收单位，即一算，需要向朝廷交税一百二十钱；②手工业资本的税率是商业资本税率的一半；③商人的车辆，每辆征税二算，普通人的车辆，每辆征税一算。

（4）平准均输。就是运输和贸易实行官营。汉武帝在每个郡都设有均输官，在京城里设有平准官。均输官负责地方货物的收购和运输，平准官则统管全国各地的货物，对货物进行调配，从而起到调剂物价。

第四，军事方面，积极发展军事力量。汉武帝时期，先平定南方闽越国的动乱，接着又解决西北地区的边患。当时，匈奴经常骚扰边境地区，掳掠财物，汉武帝派名将卫青、霍去病对匈奴进行三次大规模的战争，收复河套平原、夺河西走廊、打通西域，把当时西汉的北部疆域，从长城沿线推至阴山，甚至更远。

第五，兴修水利，发展农业。汉武帝时期，兴修的水利工程，漕渠、龙首渠、亢辅渠、白渠等都是当时著名的工程。其中，瓠子口（在今河南濮阳县）堵塞黄河决口的工程中，汉武帝亲自到现场，指导治理工作。通过一系列水利工程的建设，水旱灾荒大大减少，农业生产随之提高。另外，他任命赵过为搜粟都尉，专门研究改进农具和改进耕作方法，提高了农作物的产量。

汉武帝凭借其雄才大略、文治武功，使汉朝成为当时世界上最强大的国家，也开创了西汉王朝最鼎盛繁荣的时期，那一时期亦是中国封建王朝第一个发展高峰。汉武帝本人也因此成为中国历史上伟大的皇帝之一。

常胜将军卫青

卫青（？～前106年），河东平阳（今山西临汾市）人，西汉时期重要的将领，能征惯战，帮汉朝开拓了北部疆域，是中国历史上为人所熟知的常胜将军。

汉武帝建元二年（公元前139年）春天，卫青的姐姐卫子夫被召进皇宫，得到了汉武帝的宠幸。当时的皇后陈阿娇是馆陶大公主刘嫖的女儿，与汉武帝成亲后，被立为皇后，但是没有孩子。当她得知卫子夫受到武帝宠幸，且有了身孕，就非常嫉妒她，馆陶大公主派人逮捕了卫青。当时卫青在建章宫当差，尚不出名。馆陶大公主囚禁卫青后，想杀死他。卫青的好朋友轻骑郎公孙敖就联合一些壮士把他救了出来，卫青侥幸逃过此劫。汉武帝得知这件事情后，大怒，就召见卫青，命他为建章监，加侍中官衔。后来，卫青升为大中大夫。

元光六年（公元前129年），匈奴再次大举进犯上谷郡。汉武帝任命卫青为车骑大将军，与骁骑将军李广、车骑将军公孙敖、轻骑将军公孙贺各率领一万骑兵，从上谷、代、云中、雁门兵分四路攻击匈奴。李广、公孙敖和公孙贺三路大军都被匈奴打败，只有初次出征的卫青旗开得胜，一路直逼匈奴祭祀祖先的圣地——龙城，杀死匈奴将士七百多人。由于他战功卓著，汉武帝赐封为关内侯。

元朔元年（公元前128年）春，卫子夫生了一个儿子，母凭子贵，她被立为皇后。同年秋天，卫青为车骑将军，从雁门出发，率领三万骑兵攻打匈奴，杀死敌人几千人。第二年，匈奴入侵边境，杀死了辽西郡的太守，还掳掠渔阳郡两千多人，并且击败了韩安国将军的军队。汉朝又命李息将军攻打匈奴，从代郡出发；同时派车骑将军卫青从云中出发，从西面去攻打匈奴，直到高阙。于是，占领了河南地区，直到陇西，俘获敌人几千名，缴获牲畜十万头，白羊王和楼烦王逃跑。随后，汉朝把河南地区设为朔方郡，并且划定三千八百户给卫青，封他为长平侯。卫青的校尉苏建因获军功，朝廷也划定一千一百户给他，封苏建为平陵侯，同时派苏建修筑朔方城。卫青的校尉张次公，也被封为岸头侯。之后，卫青又率军越过西河地区，抵达高阙，杀敌二千三百人，缴获他们的全部战车、牲畜等，战后被封为列侯。接着，他向西平定了河南地区，巡行榆谿的古代要塞，越过梓岭，架起了北河的桥梁，讨伐蒲泥，攻克符离，斩杀敌军精锐士兵，捕获敌人的侦察兵三千零七十一人，在捉到敌人的间谍后，割下他们的左耳以计功劳，获得敌人一百多万只马、牛和羊，而且确保了大军的安危，胜利回师，汉武帝又封给他三千户。

元朔五年（公元前124年）春天，朝廷派车骑将军卫青率领三万骑兵，从高阙出发；又派卫尉苏建为游击将军，左内史李沮为强弩将军，太仆公孙贺为轻骑将军，李蔡为轻车将军，这些人都隶属车骑将军卫青，一起从朔方出发；朝廷又派大行李息、岸头侯张次公为将军，从右北平出兵，共同攻打匈奴。匈奴右贤王的小王被擒，获得百姓一万五千余，牲畜达千百万头，卫青率兵凯旋。卫青的军队刚到边塞，汉武帝就派使者拿着将军大印，在军中命车骑将军卫青为大将军，其他的将军都率兵隶属于卫青，确立大将军名号后，班师回京。

元朔六年（公元前123年）。卫青率领大军从定襄出发攻打匈奴。同时任命左内史李沮为强弩将军，郎中令李广为后将军，卫尉苏建为右将军，太仆公孙贺为左将军，翕侯赵信为前将军，合骑侯公孙敖为中将军，他们都由大将军卫青统辖，在杀匈奴士兵数千人后胜利返回。月末，又从定襄出发，斩首俘虏万余人。

元狩四年（公元前119年），汉武帝调集了十万骑兵，声势浩荡地向漠北进军，试图彻底消灭匈奴的主力军。为了保障作战物资的充分供应，组织了私负从马凡十四万匹、步兵数十万人，运输粮草等。汉武帝又派霍去病率军从代郡、右北平出塞，攻打狼居胥山的匈奴单于部主力军，卫青从定襄出兵，攻打匈奴左贤王。霍去病、卫青分别率五万骑兵，以霍去病一路作为主力，而卫青率兵从侧翼去牵制匈奴的兵力。

卫青率兵从定襄出发，直逼真颜山。他率军长途跋涉，抵达了赵信城附近，与匈奴单于的主力军相遇。卫青沉着指挥，与匈奴骑兵展开了殊死搏斗，激战持续到黄昏时节，突然狂风骤起，飞沙走石，两军都看不清对方。卫青指挥军队从两翼包抄匈奴主力。单于料定自己会输，趁乱率几百名精骑突围逃走。汉军和匈奴军队一直激战到深夜才结束。卫青从一个俘虏的匈奴口中得知，单于弃军正向西北方向逃窜。卫青急忙派几百名骑兵连夜追赶，追了二百多里，但没有追上单于。不过，这次战役击溃了匈奴的主力军，杀匈奴兵一万九千多人。卫青率领大军进入真颜山赵信城后，缴获了匈奴的大批粮草，然后率兵回朝。

匈奴被汉军沉重一击，变得一蹶不振，只能退回漠北，从此出现了"匈奴远遁，而漠南无王庭"的局势。这次战役，是汉朝与匈奴战争中规模最大的，也是卫青最后一次率兵攻打匈奴的战争。自此,匈奴受到了毁灭性的打击,汉朝的北部边疆从此扩展到阴山山脉一带,使阴山以南地区渐渐成为农耕区域。

勇猛无比的霍去病

霍去病(公元前140~前117年)是汉武帝卫皇后姐姐卫少儿与霍仲孺所生之子。著名抗击匈奴的大将军卫青,便是霍去病的舅父。"去病以皇后姐子,年十八为侍中。"他善于骑射,深受汉武帝的青睐。

公元前123年,汉武帝派卫青出征匈奴。霍去病听说舅舅卫青又要出征,就积极地向汉武帝请战。汉武帝见霍去病少年英武,便立刻答应了他的请求,还命他为骠姚校尉,由卫青挑选八百名骑兵中的精英归他指挥。

匈奴听说汉朝军队正要大举来进攻,惶恐万分,就连夜向后撤退。卫青先派四路兵马分别去追击匈奴大军,而自己守住大营等候消息。等晚上四路兵马都回来了,却没有追到匈奴的主力,仅有一路人马杀了几百个匈奴士兵。

霍去病只率领八百骁骑一直向北追去。莽莽草原,人影全无。霍去病率领八百骑兵不知不觉追了几百里,将近黄昏,突然发现前方有一片黑点。霍去病判断那应该是匈奴的营帐,立即让部下衔枚而行,迅速地杀进了敌人的营地。匈奴兵根本没想到汉军会这么远地杀来,营地顿时一片混乱。霍去病带着士兵率先闯入匈奴营帐,一刀砍死了一个匈奴将领,八百个骁骑都勇猛无比,杀得匈奴兵四处逃窜。

卫青在营帐外焦急地等着,他担心霍去病第一次率兵打仗,不知结果如何。又过了很久,只见霍去病手提一个血淋淋的人头回来了,紧随其后的士兵还押着两个俘虏。卫青这才放下心,经过审问,才知道霍去病俘虏的这两个人,一个是单于的叔叔,另一个是单于的相国。

这次战役,霍去病功不可没,其他各路兵马有胜有负。卫青把这次战役的经过详细地上报了汉武帝。汉武帝听后大加赞赏,封霍去病为冠军侯。

河西地区也就是今天的河西走廊,地处黄河以西,祁连山脉和合黎山之间,地势平坦,是汉朝通向西方的黄金通道。从前,这里住着月氏人,后来被匈奴侵占,就成了匈奴浑邪王和休屠王的领地。汉武帝想和大月氏以及西域各国友好往来,共同对付匈奴,于是就发动了河西战役。

公元前122年春天，汉武帝命霍去病为骠骑将军，带领精骑一万人，从陇西（今甘肃临洮县）率兵出发，去攻打匈奴。在霍去病指挥下，汉军所到的地方，势如破竹，穿过五个匈奴王国，转战六天，越过焉支山（今甘肃山丹县境内）一千多里，在皋兰山（今甘肃兰州黄河西）与匈奴展开激战。霍去病率领勇猛的军队，横冲直撞，杀了匈奴折兰王和卢侯王，并且活捉了匈奴浑邪王的儿子、相国和都尉等，歼敌八千九百多人，同时还缴获了匈奴休屠王的祭天金神像。汉朝大军大获全胜而归。汉武帝知道后非常高兴，于是下令增封霍去病食邑二千户。

同年夏天，汉武帝决定乘势消灭全部在河西地区的匈奴势力，打通通往西域之路，于是就发动了第二次河西战役。

这次战役，是以霍去病、公孙敖率领的几万骑兵作为主力军。从北地郡（在今甘肃环县）出发，同时，又派李广、张骞率领一万多人从右北平出发，攻打匈奴左贤王，以策应西征的主力军。霍去病与公孙敖出塞后，兵分两路，由于公孙敖中途迷失方向，因而没能参加这场战役。霍去病联络不上公孙敖，只能孤军深入，越过居延海（今内蒙古额济纳旗北），穿过小月氏部落，最后到达祁连山。霍去病神秘莫测的战术使匈奴将领晕头转向，在祁连山麓一战，被打得大败。这次战役，投降人数总计有匈奴单桓王、酋涂王和相国、都尉等二千五百人，还俘虏了王母、单于阏氏和王子、相国、将军、当户及都尉等二百二十多人，还歼灭匈奴兵三万零二百人。

胜利回朝后，汉武帝又加封霍去病食邑五千四百户。从此以后，霍去病的声望大增，地位渐渐变得尊贵，几乎与舅舅卫青齐名了。

经过两次河西战役，汉朝完全掌控了河西地区，重创了匈奴。匈奴人都感到痛惜，于是，他们悲伤地唱道："亡我祁连山，使我六畜不蕃息；失我焉支山，使我妇女无颜色。"

匈奴伊稚斜单于对浑邪王和休屠王的屡次失败，大为愤怒。于是，派使者征召他们入朝，准备治罪。浑邪王刚失爱子，本来就心烦意乱，伤心欲绝。这时，又闻单于将要加罪，便和休屠王商量，决定向汉朝投降，同时派使者与汉朝洽谈归降事宜。当时负责藩属事务的李息，正在黄河边上筑城，看见浑邪王派来使者，就立刻派人上报朝廷。

汉武帝听到这一消息，非常高兴。他认为，这样能分化匈奴，从而减弱匈奴的力量。但是他又担心其中有诈，于是就派霍去病率领一万骑兵，前往河西，到时见机行事。

霍去病尚未到达河西，情况就有了变化。由于休屠王听信部下的逸言，不想投降了。而浑邪王骑虎难下，又痛恨休屠王的背信弃义，干脆一不做二不休，他率军冲入休屠王的营帐，杀死了休屠王，并收编了休屠王的军队，然后列队迎接汉军的到来。

霍去病率军渡过黄河，与浑邪王隔河相望。浑邪王的部下有很多。本来他们的意志就不坚定，现在看到汉军阵容严整，心存疑虑，纷纷逃走。霍去病望见浑邪王阵营人群出现骚动，便当机立断，亲自率领几名精骑飞马进入浑邪王营帐，与浑邪王展开谈判，并下令把逃跑的八千名匈奴将士全部杀死。这样，才稳住匈奴军队。接着，霍去病又派轻车快马先把浑邪王送到了长安拜见汉武帝。然后，他把四万多匈奴的降兵编队列阵，带回了长安。

汉武帝隆重地接见了匈奴的浑邪王，并且封他为漯阴侯，食邑一万户。封匈奴的小王呼毒尼等四人为侯爵。汉武帝把这五侯和他们的部下安置在陇西、北地、上郡、朔方和云中等地，允许他们继续保持原来的生活和风俗习惯，号称"五属国"。在浑邪王的旧地设立武威、酒泉两郡，和后来设置的张掖和敦煌二郡，被称为"河西四郡"。霍去病受降有功，又加封食邑二千七百户。

从此，匈奴的军事实力被大大削弱，只能退到遥远的大沙漠以北地区。汉朝西部的威胁得到彻底解除，也打通了通往西域的道路。

虽然匈奴主力军远逃漠北，但是他们仍然没放弃对汉朝边境的掠夺。公元前 120 年秋，匈奴骑兵一百多人再次侵扰定襄、右北平地区。

公元前 119 年，汉武帝又调集了二十万骑兵，随军战马二十四万匹以及步兵辎重队几十万人。卫青和霍去病分别率领五万骑兵，分东西两路向漠北进军。卫青带兵从定襄出塞，北进二千多里，同匈奴伊稚斜单于率领的主力军相遇，经过一场激烈的战斗，大败匈奴单于，斩获匈奴二万九千多人，一直追到真颜山赵信城才班师回朝。

汉武帝原来本打算让霍去病去攻打匈奴单于，所以给他配备的全都是精挑细选的良兵强将。霍去病率大军从代郡出发，而且他大胆地重用了匈奴降将赵破奴、复陆支和伊即轩等人，在大沙漠地带纵横驰骋，行军二千多里，跨越离侯山，渡过弓间河，与匈奴左贤王交战。汉军攻势威猛，左贤王大败而逃。

这次战役，活捉了匈奴屯头王、韩王等三人，还有匈奴将军、相国、当户和都尉等八十三人，歼敌七万人。匈奴左贤王部几乎全军覆灭。霍去病率领大军追到狼居胥山（今蒙古国乌兰巴托东侧，成吉思汗时称不儿罕山）。为了庆祝这次战役的胜利，霍去病在狼居胥山上积土增山，举行祭天封礼，同时还在姑衍山举行了祭地禅礼，并且登临瀚海（今贝加尔湖），刻石纪功，最后凯旋还朝。后来，汉武帝又加封食邑五千八百户给霍去病，并封他为大司马。

霍去病在汉武帝元狩六年（公元前117年）去世，年仅24岁。汉武帝十分难过，特命安置于河南等地的匈奴人身穿黑甲，组成送葬队伍，把霍去病灵柩从长安送至茂陵，"为冢祁连山"，以此纪念霍去病对国家和人民的贡献。

"匈奴未灭，无以家为"，这是霍去病留下的爱国名言，它一直流传至今，记载在不朽的史学名著《史记》之中，激励着中华民族的爱国意志！

张骞出使西域

西汉初年，国力薄弱，百业待兴，而当时的匈奴兵强马壮，实力非常强大，汉朝一时无法对抗，只好处处向匈奴妥协或求和。公元前195年汉高祖刘邦去世，匈奴的单于得到消息后，就故意给吕后写了一封信，让吕后嫁给他。很明显，这是单于故意羞辱西汉政府。

俗话说："君子报仇，十年不晚。"西汉政权经过几十年的休养生息，国力逐渐强盛起来。当汉武帝执政时，他决心一洗前朝的羞辱。

匈奴虽然是西北地区的一个强大的国家，但是他们处处欺压周边的小国。那些被欺压的小国不敢怒又不敢言，只好把仇恨埋藏在心底。汉武帝了解到，匈奴曾把大月氏的国王杀掉，用他的头骨当溺盆。汉武帝决心联络大月氏，一起攻打匈奴。大月氏远在西域，要想联系上这个凌弱的国家，必须深入到西域腹地。于是，汉武帝下诏，征求出使西域的人才。大家一听说去蛮荒的地方，纷纷摇头，表示不愿意去。

就在汉武帝为此事发愁之际，有一个人站了出来，这个人就是张骞。汉武帝知道后，喜出望外，连忙召见张骞。张骞仪表堂堂，谈吐不俗，讲起话来有条有理，汉武帝很高兴，便说："派你这样的外交官去，可以代表我泱泱大国之风。"

建元二年（公元前139年），张骞以汉朝大使的身份，带着一百多个随从从长安（今陕西西安）出发，过陇西（治所狄道，今甘肃临洮南）。在通过匈奴活动地区时，张骞一行为避免被匈奴发现，晓宿夜行。但是，他们还没有走出祁连山区，就被匈奴军队抓获。张骞一行被送到匈奴单于处。当单于听说张骞一行是去联络大月氏的，很是生气，便劝说道："月氏在吾北，汉何以得往使？吾欲使越，汉肯听我乎？"当时要张骞等留下为匈奴做事。张骞不从，于是被扣留了下来。为了软化张骞，匈奴为他娶了妻子，不久，张骞有了孩子。但是，张骞心中念念不忘祖国，他想着汉武帝交给他的打通月氏的使命，始终持着汉武帝交给的旌节，时时抚摸旌节，勉励自己，坚持下去，一定要完成天子的使命。

不知不觉张骞在匈奴待了11年，匈奴对他的监视，渐渐放松了。一天晚上，张骞与被俘的随行人员逃了出来。天亮时，有人发现走错路了，说回长安应向东行。张骞举着旌节说道：打通大月氏的使命尚未完成，怎么可以回去呢？我们要为国立功，只能向西前进，不能后退。张骞一行飞快向西疾行，历尽千辛万苦，终于跑出了大草原，跨过大沙漠，然后翻过冰雪封冻的葱岭（今帕米尔高原），到达了大宛国（在今中亚细亚）。大宛听说汉朝十分富饶，早就想同汉朝联系，见到张骞，便问还准备到哪里去？张骞告知欲去大月氏，请大宛派人为向导。大宛同意了。于是张骞从大宛向西，过康居（在今中亚细亚），到达大月氏。这时大月氏在新居住地区生活，这里水草丰肥，人民安居乐业，并不想回原住地向匈奴报仇了。

张骞虽然到了大月氏，联络大月氏打匈奴的使命却无法完成，但他同大宛、康居、大月氏等国建立了联系，为进一步打通同西域各国的交往，创造了条件。张骞决定先回长安。去大月氏时，张骞走的是天山南路，从大月氏动身回中原，为避免匈奴发现，改由昆仑山北的南道向东行进。由于不熟悉地形，几次为风雪挡住，找不到通道。不久，又被匈奴发现、俘虏，张骞一行被罚做苦工。

一年多以后，匈奴单于病死，他的兄弟和儿子争夺单于位，发生内讧，张骞与随从堂邑父趁匈奴混乱，再次逃脱了囚禁。一路上，靠着善于骑射的堂邑父射猎飞鸟走兽充饥，终于见到了汉朝旌旗，这已是汉武帝元朔三年（公元前126年）了。张骞出使整整13年，从长安出发时100多人，回来时只有他和堂邑父二人。汉武帝听了张骞汇报出使经过之后，很满意，封张骞为太中大夫，堂邑父也被封为奉使君。

元狩四年（公元前119年），在对匈奴作战取得胜利之后，汉武帝决定再派人出使西域，便召见张骞。张骞在打通大月氏之路回来后，曾对汉武帝道及西域各国风俗。现在汉武帝又问起西域情况，张骞便说"臣居匈奴中，闻乌孙王号昆莫"，建议"厚赂乌孙"，"汉遣公主为夫人，结昆弟，其势宜听，则是断匈奴右臂也"。张骞认为，只要同乌孙联合，那么，乌孙以西的大夏（今阿富汗北部）等国也会同汉朝发生关系。汉武帝听后认为张骞建议于汉有利、切实可行，便拜张骞为中郎将，率300人，牛羊以万数，金帛等数千万，出使西域。这些随从，可以作为副使，也持节，到附近各国出使。

张骞通西域的大型使团到乌孙后，由于乌孙对汉并不了解，加之乌孙大臣惧怕匈奴，所以未能如张骞所计议的联合抗匈奴。张骞便分派副使到大宛、康居、大月氏、大夏、安息（今伊朗东北部）、身毒（今印度）、于阗（今新疆和田）诸国及旁国。元鼎二年（公元前115年）张骞回到长安，一多年后，张骞分派至大夏等国的使者同各国使臣一起来到了汉朝，这样，张骞打通了汉至西域的通道。由于张骞的艰苦努力，汉朝国威得到宣扬，西域交通得以开辟。从此以后，汉朝使者到西域各国，总要提到张骞的封爵"博望侯"，以取信于西域各国的君主。

张骞通西域意义重大，它打开了中西交通，中国的丝绸从此进入中亚、西亚，形成了联结东西方著名的"丝绸之路"，它增进了各国人民的友谊，促进了中西交流。这条友谊的丝绸之路的开通，是同有着强烈爱国热忱，不畏艰辛、置生死于度外的张骞及其一行的努力分不开的。张骞出使打开了东西通道，这是对中国，也是对世界文明的伟大贡献！人们永远不会忘记开创者张骞的功绩。

一代史家司马迁

公元前145年，即汉朝的景帝五年。在黄河岸边的陕西韩城市芝川镇，随着一声响亮的啼哭，一户姓司马的人家里出生了一个可爱的小男孩。他一落地就睁开一双乌亮的大眼睛，好奇地注视着这个美丽的世界。官任太史令的司马谈中年得子，高兴极了，为儿子取名为迁。

司马迁的父亲司马谈学识渊博，他很希望儿子将来能继承祖业，从小就对司马迁进行十分严格的培养训练。他一边教儿子读书写字，一边给他讲历史故事，激发他对历史的兴趣。在父亲的教育下，司马迁10岁就能诵读《左传》《国语》等古代流传下来的历史书。

20岁那年的一天，司马谈把儿子叫到了自己的身边，对他说："孩子，你是个有远大抱负的人，不应该总守在家里，你应该走出去，去看看名山大川，去领略各地的风土人情。这样，你的思路才能变得开阔，你的阅历才能丰富。""可是，父亲，我要是走了，谁来照顾您呢？"司马迁握着父亲枯瘦的双手说。"唉！我已经老了，我的希望都在你身上，你不用管我，我会在家里等你回来的。"司马谈给儿子打气。

在父亲的支持下，司马迁背着简单的行装，离开长安，孤身一人踏上了漫漫的旅途，开始了艰苦的考察生活。他走遍了大半个中国，到过浙江会稽（今浙江绍兴），看了传说中大禹召集部落首领开会的地方；到过长沙，在汨罗江边凭吊爱国诗人屈原；到过曲阜，考察孔子讲学的遗址；到过汉高祖的故乡，听取沛县父老讲述刘邦起兵的情况……这种游览和考察，使司马迁既获得了大量的知识，又从民间语言中汲取了丰富的养料，给司马迁以后写作《史记》打下了坚实的基础。

司马迁的父亲生前很想编一部历史书，但刚搜集一些资料，才写几篇，就因病去世。临终前，父亲拉着儿子的手嘱咐说："我一生总想写部完整的史书，现在来不及了。我死之后，你一定要继承我的事业，了却我的心愿啊！"

汉武帝太初元年，司马迁正式开始了《史记》的写作。为了集中精力写《史记》，他终日闭门谢客。不论春夏秋冬，天晴下雨，他一办完公务，就一头钻进书房写作。6年过去了，书房的地上堆满了成捆的竹简（当时还没有纸，写字用竹简或布帛）。就在这时，不幸降临到他的头上。

公元前99年，汉武帝派将军李广利率三万兵马，去攻打匈奴，吃了败仗，几乎全军覆没，李广利逃了回来。飞将军李广的孙子李陵当时担任骑都尉，率五千名步兵与匈奴作战。匈奴单于亲自率领三万骑兵围住了李陵的步兵。李陵善于射箭，士兵英勇，五千步兵杀了五六千名匈奴骑兵。匈奴单于再次调集更多的兵力，然而仍然不能与李陵相抗衡，就在匈奴单于准备撤军时，李陵手下有一名士兵叛变，把李陵内部军情告诉了敌军。于是，匈奴单于继续与李陵作战。李陵寡不敌众，最终只剩了四百多汉兵突围出来。之后，李陵被俘，投降了。

大臣们纷纷谴责李陵贪生怕死，不该向匈奴投降。汉武帝问太史令司马迁，想听听他的意见。

司马迁说："李陵带了不到五千步兵，深入敌人的腹地，奋勇杀敌。虽然他打了败仗，但是敌军也损失惨重，可以向天下人交代了。既然李陵不肯马上赴死，一定还想将功赎罪。"

汉武帝听后，觉得司马迁为李陵辩护，意在贬低李广利，勃然大怒道："你替投降敌人的人辩护，这不是存心对抗朝廷吗？"于是，汉武帝将司马迁关入牢中，交给廷尉审问。司马迁入狱后，不巧案子落在了当时的酷吏杜周手中，杜周严刑逼供，但司马迁坚决否认，忍受住了各种肉体和精神上的残酷折磨。

不久，有谣言说李陵率匈奴兵攻打汉朝。汉武帝信以为真，处死了李陵的母亲、妻儿。并处司马迁以宫刑，宫刑对一个男人来说是奇耻大辱，既污及先人，又见笑亲友。不幸的遭遇，使司马迁的精神一度萎靡，曾想过自杀，但他想起了父亲的遗言，又用古人孙子、孔子、屈原、左丘明和韩非子等人在逆境中还能发奋图强来激励自己，司马迁最终以惊人的意志忍受屈辱活了下来。身心备受摧残的司马迁深知，"人固有一死，或重于泰山，或轻于鸿毛"。司马迁决心用剩下的时光，来完成父亲未完成的史书。

出狱后，他忍着极大的精神痛苦，继续坚持写作。就这样，司马迁发愤写作，直到鬓发全白，才写完这部辉煌巨著，成为一代史家。

《史记》的取材相当丰富，它融合了司马迁广博的学识并拥有大量的第一手资料。司马迁治史严谨，叙述、描写力求实事求是，敢于揭露统治集团的丑恶行径，如汉高祖的反复无常，汉武帝的迷信神仙、重用酷吏张汤等；他爱憎分明，对历史上的明君、贤臣、义士和农民起义领袖，大力歌颂。他还独具匠心地塑造了各式各样的人物形象，开创了我国传记文学的形式，使《史记》成为一部古代文学名著。

《史记》承前启后，在内容的广泛、记事的久远、史事的翔实、材料组织的完备上独具一格，对后世史学和文学影响巨大，这是司马迁为中华民族传统文化做出的伟大贡献。

罢黜百家，独尊儒术

汉武帝时期，有个学者董仲舒，提出了"罢黜百家，独尊儒术"，倡导"大一统"，把儒家经典正统化，用三纲五常作为封建道德规范，建立了一套影响甚大的封建理论。

公元前140年，汉武帝下了一道诏令，要各地方长官推举"贤良方正"的学者到长安献计献策。董仲舒接连三篇奏章向汉武帝提出了"天人三策"建议。他说，天是有意志的，人世间的事物，是按照天的意志存在和变化的，皇帝是天的代表，所以称为天子，皇帝的权力是上天授予的，人民服从皇帝，就是服从天道，在天道之下，君臣、父子、夫妻、兄弟之间都必须严格遵循上下尊卑的礼节，绝对不允许违背这种礼节。

董仲舒在奏章中还说：圣明的君王治理天下不是靠刑罚，而是靠文教，用文化教化百姓，就能使正气升上来，邪气压下去，老百姓就不会违法作乱。所以应该兴办学校，教化百姓，培养人才，这样就能使国家统一和兴旺。

董仲舒还认为，要教化百姓，培养人才，就应有一套统一的理论，一个老师讲一种理论，一百家就有一百家的道理，其中不少都是相互矛盾的，叫学生说什么好呢？所以，除了孔子的学说以外，别的学说应一律禁止，这样，天下的思想才能统一，法度才能明确，老百姓就能知道什么是应该遵守的。

汉武帝认为政治上要统一，必须先在思想上统一，董仲舒的建议很符合他独霸天下的心思，汉武帝当即在朝堂上把董仲舒大大地称赞了一番，并委派他去做江都的相国，帮助江都王刘非（武帝的异母哥哥）。

大臣们都是跟着武帝转的，丞相卫绾上了一道奏章，大意是说：各地送来的贤良方正，有的是法家这一派的，有的是纵横家这一派的，还有的是别的什么派的，这些人各自都说自己的一套，会扰乱朝廷，应当一律不用。只把公孙弘、庄助等几个儒家学派的人留下，其他的人一律不要。

汉武帝还重用窦婴和田蚡（王太后的异父弟弟）等儒家学派的官员。

谁知窦太皇太后是相信黄老（黄帝和老子）学说的，她罢免了窦婴、田蚡等人，将另外一些人下了监狱。不过她不久就死了，汉武帝就不再受她的约束，儒家学说经历了一些挫折，更加大行其道。

汉武帝下令在政府里设置教授儒家学说的五经博士（《诗》《书》《礼》《易》《春秋》），在五经博士下面配置五十名弟子员，这些弟子员在五经博士指导下攻读儒家经书，规定每年考试一次，在五经中能通一经的就可做官。后来，博士和弟子员的数量不断增加，最多时达到三千人。这样一来，儒家的经书变成了进入官场的敲门砖，学习儒家的学说成了做官的主要途径。其他诸子百家的学说被排斥了，百家争鸣的局面结束了。

汉武帝依靠儒家学说治理天下，也用儒家学说来教育子孙后代，所以从汉武帝采用了罢黜百家、独尊儒术后，儒家学说几乎完全统治了中国封建社会的思想文化领域。对此，应该辩证地看到，儒家学说曾使中国达到封建社会的顶峰，称强于世界，但儒家学说也禁锢了人们的思想，越到后来越显现出其保守落后，使中国停留于封建社会长达两千余年。

戾太子事件

汉武帝到了晚年，时常有病，总是怀疑周围的人用巫蛊害他，只要涉及巫蛊诅咒，他便下令严治，不惜杀死许多人。因此，左右常怕惹怒他，也不敢报告真情。有一天，武帝白天睡觉做噩梦，梦见有数千个木偶人举着棍棒围着追打他，醒来像是害了一场大病，精神恍惚。

武帝身边有个叫江充的，善于揣测武帝的心事，所以被武帝任命为"直指乡衣使者"，负责处理皇帝指派的特殊事务，有诛杀大权，也就是专门检举皇族成员和高官贵人的，类似于后来的钦差大臣。江充以前曾同太子刘据（卫夫人所生，故称卫太子，后来死于祸乱，又称戾太子）有点私怨，如今他见武帝时常生病，将不久于人世，担心以后如果太子继位，自己将要倒大霉，便存心陷害卫太子。江充对武帝说："陛下的病必定是出于巫蛊，近来宫中每间屋里都埋有木偶，天一黑就纷纷念咒语，闹腾得厉害，不知是不是冲着陛下来的？待陛下的病好了，非得来个大搜查大治罪不可！"武帝就派他去处理这件事。于是江充带领西域来的巫师，在宫中到处挖地下埋的木偶，抓人拷问半夜诅咒的事，搞得天翻地覆，人人心惊胆战。

太子接受身边谋臣的建议越权行事，派人诈称受武帝令捕杀了江充等人。

谁知此时又有苏文等奸人在汉武帝面前诬告太子,说太子因行巫蛊之事被揭发,屠杀江充,然后起兵造反。

武帝听后暴怒不止,他万万没有想到太子会用巫蛊来加害自己,更想不到太子要起兵造反,于是命令丞相刘屈氂亲自领兵镇压。双方在城里混战了几天,死伤无数,异常惨烈。最后,太子刘据寡不敌众,带着两个儿子败走湖县(今河南灵宝西)。不久,新安(今河南渑池东)县令李寿得知太子下落,知道邀功请赏的时机到了,遂立即带领人马奔赴湖县捉拿太子。最后,走投无路的太子刘据自缢身亡,而其两子亦被李寿所杀。太子死后,汉武帝又将太子生母卫皇后废黜。最后,悲痛欲绝的卫皇后饮恨自杀。

这就是历史上著名的"巫蛊之祸",也是汉武帝一生中罕有的错谬之一。

一年后,田千秋等人为太子诉冤:"子弄父兵,罪当笞;天子之子过失杀人,当何罢哉!臣尝梦见一白头翁教人言。"

后来汉武帝派人调查,真相终于浮出水面:太子刘据从未行巫蛊之事,皆是江充暗中栽赃所致。太子因被逼无奈才捕杀江充,并无半点谋反之意。汉武帝后悔不已,于是下令灭了江充的宗族,活活烧死宦官苏文,其他参与此事的大臣也都被处死。汉武帝还派人在湖县修建了一座宫殿,叫作"思子宫";又造了一座高台,叫作"归来望思之台",借以寄托他对太子刘据和那两个孙子的思念。

苏武牧羊不失节

汉朝时候,北方匈奴时常侵扰边境,汉武帝任用大将卫青、霍去病击败匈奴,北方安定了许多年。这年匈奴且鞮侯单于新立,派使者来长安,愿与汉结盟修好。

汉武帝见匈奴使臣谦恭、诚恳,便对他说:"单于愿意和汉朝结盟修好,使边境安宁,真是两国之福。你可先回去,传达我的意见,改日另派使者去你邦答礼。"

汉武帝和大臣们商议出使人选。大家推荐中郎将苏武,说他有胆识、有骨气,可以充当此任。于是汉武帝召见苏武,派他出使匈奴。汉武帝怕匈奴有诈,另派骑都尉李陵,到酒泉、张掖一带屯兵练武,以防不测。在殿上,汉武帝把节符和宝剑分别赐给苏武和李陵。苏武和李陵是同窗好友，苏武启程那天，李陵备了酒菜在灞桥边给他饯行。李陵举杯说："请满饮这杯，但愿你不辱国家使命。"李陵请苏武上马，自己徒步，送行一程，然后两人拱手告别。

苏武率领副使张胜，随员常惠、向导及随从士兵100多人，离开都城长安，走了一个多月来到塞外。塞外是莽莽草原一片。单于听说汉使来了，便派人到山下迎候。苏武一行人下马进帐，拜见且鞮侯单于，呈上国书和礼物，单于备酒款待汉使。

汉朝有一逃犯卫律投奔匈奴已久，听说汉使前来便在单于面前挑拨说："汉朝惧怕我邦，汉使来此是施行缓兵之计，请勿上当。"接着他又献计说，"汉兵虽弱，到底是大国，我军只能养精蓄锐，待机而动。为不泄密必须留住汉使。"单于想了想说："苏武确实是个英雄，我不但要留住他，还要劝降他。"卫律说："过些时候再去劝降。"

苏武在帐中住了十几天，无人问津。张胜耐不住，要去责问单于。苏武拦住他，让他再等等。

一天，随员常惠向苏武报告："门外有丁灵王求见。"苏武知道是卫律来了。卫律以自己亲身的经历，诱惑苏武说："我在汉朝只是一名小官，归服匈奴后，却受到单于的恩惠被封为王，现在我的领地、人马多得不得了。只要你投降，马上也会有享不尽的荣华富贵，何必白白地送命呢？"苏武轻蔑地瞧着他，一声不吭。卫律以为苏武的心已经微微动摇，便卖弄似的说："你要是听我的话，投降匈奴，我愿意与你结为兄弟；如果不听，今后你再也没机会见到我了。"这一下，苏武火了："像你这样的人，我见你干什么？你明明知道我不会投降，还在这里逼我，难道想挑起两国的战争吗？你如果杀了我，汉朝肯定不答应，到时候，匈奴就会灾难临头，你也不会有好下场！"这一番话，使卫律灰溜溜地走了。

看到苏武如此坚决的表现，单于有点失望，他决定用更残酷的折磨来迫使苏武屈服。他把苏武禁闭在一个大地窖里，而且不送任何的食物和水。正当苏武奄奄一息的时候，天下起了大雪，苏武便用毡毛和着雪，当作食物度日。且鞮侯单于听人报告说地窖里没有一点声音，便亲自去察看。当他进入地窖后，却发现苏武尽管生命危在旦夕，双眼仍然透露出坚定的神情。苏武知道他又想来劝降，干脆闭上眼睛，连看也不看且鞮侯一眼。

第四章 秦 汉

苏武在这种环境下居然能活下来，使匈奴人以为苏武有神灵暗中保佑，对他都很敬佩。可且鞮侯的计划一次又一次落空，也使他不禁恼羞成怒。终于，他决定把苏武永远扣留在匈奴，不让他回到汉朝。这一次，他把苏武流放到了荒无人烟的北海（今俄罗斯境内的贝加尔湖），给了他50只公羊，让他拿着旄节放牧，说只有等到公羊生了小羊，才准许他回国。心如铁石的苏武一言不发，一把从派来的人手里夺过旄节，赶着羊就来到了北海。

在这荒凉偏僻的地方，苏武没有被眼前的困难吓倒。没有粮食，他就挖掘野鼠储藏的草籽、干果充饥；天气寒冷，他就偎在羊群里取暖；甚至为了保持体温，一天只睡很短的时间。放羊的时候，他经常抚摸手中的旄节，寄托对祖国深深的怀恋，慢慢地，节上的旄毛都掉光了。

十来年过去了，单于每年把一只只养大的公羊收回去，又把一只只小公羊送过来，绝口不提让苏武回国的事。这期间他还派因战败投降匈奴的李陵来劝服苏武。李陵先是请苏武喝酒，又送给苏武许多牛羊，妄图打动他后再来劝降。可苏武除了对李陵表示感谢外，始终表示：若要我投降，我就死在你的面前。最后，李陵又羞又愧，流着热泪告别了苏武。

过了十多年，这时且鞮侯单于早已死了，狐鹿姑单于即位。狐鹿姑派李陵巡视边境，李陵路过北海，见到苏武，几乎不认识他了。李陵告诉苏武汉武帝已经死了，武帝儿子昭帝继位。

又过了好几年，一个40多岁的汉人，衣衫褴褛，一见到苏武便伏地大哭，他就是被卖作奴隶的常惠。常惠告诉苏武，直到主人死了，才逃出虎口。现在汉匈两国通好，汉帝派使臣傅介子来了，是他派我到你这里来的。常惠离开苏武，回报傅介子。傅介子为难地说："匈奴说苏武已死，如何是好呢？"常惠献计说："这里迷信怪异之事，你就说上个月汉天子在上林苑射下一只雁，雁足上系着苏武的亲笔信，说他现在北海……"第二天傅介子进见单于，说："单于前天说苏武死了，恐怕是记错了。上月汉天子在上林苑射下一只雁，雁足系着苏武的亲笔信，说他在北海牧羊。"单于无法抵赖，问身旁李陵，李陵告诉他苏武在北海牧羊，没有死。单于说："苏武在北19年，持节不降，可谓忠臣。"于是苏武和随从都被召回，随从只剩下常惠等几人了。傅介子见苏武两鬓苍白，衣衫褴褛，但精神矍铄，两眼炯炯有神，不禁肃然起敬。

苏武更换衣服，握着那支旌旄早已脱落的节符与傅介子一同回国。到了长安,昭帝给苏武加封官职。人们从心里佩服这位历尽19年苦难的爱国大臣。

苏武不受诱降,不贪荣华富贵,与匈奴首领和汉朝叛徒进行了针锋相对、英勇不屈的斗争。他坐地窖,牧羊北海19年,历尽艰辛,饱尝人间苦难,但归汉之心永不变,充分显示了高尚的民族气节,为后世所传颂。

昭君出塞

西汉时有个以昏庸出了名的皇帝汉元帝。他在位时,整天不过问军国大事,只顾游山玩水,饮酒作乐,还经常派人到民间搜寻美女。当时,良家美女几乎都被选进了宫中。但是,面对三宫六院成千的嫔妃,元帝可犯难了,该宠爱哪一个呢?

一天,他突然想出一个好主意:宫中不是有个技艺高超的画师毛延寿么?何不让他把宫女的肖像全画了下来,再由我按图挑选呢?于是唤来毛延寿,让他立即就画。

消息一传开,受尽冷落的宫女可忙坏了。她们围着毛延寿团团直转,纷纷用钱财巴结他,让他把自己画漂亮些。有的甚至认毛延寿为干爹,还有的向毛延寿许诺说:"等我做了皇后。我一定会让你享尽人间荣华富贵。"唯独有一个女子在一旁一言不发。

她叫王昭君,长着一双水灵灵的大眼睛,十分美丽动人。她很小就被选到宫中,但还从来没有见过皇上。要知道,宫女实在太多了。虽然她做梦都想得到皇帝宠爱,但是她正直孤傲的性格使她不愿向权贵低头。

利欲熏心的毛延寿看在眼里,气在心里,他暗下歹心:我一定要让你知道老子的厉害。于是在画昭君像时,故意在她俊俏的脸庞上点了好几颗黑痣。王昭君一下子变丑了。

恰恰这个时候,匈奴单于来长安朝见元帝,提出了和汉朝和亲的要求。听到这个消息,王昭君的心再也平静不下去了。她想:与其在这深宫高墙内,充当一具活僵尸,毫无意义地活着,还不如嫁给匈奴单于,为汉匈和好尽我小女子一点力量。于是自告奋勇报了名。元帝接到名单,想起那个画像上有几颗黑痣的宫女,当即同意,并决定为他们举行婚礼。

结婚那天,昭君淡扫蛾眉,略施粉黛,仪态大方,就像仙女下凡,使其他宫女黯然失色。在场的人都惊呆了，全场一片寂静。元帝更是傻了眼，他的嘴巴张得大大的，他怎么也没有想到，宫中还有这么美丽绝伦的女子。他进而后悔起来：怎么能把她嫁出去呢？但是名籍已交给了单于，生米已煮成了熟饭，无法改变了。

王昭君离开长安时，汉元帝赠送给王昭君许多物品，其中就包括锦绣、杂帛等各种丝织品1.8万匹，以及黄金等珍贵物品和生活必需品，并且还颁发诏书，把自己的年号由"建昭"改为"竟宁"，以此象征长久和安宁，祝愿汉朝和匈奴世代友好和平，这种因和亲而改变帝王年号的做法，在整个中国历史上也极其罕见。

在匈奴，王昭君克服种种困难，渐渐习惯了天寒地冻，风沙蔽日的气候和住穹庐、穿皮裘、食牛羊肉、饮酪浆的塞外生活。她与匈奴百姓的关系非常融洽，匈奴是一个游牧民族，生产技术很落后，王昭君就教当地妇女织布、缝衣服和农业生产，深受百姓的爱戴。她与呼韩邪的夫妻关系也很好，嫁到匈奴一年后，给呼韩邪生了个儿子，取名伊屠智牙师，是后来匈奴的右日逐王。

婚后的第三年，即公元前31年（成帝建始二年），呼韩邪单于不幸离开人世，单于的位置由大阏氏的儿子雕陶莫皋继承，是为复株累若鞮单于。复株累若鞮单于想依据匈奴的风俗娶王昭君为妻。这种风俗与汉族的道德伦理相抵触，王昭君上书汉成帝，想返回汉朝。汉成帝收到王昭君的信息后，做出回复，告诉她既然嫁到了匈奴，就应该顺应那里的风俗习惯。王昭君经过一番思考后，决定以大局为重，答应了复株累若鞮单于的要求。后来，王昭君为复株累若鞮单于生了两个女儿，大女儿叫须卜居次，名云，又称须卜居次云、伊墨居次云；二女儿叫当于居次。两个女儿都相当于汉朝的"公主"，长大后，都嫁给匈奴的贵族。

昭君出塞到匈奴，带去了汉族许多先进技术，使匈奴出现了人畜两旺的景象，和汉朝也一直保持着和睦的关系。

虽然身在匈奴，昭君仍念念不忘自己的故土。临死前，她立下遗嘱，要求死后安葬在归化（今呼和浩特市郊外），坟墓要坐北朝南，以便能日夜遥望故乡。她死后，她的子女选了一块向阳的山坡地，为她修造了坟墓。沙漠里天气寒冷干燥，唯独昭君墓一年四季长满绿草，青葱葱的。所以后人称昭君墓为"青冢"。

匡衡凿壁偷光

在汉代，文化知识的传播基本上靠口头讲授，因为许多古书都被秦始皇烧毁，无法流传下来。在众多口授经书的老师中，匡衡学识渊博，被读书人公认为"当世无双"。

匡衡的童年是在极端贫苦中度过的。虽然他十分喜爱读书，但是家境的困苦使他过早地挑起了生活的重担。白天他得跟随大人一起下地干活，天不亮就出门，到天黑才回来，哪有工夫读书呢。晚上回到家，全身累得像散了架似的，但他仍想着要读书。可是家里实在太穷，哪里有钱买油点灯呢。匡衡很苦恼：这样下去怎么行呢，我得想想办法。

突然间，他眼睛一亮：自家隔壁住着一户有钱人家，他们家天天灯烛通明，我何不向他家借借光。于是他摸索着在墙壁上凿一小孔，一线灯光射了进来。匡衡可乐坏了。他兴致勃勃地捧出书，对着那一线光亮，一字一字认真地读起来，直到邻居家熄灯才恋恋不舍地睡觉。

自从发现这一办法后，他每天晚上都坚持读书，再苦再累他都不在乎，从来没有间断过。

匡衡越读劲头越足。可是烦恼又来了：手头的书很快就被他读光了。这可怎么办？家里穷得连饭都差点吃不上，他压根儿就不指望自己去买书。亲戚嘛，全是穷苦人家。匡衡急得团团直转。父亲见他闷闷不乐的样子，以为他病了。问明原因后，也帮着儿子出主意，突然他想起在同村的大财主家打工时，曾经看到过好多书，便说："你何不到王财主家去借来看。"

经父亲这一提醒，小匡衡喜出望外，他马上来到财主家，说愿意为他打长工，不要分文报酬。财主睁大眼睛问："不要工钱你要什么？"匡衡说："我只要你把你家的书借我读读。"

财主盘算着：把书借他读，书还是我的。他等于是为我白干活，划得来！于是赶紧满口答应下来，生怕小匡衡会改变主意。

匡衡见到书有说不出的高兴。从此，他一边干活，一边挤时间读书。读了一本又一本，每读一本，都能背得滚瓜烂熟、牢记于心。

经过几年苦读，匡衡终于成了西汉有名的经学大师。

王莽篡汉建新

西汉王朝经历了"文景之治",到汉武帝时,经济与军事实力达到鼎盛。此后,西汉又经历了昭帝、宣帝、元帝三代皇帝,到公元前32年,汉成帝即位时,西汉已不能与前期同日而语了。汉成帝是个生活奢靡的人,整日与皇后赵飞燕、皇妃赵合德饮酒嬉戏,完全不理国家大事。汉成帝的母亲王太后有8个兄弟,除了一个弟弟王曼早死外,其他7个兄弟都被分封为侯,大哥王凤更是官至大司马。

王莽就是王曼的儿子,父亲早亡,但他十分孝顺长辈。有一次,大伯父王凤病了,王莽衣不解带地照顾了他几个月,而且每次喂药前都亲自尝一下。王凤非常感动,临死前推荐王莽出任黄门郎。王莽从此走上了仕途。公元前8年,38岁的王莽升任大司马。

西汉后期,朝廷重用外戚和宦官,政局开始出现混乱局势,皇帝的权力被逐渐削弱。汉成帝死后,不到十年的时间,就换了两个皇帝——汉哀帝和汉平帝。而汉平帝即位的时候,年仅9岁。因为皇帝太小,所以经大臣们提议,王莽被封为安汉公,由他代为处理国家大事。得到这一权力后,王莽的野心逐渐膨胀起来。为了在朝廷内外树立良好的名声,他在公元2年,全国发生旱灾和蝗灾之时,慷慨捐出了100万钱和30万顷田地。而且他还拒绝了王太后封赏的土地,又秘密派人把自己不肯接受新封地这件事大肆传播开来,在国民心目中树立起良好的形象。

公元4年,为了掌控朝政,王莽把女儿进献给汉平帝为皇后,他摇身一变成了国丈。但因为王莽不仅不允许汉平帝的母亲留在他身边,还把国舅家的人全都杀光了,所以渐渐长大的汉平帝对王莽越来越不满。公元5年,年少的平帝夭亡。因为汉平帝没有儿子,于是王莽从皇室里找了一个名叫孺子婴的两岁孩子立为皇太子,王莽则自称为"假皇帝"。有些文武官员想做开国元勋,劝王莽即位称帝,还制造一些迷信的祥瑞来骗人,甚至还声称在汉高祖庙里找到了"汉高祖让位给王莽"的铜匣子。

公元9年正月,王莽终于撕下"忠君仁爱"的假面具,废了孺子婴,自立为帝,改国号为"新"。西汉的政权就这样被篡夺了。

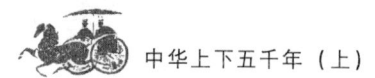

昆阳大战

王莽地皇四年（公元23年）二月，绿林军建立政权后，分兵北伐，先后攻克昆阳（今河南叶县）、郾城（今河南漯河）、定陵（今河南舞阳东北）等地。为消灭起义军，王莽派司徒王寻、大司空王邑征发各郡兵42万，号称百万，向宛城（今河南南阳）进发。五月，王莽的军队直逼昆阳。王邑扬言："先屠此城，蹀血而进，前歌后舞，顾不快邪！"几十万莽军将昆阳城围困数十重，列营百余座。

当时，绿林军主力正在围攻战略要地宛城，昆阳守军只有王凤、王常、刘秀率领的八九千人，但斗志旺盛。为解除围城危急，王凤接受刘秀建议，决定集中兵力，坚守昆阳，阻滞敌人，掩护主力攻克宛城，然后内外夹击，里应外合，歼灭敌人。王凤等人坚守孤城，义军冒着强弩矢雨奋力抵御敌人楼车地道的强攻，战斗异常激烈。刘秀乘隙率十三骑突围出城，到郾城、定陵等地调发义军前来增援。

六月，刘秀征集万余人赶到昆阳，他率步骑千余人为前锋，在距莽军四五里处列阵。王寻、王邑见绿林军人少，只派几千人迎敌。刘秀身先士卒奋勇冲击，杀伤数十人。莽军退却，绿林军乘胜追击，斩首千余人。绿林军首战告捷。刘秀为了鼓舞昆阳城内守军士气，动摇王莽的军心，编造了绿林军攻克宛城的战报，射入城中，又故意丢失一些让莽军拾去。消息传开，城中士气大振，城外军心溃乱。刘秀乘机精选勇士3千人，迂回到城西，出其不意地涉过昆水，前去冲击莽军大本营。王寻、王邑亲自率领万余人迎战。激战中，绿林军士气旺盛，无不以一当百。在绿林军的猛烈冲击下，莽军阵势大乱，王寻在混战中被杀。守城义军也趁势杀出，内外夹击，呼声震天，莽军人马溃散逃亡。当时正值暴风雨袭来，滍川（今河南叶县境内沙河）水涨，被击溃的莽军，溺死者不计其数。王邑仅率数千人逃还洛阳。这就是历史上著名的"昆阳之战"。

刘秀称帝

公元23年十月，更始帝刘玄率领的起义军攻破长安，杀死了王莽。随后，更始帝命刘秀去河北整顿社会秩序。刘秀在河北消灭王郎、扩充实力的时候，刘玄正在长安花天酒地。他对刘秀很不放心，便封刘秀为萧王，叫他交出兵权，回长安去，另外派了几个亲信将领去当幽州刺史和上谷、渔阳的太守。

刘秀和手下的将领们，谁愿意放弃好不容易才建立起来的地盘呢？于是刘秀叫使者去回复刘玄，说河北还没有平定，不能回长安。从此刘秀和刘玄的矛盾表面化了。刘秀拜吴汉、耿弇为大将军，征调幽州十郡的铁骑。刘玄派来的幽州刺史苗曾却命令各郡抵制刘秀的征调。吴汉亲率 20 名骑兵，飞驰到无终（今河北蓟县），把苗曾杀了。耿弇回到上谷，也把刘玄派来的新任上谷、渔阳太守韦顺、蔡充杀了。从此，幽州的上谷、渔阳、涿郡（今河北涿州市）、广阳（今北京市西南）、代郡（今河北蔚县西南）、辽西（今辽宁义县西）、辽东（今辽宁辽阳市）等各郡都服从刘秀的号令，天下闻名的精兵幽州铁骑全都归刘秀指挥了。

刘玄派来和刘秀一块打王郎的大将谢躬，当时也住在邯郸城里。谢躬很想消灭刘秀，可知道自己兵力不足，不敢轻举妄动。而且由于刘秀经常夸奖谢躬能干，用小恩小惠安抚他，谢躬就渐渐地不再防备刘秀了。后来刘秀乘谢躬离开部队的时候，叫吴汉把他杀了，收编了谢躬的部队。

更始二年的秋天，刘秀开始镇压遍布河北各地的农民起义军。河北起义军虽然人多，但互不统一，各自占山为王，军纪很差，刘秀见此情况，便采用了各个击破的办法。

当时铜马在各部中实力最强。刘秀在馆陶（今河北馆陶县）、蒲阳山（今河北顺平县西北，又叫白崖山）连续大战铜马，铜马饥乏交迫，只好投降了。这一来，刘秀实力大增，有了几十万人马，所以后来人们都称他为"铜马帝"。

紧接着，刘秀和青犊、上江、铁胫等部十多万起义军在射犬（今河南泌阳县境内）展开激战。起义军非常英勇，但不如刘秀的军队训练有素、组织严密，结果全被打散了。

刘秀又在元氏、北平（今河北满城县北）接连打败尤来、大枪、五幡各部。可当他追到顺水（即徐水，流经北平县）北岸的时候，起义军忽然掉过头来了一个急冲锋，把刘秀的军队冲垮了。刘秀跳下河，游回南岸，骑兵王丰把自己的马让给他，耿弇又指挥士兵连连射箭，阻挡起义军，刘秀才逃脱了。

刘秀回营以后。花了好几天时间才把军心安定下来。最后在安次（今河北安次县）、渔阳终于击溃了尤来、大枪各部。

刘秀在镇压河北农民起义军的同时，又分出兵力向更始政权开刀。他听说赤眉军已向长安进发，知道赤眉、绿林即将火并，就派大将邓禹率两万精兵入关，乘两家相争，坐收渔翁之利。又派寇恂、冯异去对付据守洛阳的30万绿林军。

公元25年六月，刘秀在河北称帝，国号"汉"，年号建武。刘秀建立的王朝被称为"东汉"，或称"后汉"。不久，刘秀率大军攻打洛阳，洛阳守将朱鲔投降。刘秀兵不血刃，占领洛阳城，拜朱鲔为平狄将军、扶沟侯。东汉正式定都洛阳。

刘秀得陇望蜀

刘秀称帝时，时局十分混乱，到处都是割据的状态：绿林军支持的刘玄，在宛城有更始政权；赤眉军在长安扶立刘盆子为帝，建立了建世政权；割据陇右的隗嚣政权；睢阳梁王刘永、齐王张步、海西王董宪霸据关东地区；公孙述占据西南巴蜀等。并且，各个政权之间，相互火拼，搞得真是生灵涂炭。

刘秀称帝后，开始了统一天下的征战。当时，绿林军与赤眉军反目成仇，大打出手，结果赤眉军胜。但是赤眉军不幸又赶上了饥荒，被刘秀乘虚而入，双方经过数次交战，结果刘秀胜，赤眉军大败，首领樊崇被杀。

同时，刘秀也没放松对关东地区的征讨。从公元26年到公元30年，刘秀派虎牙将军盖延去平定睢阳的刘永，又派建威大将军耿弇去平定齐王张步，刘秀亲自率军去攻打海西王董宪，结果大获全胜，基本上平定了关东地区。

平定了赤眉和关东，只剩西北陇右的隗嚣和西南巴蜀的公孙述了。刘秀本想收服隗嚣为己所用，但是隗嚣只想保持目前鼎立局面，不想归顺刘秀。刘秀便以伐蜀为名，派遣建威大将军耿弇等率汉军进军陇道。双方在陇坻先打了一仗，结果汉军大败。最后隗嚣和刘秀彻底决裂，投靠巴蜀的公孙述了。

公元32年，双方又在略阳打了起来。为了争夺略阳要地，隗嚣、刘秀都亲临前线指挥作战，公孙述也派兵为隗嚣助阵。这时，河西五郡的窦融带了数万大军归附了刘秀，对隗嚣军形成了东西夹击之势，隗嚣只得退守到西城地区。

正当刘秀得势之际，京师洛阳那边出了乱子，刘秀只得急忙返回处理。临行前，刘秀对岑彭说："你们要是攻下西城和上邦这两座城池，就带军南下，攻打蜀地。人心就是苦于不知足呀，一得到了陇地，又希望得到蜀地。我每打一次仗，头发和胡须都会变白不少。"这就是刘秀"得陇望蜀"的典故。

刘秀是回洛阳了，但是隗嚣还被困在西城中。隗嚣坚守了数月后，公孙述的援军总算到了。其实援军并不多，但是他们使了一个诈：几个将领带着5000人，从一个高高的地方突然出现在汉军面前，并大肆吹嘘说百万援军到了。汉军情急之下，没有辨别真假，战斗失利，加上粮草快没了，就退出了陇右地区。

但是，隗嚣虽然突出重围，但损失巨大，每日忧虑不已，一年后就去世了，他的儿子隗纯接替了他的位置。公元34年，刘秀又亲率汉军杀到陇右，隗纯不是对手，最后投降了刘秀。这样，陇右就归属刘秀旗下了。

得到陇右之后，刘秀就该望蜀了。这次轮到巴蜀的公孙述与刘秀对决了。

公元35年，刘秀命岑彭率军溯长江而上，夺取荆门。岑彭吸取以往和蜀军作战的经验，以火攻破了荆门，蜀将田戎退兵到江州坚守。同时，刘秀又派来歙从北面方向向蜀发起进攻，攻克下辨，准备与岑彭军对成都形成合围之势。

公孙述见岑彭在南边攻城略地，一路凯歌，又惊又惧，便派刺客暗杀了岑彭。岑彭死后，刘秀派吴汉统领南路汉军，继续攻打公孙述。吴汉接连胜利，逼近了公孙述的都城——成都。公孙述还想最后一搏，于是散尽家财，招募敢死队。双方就这样展开了厮杀，互有胜负。在一次激战中，公孙述被汉将高午打成重伤，当晚就死掉了。

公孙述一死，蜀地就成为刘秀的地盘了。也就是说，刘秀称帝后，用了12年的时间，把四分五裂的中国又统一了，东汉也成为中国古代又一个强大而统一的封建王朝。

刘秀不杀"强项令"

人都有三亲六故，当权者往往难过亲情关。既不能六亲不认，又不可以私废公，古往今来多少人为此大伤脑筋。东汉光武帝当年就曾纠葛到这样一桩公案之中，并由此留下了董宣"强项令"的一段佳话。

董宣为人刚直不阿，为官廉洁清正。他曾在北海任地方官，因审理一起杀人案而获罪。原来，当地有一豪强公孙丹，新建一所宅屋，令卜者占卜吉凶，卜者认为迁入新居于家口不利，会死人。公孙丹听信此言，要设法破除，便教他的儿子杀死路上行人，把尸首放到宅内，作为替身。董宣得知此事，立即派人抓获公孙丹父子，处以死刑。但公孙丹的宗族亲党不服，聚众操戈大闹官府。董宣又以公孙丹当年曾归附王莽篡政及勾结海盗的罪名，将聚众闹事为首的30人全部斩首。刺史因其杀人过多而判他死罪，送到京师洛阳候决。临刑之际，光武帝获知此事，急派人宣令重审，结果免予死罪，降旨改任洛阳县令。

洛阳为国都所在，许多皇亲贵族居住其间。光武帝刘秀的姐姐湖阳公主有一家奴，倚仗主人的权势，横行无忌。一次，他竟于光天化日之下随意杀人，藏匿到公主府内，董宣无法拘捕。不久，公主出行，这个恶奴竟然有恃无恐地为公主驾车随行。董宣闻报，立即带人在公主必经之地夏门守候。待公主一行人到达，董宣立即拦住车马，斥责公主不应包庇恶奴，并下令抓获凶犯，立即处以死刑。

湖阳公主便找光武帝刘秀，哭诉董宣捕杀了她的奴仆，要弟弟为她做主。光武帝不知事情原委，听后大怒，派人捉来董宣，要在公主面前用乱棍打死，为公主出气。

这时，董宣说："愿乞一言而死。"光武帝说："欲何言？"董宣说："陛下圣德中兴，而纵奴杀良人，将何以理天下乎？臣不须棰，请得自杀。"说罢，便一头向殿中楹柱撞去，流血满面。刘秀深为感动，忙叫左右把董宣救下。

一方是同胞姐妹湖阳公主，亲情难却；一方是耿正清官董宣，忠直可敬。如何两面兼顾？既要赦免董宣，又要顾全公主脸面，光武帝当即命令董宣，要他到公主面前叩头赔礼，就此了事。哪知董宣却执意不肯。刘秀无奈，只好令人强摁董宣之头，硬逼他下跪叩首。而董宣则硬是强挺脖颈，双手撑地，死也不肯低头。

湖阳公主见此情状，口呼刘秀的字号说："文叔为白衣时，藏亡匿死，吏不敢至门。今为天子，威不能行一令乎？"光武帝笑说："天子不与白衣同。"

结果，刘秀终于释放了董宣，并让宦官招待董宣吃饭，以示慰问。董宣将酒饭全部吃完，然后，将杯盘全都翻扣在桌上。宦官认为这是侮慢皇帝，刘秀责问董宣为什么要这样做，董宣回答说："臣食不敢遗余，如奉职不敢遗力。"光武帝一笑了之，并赏赐他30万钱，董宣则全都分赠下人。从此，"强项令"（硬脖子县令）的名声遍传朝野上下，豪强歹徒"莫不震栗"。

"强项令"董宣，两次获罪免死，也是他得遇刘秀这样开明君主的幸运。

刘秀起于王莽篡政之后，从绿林起义军将领出身。他颠沛流离之际，对于平民百姓的苦难有较深认识，对地方豪强为非作歹之行也深恶痛绝，因而对董宣的刚正执法便分外敬重。刘秀为东汉开国君主，称帝后，即决心实行"王道"。当他统一天下后，立即下令遣散地方军队，复员为民，发展生产，并裁减官吏，减免赋税，使民众得到休养生息。他从建武二年至十四年，曾先后六次下达解放奴婢的诏令，实行了一系列开明政治。他能以宽容态度处理董宣与湖阳公主之间的尖锐矛盾，恰恰是他推行"王道"政治的一种体现。他强摁董宣脖颈，让他给公主叩头赔礼，略加制裁而赦之，既顾全了他与湖阳公主的姐弟之情，又保全了耿正之臣，处于他那种地位，也算是煞费苦心的明智之举了。

白马驮经

公元58年汉光武帝刘秀死后，太子刘庄即位，是为汉明帝，这时他已年届三十，比较成熟了。他继承父亲的政策，实行与民休息，发展农业生产，派水利专家王景修复了1000多里长的汴渠，为民造福。他非常尊重母亲阴丽华皇太后，喜爱马皇后（马援的女儿）。皇太后和皇后也粗衣素食，为后宫做出表率，她们既不干预朝政，也不任用外戚，政治比较清明。

后来，阴丽华皇太后死了，汉明帝非常伤心，他觉得再也见不到母亲了，难受得不得了。为此，他常梦见母亲，有时也做一些稀奇古怪的梦，说来令人不敢相信，其中有一个梦，对中国后世居然产生了极大的影响。

据说，有一次汉明帝做了个梦，梦里见有个金人，头顶上有圈白光，在殿上飞行，忽然升到天空，向西去了。

第二天，他把这个梦告诉大臣们，大臣们都不知所以然，有个博士傅毅说："皇上梦见的金人可能是天竺来的佛。"

傅毅所说的金人（佛像），其实在汉武帝时已经传到了中国。当时骠骑将军霍去病攻打匈奴时，曾经把体屠国王供奉的金人带到长安来，献给汉武帝。汉武帝把金人放在甘泉宫，经过西汉末年的农民起义战争，那个金人也不知下落了。

傅毅的话引起了汉明帝的好奇心，他派郎中蔡愔和博士秦景到天竺去取经。

天竺就是张骞说的身毒国，也就是现在的印度。当初张骞因为在西域看到从身毒运到那里产自我国的蜀布和邛竹，就想另辟蹊径去身毒，可惜没能如愿。东汉时的交通比那时方便多了，蔡愔等再去身毒取经将不会有问题。

佛教起源于印度，它的创始人释迦牟尼原是迦毗罗地方（今尼泊尔境内）的一个王子。他的本名叫乔达摩·悉达多。他虽然养尊处优，但觉得人世间存在着生、老、病、死的痛苦，应当想法给予解脱，在他29岁那年，离别了父母、妻儿出家去修道，在一棵菩提树下冥思苦想了7年，终于大彻大悟，进入了一个至高无上的精神境界，成了佛陀（即觉悟者），他就到处传教，收了不少徒弟，创立了印度的第一大宗教。到了相当于中国战国末期的阿育王朝时，佛教成了印度的国教。后来又辗转传入邻国，在汉朝时传到了我国。当时在一些贵族中，也有信奉佛教的人。楚王刘英（刘秀的儿子）就是其中的一个。他们吃素念佛，希望来世到极乐世界去做神仙。

释迦牟尼传教49年后死了，他的弟子把他的生前学说记载下来，编成了经，这就是佛经。佛教的重要教义是因果报应的"轮回"学说。佛家认为，凡是有生命的东西，总是像一个车轮转了一圈，接着又重新来一圈，周而复始，无穷无尽。一个人这一世是人，但前世或后世未必是人，前世可能是神，不修行，这世就成了人，再不修行，下世就可能变成牛马，反之亦然，只要修行，牛马可变成人，还可变成神。这种因果报应的轮回学说，当然是虚无的，但很符合统治者的需要，他们让老百姓忍饥挨饿好好修行，以待来世，老百姓就不会反抗了。同时佛教的教义中有颇多与人为善的思想，比较容易被百姓所接受，于是佛教很快流传开来。

蔡愔和秦景历经千山万水，终于来到了天竺国。天竺人听到中国派使者来求佛经，表示欢迎。天竺有两个沙门（高级僧人），一个名叫摄摩腾，一个名叫竺法兰。经过他俩的帮助，蔡愔和秦景也懂得了一些佛教的道理，他们就邀请这两个沙门到中国来。

公元67年，蔡愔、秦景和两个沙门，用一匹白马驮着一幅佛像和42章佛经，经过西域回到了洛阳。

汉明帝见了佛像，也记不清楚梦里看见的是不是他，可是头顶上还真有一圈白光，不是他还有谁呢？他翻了翻佛经，觉得深奥之极，不甚明白。尽管如此，他热情地招待了客人，命人在洛阳西边按照天竺的式样，造了一座佛寺，把佛像、佛经供在里面,驮运经书的白马也供养在那儿,所以叫它白马寺。

当时,信佛的人很少,白马寺也只是有些看热闹的人,只有楚王刘英非常虔诚,派人来洛阳请沙门画了佛像,抄了佛经,在自己的王宫里供奉起来。后来他以传佛为名,结交方士,用迷信手段欺骗百姓,后经人告发,说他设置百官,纠集党徒,企图造反,汉明帝就把他的爵位革除了,把他送到丹阳,刘英自感罪行严重,自杀死了。

汉明帝虽然派人求经取佛像,但他从来不相信佛教,汉朝自汉武帝以来,一直独尊儒学,刘秀也是个崇尚儒家学说的人。刘英的事件发生后,一帮儒学趁机排斥异教,抬高儒学的身价,汉明帝就在南宫办了一个太学,让贵族子弟学习儒家的经书。太学里也真培养了一些人才。

就这样,佛教正式被皇帝请进了中国,后来,有些统治者和佛教徒对佛教进行了改造,把中国道家的哲学思想和儒家的孔孟之道掺和进去,把它变成既符合中国风俗习惯、又能利用来巩固封建专制统治的一种中国式的佛教。

班超投笔从戎

班固的弟弟班超是东汉时的一代名将。他父亲班彪,哥哥班固虽然做官,但都是以微薄的俸禄为生的,所以班超就自谋生计。他自幼爱好读书,又写得一手好字,就在官府里谋得一个抄写文件的差使,收入很少,却很劳累。

一天,班超正在伏案抄写文件,他想,自己字写得漂亮又有何用,即使像父亲和哥哥那样编纂历史著作,为国家做点有益的工作,但是国强也并非靠著书立说就能达到的呀!联想到自己目前的境况和将来的前途,不禁把手中毛笔一扔,十分感慨地说:"男子汉大丈夫,应当闯一番事业,做出贡献来,要像张骞那样,到边疆去建立功勋,以自己的本领去争取封侯拜将,怎么能像现在这样整天在笔墨之间消磨时光呢!"

班超的行为受到一些同事的讥讽和嘲笑,但他并未就此改变决心,毅然去投军,这就是成语"投笔从戎"的由来。

班超投军之后,在大将军窦固部下,出征匈奴,立下了战功,窦固觉得班超很能干,报请汉明帝批准,任命他为假司马,去联络西域诸国,巩固对匈奴的胜利。

张骞通西域之后，西域的一些主要国家和汉朝建立了友好关系，那时候西域共有50多个国家。由于王莽篡汉，中原陷入混乱，西域诸国与汉朝断绝了关系，倒向匈奴。匈奴统治者对西域诸国进行残酷的压迫，西域又想和汉朝恢复关系。刘秀统一中国后，西域的车师、鄯善、焉耆等十几个国家的国王，都把儿子送到洛阳来做人质，表示愿意做汉朝的藩属国，请汉朝设置西域都护来保护他们，汉光武帝因立国不久，顾不上这些事。汉明帝即位后，派大将军窦固出征匈奴，取得了胜利，正好利用这个时机派人出使西域，加强双方的关系，以遏制匈奴的势力，班超适逢其会，接受了这个重要使命。

班超带着36名军士，长途跋涉，历尽千辛万苦，首先到了鄯善，鄯善在今新疆维吾尔自治区南部，是西域一个比较大的国家。鄯善王一开始对班超非常热情，可是过了几天就对他们冷淡了。

班超想，一定是匈奴使者来到鄯善，鄯善王不敢得罪匈奴，所以才对他们冷淡了。于是，当鄯善人前来送饭时，班超便从送饭人口中套出匈奴与鄯善王的交往情况。班超了解实情后，沉思片刻，对同伴们说："如今的形势，只有袭击匈奴大营，将匈奴使者杀死，才能使鄯善国归顺汉朝。"

于是，当天夜里，班超率36人来到匈奴大营，放火烧营。匈奴人惊慌失措，乱作一团。班超带领众人闯入大营，杀了30余名匈奴使者。另外，葬身大火的匈奴人有100多名。

当班超提着匈奴使者的脑袋去见鄯善王时，鄯善王急忙向班超道歉，表示愿意归顺汉朝，还将自己的儿子作为人质交给班超，让他带回长安。

班超回到长安后，汉明帝非常高兴，封他为军司马，并派他出使于阗国。汉明帝让他多带一些人马，班超却说："臣到了于阗，如果发生不测，人多了反而麻烦。臣只带36人就足够了。"

此时，匈奴也派了使者来到于阗，阻止于阗王臣服汉朝。所以，当班超到了于阗后，于阗王对他并不热情。而于阗国有一位巫师深得于阗王的信任，他去向班超索要宝马祀神。班超知道后，将计就计，让巫师自己来取。等巫师一到，班超手起刀落，就把巫师给杀了。然后，他提着巫师的头去见于阗王，并告诉他说，鄯善国已经归顺汉朝。于阗王吓得出了一身冷汗，只得把匈奴派来的"监护使者"杀了，表示愿与汉朝交好。

班超在西域31年，使西域50多个国家都归附了汉王朝。从此，从西域到欧洲的"丝绸之路"又重新通畅了。

南北匈奴归汉

由于王莽新政的捣乱，本来臣服于西汉的匈奴，趁机宣布脱离西汉的统治。东汉初年，匈奴势力有所发展，经常侵扰汉朝边境。但那时光武帝忙于进行统一全国的战争，无暇顾及北方边境。公元33年，光武帝派大司马吴汉领兵征讨。但吴汉带领汉军与匈奴打了好几年，也没打出什么结果。匈奴人从此变本加厉，更加狂妄起来。汉朝北部边境没有一年宁静过。

正当匈奴嚣张的时候，蝗灾来了，铺天盖地，草木全部被吃掉了，匈奴爆发了大饥荒，接着是瘟疫，人和牲畜死伤惨重。另外，匈奴内部也出现了政治危机。原来，按照匈奴的规定，上任单于死后，应该由其弟弟接任，但是单于舆想传位给自己的儿子，于是杀掉了本该接任单于位置的伊屠智牙师——王昭君的儿子，同时，还剥夺了日逐王比的单于候选人资格。

日逐王比不服，于是，公元47年，他派人和东汉联系，但是行动让当时在任的蒲奴单于知道了，双方立刻撕破脸皮，匈奴内战爆发。第二年，匈奴南部亲汉的八位部落首领，推立日逐王比为单于，就这样，匈奴就分裂为了南北匈奴。

南匈奴人祖上曾随呼韩邪单于归顺西汉，并且从那之后，就一直在和汉朝边界邻近的地区生活，经常和汉人往来，和汉人相处得也很好，生活也趋于汉化，生活较为安定。所以，南匈奴希望回到呼韩邪单于时代的那种和平状态。于是，日逐王比便继承了呼韩邪单于的称号，并向光武帝刘秀示好，说愿意为汉朝保卫边境，防止北匈奴的侵犯。

此后，东汉和南匈奴一直保持着互助的关系，公元51年，东汉给匈奴送来3万多头牛羊。二十余年后，南匈奴闹蝗灾，东汉为3万灾民赈灾，并送去了两万多斛的米粮。东汉还帮助南匈奴找到新的牧场，很多牧场匈奴人和汉人杂居，逐渐融合了。

而南匈奴也遵守承诺，对北匈奴进行打击。另外，曾经臣服北匈奴的乌桓和鲜卑，也乘机侵袭北匈奴，北匈奴实力越来越弱，不得已只好迁徙。

北匈奴丢失了大片领地后，转向西攻击西域的一些小国，借此来扩张地盘。当时控制西域的是一个叫贤的莎车王，是个暴君，经常欺负周围的国家。这些国家开始向汉朝求救，但是汉朝鞭长莫及，爱莫能助，以致这些国家又纷纷投靠北匈奴。公元61年，莎车王被杀死，北匈奴乘机入侵西域，控制了塔里木河流域地区。此后，北匈奴在巴里坤湖附近定都，逐渐将统治中心转移到了准噶尔盆地。

北匈奴控制西域后，屡屡向汉朝挑衅。此时，东汉在位的是明帝，东汉经过光武帝刘秀的休养生息后，实力大增，所以明帝改变了以往对北匈奴隐忍的态度，决定再次收服西域诸国，灭了北匈奴。

北匈奴还不知汉朝态度的转变，他们派使者来向汉朝求亲，这让朝里的大臣们出现了不同的意见，为和不和亲吵成了一团。这时，一个叫郑众的大臣对明帝说："北匈奴动机不纯，求亲是为了离间我们和南匈奴的关系，并让西域各国对汉朝失去信心。"明帝非常认同郑众的话，决定对北匈奴用兵。

公元73年春，明帝派耿秉、窦固带领汉军，并联合南匈奴，攻击北匈奴，但是此次战役收获不大。次年，窦固、耿秉再度出击，打败了北匈奴军，攻破车师国，并命耿恭和关宠带兵分别驻扎在车师后王部金蒲城和车师前王部柳中城。

公元75年，北匈奴大军又杀了回来，把耿恭团团围困在疏勒，耿恭只好坚守待援，但不巧的是，明帝此时突然驾崩，援兵不来了。疏勒变成了一座孤城，困守在城里面的耿恭等挖草根、煮皮带充饥，后来水源也断了，就喝马尿、榨马粪汁，对北匈奴高官厚禄的诱惑毫不动心。幸运的是，刚即位的章帝，派兵来救援他们，赶走了北匈奴军，为耿恭等解了围。

公元87年，鲜卑人袭杀了北匈奴单于，差不多同时，名震西域的班超，通过坚持不懈的努力，再次替汉朝赢得了西域。公元91年，东汉外戚窦宪率汉军大破北匈奴，并为北匈奴新立了一个单于。自此，北匈奴也归在了汉朝名下。

王充著《论衡》

王充（公元27~97年），字仲任，会稽上虞（今属绍兴）人，是中国东汉时期著名的哲学家。王充的代表作品《论衡》，是中国历史上一部不朽的无神论著作。

《论衡》涉及了哲学、自然科学、伦理学、宗教和社会生活等诸多方面，并阐明了以唯物主义为基本特征的世界观。全书共有八十五篇(现存八十四篇),分三十卷,大约三十万字。王充从33岁开始写《论衡》,前后用了三十多年的时间,直到临死前几年才写完。

王充的著书过程并不顺利,常常受到社会的刁难,一些地位显贵的人物说他不是书香门第出身,也没有投靠师门,根本不配著书立说。致使他的学说问世后,就被看为异端学说,甚至受到禁锢。王充冲破了重重阻力,坚持著书。在《论衡》中系统地批判了神秘主义的思想体系,这是最可贵的地方。

王充通晓儒家经典,处于"罢黜百家,独尊儒术"的时代,他敢于站出来说话,不愿恪守一家之言、章句之学,并对经典之书、圣贤之言大肆议论他们的是非得失,这在当时整个封建时代都是难能可贵的。

王充在《论衡》一书中,打破了以往前人对天神的迷信思想。汉代的唯心主义神学,宣扬天才是至高无上的神,就像人一样也有感情和意志,还大肆宣扬"天人相与"和君权神授的天人感应说。认为"天子受命于天","承天意以从事";天神会赏善惩恶;君主的德行、喜怒,政治得失都能感动天神还能做出相应的报答,而自然界的灾害和变异实际上是天神对君主的惩罚和警告。王充针对这种天神论,指出:天是自然,而不是神。天与地一样,都是客观存在的平整无边的物质实体,它们具有自己的运行规律。日月星辰也是自然物质,它们"系于天,随天四时转行"。但是天和人不一样,天没有口眼,没有意识,没有欲望。人和世间万物全是天地释放出来的"恬淡无欲,无为无事"的"气"所形成的,它们并没有被谁主宰。王充否定了君权神授学说。他认为:"人,物也,虽贵为王侯,终不异于物。"还指出即使是帝王也是人生的,并不是天神的后代。针对汉代唯心主义神学宣扬的"天人感应"说,他还用了大量篇幅一一驳斥,并指出自然灾异与君主、官吏的政绩得失之间毫无关联,而且指出即使是二者同时发生,那也只能是一种偶然的巧合,根本就不是天神的"警告"。

在《论衡》一书中,王充破除了对禁忌和鬼神的迷信。那个时代,世间鬼神迷信泛滥。针对鬼神泛滥,尤其是对"人死为鬼"的荒谬之说进行了深刻的批判。他曾风趣地说,从古至今,死的人已经超过了亿万,远远超过了我们现在活着的人,如果人死了就变成鬼,那么在路上岂不是走一步碰到一个鬼吗?他认为人类是由阴阳之气构成的,"阴气主为骨肉,阳气主为精神""精神本以血气为主,血气常附形体",两者是分不开的。他还指出:"天下无独燃之火,世间安得有无体独知之精!"意思是说,人的精神无法离开人的形体而独立存在,世间根本不可能存在死人的灵魂。至于那些说见到鬼的人,其实只是人的恐惧心理所致。看见的"鬼"只不过是一种幻觉。人们祭祀鬼神,有的人是为了报答先人的功德,以此来勉励后人。有些人祭祀鬼神是对自然灾害无能为力,只能祈求鬼神的帮助,以获丰收。可是,所有被祭祀的对象都是无知的,它们并不能给人们带来什么祸福。王充对此还尖锐批评了那些迷信禁忌以及人可以"得道仙去""度世不死"的荒唐之言。

蔡伦革新造纸术

蔡伦本是一个农家子弟,自小就很聪明,喜欢琢磨事情。公元75年,蔡伦被挑选入宫净身做了宦官。进宫后,蔡伦先做的是职位较低的小黄门,由于他断文识字,人又聪明,因此升迁得很快,后来就做到黄门侍郎,专管传达宫内外事项,及教引藩王朝见皇帝的礼仪、安排就座等事宜。

当时,汉章帝在位,章帝的皇后窦氏无子,宋贵人生的儿子刘庆被立为太子。窦皇后怕将来太子继位对自己不利,于是就暗使蔡伦诬陷宋贵人,逼迫宋贵人自杀,太子刘庆也被贬为清河王。窦皇后又夺梁贵人之子刘肇为养子,立为太子。

公元88年,章帝去世,10岁的和帝刘肇登基,由窦太后临朝听政。蔡伦因为有功被晋升为中常侍,负责照顾和帝,并参与国家大事,地位与九卿同尊。

和帝亲政后,于公元102年立邓氏为皇后,蔡伦便投靠邓皇后来保全自己的地位。邓皇后喜欢文史和字墨,蔡伦就做了尚书令,主管宫廷手工作坊,对字墨的事情十分用心。

有件事给蔡伦的启发很大。当时,人们把上好的蚕茧用来抽丝织绸,次等的蚕茧则用来做丝绵。做丝绵的工序是,先把蚕茧煮熟,再铺到席子上浸到河里去,然后用棍子把蚕茧捣烂成为丝绵。丝绵取下后,席子上还留有一层薄薄的纤维,把它轻轻剥下来晒干,就是造丝绵的副产品——可以写字的丝绵纸。

蔡伦想:"这倒是一种造纸的好方法,可是哪里来那么多蚕茧呢?再说用它造的纸太贵了，一般人也用不起。能不能利用一些容易找到、价值低廉的原材料来造纸呢？"于是，他先想到了破布和废渔网，这类东西人们丢弃的很多，可以来个废物利用，把它们收集起来造纸。后来，他又由布想到了麻，又由麻想到了树皮……

说干就干，蔡伦组织手下的能工巧匠，按照他的设想开始了纤维纸的研制。他们把破布、树皮、麻头等东西收集起来，先泡在水里，洗去污垢，再放在石臼里捣烂成浆，然后压成片，这样就做成了纸。但是，有一些捣不烂的纤维混在里面，做成的纸不够光洁，还不太适宜写字。

为了把纤维捣得更烂，使造出来的纸更加细腻光洁，蔡伦又在原料中掺进了带腐蚀性的石灰等东西，一起放在石臼中捣。结果，不但原料捣得更烂了，而且还意外地产生了漂白的作用。捣成的纸浆变成了白色。可是用这样的纸浆直接压制的纸，仍然不能除掉那些粗纤维，并且由于放了石灰等东西，做成的纸又出现了许多细小的颗粒。

接下来继续做试验。他们把捣烂了的纸浆兑上水调稀，放在一个大木槽里，然后用细帘子去捞那浮在上面的较细的纸浆。等细帘子结了一层薄薄而又均匀的纸浆后，把它晾干，揭下来就成了一张洁白细腻的纸。

公元 105 年，蔡伦将造纸的方法写成奏章，呈献给和帝，并同时献上了自己造出来的新纸样品。和帝看到后，倍加赞赏，于是蔡伦的造纸术很快就在全国推广了。人们还把他研制出来的纸叫作"蔡侯纸"。

就在这一年，和帝驾崩，才三个月大的邓皇后之子即位，就是殇帝。殇帝第二年就死了，于是邓太后就立了 13 岁的刘祜为帝，称为安帝。这可对蔡伦不利，因为安帝就是以前被废的太子——现在的清河王刘庆的儿子，当年蔡伦可是为废黜刘庆出过力的。

不过，现在汉朝还是邓太后当家，蔡伦暂时没有什么危险，仍然是邓太后的亲信，还被封为了"龙亭侯"，几年后又高升为长乐太仆，成为邓太后的第一近侍官，一时受到了大家的追捧。但是，好景不长，公元 121 年，邓太后死了。蔡伦的靠山没了，安帝开始秋后算账，蔡伦第一个就被提审查办。蔡伦也心知自己难逃死罪，于是就自杀了。

蔡伦身死，但名不灭，由他革新的造纸术，极大地推进了人类历史的发展。

此后，造纸技术进一步发展，到魏晋南北朝时，中国的造纸术开始向国外流传，最先传到的国家是朝鲜和越南。接着到隋朝末年时，造纸术由朝鲜传到了日本。我国的造纸术也传播到了中亚的一些国家，后来通过贸易传播到了印度。

公元751年，我国造纸术传入阿拉伯。阿拉伯在造纸术的传播中扮演了一个很重要的角色，欧洲就是通过阿拉伯获悉造纸术的。

邓太后临朝

汉殇帝刘隆，生于东汉和帝元兴元年（公元105年）。就在刘隆生下来100多天，汉和帝就去世了。按照嗣位立长的原则，继承皇位的应该是汉和帝的长子刘胜。但是刘胜生来体弱多病，他的病虽然治疗多年，但却没有好起来的迹象。邓太后对群臣说："刘胜有病，不能继承帝业，还是立刘隆吧！"就这样，刘隆被立为皇太子，紧接着在当天夜里，这个尚在襁褓中的娃娃正式即位。邓皇后因此升称邓太后，垂帘听政。

对于刘隆继位这件大事，朝中的官员们虽然当面赞成，但是在背后却一直在议论。

和帝早年生了十多个儿子，都相继夭折，他怀疑皇子们是被人谋害，后来便将所生儿子藏匿于民间抚养，以防儿子们被宦官、外戚和权臣谋害。大臣们对刘胜的病情也都不清楚。有的人认为是假的，说邓太后立刘隆是为了自己掌权。不管这些议论如何，殇帝的继位，邓太后的垂帘听政既已成事实，大臣们也只能接受这个现实。

邓太后为开国元勋邓禹的孙女。邓禹家教很严，其子孙都能遵守祖训，谦恭谨慎，遵守法度，自奉节俭。邓太后垂帘听政之后，与历史上的其他外戚专权时期不同，邓太后并未专权骄横、飞扬跋扈。而是像以前一样，日修女工，夜读经史，从而具备了一般后妃所不能相比的文化素质和超越常人的见识。汉殇帝继位之时，宫中秩序混乱，丢失了一箱宝珠，邓太后认为若拷问必牵扯无辜，因此她亲自询问宫中之人，使盗宝者自首服罪。众人对邓太后处理这件事的方式都感到非常佩服。邓太后临朝执政后，对当时知识渊博的女史学家班昭极为尊敬，因为班昭曾经给邓太后讲过儒家经典，于是班昭以师傅之尊，参议朝政。

邓太后临朝听政之后，针对当时社会的一些弊端采取了有力的措施。首先，汉代人很迷信阴阳五行，讲求孝道，祭祀之风十分盛行，殇帝时期更是越演越烈，给社会带来了沉重的负担。邓太后对过度的祭祀十分反感，认为鬼神之事是无法预料的，过度的祭祀也不能使人们得到保佑，于是，在延平元年（公元106年）四月，下诏将不在国家典礼之下的祭祀官员黜退。其次，东汉从光武帝时期开始到殇帝时，因为犯法被逮捕的人很多。邓太后认为，治理国家的根本大计应以教化为本，国家应当向臣民灌输封建的伦理道德、纲常礼教，才能使人民成为东汉国家的忠顺臣民，刑罚只能作为教化的附属手段。延平元年（公元106年）五月，即下诏大赦天下，因为犯法被禁锢的一律释放为平民。再次，东汉开国到殇帝80多年的时间内，宫女入宫的一批接一批，造成了后宫中宫女如云的情况，一些宫女弃子离夫，家庭离散，同时也加重了宫廷的负担，邓太后在宫中深深了解这个情况。在同年六月，她一次下诏释放宫廷人员及羸弱老病者达到五六百人。

邓太后除对一些弊端进行调整外，还十分注重节俭与劝农。延平元年六月，邓太后下令将宫中的奢侈品减半，同时将各郡国的贡奉也减半，从而节省了巨大的财政开支，如原先太官、汤官的经费多达两亿钱，邓太后执政以后，每年的经费下降到了几千万钱。这年七月份，有些郡县遭受到了巨大的水灾，但郡国守相，因为新帝刚刚登基，不敢报告这些灾情，使受灾的人们受害严重。邓太后知道了灾情后，处置了那些弄虚作假的官员，并且严令郡国守相如实地报告灾情，对受灾严重的地区免收田地的赋税，以有利于生产的恢复和发展。

在一些地区遭遇水灾侵袭的时候，洛阳却出现了大旱，这年夏天，邓太后亲自到洛阳寺去审理冤狱。有一个犯人被严刑拷打，只得被迫承认杀人，见到太后之后，本想喊冤，因为狱吏在场，吓得不敢说话，只是可怜地看了看太后就要离开。邓太后发觉此人面善，就叫过来重新审问，证实此人是屈打成招。邓太后就释放了这个犯人，犯人跪地磕头，感谢太后的圣明。邓太后又处置了洛阳令，以平民怨。说来也巧，邓太后在处理了一些冤案回宫的途中，大旱的洛阳竟然也下起雨来，老百姓争相说是邓太后的圣明感动了老天爷。京师民众欢悦异常，太后也格外高兴。

邓太后虽然深知外戚专政的危害，但是邓太后毕竟只是一介女子，她既要处理后宫之事，又要制定国家的大政方针，这就使她不能两者兼顾，因此，她还是要依靠她的兄弟。延平元年（公元106年）四月，邓太后任命她的哥哥邓骘为车骑将军，执掌军政大权，控制了拥有决策权的内朝机构。从此，刘氏东汉王朝又开始由外戚邓氏家族把持。八月份，在邓太后忙于发号施令改革朝政的时候，当了八个月皇帝的刘隆便悄然离开人世。因为刘隆夭折，因此他的谥号为孝殇皇帝。刘隆也成为中国历史上年龄最小，寿命最短的皇帝。

张衡的智慧

张衡（公元78～139年），字平子，南阳西鄂（今河南南阳市石桥镇）人，是我国东汉时期伟大的天文学家、发明家、地理学家、数学家、制图学家和诗人，汉朝的官员，为我国天文学、机械技术的发展做出了不可磨灭的贡献。张衡观测记录了2500颗恒星，发明制造了世界上第一架能较准确地演示天象的漏水转动浑天仪，此外，还制造出了指南车、自动记里鼓车和飞行数里的木鸟等。

张衡著有科学、哲学和文学著作共32篇，其中天文学著作有《灵宪》和《灵宪图》等。

张衡幼年时候，家境已经衰落。正因为这种生活，才让他有机会接触社会底层的劳动人民和生产、生活实际状况，从而给他后来的科学创造带来了积极的影响。当时，南阳经济、文化都很发达，有"南都"之称。张衡生活在这种环境下，再加上他自幼刻苦好学，青少年时代就已经为后来从事科学和文学事业打下了良好的基础。

张衡16岁时，就离开了家乡开始游学，广结学者名流。后来他又到了首都洛阳，开始在最高学府——太学读书，并成为学识渊博的学者。那时，地方上曾经推举张衡做"孝廉"，公府也曾多次让他去做官，但是都被他拒绝了。

公元100年，23岁的张衡回到家乡任南阳太守鲍德的主簿，主管文书工作，在办理政务之余，又潜心文学创作。他以游学长安和洛阳的所见所闻作为素材，先后用了10年时间，精心雕琢、反复修改，公元107年写成了著名的《东京赋》和《西京赋》，合称为《二京赋》，这两部作品主要是描写京城长安和洛阳的繁华,并抨击了那些过着奢侈生活的官僚贵族。文章内容丰富,语言瑰丽,旁征博引,反响也很大。除了这两部著作外,张衡还写了很多诗和铭文,从形式上看,人们认为是中国最早的完整的七言诗,被世人广为流传。

张衡到34岁那年,汉安帝听说他有些文才,便召他入京做个郎中。郎中在朝中只是个微末小官,干些当差值班、起草文书等事,比较清闲。但却使张衡有机会接触到许多秘书古籍。特别是西汉末年学者扬雄所著《太玄经》一书,里面谈到许多有关天文和数学方面的问题,引起张衡极大兴趣。由此他便专心致志地投入这一崭新领域。三年后,他由郎中升任太史令,主管天象观测及历法推算。即在这一时期,张衡发明制造了举世闻名的浑天仪。他经过长年观测,记录下2500颗恒星位置,画出我国第一张完备的天体星象图。他确认了月亮自身并非发光体,其光辉乃来自于太阳光的反射,向日则明,背日则暗,并进而科学地解释了日食、月亏现象。在此基础上,写下了天文学专著《灵宪》一书,为发展天文学说做出了重要贡献。

但当时汉朝政治日渐腐败,权柄时而操纵于少数宦官手中。张衡忠耿直谏,屡遭谗言,曾几次调离太史令职务。一度被调任掌管车马的侍从官员,碌碌无为而长达五年。到汉顺帝初年再任太史令,才又造成候风地动仪。后来,又受宦官排挤,调出京城,到河间郡去当个地方行政长官。这一时期,虽也做了些打击豪强劣绅、为民做主等好事,但官场周旋,毕竟不是张衡之所擅长。就在此时,他写下了那首一开我国古体诗由五言向七言过渡先河的名篇《四愁诗》,发出了"我所思兮在太山,欲往从之梁父艰"的哀叹。

《灵宪》把宇宙演化形成三阶段称之为道根、道干、道实。张衡在解释有混沌不分的大气时引用了《道德经》里的一句话:"有物混成,先天地生。"这些说明《灵宪》的宇宙起源思想,是来自老子的道家哲学。《灵宪》的宇宙起源学说与《淮南子·天文训》的思想十分相近。不过,《灵宪》主张清气所成的天在外,浊气所成的地在内,这是浑天说。《淮南子》认为在气分清浊之后"清阳者薄靡而为天,重浊者凝滞而为地"。天上地下,这是盖天说。

总之,张衡继承和发展了中国古代的传统思想,认为天地的形成是物质自身变化发展的自然结果,更加强化了传统的唯物主义观点的倾向。

公元111年,张衡应征进京,曾先后担任郎中、太史令和公车司马令等低、中级官职。其中,任太史令的时间最长,长达14年。太史令主要负责观测天象、编订历法、候望气象和调理钟律（计量和音律）等事务。张衡任职期间，还对天文历算进行了精湛的研究，在这方面也做出了重大的贡献。

漏水转动浑天仪是张衡发明制造的世界上第一架自动演示天文景象的巨型仪器。这件载入世界天文学发展史册的重要仪器，造成于公元117年。当时，正是张衡就任汉安帝朝太史令一职的第三年。他将自己所观测到的日月星辰出没规律和天体形态，加以精确计算，先用竹片做成模型，之后又用精铜铸成仪器。有关地球自转、黄道、赤道、一年春夏秋冬四季及二十四节气变化，以及二十八宿等主要星辰位置等复杂天象，尽现其中。他还运用中国古代计时之漏壶滴水原理，在仪器上安装齿轮，借水冲之力使之按时旋转，一日恰好转动一周。这样，人们坐在室内观看此仪，地球及周天星象运行状况便历历如在目前。现存于北京建国门观象台上那架天球仪，便是清朝人根据张衡浑天仪原理仿造而成，只是不能自动运转。

此外，张衡还制造出风候地动仪、指南车和计里鼓车等。

公元139年，张衡在洛阳去世，终年62岁。为了纪念张衡，人们把月球背面的一环形山取名为"张衡环形山"，而且还把太阳系中的1802号小行星命名为"张衡小行星"。

外戚、宦官专权

东汉王朝自光武帝刘秀开国，至最后一位皇帝汉献帝刘协，共经历了12位皇帝，196年的历史。从时间上来看，东汉统治并不算短，但是在这196年东汉历史中，有八位皇帝都是小孩，他们分别是和帝、殇帝、安帝、顺帝、冲帝、质帝、桓帝、灵帝。在这八位皇帝中，有的甚至还是"襁褓婴孩"时，就做了皇帝，而年龄稍大一点的也不过是十四五岁。试想，区区孩童，怎能治国？孩童年幼，当然不能治国，所以外戚、宦官就在这种背景下，登上了历史舞台。

东汉的皇帝除明帝、章帝外，几乎都在幼年继位，因而每一代"少儿皇帝"开始继位时，总是由皇太后临朝称制。这些年轻的皇太后，要掌握封建国家的专制权力，只能依靠两种人，一是她的父兄，即外戚；二是她身边的奴才，即宦官。

东汉第一位专权的外戚是窦宪。公元 88 年,汉章帝死,年仅 10 岁的和帝继位。靠母窦太后临朝称制,母舅窦宪总揽朝政。"一人得道,鸡犬升天",窦氏外戚集团得势,其子弟亲戚骄纵不法,胡作非为。特别是在窦宪击破北匈奴后,窦氏更是势焰熏天,刘家朝廷实际成了窦氏天下。公元 92 年,汉和帝在宦官郑众等的帮助下,消灭了窦氏势力。郑众因功封侯,参与政事,从此宦官势力开始增长起来。

公元 105 年,和帝死,邓皇后废和帝长子,立出生仅百日的婴儿为帝,即殇帝,邓太后临朝称制,把持政权。不久殇帝死,邓太后又立 13 岁的安帝,由其兄邓骘辅政。邓太后吸取窦氏失败的教训,抑制其子弟的权力,更多地依靠宦官控制政权。安帝亲政后与宦官李闰、江京等合谋,消灭了邓氏势力。由国舅阎显和帝舅耿宝并为校卿,典掌禁兵,宦官李闰等掌机要,形成外戚、宦官共同把持朝政的局面。外戚、宦官狼狈为奸,政治败坏,百姓深受其害。

公元 125 年,安帝死后,阎显恃其妹为皇太后,独揽朝政,排斥宦官。不久,宦官孙程等得势,设法消灭了阎氏势力,迎立被废的皇太子刘保为顺帝。顺帝即位时年仅 11 岁,其生母李氏,此前已被阎氏所害。所以顺帝即位之初,没有外戚控制朝权,而宦官因拥立有功而被封侯,势力大长。顺帝长大后对居功自傲的宦官给予严厉打击,宦官在顺帝朝未酿成大害。

公元 135 年,梁商为大将军,朝政逐渐为梁氏外戚集团所把持,梁商死后,其子梁冀继任大将军,外戚专权达到登峰造极的地步。公元 144 年,汉顺帝驾崩,梁冀独揽朝权,立年仅两岁的刘炳为帝,是为汉冲帝。而半年后,梁冀就将汉冲帝害死,又在皇族中找了一个 8 岁的孩子接替,他就是汉质帝。质帝虽然年幼,但聪明伶俐,他对刁钻蛮横的梁冀甚为厌恶,遂在朝堂上公然指责梁冀"嚣张跋扈"。梁冀听后气愤至极,心中暗想:区区毛孩竟如此厉害,将来必是大患。于是梁冀暗中勾结宦官,将毒药放在煎饼里,毒死了质帝。其后,太尉李同等主张"建立长君,以安定帝位",此议正好犯了梁冀的大忌。梁冀于是与朝中奸臣合谋,将李同诬陷下狱摧残致死。其后,梁冀又与宦官曹腾合谋,扶拥 15 岁的刘志继承皇位,是为汉桓帝。

汉桓帝即位后,梁氏的外戚势力已达到登峰造极的地步,独揽朝权不说,还穷奢极欲。梁冀倚仗权势搜刮民财,私盖大量宫殿宅院,霸占洛阳近郊民田,以建私家花园。梁冀无法无天地掌了将近 20 年大权,令汉桓帝忍无可忍。

于是他也效仿梁冀，暗中使诈，密会单超等五位跟梁冀结有怨仇的宦官，趁其不备，带领千名御林军合围其宅。梁冀得知情况后，惊慌失措，最后服毒而死。梁冀死后，被牵连的人众多，朝廷大官几乎全被罢免，宦官单超等5人有功，被封为侯爵，称为"五侯"，从此宦官独揽大权，权势达到顶点。宦官的兄弟、亲戚被派到各地做官，他们贪赃枉法，榨取民财，杀人越货，与盗贼没有区别。侯览的哥哥在四川做官，经常以谋反罪诬告别人，然后侵吞别人的财产。民间咒骂宦官五侯专权是"一将军死，五将军出"。

外戚、宦官交替专权，是统治集团专制制度的结果。专制制度使权力集中在皇帝手中，皇帝就是一切权力的化身。外戚利用皇帝幼小掌握朝政，宦官又利用消除外戚的机会掌权。无论外戚或宦官，都力图自己操纵政权，甚至任意害死皇帝，再立新皇，东汉的统治就在这种政治腐败中走向灭亡。

党锢之祸

东汉后期，有一批官僚、士人因出面反对宦官专政，被罢官禁锢，甚至株连杀害。这是统治阶级内部的政治斗争，历史上称为"党锢之祸"。

东汉社会敬重读书人，崇儒敬士之风很是普遍，官员中不少著名学者。官员李膺（字元礼）、陈蕃（字仲举），深受太学生们的敬慕，被称为"天下楷模"。另外，太学生领袖郭泰、贾彪，汝南名士范滂、南阳名士岑晊……一大批讲气节、守道义的士人互相推重，无形中凝聚成一股与邪恶宦官势力抗衡的力量，宦官集团对此恨之入骨。

第一次党锢祸案的导火线是延熹九年李膺诛杀风水先生张成之子。张成以推算祸福，占卜凶吉，交结宦官，乃至桓帝也请他算卦。张成事先从宦官那里得知朝廷就要颁布大赦令，就唆使他的儿子去杀人，以报私仇，不料这件杀人案子落到了河南尹李膺手里。李膺知道张成跟宦官有勾结，他一点也不客气，下令把张成的儿子抓来，公布了他的罪状后，立即斩首示众。张成见儿子被杀，自然恨透了李膺。他在宦官的唆使下，给桓帝写了一封诬告信，信上说："李膺等人在太学里结交各地来的太学生，组织秘密党派，诽谤朝廷，败坏风俗，有谋反的嫌疑。"桓帝接到诬告信以后，也不调查了解，立刻下令逮捕李膺等二百多个党人，把他们送进监狱。有些党人闻风逃往外地，桓帝就派人四处查找，悬赏追捕。太尉陈蕃上书替李膺等人辩护，请皇帝停止捕人，也被免了职。

李膺等人虽然被捕，斗争并没有结束。在审讯这件案子的时候，李膺慷慨激昂地当众揭露宦官集团的种种罪恶，把宦官集团搞得很是被动。这时候，桓帝窦皇后的父亲窦武站在李膺等党人这一边，他想利用党人打击宦官，把朝政大权抢到自己手里来。太学生贾彪了解到窦武的政治态度以后，冒着被捕的危险，化了装，在夜里偷偷地回到洛阳，去见窦武，请他在桓帝面前替李膺等党人申诉。窦武答应了贾彪的请求，他和尚书霍谞联名给桓帝上书，请求赦免李膺等党人。桓帝觉得一方面是自己的岳父来说情；另一方面对于宦官他又不敢得罪，就来个折中的办法。他下令赦免李膺等二百多个党人，但把他们驱逐回乡，禁锢终身，永远不许再做官。这就是第一次"党锢之祸"。

李膺等人虽然被驱逐、禁锢，但是他们由于反对宦官而出了名，受到了社会上广大群众的拥护。桓帝的岳父窦武也在政治上捞了一把，获得了正直的声誉，受到了反对宦官的党人和广大群众的拥护。以太学生为代表的中小地主，跟以外戚为代表的世家豪族，在反宦官专权的口号下联成一气，展开了声势更加浩大的反宦官斗争。

通过此次与宦官的斗争，士大夫们更加意气昂扬，临难不苟，推崇标榜之风更上一层楼。舆论推出陈蕃、窦武等为"三君"，李膺等为"八俊"，郭泰等为"八顾"，张俭等为"八及"，度尚等为"八厨"。"顾"、"及"、"厨"诸字有德行好、引导人、救贫困等含意。

桓帝很快病故，灵帝即位。建宁元年，窦太后临朝，陈蕃被起用为太傅，与大将军窦武共同秉政。被禁锢的李膺、杜密等人也相继被启用。九月，宦官郑飒因事下狱，供词中牵连到中常侍曹节、王甫等大宦官。陈蕃、窦武决定乘此良机，将曹节等宦官一网打尽，于是写好奏章向窦太后奏告。不料奏章被宦官盗看，曹节、王甫等人得知消息后率先发难，以武力劫胁窦太后，夺取玺印，矫诏发兵收捕窦武、陈蕃。窦武拒捕率部抵抗，陈蕃带领太学生与宦官搏斗，最后陈蕃被捕遇害，窦武兵败自杀，两人的亲故门生或株连被杀，或闻风而逃。郎中谢弼上书请求释放陈蕃家属，也被贬黜后害死。

接着又发生了更为惨烈的第二次党锢祸案。"八及"中的张俭，时任山阳督邮，而大宦官侯览是当地人，倚仗权势，残害百姓，强抢民女，侵占土地，无法无天。张俭上奏举劾侯览罪恶，请求依法严惩，并将其强抢的资产没收。侯览怀恨在心，唆使张俭同乡朱并，上书诬告张俭与同乡24人结党谋反，图危社稷。灵帝也不辨是非，下令逮捕张俭，张俭只身逃亡，官吏跟踪追捕，凡接纳过张俭的人家都被族灭。曹节等人又乘机扩大事态，大兴党狱，将李膺、范滂、杜密等100多人全部逮捕。搜捕开始，有人劝李膺逃亡，李膺却说："事不辞难，罪不逃刑，臣之节也。"自动入狱。范滂也主动到县里投案，县令郭揖大为感动，解下印绶准备和范滂一起逃跑，但范滂不愿牵累他人，遂只身入狱。100多名士大夫都被害死狱中。此外，奸人乘机告讦，官员任意牵连，从而致死、监禁、流放、废锢的士大夫又有六七百人，其妻子家属也皆被流放边地。

熹平元年，窦太后死，有人在皇宫门口张贴反对宦官的标语。宦官怀疑是太学生所为，又四出搜捕太学生千人。熹平五年，永昌太守曹鸾上书为"党人"讼冤，措辞激切，灵帝大怒，下令将曹鸾入狱拷打致死。同时下诏，凡是党人的门生、故吏、父子兄弟并五服以内隶属，统统加以禁锢。

光和元年，议郎蔡邕上疏指责宦官程璜并佞臣数人，奏章被曹节偷看而泄漏，程璜便指使人造匿名传单诬陷蔡邕，致使蔡邕下狱并与家属一起流放朔方（今内蒙古磴口县）。其女蔡文姬，后来在曹魏时，才得以返回。

第二次党锢案前后持续了十几年，一直到黄巾起义，朝廷见局势危急，灵帝才勉强采纳宦官吕强的建议，宣布赦免党人，以防止党人积怨成仇，与黄巾军沟通。然而宦官迫害士人之事依然不断。如侍中向栩上书论宦官之害，被诬与黄巾勾结，下狱而死。郎中张钧上书论十常侍残酷剥削，百姓被逼从贼，也被下狱而死。谏议大夫刘陶上书说当今国家大乱是宦官造成，又被下狱拷打而死。

两次"党锢之祸"都是东汉统治阶级内部争权夺利的斗争。宦官们骄奢残暴，作恶多端，太学生发动的反宦官斗争，当时有一定的进步意义。自从他们的斗争被宦官击败以后，东汉的政权又一次完全被宦官集团所控制，政治越来越腐败了。

黄巾军起义

东汉末年，土地兼并严重，豪强地主势力日益扩张；宦官专权，吏治腐败，统治集团日趋腐朽，社会矛盾日趋激化；而天灾人祸不断，流民颠沛流离。走投无路的农民被迫奋起反抗，终于爆发了东汉中平元年（公元184年）中国历史上第一次有组织、有准备、全国性的农民起义，起义军以头戴黄巾为标志，被称为"黄巾大起义"。

汉顺帝以后，道教的一支太平道在流民中广泛传播开来。巨鹿人张角是太平道的首领。张角自称大贤良师，以治病为传道的手段，宣传教义，得到民众的信任，在十多年的时间内，吸收信徒10万余人。张角懂些医道，但他采用巫术方式治病，让病人跪拜在中黄太一神位前忏悔过错，然后让徒弟们给病人念念咒语，洒点符水，就这些方式也能激起苦海中人们的希望。张角的活动引起了东汉统治集团的注意，统治者试图以赦令和封赏破坏农民起义，但张角的起义力量日益壮大。张角把聚集在他旗帜下的几十万农民，按地域分为36方，大方一万多人，小方六七千人，每方设"渠帅"领导，由他统一指挥，并在道徒中广泛传播"苍天已死，黄天当立，岁在甲子，天下大吉"，而且约定在甲子年（公元184年）三月五日起义。太平道徒又在民间广为散布"黄天泰平"的口号，并在各地府门上用白土写上"甲子"字样。为了周密地组织起义，张角亲自潜入京都洛阳考察，并让得力的弟子马元义把荆州、扬州的几万信徒调到邺城集结，作为起义军的主力，以及传达共同起义的约定。

就在太平道的起义部署紧锣密鼓地进行着的时候，突然发生了一件令张角意想不到的事情！中平元年（公元184年）正月，马元义的弟子唐周临事变节，向官府告发了太平道的起义计划。东汉朝廷大为震惊，随即宣布京师戒严，关闭洛阳城门，在城内大肆搜捕，一千多名太平道徒众被捕杀，马元义被车裂处死。张角知计划外泄，当机立断，立即下达提前起义的命令。甲子年二月，7州28郡36万人同时举行起义。由于起义军人数众多，被统治者称为"蚁贼"，中国历史上第一次准备比较严密的农民起义爆发了。

起义那天，在巨鹿飘起了三面大旗，三面大旗分别写着"天公将军"（张角）、"地公将军"（张宝）、"人公将军"（张梁），大旗下立着成千上万的拿武器的起义者。起义军的一支集中在黄河，另一支在南阳等地，从北南两面威胁洛阳。

黄巾军攻占城邑，焚烧官府，赶走官吏，没收地主家的财物救济贫民，同时，五斗米道等也起来反抗。东汉政府被形势所迫，解除党锢，以增强统治阶级内部的凝聚力，同时调集重兵，进行镇压。黄巾起义军由于缺乏政治军事斗争的经验，不能统筹全局、集中力量控制全线起义。各地孤军作战，缺乏相互联系和配合，以致被东汉王朝各个击破。皇甫嵩率领的东汉官军主力疯狂镇压对京都威胁最大的波才率领的义军。义军作战勇敢，包围了皇甫嵩的汉军，然而波才缺乏军事经验，依草结营，皇甫嵩趁机烧营，义军损失惨重，后又被皇甫嵩与曹操的援军追击，陷于失败。张角领导的黄巾主力击败了卢植、董卓的进攻，张角却病逝了，由张梁统率义军应战皇甫嵩。皇甫嵩用计麻痹黄巾军，在深夜突然袭击，张梁阵亡，3万多人战死，5万多人撤退时被逼投河自杀。东汉王朝对起义者进行血腥的报复，对张角剖棺戮尸，大肆屠杀义军。

黄巾大起义虽仅9个月便失败了，但是各地黄巾军仍然在不断战斗，沉重地打击东汉朝廷的统治。在黄巾军打击下，东汉政府走向了四分五裂的局面，在镇压黄巾军的过程中，有些人着力培植自己的势力，为以后三国纷争打下了基础。

董卓乱政

公元189年，汉灵帝死，其少子刘辩继位，是为汉少帝，由大将军何进辅政。

因何进素来与宦官有隙，升任辅政大将军的他，一面拉拢司隶校尉袁绍与他合谋诛杀宦官，一面又私召凉州军阀董卓入京。怎料宦官张让先发制人，趁何进不备，将其毒杀于宫中。如此一来，袁绍得千载难逢之机，以查办何进之死为名，与曹操一同带兵入宫，大开杀戒，斩杀宦官两千余人。至此，寄生于东汉王朝的百年毒瘤被彻底铲除，亦使东汉中央政权出现了权力真空。

随后董卓率军进驻洛阳，兼并何进所属部众，又诱使执金吾丁原的部将吕布杀死丁原，吞并其兵力。因此自恃重兵的董卓擅政无人敢言。其后，董卓更加蛮横霸道。他逼迫朝廷罢免司空刘弘，自为司空；又于公元189年农历九月,汇集群臣废黜少帝,改立陈留王刘协为帝,将持反对意见的袁绍逐出京师。文武百官慑于董卓之淫威,悲戚惶恐,无人敢言。董卓趁机又进位为相国,鸩杀何太后,独揽东汉朝权。

董卓纵兵在洛阳城中大肆掳掠财物、妇女,又虐刑滥罚,残害百姓,以致京师人人自危。为了巩固自己的权位,董卓征召名士,拉拢士人为己所用。董卓试图拉拢典军校尉曹操,升其为骁骑将尉。曹操却企图谋刺董卓,因事未成而连夜逃出京师,回奔家乡。董卓大怒,下令各州郡缉拿曹操。

公元189年年底,曹操逃至陈留(今河南开封东南),利用家财和同乡豪强卫兹的资助,组成一支五千人的军队,起兵讨伐董卓。公元190年,冀州牧韩馥与袁绍、孙坚等人也联合关东各州郡兴兵讨伐董卓。黄巾余部亦陆续起兵。

农历二月,董卓见关东联军气势甚盛,对洛阳形成威胁,便不顾朝臣反对,放火烧毁洛阳宫殿、官府和民房,胁迫献帝及数百万民众迁都长安。此举致使洛阳周围"二百里内无复孑遗",室屋荡尽,荒芜凋敝,无复人烟。

次年,董卓又授意朝廷封他为太师,地位在诸侯王之上。他还拔擢亲信,广树党羽;宗族内外,并居列位;子孙年虽幼小,男皆封侯,女为邑君。又筑坞于郿(今陕西眉县东渭水北),号"万岁坞",积谷可供三十年。

公元192年5月,司徒王允与董卓的部将吕布合谋,趁董卓赶赴朝会之际,将其砍死。由于董卓人心丧尽,他的死自然成了百姓的盛大节日。长安城出现了"士卒皆呼万岁,百姓歌舞于道"的情景。董卓死后,其宗族藏身的"万岁坞"被皇甫嵩攻下,男女老幼皆成了刀下鬼。而董卓那肥胖如猪的尸体也被焚烧成灰,消失得无影无踪。

董卓死后,东汉王朝的统治接近尾声,而中国历史也正式迈入了战事频发的三国时代。

第五章
三国两晋南北朝

　　三国两晋南北朝是中国历史上政权更迭最频繁的时期，主要分为三国、西晋、东晋和南北朝时期，由于长期的封建割据致使中原大地战争连绵不断。三国主要有曹魏、蜀汉及孙吴三个政权。公元280年，西晋统一全国。然而好景不长，公元317年，晋朝宗室司马睿于建康称帝，东晋建立。东晋后期又发生朋党相争及桓玄作乱，刘裕凭借军事力量夺得帝位，进入了南北朝时期。

挟天子以令诸侯

董卓乱政后，东汉天子更无力节制那些官僚豪强了，如袁绍等拥兵自重，雄霸一方，彼此间又争夺地盘，战乱不息，天下苍生苦不堪言。

汉献帝的日子也不好过，在董卓手里的时候被吓得够呛，后来又被董卓的手下争来抢去，吃不好喝不好，搞得跟叫花子一样，终于在公元195年，在国舅董承、曹操等人的护卫下回到了故都洛阳。

可是此时的洛阳，基本上是一片废墟，又赶上饥荒，老百姓靠挖草根、吃树皮为生，当官的也不例外，也得去打柴找吃的。同样，汉献帝也好不到哪里去，不但吃不好，还没地方住，因为宫殿早让董卓烧光了，到处都是荒草、废墟，只好找个民宅屈居下来。百官就在一个破草棚里朝见皇帝。

汉献帝回到洛阳后，在割据一方的诸侯间引起了一连串的思考。当时袁绍实力最强，他手下的谋士沮授建议袁绍把皇帝接到河北来，但是，另外一些谋士对袁绍说："把皇帝请来太麻烦了，还得早请示晚汇报，听他的让人觉得您没分量；不听他的人们又会说您抗旨，所以还是不要自找麻烦了。"袁绍这个人，一向听不进去正确意见，于是就放弃把献帝请来河北的主意了。

而在另一阵营，曹操的队伍里，也出现了类似的声音。大多数谋士都觉得献帝是个累赘，自己的脚跟都还没站稳，不如多抢点地盘来得实惠，因此反对曹操把献帝接到许都去。但是有一个谋士荀彧坚决主张把献帝迎过来，他说："春秋时，晋文公迎立周襄王归位，四海敬仰，从而奠定了春秋霸主的地位；秦朝末年，汉高祖以给义帝发丧为名，讨伐项羽，从而获得了民心；现在洛阳荒芜，皇帝落魄，正是需要人帮助的时候，如果您现在把皇帝接过来，必定能赢得天下人的称赞。并且，您行动要快，不然要让别的人抢了先，您就后悔莫及了。"

荀彧的话正合了曹操的心意。不久，曹操就以都城被贼人烧毁不便防守为由，劝献帝移驾许昌，献帝也因曹操手中兵权缘故不得不从。

建安元年（公元196年）九月，曹操迎献帝迁都许昌，开始了东汉历史的重要转折期。

曹操将献帝迎接到许昌之后，献帝又大封曹操。曹操的政治地位越来越高。曹操迎献帝迁都许昌不仅仅是为了个人的政治地位，而是有更重要的政治目的。将献帝安定在许昌之后，曹操便开始了他的一系列政治、军事行动。

曹操深知，自己虽然将献帝迎奉到许昌，但各路军阀肯定不会善罢甘休，所以，在还没有实力剿灭所有军阀的时候，还是应该采取灵活的手段对付各路豪强。建安元年十月，献帝拜袁绍为太尉，但袁绍不愿在曹操之下为官，怒气冲冲地拒绝任职。当时袁绍虽然实力强大，但曹操并非拿他毫无办法，只是不想与其争斗，因小失大。后来，曹操每次或是征战，比如在进攻张绣、袁术、刘备和袁绍时，或是赏罚，都借着天子的名号，可谓"出师有名""赏罚有据"。凭借天子之军的名义，他更是收拢到众多谋臣武将的归附，他所攻打下的土地上的百姓也更容易得到顺从。

曹操大权在握，很多大臣都劝曹操废了汉献帝，取而代之，但是曹操却没有听从。因为献帝是曹操最大的政治资本，若贸然废掉，民心变动，孙权、刘备等割据势力必定群起而攻之，对曹操来说是弊大于利。但是曹操死后，曹丕便不再奉行挟天子以令诸侯的政策，逼迫汉献帝禅位，自己做了皇帝，国号为魏，东汉彻底从历史上终结。

官渡之战

曹操"挟天子以令诸侯"，取得政治上的优势。建安二年（公元197年）春，袁术在寿春（今安徽寿县）称帝。曹操即以"奉天子以令不臣"为名，进讨袁术并将其消灭。接着又消灭了吕布，并利用张扬部内讧取得河内郡。从此，曹操势力西达关中，东到兖、豫、徐州，控制了黄河以南，淮、汉以北大部地区，从而与袁绍形成沿黄河下游南北对峙的局面。而袁绍则在建安三年（公元198年），击败了公孙瓒，占据了青、幽、冀、并四州之地。袁绍的兵力在当时远远胜过曹操，自然不甘屈居于曹操之下，他决心同曹操一决雌雄。建安四年（公元199年）六月，袁绍调集精兵10万，战马万匹，企图南下进攻许昌，官渡之战的序幕由此拉开。

建安五年（公元200年）二月，袁绍遣部将郭图、淳于琼、颜良围攻白马，自己率领大军至黎阳，准备渡过黄河南下，进攻曹操，官渡之战拉开序幕。4月，曹操北上，欲先解白马之围。但兵围白马本为袁绍部署的一着妙棋，欲以此吸引曹兵主力，然后以黎阳大军发起进攻，毕其功于一役。当时，曹操兵少粮绌，自知不足以分兵迎战，一时难作决策。这时，谋士荀彧献计说："我军兵少，不可力战，只能设法分化袁军的兵势。您可以引兵到延津，做出要渡河袭击敌军背后的样子，袁绍必引兵相拒。这时您却以轻兵袭白马，出其不意，攻其不备，必能获胜。"曹操采用荀彧之计，果然调动了袁绍大军，白马的袁军顿呈孤势。曹操立即以最快的速度挥师白马，颜良大惊，仓促应战，被曹军所杀。白马之围遂解。

然而，形势依然敌强我弱，死守白马无异于坐以待毙。曹操审时度势，乃放弃白马，转移军民沿黄河西上，袁绍于是渡河追击。到了延津南面，曹操却出人意料地驻扎下来。不久，袁绍的追兵出现了，先是五六百名骑兵，后来袁军越来越多，不可胜数。诸将看到敌人太多，劝曹操退营死守。曹操却令骑兵下马，就地休息。原来，曹操早已设下了破敌妙计，他知道袁军贪财好利，便把辎重物资置于大道中间，以使之争抢自乱。果然，袁军到后，都忙于争抢财物，不战自乱。曹操遂命600名骑兵上马出击，大破袁军，斩袁绍大将文丑。

两战胜利后，曹操进军官渡，袁绍进军阳武，在东西数十里的战场上连营相抗。几次交战下来，曹操以兵力太少处于劣势。袁绍势盛，进邻官渡，摆出一副决战的架势。双方各自挖掘地道，堆置土山。袁绍又令军兵登高箭射曹操大营，矢如雨下，往来兵将皆需盾牌掩护，曹兵大惧，曹操亦有还师许都之意，乃致书荀彧问以对策。荀彧回书说："袁绍兵力全部汇集官渡，要与你一决雌雄，这是事关天下安危的紧急关头，如果你不战胜袁绍而自动撤军，袁绍的大军必然乘机追袭。以袁绍兵力之众，到那时恐怕无人能拦住袁绍的南下了。"曹操认为他的看法正确，遂下决心死战。双方在官渡对抗持续了几个月，曹操兵力益见稀少，粮食殆尽，士卒疲惫不堪。这时，曹操的运气来了。原来，袁绍的谋臣许攸贪婪财物，不能为袁绍所满足，遂投降曹操。他劝曹操偷袭袁绍的护粮将官淳于琼等人，以动袁军之根本。但许攸本为袁绍谋臣，他的计策是否可信呢？会不会是诈降的骗局呢？曹操的左右皆有怀疑，只有荀攸、贾诩劝曹操听取许攸之计，发兵速往。

曹操亲自率领 5000 人马，摸黑来到袁军的屯粮地，立即将粮车团团围住，曹操一声令下，兵士们一齐放火。刹那间，风助火势，烈焰冲天，袁绍的护粮军在睡梦中被惊醒，看到冲天烈火顿时大乱。淳于琼仔细一看，发觉曹军的人数不多，他立即将乱军整顿好，率军出营迎战。曹操挥军猛攻，淳于琼只得退回大营坚守。

袁绍闻报曹操向淳于琼发动进攻，立即派高览、张郃攻打曹操的大营。张郃认为曹操大营坚固，一时难以攻取，应当首先援救淳于琼。部将郭图为了迎合袁绍争宠，竭力赞成攻打曹营，结果袁绍只派了少量人马增援淳于琼，主力仍去攻打曹军大营。

袁绍的援军即将到屯粮地，左右侍从立即向曹操报告，并请曹操分兵迎战。曹操大怒，吼道："等敌人到了我背后再向我报告！"曹军官兵深知腹背受敌的厉害，只得死中求活猛砍猛杀。一时间，喊杀声震天，惨叫声动地，袁绍的守粮军大败，淳于琼被斩，袁绍军的粮草全部化为灰烬。

郭图为了脱逃谋略失败的责任，便到袁绍那里陷害张郃，说："张郃听说我军惨败，正在那里幸灾乐祸。"张郃得知后又恼又怕，便和高览一起焚烧了攻营的兵器库，率军到曹军大营投降。一连串的失败，使袁军官兵惊恐万状，全军顿时大乱，官兵四处逃散。袁绍带着儿子率领 800 名骑兵，渡过黄河逃了回去。

官渡之战，经过一年多的对峙，曹操以两万左右的兵力，出奇制胜，击败袁军十万人马。这个战例成为中国历史上以弱胜强，以少胜多的典型战例。曹操以其非凡的才智和勇气，写下了他军事生涯最辉煌的一页。建安七年（公元 202 年），袁绍因兵败忧郁而死，曹操乘机彻底击灭了袁氏军事集团，建安十二年（公元 207 年），曹操又征服乌桓，至此，战乱多年的北方实现了统一。

此时，中国北方，除辽东的公孙康和关西的马腾、韩遂尚只是名义上服从汉朝外，其他州郡都直接隶属于曹操的管辖之下了。已完成北方统一大业的曹操仍雄心勃勃，时刻做好准备，打算重新统一全国。

外科祖师华佗

华佗（约公元 145～208 年），东汉末医学家，字元化，一名旉，沛国谯

（今安徽亳州市谯城区）人，是我国东汉末年一位著名的医学家。华佗深入民间，足迹遍布江淮平原和中原大地，在外、内、妇、儿各科的临床诊治中，创造了许多医学奇迹，以自创麻沸散（临床麻醉药）和行剖腹术闻名于世。人们常用"华佗再世""元化重生"来赞誉医术高明者，足见他对后世的影响之深远。

华佗自幼熟读经书，特别精通医术。后来，他去徐州（州治在今山东郯城西南）游学，在那里拜名医做老师，再加上自己刻苦努力，终于掌握了渊博的医学知识：外科、内科、针灸科、妇科、小儿科等，样样精通，外科医术特别高明，因而后世都尊奉他为外科的祖师。

华佗除了具有高超的医术，还有不贪名利的可贵品质。沛国相陈珪曾经举荐他做孝廉，太尉黄琬也曾让他去做官，可是都被华佗拒绝了。他宁愿拿着金箍铃，四处奔走，为人们治病。广陵（今江苏扬州市）、彭城（今江苏徐州市）、盐渎（今江苏盐城西北）、甘陵（今山东临清市）、琅琊（今山东临沂市北）、东阳（今山东恩县西北的东阳城）一带，是华佗主要行医的地方，当地的居民没有不称赞他的。直到今天，江苏徐州还有华佗的纪念墓，沛县还建了华祖庙。

华佗医术中最出色的就是外科手术，为了施行手术的需要，他吸取了前人的经验，利用酒能令人麻醉的性能，发明了"麻沸散"。当病人用酒冲服下麻沸散后，就会完全失去知觉，即使剖腹割背也不会感到疼痛。华佗除了用手术来治外科疾病以外，还常用外科手术治疗内脏的疾病。华佗能把内脏的病变部分割除，或者是加以清洗。手术做完后，伤口再用丝线缝合，然后敷上特别配制的药膏，据说四五天后就能愈合，一个月左右可以平复。当时，华佗就已能做摘除肿瘤和胃肠缝合一类的外科手术。有一次，有个推车的病人，屈着腿，嘴里喊着肚子痛。没过多久，气息变得微弱，喊痛的声音也逐渐小了。华佗切他的脉，按了按这个人的肚子，就断定患的是肠痈，因为病情严重，华佗立刻给病人用酒冲服了"麻沸散"，等麻醉后，给他做了手术，经过治疗，大约一个月的时间病就好了。后来，华佗的外科手术，得到历代医者的推崇。

如今，麻沸散的配制方法，已经失传，虽然后人有种种推想，但都不可靠。不过，早在1700年前华佗就能用麻醉法来进行外科手术，是毋庸置疑的。

这也是他对祖国医学上的杰出贡献。

华佗也非常重视疾病的预防，还强调人们要通过体育锻炼来增强体质。他还模仿虎、鹿、熊、猿和鸟的动作姿态，发明了一种"五禽戏"。如果身体感到不舒服时，就做一套五禽戏，出汗后，就会感到身体轻爽。华佗的弟子吴普每天坚持做"五禽戏"，活了90多岁，耳聪目明，齿牙完坚。

华佗因精湛的医术名扬千里，朝廷太尉和官员都听到华佗名声，征召他做官，都被华佗拒绝了。当时中国大地上呈现着群雄割据，烽烟四起，战争连年不断的局势。那时，黄河流域的经济、文化都遭到了严重的破坏，人民生活艰苦，各种疾病流行。华佗耳闻目睹了这一切，便立志"以医济民"。于是，他开始四处为民治病。

曹操很早就患有头疼病，每次遇到紧急事情时，头疼病就会发作，疼痛难忍。曹操听说华佗医术高明，就派人请来华佗，华佗扎了几针，头疼就被止住了。为了一己私利，曹操就强迫华佗留下做随从医官，方便随时给他治病。可是，华佗禀性清高，不贪慕虚荣，不愿做这种形同仆役的侍医。就借口说家中妻子患病而告假回乡。曹操为此大怒，专门派人去华佗家乡调查详情。曹操对派去的人说：如果华佗的妻子确实生病了，就送给小豆四十斛，宽假限日，如果要是"虚诈"，就立刻逮捕治罪。

没过多久，华佗被抓到许昌，曹操仍然让他治病。华佗诊断后，说："丞相的病情已经很严重，现在用针灸是无法根除的。我想，你需服麻沸散，剖开头颅，做手术，这样才能除去病根。"曹操一听，大发雷霆，指着华佗斥责说："头剖开了，人还能活吗？"他以为华佗要谋害他，于是，就把华佗关到牢中准备杀掉。在牢中，华佗整理好医著《青囊经》，并把他一生的行医经验一一记录了下来。他把整理好的医书交给牢头说："这本书能救活人的性命，请你好好保存吧！"。可是，没想到这个牢头竟然怕受牵连，不敢接受。华佗只能忍痛烧掉了。

一位谋士听说曹操要杀华佗，于是就去求情："华佗医术高明，他一死，会牵涉到很多人的生命，希望丞相还能从轻发落。"曹操不听，说："我不信天下就没有像他这样的医生。"说完，就派人杀了华佗。华佗死后，他的学生继承了他的伟大事业，继续为天下百姓治病。

孙权称霸江东

当曹操和袁绍在北方激战争雄,刘备还在四处游击时,南方的一支割据势力也一天天壮大起来,这就是占据着长江下游地区的孙策、孙权兄弟。

孙策、孙权的父亲孙坚是长沙太守,本来是袁术的部下,后在一次作战中战死。那时,孙策还只有17岁,他带着自己的军队投靠了袁术。袁术虽然收留了孙策,但并不重用他。

公元195年,扬州刺史刘繇以优势兵力欲侵占孙策舅舅吴景掌管的丹阳,孙策请求袁术借兵给他去讨伐刘繇,帮助舅舅摆脱困难的处境。袁术觉得刘繇的行动也损害了自己在江东的利益,正好利用孙策去打击刘繇,于是就借了一千人马给孙策。

但对孙策来说,一千人马只是个开始,他大量吸收人才,并扩充兵马,手下有朱治、吕范、程普、黄盖、韩当等一班文臣武将。更重要的是,他在路上碰见了周瑜,周瑜与孙策一向交好,是最好的朋友,周瑜不但为孙策补充了粮食和人马,最重要的是周瑜有大才,文韬武略,能帮上孙策的大忙。另外,周瑜还举荐了张昭、张纮二人,后来他们都成为江东的重臣。

接下来,孙策便与众将商议攻打刘繇。刘繇派兵来迎战,孙策亲自上阵,几个回合就生擒了繇将于糜。繇将樊能见状来救,偷袭孙策,孙策回头冲樊能大喝一声,声如巨雷,竟将樊能惊落马下,摔死了。然后孙策返回自己的阵营,扔下于糜,只见于糜已被孙策活活夹死,于是,孙策声名大振,人人都称"小霸王"。

打败了刘繇后,孙策还收服了刘繇的一员猛将太史慈,并将刘繇军纳为自己所有。自此孙策威势大盛,有很多人前来投靠。另外,孙策在江东广施恩泽,不抢掠百姓,受到了江东百姓的拥戴。

当时有一个人叫严白虎,占据吴郡(今江苏苏州),孙策便兴兵来征讨。严白虎不是孙策对手,被打败后投靠会稽太守王朗,结果孙策与周瑜等用计将两人打败,严白虎被杀,王朗逃走。自此,江东尽归孙策掌握,称霸一方,更脱离了袁术的节制。

孙策不满足于占有江东六郡,想要渡江北上与曹操争夺地盘。吴郡太守许贡看出了孙策的心思，暗中派人去给曹操通风报信。送信人在渡江的时候被孙策的士兵查了出来。孙策得到报告以后，就想法把许贡骗来，拉出去杀了。许贡的家属和奴仆慌忙逃亡，并且决心报仇雪恨。

一天，孙策带了一些士兵在丹徒（今江苏镇江市）郊外打猎。他见一只鹿在前面跑过，赶快纵马追逐。追到树林深处，见有三个人持枪带弓等在那里。孙策正要盘问他们，其中一人已经举枪刺来。孙策赶快挥剑抵挡，砍倒了他，可是另一个人趁孙策不备，一箭射中了孙策脸颊。那人大声喊道："我们是为主人许贡报仇的！"等孙策的士兵赶到，杀死刺客，孙策已经血流满面，受了重伤。士兵们急忙抢救，把他送回会稽养伤。

因为刺客在箭头上涂了毒药，所以孙策的伤势越来越重。他知道自己活不成了，就把弟弟孙权、长史张昭叫来，吩咐后事。孙策对弟弟说："我死了以后，江东的局面就由你来支撑了。你应该常常想到父兄创业的艰难，要多依靠张昭、周瑜，要任用有才能的人，不要在强暴面前屈服，要坚决保住江东。"说完，孙策用手示意，把印绶挂在孙权的脖子上。孙权强忍着悲痛，劝慰哥哥。孙策转过身来紧紧握住张昭的手，说："现在天下大乱，我们江东人才众多，又有长江天险，抵抗强暴，进而争霸天下，这是大有可为的，希望你尽力辅佐我弟弟！"说完，就昏迷过去咽了气，死的时候，他只有26岁。

孙策死后，年仅19岁的孙权在张昭和周瑜的辅助下，开始掌管起军政大权来。当时，江东六郡虽说都归孙氏管辖，但还有很多偏僻的地方，不服从他的指挥。另外，也有一些人对孙权持观望态度，要看看他的统治能否长久，有人甚至公开反叛。在这个紧要关头，孙权迅速调动军队，一举将反叛军队消灭。大家见孙权这样有气魄，有胆略，都很佩服他，就都听从了他的指挥。江东的局势稳定了下来。

为了使自己的势力得到更大的发展，孙权非常注重搜罗人才。周瑜的朋友鲁肃是个很有见识的人，周瑜就向孙权举荐了鲁肃。孙权立即把鲁肃请来，对他加以重用。由于孙权重用人才，江东地区的文武百官人才济济，呈现了一片兴旺的景象。

公元202年，曹操派遣使者到江东，要孙权送一个儿子到许昌去做人质，以表示两家和好。孙权召集文武官员商议这件事。张昭是个文官，害怕打仗，主张送人质过去。周瑜坚决反对这种主张，他说："如果把人质送给曹操，江东从此就成了曹操的附庸，就要受他控制，听他指挥。我们江东六郡，物产丰富，兵精粮多，我们为什么不自己开创一份霸业呢？"

孙权认同周瑜的看法，拒绝了曹操的要求。在江东文臣武将齐心协力的辅佐下，孙权用心管理政事。孙坚、孙策父子开创的江东基业，在孙权手里得到更大的发展。

三顾茅庐

官渡之战后，刘备投奔荆州的刘表，在荆州住了几年，刘表一直把他当上等宾客来招待。但刘备一心想建立自己的事业，恢复汉室的江山，这种无忧无虑清闲自在的生活，反倒使他闷闷不乐。

多年征战的经验使刘备深知：没有运筹帷幄、远见卓识的人辅佐，很难成就大事。就在刘备思贤若渴之际，徐庶向刘备推荐了卧龙孔明先生。司马徽也说过诸葛亮很有学识，又有才能，刘备就和关羽、张飞带着礼物到隆中卧龙岗去请诸葛亮出山辅佐自己。据史书载："凡三往，乃见。"就是说，去了三次，才得见面。《三国演义》中详尽描述了拜访过程。第一次去，只见到守门童子，刘备自报身份、名号说："汉左将军宣城亭侯领豫州牧、皇叔刘备特来拜见先生。"而童子却说，诸葛先生清早便已外出；踪迹不定，到何处去不知道；什么时候归来也说不定；或三五日，或十数日。刘备只好失望而归。

第二次前往拜访，是在数日之后。刘备使人探察，回报说诸葛先生确已回家。便教备马立即前去。当时莽汉张飞却不太耐烦，说："量一村夫，何必哥哥自去，使人唤来便是了。"刘备呵斥他说："孔明乃当世大贤，岂可召乎！"执意亲身前往。当时正值隆冬，北风呼啸，大雪飘飘，天寒地冻。他们顶风冒雪来到隆中卧龙岗。哪知在家的却是诸葛孔明之弟诸葛均，又未得见。无奈，刘备便当场要来纸笔，亲手写下一信，说："刘备久慕先生高名，两次前来拜见，都未遇而空回，无限惆怅失望。"信中恳切陈述了自己忧国忧民之心，仰望先生大才，表达了再来拜见的愿望。

第三次拜访，是在转年春季。拜访前，刘备选择吉期，斋戒三日，熏沐更衣，才去到卧龙岗。当时，关羽认为以刘备的身份，两次亲往拜谒其礼已过，并猜想孔明是徒有虚名而无真才实学，故意避而不见。张飞更不耐烦，直说不用刘备去,他自己去用一条麻绳捆来就是。而刘备则用古代齐桓公及周文王敬贤之事开导两位结义兄弟,第三次前往。这次孔明在家,但守门童子却说先生在草堂上昼寝未醒。刘备不忍打扰,不让通报,竟拱立阶下耐心等候。童子又欲通报,刘备仍坚持不让惊动,直站立等候了一个时辰,这位卧龙先生才不继续高卧在上,终于起身下堂,接待了刘备。

于是,诸葛亮与刘备二人畅谈天下大势,详细分析了各方势力的现状与发展趋势,并为刘备谋划了南取荆州,西据巴蜀,联吴抗曹,三分天下,进而一统天下的决策。这就是历史上著名的"隆中对策"。刘备闻言,顿首拜谢不已。并诚心恳请诸葛孔明出山相助,以至"泪沾袍袖,衣襟尽湿"。孔明感其至诚,当即表示"愿效犬马之劳"。

诸葛孔明当即与刘备同归新野,刘备待孔明如师,食则同桌,寝则同榻,朝夕请教。并委以重任,拜为军师。孔明也未负刘备三顾茅庐礼待之恩,终于辅佐刘备,先取荆州,后夺西蜀,建成王业。刘备对孔明的至诚礼遇,孔明永志不忘。直到21年后,刘备已死,孔明在给刘禅上书要求北伐的《前出师表》中还言及此事说:"先帝不以臣卑鄙,猥自枉屈,三顾臣于草庐之中,谘臣以当世之事,由是感激,遂许先帝以驰驱。"到孔明病逝五丈原前三年,又在其《后出师表》中写下那句感人名言"鞠躬尽瘁,死而后已"。可见孔明对刘备知遇之恩,感怀何深!

赤壁之战

曹操败袁绍、破乌桓,基本统一北方后,于公元208年7月,率军南下,欲先灭刘表,再顺长江东进,击败孙权,以统一天下。

公元208年9月,曹军进占新野(今河南新野)。刘表这时已死,儿子刘琮懦弱无能,不战而降,使得曹操顺利地占领荆、襄四郡,并收编了荆州的30万军队,号称80万大军向长江推进。刘备在长坂坡(今湖北当阳境)被曹军大败后,于退军途中派诸葛亮奔赴柴桑(今江西九江)会见孙权。孙权因惧于曹之军力,遂答应与刘备结盟抗曹。

孙权命周瑜为主将,程普为副将,率三万精锐水军,联合刘备军,共约五万人溯长江西进,迎击曹军。11月,孙刘联军与曹军对峙于赤壁(今湖北赤壁市）。

当时曹军中疾病流行，又因多是北方人，不习水性，长江的风浪把他们颠簸得口吐黄水，苦不堪言。有人给曹操献计，用铁索把战船互相联结，并在上面铺上木板，就可以减轻战船在水上的颠簸，利于士兵行动。正为此事犯愁的曹操听了，非常高兴，赶紧吩咐手下人施行。果然，用铁索连好的战船稳如平地。

东吴得知曹军的做法后，急速召集战将商议破敌之策。老将黄盖说："敌众我寡，难以和他们长期相持。现在曹军把战船联结起来，我们正可用火攻的办法打败他们。"周瑜表示赞同，并与黄盖定下一个苦肉计，引曹操上当。

黄盖写了一封密信给曹操，说周瑜不知死活，非要和曹军决战，现在又毒打自己，所以他决定背叛东吴，向曹操投降。曹操得到信之后，认为可信，并与黄盖约好了投降的时间。

到了约定的时间，黄盖准备了十艘大船，里面装的全是芦苇干柴，浇上鱼油，并用篷布蒙起来，趁着东南风，全速驶向曹军的水寨。大约离水寨二里的时候，黄盖令人点火，燃烧起来的大船冲进曹军水寨，并且，风助火势，霎时，曹军连环战船成了一片火海，来不及逃命的曹军纷纷跳进江里，结果又淹死无数。

这时，孙刘联军全力出击，曹军无心抵抗，一触即溃，被烧死和被杀死的不计其数。曹操狼狈不堪，在大将张辽的护卫下，好不容易逃了出来，最后只收得残兵败将一千多人，急急逃回许都去了。

赤壁之战中，以孙权、周瑜、孔明、鲁肃等为代表的风云人物，展现了高度的智慧，创造了以少胜多、以弱胜强的显赫战绩，为后人所绝口称赞。宋代诗词大家苏轼在《念奴娇·赤壁怀古》一词中，就深有感慨地发出赞叹："遥想公瑾当年，小乔初嫁了，雄姿英发。羽扇纶巾，谈笑间，樯橹灰飞烟灭！"反映这次战役的大型京剧《群英会》，至今仍活跃在戏剧舞台上。

赤壁之战，曹操自负轻敌，指挥失误，加之水军不强，终致战败。孙权、刘备在强敌面前，冷静分析形势，结盟抗战，扬水战之长，巧用火攻，创造了中国军事史上以弱胜强的著名战例。

赤壁之战后，刘备乘势取得武陵、长沙、桂阳、零陵等四郡，次年又任荆州牧，奠定了壮大发展、进据益州的基础。曹操吸取失败教训，大兴水军，进控江淮，与孙权对峙。孙权为抗曹，继续与刘备联盟，任其在荆州发展。三国鼎立格局逐渐形成。

医学理论家张仲景

张仲景（约公元154~219年），河南南阳人，东汉末年著名医学家，被世人称为"医圣"。张仲景广泛收集医方，写成了传世巨著《伤寒杂病论》。书中确立的辨证论治原则，是中医临床的基本原则，更是中医的灵魂所在。在方剂学方面，《伤寒杂病论》贡献更大，创造了很多剂型，并记载了大量有效的方剂。其中，确立的六经辨证的治疗原则，深受历代医者的推崇。这也是中国第一部从理论到实践，确立辨证论治原则的医学著作。此外，还是中国医学史上影响最大的医学著作之一。《伤寒杂病论》成为后来学者研习中医必备的经典著作，受到临床医生和学生的重视。

张仲景自幼好学深思，"博通群书，潜乐道术"。10岁时就已经读了许多书，尤其是有关医学的书。当时，他的同乡何颙非常赏识他的特长和才智，曾对他说："君用思精而韵不高，后将为良医。"后来，张仲景果然成了一代良医，被世人称为"医中之圣，方中之祖"。

东汉末年，战争连年不断。百姓流离失所，饥寒困顿。各地瘟疫盛行，尤其是洛阳、南阳、会稽疫情最为严重。当然，张仲景的家族也未能幸免，对这种惨景，张仲景内心倍感伤痛。于是，他发愤研究医学，并立志做一个能解脱人民疾苦的医生。

张仲景的宗族中，有一位声望很高的医生，叫张伯祖。张仲景为了学习医术，就去拜他做老师。张伯祖见他聪明好学，又刻苦钻研，就把自己的医学知识和行医经验，毫无保留地传授给他，而张仲景竟然尽得其传。

张仲景素来提倡"勤求古训，博采众方"，认真总结和学习前人的理论、经验。他还运用四诊（望诊、闻诊、问诊和切脉），从多方面了解病情，然后进行分析综合，归纳出六经，即三阳（太阳、少阳、阴阳）和三阴（太阴、少阴、厥阴）这六种症候类型。凡是抗病力强、病势亢奋的，属于三阳病；凡是抗病力弱，病势虚衰的，就属于三阴病。治疗三阳病，主要是以驱邪为主，迅速祛除病灶。治疗三阴病，主要是以扶正为主，增强病人的抗病能力，同时调动人体积极因素。在进行治疗时，还以阴、阳、表、里、寒、热、虚、实作为辨证的提纲，先分析病情属于阳症还是阴症。由阴阳辨明表里，然后再辨明虚实，再分寒热，这就是我国中医诊断学上著名的"八纲"。

张仲景还曾研读过《素问》《难经》《灵枢》《阴阳大论》和《胎胪药录》等古代医书。其中，受《素问》影响最大。张仲景根据自己以往的实践经验对这个理论做了进一步的发展。他认为伤寒是一切热病的总称，一切因外感所引发的疾病，都可以叫作"伤寒"。此外，张仲景还认真研究分析了前人"辨证论治"的治病原则，从而提出了"六经论伤寒"的新见解。

张仲景除了"勤求古训"外，还"博采众方"，搜集了大量治病的有效方剂，甚至民间验方也要去尽力搜集。他对民间喜用针刺、药摩、灸烙、温熨、洗浴、浸足、坐药、润导、吹耳、灌耳、舌下含药以及人工呼吸等多种具体治法进行了逐个研究，广积资料。

为了开阔眼界，"博采众方"，多与同行交流经验，张仲景来到繁华的都城洛阳一带行医。当时，文坛上号称"建安七子"（孔融、陈琳、王粲、徐干、阮瑀、应玚、刘桢）之一的王粲，是七人中成就最高的诗人。他与张仲景交往密切。接触时间长了，张仲景凭借自己多年行医经验，发现王粲患了一种可怕的"疠疾"。有一天，他对王粲说："你现在已经患病了，应该尽快治疗，如果不治，到40岁，眉毛就会脱落。眉毛脱落后半年，你就会死去。现在要服五石汤，还能挽救。"可是王粲听后非常不高兴，觉得自己身体并没有异状，更不用吃药。过了几天，张仲景又见到了王粲，问他："吃没吃药？"王粲骗他说："已经吃了。"张仲景仔细观察王粲的神色，摇摇头，严肃地对他说："你并没有吃药，你的神色跟以前一样。你为什么讳疾忌医，不重视自己的生命呢？"王粲始终不相信张仲景的话，20年后他的眉毛果然脱落了，半年后就去世了。

张仲景非常热衷于医药专业，比较重视临床实践，常常"平脉辨证"，还总结了自己的临床经验。相传，张仲景50岁左右时，曾在长沙做太守。但他仍时刻不忘自己的临床实践，不忘医治人民的疾苦。但是他大小是个官员，封建社会，做官的不能进入民宅，不可以随便接近普通老百姓。这该怎么办呢？他想出一个办法，选定每月初一和十五这两天，大开衙门，不理政事，让那些患病的百姓进来。这样，他就可以堂堂正正地给百姓治病。时间久了，就形成惯例。每逢初一、十五，他的衙门前总是聚集了许多来自四面八方的病人等候看病。为了纪念张仲景，后人就把这种医生坐在药铺里给人看病的方式，通称为"坐堂"，医生就叫"坐堂医生"。

张仲景虽然当官，但是他并不热衷于官位。不久，他看到朝廷日益腐败，叹息地对人说："君疾可愈，国病难医。"于是辞官隐居在少室山，致力于总结行医经验，撰写医学著作。

张仲景学习《内经》，用了几十年的时间，他收集了大量资料，包括他自己行医的临床经验，于公元205年左右写完了《伤寒杂病论》（又名《伤寒卒病论》）十六卷。到了晋代，因战乱，其书已散佚，名医王叔和又对其进行了整理。到了宋代，才渐分成《伤寒论》和《金匮要略》二书。而《金匮要略》主要是叙写了杂病方面的医学知识。

《伤寒杂病论》的序中写着这样一段："上以疗君亲之疾，下以救贫贱之厄，中以保生长全，以养其身。"显现了张仲景作为医学大家的仁心仁德，后世尊称为"医宗之圣"一点不为过。

张仲景对我国方药学的贡献也非常大。《伤寒杂病论》书中辑录的药物、方剂要比前代丰富，而且对药物的炮制、服用和禁忌都做了明确的规定。张仲景的配方简单精当，用药也是以廉价易得为先，效果显著。为了能充分发挥药物的疗效，他还特地改进了剂型，扩大了药物的使用范围。

历代注释和阐发《伤寒论》的著作，多达三四百种。影响范围远远超出了国界，对亚洲各国，如朝鲜、日本、越南等国的影响都很大。特别是日本，直到今天，日本中医界还喜欢采用张仲景的药方。日本一些比较著名的中药制药工厂生产的中成药（浸出剂）中，有占60%以上是伤寒方（其中有些很明显是伤寒方的演化方）。可见《伤寒杂病论》在日本中医界的影响。

刘备入川

火烧赤壁之前，刘备一直处于被动挨打的状态，并不具备多大的实力，也没个固定的地盘，经常被迫投靠别人求生。但是刘备这个人韧性很强，虽然屡受挫折，终不气馁，心理素质极其过硬。

据史料记载，刘备是西汉中山靖王刘胜之后，算起来也是贵族血统，不过他家境早破落了。父亲去世得早，他就靠"贩履织席"来养活母亲，也就是靠卖草鞋、编席子为生，属于社会的最底层人员，因此常被出身豪门的曹操、袁绍等讥笑。

公元184年，黄巾起义爆发，刘备也应征入伍，因镇压黄巾军有功，后来被封为安喜县尉，但又因为鞭督邮事件弃官罢职。不久便投奔公孙瓒，在公孙瓒与袁绍的征战中，立了不少功绩，因此被封为平原县令。

公元194年，曹操领兵攻打徐州，徐州牧陶谦向青州刺史田楷求援，田楷答应出手相救。刘备也带着一千多人前去助战，但被曹操打败了。不料，吕布此时偷袭了曹操的大后方兖州，曹操只得率兵返回，陶谦便留刘备驻扎在小沛。第二年，陶谦生病去世，将徐州让与刘备。

公元196年，袁术率军进攻徐州，刘备带兵迎战。不料吕布乘机出兵，占了下邳，刘备两面受敌，被袁术打败，只好向吕布求和。后来，吕布又对刘备生疑，率兵攻打。刘备打不过，只好前往许都投靠曹操，并与曹操联手灭了吕布。

公元199年，汉献帝交付国舅董承衣带诏，董承便与刘备等密谋诛杀曹操。正好当时曹操派刘备去攻击袁术，刘备就在路上杀掉了徐州刺史车胄，占了徐州，脱离了曹操的控制。第二年，衣带诏事件暴露，曹操恨死了刘备，便领兵攻打刘备。刘备不敌，只好投奔了袁绍，但不久，刘备又转投刘表。

公元207年，刘备仍郁郁不得志，一直找不到能为他指点方向的谋士，当他闻听诸葛亮大名后，便不辞辛苦，一连三次亲往卧龙岗。诸葛亮陈说了三分天下的大计，正中刘备心意，在刘备的再三恳求下，诸葛亮答应出山相助。

公元208年，刘表去世，他的次子刘琮接管荆州，曹操此时挥师南下，刘琮不战而降。刘表长子刘琦联合刘备，准备与曹操对抗。但刘备从新野撤退时，有很多老百姓相随，造成行军速度缓慢，在当阳长坂被曹军打败。

这时，东吴鲁肃前来查探消息，并劝说刘备与东吴联合共抗曹操。于是，刘备便派诸葛亮前去面见孙权，说定孙刘联合，共抗曹操。最后，东吴周瑜火烧赤壁，曹军惨败。

赤壁之战后，刘备迅速夺取了武陵、长沙、桂阳、零陵等荆南四郡。不久，庐江雷绪率众投奔了刘备，刘备的实力大大增强。刘琦死后，刘备被推举为荆州牧，并与东吴联姻，势力愈发强盛。

公元211年，益州牧刘璋听从谋士张松的建议，邀请刘备入川帮助自己对付张鲁。刘备手下庞统、法正等便建议，趁此机会夺取益州。于是，刘备便让诸葛亮坐镇荆州，自己领兵入川。刘璋在涪城（今四川绵阳）接待刘备，期间庞统再三劝刘备杀掉刘璋，但刘备怕背上不义之名，就是不肯，只是广施仁义，笼络人心。

公元212年，张松被杀，刘备与刘璋开战。刘璋手下迎战不力，纷纷投降了刘备，但刘备军师庞统在攻雒城时，不幸中箭身亡。双方征战两年后，刘璋势弱，在简雍的游说下，最终投降了刘备。

自此，刘备坐拥西川之地，与曹操、孙权形成对峙的局面。

三国鼎立

曹操在赤壁之战战败以后，被迫回到了北方，没有力量再去统一全国。孙权在江东的政权更加稳固，刘备也以荆州为跳板夺取益州，天下三分之势初定。后来，曹操把防线撤到襄阳，专心治理西北。刘备占据荆州和益州，又从曹操手中夺得汉中，并命关羽在荆州向曹操发动猛攻，震动许昌，蜀汉势力发展到了顶峰。孙权招抚了交州和广州，平定了岭南；在曹操的挑拨下，孙权袭杀了关羽，夺取荆州，占据了长江中下游全部地区。这样，三国鼎立的局面事实上已经形成了。

曹操一生共有过25个儿子。长子曹昂在随曹操南征张绣时被射死。曹昂死后，曹丕在兄弟中就是长兄了。在曹丕诸兄弟中，除曹丕、曹彰、曹植、曹熊是被立为正室的卞夫人所生，其他的都是庶生子。而庶生子一般是没有资格被立为世子的。因此，按照传统的嫡长子继承制度，曹丕在争世子位的过程中具有最为优越的条件。建安二十二年（公元217年），曹丕被立为魏王世子，时年31岁。曹丕得知自己被立为世子，欢喜异常，情不自禁地抱住身旁人的脖子说："你知道我有多么高兴吗？"的确，这是他将来登上帝王宝座最为关键的一步。建安二十五年（公元220年），曹操的头疼病又犯了，不久便在洛阳病逝。曹丕继承了曹操的一切爵位和权力，成了新的统治者。不久，曹丕逼汉献帝禅位，曹丕正式称帝，东汉灭亡。

曹丕称帝的消息传到了蜀汉以后，蜀国人都以为汉献帝刘协已被杀害。刘备觉得自己是汉朝皇室的后代，理应接替皇位。于是，在曹丕称帝的第二年，刘备也在成都即位，就是汉昭烈皇帝。因为他以兴复汉室为口号，所以国号仍为汉。公元229年，孙权在建业（今江苏南京）称帝，建立吴国。三国鼎立正式形成。

此后，魏、蜀、吴三国积极加强对本国的治理。曹魏政权方面，实行"九品中正制"，确立了士族豪强在政治上的特权，开辟了魏晋南北朝时期的氏族门阀制度。曹丕还设立了秘书监和中书省，中书省设置中书令，主管通达百官奏事，起草诏令，以此分掉尚书令的权力，改变了东汉后期尚书权力过大的局面。在经济上，曹丕继续实行屯田制，重视水利建设，使魏国的实力进一步增强。蜀国在诸葛亮的治理下，致力于农田水利事业，派人维护都江堰水利工程，保障了成都平原的农田灌溉；公元225年，诸葛亮率军先后七次俘虏少数民族首领孟获，迫使其臣服，此后又采取"合""抚"政策，巩固了蜀汉在西南地区的统治。吴国则重视农业和手工业的同步发展，海上贸易发达；孙权平定南方少数民族山越，多次派使者出使南亚各国，并于公元230年派将军卫温等巡视夷洲（今台湾）一年。

三个国家在各自的治理下，出现了势均力衡的局面。它们虽然力图打破均衡的局面，但都不具备统一全国的能力。因此，三国战争不断，就这样维持了将近60年。

曹植七步成诗

曹操和他的两个儿子曹丕、曹植，都是三国时期著名的文学家，世称"三曹"。特别是曹操的第三个儿子曹植，在文学上的成就更为突出。他从小聪慧好学，才华横溢，深得父亲的喜爱。曹操晚年曾几次想立他为世子，继承自己的事业，但他后来失宠了。他哥哥曹丕在公元220年即帝位，号称魏文帝。但是他却害怕自己的弟弟曹植不服，总想找个借口除掉他，以解心头之患。机会终于来了。曹操死时，曹植正在他的封地，未来京城奔丧。曹丕就以此为借口，召曹植入京，要杀他。他们的母亲听说后，要曹丕手下留情。曹丕既不想违母命，又不甘心失去这个机会，心情烦乱。他的谋士华歆给他出主意说："人们都说子建（曹植的字）出口成章，我不相信。主上可召入以才试之。如不能，就杀了他；如果能，就贬了他。"曹丕接受了这个意见。不一会儿，曹植入见，惶恐地请罪。曹丕说："我与你虽是亲兄弟，但又是君臣，你怎么敢恃才而蔑视礼法！父亲在日，你常以文章示于人，我却怀疑你必用他人代笔。现限你行七步吟诗一首，如果能做到，就免你一死；如果不能，则从重治罪，决不宽恕！"

曹植内心极为悲愤，明知这是哥哥要逼杀自己，可是他毫无办法，君臣之间不再存有什么手足之情。他紧锁双眉，痛苦地迈出艰难的第一步，时间就是生命！七步就是对自己最严峻的考验。应该对哥哥内心的良知做最后一次呼唤，对！有了，很快曹植就吟唱出下面这样一首诗歌来：

> 煮豆持作羹，
> 漉菽以为汁；
> 萁在釜下燃，
> 豆在釜中泣。
> 本是同根生，
> 相煎何太急！

这首诗的意思是十分明白的：兄弟手足之间，相逼何必太甚！我的文采与智慧并不能威胁到你的政权……

曹丕听罢弟弟这首在心中淌血的悲愤之作，知道曹植是在批评讽刺自己无情无义，深受震动，便没有杀掉弟弟曹植。然而为了巩固自己的帝位，还是贬曹植为安乡侯。曹丕对他始终警戒、嫉恨，所以曹植后半生一再被贬，很不得志，最后忧郁而死，年仅41岁。

这段悲惨忧愤的故事源出于《世说新语·文学》篇中，后来，罗贯中在《三国演义》中把这段插曲描绘得有声有色。

成语"七步之才"也是从这个故事演化而来的，用以形容人的思维敏捷，富有才华。

白帝城托孤

赤壁之战后，三国鼎立。不久，刘备入蜀占据益州，留大将关羽坐镇荆州。建安二十四年（公元219年），关羽率军围曹操大将曹仁于樊城，水淹曹操七军，降于禁、斩庞德，震动许都。曹操采纳谋士司马懿、蒋济建议，利用孙、刘之间的矛盾，劝孙权向荆州进攻关羽后方，以缓解关羽北上的压力。

位于建业上游的荆州直接关系孙权江东政权的安危，又是蜀与魏争夺中原的战略要地，一直为吴、蜀所争。当年十月，孙权趁关羽与曹军在樊城作战之际，派大将吕蒙袭取了荆州治所江陵。关羽腹背受敌，十二月南返至章乡（今湖北当阳东北），与子关平为吴将所俘杀。孙权占领荆州，吴、蜀联盟关系破裂。

为夺回荆州，为关羽报仇，刘备不顾诸葛亮、赵云等人的劝告，于公元221年，亲自率领30万大军，沿长江水陆并进，向东吴大举进攻。孙权多次派人向刘备求和，都遭到刘备的拒绝。蜀军的先头部队很快攻占了巫县，接着又向秭归逼近。孙权见求和不成，便拜出身于江东大族的陆逊为大都督，率领朱然、潘璋、宋谦、韩当、徐盛、孙桓等得力战将和士兵5万人，前去迎战。

刘备在猇亭尽驱水军顺流而下，沿江屯扎水寨，深入吴境。分兵两路，命黄权督江北之兵，以防魏寇；自督江南诸军，夹江分立营寨，纵横700余里，分40余屯，皆傍山林下寨。众将苦谏不听。当诸葛亮看到下寨图本时，拍案叫苦！说："包原湿险阻而结营，此兵家之大忌也！倘若东吴用火攻，何以解救？又哪有连营700里而可拒敌的呢？祸不远啦！"诸葛亮急忙做了善后安排，并强调兵败让刘备入白帝城。

果然不出孔明所料，陆逊趁一日午后东南风大作之机，用船装茅草，内藏硫黄焰硝，士卒各带火种，各执刀枪，一齐拥向蜀营。顺风点火，火借风势，一座连一座，一屯连一屯，可叹700里连营，全都烧着，连树木都烧着了，火光冲天！吴兵喊声大震，杀奔蜀军御营中，意图活捉刘备请功受赏。此时蜀兵烧死伤亡无数，又自相践踏，惊惶逃命。刘备由部将保护，拼命突围，正在危难之际，幸亏张苞赶到，救了刘备，引御林军退到马鞍山。刘备站在山顶，遥望遍野火光，死尸重叠，塞江而下，甚是懊悔。第二天，吴兵又放火烧山，关兴引几十骑人马杀上山来救驾，先主刘备在关、张两名小将的拼命保护中逃下山来，又遇陆逊各路军马围剿，难以突围出去。惊慌之际，赵子龙赶到，吴军纷纷落马，闻风丧胆，陆逊听说常山赵子龙的威名，急令退军，先主刘备才退到白帝城。

刘备退到白帝城后，忧郁成疾，一卧不起。他自知不久于人世，便派人到成都召请丞相诸葛亮、尚书令李严等到白帝城听受遗命。孔明等便与刘备的次子刘永、三子刘理一同来见，留太子刘禅守成都。

孔明等前往永安宫拜见时，刘备请孔明坐于病榻之侧，手抚其背说："朕自得丞相，幸成帝业；何期知识浅陋，不纳丞相之言，自取其败。悔恨成疾，死在旦夕。嗣子孱弱，不得不以大事相托。"当即取纸写下遗诏，亲手递与孔明说："烦丞相将诏书付与太子禅，令勿以为常言。凡事更望丞相教之。"

孔明等泣拜于地下说："愿陛下将息龙体！臣等尽施犬马之劳，以报陛下知遇之恩也。"刘备令内侍扶起孔明，一手掩泪，一手执其手，说："朕今死矣，有心腹之言相告！"便一边流泪一边说出了他托孤之际最关实际的一段话，他说："君才十倍曹丕，必能安邦定国，终定大事。若嗣子可辅，则辅之；如其不才，君可自为成都之主。"孔明听毕，汗流遍体，手足无措，泣拜于地说："臣安敢不竭股肱之力，尽忠贞之节，继之以死乎！"言毕，叩头流血。之后，刘备又命两个儿子跪拜孔明，要他们"以父事丞相，不可怠慢"。并当面对在场众臣说："朕已托孤于丞相，令嗣子以父事之，卿等俱不可怠慢。"

最后又对心腹爱将赵云说："朕与卿于患难之中，相从到今，不想于此地分别。卿可想朕故交，早晚看觑吾子，勿负朕爱。"刘备死后，孔明等将刘备灵柩运回成都，当众开读遗诏。诏书中除了教诲刘禅兄弟避恶向善、以德服人等话外，又嘱告"与丞相从事，事之如父，勿怠！勿怠！卿兄弟更求闻达。至嘱！至嘱！"这就是刘备托孤的大致过程与有关内容。不久，刘备辞世，享年63岁，谥号汉昭烈帝。

后来，一切也果如刘备所托，刘禅继位为蜀主，事诸葛亮如父礼，政事都由诸葛亮决断。诸葛亮也信守"尽忠贞之节，继之以死"的诺言，竭尽全力辅佐后主刘禅。

七擒孟获

建兴三年（公元225年）春，蛮王孟获大起重兵10万，犯境侵略。诸葛亮率领大军兵分三路讨伐南中。率领蜀军50万人，分别任赵云、魏延、马岱、王平等为将军，长驱直入，取得节节胜利。在与孟获主力军队交战时，孟获因为疏忽大意而被生擒活捉，而他的部下大多也被俘虏押回了蜀营，诸葛亮派人给俘虏松绑并且对他们说："你们都是好百姓，你们之所以会落到这个地步是因为孟获造成的,你们的父母、妻子、兄弟、儿女一定会时时牵挂你们,痛不欲生,现在我就放你们回去,与家人团聚。"那些俘虏们听后大为感动,急忙叩头拜谢而去。

诸葛亮又派人押来孟获,问他:"我今天活捉了你,你是否心服?"孟获说:"因为我不知你军队的虚实,没做好充分准备,所以才吃了败仗,怎会心服。"诸葛亮说:"既然你心不服,那么我就放你回去。"于是,诸葛亮亲自给孟获松绑,并用酒肉招待他吃饱喝足后,放走了他。这是一擒孟获。

孟获原靠泸水之险(泸水白天甚热,毒气下发,渡水必中其毒,口鼻出血,喝水必死),又将船筏都拘于南岸,还筑起土城,深沟高垒,敌楼上多设弓弩礌石,以为万全之策。诸葛亮命马岱率3千兵,在当地土人指引下,夜间乘凉快时渡过泸水,占领夹山峪,夺粮100多车。孟获手下的诸多酋长都感激诸葛亮不杀之恩,便乘孟获酩酊大醉时,将孟获绑来献给诸葛亮。诸葛亮赏赐了众酋长。而孟获不服说:"此非汝之能也,此乃吾手下之人自相残害,以致如此,如何肯服?若丞相再放我回去,我率兵再决胜负,若再胜我,我倾心归降。"诸葛亮亲领孟获观看自己的营寨、粮草、军器等,并劝说他早日投降,孟获仍以"洞中之人未肯心服"为由,拒降。诸葛亮又送他到泸水边,用船送孟获渡河归寨。这是二擒孟获。

孟获回去又派其弟孟优带领100多人,拿很多珍珠宝物献给诸葛亮,说是报答活命之恩。实际上是想在二更天里应外合,诸葛亮早已猜透其计谋,将宝物收下,杀牛宰马,招待这100多人。孟获点起3万蛮兵,全带火具,渡过泸水,奔诸葛亮大寨而来。一路无阻,直入中军大帐,灯火辉煌,不见蜀兵,只见蛮兵都醉倒在地,知已中计,救起孟优,正想奔回本寨。只见火光骤起,接着王平、魏延、赵云三路兵马夹攻过来,孟获向泸水而逃。见有蛮兵驾一小舟,赶快下马上船,结果被扮作蛮兵的马岱生擒。诸葛亮招安蛮兵,一一抚慰。又指着孟获大笑道:"汝先令汝弟以礼诈降,今又被活捉,可服否?"孟获强调其弟孟优贪杯坏了大事,仍不服。诸葛亮又放他回去。这是三擒孟获。

诸葛亮渡过泸水,大赏三军。孟获引数十万蛮兵在西洱河搦战。诸葛亮见蛮兵都裸衣赤身在寨门前叫骂。诸葛亮命令将士退回本寨,坚守不出,数日有余。见蛮兵已懈怠,便授计,弃寨而去。孟获引兵入蜀寨,见无一人一马,只丢下粮草、车仗数百辆。孟获以为蜀国朝中突然有急事,所以诸葛亮仓皇退兵。因而命令蛮兵快追。到西洱河边，见沿河一带，设锦城。孟获派人砍竹为筏，要渡河。其实，他的旧寨早已被蜀兵占领。孟获带领敢战蛮兵于河边扎寨。这一天狂风大作，忽然四下里火炮连天，蜀兵杀到，孟获措手不及，被打得大败。他带领残兵夺路而逃，踏入陷坑，又四次被擒。孟获还不服说："误中诡计，死不瞑目！"诸葛亮又以礼相待，放其回去。孟获回秃龙洞，靠放瘴疫之气毒害蜀军，蜀军掘地得甘泉，引水做饭安然无恙。孟获被银冶洞主杨锋等活捉，解赴诸葛亮面前，孟获不服，诸葛亮又放他回去……最后，诸葛亮驱巨兽大破蛮兵，烧藤甲兵七擒孟获并再放他回去，孟获垂泪说："七擒七纵，自古未尝有也。吾虽化外之人，颇知礼义，直如此无羞耻乎？"偕同兄弟妻子宗党等，跪于帐下，肉袒谢罪："丞相天威，南人不复反矣！"诸葛亮令其永为洞主，所夺之地全部归还，蛮兵无不感激涕零。

　　这次战役，诸葛亮对叛军首领孟获使用了攻心战术，七擒七纵，让他彻底心服。平定南中后，诸葛亮吸取了"众建诸侯分其力"的经验，把南中四郡分成六郡，其中，叛乱中心建宁郡被分得最细，重用很多土著大姓为官吏，并达到不留军队、不运粮草，又能治理该地的目的。此外，征调南中"青羌"一万多户入蜀，还挑选了一些青壮年组成骑兵五部，号称"飞军"。同时，又设立庲降都督，掌管南中的军政。同年12月，诸葛亮率军回到成都。

诸葛亮北伐

　　诸葛亮掌政后，根据蜀国内外情况，断然决定派使臣去东吴讲和，恢复吴蜀联盟。接着平定云南东北部和贵州西北部的叛乱，解除后顾之忧，诸葛亮决定实现《隆中对策》中北伐曹魏、统一中原的计划。

　　公元227年三月，诸葛亮上《出师表》于后主，率领大军到汉中，准备北伐。诸葛亮先在汉中训练将士大约一年的时间，然后北攻。魏南安（治甘肃陇西）、天水和安定（治甘肃济川）三郡纷纷投降于蜀。魏明帝亲自到长安督战，命曹真督关右诸军，运用以防守为主的战略。蜀军先扬言要从斜谷道攻取郿县，并让赵云和邓芝率一军据箕谷（今陕西褒城西北）为疑军，而诸葛亮率主力军西攻祁山。其中，由参军马谡率领一军为先锋，驻守在街亭。马谡指挥不当，被魏军打败，丢失街亭。蜀军失去了前进的据点，只能退回汉中。诸葛亮挥泪斩马谡，并且上书自贬三级，他以右将军身份行丞相之职。

公元228年冬，魏军三路攻打东吴，关中呈空虚之势。诸葛亮再次率军北伐。这次蜀军出大散关，围攻陈仓二十多天，都没攻破，军粮耗尽只好撤退。建兴七年（公元229年），诸葛亮第三次率大军北伐。蜀军西向，攻取魏武都和阴平二郡而回。诸葛亮恢复丞相一职。

在这一时期，诸葛亮与李严的矛盾日益白热化。本来，他们两人都受刘备托孤，共为辅臣。一直到建兴四年（公元226年），两人的关系还比较好。但不久，李严写信建议诸葛亮趁掌握朝政大权之时，像曹操那样晋爵封王，这样他也能捞到一些好处。为此，诸葛亮大怒，在回信中狠批了李严。不久后，诸葛亮在讨伐魏前，便调李严管辖的两万军队镇守汉中。李严以此为由，让诸葛亮从益州东部划出五郡来设立江州，任他当江州刺史，致使调军未成。诸葛亮以大局为重，只好妥协了。建兴七年，陈震在出使东吴前，特意向诸葛亮汇报李严的巧诈问题，但这些没引起诸葛亮的足够重视。建兴八年（公元230年），曹军想三路攻蜀，诸葛亮又一次要李严率领两万军队到汉中坐镇，李严又讨价还价。诸葛亮又做让步，任命他的儿子为江州都督督军，接替李严先前的官位，李严这才执行调动命令。建兴九年（公元231年），诸葛亮第四次讨伐魏，派李严在汉中负责后勤的供应，李严没有及时筹集到粮草，就写信给诸葛亮说皇上下令退兵。诸葛亮退军后，他又欺骗朝廷说这次退兵是为了诱敌。当诸葛亮回朝后，李严故作惊讶，质问诸葛亮。于是，诸葛亮在上朝时拿出了李严的书信作为证据，与许多将士一同签名上表，弹劾李严。后来，李严被免为庶人，流放到梓潼。

公元234年2月，诸葛亮第五次北伐，率大军从斜谷出发，据五丈原（今陕西岐山县南四十里）。这次出兵，事先与东吴约好一起攻打魏国。但是东吴却迟迟不发兵，到了五月，孙权才派陆逊和诸葛瑾率兵屯江夏、沔口（今湖北汉口），攻打襄阳，而孙权亲自率军围攻合肥新城。魏明帝采用的策略是先挫败东吴。他亲自率领水军东征，让在西面驻守的司马懿坚守不战，待蜀军军粮耗尽自动撤退。但是当孙权得知魏主的目的后，认为己方成了主战场，吃了亏，就立即下令全线撤军。在西线，诸葛亮吸取以往的教训，分兵屯田，打算长久驻扎。同年八月，诸葛亮突然身患急病，他对身边的人说："我知道自己得了重病，恐怕活不了多长时间了。"又强支病体吩咐手下将士："我死之后，不要发丧，以防司马懿趁机攻打。大军慢慢撤回，如果司马懿追来，你们可以把我的木像推到军前，同时列好阵势准备同他作战，司马懿见后一定会吓走。"诸葛亮一一安排了身后诸事，这位年仅54岁的丞相悄然离世了。按照他生前的布署，蜀军全部撤出了五丈原。

诸葛亮是我国古代杰出的政治家、军事家，他从为刘备设隆中对策以来，一直为蜀国的大业兢兢业业。在他20多年的政治活动中，以他的聪明才智，努力实现他在"隆中对策"中所提出的目标，为蜀国的安定、强盛付出了全部的智慧和力量乃至生命，他真正做到了"鞠躬尽瘁，死而后已"。

司马氏专权

三国时期，司马懿在曹魏握有军政大权。他出身于士族家庭，政治野心极大，而且为人处事圆滑。曹操刚刚掌权的时候，比较器重司马懿，想让他出来做官。但司马懿嫌曹操出身太低微，不愿跟随他，就对曹操说自己得了风瘫病。曹操心里很怀疑，派刺客夜里带刀到司马懿住处察看。司马懿虽然瞒过了曹操派来的刺客，但觉得这样下去曹操不会放过他，就又说自己的风瘫病已经好了。等曹操再次召见他时，他就不再拒绝了。

司马懿在曹操和魏文帝曹丕手下担任过重要职位，立下了许多功绩，赢得了很高的声望。到了魏明帝即位时，司马懿已经成为魏国的元老。魏明帝荒淫残暴，大肆兴建宫室，搜罗奇珍异宝，百姓们怨声载道，曹魏政权开始走向衰落。司马懿趁机收买人心，扩大自己的势力。

魏明帝35岁时得了重病，临死前把魏国政权托付给司马懿和曹爽，让他们辅佐8岁的曹芳做皇帝。曹爽是曹操的侄孙，势力很大。他掌握了大权后，开始排挤司马懿。司马懿没有实力与他抗衡，只得假装生病在家，以消除曹爽对他的戒备。公元249年，司马懿趁曹爽陪曹芳外出祭祀的时候，发动政变，调动军队控制了洛阳，消灭了曹氏家族。司马氏从此开始独断朝野。

司马懿死后，他的儿子司马师接替了他的位置。司马师更不把皇帝放在眼里。曹芳当了十几年的皇帝，一切政事都无权过问，心里很不满，想除掉司马师。还没等他有什么举动，司马师就看出了他的意图，废掉了曹芳，另立曹髦做皇帝。

后来，司马师死了，司马昭做了大将军，比司马师更加专横。他掌权以后，就开始不停地杀害曹氏家族的人，篡位的野心越来越明显。曹髦对司马昭忍无可忍，带着宫中的卫兵数百人，进攻司马昭，可还没来得及动手，就被司马昭的部下成济杀死了。司马昭怕人咒骂他弑君篡权，就以太后的名义写了一道诏书，指出曹髦的许多罪过，把他废为了平民，掩盖自己杀君的罪名。司马昭又把成济当作替死鬼，给他定成大逆不道的罪名，灭了他的三族。接着，司马昭立曹操的孙子曹奂为帝，改年号为景元。到这时，司马昭夺权篡位的野心基本实现了，曹氏政权名存实亡，三国鼎立的局面快要走到尽头了。

三国鼎立结束

司马家族掌握曹魏实权后，就想取天下，司马昭经过一番仔细地考虑，决定先灭蜀国，再灭吴国。司马昭选择先灭蜀国，与后主刘禅庸碌无能有直接关系。公元223年4月，刘备病死，其子刘禅继位，改年号为"建兴"。刘禅贪图享乐，不理朝政。蜀国能够支撑下去，全仰仗着诸葛亮。

诸葛亮死后，刘禅昏庸无能的本性彻底暴露。宦官黄皓乘机取宠弄权，结党营私，致使蜀汉国力衰微，不复当年之盛。而大将军姜维掌握兵权后，继承诸葛亮的遗志，连年北伐。但此时蜀汉政权内部矛盾逐渐激化，不再像诸葛亮秉政时期那样，后方能足食足兵，支援前方。因此，姜维北伐，不但未见成效，反而弄得兵疲将乏，国力更加衰微。姜维在屡次受挫后终于放弃北伐，改攻为守。

公元262年，司马昭调集18万大军，兵分三路讨伐蜀国。魏军大将邓艾率领一支队伍从小路向蜀都成都行进。邓艾到了成都时，蜀军毫无防备，刘禅正在宫中玩乐。他听说魏军已经兵临城下，吓得六神无主，急忙召集群臣商议。有的大臣胆小，建议他投降，他不假思索就同意了。他亲自带着蜀汉全国的户口簿、军队的花名册和大量金银珠宝，打开城门，向邓艾投降。刘备、诸葛亮等人苦心经营了几十年的蜀汉政权就这样灭亡了。

司马昭灭了蜀以后，威望大大提高了。可回来不久，司马昭就病死了。他的儿子司马炎继承父位。公元265年，司马炎逼迫魏元帝曹奂"禅让"帝位给自己，是为晋武帝。他改国号为晋，定都洛阳，史称西晋。

公元252年，孙权病死，东吴的政局陷入动荡。公元263年，暴君孙皓继位。他不仅粗暴骄盈，暴虐治国，又好酒色。另外，他还把拥立自己的家臣统统杀掉。后又把都城从建业迁到武昌（今湖北鄂城），引起长江下游人民的普遍不满，农民起义时有发生。孙皓只得又将都城从武昌迁回建业……正所谓"得民心者得天下"，孙皓的做法，使其民心丧尽，加速了东吴的灭亡。

公元279年11月，晋武帝起兵，大举南下，进攻东吴。其二十余万步骑分五路直指夏口、江陵等东吴要地。而晋国大将王濬亲率水军，自巴蜀顺江而下，直逼吴都建业。东吴兵将闻风丧胆，纷纷投降。而吴主孙皓慑于晋军威势，只得向晋将王濬投降。东吴灭亡，其全部郡、州、县，正式并入晋国版图。

自此，三国鼎立的局面结束，中国历史上长达近百年的分裂局面又走向了统一。

洛阳纸贵

晋武帝时，有一段时间，京城洛阳买纸的人很多，好几家纸店都卖空了。一时之间，洛阳纸价比平时贵了好几倍，但还有好多人抢着买。这是为什么呢？

原来，左思花费十年心血写成的《三都赋》问世了。这本书不仅文辞精美，辞藻华丽，而且见解独到，写得实在太好了。士林学者都争着传抄，洛阳纸因此供不应求，纸价猛涨。

左思出身寒门，长得平平常常，不喜欢说话，他的拿手好戏就是会写文章。

晋武帝时，左思的妹妹被选入宫中，左思一家也跟着从临淄迁到京城洛阳。在临淄时，左思就花了一年工夫，写过《齐都赋》，为人们所喜爱。来到京城后，左思很想在文学上能有所成就，于是决定创作《三都赋》，三都指的是蜀都、吴都、魏都。

这可是一件大工程，在他之前，也有不少人想写，只是因为难度太大而退却了，左思正是想在此时大展才华。

但自己从来就没有到过蜀都，怎么能把蜀都的风光真实地写下呢？左思苦苦寻思着，突然想起曾在四川做地方官的张载，于是去请教他。张载听明来意，很乐意帮他。于是，他把自己在成都及附近所见的山川景色、风土人情，都详细地告诉了他。为了丰富自己的创作视野，左思又借来有关蜀、吴、魏都的史籍、地图及有关资料，反复阅读，任何一个细小问题，都不轻易放过。

进入构思阶段，左思终日闭门谢客，潜心写作。累了，就趴在桌上小睡一会儿，醒了接着写。饿了，啃些干馒头，一边啃一边继续思考如何使文章更加完美。夏天蚊子嗡嗡乱叫，咬得他全身都红肿，他却一点也不在意。冬天，他的脚经常冻得失去知觉，可他也不在乎，只是一心写他心爱的书，从来也没有气馁。

当时著名文学家陆机来洛阳，听说左思在写《三都赋》，捧腹大笑说："左思，一个无名小卒，居然要写《三都赋》，真是不知天有多高，地有多厚啊！"在给弟弟的信中，狂傲的陆机还说："那个叫什么左思的人即使写成《三都赋》，也只配用来为我盖酒坛子！"

挖苦讽刺并没有使左思退却，相反他更加发愤，更加谨慎。他每写一句，都细细斟酌，再三推敲，一丝不苟，直到自己完全满意为止。虽然写作速度不快，有时一天只写几句，但他仍然很高兴。

就这样，十年过去了，《三都赋》终于完成了。看过的人都赞不绝口，《三都赋》因此轰动一时，曾经口出狂言的陆机，读了《三都赋》也连连点头称赞。

傻瓜当皇帝

晋武帝司马炎虽然一味享乐，很少过问政事，但是他还是希望天下能永久太平，晋室江山能天长地久。要确保江山永固，就必须把皇位传给一个精明能干的儿子，这个道理他当然明白。

每每想到传皇位问题，他就怎么也高兴不起来。因为早些年，他已经立第二个儿子司马衷为皇太子，将来继承皇位的自然就是他了。但是司马衷又是怎样一个人呢？他在极度娇惯和奢侈的环境中长大，一直过着饭来张口、衣来伸手的寄生虫式生活。除了吃喝玩乐，他什么也不懂。真是四肢不勤，五谷不分，简直就是个白痴。这样一个大傻瓜，将来怎么能统治天下呢？许多大臣嘴上虽然不说，心里却很发愁。毕竟这是皇帝自己定下的，大臣们谁也不愿意为了这个去得罪皇上。

其实，晋武帝心里又何尝不明白这一点呢。他早就想过换个太子。但是他实在招架不住杨皇后的阻拦，而且他也相信，世上万事万物都是变化的。因此他还抱着一线希望，希望太子随着年龄的增长，会变得聪明起来。

有一天，晋武帝把太子手下的官员都召来，设宴招待他们，然后让人把一大摞公文密封起来，拿去叫太子单独批复。晋武帝想看看太子究竟行不行。

一个大傻瓜怎么能批复公文呢？司马衷的妃子贾南风知道后，生怕太子露了馅。她知道，如果皇帝看出司马衷依然是个大傻瓜，很可能会把他撤换掉。那么她的皇后梦也会破灭。她急中生智，赶紧叫心腹把公文偷偷地带出去，托别人为司马衷写出批复，然后让司马衷原封不动地把批复誊写到公文上。

这下可真奏了效。皇帝看后非常高兴，没想到太子果然大有长进，于是完全打消了更换太子的念头。

晋武帝死后，司马衷顺理成章继承了皇位，他就是晋惠帝，贾南风因此成了皇后。当时的惠帝已经32岁了，可是依然傻乎乎的，整天只知道吃喝玩乐。

一次，他带着一群侍从正在花园玩耍，忽然从池塘边传来一阵"咕咕"叫声。他好奇地问侍从："这是什么东西在叫？"侍从回答说："是蛤蟆！"他接着问："这蛤蟆是为官家叫，还是为私人叫呢？"蛤蟆是野生动物，哪里知道什么为官家为私人叫唤呢？侍从们知道这道理跟皇上没法讲清，就随口哄他说："在官家地里叫的就是为官家叫的，在私人地里叫的就是为私人叫的。"没想到惠帝竟连连点头，听得乐呵呵的。

晋惠帝即位不久，全国都在闹饥荒。许多人没有饭吃，被活活饿死。有的臣子请求他救济饥民。他想了半天，忽然若有所悟地拍手说："为什么不叫老百姓吃肉糜？"肉糜就是加入肉末熬的粳米粥。他吃过这种粥，他记得味道好极了。所以他想：老百姓没有饭吃，为什么不吃肉粥呢？

这个傻瓜当了皇帝，天下人也只好都跟着遭殃了。晋朝的江山开始摇摇欲坠起来。他的兄弟叔侄也开始阴谋抢夺皇位，从而酿成了自相残杀的"八王之乱"，进而引发外族的入侵，给中原民族带来大劫难。

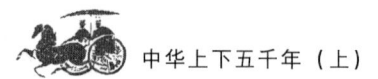

石崇、王恺斗富

　　石崇和王恺都是西晋时有名的富户，谁也说不清他们有多少家产，可是这两户人家向来就是你瞧不起我，我瞧不起你。他们都坚持认为，除了皇帝，只有自己才是天下最富有的。因此，他们都过着挥金如土的奢侈生活。

　　石崇的祖辈都是做大官的，家中拥有价值连城的金银珠宝。为了向别人炫耀自己雄厚的家资，他把房子布置得非常豪华，简直就跟宫殿一样。就以他家的厕所为例，厕所门前挂上红色纱帐，茅坑上架着大床，床上铺的尽是锦罗绸缎，还有十几个婢女专门伺候。

　　石崇喜欢结交权贵，他有的是钱，所以他经常用山珍海味来宴请他们。每当宴请朋友客人时，他一定要让美人来劝酒。为的是使客人开心。如果客人不喝或者没有喝光，他就叫武士将劝酒的美人立即杀掉。在一次酒宴上，大官僚王敦故意不喝酒，石崇就一连下令杀了3个美人。

　　看石崇如此摆阔气，王恺心里很不舒服。王恺是晋武帝的舅父，家中资财丰厚可想而知。他决定要与石崇一比高下。

　　石崇哪里会认输呢？其实，他心里早就想过要与王恺较量较量，看到底谁最富。听说王恺家用饴糖洗锅，石崇就叫人用成捆的蜡烛烧饭，压倒了王恺。王恺外出时，用簇新的布料在道路两边做成了40里长墙。石崇听说后，立即用锦缎做成50里的步障，又胜过了王恺。王恺可气坏了，他又想出了新花招，用赤石脂来刷墙，把家里装饰得富丽堂皇。石崇知道后，就用椒泥抹墙，把家里弄得满室芬芳，香气扑鼻。王恺再次比输。

　　几次都败在石崇手下，王恺更加不服气起来，他暗暗发誓，一定要用别的什么招法把石崇比下去。于是他决定向外甥晋武帝求援。晋武帝立刻让人拿出一株珊瑚树来赐给舅父，让他拿这株珊瑚树去与石崇比。王恺一边细细端详着这株珊瑚树，一边想：这真是稀世珍宝啊！这回看石崇还用什么逞强。

　　一回到家，王恺立即派人去请石崇，来开开眼界，见识见识这件宝物。王恺恭敬地把石崇迎进了客厅，得意扬扬地请他欣赏珊瑚树。王恺满以为石崇这次必败无疑，谁知石崇只是用鼻子哼了两声，就随手拿起一柄铁如意，猛力一击，珊瑚树被打得粉碎。

王恺又急又气,他厉声责问道:"你凭什么打碎我的珊瑚树?这可是皇上赐给我的,看你如何交代?"没想到石崇竟若无其事地说:"不必发怒,不就是一株小小的珊瑚树吗?我赔你就是!"说罢,叫人回去从家里抬了许多珊瑚树来。

王恺这回真正傻了眼,三四尺高的珊瑚树就有六七株,跟他那株一般大小的就更多了。他一时竟说不出话来。这次王恺又输了。

当时像石崇、王恺这样的人家还有很多,由于这些人拼命地向人民搜刮钱财,又拼命地挥霍,过不了多时,天下就大乱起来。

八王之乱

晋武帝临终时,封杨骏为大都督,辅佐惠帝掌管朝政。然而惠帝皇后贾氏为了把政权掌握在自家手中,便联合楚王司马玮发动了"禁卫军政变"。在这场政变中,杨骏被冤杀,但政权却阴差阳错地落在了汝南王司马亮和元老卫瓘手中。贾后的政治野心未能实现,于是,贾后诱使惠帝发密诏,令楚王司马玮杀掉汝南王司马亮和卫瓘,然后又以"楚王司马玮矫诏杀臣"的罪名,将其处死。从此,贾后执政的生涯正式开始,而宫廷内乱的大幕也就此拉开。

公元299年,贾后滥用职权,囚杀惠帝生母杨太后,废黜太子遹。她又召调赵王司马伦入京城掌握禁军,帮她管理朝政。这令其他宗室诸侯王大为不满。

司马伦来到洛阳后,将朝廷内部的情势看得一清二楚。随着自己的权势越来越大,他自然而然地萌生了"自立为帝"的念头。他先设计让贾后斩杀太子,然后又联合齐王司马冏,以"替太子报仇"为由,发兵诛杀贾后及其党羽。扫除了贾后这一最大障碍,司马伦更加嚣张跋扈。公元301年,他凭借手中掌握的兵权,逼迫惠帝退位做太上皇,自立为皇帝。

镇守许昌的齐王司马冏听说赵王司马伦废了惠帝,自立为帝,很是生气,他认为惠帝不应废,就是惠帝不行也轮不到老家伙来做皇帝。他是惠帝的堂兄弟,当皇帝也没有什么不合适,这当然不能明言,表面上他冠冕堂皇地为惠帝争名位,号召各地诸侯王共同来讨伐篡夺皇位的司马伦。

成都王司马颖是司马炎的第十六个儿子、惠帝的堂兄弟,官拜征北大将军；河南王司马颙是晋惠帝的堂叔，官拜平西将军，镇守关中。他们都有夺取政权的野心，就响应司马冏的号召，联合攻打司马伦。经过六十多天的厮杀，牺牲了十万人的生命，最后司马伦兵败被杀，司马冏领兵入京，他假装复惠帝皇位，由他任大司马，实际掌握了政权。

河南王司马颙看穿了司马冏的花招，带兵进攻洛阳。司马炎的第六个儿子、长沙王司马乂看准了这个有利时机，带了少量人马先进入洛阳，杀了司马冏，控制了朝政。司马颙和司马颖眼看到手的鸭子飞了，岂肯甘心？他们共同对付那个投机夺权的司马乂，分别从南北两个方面进攻洛阳，司马乂因挟持了惠帝，当然不买账，便派兵抵抗。

正当他们三人打得难分难解时，在洛阳的东海王司马越，他虽是惠帝的叔叔辈，关系比较疏远，也想趁机捞一把，他利用皇城的禁卫军，捉住并杀死了司马乂，司马颖乘机进入洛阳，当了丞相。

东海王司马越自认杀司马乂有功，却被司马颖占了便宜，便与司马颖打了起来，他打不过司马颖，逃回了他的封地东海郡。司马颖控制了政权。

这时候，原来与司马颖有仇的幽州刺史王浚，发兵来攻打洛阳，因嫌力量不足，联合北方的鲜卑族、乌桓族一起攻打，这下子问题更加复杂了，由皇族的争权夺利扩大到地方官吏和少数民族参与的斗争。司马颖见王浚请外族助战，他也请匈奴的左贤王助战，结果还是被王浚打败。

司马颖打不过就逃，他挟持惠帝逃到长安。长安是司马颙控制的地方，以前他帮助过司马颖，现在到了他的地盘，就将司马颖排斥，独揽大权。

东海王司马越见王浚的势力大，就联合他一起攻打长安，很快将司马颙打败了，他就把惠帝、司马颙、司马颖带回洛阳，掌握了政权。司马越以惠帝的名义杀了司马颙和司马颖，再设计毒死了惠帝，拥立了惠帝的弟弟司马炽做了皇帝，是为晋怀帝。

"八王之乱"前后共经历了16年，八王中死了7个。白痴皇帝司马衷也历尽了苦难，大家都把他当成傀儡，最后连傀儡都当不成，稀里糊涂地死了。"八王之乱"严重地削弱了西晋的统治，在各地群众的反抗下，西晋王朝一步步走向衰亡。

西晋灭亡

八王之乱后，西晋王室分裂，国力空虚，民生凋敝，军力迅速衰退。而就在各地流民不断起义时，内迁的胡人也趁机起兵反晋，其中尤以匈奴首领刘渊起兵最早。

刘渊出身于匈奴贵族。他从小就读了很多汉族人的书，非常精通汉族文化。后来，他参加了西晋的军队，不久在成都王部下做了将军。八王之乱开始以后，刘渊觉得恢复匈奴地位的机会到了，就自称为王。由于汉朝曾经把公主嫁给匈奴单于，刘渊就自称是汉朝的外孙，把自己建立的国家定名为汉国。

刘渊称王建汉以后，势力不断增长，很快就攻下了上党、太原、河东、平原等几个郡。羯族人石勒造反失败，率领胡人部众几千人归顺刘渊。鲜卑族的几个部落见刘渊势力强大，也纷纷前来投附刘渊。这样，在刘渊的号召下，逐渐形成了一股由匈奴、鲜卑、氐、羌等各族组成的反晋力量。公元308年，刘渊正式在平阳（今山西临汾）称帝，立长子刘和为太子，任命四子刘聪为车骑大将军，侄子刘曜为龙骧大将军。

刘渊称帝后，加快了对西晋的进攻步伐。公元309年夏天，刘渊派刘聪率军进攻洛阳。刘聪长驱直入，击败了西晋平北将军曹武率领的大军，进抵离洛阳只有100里的弘农郡宜阳城（今属河南）。获胜的刘聪有点骄傲轻敌，被弘农太守垣延夜袭得手。匈奴人伤亡惨重，刘聪不得不撤军回都。同年11月，刘聪再次率领大军进攻洛阳，又遭到了晋军的拼死反击，被迫再次撤退。

公元310年7月，刘渊病死，太子刘和继承帝位。刘和生性猜忌，继位没多久就打算对手握兵权的刘聪等人下手。刘聪自不会坐以待毙，他率十万大军挥师反叛，一举攻入平阳，杀死了刘和，自立为帝。接着，刘聪派大将刘曜、石勒进攻洛阳。晋朝的兵力早就在八王之乱中消耗殆尽了，他们在洛阳百姓的配合下奋勇抵抗，但终因寡不敌众，被汉军击败。

公元311年，汉军向洛阳发起最后的攻击。当时洛阳城中守军不过千人，且城中缺粮，百官逃亡者十之八九。刘曜率领的匈奴大军很快就将其攻陷，晋怀帝被俘。当时的洛阳简直成了人间地狱，刘曜带着凶暴的匈奴士兵焚烧宫庙，奸污嫔妃，大肆屠杀官吏。因为这次惨绝人寰的变乱发生在永嘉年间，所以历史上将其称为"永嘉之乱"。

晋怀帝死后,他的侄儿司马邺继承皇位,就是晋愍帝。公元316年,刘曜攻下长安。晋愍帝在内无粮草、外无援兵的情况下,派出使者向刘曜投降,没想到使者却被刘曜杀了。晋愍帝没有办法,只得亲自光着上身,乘着羊车出城向汉军请降。晋愍帝在受尽侮辱之后,也被刘聪杀掉。西晋王朝在维持了52年之后,终于灭亡。

王马共天下

晋建兴四年(公元316年),长安陷落,西晋灭亡。次年,司马睿称帝,建立东晋,定都建邺(今南京市)。愍帝名邺,为避讳,把建邺改成了建康。司马睿即晋元帝。因建康在洛阳以东,故史称东晋。

司马睿登基后非常敬重王敦、王导兄弟,封前者为大将军兼江州牧,封后者为丞相。一次朝会时,他把王导叫到跟前,让他在自己的宝座旁边坐下,一起接受文武大臣的朝贺。王导吓得慌忙躲开,说:"天下只有一个太阳,我怎敢跟皇帝并坐呢?"司马睿说:"丞相劳苦功高,没有你就没有朕的天下,所以你理当同朕并坐受贺。"王导坚决推辞,不敢就座,司马睿还一边招手一边叫着:"你来呀!你来呀!"后来,朝野常常谈论这件事,都说东晋的朝廷是"王与马(司马),共天下"。意思是东晋的江山不是司马氏独有的,而是司马氏与王氏共有的。

司马睿为什么这样敬重王氏呢?因为王氏在建立东晋时立了汗马功劳。当初,司马睿被封为琅琊王,奉命镇守江南,驻在建康。由于他没有什么势力,所以南方的豪门贵族都看不起他。江南大族自孙吴以来,势力强大,盘根错节。吴郡的朱、张、顾、陆,会稽的虞、魏、孔、贺是著名的大姓望族。西晋灭吴,他们的势力并没有受到多大损失。西晋末年,义兴大族周𤣱镇压平定石冰起义,及陈敏和钱绘起兵的所谓"三定江南",显示了他们的力量。江南大族看不起北方迁来的人,称他们为"伧夫",意即粗鄙的人。谋士王导具有远见卓识,看到了立足江南的重要性,因此处心积虑地想法抬高琅琊王的威望。

每年三月初三是江南人民传统的禊节,百姓们都要到水滨河畔去祭祀,求福除灾。公元307年禊节这一天,司马睿也乘坐华丽的轿子出来了。仪仗队威武庄严，引人注目。簇拥在轿后面的队伍，为首的是北方世家名士王导和王敦。这长长的王爷出巡的队伍，立刻惊动了许多人。南方大族都来会聚，他们看到这种场面极为震动，感到司马睿就是北方大族要拥戴的皇帝，不能不刮目相待。于是，南方世家中的头面人物顾荣、纪瞻就相继出来，在路旁拜见司马睿。

王导这一招，使司马睿的威望大大提高。接着，王导又劝司马睿道："古代的圣君，都要招纳俊贤，何况当今天下纷乱、大业草创。顾荣、贺循是南方士族中有名望的人，请他们出来，其他人也都会跟着来报效。"司马睿觉得很有道理，就派王导登门拜访二人，请他们出来做官。两人应命而至。从此，吴中、会稽一带受此影响，名门士族无不归附，江东人士逐渐拥护琅邪王司马睿了。

西晋灭亡，南渡的官僚及士人中，有的人想收复失地，苦于没有办法，而有的人却不再想回北方去，贪图一时的安乐。一天，这些人聚到建康城外的新亭，隔江眺望北方的故土，千思百感，望着望着竟伤心地哭了起来。这时，王导突然厉声说："哭什么！没出息！与其哭泣，不如帮助皇家收复失地！"大家听他的话有理，便停止哭泣，围上来请问其策。王导讲述了自己的想法，说要齐心帮助琅邪王。这么一来，琅邪王的势力更大了。进而，王导等鼎力扶持，拥立他当了皇帝。

司马睿发迹不忘恩人，这才格外敬重王导，要王导坐在自己的身边，共同接受文臣武将的朝贺。后来，民间就流传着"王与马，共天下"这样一句话，意思就是王氏家族同皇族司马氏共同掌握了东晋的大权。

祖逖北伐

祖逖（公元266~321年），字士稚，范阳道（治所在今河北涞水北）人，祖家是当地大姓。生活在多慷慨悲歌之地的祖逖，深受燕赵地区豪放粗犷浑厚风尚的影响，他广交朋友。

祖逖青年时代是在动荡不安的时局中度过的。"八王之乱"、匈奴族起兵侵扰中原，北方处于大混乱之中。当时，24岁的祖逖同好友刘琨在司州（治所洛阳，今河南洛阳东北）为主簿，主管文书簿籍。两人意气相投，英气勃勃，都有着强烈的爱国心，他们对时局十分关切，常常忧心忡忡地谈论国事，慷慨激昂，直至深夜。

思虑着国事的祖逖，晚上辗转反侧，难以入睡，远处传来一阵阵雄鸡的鸣叫声，祖逖骤然推被而起，披好衣服，推醒睡在身边的刘琨，祖逖说，这不是坏声音。于是两人取下刀剑，走到屋外，在月光下舞起剑来。从此，他们坚持天天鸡鸣即起，练习舞剑，不论是严寒的冬天，还是酷热的夏日，从不间断。他们要练好武艺，期待他日驰骋疆场，为国效力，建功立业。"闻鸡起舞"的佳话从此流传后世。

西晋时期，朝廷日益昏庸腐败，内乱不断。皇族之间爆发的战争，再加上接连不断的饥荒，让百姓苦不堪言，生活异常困苦，被迫背井离乡，四处流亡，当时许多地方爆发农民起义。西晋王朝危机四伏，几乎到了崩溃的边缘。

自从匈奴侵扰中原后，有许多北方人到南方避难。祖逖也带着几百个乡亲来到淮河流域一带。在逃难途中，祖逖主动出来指挥，而且把自己的车马都让给老弱病残，把自己的粮食、衣服也分给大家用。乡亲们对他十分敬重，都推举他做首领。

到了泗口（今江苏清江市北），祖逖手下就已经有了一批强壮的青年，这些人都是背井离乡的北方人，都希望祖逖能带领他们尽早恢复中原的平静。当时，司马睿还没有继承皇位。祖逖渡江到建康，力劝琅琊王司马睿说："晋朝现在大乱，主要是因为皇族之间自相残杀，使胡人有机可乘，攻进了中原。他们残害百姓，导致人人都要起来反抗。现在，如果大王肯出兵，收复失地，那么北方各地的人民一定会纷纷响应。"

司马睿并没有打算恢复中原，但是听完祖逖说的一番话，觉得很有道理，也不好推辞，就勉强答应了他的请求。于是，就任祖逖做豫州（在今河南东部和安徽北部）刺史，拨给他足够1000人吃的粮食和3000匹布，至于兵马和武器，让他自己想办法。

祖逖对这个名义上的封职十分重视，他整编随同自己从北方来的乡亲，组织成一支队伍，于建兴元年（公元313年）八月，渡江北伐。船至长江中流的时候，祖逖望着东去的滔滔江水，想到自己要实现多年来北伐收复中原的报国之志，心情激动，他立在船头，慷慨激昂地对着苍天，用木桨猛然一击发誓道："祖逖不能清中原而复济者，有如大江！"表明了不收复中原誓不回江东的决心。他的誓言铮铮作响，在祖国处于危难之际，祖逖掷地有声的誓言，坚定的意志和果敢的行动，给人们以极大的鼓舞和希望，也深深地感动了出征的将士，激励了他们的斗志。

祖逖率众过江后，进至淮阴（今江苏清江西南），在这里，他一面招兵买马，一面冶铸兵器，不久便组建起一支2000人的军队，向北推进。祖逖的军队受到北方人民的热烈支持，连连取胜，收复了黄河以南部分地区。

北方战乱不断，黄河两岸的许多汉族豪强地主构筑了坞堡，据地自守。他们之间也常常发生争斗火并，有的则投降了前赵。为了壮大北伐的力量，祖逖尽可能争取和团结有爱国心的坞堡主。在打击投降前赵石勒的坞堡主陈川时，石虎率兵五万前来援救，祖逖设奇兵大败石虎。在陈川旧城浚仪城（在今河南开封西北），石虎派大将桃豹坚守，驻在城之西台，祖逖则命大将韩潜镇守东台。两军同在一城，前赵出入于南门，祖逖军队开东门，两军相持于浚仪城，都想设法击败对方，占领整个浚仪城。

在相持过程中，祖逖充分发挥了自己的智慧和军事才能。他设计让士兵用粮袋装土，派出千余人装作运粮队伍，来来往往运粮上台，又派数人挑米，假装休息于道旁，被围困四十余天的桃豹军见挑粮者在休息，便来抢粮，挑米的战士，故意丢下粮食逃跑。桃豹军队挑回来一看，全是好米，以为祖逖军队粮食补给充足，可以持久战斗，而自己军中已经无粮，军心大大动摇。不久，石勒派将率兵以驴千头给桃豹军运来粮食，祖逖探知之后便派将士截获了粮食，桃豹粮源被断，无法坚守，只好连夜弃城而跑。祖逖就这样计取了浚仪城。随后祖逖又多次击败石勒军，前赵的不少镇、戍归附祖逖，大大壮大了北伐的兵势。

各坞堡主的火并，削弱了抗击前赵的力量，又给前赵以利用和各个击破的机会。当时赵固、上官已、李矩、郭默等坞堡主"各以诈力相攻击"。祖逖便派人前去调解晓以大义，劝各坞堡主解除敌对，共同北伐。经过祖逖说服工作，他们都表示愿意携手言和，团结合作，共赴国难，并纷纷接受祖逖的调度。

祖逖爱护将士，将士效命，人人奋力，多次击败前赵军队。对于一部分屈从于石勒的坞堡主，祖逖极讲究策略，有的坞堡主以子质于石勒，所以不敢违抗石勒，祖逖理解他们的苦衷，允许他们表面上接受石勒命令，暗中服从祖逖。为了不使石勒生疑，祖逖还不时派出军队伪装攻击这些坞堡。这些坞堡主十分感激，石勒一有举动，他们即通报给祖逖。坞堡主们有功，祖逖对他们奖赏。

祖逖为了收复中原，不仅领兵打仗，还劝督农桑。他自己生活俭朴，不置办家产。即使自己的子弟也须耕种，负担樵薪。祖逖还收葬枯骨，为之祭奠。这一切，深得百姓之心，受到百姓的爱戴。年老的百姓在祖逖款待酒饭时，流着激动的泪水说道："我们老了，还能受到祖将军这样父母官的恩遇，死也瞑目了。"

祖逖北伐深得中原人民的拥戴，声威大振。正当他厉兵秣马，准备乘胜前进，收复黄河以北的故土时，司马睿已在江南建立了东晋政权，他怕祖逖的势力过大，不易控制，便派亲信戴渊来充当都督，统管北方六州军事，以牵制祖逖。这大大地刺伤了祖逖的一片爱国之心，同时祖逖又听说朝廷内部钩心斗角、争权夺利，有爆发内乱的危险。忧虑愤懑的祖逖，积劳成疾，终于病倒了。东晋元帝太兴四年（公元321年）九月，爱国名将祖逖含恨而死，时年56岁。人们世代怀念着以身许国、誓复中原的爱国将领祖逖！

石勒建后赵

西晋灭亡后，北方各少数民族又陆续建立起许多国家，历史上把北方少数民族建立的15个国家连同西南的成国，统称为"十六国"。羯族人石勒建立的后赵就是其中之一。

石勒是上党武乡（今山西榆社）人，他家世代都是羯族的小头目。石勒年轻的时候，家乡闹饥荒，他和部落失散，四处流浪。后来，石勒被乱兵抓了去，卖给人家当奴隶。石勒智勇双全，他趁当时北方局势混乱，就逃了出来，招集了一些流亡在外的农民，组成了一支武装队伍。刘渊起兵后，石勒带着他的队伍投附了刘渊，成为刘渊手下的一名大将。

石勒虽然没受过什么教育，但他通过几次带兵作战，逐渐地懂得了光靠武力不能成就事业。于是，他十分注重收罗人才，招纳贤士。

有个叫张宾的汉族人是个难得的人才，读过很多书，并且胸怀大志。石勒听说后，就把他招了来，让他帮助自己出谋划策，巩固自己的地位。后来，石勒又收拢了一批在战争中流亡的汉族读书人，组成了一个"君子营"，帮助自己运筹帷幄。在这些人的帮助下，石勒的力量一天天壮大起来。

刘渊死后，石勒与刘渊的侄子刘曜各霸一方。公元319年，刘曜建都长安，改国号为赵。公元328年，石勒灭掉刘曜，自称皇帝。历史上把刘氏建立的赵国称为"前赵"，把石勒建立的赵国称为"后赵"。

后赵建立后，石勒为了加强自己的统治，采取了许多措施。他积极学习汉族的先进文化，以改变羯族落后的习惯和风俗。他首先在后赵都城设立太学，请汉族读书人做教师，选拔羯族官员子弟300人入太学读书，培养统治人才。他还建立了保举和考试制度，凡是各地保举上来的人，经过评定合格，就选用他们做官。

石勒非常重视读书人。他命令部下，今后凡捉到读书人，一律不许杀死，一定要送交他亲自处理。他还虚心听取读书人意见，有一次，石勒要建筑宫殿，大兴土木，以供自己享乐。朝中的一位大臣知道了连忙上书，为石勒讲述这样做的危害。石勒看了果然就不建了，还给这个上书的大臣很重的奖赏。朝中官员知道以后，都纷纷向石勒直言劝谏。后赵的国力更加强大了。

书圣王羲之

王羲之（公元303～361年），字逸少，琅琊临沂（今山东临沂）人，出生在一个地位显赫的官僚士族家庭。祖父王正，官尚书郎；父亲王旷，官淮南太守；从伯父王敦，官太尉；从伯父王导，官司徒。

据《晋书·王羲之传》记载，王羲之初为秘书郎，后在征西将军庾亮帐下任职，庾亮临终前，上疏皇帝，称其"清贵有鉴裁"，朝廷授予王羲之为宁远将军、江州刺史之职，王羲之为人方正，且有才气，深得朝廷公卿大臣们的喜爱和器重，"频召为侍中、吏部尚书"这样的高官，而王羲之"皆不就"。朝廷又授予他护军将军之职，"又推迁不拜"，后来在好友殷浩的一再劝说之下，才答应接受右军将军、会稽内史之职，故世人又称其为"王右军"。

王羲之在会稽任职期间，辖区内曾发生严重饥荒，王羲之辄令开仓济民。又鉴于朝廷赋税过于沉重，屡次上疏固争之，朝廷多有见从。

王羲之与会稽太守王述素来性情不和。王述因母卒而回乡居丧，王羲之代其为太守。在王述居丧期间，王羲之曾去王述家探望过一次，便不再来，而王述总以为王羲之还会再来，故几年之中每闻报客角声，便洒扫庭院，恭候王羲之，结果始终不见王羲之踪影，于是心生怨恨。后来王述晋升扬州刺史，成为王羲之的顶头上司。王述每次莅临会稽检查政事，即多方刁难。王羲之耻为其下，于是称病辞职，并来到父母墓前发誓，从此不再为官。

王羲之解任之后，乃与人优游山水，寄情垂钓。他曾写信给好友谢万说："古之辞世者或被发阳狂，或污身秽迹，可谓艰矣。今仆坐而获逸，遂其宿心。"又从道士许迈"共修服食"，习呼吸吐纳之术，有时为"采药石不远千里。"于是遍游吴中诸山，泛舟沧海，叹曰："我卒当以乐死。"后来王羲之果以此终，享年59岁。

由此可见，王羲之一生耿介，为官爱民，无意于荣华富贵，钟情于优游林泉，是颇具晋人萧散旷达出世之志的。据王羲之自述说，他"少学卫夫人书，将谓大能。及渡江北游名山，见李斯、曹喜等书，又之许下，见钟繇、梁鹄书，又之洛下，见蔡邕《石经》三体书，又于从兄洽处，见张昶《华岳碑》，始知学卫夫人书，徒费年月耳。遂改本师，仍于众碑学习焉。"由此可知，王羲之自幼从卫夫人学书，实际上是打基础阶段，基础既牢，当然要转益多师，向众碑学习，不过这已是进入更高级阶段了。

王羲之早年并不聪明，"幼讷于言，人未之奇。"书法也不如庾翼、郗愔等人写得好。后来由于开阔视野，刻苦钻研，开始有了长足的进步。于是名气渐渐传开，就连庾翼家的子弟也开始学习起王羲之的字了。庾翼知道后，甚为不服，说道："小儿辈乃贱家鸡，爱野鹜，皆学逸少书。须吾还，当比之。"后来庾翼在庾亮处见到王羲之写的信，乃"叹服"，并且给王羲之写信说："吾昔有伯英章草书十纸，过江亡失，常痛妙迹永绝，忽见足下答家兄书，焕若神明，顿还旧观。"

此后王羲之书名迅速远播。相传王羲之住蕺山之下时，曾见一老妪持十余枚六角竹扇出卖，一枚卖二十余钱。王羲之即取笔书扇，老妪悲痛地说："全家人都等着卖扇钱籴米做饭，你为什么把它给我写坏了？"王羲之回答说："你只说是王右军所书，便可要价一百。"入市，果然众人竞买而去。老妪又拿来十余枚竹扇请书，王羲之笑而不答。又相传王羲之天性好鹅，山阴县禳村有一道士，养好鹅十余只，王羲之闻知乘小艇前往，欲尽买之，虽百般譬说而不与。良久，道士乃言自己亦性好《道德经》，如蒙屈尊书《道德经》各两章，便当拱手相赠。王羲之乃停留半日，写毕笼鹅而去。王羲之为何如此爱鹅，史书没有明言，但很有可能是王羲之欲借鹅爪划水之姿以参悟笔法。

王羲之曾对自己的书法成就做过如下评价，他说："吾书比之钟（繇）、张（芝），钟当抗行，或谓过之；张草犹当雁行。然张精熟，池水尽墨，假令寡人耽之若此，未必谢之。"可见王羲之认为自己在真书、行书方面，较钟繇略有过之；而在草书方面，较张芝还是略逊一筹的。后世唐太宗专喜王书，并为之御笔作传，于是王羲之名便遮钟蔽张，被奉为书圣矣。从留传到今天的王羲之书迹看，著名的有行书《兰亭序》，草书《十七帖》。此外，王羲之传世的摹本尺牍墨迹还有许多，其中比较著名的有《姨母帖》《初月帖》《寒切帖》《快雪时晴帖》和《丧乱帖》等。

兰亭序

历代对《兰亭序》的评价极高，被视为王羲之书法中之精品，并誉为"天下第一行书"。《兰亭序》之所以取得如此之高的书法成就，除了王羲之具有高超娴熟的书艺外，还因为它是兴会之作。

晋穆帝永和九年（公元353年）上巳日（三月三日），天朗气清，惠风和畅。时任右军将军、会稽内史的王羲之，与同道亲友42人，宴集于会稽山阴之兰亭，修祓禊之礼。值此良辰佳节，面对青山绿水，茂林修竹，又兼与同道亲友饮酒赋诗，羲之喜不自胜，于是捉笔临池，思逸神飞，以蚕茧纸，鼠须笔，一气呵成，写下了这幅千古名迹《兰亭序》。

《兰亭序》总的精神风貌，可以用两句话八个字来概括，即清丽潇洒、蕴藉风流。不难看出，作者为了突出表现这样一种艺术风格，从结体、笔法和章法等各个方面都是全力以赴，不遗余力的。

首先从结体上来看，主要有以下三个特点：其一，紧缩中宫，笔致内敛。例如图录中之"九""春""蘭""群"和"有"等字，肩角突出，点画内敛，颇具典型性，传达给人们以清峻、紧结之感。元人袁裒在《总论书家》中说："右军用笔内撅而收敛，故森严而有法度。"殆此之谓也。其二，字无定法，形随势生。从《兰亭序》的一般结字规律来看，字形大都依所在行气的需要而俯仰，变化多端，无明显法则可寻，然而违而能和，变而不乱。世称晋人尚韵，唐人尚法，此言不诬。其三，随类赋形，字尽其态。所谓晋人尚韵，一言以蔽之，就是从变化中求平衡。那么如何变化呢？方法主要有两种：一种即是上面所说的依行气的需要而构形。另一种是依字形的自然体态而构形，《兰亭序》中有20多个"之"字，而形态无一相同，成为千古美谈，便是典型一例。近人对王右军"大字促之贵小，小字宽之贵大。"曾提出质疑，认为可能系后人伪托。

其次从笔法上来看，主要有以下二个特点：其一，锋行画中，书以骨胜。中锋用笔，是王字的最大特点，这在《兰亭序》中体现得尤为明显。从图录中可以看出，在书写笔画时，大都露锋斜切入纸，然后借助提笔的动作，向大致相反的方向将锋调正，继而提笔裹锋而行，最后顿笔回腕作收。这样写出来的笔画，如棉裹铁，既具肌肤之丽，又内含骨力，故能给人一种血肉丰盈，清雅瘦劲的痛快之感。其二，用笔细腻，交代清楚。《兰亭序》虽为行书，但绝不潦草。它以点画为性情，虽细如毫发之画，亦能一波三折，赋予生命的意象和乐曲的律动，绝无半点苟且之处。此帖笔法之精到，堪称古今第一。

最后从章法上来看，主要有以下两个特点：其一，上下贯气，左右错落。《兰亭序》纵有行、横无列。这种章法十分有利于上下贯气。《兰亭序》的贯气方法主要有两种：一种是向偏左下方贯气，该帖的前部分和中间部分大致属于这一类。一种是向偏右下方贯气，该帖的后部分大致属于这第二类。这是就大体而言的，若从细处看，该帖上下字之间的重心，大都左右错开，尤其在行气发生转向之处，更是如此。上下贯气，则生字势；左右错落，则行气不板。总的来看，就会给人以风流飘逸之感。其二，似敧反正，似斜还直。字势如过正，则板；字势如过敧，则怪。为了处理好这对矛盾，该帖采用了似敧反正的艺术手法。似敧反正的艺术手法也主要有两种：一种是在一字之内发生的，如图录中的"集"字，字的上半部左低右高，具有敧侧之势，而字的下半部则重心平稳，挽危峰于既倒。另一种是在一行之中发生的，如图录中的"丑""暮""春""之"四字，皆扬右上而抑左下，产生敧侧之势，接下来"初""會"二字，向左下方伸出长长的两条撇画，终于化险为夷。刘熙载在《艺概·书概》中说："右军书不言四时而四时之气亦备，所谓中和诚可经也。"其实化平为险，继而由险转安，乃是王羲之处理一切书法矛盾的活的灵魂，章法中的似攲反正手法，不过是这种艺术哲学的一种具体而微罢了。

相传《兰亭序》写好之后，得到了大家的一致称赞，羲之又写十余篇，终不及原作，于是便把它保存下来。传七世，至智永。智永死后，传给弟子辨才，结果被唐太宗派来的萧翼以计赚走，后随葬昭陵。该帖从此便再没见天日。唐人《兰亭序》临摹本传世者有三：其一，虞世南临本。其二，褚遂良临本。其三，冯承素摹本。其中冯承素摹本下真迹一等，最接近原貌。此外，尚有刻石《定武兰亭》，亦弥足珍贵。

田园诗人陶渊明

陶渊明（约公元365~427年），又名潜，字元亮，号五柳先生，浔阳柴桑（今江西九江附近）人。陶渊明生活在晋宋易代十分复杂的政治环境之中。他少年时代就志趣高远，博闻强识。青年时期，他更胸怀治国平天下的宏大志向。晋孝武帝太元十八年，29岁的他做了江州祭酒，后辞官归乡。后来，又到荆州刺史桓玄的府上做了一名幕僚，第二年又辞去了。晋安帝元兴三年，陶渊明接受了刘裕的聘请，做了镇军参军，不久又做了江州刺史、建威将军刘敬宣的参军。随着刘敬宣的离职，陶渊明又重归故里。同年秋天，出任彭泽县令，在任仅80余日，又辞职了，从此再未涉足官场半步。

辞彭泽令，是陶渊明一生前后两个时期的分界线。他坚定了隐居的决心，一直过着隐居躬耕的生活。在后期他并非没有再度出仕的机会，但是他拒绝了。南朝刘宋末年，他曾被召任"著作佐郎"，但他坚决拒绝。到了晚年，他贫病交加，宋文帝元嘉四年他写了一篇《自祭文》，文章最后说："人生实难，死如之何？呜呼哀哉！"这成为他的绝笔。

陶渊明诗作中重要的是田园诗。他的田园诗通过描写田园景物的恬静、田园生活的简朴，表现了自己悠然自得的心境。其中《饮酒》一诗是颇受赞许的名篇。

陶渊明在文学史上的地位和影响，有赖于他的散文和辞赋，其重要之处甚至不下于他的诗歌。其中，《五柳先生传》《桃花源记》和《归去来兮辞》最见其性情和思想，也最著名。《归去来兮辞》是一篇脱离仕途回归田园的宣言。

由于他平淡自然的风格与当时崇尚的华丽文风不合，他的文学创作在当时并没有得到应有的评价，而仅以隐士之名著称于时。后来，经过苏轼等人的介绍，"田园诗人"陶渊明才真正确立了他在文学史上的崇高地位。这地位一直保持到今天，并使他获得了世界性的声誉。

桓温北伐

桓温（公元312～373年），字元子，今安徽怀远人。据说出生还没有满月的时候，名士温峤看到他，就曾对他父亲桓彝说："这孩子生有奇骨，且逗他哭出声来听听。"听了他的哭声。温峤赞叹："果然不同凡响啊！"桓彝为感激温峤的赞扬。就取了他的姓，给孩子命名为桓温。

公元345年，桓温率军北伐，浩荡而至关中。他受到了关中人民牵牛担酒的欢迎。许多老人紧拉着桓温的手说："没想到今生今世，我们还能见到自己的官兵啊！"说着说着，便老泪纵横。

但是桓温并不愿在北方战场上过多消耗实力，于是在今天陕西西安市东的灞桥这地方停军观望，就此丧失了彻底战胜敌人的时机。前秦军芟苗清野，深沟自固，而孤军深入的桓温却因为粮运不继，不得不全军退回。

这次退兵之后，桓温见到了一个北方来的老太婆，自称是名将刘琨的使女。刘琨，字越石，此人仪表堂堂，西晋末年长期坚守边疆，与刘聪、石勒的割据政权相对抗。桓温每每以为自己的雄姿不亚于刘琨当年，所以当刘琨的老侍女见到他，哭着说桓温很像死去的司空刘琨时，使他感到万分高兴。他特意又重新整理了一番衣帽，再次唤老使女来问她："我什么地方像刘司空呢？"不料老使女却答："桓公与刘司空相比，嘴唇像，就是薄了点儿；胡须像，就是红了点儿；眼睛像，就是小了点儿；身材像，就是短了点儿；说起话来声音也像，就是娇气了点儿。"桓温送走使女，回来倒头便睡，一连好几天都快活不起来。

人们更愿意将桓温与王敦相比。王敦是东晋的叛臣，后为桓温的岳父晋明帝下诏讨伐，病死军中。起初，桓温听了这话，心里还非常气愤；后来，随着他势力的发展，有心问鼎皇权，他便不再气愤；每次经过王敦的墓地时，还要回过头去望望，对人说："了不起啊，这可是个了不起的人啊！"心迹十分露骨。

公元356年，桓温第二次率军北进。途经当年他任琅琊太守的治所，他看到当时自己栽下的柳树有的都已大至十围了，不禁感慨万千，泪流成行，说："树木长得好快啊，可我们人呢？"此时的桓温，年纪四十有五，论官职也已是三公之一的太尉，做了全国军政首脑，他还期望什么呢？

这次进军，收复了故都洛阳。桓温多次上表，请求还都，但因为东渡士族在南方产业已丰，无心北归，晋皇室也甘心偏安江左，所以他的请求始终没被重视。

在洛阳，桓温曾带着手下将士登上高高的船楼，眺望四野，对洛阳城的兴亡荣衰大发感叹，说："神州今成废墟，当年王夷甫等人理应承担责任的啊！"王夷甫即王衍，山东士族，西晋末年任中书令、尚书令、司徒、司空、太尉等职。当时皇族争权混战，各族人民纷纷起义，匈奴贵族刘渊乘机起兵，王衍身当重任却只谋自保，日夜清谈。公元311年王衍被羯人石勒俘虏，他劝石勒称帝，以图苟活，结果仍被石勒所杀。从一定程度上来说，桓温认为西晋的覆亡，王衍负有责任，应该是很有道理的。

不料桓温话音刚落，随行的书记官袁宏立即反驳道："一个王朝自有它兴盛衰亡的命运，怎么可以说是哪几个人的过错呢？"

此话一出，桓温顿时变了脸色。他狠狠瞪了袁宏一眼，然后又望了望四座，厉声说道："诸位大概都听说过东汉末年占据荆州的刘表这个人吧？他好比一头重达千斤的笨牛，吃起草豆来，常牛十头也没它食量大，可负重远行呢，却不如一头瘦弱的母牛犊。曹操入荆州，把这头牛杀了，煮熟分赏给手下士卒，当时人们莫不称快。"

回到京城，朝臣刘尹为桓温举行了隆重的欢迎仪式。刘尹在东晋朝中，只算个崇尚清谈的庸碌之辈。仪式过后，不几天，京城飘起了鹅毛大雪。桓温游兴大发，便换了猎装，身背弓箭，跨马准备出去打猎。这时候，恰巧刘尹看到他，开玩笑说："老贼持弓备马，要去干什么啊？"桓温随口应道："我不外出猎兽，你们又哪能在家清谈呢！"刘尹听出了话中之意，脸庞顿时涨得通红。

平心而论，桓温没有像刘尹这些朝臣在家清谈，坐等加官晋爵；而是不忘国难，屡次率军北伐，在进军中建立功名，这一点，是令人称道的。

公元369年，海西公司马奕当政时，桓温再次请命北伐。他从扬州出发，进军颇为顺利，直攻到前燕都城南边的枋头，今天河南浚县这地方。后来前燕得到前秦的援助，联军切断了桓温的粮道，桓温这才不得不弃甲烧船，大败而归，三万多士兵牺牲在北方战场上。

桓温原是想通过北伐来提升自己在东晋朝廷中的名望的，谁知吃了败仗，弄巧成拙，名望反而降了。桓温手下主簿王珣、参军郗超，并有奇才，郗超胡子多，王珣个头矮小，所以当时人们都说："髯参军，短主簿，能令桓公喜，能令桓公怒。"可见其作用之大。正当桓温对下降的名望一筹莫展时，髯参军郗超来献计了。他捋了捋胡子，神情诡谲地对桓温说："桓公眼下虽是兵败归来，但前此两次北进，功勋尚未磨灭。如果桓公能在皇位废立上有所作为，当朝大臣，谁还敢不将您放在眼里呢？"

桓温一听，不禁喜笑颜开，连声说："好主意，好主意！"

海西公司马奕没有生育能力，这位皇上唯恐他死后皇权旁落，于是就唆使身边宠臣与皇后通奸，生下了3个儿子。桓温利用这点，很快说动了崇德太后，太后下令："海西公奕，昏浊惯乱，动违礼度，生此三孽，莫知谁子。人伦道丧，丑名远布。是可忍，孰不可忍！今废奕为东海王，以维社稷之大计。"

公元371年，桓温又奉皇太后令，带领百官来到会稽王司马昱的府第，将他迎回朝堂，变更衣饰，扶上了皇帝宝座，是为简文帝。通过这一废一立，桓温声名大振。

淝水之战

公元383年8月，苻坚率领大军80万，号称百万大军，讨伐东晋。

前秦大兵压境，东晋朝廷里的许多官员都惊惶不安。而宰相谢安沉着冷静，力主抗战，赢得了一批大臣乃至皇上的支持。他派弟弟谢石为大都督，统率八万大军迎战；又让侄儿谢玄为前锋，儿子谢琰上最前线参加战斗。此外，从全局考虑，他还派大将胡彬率领5000水军，沿淮水西上，增援前沿要地寿阳（今安徽寿县）。

10月，正当晋军奔赴前线时，苻坚的先头部队已经攻占了项城（在今河南项城境内）和寿阳。东晋的将领得知寿阳失守，只好退守险要之地硖石（今安徽凤台西南）。前秦的前锋部队抓紧时机，一面攻打硖石，一面分派5万人马进驻洛涧（今天安徽怀远县以南的洛水）西岸，阻止洛涧东岸的晋军前进。

被围困在硖石的晋军大将胡彬见情况不妙，赶紧派人给大都督谢石送信说"如今敌人士气旺盛，而我部的粮草已快用完了，恐怕很难活着跟大军会合了。"不料，信使被前秦给截获了。苻融知道了晋军的虚实，马上向驻扎在项城的苻坚建议道："现在敌军被困缺粮，不能让他们跑了，请下令赶快进攻。"苻坚得了这个好消息，心花怒放，想到自己很快就要大功告成了，十分冲动，犯了兵家大忌。他丢下主力部队，自己只带了轻骑八万赶赴寿阳，准备跟晋军决一死战。

他先派被俘的东晋官员朱序到东晋军中去劝降。朱序投降前秦只是权宜之计，他心里是向着东晋的。到了晋营之后，他不但不劝降，反而将前秦军的虚实全部告诉了谢石，还建议说："如果等到前秦的大部队集结完毕，恐怕晋军就很难抵抗了。现在，最好乘前秦的大部队未到的有利时机，迅速出击，只要打败它的前锋部队，挫伤它的锐气，前秦军就会不攻自破了。"

经过周密的分析，谢石采纳了这个建议。11月，谢玄派5000精兵主动出击，夜袭洛涧。前秦军毫无准备，被打得大败，连跳进淮水逃命都来不及。晋军乘胜追击，斩杀不少，还缴获了大批军械物资。前秦军的锐气大减，而晋军从水陆两面发动全线反攻，一直打到淝水东岸（今天安徽寿县东北），与前秦部队隔河对峙。

苻坚听说晋军已到淝水，便和弟弟苻融登上寿阳城楼观察动静。只见晋军阵容严整，旗帜鲜明，不禁暗暗吃惊。苻坚刚刚吃了一个败仗，恰如惊弓之鸟。他远望对岸的八公山，把山上密密麻麻的草木也当成了晋兵，回头对苻融说："晋兵这么多，分明是强敌，谁说东晋军队怯弱的？"于是下令部队坚守待命，等后续部队到齐后再决战。

谢玄为了迅速与前秦军决战，派使者去对苻融说，双方隔着淝水不便作战，请前秦军稍往后撤，以便晋兵渡河同秦军决一胜负。苻坚、苻融企图乘晋军渡到一半的时候，用铁骑猛冲的战术，歼灭晋军。于是，就下令前秦军后撤。可是，秦军士卒不明白往后撤退的意图，以为前秦军败了。朱序又乘机在军中大呼："秦军败了！秦军败了！"全军顿时大乱，一退就再也制止不住。晋兵趁势渡水进攻。前秦军主将苻融亲自出马想阻止后退的秦兵，结果，马被挤倒，苻融为晋兵所杀。于是前秦兵大败，拼命逃窜，连听见风声鹤唳都以为是晋兵追来了，昼夜不敢停息，因为饥饿寒冷和互相践踏而死的十之七八。苻坚也被流矢射中，只得带领十几万残兵败将逃回长安。

淝水之战时，东晋的主帅谢安为了安定人心，故意对外表示镇定，与客人在山墅下棋。当战胜前秦军的捷报送来时，他看了看，随即放在桌上，继续下棋。客人沉不住气，问他战况如何？他故意轻描淡写地说："小孩子们已经把敌兵破了。"可是，当谢安走入内室时，鞋子下面的木齿都被门槛折断，激动、兴奋的心情再也按捺不住了。

这就是历史上有名的秦晋淝水之战。战争的结果，取得胜利的不是貌似强大的前秦，而是力量比较弱小的东晋。晋军的获胜并非偶然。由于它得到人民的支持，上下齐心，加上指挥上的正确，抓住了秦军的弱点和有利战机，终于转危为安，保住了东晋的半壁江山。

顾恺之绘画

东晋王朝在淝水之战中打败前秦，收复了徐、兖等六州，江南又暂时出现了一派安稳的太平景象。偏安江南的东晋，由于有优越的地理条件，经济发展起来了，科学文化也出现了蓬勃向上的气象。顾恺之的绘画，攀上了当时艺术的高峰。

顾恺之小名叫虎头，是无锡人。他有个古怪的脾气，每次吃甘蔗，总是从甘蔗梢部吃起，逐渐吃到甘蔗的根部。人们奇怪地问他："干吗先吃蔗梢？"顾恺之很风趣地回答："从蔗梢吃到蔗根，越吃越甜，这叫作渐入佳境。"可不是吗，世界上哪一项成就不是这样渐入佳境的呢？

顾恺之小时候就很聪明。不过，他不像有些人那样，自以为聪明，就不肯用功学习。相反，他很爱学习，并且学习的兴趣非常广泛。他常常和谢瞻一起学作诗。谢瞻在当时文坛上负有盛名，据说6岁时就能写出好文章了。顾恺之每作好一首诗，都要请谢瞻提提意见。谢瞻非常称赞他的诗。一天夜里，在皎洁的月光下，他们两人又在一起吟咏诗篇。时间长了，谢瞻感到很累，要去睡觉，就让别人代替自己和顾恺之一起朗读，自己悄悄溜走了，专心致志的顾恺之，直到第二天早上都没有发觉谢瞻已经不在旁边了。

由于顾恺之把全部精力都放在写诗、作文、绘画上，所以进步很快。20岁左右，就成为东晋文坛上的出名人物，被人们称为"三绝"，即"才绝、画绝、痴绝"。

所谓"痴绝",是说顾恺之在生活上表现出一种天真、爽朗,不爱计较得失的性格。他为人诙谐,爱说笑话,饶有风趣。有这样一个小故事:他有一橱画,寄放在好友桓玄的家里。哪里知道,贪心的桓玄竟把画偷走了。后来顾恺之知道自己心爱的画失去了,而橱门上的封条却完好无损,他并未责怪桓玄,只是诙谐地说:"我的画显灵了!成仙了,飞上天去了!"

"才绝"是指他精通诗歌文赋,写下了许多优秀的作品,被人传诵。

当然更为重要的还是他在绘画艺术上取得的成就,达到了艺术的佳境。这就是人们所说的"画绝"。

晋哀帝兴宁二年(公元364年),江宁(今南京市)的高僧慧力主持兴建瓦官寺,寺里的和尚为了筹集资金,摆设酒宴,邀请名士官僚来寺中鸣钟击鼓,并且借机向他们化缘募捐。当时一般的士族官僚捐钱,没有一个人超过十万钱的。可是,顾恺之却满口答应一个人捐钱一百万。大家见他认捐的数目太大,都不敢相信,认为他不是在说大话,就是在开玩笑。过了些日子,和尚拿着化缘簿来向顾恺之讨捐款。顾恺之不慌不忙地对和尚说:"你们在新盖的寺庙里,准备好一堵白墙,我自有道理。"和尚不知道他要干什么,也不便追根究底,只好照着他的话去做。

一天,顾恺之带了绘画用具,来到了寺庙里。他在那里住下,在准备好的白墙上作起画来。他画的是佛教故事里的菩萨——维摩诘的画像。维摩诘是印度梵文的译音,它的意思是清净无垢、名声远布的菩萨,是很受佛教僧侣们尊敬的一尊菩萨。顾恺之经过一个月的辛勤劳动,画像基本完成了,只剩下眼睛还没有点上。他对寺庙里的和尚说:"明天你请大家来看这幅画。告诉大家:头一天来看画的人要捐十万钱;第二天来看画的人可以减半,只捐五万钱;到第三天,来看画的人愿意捐多少就捐多少。"这消息一传出去,大家都想去看看究竟是一幅什么画。到了那天,人们争先恐后地来到寺里,打开窗户一看,只见墙上是一幅维摩诘的画像。顾恺之正在举笔给维摩诘点眼睛。这点睛俗语叫"开光",是传神的一笔,也是特别重要的一笔。维摩诘的眼睛一经顾恺之点出,整幅画像就栩栩如生,跟真人一样,有了表情了。他那微妙的目光,他那慈祥庄严的神色,好像是在那里沉思,又好像在那里和人谈话,真是神态自若,惟妙惟肖,给人一种宁静圣洁的感觉。寺庙里的和尚见来的人很多,趁机拿着化缘簿向大家募捐，很快就募足了一百万钱的数目。顾恺之给维摩诘点睛，成了千古传颂的佳话。这充分说明了，当时只有21岁的顾恺之，在绘画艺术上达到了何等高超的境界。难怪谢安惊叹他的艺术是"自有人类以来所没有过的啊！"

后来，顾恺之画的《女史箴图》《洛神赋图》《列女图》等，在艺术上更加成熟，成了祖国艺术遗产中的稀世珍宝。

洛神赋图

《洛神赋图》为东晋著名画家顾恺之的代表作之一。这幅画作高27厘米，长394厘米，内容是根据三国时曹植的《洛神赋》而创作的。作品中具体生动的形象，完整地表现了赋的内容。

作品《洛神赋图》描绘的是曹植在洛水之畔与洛水女神宓妃相会的情景，充分体现了作者丰富的艺术想象力、巧妙的构图以及他传神的笔墨。卷首画马匹在草地上打滚嬉戏，曹植一行悠闲漫步，是赋中"余从京城，言归东藩，背伊阙、越轘辕……"行至洛水之滨的写照；继而，女神的倩影出现在洛水波头，"远而望之，皎若太阳升朝霞，迫而察之，灼若芙蕖出渌波"，她"践远游之文履，曳雾绡之轻裾，微幽兰之芳蔼兮，步踟蹰于山隅"；继而，她迸发一见钟情的欢欣，"忽焉纵体，以遨以嬉"，在涟漪之间尽抒婀娜之态，将曹植引入与之对语的空间；曹植临近洛神，"托微波而通辞"。这一段成为画卷的中心。继而，洛神感念诗人衷情，"从南湘之二妃，携汉滨之游女"，在鼓乐声中起舞，"扬轻袿之猗靡兮，翳修袖以延伫"，再一次使曹植形随神往；继而，洛神终不能不辞别知心君子，随龙车文鱼远去，任曹植凭船期待，"恨人神之道殊兮，怨盛年之莫当"；终了，曹植策马难行，频频回首若有所失，"遗情想象，顾望怀愁"，"怅盘桓而不能去"。

《洛神赋》是在一种眷恋神往却好梦未圆的惆怅思绪缠绕下成篇的。它除了有钟嵘《诗品》所赞赏的"词采华茂"之外，更有一股流风回雪、进而还复的丝缕式结构，读着一段段"于是……"，能感到在时间的承合暗转中有欲去不能、流连徘徊的横向旋进感。顾恺之与赋文共鸣的，恐怕不只在爱情主题上，还在于艺术形式上。画与赋同，画又与赋不能同。从卷首曹植的出现到卷尾还是曹植出现，经历了一个时间过程，这正是他采用长卷的优势。（观者目光缓缓拂过5米余长的画卷时，能听得循时序的娓娓叙说）不仅人物反复出现，情节扣着情节，画中的景色也烘托了故事的自然换场。在画的下方，山峰或水波始终似断还连，起伏有致的变化服从于贯穿全卷的节奏。这种分段且整体的布局尊重了赋作为诗文艺术的特点。但是，仅靠横的展示似乎还不尽贴切赋文的缠绵意味，顾恺之巧妙地调动了人物在空间位置上的变化。洛神在画中出现的频率最高，时而在曹植面前，"仪静体闲，柔情绰态"，时而凌波似游，"体迅飞凫，动无常则"，时而在半空云端，"竦轻躯以鹤立，若将飞而未翔"……洛神的反复出现，她形象在卷上的高高低低、近近远远，而且体形比例各有微妙变化，好似一个飘忽不定的精灵。（观者目光追踪她"神光离合，乍阴乍阳"的幻动，能感受到她活脱的气息）这是空间艺术对时间性情节的特殊表现，把赋文创造的境界进行了再度创造。还是为着那股瑰丽中的缠绵，画中不同时空的洛神有共同的造型特点，她的身姿动势总是向画卷左方即与曹植别离的方向，头部或目光总是回转或凝视于后。这种"进止难期，若往若还"的仪态，准确地传达出女神依依难断的缱绻意绪。对曹植乍遇洛神的形象塑造也是独到的，他走在侍从的前面，忽见洛神不期而现，"彼何人斯，若此之艳也"，怦然惊喜中他下意识地振臂拦住了侍从，示意他们别惊动了女神。一个细微的动作，形成了前行与止步的冲撞，又是一股力的振荡与回旋。（观者目光前后移摇，细细品察画中人的顾盼与人中意的细腻，会进入那流动的空间）

从抽象角度说情感，情感是线性的，《洛神赋》中的情感更是缕缕往复无尽的线。顾恺之用游丝描的细线，塑造了洛神"肩若削成、腰如约素"的修长体态，缨络与裙带随风向一边飘开，使她轻盈如幽兰，举步似流芳。这种线条除了有唐代张彦远形容为"紧劲联绵，循环超忽，调格逸易，风趋电疾"的表现力外，更有与主题中情感的线一样的性质：春蚕吐丝，脉脉不断。

《洛神赋图》是我国早期绘画与文学相结合的典范之作。顾恺之使用简练飘逸的线条、典雅鲜丽的颜色、大胆的构图、写实的手法，诗意般地表达了《洛神赋》的深刻内容，达到了诗情画意的境界。另外，画中作为人物活动背景的山石树木虽然形态古拙，但对于烘托人物的情感和意境起到了很好的作用。

士、庶族之争

三国时期，魏文帝曹丕接受陈群的建议，制定了"九品中正制"，通过德、才、家世三项标准来选拔官吏。但是，这项制度在执行时完全变了形，出现了只重家世，不重才能的情况。一些名门望族大官僚的子弟，总会被评为上品，他们把持着中央和地方的重要官职，世代享受高官厚禄，成了"士族"；士族以外的那部分地主，就成了"庶族"。

到了东晋的时候，士族势力得到了充分发展。东晋的历代皇帝都没有什么权力，国家大权掌握在几家大户士族手中，皇帝要想稳住皇位只能依靠士族扶持。到了南朝时期，士族特权仍然得到承认。宋、齐两朝还规定，高门士族的子弟20岁就可以登朝做官，而庶族地主的子弟要到30岁之后才能做小官。高门士族升迁极快，在很短的时间内就能做到公卿。南朝位高权重的职位，几乎全部被士族垄断。

士族阶层为了维护自己的优势地位，非常注重门第身份的高低。他们不同庶族往来，不与庶族通婚，甚至不与庶族使用一个座位。宋孝武帝的舅舅路庆之出身庶族。有一次，他的孙子路琼之去拜见王导的后人王僧达。王僧达见了他非常冷淡，还讥讽地问："昔日我家养马的仆人路庆之是你什么人？"路琼之无言以对，就告辞回去。他刚刚走出王家大门，王僧达就命令下人把路琼之坐过的床烧掉。路太后听说此事后大怒，跑到宋孝武帝面前哭诉。宋孝武帝无可奈何地说："琼之年少不懂事，没事何必跑到王家去自找没趣呢？"

这些讲究身份和门第的士族子弟，不学无术，生活腐化。他们平时不读书，考试时找人代笔。他们涂脂抹粉，头戴高帽，脚蹬高屐，出门的时候必要乘车，进门的时候有人扶持。有些人身体虚弱，不但不会骑马，甚至连走路的力气都没有。有的人见了马都害怕，还把马说成老虎。这些士族子弟四体不勤，五谷不分，是一群极端腐朽的社会寄生虫。

祖冲之的贡献

祖冲之（公元429～500年），字文远，是我国南北朝时期著名的数学家、天文学家。他的主要贡献在数学、天文历法和机械制造三个领域。他还编制了"大明历",计算了圆周率。祖籍范阳郡道县(今河北涞源),为避战乱,祖冲之的祖父祖昌由河北迁至江南。祖昌曾任南朝刘宋的"大匠卿",掌管土木工程;同时,祖家历代对于天文历法都很有研究,因此祖冲之从小就有接触科学技术的机会。祖冲之对自然科学、哲学和文学都有很大兴趣,特别是对天文、数学和机械制造。早在青年时期,祖冲之就有了博学多才的名声,还被朝廷派到一个学术研究机关——华林学省,去从事研究工作。后来祖冲之又担任过地方官职。公元461年,他担任南徐州(今江苏镇江)刺史府里的从事。在公元464年,他又到娄县(今江苏昆山市东北)任县令。

祖冲之在这段时间,虽然生活不稳定,但是仍然继续坚持学术研究,并且成就很大。他研究学术的态度认真、严谨,十分重视古人研究的成果,但是却不迷信古人的研究成果。祖冲之还对古代科学家张衡、刘歆、刘徽和刘洪等人的著述也都进行了深入研究,吸取了其中的精华,而且大胆怀疑前人在科学研究方面做出的结论,并通过实际观察和研究,又加以修正补充,从而取得极具价值的科学成果。在天文历法方面,祖冲之编制的"大明历",是当时最精密的历法。在数学方面,祖冲之对圆周率(π)做了精心的演算,并成为世界上第一个将 π 值正确推算到小数点后第七位的数学家,他计算出 π 的值在 3.1415926 和 3.1415927 之间,简化成为 3.1415926,这也是当时世界上最高的数学成就。

公元462年,祖冲之把自己耗费无数心血编制的《大明历》,呈给宋孝武帝,请求政府予以实行。宋孝武帝便召集懂得历法的大小官员开会,让大家对"大明历"的是否可行进行讨论。

会议一开始,祖冲之就遭到了攻击。当时,旧历法的领军人物是戴法兴,他头一个就对《大明历》表示了否定加批判。因为戴法兴是宋孝武帝的宠臣,其他的大臣都不敢跟他作对,所以就纷纷附和戴法兴的意见。

戴法兴先给皇帝上了一份奏章,说:"不论哪一年,冬至时太阳的位置总是固定的,这是先前圣人测出来的,是不论到何时也不能改变的;祖冲之说每年的冬至点都会移动,纯属是胡说八道,他是在诬蔑圣人、违背天意;历法有19年7闰(农历闰年设置规律为19年7闰,即19年之中设置7个闰月)的设置,也是圣贤定下的,谁也不能更改;另外,祖冲之不过是个平头百姓,不是专家，没有权威，所以他没有资格谈论历法的事。"

面对戴法兴的守旧和人身攻击，祖冲之毫不退缩，针对戴法兴的拘泥不化，他也写了一篇文章来驳斥戴法兴的落后观点。他写道："根据古代的文献记载，和现在对太阳的观测记录，证明冬至点是有变化的，证据明明白白地摆在那里，为什么还要迷信古法反对新法呢？根据多年来的观测记录，可以准确地推算出冬至的日期和时刻，因此可以证明旧法19年7闰的说法是很不确切的，难道明知旧法不准确，还要坚持用吗？谁说大明历不准，可以拿出证据来，如果能证明我的新法不准，我任凭你们处置。"

显然，戴法兴拿不出证据来，于是他就和祖冲之争论诸如日行快慢、日影长短等问题，结果被祖冲之一一驳倒。戴法兴理屈词穷，只好耍无赖说："反正就是不能用。"

大臣们都被祖冲之精准微妙的观点折服了，但是却都不敢出头替祖冲之美言几句，只能在精神上表示支持。最终只有一个叫巢尚之的大臣公开站出来力挺祖冲之，他说根据大明历来推算月食，时间都很准确。用旧法推算就差了很多，事实证明大明历就是好，应该采用。

宋孝武帝也被折服了，决定在公元465年实行新法，谁知还不到这年他就死了。他死后大家忙着争权夺利，再加上改朝换代，推行新法的事就被耽搁了下来。直到公元510年，祖冲之去世十年后，新法才得以正式施行。

莫高窟壁画

敦煌莫高窟位于地处河西走廊西端的敦煌东南，是通往西域的咽喉，东西文化荟萃之地，在魏晋南北朝时期也是一个佛教重镇。据唐武周圣历元年李怀让的《重修莫高窟佛龛碑》记载，莫高窟于十六国时期的前秦建元二年（公元366年）由一个叫乐樽的沙门开凿，此后历代开窟造像不断。莫高窟现存北凉窟7、北魏窟8、西魏窟10、北周窟15。

洞窟类型大约可分三类：一为禅窟。这类洞窟于主室两侧开僧房，后壁开龛塑佛或禅僧像，壁面及窟顶绘千佛、飞天和供养人。二为中心塔柱式石窟。此种窟型直接源于龟兹石窟，在凿建过程中又融入了汉地建筑样式。中心柱四面开龛，塑佛和交脚菩萨，有的也在龛两侧塑胁侍菩萨，壁面除绘有佛、菩萨和供养人外，还绘有大幅佛本生故事。莫高窟早期的北凉窟有的即属于这类窟型。北凉窟受龟兹风格影响较多，如第275窟交脚菩萨塑绘手法以及服装样式仍带有龟兹影响，只是菩萨的面部特征已经与龟兹风格迥异了。三为方形覆斗式石窟。此为敦煌的代表性石窟，顶作覆斗式，洞窟内部空间宽敞，从窟顶到四周壁面满绘壁画。

北凉时期佛龛形制上出现了具有明显汉式建筑特点的阙形龛，这种阙形龛为北魏所承袭沿用。北魏佛教造像在孝文帝实行汉化政策即"孝文改制"前后有了明显的差异。"孝文改制"前北魏造像多受西域龟兹的影响，可以说是与十六国北凉时期相接，但"改制"后北魏造像明显受南朝造像风格影响，"秀骨清像"造像样式占据主导地位，人物的服饰也由原来的紧贴肌肤而变成"褒衣博带"，如第437窟的彩塑伎乐飞天，身材修长，身着长裙宽袍大袖，体态轻盈，一派南朝风范。在"孝文改制"以后，北魏的佛教造像开始完全褪去龟兹的影响。西魏造像继续沿"孝文改制"后的造像风格发展，佛菩萨像更多地体现出南朝士大夫般恬淡睿智的文士品格。北周处于北朝的晚期，此时造像的铺相基本已成定制，如一佛二菩萨，或一佛二弟子二菩萨等。从佛菩萨莲座（或台座）上垂下的衣摆，这时也演变成一种极富装饰性的"悬裳座"。在人物造像上的一个特点是开始逐渐褪去"秀骨清像"的造像特征，人物造型趋于丰满，面庞较为圆润，身体比例缩短，如第438窟的一佛二菩萨造像。这种转变渐渐开启了盛唐审美的新风尚。

敦煌莫高窟壁画的题材在六朝时期大多数仍是佛菩萨像、供养人、佛传、佛本生、因缘故事等，但在构图上却产生了不小的变化，如佛传、佛本生等故事由单幅方形画面转变为长卷连环画式的横幅画面，北周第428窟佛本生故事即为连环画式长卷构图。佛本生故事在莫高窟早期壁画中数量最多，表现也最为生动，如《尸毗王割肉贸鸽》《鹿王本生》《舍身饲虎》等，其中如《舍身饲虎》，从幼虎的数量上可看出所选用的经典的依据是《贤愚经》还是《金光明经》，这从一个侧面反映出当时佛教经典的翻译或流行状况。

元嘉之战

自东晋覆亡，南北分裂后，中国历史进入了"南北朝"阶段。这是中国历史上最黑暗的时代，也是优秀人物前仆后继出现的英雄时代。

刘裕代晋后，在南方建立了刘宋政权。而北方的拓跋氏亦通过一系列征战，统一了北方，建立了北魏。这两个新兴政权在国家初立的几十年里，皆致力于"扫清周边敌族，巩固中央集权"的大业中，无暇顾及彼此。而两国关系的转折点，直到各自第三代帝王统治时期才出现。

公元423年11月，未满16岁的拓跋焘继位，是为北魏太武帝。而次年，宋国少帝刘义符病故，其子刘义隆继位，是为宋文帝。这两位皇帝皆是中国历史上著名的豪杰人物，南北大地在两位皇帝的治理下，均出现国富兵强、百姓安乐的盛景。俗话说得好，一山不容二虎，当"定国安邦"的大业完成之后，"统一战争"就不可避免地要爆发了。这场一决雌雄的战争就是历史上著名的"元嘉之战"。

公元450年2月，北魏太武帝派十万大军攻宋之悬瓠（今河南汝南），同时给宋文帝写了一封侮辱性的信，此事成为元嘉之战的导火索。7月，宋文帝派两路大军北伐。西路军主帅是当时名将柳元景，他经湖北北部的熊耳山，打到了弘农、潼关，进展顺利；东路军由王玄谟率领，也渡过了黄河，围攻滑台（今河南滑县）。

双方战至此时，宋军完全可以乘势北上，大举进攻北魏，但是由于王玄谟骄傲自满，军纪败坏，又虐待部下，大失人心，遂使得宋军内部出现了矛盾，北伐不能顺利进行。而此时北魏大军抓住机会，大举反扑，致使宋军节节失利，被迫南撤。由于东路主力受挫后撤，西路军兵力有限，不能单独北伐，也只好南撤。

北魏军见状，士气大振，大举南下，一直打到长江北岸之瓜步（今江苏六合）。宋朝大惊，急调各地军民沿江六百里布防。此时已至深冬，天寒地冻。北魏军粮草不继，加之宋军布防严密，无隙可乘，于是北魏军决定休战退军。退军时北魏兵屠杀掳掠，使宋损失不计其数。刘宋由此大受打击，军队士气低落，国力走向衰微。次年春天，北魏军再次南下，而宋军已不复当年之勇，防线渐次由河北退至淮北，最后退守淮南。从此，中华大地上的"南北对峙"局面转向了"北强南弱"。

因宋文帝的年号为元嘉，故这场大规模的战争被称为元嘉之战。虽然刘宋政权在战争中得以保存，但国家元气大伤，根本不用北魏劳师动众地兴兵南下，它自会走向败亡。

范缜不信鬼神

佛教是在公元前后从印度传入我国的。它宣扬的是人死后精神不灭等理论。南北朝时期，许多人信佛，寺庙林立，熏烟缭绕，香火兴旺。但是，生活在南朝齐武帝时期的范缜偏偏不信佛教。他写了一篇震动朝野的文章——《神灭论》，公开宣称人死后不会留下什么灵魂。

范缜把人的形体看作是精神现象所依存的实体，把精神现象看作是形体本身的作用，用物质实体和它的作用相互间的关系来说明"形神相即"，这就使"形存则神存，形谢则神灭"的论断更富有说服力。唯心主义者诘难他说："神故非质，形故非用，不得为异，其义安在？"他回答说："名殊而体一也。"形与神、质与用，名称虽然不同，实际上都是不可分割的统一体。范缜用刀与利的比喻说明了这种关系："神之于质，犹利之于刀，形之于用，犹刀之于利。利之名非刀也，刀之名非利也；然而舍利无刀，舍刀无利。未闻刀没而利存，岂容形亡而神在？"

范缜这种"质用统一体"的学说，克服了以前的神灭论者理论上的简陋性，第一次表述了形、神之间相互依存和区别的对立统一关系，对哲学基本问题做了朴素的唯物主义一元论的说明，从而有力地打击了宗教唯心主义的"形神相异"的立论根据。

在认识论上，范缜同在他之前的唯物主义论者或无神论者一样，都是以肯定从实在出发的感觉为认识始点的。但是如上所述，范缜表现出对自然更深刻的观察能力，他对于自己所撷取的自然素材，已经初步有了"质"的认识，并且善于从事物的质的差别性的分析中，区别不同事物和不同概念的本质内容。

范缜正是遵循着这条唯物主义的认识途径，不但进一步区别了"知"（知觉）和"虑"（思维）这两种不同性质的精神现象，而且分析出"人质"的两种要素：包括手足、眼耳七窍、五脏等的人体生理构造和包括知、虑、情等心理作用的精神现象，而把前者看作是后者的基础。范缜认为"痛痒之知"与"是非之虑"虽然不同，但都是属于精神现象。他用"知即是虑；浅则为知，深则为虑"的说法，朴素地解释了知觉与思维的统一性和差别性。同时，他又从人体器官的不同作用中得到启发，进一步探求不同精神现象的不同生理基础。尽管范缜受到他所处时代的科学水平的限制，不可能正确地解决这个命题，而得出了"心为虑本"的错误判断；但是他对人体所做的形神关系的分析，是试图从人的生理器官的作用上去说明知觉和思维的物质根源，用以驳斥"虑体无本"的唯心主义谬论，这无疑是具有一定的科学性和进步性的积极探索。

应当指出，范缜的逻辑思想虽然是吸取魏、晋以来名理教养的成就，但是和当时豪族名门的名理清谈也是有着原则性的区别的。他在《答曹录事难神灭论》一文中指出，名理辩论的任务是在于"穷理"，而不在于"穷辩"。所谓"穷理"，也就是他的即物而穷其理的唯物主义认识路线。在这里，范缜的逻辑思想与他的认识论取得了有机的统一。可以看出，他在逻辑上的成就，是与他在认识论上对于事物的"质"的具体理解分不开的。虽然他在运用传统的类比推理进行论证时，在个别地方也不免陷于概念混淆和取譬非类的逻辑错误，但从其体系上看，他在以"形神"为主要论题的大辩论中，遵循着论争所固有的破立规律，在论证与反驳时，运用概念、判断和推理等方面所提供的范例，却不愧为中国逻辑发展史上的一座光辉的里程碑。

梁武帝北伐

梁武帝即位时，北魏孝文帝已经死去，国势转弱，对南朝的军事压力也减轻了。到他统治中期，北魏又发生了各族人民大起义，接着东、西魏分裂、纷争，战乱延续达二十年之久。这对南朝来讲，北伐中原，收复失地，真是千载难逢的天赐良机。面对有利形势，武帝好大喜功起来，频频向北用兵。他并非不能知人善任，当时也不乏智勇可任的将帅，但在武帝自私的心灵深处，却有一个不可告人的秘密。他信不过这些将帅，总觉得只有萧氏宗室骨肉才可靠。因此每逢重大军事行动，他总是委派萧氏子弟为统帅，偏偏这些子弟都庸懦无能，老是损兵折将，直到军情紧急，他才不得不任用其他将帅来解救危难。但危机一过，他就故态复萌，依旧唯萧氏子弟是用，因此他一次次出兵北伐，争城野战，死伤涂地，却仍然败多胜少，得不偿失。

武帝即位不久，于天监四、五年（公元505年至506年）间发动首次北伐，以临川王萧宏为统帅，一时良将如韦睿、裴邃、昌义之等分头进军，相继攻克合肥、羊石、霍邱、梁城等地。早先投降北魏的梁将陈伯之驻军寿阳，抵抗梁军。萧宏命记室参军丘迟给陈伯之写劝降信，这就是脍炙人口的杰作《与陈伯之书》，信中晓之以理，动之以情。陈伯之见信，率部众8000归降。梁军器械精新，军容齐整，进驻洛口，形势十分有利。但主帅萧宏却胆小如鼠，他听说北魏援军就在附近，不敢继续前进。一天夜里，洛口突起暴风雨，萧宏以为北魏军来攻，吓得丧魂失魄，丢下大军，仓皇逃跑。梁军没了主帅，顿时大乱，纷纷散退，沿途丢弃老弱病残，军资器械，比比皆是，损失将近5万人。北魏军乘势南侵，跨过淮河，围攻梁朝的重镇钟离，准备荡平东南。梁武帝到了这时，才派出名将曹景宗、韦睿等率大军援救钟离。曹景宗有勇，韦睿有谋，配合默契，指挥得当，大败北魏军于钟离城下，俘斩十多万人，北魏军渡淮逃跑，又淹死十多万人，军事上的颓势才得以挽回。

公元524～525年间，北魏六镇起义爆发，北魏军主力北调。梁武帝策划再次北伐。北魏徐州刺史元法僧以彭城降梁，武帝派出大军前去接应，这一次他又让次子豫章王萧综做统帅。双方在彭城一带展开拉锯战。萧综临阵通敌，冒称是南齐东昏侯萧宝卷遗腹子，和梁武帝有杀父之仇，随即投入敌营。梁军又一次失去主帅，又一次大溃而走，彭城也告失守。与此同时，在西线的寿阳战场上，由名将裴邃指挥的另一支梁军，却取得了一系列胜利。

大通二年（公元528年），北魏已进入大乱高潮，梁武帝又一次北伐。这次他总算不任用萧氏子弟，而以北魏降王元颢为魏主，派将军陈庆之率兵7000人护送他进军洛阳，企图以鲜卑制鲜卑，培植傀儡政权。中大通元年（公元529年），陈庆之拥元颢长驱直入，沿途连克32城，前后47战，所向无敌，一直打进魏都洛阳，把北魏孝庄帝赶到黄河以北。元颢得志，骄傲起来，日夜纵酒，不理政事，连他的追随者都大失所望。他又企图摆脱梁的控制，与陈庆之互相猜疑。陈庆之兵力不足，请求梁武帝增派援兵，元颢却说他力量大了不好控制，竭力阻止，陈庆之想到彭城去做徐州刺史，元颢也不准许，他们就这样坐困洛阳，等待丧败。

北魏大将尔朱荣率精锐的契胡骑兵南下渡过黄河，突破了元颢的沿河防线，元颢出逃，半路上被人杀死。陈庆之集合部众数千人，结阵南还，尔朱荣自率铁骑急追，想歼灭这支梁军。陈庆之途经嵩山，正遇山洪暴发，部下兵将或死或散，陈庆之急中生智，剃发出家，混在和尚群中，总算躲过了北魏军的追捕，返回建康。这次孤军北伐，又遭到失败。

梁武帝乘北魏衰乱，几次用兵，均无建树。他吸取反面教训，以后北伐，更是非萧氏子弟不用了，结果招致了更惨重的失败。

侯景乱梁

梁武帝萧衍于公元547年正月的一天夜里，做了一个梦，梦见北朝的魏军大小官吏纷纷向他投降。梁武帝龙颜大悦，哈哈笑出声来，侍从听到后急忙来到内寝，呼唤梁武帝，梁武帝这才从梦中醒来。此后，他一直念念不忘，常对身边的人说，这个梦是个好兆头。凑巧的是，这年三月，东魏大将侯景派人来接洽投降他的相关事宜。

侯景是羯族人。他原本是东魏高欢手下的将领，因与高欢的儿子高澄不和，高欢去世后，高澄接任其位，他就想投奔南方的梁朝。

梁武帝得知消息后，马上召集文武官员商量。宰相谢举坚决反对，他说："我们刚与东魏和好，如今收留他们的叛臣，这势必会引起两国的矛盾，我认为还是拒绝侯景为上。"梁武帝对北方的大片土地早就有觊觎之心，同时还相信梦的征兆。在不听群臣劝阻的情况下，梁武帝接纳了侯景，并任命他为大将军，加封为河南王，专门负责黄河南北的军务。

为了表示自己的诚意，梁武帝派自己的侄儿萧渊明带兵北上迎接侯景。萧渊明在彭城（今江苏徐州市）与东魏的军队相遇，一仗下来，全军覆没，自己也成了俘虏。紧接着，东魏的军队又打败侯景。侯景带着八百多名残兵败将，逃到梁朝的寿阳城（今安徽寿县）。

高澄为了制造梁朝与侯景的矛盾，让萧渊明写信给梁武帝，只要梁朝交出侯景，双方即可重新和好。梁武帝看到侄儿的信后，同意与高澄讲和，侯景得到消息气急败坏。很明显，双方讲和，侯景没有好下场。于是，他一不做二不休，率领军队攻打梁朝。梁朝的军队抵挡不住，节节败退，侯景很快就占领了谯州（今安徽滁县）、历阳（今安徽和县），继而直逼长江。

梁武帝听说侯景南下，立即派侄儿萧正德驻防长江，保卫京都建康的安全；与此同时，又派遣自己的第六个儿子萧纶，带兵讨伐侯景。萧正德早年过继给梁武帝做儿子,被立为太子。后来,梁武帝有了亲生的儿子,就把萧正德太子的称号给取消了。萧正德失去皇位继承人的身份后,对梁武帝怀恨在心。侯景抓住武帝叔侄之间的矛盾,暗地里派人诱使萧正德做内应,答应他事成之后由他当皇帝。萧正德认为机会来了,便与侯景苟合在一起。当侯景的部队到达长江北岸,萧正德把他们接过江来。侯景的部队突然出现在建康城外,梁武帝大吃一惊,此时他还不知道是自己的侄儿出卖了自己。仓促之下,命令太子萧纲全权负责建康的防御。这时,萧纲犯了一个致命的错误,把镇守宣阳门的任务交给萧正德。

太清二年(公元548年),侯景率兵八千,马数百匹,攻打建康城。萧正德打开宣阳门,侯景的部队进入城内。进入城内,不等于就完全占领,当时建康城分为三大主要区域。梁武帝居住在中间的台城里面,禁卫军驻扎在西边的石头城内,东边是宰相等官吏居住的东府城。

侯景入城后,首先把台城团团包围,切断其与东西两城的联系。接着,向台城发起猛烈的攻击。一时间,火光冲天,喊杀声震天动地。台城守将羊侃见侯景纵火,赶快派士兵担水灭火。侯景见大火被扑灭,马上命令士兵用长柄斧头劈砍城门,企图劈开城门,冲入城中,羊侃见状立即提起长矛,带领士兵冲出城外,一连刺死多名侯景的士兵,其他士兵吓得抱头而逃。此刻的侯景像疯狗一般,继续组织力量,疯狂进攻,占领了城外的公车府和东宫。当天夜里,侯景在东宫饮酒作乐,太子萧纲乘侯景防备松懈,命人火烧东宫,企图把侯景烧死。侯景侥幸逃脱,但宫内的藏书、名画等文物未能逃过此劫,几乎在大火中全部烧毁。建康作为南梁的政治文化中心,遭受了一次空前的浩劫。

攻不下台城,侯景绝不甘心,几天后数百头木驴出现了,每头木驴的肚子里藏着6个士兵。原来,侯景想利用木驴做掩护,把士兵运到城下,再实施强攻。守卫台城的羊侃一眼看出了侯景的伎俩,命令制作燃气雉尾火炬,在城头上对准木驴掷下去,烧掉了木驴。就这样,侯景的木驴运兵计轻而易举被羊侃破解了。一计不成,侯景又想出一个办法,让士兵造十多丈高的登城楼,打算从上面向城里射箭。羊侃见了说:"登城楼太高,人站在上面,头重脚轻,肯定没办法过堑壕。"果然不出他的意料,侯景的登城楼刚运送到堑壕边上,堑壕塌方,登城楼一个一个栽倒,站在上面的士兵活活被摔死。

侯景屡攻屡败，但他屡败屡攻。这次，他强迫居民在台城的东西两边筑土山。羊侃见状，也命令士兵在城内筑土山。双方站在土山上，相互对射，一时间相持不下。让人想不到的是，突然连降大雨，城内的土山坍塌，侯景趁机杀入城内。坚守130多天的台城，终于失陷。

侯景进入台城后，首先杀掉内奸萧正德，接着把梁武帝萧衍软禁起来，不给他任何吃的，梁武帝活活被饿死。

梁武帝死后，侯景拥立萧纲做皇帝，是为简文帝。侯景自封为宇宙大将军，做了丞相，掌管军政大权。不久，侯景派出三路兵马，攻占了吴郡（今江苏苏州市一带）、会稽（今浙江绍兴市一带）等富庶地区，又向江陵（今湖北江陵县）进军。

在江陵的萧绎，是梁武帝的第七个儿子。他与大将王僧辩、陈霸先率领的军队联合作战。打败了侯景。承圣元年（公元552年），陈霸先、王僧辩的军队收复建康。

侯景仓皇出逃，逃亡的路上被部下杀死。侯景的尸体运回建康，扔在街头。对侯景恨之入骨的建康人，纷纷赶来咬他的尸体，不到一天工夫，尸体上的肉都被咬光了。侯景作乱，给国家和人民带来的是灾难，他遭到全国百姓的痛恨也是必然的。

陈霸先抗齐灭梁

平定侯景之乱以后，萧绎在江陵做了皇帝，就是梁元帝。他拜陈霸先为大司空，掌管监察、法律，兼任扬州刺史，镇守京口，拜王僧辩为太尉，执掌全国军事，镇守建康石头城。可是梁朝的天下并没有安定下来。

看到萧绎做了皇帝，他的兄弟萧纶、萧纪，后来还有他们的侄子萧察，都来争夺帝位，互相攻打，还借了西魏的兵力来消灭对方。西魏的统治者早就想灭掉梁国，扩张自己的领土，现在正好乘机打到了长江中游地区。梁绍泰元年（公元555年），西魏出兵帮助萧察攻下了江陵，杀死了萧绎，萧察自称梁王。西魏军队大肆抢掠，把江陵府库中所藏珍宝全部抢走，又掳走数百万人做魏军的奴婢。然后把江陵这座空城交给萧察管理。第二年，萧察自称皇帝，历史上称为后梁。

平定侯景之乱的陈霸先和王僧辩，不承认萧詧为帝，在建康拥立萧绎的儿子萧方智做了皇帝，就是梁敬帝。这时候，北方的东魏已经被北齐取代了。北齐又打算派兵送回被东魏俘虏的萧渊明到梁朝做皇帝。王僧辩是个反复无常的人，他从个人利益出发，答应了北齐的要求，接回萧渊明，立他为皇帝，废掉了梁敬帝。

陈霸先不同意王僧辩这种做法，几次三番劝告王僧辩，可是王僧辩却不听。于是陈霸先和部将侯安都等起兵进攻建康，决心除掉王僧辩。

侯安都率领的军队很快到了建康，打败了王僧辩的部队，冲进城去。王僧辩听到城外有人杀来，不觉大吃一惊。这时候，侯安都的人马已经冲到他面前，他手下的人死命保护他，打算向南夺门逃走。不料陈霸先率领的军队已从南门杀了进来，王僧辩走投无路，束手被擒，当天晚上，被陈霸先杀了。接着，陈霸先又杀了萧渊明，仍旧立萧方智做皇帝。

王僧辩死后，他的党羽继续跟北齐勾结。他们乘陈霸先出兵义兴（今江苏、浙江两省的太湖西岸地区）去平定叛乱的机会，偷袭建康，又占领了军事要地石头城。这时候，北齐也派兵五千，从采石矶渡江，占领了姑孰（今安徽当涂县），控制了建康的西南门户。陈霸先得到消息，立即赶回建康。他派兵夜袭长江北岸的北齐军，火烧北齐的运粮船。然后包围石头城，切断了城中的水源。北齐军为了摆脱困境，被迫求和。陈霸先考虑到建康的防守力量薄弱，粮食物资供应困难，就同意讲和。可他对部下说："齐人这次求和是被迫的，他们一定会背弃和约，卷土重来，我们应该做好准备。"

和约达成以后，陈霸先一面清除王僧辩的残余势力，巩固后方；一面派遣军队驻扎在淮河沿岸的方山一带，防御北齐入侵。

没过多久，北齐果然撕毁和约，又来袭击，并且占领了江南的一些地方。由于陈霸先早有准备，指挥部队英勇作战，北齐军始终不能逼近建康。建康的百姓积极支持陈霸先抗齐，用荷叶包饭，夹了鸭肉，争相送到前线去慰劳杀敌的战士。北齐军到处受到江南人民的反抗，没有房子住，军粮接济不上，只好住在泥泞的野地里，靠抢劫来填饱肚子。最后，陈霸先终于打败了北齐军。

陈霸先抗齐胜利，使他的威望大大提高。梁敬帝封他为陈国公，叫他总揽朝政大权。梁太平二年（公元 557 年），陈霸先废掉梁敬帝，自己做了皇帝，改国号为陈，他就是陈武帝。

花木兰替父从军

　　花木兰是北魏时期的一位农家姑娘,她上有年老的父母,下有两个幼小的弟妹,一家五口勤勤恳恳,过着丰衣足食的生活。花木兰没有上过学,跟着父亲学习写字、读书,平日在家织布、煮饭、洗衣、种菜,样样都做得又快又好。邻居们都竖起大拇指,夸赞她是一个能干的姑娘。花木兰还喜欢骑马射箭,练就一身好武艺。

　　有一天,花木兰正在家里织布,突然,朝廷里的差役送来征兵的通知,要征花木兰的父亲去当兵。父亲已经年过半百,身体又不好,怎么能去从军打仗?花木兰没有哥哥,弟弟又太小,而朝廷的命令又不能违抗。怎么办呢?花木兰愁得连布也没有心思织,饭也吃不下了。她想,要是有个人能代替父亲去当兵,那该有多好!谁能代替父亲呢?看来只有自己了。可是当时女子是不能参军的。她想来想去,终于想出了一个主意:女扮男装。

　　花木兰把自己的想法告诉了父母。父母虽然怕女儿受不了行军作战的艰苦,舍不得她走,可又没有别的办法,只好同意了。

　　花木兰刚入伍,队伍就火速朝边境开去。晚上部队宿营在黄河岸边,夜深人静之时,花木兰听到黄河里的流水哗哗作响,听到塞外战马的嘶鸣声,她却再也听不到父母呼唤女儿的声音了,十分想念远方的亲人。

　　行军打仗非常艰苦姑且不说,花木兰害怕自己女扮男装的秘密被人发现,她处处小心谨慎。白天行军,她紧紧跟上,从不掉队。夜晚宿营,她和衣而睡,从不敢脱衣服。

　　打仗的时候,花木兰非常勇敢,总是冲在最前面。花木兰从军12年,参加过多次战斗,立下了不少战功。长官和士兵都赞扬她是个有志气的好男儿。

　　战争终于结束了,队伍胜利归来。皇帝召见有功的将士,分别给予嘉奖:有的升了官,有的得到了珍宝财物。皇帝问花木兰要什么,花木兰说,她只想要一匹能够远行的骆驼,好让她尽快回到家乡。皇帝满足了花木兰的要求,并且指派她的同伴护送她回家。

　　花木兰要胜利归来的消息传到了她的家乡。她的父亲听说了,十分高兴,赶忙到村外去迎接。妹妹听说了,赶忙收拾好房子,烧好开水沏好茶。弟弟听说了,赶紧磨刀,杀猪宰羊,准备慰劳为国立功的姐姐。

花木兰回到自己房里,脱下战袍,换上少女的服装,梳好头发,细细地打扮,然后出来向护送她的同伴道谢。同伴们见花木兰一身女装,吃惊得目瞪口呆:没想到以前冲锋在前、作战勇敢的"好男儿",竟然变成了一位亭亭玉立的姑娘。

花木兰女扮男装代父从军的英雄事迹,在当时就传开了。

北魏文成帝开凿石窟

北魏文成帝拓跋濬是太武帝拓跋焘的孙子,于公元452年登基即位。他诚心信佛,修佛寺,造佛像,还亲自给志愿出家的人剃头发。由于皇帝信佛,所以佛教在北魏时重新兴盛了起来。

拓跋濬一天骑马出巡,迎面走过来一个和尚。那和尚边走边念佛经,不小心撞着了皇帝的坐骑,卫士们顿时一拥而上,捉住和尚,要治他冲撞圣驾的罪。拓跋濬见和尚面慈心善,赶紧说:"算啦!我看和尚是佛门子弟,一边走路,一边还诚心诚意地念诵经文,一定是个善人,你们不要难为他了!"说完,命将和尚带回皇宫。

这个和尚名叫昙曜,德行高深。拓跋濬与之交谈以后,十分投机,遂尊奉他为师父,表示要跟他学习佛经。从此,昙曜经常同皇帝谈论佛法、佛理,非常亲近。一天,昙曜对皇帝说:"信佛务必要真心实意,造佛寺、建佛塔、刻佛像、印佛经这些善事,应该多办才对。"拓跋濬听了,连连点头,说:"是!是!"接着,昙曜又讲起自己云游四方的见闻,特别讲到凉州的敦煌石窟,说那儿的佛像有好几丈高呐!拓跋濬一听这话,不禁傻了眼,因为他曾用金属塑造过一尊佛祖释迦牟尼的像,那像高1丈6尺,原以为够高够大的了,没想到与敦煌石窟的佛像一比,简直差得太远了。拓跋濬请师父详细讲述了敦煌石窟的情况,马上萌发了在北魏京师平城(今山西大同)也开凿一个石窟的念头。他问昙曜:"你看平城这地方也能凿石窟吗?"昙曜高兴地答道:"只要陛下心诚,还怕找不着合适的地方吗?"于是,拓跋濬当即决定,由昙曜勘选窟址,并主持开凿的各项事务。

昙曜经过勘察,选中了平城西北三里武周山一个叫云冈的地方,那里的岩石坚硬，最适合开凿石窟。他将勘察的结果汇报给皇帝，并建议不必像敦煌石窟那样只画壁画，干脆在石壁上顺手雕成佛像，这肯定比壁画更有气派，拓跋濬完全赞同昙曜的意见，并命着速去办。昙曜马上招募了许多石匠，进驻云冈。他们沿石壁搭起架子，安上梯子，甚至从崖顶上吊下绳子，石匠们就在梯子上和空中干活。先凿成石窟，再在石窟里雕刻佛像。那是多么艰苦和细致的劳作啊！昙曜和不知名的石匠们含辛茹苦，夜以继日，精心雕琢，不知过了多长时间，终于凿成5个石窟，每个石窟里雕刻有1尊大石佛像，最大的有4丈多高。有的佛像光手指头就有3尺长，人站在佛像前，还没有佛像的脚面高！佛像线条清晰，形象生动，栩栩如生。拓跋濬看了以后，喜欢得合不拢嘴，连声赞道："真好！真好！"

这便是最早的云冈石窟，拓跋濬为了开凿它，不知花费了多少人力和财力。从此，云冈成了石佛的天下，又经过多年的开凿，共凿成洞窟50多个，造像5万余尊，充分显示了我国古代劳动人民的艺术匠心和创造才能。

孝文帝定计迁都

北魏的孝文帝是一个非常有作为的皇帝。他刚即位时年纪只有5岁，国家大事全部由他的祖母冯太后处理。冯太后是一个精通汉族文化的鲜卑贵族。她非常具有政治才干，执掌北魏大权长达25年。在冯太后执政期间，她制定了一系列改革官制、严禁贪污以及恢复农业生产的措施，使北魏的统治秩序得以整顿，北方经济得到了恢复和发展，为后来孝文帝改革奠定了良好的基础。

公元494年，孝文帝正式亲政。由于受到了祖母的影响，孝文帝执政后也力图摆脱鲜卑贵族守旧落后的思想，积极利用汉族的先进文化来改造鲜卑旧俗。为了能够加强对黄河流域的统治，以便更好地接受汉族文化，孝文帝刚开始亲政，就决定迁都洛阳。

迁都是件大事，关系到许多鲜卑贵族们的切身利益。在平城，贵族拥有大片土地，豪华的住宅，过着花天酒地的奢侈生活。守旧贵族害怕迁都会丧失家产，改变生活方式，强烈反对。孝文帝费了九牛二虎之力，宣传动员，这些顽固的家伙们就是一百个不答应。但是孝文帝是铁了心肠，一定要南迁都城，于是他定了一条妙计。

公元493年秋，孝文帝亲率步兵、骑兵30万南征，队伍到了洛阳正是秋雨绵绵的季节。来自北方的鲜卑族对雨天行军打仗很不适应，士兵们一路上疲惫不堪。文武大臣们平时养尊处优，更受不了雨天行军打仗之苦，于是唉声叹气，不想往南再走了。

正当大臣们忧心忡忡的时候，孝文帝突然传令大军立刻向南进发。他全副武装，骑着高头大马，威风凛凛来到军前。大臣们一听孝文帝还要南进，叭地一声全跪下，请求停止前进。孝文帝思考片刻说："这次南征，我们兴师动众，成功与否，在此一举。你们既然不愿意南下，那就得听我的话，把都城迁到这里来，等将来有机会，再灭南齐，统一全国。"大臣们一听孝文帝同意停止南征，赶忙回答道："只要陛下停止南进，我们一定赞成迁都洛阳。"很快，停止南进的消息传遍全军，士兵们高呼"万岁"。迁都洛阳的事，就这样定下来了。

迁都后，孝文帝全面推行汉化政策，举措奇特，为中外历史所罕见。他下令禁止穿胡服、说鲜卑话，废除鲜卑姓氏，一律改为单音汉姓，并且带头把拓跋改为元，把自己的姓名改为元宏。他还鼓励鲜卑贵族同汉族大姓通婚，自己带头选了汉族大姓的女子做妃子，给五个弟弟娶了汉族大姓女子为妻，公主也下嫁给汉族的大姓。

孝文帝改革，触动了顽固守旧贵族的利益。他们暗中串通皇太子元恂，千方百计阻挠改革，还想阴谋发动叛乱。孝文帝得到消息后，立即派人把不争气的元恂逮捕起来，亲自用鞭子抽打了他一顿。有些大臣替元恂求情，孝文帝也不为所动。后来，孝文帝下令把元恂处死。

孝文帝的改革只是拓跋鲜卑民族在中国活动的尾声，因为北魏不久即分裂为东魏、西魏，后又为北齐、北周所取代，拓跋鲜卑在历史上销声匿迹。然而从历史的长远观点来看，正是这一系列的改革，一方面使黄河流域的鲜卑族和其他少数民族与汉族逐渐地融合起来；另一方面为中国的再度统一打下了制度上的基础，为混乱的历史找寻了一条出路。

地理学奇书《水经注》

《水经》是我国最早的一部记载河流的专著。据考证，其书有两种版本：一种传为汉桑钦撰，晋郭璞注，原书及注书皆已失传，只在郭璞注《山海经》

中仍存鳞爪；另即今见《水经》，其撰者不详，约于三国时成书。郦道元注四十卷流行于世，且独用《水经注》之名。

郦道元，字善长，范阳（今河北涿州）人，北魏杰出地理学家、文学家。出生于何年，史书本传未载，据学者推断，可能为北魏孝文帝延兴二年（公元472年），一说为北魏献文帝天安元年（公元466年）。父亲郦范，官至青州刺史，假范阳公。郦道元童年就曾随任职青州的父亲去山东，游历颇丰；二十多岁时，更以才华意气，深得元宏赏识。据其《水经·河水注》说，他曾两次随高祖元宏北巡。入仕时，初任尚书主客郎，父死后，袭爵永宁侯，依惯例降至永宁伯。自此，先后出任太傅掾、书侍御史、冀州镇东府长史、鲁阳太守、东荆州刺史、御史中尉等职，最后于孝明帝孝昌三年（公元527年）在关右大使任上遇害。按公元472年出生算，时年55岁，朝廷追赠吏部尚书、冀州刺史、安定县男。

郦道元执法清正，素有严猛之称。北魏宣武帝景明（公元500～503年）中，任冀州镇东府长史时，行事三年，为政严酷，吏民畏之，奸盗逃于他境。为东荆州刺史，威猛为政，当地蛮人不堪忍受，都纷纷前往诋毁斥责其苛峻，请求换回前任刺史，郦道元因此免官。后拜御史中尉，权贵豪门一听说，都非常惧怕。其时，司州牧、汝南王元悦（孝文帝的儿子）嬖幸小人丘念，起卧常与相伴。丘念亦恃宠非为，常以元悦王府为庇护所，逃避法网。郦道元设法将其逮捕入狱，元悦急向他母亲临朝当权的灵太后（胡氏）请求下诏赦免。郦道元却及时公布丘念罪恶，将其处决，并以此弹劾元悦包庇纵容之罪。其不避艰危，可以想见。因而汝南王元悦与城阳王元徽等王室权贵，常忌恨之，他们怂恿灵太后派他为关右大使，到已露反叛意图的雍州刺史萧宝夤处，借以杀之。

萧宝夤闻讯，果然担心郦道元将图谋自己，于是派部下郭子帙率军将正赴任的郦道元一行围困于阴盘驿亭（今陕西临潼区东）。驿亭在一个冈阜之上，按兵法讲，处高地，坚守有利，但最怕水源被断绝。郦道元及侍卫打井至十余丈不得水，最后因水尽力屈，被叛军攻破，皆遇害，郦道元大骂贼兵而死。他平生好学，历览奇书，曾撰《本志》13篇及《七聘》等文，皆佚失，今仅存其巨作《水经注》。

《水经注》堪称是一部地理学奇书。从广义上说，它是中古时期具有百科全书性质的巨著，从文学角度来说它又集魏晋南北朝山水散文之大成，被推为游记散文的先导,其成就令人瞩目。《水经》原书仅1万多字,所载水道137条,郦注增至30余万字,援引水道1252条。据考证,实际记载的比这还多,约1389条。

《水经》这本书共记述全国137条河流,叙述河流流经的郡县都会的名称,但文字相当简略,并没有详细说明水道的来龙去脉。要给《水经》做出全面注解,谈何容易,尤其在当时交通不便,南北政局分裂的情况下,更是难上加难。

但郦道元知难而上,而且制定了自己的写作原则:"耳闻不如亲见。"他写作时,必先搞清楚河流及其支流的发源地和归宿,查看河流流经地区的人文地理情况;对不明白的地方,他亲自到实地查看。他参阅了437种史书古籍,认真严谨地钻研前人的经验和成果,并吸取他们的成果精华。经过七年的艰苦考察和认真写作,郦道元对《水经》做了详尽的补充和发掘,终于写成了《水经注》。

郦道元在黄河中下游流经的山西、河北、河南、山东等地生活多年,对"一石水六斗泥"的黄河情有独钟,在《水经注》中,用很多篇幅记述黄河及其支流,为当时人和后人了解黄河之迹提供了有益的线索。

郦道元在《水经注》中还用科学的解释批驳了当时有关黄河的一些迷信误传。黄河出潼关向东奔流,在河南陕县时,突然出现水浪涌起高达数十丈的奇景。相传是有皇帝铸了金人沉入黄河导致的。郦道元想,滔滔黄河,区区几个金人怎么能堵河涌涛呢?他科学地解释为:那一带曾发生山崩坍方,大量岩石落入黄河,堵塞河道,大量河水通过狭窄的水道才产生涌水奇景。

长江三峡的自然景色是天下雄伟奇观。郦道元久闻三峡美名,决定去亲自考察。他不辞艰险,长途跋涉到三峡,写下了有关三峡的章节,文笔细腻,富于文采,表现了作者对自然景观细致深入的观察能力。如"重岩叠嶂,隐天蔽日""朝辞白帝,暮到江陵""晴初霜旦,林寒涧肃,常有高猿长啸,属引凄异,空谷传响,哀转久绝"等优美准确的描述。

郦道元在《水经注》中抓住河流水道这一自然现象,对全国地理情况做了详细记载,也谈到一些外国的河流。从内容上,书中不仅详细记述了每条河流的水文情况,而且谈到每条河流流域内的其他自然现象如地质、地貌、土壤、气候、物产、城邑兴衰,历史古迹以及神话传说等。

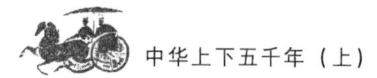

贾思勰编著农书

贾思勰，生卒年不详，益都（今山东寿光市西南）人，北朝时期北魏杰出的农学家。贾思勰生在一个世代务农的书香门第家中，他的祖上都喜欢读书、学习，特别是注重农业生产技术知识的学习和研究。因此，这对贾思勰的一生都有很大影响。虽然贾思勰的家境并不是很富裕，但是藏有大量书籍，这使他从小就有机会博览群书，掌握各方面的知识，也为他以后撰写《齐民要术》打下了基础。

成年以后，贾思勰开始步入仕途，曾担任过高阳郡（今山东临淄）太守等职务，因此，他去过山东、河北和河南等许多地方。每到一处，他都认真考察和研究当地的农业生产技术，还向一些有丰富经验的老农请教，因而获得了很多农业方面的生产知识。中年以后，贾思勰回到家乡，开始经营农牧业，还亲自参加农业生产和放牧活动，所以他有了对农业生产的亲身体验，并掌握了多种农业生产技术。

到了晚年，贾思勰辞去官职，专心致志地编写《齐民要术》，因为他年轻时积累了丰富的资料，所以他的书写得相当出色。《齐民要术》全书分九十二篇，十一万多字，内容丰富，从谷类、油料、纤维、饲料、香料等作物到瓜果蔬菜，以及农林副无所不包，就连酿酒、制酱、饲料、鸡鸭猪牛也一应俱全。

譬如养鸡，在书中谈到，养鸡的人总喜欢鸡下更多的蛋，这就必须选好鸡种。秋冬两季小鸡虽然个子小，毛色浅，脚细短，很不中看，但生蛋多，又会孵小鸡；春夏两季的鸡种，尽管个头大，羽毛艳，都是中看不中用，下蛋很少。不能只重视鸡的外表，而忽视了养鸡下蛋的宗旨。

《齐民要术》既注重实例，又注重农业生产的理论。书中对作物耕作的各个环节，作了详细的阐述，不仅超过了前人的同类著作，而且在当时，也处于世界领先水平。

如在平整土地这一篇中，书中先指出了耕地的意义和要求，接着详尽地讲述了耕地分春、夏、秋、冬，讲究深、浅、因时制宜、因地制宜地进行耕作和管理。书中甚至讲到了耕坏了地应即时补救的办法，由此可见《齐民要术》一书是多么具体和全面。

对如何提高土地的地力，贾思勰更有其独到的见解，他在书中提出了多种办法。其中以轮种、套种为最佳，通过不同作物的轮换栽种或几种作物同时套种，可使不同的作物吸取地里不同的养分，并留给地里若干各不相同的养分以使地力能充分利用。他在书中明确提出应先种什么，后种什么，哪种作物与哪种作物套种比较相宜，以及各种轮种作物和套种作物能收到什么样效果，都详细说明，这比汉代开始使用的轮休制要先进得多。此时的西欧尚停留在轮换休耕的阶段，可见《齐民要术》的科学价值。

贾思勰在写作《齐民要术》时，参阅了大量的古籍。正确的内容，他在书中予以引用，由于这些古籍都已失传，幸亏贾思勰在《齐民要术》中摘引了部分，使一部分古籍的精华得以留传后世。

但是，贾思勰在引用古籍时，也有所区别，不是一概而论，也不一概否定，更不全盘照搬。如汉代颇为著名的农书《氾胜之书》中有关于黍子的种植要稀一点的观点，贾思勰认为黍子应密植，密植虽发棵少，但谷粒均匀饱满，米色白，从而纠正了自汉代以来的误导。

总之，《齐民要术》是一部具有很高科学价值的"农业百科全书"，内容丰富，准确地反映出当时我国北方农业生产技术的水平，其中许多生产技术至今还在应用。书中系统地总结了黄河中、下游地区北魏以及北魏以前的农业生产技术，并初步建立了农业科学体系，这是我国乃至世界上遗留下来的最早的一部农业科学著作。

玉壁大战

北魏分裂成东魏和西魏以后，东魏仗着自己力量强大，企图灭掉西魏。

公元546年，东魏的高欢调集了几十万大军大举进攻西魏，九月初包围了西魏的前哨阵地玉壁城（今山西万荣县）。高欢发誓一定要打下玉壁，为直捣西魏都城长安打开一条通路。玉壁城守将韦孝宽熟知兵法，有勇有谋，在形势十分危急的关头，从容部署，坚守玉壁城。一场你死我活的大战在所难免。

大战刚开始，高欢就命令士兵在玉壁城南堆起一座高高的土山，想居高临下，攻进城去。韦孝宽以高制高，命令士兵在两座城楼之间架起天桥，高过城外的土山，叫士兵在天桥上向土山射箭，使得东魏士兵无法接近城墙。

高欢见利用土山攻城无效，又命令士兵从城东挖掘几十条地道，想从地下钻进城去。韦孝宽见高欢挖地道，马上命令士兵在城内挖掘一条条与地道方向交叉的堑壕。地道与堑壕相通，东魏兵刚从缺口探出头来，就被守候在这里的西魏士兵砍死。韦孝宽还命令士兵在堑壕里架柴点火，用风箱对着地道的缺口灌烟，把敌人熏死呛伤。

高欢见挖地道这一招也不行，又调来庞大厚实的攻城车撞城墙。这种车四周都有厚厚的铁皮包着，十分厉害，撞到哪儿，哪儿就出现一个大窟窿。韦孝宽知道，对付这种车不能蛮干，他叫人缝了许多大布幔拉在城墙上，攻城车撞上软绵绵的布幔就无能为力了，反而被布幔包裹起来，被西魏抢了过去。东魏军见这情景，就用长长的竹竿，捆上松枝，浇上油，点火焚烧布幔。韦孝宽早有防备，他命令士兵用锋利的长钩，把敌人的火竿钩断，燃烧着的松枝结果都掉在东魏军的阵地上，烧死了不少人。

东魏军一计不成，又生一计。他们在城的四周挖了许多地道，当地道挖到城墙脚底下的时候，先用木柱支撑着，然后用火烧断木柱，使城墙下塌，出现缺口。韦孝宽立即叫士兵在缺口竖立起栅栏，挡住了敌人的进攻。

高欢施展的所有攻城计谋，都被韦孝宽一一破解了，玉壁城始终没能攻下来。东魏军围攻玉壁整整 50 天，士兵战死的、病死的达 7 万多人，人心涣散，军心动摇。高欢无计可施，只好垂头丧气地下令撤军。西魏军乘机追杀，歼灭了许多东魏军，玉壁大战以西魏胜利而告终。

画像砖《竹林七贤图》

魏晋南北朝文人士大夫的审美情趣对社会上层影响颇深，而高级工匠艺人亦会受到文人审美情趣的熏陶。《竹林七贤图》这一题材甚至被广泛用于墓室绘画，便是这种影响所造就的结果。

《竹林七贤图》于东晋时期开始流行，南朝诸代相继盛行，以至于出现在帝王贵族大墓的主壁上。与"竹林七贤"题材相配合，布置有羽人龙虎题材。当两大主题出现在同一墓穴中时，显示了墓主及所属阶层所追求的"士气"与升仙兼具的双重人格。目前已发现的几处《竹林七贤及荣启期》壁画状貌酷似，表现人物衣纹的长垂飘舞、青龙白虎的曲线运动皆使用了模制砖画拼接出数尺之长的线条，但各有不同，并非同模制作。这也表明特定的内容与形式已经形成规范化的造型样式，体现在王公贵族的墓室绘画中，即是砖印拼镶壁画形式的沿袭使用。东晋南朝几代出现同样内容与形式的壁画作品，这与北方风格显著不同。

在艺术语言上，南朝砖印拼镶画以线条为主导，表现了飞动的韵致，造就出疏朗的特色。砖印拼镶画的线条遵循某种造型规范，呈现出律动运动，如特定的身体部位衣纹走向的程式表现、羽人戏龙的动势构成等。线条的运用在表达形象的附着前提下注意到自身的审美意义，充分运用疏密、组合、走向、穿插、对比等手段达到一种稚拙形貌，规范自身的白描效果，注重形式韵味和运动的线条情感，并且这种律动已由个体形式的律动上升到通幅线条结构的律动。

南方风格还体现在简捷明快的构图表达。不追求类似北方风格的多层次立体效果，而常常以平面单层次的形象出现。将创作意念贯注在平淡、疏简的白描形式中，线条平缓有力地沿着富于弹性的轨迹伸延，更多地运用上下左右的并列平置关系。提炼汉画形式，赋予新的内涵，产生鲜明个性。

砖印拼镶画是画像砖、线画和卷轴画画法的结合。画像砖形式属典型的汉画传统，在南北朝时期也得到了发展，如河南邓州市学庄墓的作品。线画虽属汉代传统，但在北朝得到了长足进步，这不能不对南方产生影响。卷轴画在东晋确立之后，由文人士大夫迅速推进为高品格审美对象；当文人画家染指砖印拼镶画母本创作时，便注入了卷轴画的审美情趣。这里我们看到一条东汉——东晋——南朝的文化传统脉络。《竹林七贤图》砖印拼镶画成为南方墓室绘画中的典型作品，它代表了南北朝时期南方墓室绘画的主要风格。

周武帝释奴废佛

西魏历经文帝元宝炬、废帝元钦、恭帝拓跋廓三朝，公元557年被宇文泰的儿子宇文觉灭掉，改国号为周，史称北周。宇文觉三兄弟相继为帝，最有作为的数武帝宇文邕。

宇文邕登基时18岁，年轻英武，沉毅果决，精心治国，颇多建树，特别值得称道的是释奴、废佛两件事。

鲜卑人进入封建时代，其自身仍保持着许多原始的野蛮习惯，掠人做奴婢就是其一。自北魏以来，鲜卑人总是把战争中的俘虏和抢来的百姓当作奴婢，让他们子子孙孙受苦受罪。天长日久，奴婢的数量越积越多，成为一个严重的社会问题。宇文邕反对这种做法，专门颁发诏令说："古制规定，父亲有罪不能牵及儿子。现在，一旦被罪为奴婢，世代都不可免。这是违背古制，不合于法的。"接着先后几次下令，放免所有的奴婢和杂户，使他们一律成为平民。此举基本上解决了魏晋以来几百年间残存的奴隶制问题，具有进步意义。

南北朝时期，战乱天灾，人不自保，佛教十分流行。寺庙林立，僧徒遍布，单说北周，全国就有1万多处寺庙，100多万和尚、尼姑。寺庙占的田地，不交赋税，人当了和尚，不服劳役和兵役。这与国家财政、兵源发生了尖锐的矛盾。宇文邕曾找僧人交谈，询问信佛到底有何好处，僧人能说什么呢？无非是信佛可以得福，来生可以交好运等。宇文邕越听越不爱听，果断地决定废除佛教。公元574年，他颁诏废佛：寺庙的房屋、土地、财产，全部归公，充作军费；和尚、尼姑一律还俗，参加农业生产；年轻力壮的和尚要跟一般男子一样服兵役和徭役。公元577年，宇文邕灭了北齐，又把废佛的做法推广到那里。他召集僧徒500人开会，宣布彻底废佛。僧徒听了，合掌念道："阿弥陀佛，阿弥陀佛，罪过呀罪过！"宇文邕生气地说："什么罪过？我看你们抛弃父母家人，外出当和尚才是最大的罪过！"有个叫慧远的和尚说："灭佛是要下地狱的呀！陛下难道不怕下地狱吗？"宇文邕毅然回答说："我怕什么？只要国家得以强盛，人民得以安乐，我甘愿下地狱受苦。"结果，4万余座寺庙被改作他用，近300万和尚、尼姑还俗，大大解放了生产力。

宇文邕作为皇帝，平时只穿麻布做的袍子，金银珠宝什么的，一概不用。打仗时关心士卒，能叫得出每个将领的姓名。一次见一个士兵光着脚行军，他就把自己的靴子脱下来，让那个士兵穿。由于宇文邕治国有方，所以北周逐渐强大起来，统一了北方，并为南北统一创造了条件。

北周灭齐

公元576年的一天，大德殿里灯光辉煌。周武帝对大臣们说："如今北齐皇帝荒淫无道，不得人心。我决定讨伐北齐，统一中原。不知各位以为如何？"

大臣们异口同声地称赞道："陛下英明果断！我们定能旗开得胜，马到成功！"随后，周武帝命令随国公杨坚等率兵向北齐的晋州（今山西临汾市）进发。

那时，齐后主高纬昏庸到了极点。他虽然口吃，说话结结巴巴，却整天抱着琵琶，跟歌妓舞女弹唱《无愁曲》，因此人们都叫他"无愁天子"。

周兵很快包围了晋州，晋州守将向齐后主告急求援。这天齐后主带着妃子正在天池打猎，接到求援文书，根本不予理睬。等他们打完猎后才带着齐兵去救援晋州，这时晋州早已被周军占领。周武帝见北齐援军来到，决定用计引诱敌人。他命令主力撤出晋州，并吩咐宇文宪、宇文忻两员大将依计行事。齐后主认为周武帝害怕了，下令围攻晋州，又派兵追赶周武帝。

北齐兵眼看就要追上周武帝，突然，有两路人马从他们背后和侧面杀了出来，领头的正是宇文宪和宇文忻两员猛将。齐将贺兰豹子出来应战。他对着宇文宪大喊："败军将领，还不赶快下马投降！求老爷饶你一条狗命。"宇文宪一听这话，放声大笑道："大将军！你们已经被包围了，还要什么威风，赶快投降吧！"说话间，北齐的兵马已经被周兵杀得人仰马翻，贺兰豹子大吃一惊，刚想溜走，被宇文宪一刀杀了。北齐兵见主将已死，更无心恋战，争先恐后逃散。宇文忻追杀一阵，鸣金收兵。

这时候，齐后主仍在督师围攻晋州，却又害怕周兵发动突然袭击，就派人在晋州城南郊外挖了一条很宽的壕沟，修筑防御工事。宇文宪偷偷地侦察了北齐兵的阵势，向周武帝报告说："要破齐兵，非常容易！"周武帝十分高兴，叫宇文宪到前线慰劳将士，鼓舞士气，准备发动总攻。

齐后主见周军阵地一片欢腾，士气旺盛，不由得大为震惊，他问右丞相："我们是战还是退？"右丞相说："我们人马虽多，但是作战的士兵不到十万，而且士气低落，不如退守高梁桥。"左丞相反对说："皇上别担心，不是我吹牛，这一小撮周兵实在是不堪一击！"齐后主还是拿不定主意。这时，几个受宠的太监说："周主是天子，我主也是天子。他能够远道而来，我们为什么一定要靠壕沟来保证安全，岂不让人家笑话我们软弱？"愚蠢的齐后主经手下人这么一鼓动，忘记自己究竟有多少力量，马上命令士兵填平壕沟，准备出击。

周兵一见北齐军把壕沟填平，趁机发动总攻。周兵如同猛虎下山，喊杀声直冲云霄，齐后主丢下将士慌忙向高梁桥逃命。北齐军见皇帝逃走，哪里还有斗志，在一片混乱中溃败。

退回都城的齐后主，并不想整军再战，而是想出一些新奇花招来取乐。他让宫女、太监装扮成穷人，在花园里搞了一个贫儿村。他也穿着破烂的衣服，挂着一根打狗棍，提着一只破竹篮，在贫儿村挨家挨户讨饭。他还荒唐地给宫廷里养的狗、马、鹰加官封爵，赏赐俸禄，叫许多人去服侍这些禽兽。有个大臣实在看不下去，劝齐后主去慰劳一下将士，鼓舞士气，并为他写好了发言稿。到了军中，齐后主站在高台上，发现忘记带发言稿，一时不知说什么，竟然哈哈大笑起来。将士们见他这副模样，气愤地说："身为皇上还这个样子，我们急什么呢！"北齐军心更加涣散了。

周兵很快攻占了北齐的都城，并把齐后主给抓起来了，北齐就这样灭亡了。

中华上下五千年

刘宝江

—— 编著 ——

中国商业出版社

目 录

第六章　隋唐五代

杨坚受禅建隋	002
开皇之治	003
独孤皇后严治后宫	005
隋炀帝兴修大运河	006
三征高丽	008
李渊晋阳起兵	010
江都宫变	011
玄武门之变	013
李靖击灭东突厥	015
一代贤相房玄龄	017
魏徵直言进谏	019
贞观之治	021
文成公主入藏	023
玄奘取经	025
药王孙思邈	026
女皇武则天	028
狄仁杰辅政	030

唐玄宗与开元盛世	032
鉴真六渡日本	034
安史之乱	035
名将郭子仪	038
诗仙李白	039
诗圣杜甫	042
书法家颜真卿	044
藩镇割据	046
长安米贵	047
韩柳古文运动	048
李愬雪夜入蔡州	050
永贞革新	051
甘露之变	053
牛李党争	056
黄巢起义	057
朱温篡唐	059
柏乡之战	060
"儿皇帝"石敬瑭	063
契丹灭后晋	064
刘知远建后汉	065
李昇建南唐	067
韩熙载夜宴图	068
刘龑建南汉	070
刘旻建北汉	071
孟知祥建后蜀	073
周世宗革新	075

第七章 宋辽夏金

陈桥兵变	078

目 录

杯酒释兵权	079
耶律阿保机建辽	081
南唐后主李煜	083
高梁河之战	084
一门忠烈杨家将	086
王小波、李顺起义	087
澶渊之盟	088
传奇宰相寇准	090
晏殊为官清正	093
西夏王元昊	094
智勇双全的狄青	095
正气凛然"包青天"	097
忧国忧民的范仲淹	099
欧阳修古文运动	102
王安石变法	103
伟大的科学家沈括	105
布衣发明家毕昇	107
光照千古的苏颂	109
苏轼与"乌台诗案"	111
苏门四学士	112
司马光写《资治通鉴》	113
女真英雄完颜阿骨打	115
花石纲之役	116
张择端与《清明上河图》	118
宋江、方腊起义	120
海上之盟	122
汴梁保卫战	124
靖康之变	126
南宋建立	128
张浚矢志不渝复中原	129
韩世忠黄天荡大败金军	131

一代才女李清照 ············· 133
钟相、杨幺洞庭湖起义 ········· 134
岳飞精忠报国 ··············· 136
遗臭万年的秦桧 ············· 138
虞允文大战采石矶 ············ 139
隆兴和议 ··················· 141
辛弃疾气吞山河 ············· 143
爱国诗人陆游 ··············· 144
韩侂胄草率北伐 ············· 145
理学大师朱熹 ··············· 147
叶适抗金 ··················· 149
留取丹心照汗青 ············· 150

第八章 元 明

成吉思汗统一蒙古 ············ 154
成吉思汗五征西夏 ············ 155
蒙古名臣耶律楚材 ············ 156
忽必烈建元 ················· 159
马可·波罗来华 ·············· 161
书法家赵孟頫 ··············· 163
纺织家黄道婆 ··············· 164
天文学家郭守敬 ············· 166
感天动地窦娥冤 ············· 168
西厢记 ····················· 169
南坡之变 ··················· 170
天历之变 ··················· 171
琵琶记 ····················· 172
南戏"四大传奇" ············ 173
王祯著《农书》 ············· 174

目 录

红巾军黄河起兵	175
朱元璋血战鄱阳湖	176
朱元璋从和尚到皇帝	178
明太祖诛戮功臣	180
施耐庵与《水浒传》	182
罗贯中与《三国演义》	184
靖难之役	187
设立奴儿干都司	189
郑和下西洋	191
纂修《永乐大典》	193
土木堡之变	195
北京保卫战	197
南宫复辟	199
刘瑾窃权	201
应州大捷	202
"心学"大师王守仁	203
严嵩专权	205
唐寅画风	208
李时珍写《本草纲目》	209
庚戌之变	211
戚继光抗倭	213
吴承恩与《西游记》	216
张居正辅政	218
利玛窦来华	220
汤显祖与《牡丹亭》	222
东林党与阉党之争	223
地理学家徐霞客	226
闯王李自成	228

第九章 清　代

- 努尔哈赤建立后金 …… 234
- 萨尔浒之战 …… 235
- 努尔哈赤命丧宁远 …… 238
- 清军入关 …… 240
- 郑成功收复台湾 …… 241
- 康熙智擒鳌拜 …… 243
- 史可法视死如归 …… 245
- 康熙削藩 …… 246
- 康熙三征噶尔丹 …… 248
- 土尔扈特回归 …… 249
- 四王画派 …… 252
- 弘仁与《雨后春深》 …… 253
- 孔尚任与《桃花扇》 …… 255
- 蒲松龄与《聊斋志异》 …… 257
- 曹雪芹与《红楼梦》 …… 258
- 乾隆帝文治武功 …… 260
- 编纂《四库全书》 …… 261
- 胡中藻之狱 …… 262
- 马戛尔尼使中华 …… 264
- 大贪官和珅 …… 266

第十章 近　代

- 虎门销烟 …… 272
- 第一次鸦片战争 …… 273
- 三元里抗英 …… 275

目 录

以死报国的关天培 …………………………………… 276
三总兵血洒国门 ……………………………………… 277
陈化成碧血吴淞口 …………………………………… 280
洪秀全金田起义 ……………………………………… 282
太平军北伐和西征 …………………………………… 284
"亚罗"号事件 ………………………………………… 287
捻军起义 ……………………………………………… 289
火烧圆明园 …………………………………………… 290
天京保卫战 …………………………………………… 292
镇南关大败法军 ……………………………………… 294
洋务运动 ……………………………………………… 295
中日甲午战争 ………………………………………… 296
邓世昌奋战日舰壮国威 ……………………………… 299
戊戌变法 ……………………………………………… 301
八国联军侵略中国 …………………………………… 303
冯如创造世界纪录 …………………………………… 304
詹天佑攻克难关 ……………………………………… 306

第六章
隋唐五代

隋唐是中国历史上最强盛的时期,也是经历了五胡乱华和南北朝两个漫长封建割据时期后的两个大一统皇朝。在民族思想上比较开放,两朝在政治、军事、文化、经济、科技上得到前所未有的发展,隋唐两朝君主在治国政策上较为开明,也影响了周边诸国向中国朝贡、学习。公元907年,朱温灭唐自立,历史进入了五代十国时期。直到公元960年,北宋王朝建立,国家由分裂重新走向统一。

杨坚受禅建隋

北朝时期，周武帝灭北齐后，计划北上征讨突厥，南下灭掉南陈国，就在率领六路大军北击突厥时，周武帝得了一种怪病，不久就因病而死，当时年仅36岁。

早在周武帝得病时，他或许就预感到自己将不久于人世，于是他写下遗诏，把皇位传给自己的儿子宇文赟。宇文赟是个不学无术的庸才，当了一年皇帝后，就传位给7岁的儿子宇文阐，史称北周静帝。他自己则自称"天元皇帝"，他居住的宫殿称为"天台"。他头上戴着高高的"通天冠"，加上金蝉做的饰物，对臣下讲话时也不称"朕"，自称"天"。大臣见他之前，必须斋戒三日，清身一日，才允许上殿。

又过了一年，宇文赟突然得了一场暴病，不到两天就命归黄泉了。当时静帝的年纪还小，宫内无人能做主，郑译和刘昉就假传圣旨，宣杨坚入朝辅政，坐上僚佐丞相的交椅。

杨坚是杨皇后的父亲，出身名门大族，他的父亲杨忠是西魏宇文泰手下的十二大将军之一。为了笼络汉族将领，宇文泰赐给他们鲜卑姓氏，杨忠被赐姓普六茹。到北周时，普六茹升任柱国大将军，受封随国公。

杨坚没有大功于国，却忽然执掌起朝政大权，王室成员首先不服气，尤其是坐镇在外的宗室五王（赵王、陈王、越王、代王、滕王），他们都是宇文泰的儿子，都不甘心大权旁落。于是，杨坚把宇文赟病亡的消息封锁起来，然后发了一道假诏书，把五位诸侯王召回长安，收缴了他们的兵权和印信，让他们各自住进京城的王府中。

五王无法起事，但还有那些重臣宿将，也对杨坚不满，纷纷起兵，其中规模较大的有相州总管尉迟迥、青州总管尉迟勤、郧州总管司马消难、益州总管王谦。杨坚迅速发兵征讨，派遣韦孝宽、梁士彦、宇文忻、崔弘度等名将挂帅，很快便把此起彼伏的叛乱镇压下去了。

住在京城里的几个诸侯王看出杨坚有野心，决心铤而走险。这一天，赵王宇文招邀请杨坚到他的王府喝酒,想趁机杀掉他。杨坚恐赵王对自己有所图谋,于是在大将军元胄的陪同下赴宴,并自带了酒菜。在酒宴上,赵王犹豫不决,不敢下手。这时,帷幕后发出了兵器相碰的声响,元胄感觉不妙,立即起身拉起杨坚就走。他们安全回府之后,杨坚立即派军队抄斩了赵王全家。

大定元年(公元581年),杨坚见时机已经成熟,就让人替周静帝写好了退位禅让诏书,然后穿上皇帝服装,登上了觊觎已久的宝座。

因为杨坚继承了父亲的爵位随国公,后来又晋封为随王,因此他把新王朝定名为"随",但"随"字的"辶"有不稳定之意,他就把这个不吉利的偏旁去掉,成了"隋"。

就在称帝的当天晚上,杨坚杀掉了年仅9岁的周静帝。北周历经短暂的25年,就此灭亡。

开皇之治

隋文帝结束了中国自西晋末年以来长期的分裂割据局面。虽然北方在军事上强于南方,但南方的宋、齐、梁、陈四朝始终以华夏"正朔"自居。为了证明自己才是正统的传人,在文化方面,隋文帝采取了一系列的汉化措施:比如将多年前宇文泰所赐的鲜卑姓氏全部改为汉姓。经过长期的战乱,春秋、汉代的文化典籍毁于战火和散佚的不计其数。公元583年,隋文帝下诏求书,规定献书一卷者,赏绢一匹。"民间异书,往往间出","一、二年间,篇籍稍备"。隋朝藏书最多时达37万卷,7万多类。

佛教在南北朝时期非常兴盛,拥有大量的信徒。隋文帝本人生在一个崇信佛教的家庭,在他开始掌权的公元580年,便大力扶植佛、道两教。统一天下后,隋文帝与南方佛教大师保持着书信往来。隋文帝声称受佛祖的嘱咐,要重振佛教,他下令在各地广建寺院,并将舍利子放入寺内,让广大信徒供奉。大江南北的佛教徒对隋文帝表示衷心拥戴。

此外,隋文帝还重用在社会上享有极高声誉的儒家知识分子,搜罗全国各地的知识分子为隋王朝服务。

在政治方面,隋文帝废除了北周的六官制度,恢复汉魏时期的传统官制,初步确立了三省六部制度。三省就是内史省、门下省和尚书省,这三省是最高政务机构。内史省负责决策,门下省负责审议,尚书省负责执行。这一制度后来被唐朝继承。尚书省下设吏、户、礼、兵、刑、工六部。六部的长官为尚书，总管六部政务。

吏部掌管全国官吏的任免、考核和升迁；户部掌管全国的土地、户籍和赋税；礼部掌管祭祀、礼仪和对外交往；兵部掌管全国武官的选拔，以及兵籍、军械等；刑部掌管全国的刑律、断狱；工部掌管国家的各种工程、水利和交通等。三省六部制组织严密，分工明确，加强了中央集权。隋文帝建立的这套规模庞大、结构完备的封建官僚机构制度，表明了我国封建制度发展到成熟阶段。六部的设置对唐朝和唐朝以后的历代王朝影响巨大，成为以后各朝的固定制度，一直沿袭到清朝。

在地方上，杨坚把原来的州、郡、县三级精简为州、县两级，合并500多个郡县，裁汰了大量的冗官，大大节省了政府的开支，减轻了人民的负担，提高了行政效率。隋文帝还下令，凡是九品以上的官员一律由中央任免，吏部掌握官吏的任免权。每年吏部都要对各级官吏进行考核，以决定官吏的奖惩、升降。这样一来，中央政府就可以更好地行使权力，控制地方，隋文帝还废除了腐朽的九品中正制，削弱了士族的势力。初创了科举制，开科取士，并设秀才科。他命令各州每年推选三个有才能的人，由中央授官，并规定京官五品以上、地方官如刺史，要由德才兼备的举人担任。这种选拔官员的制度，使出身底层、有才华的人能有机会做官，扩大了隋朝的统治基础，得到了中小地主阶级的支持，也促进了教育、文学的发展。隋文帝开创建立的科举制度，被后世所采用，长达1300多年，对中国历史影响深远，直到清朝末年才废除。

隋文帝还制定了《开皇律》，废除了宫刑、车裂、枭首、灭族等残酷的刑罚，完成了自汉文帝以来的刑罚制度改革历程。《开皇律》对后世律法影响深远，隋文帝修订的法律基本上都被唐朝继承。

在军事方面，隋文帝初即位便派兵攻打不时侵扰边境的突厥，后来采用离间分化策略，使突厥分裂为东西两部，他们内部自相残杀，而隋朝消除了北方的边患。公元602年，隋军大破突厥，夺回了河套地区，把隋朝的北部边界扩展到了阴山以北。

隋朝全盛时，人口近5000万，良田1944万顷，国土东西9300里，南北14815里，国库殷实，国力强大，并重开丝绸之路，派遣使节四处活动，使隋朝成为一个世界性的大帝国。隋文帝在位期间，被称为"开皇之治"。

独孤皇后严治后宫

独孤皇后，河南洛阳人，是北周大司马、河内公独孤信的女儿。独孤信慧眼识人，把爱女嫁给杨坚，二人成婚后，异常恩爱。后来，杨坚称帝，独孤氏成了母仪天下的皇后，当时杨坚40岁，独孤氏37岁，仍旧恩爱不变。所生的五个皇子是他俩恩爱的结晶，无怪乎杨坚骄傲地对群臣说："朕五个儿子，是真正的骨肉亲情，不像前朝君王有许多内宠，异母所生之子，必然有亲嫡争权之衅，导致亡国之祸。"杨坚此话至少说明，他们对一夫一妻制执守得比较严格。

封建社会是实行多妻制的，特别是贵为帝王，有三宫六院七十二妃，所谓后宫就是皇帝行乐所在。隋文帝当然也不例外，除了皇后外，他还有众多的嫔妃。

独孤皇后为了使皇帝专宠自己，对后宫管理极为严格。她禁止宫中女子浓妆华服，对她们的言行举止都有严格的规定，不允许嫔妃随意亲近皇帝，使后宫形成一种安静肃穆的气氛。

杨坚生性惧内，也是出于对独孤氏的尊重，更是由于新建隋朝，百废待兴，国事繁重，无心拈花惹草，倒也能遵守当初与独孤氏立下的誓言，很少接近嫔妃。对于一个帝王来说，确实是难能可贵的。

独孤皇后平时生活很俭朴，从不奢侈腐化，宫里有时连一些必备的衣物和药品都没有。当时，隋朝与突厥有贸易往来，有一盒价值不菲的明珠，幽州总管殷寿提议让独孤皇后买下，但是皇后婉言谢绝说，现在戎狄多次侵犯边境，将士们征战很是疲劳，我还不如将买明珠的钱赏给有功的将士呢。朝臣们听说了这件事，都大为赞赏。

隋文帝有鉴于北周亡国的教训，不敢将权势任意托付给外戚，独孤皇后也从来不因为自己高居后位，就为家人谋取权势，或是包庇族人，她的兄弟做官也不过就是将军、刺史而已。她只关心政治，匡扶帝业，这样的皇后在历史上是非常少见的。有一年，独孤皇后的表兄徇私枉法，本该斩首，隋文帝看在独孤皇后的情面上打算免了其表兄的死罪，但是皇后却认为表兄破坏国家法度，不能饶恕，依法将其斩首。不久，她的异母兄弟因为诅咒皇后被发现，独孤皇后很伤心，气得几天吃不下饭。隋文帝打算将其兄弟治罪，但独孤皇后却制止了，隋文帝不解，先前表兄犯了法被斩首，这回皇后被异母兄弟恶毒诅咒，为何放过？独孤皇后解释说，破坏国家法度，是对国家和人民不利，理当斩首，诅咒皇后只是个人私事，无关国家利益，应当饶恕。

作为一个有政治才能的聪明女人，独孤皇后辅佐丈夫，仁德爱民，但是这样聪慧的人竟没有看穿儿子杨广的伎俩，因为他迎合母亲，也奉行一夫一妻，就得到了母亲的宠爱，并最终帮助其夺取了太子之位。可是，继位后的杨广，后宫佳丽无数，连自己父亲的妃子都不放过，这一点，却没有被独孤皇后看出来，实在可惜。

独孤皇后才华横溢却又算不上通情达理，仁德爱民却又生性善妒，容不下后宫有别的女子。她的政治贡献值得肯定，对大臣和百姓而言，她是一位优秀的皇后，但是对当时宫中有美色的女子而言，她无疑就是一场噩梦了。

一天，隋文帝信步于红寿宫中的花苑，见一少女正倚窗唱歌，那少女之美貌犹若天仙，那歌声好似神曲，仔细辨来，少女所唱的"君王爱秋色"一句，分明是在责怪杨坚宠爱如同"秋色"的皇后，不爱春花般的其他嫔妃，杨坚忍不住上前将少女携入房中，当夜就宿在她那里。

此女就是叛将尉迟迥的孙女。尉迟迥起兵失败后，其眷属尽入宫中，此女系将门之后，才色佳妙，所以使杨坚流连忘返，第二天一早就直接上朝去了。

独孤皇后见杨坚一夜未回，很快了解到真情，就率宫女进入尉迟女住所，将她活活打死，等杨坚再来与尉迟女重温旧梦时，发现美貌绝伦的少女，已成了一具死尸。他一气之下，竟骑马从后苑跑出宫廷，茫无头绪地在野外乱走。

幸亏高颎闻讯寻来才将皇帝劝回宫中，从此杨坚与独孤皇后产生了裂痕。独孤皇后知道泼水难收，很是伤感，不久就病死了。

此后，隋文帝宠陈宣华夫人、蔡容华夫人，弄到贪女色而伤身的地步且到病危之时，他还对近侍说："若皇后在世，我不会落到这种贪色亡身的境地啊！"直到临终他还在怀念独孤皇后，可见他俩情感之深。

隋炀帝兴修大运河

魏晋南北朝时期，大量的汉人南迁，为江南地区带去了先进的农业生产工具和技术，使江南的经济有了显著的发展，尤其是会稽郡（今浙江绍兴一带）成了江南最富庶的地区。隋朝定都长安，政治中心在北方，北方经济发展水平虽然很高，但由于关中和洛阳地区的人口激增，当地的出产物已经远远不能满足皇室贵族、官员和军队日益增长的消费需求，需要从其他地区运输布帛粮食和财物，特别是富庶的江淮地区。如果用陆路运输，不但速度慢、运量小，而且费用大，根本无法满足北方的需要。所以开凿沟通南北的大运河，进行水路运输，已经成为当时社会经济发展的迫切需要。

从政治上看，隋朝中央政府为加强对关东地区和江南地区的控制，也需要开通一条南北向的大运河。陈朝虽然已经灭亡，但它的残余势力还很多。终隋一朝，广大南方地区始终都有反隋起义爆发。隋文帝时有公元597年桂州（今广西桂林）的李光仕起义；公元600年熙州（今安徽安庆）的李英林起义；公元601年，潮州（今广东潮阳）、成州（今广东封开县）等五州相继起兵。到了隋炀帝时，公元613年爆发了余杭刘元进和吴郡人朱燮、晋陵人管崇的起义。由于路途遥远，这些江南地区的起义常常使隋朝鞭长莫及。为了进一步控制江南，隋朝需要开凿一条运河来进行运兵，以便及时镇压当地的反隋起义，加强对江南地区的控制。在江南开凿运河，从迷信的角度讲可以泄掉当地的"王气"。此外隋炀帝屡次派兵攻打辽东，开凿运河还可以快速地向东北地区运兵运粮。

从隋炀帝个人来讲，他迷恋江南的繁华，也有开运河乘龙舟到江都（今江苏扬州）看琼花、游江南，达到自己优游享乐的目的。

隋朝经过"开皇之治"，国家的经济有了很大的发展，政府掌握了大量的粮食、布帛和财富。这为开凿大运河提供了足够的物质基础。公元605年，隋炀帝下令将通济渠从洛阳西引谷水、洛水到黄河，再从板渚（板城渚口的简称，在今河南荥阳汜水镇东北黄河侧）引黄河水入汴河，又经河南开封东南引汴水入泗水，最后再入淮河、邗沟（又叫山阳渎）。同年，隋炀帝征发"淮南民十余万"疏通邗沟。春秋时期，吴王夫差为了北上争霸中原，下令在长江和淮河之间开凿一条运河。因这条运河流经吴国的邗城（今江苏扬州），所以称之为邗沟。隋朝大运河的邗沟段，就是在春秋时期吴国邗沟的基础上疏浚拓宽而成的。邗沟沟通了淮河南岸的山阳（今江苏淮安）和长江北岸江都，再绕过江都入长江。

江南河。公元610年，隋炀帝下令开凿江南河。从京口引长江水到余杭，"八百余里，广十余丈"。

以上三段是大运河的主体航线，主要用于从江南地区向关中和洛阳漕运布帛粮食和财物。

此外还有永济渠。公元608年，隋炀帝征发河北诸郡壮丁百万人，开凿永济渠。男丁不够，就征发妇女补充。永济渠从洛阳的黄河北岸，引沁水、淇水东流入清河（卫河），再到今天的天津附近，最后经沽水（白河）和桑干河（永定河）到涿郡（今北京）。永济渠是专门为对辽东作战而开凿的。

隋代大运河全长2000多千米，河面宽30米到70米不等，北通涿郡，南达余杭，沟通了海河、黄河、淮河、长江、钱塘江五大水系，经过了河北、山东、河南、安徽、江苏和浙江等广大地区，使南北的物资可直达长安。隋朝大运河与长城一样，是我国最雄伟的工程之一。大运河开通后，成为南北交通的大动脉，促进了南北地区经济、文化的交流，维护了国家的统一。

但在开凿大运河的过程中，隋炀帝征发了大量民夫，造成了严重的社会危机，是隋朝灭亡的原因之一。

三征高丽

隋大业七年（公元611年）正月。大运河刚刚通航，隋炀帝就乘坐龙舟北上到了涿郡，发出羽檄，征调甲兵来涿郡集结，准备征伐高丽。

涿郡，辖境约相当于今北京以南，保定市以北，太行山以东，白洋淀以西的地带，郡治在今河北涿州市。羽檄传出，各郡甲士络绎向涿郡进发，河南、淮北赶造的五万辆兵车也辚辚北上，黄河两岸国库中的粮米正装船北运，粮船头尾相接，帆樯千里，江南、淮南、岭南的几万兵丁水手也在长途跋涉。大道上，经常有几十万人疲于奔命，隘道要津被人流堵塞了。路途中破车死牛，比比皆是，死人相枕，秽臭扑鼻。

东莱（今山东龙口市）海口，正在赶造300艘大型战船。官吏限期督办，皮鞭交加。役人纷纷倒毙。帆桅尚未竖起，海底已不知有几多尸骨了。

对内重役，对外用兵，民愤郁积，犹如地下火山，迟早要爆发的。

这年，邹平人王薄在长白山（在今山东邹平南）聚众，首举义旗。王薄自称"知世郎"，取世事可知，隋朝必亡的意思。各地饥民纷纷加入，打碎旧王朝的又一场农民战争的序幕拉开了。

大业八年（公元612年）正月，隋炀帝不顾人民的死活，仍然发布了进军令。24路大军共计110万多人，号称200万人，负责运输的人是军队人数的两倍。大军依次从涿郡出发，每天发一军，出发时间就用了整整40天。全军首尾相继，鼓角喧天，旌旗招展，逶迤960里，后面还有御营六军，又排出80里。这样的军队首尾不得相顾，根本不是征伐的格局，实际是千里示威游行，这体现了隋炀帝狂妄的战略思想。

原本他以为，高丽小国，不及中国一郡之地，大军一到，准定乖乖投降。但是，出乎隋炀帝所料，高丽人坚决抵抗。隋炀帝的先头部队30余万人，初战小胜，转而大败，一直退至萨水（今清川江）。就在隋军渡河时，高丽军向其后军发起攻击。吃不饱肚子的隋军哪有力气抵抗，殿后的右屯卫将军辛世雄战死，其他将军见势不妙，争相逃命。正所谓兵败如山倒，隋军将士一日一夜狂奔了450里，一直跑到鸭绿江才站住脚。隋炀帝第一次远征高丽失败了。

隋炀帝首征高丽以惨败而告终，当初渡过鸭绿江的隋军有30万之众，逃回辽西的只剩下2700人，丢弃的军资器械更是无法计算。更让杨广恼羞成怒的是，外国使节们从头至尾看到了隋军的溃败，想瞒都瞒不住。隋炀帝急切地想争回面子，就在大业九年（公元613年）再次调集大军，第二次征讨高丽。这一次隋军不敢再轻敌，仗打得也很顺利，高丽军一退再退。就在战争即将全面展开，杨广喜不自胜的时候，突然接到紧急奏报，礼部尚书杨玄感起兵造反，很快就聚集了十万之众，围住了洛阳。后院起火，隋炀帝只得下令撤军，回救洛阳，大批军资器械无法带走，只得丢弃在战场上。二征高丽就这样草草结束。

大业十年（公元614年），隋炀帝第三次征伐高丽。像前两次一样，兵士从全国各地向涿郡集结，路上运送军需的民夫有数十万人，尸体随处可见，逃亡的人不计其数。有个叫刘弘基的人因为家里穷，备不起行装，而耽误了行期必被问斩，情急之下他和同伴杀了耕牛，让官吏逮进县里大牢。隋炀帝下令抓住逃亡的人便将其脑袋砍下，将人血涂在鼓上，以示警戒，但逃亡的兵民仍然不绝于途。

隋军虽多，但战斗力很差，而高丽人因为战争的缘故，连续三年没有种庄稼，国内闹起了饥荒，已经无力抵抗隋军的进攻。于是，高丽王派遣使者求见隋炀帝，愿意讲和称臣。这时候如果杨广趁势灭掉高丽不是什么难事，但国内局势动荡，不断有人造反，既然有了台阶，隋炀帝见好就收，就此收兵。

隋炀帝的远征军归来，路经邯郸时，农民起义军一部袭击了远征军的后队，掠获了几十匹战马。这个小小的袭击，却是个重要的信号。它标志着反隋力量壮大的必然趋势。这时，农民起义的烽火已在全国燃起，一场汹涌澎湃的阶级大搏斗开始了，隋朝覆灭的丧钟敲响了。

李渊晋阳起兵

隋炀帝无道，天下大乱，农民起义风起云涌。公元617年，太原留守李渊，在原晋阳县令刘文静和次子李世民的劝说下，杀了隋炀帝派来监视他的官员高君雅和王威，乘机在晋阳起兵。

李渊是陇西成纪（今甘肃秦安县）人，出身贵族，他的祖父李虎曾是北魏高官，父亲李昞也很有成就，是北周高官，柱国大将军之一，他的母亲更了不得，是隋文帝独孤皇后的姐姐。所以，隋朝建立后，李渊受到了重用，但后来官运就不济了。

公元616年，隋炀帝第三次下江都，临行前任命李渊为太原留守，就是太原地区最高长官。但隋炀帝猜疑心很重，另外还派了两个特使高君雅和王威，在太原负责监视李渊。李渊当然不会那么老实，他一边假装喜好酒色，没有野心；一边花大钱收买朝中大臣，积极培植自己的势力。李渊有四个儿子——李建成、李世民、李元霸和李元吉，其中李世民最有远见卓识和雄才大略。

李世民四处招揽人才，以助自己完成大业。他发觉因与李密结亲而被牵连入狱的晋阳令刘文静是个颇有头脑的人。于是，李世民到监狱去探望他，试探性地对他说："像您这样正直的人也被关进大牢，这世道真是忠奸不分啊！"刘文静激愤地说："如今还有什么忠奸可言！除非出现汉高祖、光武帝那样的英雄人物，不然，天下谈何安定！"李世民趁机说道："英雄只苦于不被凡人所赏识，今天我来这里，就是想和您商讨天下大事，听听您的高见。"刘文静十分高兴，笑着说："公子倒是个英雄，现在天下大乱，群雄并起，皇上只知在江南游玩，无暇北顾。晋阳城里豪杰众多，唐国公手下有八九万军队，只要振臂一呼，杀出关去，用不了半年，天下便可安定！"李世民故意面带忧色地说："只怕家父不同意，不知您有何建议？"刘文静想了想，便附在李世民的耳边说了几句话，李世民听后连连点头。

与此同时，马邑（今山西朔州）校尉刘武周杀死太守，并夺取了汾阳宫，自立为天子。于是李渊以讨伐刘武周为名，招募了一万士兵。晋阳副留守等人见李渊有造反之意，准备伺机在晋祠杀掉他。不料，李渊先下手为强，以暗通突厥为名，将其斩杀。617年六月，李渊在晋阳祭旗起兵，迈出了兴唐灭隋的第一步。

李渊自称大将军,并封长子李建成为左领军大都督,次子李世民为右领军大都督,刘文静为司马,领兵3万夺取了关中,攻下了长安。

来到长安后,李渊并没有自立为帝,而是立隋炀帝的孙子,12岁的代王杨侑为帝,即隋恭帝,尊隋炀帝为太上皇,自己则任唐王、丞相,把全部大权掌控在自己的手中。

618年五月,隋炀帝被右屯卫将军宇文化及缢死在江都。李渊废掉隋恭帝称帝,改国号为"唐",定都长安。李渊即唐高祖。从此,中国历史进入了又一个强盛时期。

江都宫变

隋炀帝杨广即位后营建东都洛阳,三次出征高丽,开凿大运河,穷奢极欲,穷兵黩武,浪费了大量的民脂民膏,极大地破坏了社会生产,给人民带来了无穷无尽的灾难。老百姓家破人亡,流离失所,很多地方赤地千里,农田荒芜,甚至出现了人吃人的可怕情景。人民终于忍无可忍,纷纷起义。山东人王薄自称"知世郎",在长白山(今山东邹平南)首先起义,各地的老百姓纷纷响应,后来逐渐形成了以翟让、李密为首的活动在中原的瓦岗军,窦建德为首的河北起义军和杜伏威、辅公佑为首的江淮起义军等几支力量。起义军不断在各地打击隋军,声势浩大。

隋炀帝在位14年,但在首都长安的时间还不到一年。他喜欢巡游天下,曾西到张掖,南下江都,东征辽东,北至长城。

一次,隋炀帝到北方巡游时,突厥突然发兵将他包围在雁门关。当时情况十分危急,突厥兵的箭不断射入城中,隋炀帝束手无策,只知道抱着自己的小儿子号啕大哭。后来多亏了李世民率援军赶到才击退了突厥。惊魂初定的隋炀帝急忙回到了洛阳。这时农民起义军也活动于洛阳城下,发布讨伐隋炀帝的檄文,列举了他十大罪状。檄文说隋炀帝罪大恶极,"罄南山之竹,书罪无穷;决东海之波,流恶难尽"。隋炀帝立即下令大造龙舟,准备南下江都,远离北方这片是非之地。

当时隋王朝已经处于风雨飘摇之中,大臣们纷纷劝阻,反对去江都,都被隋炀帝杀死,剩下的大臣再也不敢表示反对。隋炀帝乘坐龙舟,宗室、嫔妃、大臣、僧尼、道士、番客共乘数千艘大船，卫士们又乘数千艘船，前后相接200余里，两岸护卫8万多人，都穿着锦缎丝绸做的衣服，浩浩荡荡南下江都了。

隋炀帝到了江都后接见地方官，献礼多的就升官，献礼少的就罢免。于是地方官大肆搜刮百姓，甚至征收次年的赋税，用来向隋炀帝送礼。老百姓饥寒交迫，连树皮草根都吃光了，甚至出现了人吃人的惨况。

这时，隋朝的太原留守李渊见隋朝大势已去，起兵占领长安，把隋炀帝13岁的孙子杨侑扶上帝位，遥尊隋炀帝为太上皇。与此同时，各地起义军也不断发展壮大。在农民起义风暴的猛烈冲击下，隋朝土崩瓦解，只剩下江都等几座孤城，江都的东、西、北三面都被起义军包围。

隋炀帝预感到末日就要来临，整天和皇后、妃子寻欢作乐，醉生梦死。他不愿听到失败的消息，禁止大臣向他汇报，对萧皇后说："听说外面有不少人想害我，不管他了，还是快快活活喝酒吧。"有一次，他拿起一面镜子，呆呆地照了半天，叹了一口气说："多好的头啊，不知道谁会来砍它？"萧皇后听了心惊胆战，掩面痛哭，隋炀帝轻描淡写地说："富贵荣辱本来就是不断交替，有什么好伤心的？"

隋炀帝的禁卫军，大多数是关中（今陕西一带）人。他们眼看着隋炀帝的末日将要来临，都想回关中老家，许多人都私下逃走。贵族宇文化及和大将司马德勘利用士兵的这种心理，煽动士兵发动兵变。宇文化及带领兵士，冲入行宫，准备杀死隋炀帝。

隋炀帝吓得瘫在大殿上，战战兢兢地对叛乱的士兵说："我犯了什么罪，你们要杀我？"

宇文化及说："你发动战争，穷奢极欲；昏庸无道，杀害忠良；使男子死在战场，妇女儿童饿死他乡，百姓流离失所，你还说自己没罪吗？"

隋炀帝说："我确实对不起老百姓，但是你们这些人跟着我享受荣华富贵，我没对不起你们。今天这样做，是谁带的头？"

宇文化及说："全国的百姓都恨透你这昏君，哪儿是一个人带的头！"

隋炀帝知道今天必死无疑，但他害怕被砍头碎尸，于是声嘶力竭地大叫："我是天子，应该按天子的死法去死，不能砍头碎尸！来人哪！拿毒酒来！"叛乱的士兵不耐烦了，齐声拒绝。隋炀帝无可奈何，只好取下了一条丝巾，缠在自己的脖子上，两端交给两名士兵，让他们使劲拉。一代昏君终于死了，统治中国 37 年的隋朝也就此宣告灭亡。

玄武门之变

李渊虽然是唐朝第一个皇帝，可实际上带兵打天下的，是他的二儿子李世民。四兄弟中，数李世民的战功最多。李世民不但自己英勇善战，又爱动脑筋想办法，在他手下还有一大批很有才干的人，文如长孙无忌、杜如晦、房玄龄，武如尉迟敬德、秦叔宝、徐世勣、李靖等。

俗话说：功高震主。李渊不是不知道李世民的实力，也曾几次跟李世民说过，要立他为太子，但都被李世民拒绝了。他不单是怕应对失当，招来灾祸；还因为早在李渊称帝的时候，就按封建礼教，立了大儿子李建成为太子。他自己只被封为秦王，只怕以庶夺嫡，会构成千古大罪。

可是，身为太子的李建成却不这么想。他虽然也带过兵，打过仗，但论起军功远远及不上李世民，总觉得在众人面前比这位二弟矮了一截。他想，当下父皇健在，还可以凭太子的身份压过李世民，万一李渊不在了，他的皇位能否保得住，还是不可预知的事。于是，他千方百计地培植自己的势力，想方设法要拔去巩固自己皇位道路上的钉子。

于是，李建成先跟同样野心勃勃的四弟李元吉携起手来，共同对付李世民。他还拉拢了一批皇亲国戚，掌握了长安地区，特别是宫廷内守军的指挥大权，形成了与李世民抗衡的可观力量。

李建成看到，当上了大唐皇帝的李渊，比在太原当留守时更加昏庸无能，成天泡在内宫，跟嫔妃们厮混。他便使劲地巴结李渊身边得宠的贵妃们，让她们在李渊耳旁吹风，中伤秦王李世民。

那些贵妃本就对李世民一肚子的不满。她们生存的目的，只不过趁皇帝宠爱之时，多搜刮些金银珠宝，替自己的亲戚找个好饭碗。偏偏李世民志存高远，不理睬贵妃们的要求。当李世民攻下东都回长安时，贵妃们以为秦王一定在隋炀帝的西苑大大捞了一把，纷纷向他讨取隋室珍宝。秦王回答她们："那些宝物已经造册送进了国库，我没法给你们。"秦王的话把贵妃们气得半死。现在她们跟李建成一拍即合，立刻开始了对秦王的攻击。

有一次，李世民因淮安王李神通立了功，便把一块田赐给了他。恰巧张婕好也要把这块田给自己的父亲，便哭着朝李渊说："您赐给我爹的田，秦王抢去了给李神通，不知是皇上权力大，还是秦王有权！"李渊听了，把李世民骂了一通。另一次，尹德妃的父亲尹阿鼠让家人把经过自己家门的杜如晦从马上拉下来，一边骂："你是什么人？竟敢经过我家大门不下马！"一边打折了杜如晦一根手指。事后她怕李世民告诉李渊，竟恶人先告状，倒打一耙，说秦王派手下人欺负自己的父亲，引得李渊又是好一阵大怒，把李世民找去训斥了一顿。李世民一再辩白，李渊却执意不相信。

李建成千方百计让李渊、李世民父子产生了嫌隙，便想制造事端暗害李世民。他以为即使李世民无缘无故地死了，父皇也不至于怪罪下来，只会更加倚重自己这个太子。

这年秋天，照例要举行皇室的狩猎活动。太子与秦王、齐王都到猎场陪伴李渊出猎。狩猎开始后，李渊下令三位皇子比赛骑马射猎，李建成牵来一匹体格骏健的胡马对李世民说："我这匹马一跃能跨过几丈阔的山涧，二弟是马上英雄，不妨试着骑它。"李世民没想到太子会加害于他，便骑上了这匹高头大马逐鹿。谁知这匹胡马性子十分偏劣，刚骑出一段路，便在山道上发起性来，李世民只得从马背上跳下来。等他再骑上马背，那马突然又俯下前蹄，要把李世民掀翻在地。几次之后，李世民终于明白了太子的险恶用心，回头对从人说："这是想害我呀！可惜生死有命，谁也没办法改变。"

这话传到李建成耳朵中，他立刻让贵妃们在李渊面前说李世民的坏话，加油添醋地说秦王自称天命所归，必然会当皇上。李渊听了大怒，要治李世民的罪。幸亏这时突厥又大举入侵了，李渊还得靠秦王去打仗，这才平息了这段莫须有的公案。这以后，李建成的凶相更加暴露。一天夜里，李建成请李世民去喝酒，他在酒里偷偷放了毒药。李世民喝了几杯后，忽然感到肚子疼痛，回家后，吐出了好多血，幸亏及时请来医生，才没被毒死。后来，李元吉又在唐高祖面前说李世民许多的坏话，想让父亲将他杀死。

李世民手下的亲信知道这种种情况后，都劝他应抢先动手，杀死李建成和李元吉，免得自己被害。李世民想了好一阵子，答应了。

李世民派他手下的勇将尉迟敬德领一支精兵，埋伏在皇宫北面的玄武门，只等李建成、李元吉经过这里，就杀死他们。没多久，李建成、李元吉骑着马朝玄武门走过来，他们到了玄武门边，发觉四周情况和平时不太一样，心里感到不妙，两人立刻拨转马头，准备往回走。这时，李世民突然骑马跑出来，高声喊道："太子请等一等，我有话和您说呢！"李建成不听，掉头想跑。李元吉慌起来，拿起身边的弓箭，向李世民连射三箭，可是由于心里慌张，一箭也没射中。身经百战的李世民，武艺比他们二人高强多了。说时迟，那时快，李世民拉弓搭箭，"嗖"地一箭，把李建成射下马来，再上前一刀，将他杀死。紧接着，尉迟敬德一箭，将李元吉也射下马，砍死了。

这时，唐高祖正在太极宫的湖里，和妃子们及一班大臣在划船玩乐，李世民的部下气喘吁吁跑来，向他报告："太子和齐王作乱，秦王已把他们杀了！""啊？"唐高祖吓得呆住了，好半天，才对身边的大臣说："没想到发生这样的事，你们说该怎么办？"大臣们回答："建成和元吉本没有什么功劳，两人妒忌秦王，几次要害秦王。秦王既然把他们杀了，这是件好事。皇上您要是把秦王立为太子，让他来治理国家，那就没事啦！"

唐高祖只好听从大臣的建议，宣布李建成、李元吉有罪，立李世民为太子。过了两个月，唐高祖让位给秦王，自己做太上皇。李世民即位，这就是历史上有名的唐太宗，这一年他才27岁，开辟了唐朝历史的新纪元。

李靖击灭东突厥

武德八年（公元625年），东突厥大军入侵太原，李渊任命李靖为行军总管，率江淮兵一万人北上抵御突厥，同年被任命为检校安州大都督。不久，李靖在灵州与突厥颉利可汗展开激战，迫使颉利引兵北撤。后来，李靖又被任为灵州道行军总管。

武德九年（公元626年），李世民刚刚即位，突厥颉利可汗就率领10多万人大军南下，进犯泾州（今甘肃泾川西北），长驱直入，抵达长安郊外的渭水北岸，当时长安城内仅有数万守军。在此情况下，李世民冒险亲临渭水，与颉利可汗缔结"渭水之盟"，这就是后来李世民所说的"渭水之耻"。

经过3年的休养生息，李世民决定再次北伐突厥，以雪"渭水之耻"。他任命李靖为定襄道行军总管，并且全权节制另外四路总管，从五路攻打突厥。

贞观四年（公元630年）正月，李靖率领三千精锐骑兵从马邑（今山西朔州）出发，急速到达恶阳岭（今内蒙古和林格尔南），距离颉利可汗的都城定襄（大利城，现内蒙古清水河境内）只有数里之遥。

李靖的突然而至，令颉利可汗大惊失色。颉利对部下说："唐兵若不倾国而来，李靖何敢孤军至此！"

李靖没给颉利可汗喘息的机会，迅速进攻定襄。颉利措手不及，只能狼狈出逃。李靖仅仅率领三千骑兵，就攻下了定襄，顿时威震大漠。

颉利可汗逃到铁山（在今内蒙古境内的阴山之北）后，境况很糟，于是就派使者到长安向李世民求和，表示愿意入朝。其实，这只是他的缓兵之计：想等春暖之后草青马肥之际，再与唐军大战。

李世民派鸿胪卿唐俭去铁山抚慰突厥部众。同时，又派李靖去迎接颉利可汗入朝。李靖到白道后，对李勣说："虽然颉利战败，其众犹盛。如果逃到大漠以北，联合回纥和薛延陀等族众，再想消灭他就难上加难了。现在皇上下诏让他们来这里，颉利一定会放宽心，不再防备。如果选一万精兵，再带20天的口粮，迅速袭击他，颉利就会不战而擒。"

当时有些将领对此有疑虑，他们认为皇上既然答应同颉利议和，而且还派了和谈使节。如果现在攻打颉利，就会有抗旨之嫌。再说，唐俭已经到了突厥营地，如果突袭颉利，那么唐俭性命难保。

李靖解释说，皇上并没有下令让大军停止进攻，作为大将应该根据战争形势决定是攻是守。只要能彻底消灭突厥，那也顾不上唐俭了。

于是，李靖亲自率领一万精兵跟随唐俭之后北进，到达阴山一举歼灭突厥的巡逻骑兵，而后迅速地靠近颉利的营帐。

此时颉利正因为李世民答应他讲和，而沉浸其中。突然听说唐军到了，慌忙之间，只能逃跑。不久，颉利可汗被俘获。

此次，李靖突袭颉利的战术，与韩信袭齐之战如出一辙，也是趁敌军没有防备而突然发动进攻，一举歼灭敌军的力量。至此，突厥部众十五万人，牲畜数十万头，都被唐军所获。于是，从阴山到大漠的广大地域，都划入了唐朝的版图。

李靖明知李世民已答应颉利可汗的求和，但还是果断地袭击敌军，解决了突厥给唐朝造成的威胁。此举，正是对兵法上说的"将在外，君命有所不受"的最佳诠释。李靖也猜中了李世民的心意，接受敌国的求降，远不如彻底消灭干净利落。

李靖凯旋后，李世民果然特别高兴。

消灭东突厥，这是李靖为唐朝立下的一大功绩，这也是自古以来汉族与北方游牧民族作战从没做出过的伟业。从此，唐朝北方边境一片祥和，百姓安居乐业。李世民的"贞观之治"，说得益于李靖的赫赫军功一点不为过。突厥颉利可汗部落被消灭后,唐朝顿时威震八方,周边的少数民族部落都纷纷向唐朝称臣,并尊唐太宗李世民为"天可汗"。当时,李世民实际上成了"天下共主"。

一代贤相房玄龄

房玄龄在很小的时候就聪明过人,他不但博览经史,而且还工于草书隶书等书法,也非常善写文章,曾跟随他的父亲房彦谦前往京城。当时天下安宁,大家都认为隋朝会很长久地统治下去。

当时房玄龄年龄虽小,但他却有着不同于常人的见识,他支开左右对父亲说:"隋朝皇帝本无功德,只会迷惑黎民,不做长远打算。他混淆嫡亲和庶出,让他们互相争夺,皇太子与诸王子,又竞相比斗奢侈,早晚会互相残杀。靠这些人国家将难以保全,现在天下虽然清平,但其灭亡却指日可待。"房彦谦听后非常吃惊,从此对这个还未成年的儿子刮目相看。

房玄龄18岁时,有人推荐他考取进士,果然就考中了,之后他被授予羽骑尉的职位。吏部侍郎高孝基颇有知人之明,见到房玄龄后深加赞叹说:"我阅人无数,还未见过这样的郎君。他日必成大器,但恨我看不到他功成名就,位高凌云了。"

后来,房玄龄的父亲患病卧床将近100多天,他尽心侍奉药膳饮食,穿着衣服睡在自己的父亲身边。父亲去世后,他曾5天不吃不喝,可见其孝心。

之后,房玄龄又被任命为隰城县县尉。李渊举义旗入关内后,秦王李世民率军向渭北拓地,房玄龄驱马前往李世民的军营去拜见他。

李世民一见房玄龄,好像是旧友相逢,当即任命他为渭北道行军记室参军。房玄龄知道自己遇到了知己,于是对李世民非常尽心尽力,只要自己知道的都告诉了李世民。每当讨伐贼寇时,众人都竞相搜求珍玩,唯独房玄龄先去网罗人才,送到秦王幕府。遇有猛将谋臣,他就暗中与他们结交,使他们能死心塌地地跟着他。

不久后,唐朝太子李建成见秦王李世民伟德功业比他更盛,才能比他更大,唯恐抢了他皇太子的位置,于是就产生妒忌。李世民曾到太子住所吃饭,被陷害中毒。李世民幕府人人震惊,但又无计可施。

但是,房玄龄对长孙无忌说:"现在怨仇已成,祸乱将发,天下人心无主,各怀异志，灾变一作，必有大乱。不但祸及幕府，还怕会倾覆国家，在此关头，怎能不再三深思呢？我认为，不如及早谋划，对外抚宁天下，对内安定宗族社稷。古人曾说'治理国家的人不能顾及小节'，说的就是这个道理。这比家国沦亡、身败名裂不是要好得多吗？"

长孙无忌听了他的话，觉得与自己志同道合，于是回答说："我也早有这种打算，但是一直没敢披露出来。您现在所说的，与我的想法深深相合。"

待两人商量完毕，长孙无忌立即就入见秦王李世民献策。李世民召来房玄龄对他说："危险的征兆已呈现迹象，应该怎么办呢？"

房玄龄回答说："国家遭逢患难，古今没什么不同，不是英明的圣人，不能平定它。大王功盖天地，符合君临臣民的预兆，自有神助，其实并不用人来刻意谋划。"

当时，房玄龄在秦王府十多年，每次让他撰写奏章时，他甚至可以停马在路边，一会儿就写完，文章不仅简洁，而且道理充分，不打任何草稿。唐高祖李渊曾对侍臣们说："房玄龄这个人深知事理，完全可以委以重任。每当他代秦王向我陈述事情，我就像与我儿子对面谈话一样。"可见，李渊对他也是十分的欣赏。

太子李建成看到房玄龄、杜如晦被秦王信任，十分厌恶，便在唐高祖面前进谗言，唐高祖也没加深入调查，便听之任之，就这样房玄龄与杜如晦一起遭到了贬斥。

后来，李世民又秘密派长孙无忌召来房玄龄和杜如晦，悄悄带他们入府议事，帮助自己成功策划了玄武门之变，入主东宫成为皇太子。为了感谢房玄龄的协助，即位后的唐太宗李世民提拔他为太子右庶子。贞观元年（公元627年），又升任中书令。唐太宗论功行赏，以房玄龄、长孙无忌、杜如晦、尉迟敬德、侯君集5人为第一，房玄龄晋爵为邢国公。

唐太宗还对这些功臣说："朕奖励你们的功勋，给你们划定封邑，怕有不当之处，现在你们可以各抒己见。"

唐太宗叔父淮安王李神通进言说："高祖甫举义旗，臣就率兵赶到。现在房玄龄、杜如晦等一帮人功居第一，臣有些不服。"

唐太宗说："义旗初举，人人追随，叔父虽然举兵前来，但不曾身经战阵。山东没有平定时，叔父受命出征，窦建德南侵，叔父全军覆没。刘黑闼叛乱，叔父随军前往，方才破敌。房玄龄等有运筹帷幄之策，安邦定国之功。汉朝的萧何，虽然没有征战的功劳，但他指挥谋划，助人成事，因此功居第一。叔父是皇家的亲人，对你的确没有什么可以吝惜的，但朕却又不可因此私情而让你与功臣接受同等的赏赐。"

听到唐太宗说的确实是有道理，于是李神通也不再说什么。但是当时居功自傲的将军丘师利等，听到唐太宗重赏房玄龄等人，有的便挽袖指天，以手划地，陈说怨愤，等见到李神通理屈后，他们便互相议论说："陛下赏赐极为公正，不徇私情，我们还有什么怨言呢？"

贞观三年，唐太宗又任命房玄龄为太子太师，但是房玄龄却拒绝接受，改任代理太子詹事、兼吏部尚书，后又代替长孙无忌任尚书左仆射，改封爵为魏国公，并兼修国史。房玄龄既然已经总管百官事务，就虔诚恭谨、日夜操劳，尽量做到事事处理恰当。听到别人的长处，就像自己有长处那样高兴。他精通吏事，审定法令意在宽平，用人不求全责备，从不以自己的长处来衡量别人，量才录用，不分贵贱，被时人称为良相。有时因为犯了错误而被皇上指责，他就连日在朝堂上磕头请罪，惶恐不安，好像是无地自容一样。

贞观十三年，唐太宗加封房玄龄为太子太师。但是房玄龄又表示，若要自己接受，先要解除尚书左仆射的职务，唐太宗下诏书说："选用贤能的根本，在于无私；侍奉君上的道义，责在当仁不让。你若拘泥这点小事，难道就是平常所说的辅佐朕共定天下吗？"房玄龄听唐太宗这么说，也不好再推辞，只好答应带官加任太子太师。

后来，房玄龄的女儿又被封为韩王妃子，儿子房遗爱娶了高阳公主，可见唐太宗对他房家实在是非常的看重。他自己又官居宰相达15年之久，时间算是很长了，所以他多次请求辞官。而唐太宗只下诏宽慰，但并不舍得批准。

贞观十七年，房玄龄和司徒长孙无忌的画像被永久地刻在凌烟阁上，并有这样的赞词："才能兼有辞藻，思虑化入神机。为官励精守节，奉上尽忠忘身。"可见，当时对于他们的评价也是非常高的。

魏徵直言进谏

唐太宗李世民是唐朝的一代明主。即位之后，积极听取群臣的意见，创造了一朝盛世。而其中流传最为广泛的，就是唐太宗和魏徵之间的故事。

魏徵，字玄成，唐朝杰出的政治家和思想家。在李世民即位之前，魏徵一直跟随太子李建成。在李建成阴谋杀害李世民的时候，魏徵也经常为其出谋划策。因此，李世民即位之后，就立刻派人把魏徵找来，问他可有此事。没想到，魏徵却神态自若、不慌不忙地回答说："可惜那时候太子没听我的话，否则就不会落到今天这步田地了。"

李世民见魏徵说话直爽，而且富有谋略，就没和他计较，相反在继位之后，魏徵先后被任命为谏议大夫、给事中、尚书右丞、秘书监等职，位列宰相。他先后共向唐太宗进谏了二百多条意见，大多数都被唐太宗采纳。这对贞观前期的政治昌明起了重要的作用。最为著名的一篇是在贞观十三年（公元639年）魏徵对唐太宗所上《十渐不克终疏》，列举了10个方面的事实，对唐太宗提出了尖锐的批评。唐太宗看后心服口服，并将它贴在屏风上，朝夕观读，铭记于心。

魏徵为人正直，敢于直言。凡是正确的意见，不但要说，而且要坚持到底。即使唐太宗大发雷霆，魏徵也神色不改，毫不退缩。因此，唐太宗既喜欢他又害怕他。有时做了一些不该做的事，遇上魏徵，不等他开口就马上停下来，或者连忙承认不该做。

唐太宗深知魏徵知无不言，言无不尽，敢于"犯颜"直谏，言辞辛辣，毫不顾及"天子"威严的品格。也深知魏徵的良苦用心在于："向我提出忠正的意见，纠正我的过错，是为国家的长远利益打算。"为避免亡国之患，一国之君就必须兼听广纳，从谏如流。能保住天下，就是失掉"天子"的尊严也是小事一桩了。他曾对大臣说："别人都说魏徵言谈粗率傲慢，我觉得他异常可爱！"

魏徵是忠臣，这是毋庸置疑的。可是魏徵曾经向唐太宗表示过：不愿做忠臣。

贞观元年（公元627年），唐太宗的左右亲信说魏徵包庇亲戚做坏事。唐太宗派御史大夫温彦博去查办。调查结果是诬告。温彦博对唐太宗说："魏徵作为大臣，不能检点自己的行为，远避嫌疑，以致受到这种没有根据的诽谤，就凭这点，也应该受到责备。"唐太宗觉得有道理，责备了魏徵。可是魏徵根本不理会，严肃地说："我听说君主和臣子一条心，叫作一体。哪有抛开大公无私的精神，专门在检点行为上下功夫的！倘若上上下下都这么做，国家的兴亡就不能预料了。"唐太宗一听，顿时醒悟了，夸赞他是忠臣。魏徵叩头道："我希望陛下不要让我做忠臣，我要做良臣。"唐太宗很吃惊，忙问忠、良有什么不同。魏徵说:"古代尧、舜的臣子稷、契和皋陶敢于进谏,是良臣;夏桀王和商纣王不肯纳谏,杀掉了谏臣龙逢和比干。龙逢、比干是忠臣。良臣本身享有盛名,君主也获得好声誉,子子孙孙传下去,国运无穷。忠臣遭难被杀,君主得到昏庸的恶名,国破家亡,只不过取得空名而已。这就是良臣和忠臣的区别。"唐太宗连连称是。

公元634年,进谏的朝臣越来越多,但很多与事实不符。如御史中丞皇甫德参认为,当时妇女喜欢梳很高的发髻,是让"皇宫里的宫女带坏了"。李世民听了很生气,准备以诽谤罪处罚皇甫德参。这时,魏徵站出来,坚决反对李世民这样做。他慷慨陈词,说唐太宗如此,只会让大家不敢直言。唐太宗听了心服口服,当即打消了处罚皇甫德参的念头。

魏徵的耿直敢言不仅表现在国家大事上,他对皇室的内部事务也敢于提出自己的看法。李世民曾封自己最喜爱的一个女儿为长乐公主,长乐公主出嫁的时候,李世民给女儿的嫁妆远远超过了礼规。魏徵认为这样不合礼仪,直言指出,李世民听了,只好减少了给长乐公主的嫁妆。

有时候,李世民也受不了魏徵不留情面的劝谏,但因为魏徵始终正气凛然,李世民唯恐叫他抓住什么把柄,竟然有些怕他,加上他和魏徵的情谊一直很深,所以不好发作,只是让他在众臣面前给自己留点颜面。

魏徵不赞同,说:"舜帝曾告诫群臣,不能当面顺从,背后反对。陛下虽没有这样告诫魏徵,但臣却天生是这样的人。"

李世民知道不能勉强他,但仔细想一想,也庆幸有这样刚直不阿的大臣。

魏徵病逝之后,李世民十分难过,他说:"一个人用铜做镜子可以正衣冠,用历史作镜子可以知道国家兴败的原因,而魏徵就是我的一面镜子,有了他我才知道自己还有哪些不足。"这些话证明了魏徵在李世民心目中的地位,也证明了李世民是位不折不扣的贤主。

贞观之治

在中国历史上,唐太宗李世民曾写下光辉的一页。在他当政期间(公元627~649年),政治比较清明,国力也比较强大,历史上称为"贞观之治"(贞观,是唐太宗的年号)。

李世民雄才大略,在建立唐朝的过程中,战功赫赫。他亲眼见到隋炀帝的腐朽统治和农民起义的巨大力量，因此，他掌握政权以后，注意缓和阶级矛盾。他常说："不能忘记隋炀帝亡国的教训。"又说："一个好国君，必须先让百姓过好日子。如果损害他们来供奉自己，那就像割下大腿的肉去喂肚子。"他把荀子"水能载舟，亦能覆舟"这句名言记在心上，曾对太子李治说："皇帝好比是船，百姓好比是水，水能让船浮在上面，也能让船翻到水里。"在他当政后，为了让农民安心生产，他切实推行了唐高祖李渊时期制定的"均田制"和"租庸调法"，控制了土地和劳动力，保证了政府的赋税来源，形成了"有田则有租，有家则有调，有身则有庸"的赋税制度。这些措施，减轻了农民负担，使农民们重返家园，对生产的恢复和发展起了很大作用。

李世民在军事上，继续沿用了隋朝的府兵制，全国建立了634个军府。府兵称作"卫生"，由各军府从均田农民中挑选，这叫"点兵"。府兵平时务农，农闲训练，每年轮流到长安担负一个月卫戍任务，有战事就出去打仗。府兵可以免去本人的租庸调。

李世民发展了隋朝时开始创立的科举制度，增加了考试科目。他曾说过："为政之要，唯在得人，用非其才，必难致治。"他在用人方面，坚持"任人唯贤"和"取其所长"的原则。在争夺天下时，他就网罗了大批文才武将，即位后，又马上让宰相封德彝推举贤才。有一次，他发现武将常何的奏疏写得很有水平，了解到是常何的门客马周起草的以后，李世民就把马周召来，安排他做了官。后来，马周做了宰相，成为李世民的助手。特别是对前太子李建成的谋士才能卓著的魏徵、王珪，十分看重，尽管他们过去帮太子反对过李世民。对自己的亲属、朋友，对部下，他都能做到一视同仁，量才录用。

唐太宗李世民最突出的优点是善于纳谏，也就是听取批评意见。他曾问大臣魏徵："用什么办法才能头脑清醒而不昏庸？"魏徵回答："兼听则明，偏信则暗。"魏徵经常给太宗提意见，多次指出唐太宗的过错。有时把唐太宗惹火了，仍然神色镇定，坚持自己的意见。魏徵一共给唐太宗奏事200多件，在唐初实现贞观盛世中起了重要作用。公元623年，魏徵患重病期间，唐太宗每天派人去看望他。魏徵病危时，唐太宗亲至病榻。

唐太宗在民族关系方面，采用民族和睦政策，对汉族人和非汉族人同样看待。许多少数民族的首领还在唐朝政府担任军政要职。他还让文成公主与吐蕃君主松赞干布联姻，加强了汉族和藏族人民的团结。

由于唐太宗知人善任、博采众议，实行了比较正确的政策，才使唐朝初年出现了繁荣强盛的局面。"贞观之治"对后世产生了深远的影响，唐太宗李世民在中华民族的发展史上做出了重要的贡献。

文成公主入藏

隋唐之际，吐蕃族出现了一位杰出领袖，名叫弃宗弄赞，西藏的佛教史则称之为松赞干布。松赞干布13岁便做了赞普，他足智多谋，勇敢善战，用武力征服了青藏高原的许多部落，建立起强大的奴隶制政权，成为青藏高原各部落的霸主。他将都城迁到吉曲河畔的逻些（今西藏拉萨），将自己的王宫建在了雄伟的布达拉山上，并在周围修筑了一些用于防御的城堡，基本消除了旧贵族势力的威胁。

松赞干布一直都非常钦慕唐朝的文化，决心要跟唐朝建立友邻关系。公元634年，他派遣第一批吐蕃使臣出使唐朝长安，唐太宗也派使者进行回访。从此，汉藏两族建立了友好的关系。

不久后，松赞干布又派使者带着丰厚的礼品，向唐朝求婚。因为在当时，少数民族把与唐朝贵族通婚看成一件万分荣耀的事。自汉代以来，历代王朝常以"和亲"来安抚周边少数民族。不过，唐太宗没有同意松赞干布的请求。吐蕃使者为了向松赞干布交差，便扭曲事实说唐朝根本无意与吐蕃修好，从而导致两国关系恶化。

几年后，松赞干布再次派使者带着更多的金帛向大唐求婚，并且声称"如果不嫁公主给我，我就入侵唐朝"。唐太宗对这种蛮横的做法很生气，仍然没有同意。松赞干布一怒之下，大举进攻松州（今四川松潘），打败了唐朝守将。唐太宗大怒，马上派兵讨伐。结果松赞干布大败，他一面指挥撤军，一面派人上表请罪，并第三次提出通婚请求。这次，唐太宗终于答应了这门婚事。

公元640年，松赞干布派大论（相当于宰相）禄东赞带着5000两黄金、数百件珍宝来到长安迎娶唐朝公主入藏。第二年正月，唐太宗在皇族中挑选了一位温婉聪慧的女子，并封为"文成公主"，派江夏王李道宗亲自送她入藏。

从长安到西藏，当时要花上一个多月的时间，和亲的队伍特意在隆冬季节出发，就是因为沿途要经过许多湍急的河流，冬天河水相对平缓，才方便通过。这支队伍除了带着丰盛的嫁妆，还带了大量书籍、乐器和粮食种子等等。与文成公主一同进藏的，除了陪嫁的侍婢，还有一批文士、乐师以及农技人员。唐太宗考虑到，当时虽然已经击败了松赞干布，但是要保证大唐西南边陲的长期稳定，还得对吐蕃进一步笼络，对他们进行经济和文化上的协助，使吐蕃在潜移默化中追随大唐。因此，当时文成公主肩负的使命，不仅仅是嫁给松赞干布成为他的妻子，更重要的是促进双方的和睦邦交。

经过一个多月的艰苦跋涉，文成公主一行终于到了河源，在这里进行了数日的短暂休整，松赞干布亲自率领大队迎亲人马来到河源，拜见了江夏郡王李道宗，并举行了成婚大礼。到达吐蕃的都城逻些之后，在李道宗的主持下，松赞干布与文成公主按照汉族礼仪举行了盛大的婚礼，民众们为他们庆贺，松赞干布也高兴地表示，要为公主修建一座华丽的宫殿，留示后代。不久，布达拉宫修建完毕，屋宇宏伟华丽，并且一切规制都模仿大唐的宫苑，借以慰藉文成公主的思乡之情。松赞干布为了与文成公主有更多共同语言，还脱下皮裘，换上了公主为他亲手制作的唐装，并向公主学习汉语，两人感情很融洽。

文成公主来到吐蕃后，对当地人的一些不好的生活方式进行了改变。吐蕃人每天都喜欢用赭色的土敷面，说能驱邪避魔，因为是传统习惯，尽管觉得不舒服，大家都照章行事。文成公主觉得这样做毫无益处，她委婉地向松赞干布提出自己的看法，松赞干布觉得她说的有道理，立即下令废除这项习俗，人们渐渐觉得保持自己的本来面目，既好看又方便，很感激文成公主为他们破除了陈规。

生活渐渐稳定以后，文成公主带来的乐师们教导当地聪慧的少男少女，让汉族音乐传遍了吐蕃，同来的文士帮助整理吐蕃的有关文献，使吐蕃的政治走出原始性，走向正规化。松赞干布也命令大臣和贵族子弟拜文士们为师，学习汉族文化，还不时派遣一批批贵族子弟前往长安，去研读诗书，把汉族文化引回吐蕃。农技人员将中原的种子播种在高原的土壤上，向当地人传授农业技术知识，还把种桑养蚕的技术传给他们，不久，吐蕃也有了自制的丝织品。文成公主凭着自己的知识和见地，细心体察吐蕃民情，向松赞干布提出各种合情合理的建议，协助丈夫治理国家。松赞干布和大臣们都非常尊重文成公主，时常向其讨教唐朝的政治制度，来作为自己行政的参考。

贞观二十三年，唐太宗驾崩，继位的唐高宗授予松赞干布驸马都尉的职务,封其为西海郡王,还派使者送去了大量的金银物品。松赞干布与文成公主努力推行改革,吐蕃的大论禄东赞妥善谋划,吐蕃在军事、政治、文化等各方面都取得了突飞猛进的发展,逐渐称霸西域,成为大唐西方的有力屏障。

唐高宗永隆元年(公元 680 年)在吐蕃整整生活了 40 年的文成公主在逻些去世。文成公主的入藏不仅使唐朝与吐蕃建立了友好的关系,而且促进了吐蕃经济、文化的发展,使唐朝的先进文化得以广泛传播。

玄奘取经

玄奘原名陈祎,洛州缑氏(今河南偃师)人,是唐代著名的佛学大师和翻译家。玄奘 13 岁出家,他认真研究佛学,为了参透佛学中的一些奥妙,便决定到天竺(今印度半岛)去学佛经。

于是,玄奘便跟着一队商旅出发,向西来到玉门关附近的瓜州。瓜州刺史也是一个爱好佛学的人,他不但热情地接待玄奘,还主动帮助玄奘打听去天竺的道路。一个多月后,玄奘便离开了瓜州,继续他的征途。

有一次,玄奘在路旁喝水的时候,突然身边飞来一箭,原来是边界的守军。玄奘急忙报了身份之后,他们都非常佩服玄奘的胆识和决心,也被玄奘的精神所感动,于是,很客气地将他放行,还给他准备了干粮和水。

又经过半个多月的艰苦行程之后,玄奘来到了高昌国(今新疆境内)。高昌王也是虔诚的佛门信徒,听说玄奘是大唐来的高僧,就十分敬重他,请他留下来讲经。可是玄奘婉言谢绝了,坚持西行。高昌王就给玄奘准备好行装,派人保护玄奘过境。

历经数年跋涉,玄奘终于来到了天竺。天竺是佛教的发源地,在这里,他看见了从未见过的佛教古迹。于是,玄奘便在天竺游历各地,朝拜圣迹,向高僧学经。经过这些实地考察,玄奘对佛经的理解更加深入了。天竺摩揭陀国有一座古老的大寺院,叫作那烂陀寺。寺里有个戒贤法师,是天竺的大学者。玄奘来到那烂陀寺,跟着戒贤法师学了十年。十年中,他在天竺到处求教,终于像戒贤一样,通晓了全部经论的奥妙。玄奘博学的声誉传遍了整个天竺。

公元 645 年,玄奘带着 650 多部佛教书籍,经由西域,回到阔别十多年的长安。唐太宗为他的事迹所感动,特地派宰相房玄龄率领众官前去迎接。回国后,玄奘立即开始大规模的翻译佛经工作,平均每年译经 70 卷,翻译了整整

19 年，前后翻译佛经 74 部，约 1300 多卷。为了把国外的风土人情介绍给大唐百姓，玄奘把自己沿途搜集的有关西域和中亚印度各国的资料编写成《大唐西域记》。全书共 12 卷，内容涉及各国的山川、气候、物产、人情等各个方面，成了一部记叙中亚古印度的经典历史地理著作。

公元 664 年，玄奘在长安圆寂，享年 62 岁。朝廷百官及各地僧人无不为这位佛学大师的离世而悲痛。作为一名高僧、一位大翻译家和旅行家，玄奘为中国的文化发展，为中印两国文化交流所做的巨大贡献，将永载史册。

药王孙思邈

孙思邈（公元 581～682 年），唐朝京兆华原（现陕西耀州区）人，世人称为"孙真人"，后世尊称他为"药王"。

孙思邈从小就聪颖好学，聪慧强记，7 岁时一天能背诵一千多个字，人称"圣童"。孙思邈的家乡在长安附近，当时长安是秦汉时期的文化中心，处于东西魏之间战争的后方，因此战乱对其历史文化的破坏不大。在这种环境下，孙思邈从小就有机会博览群书。因为他自幼体弱多病，常请医生诊治，导致耗尽家资。所以，孙思邈在青年时代就立志以医为业，专门从事医学研究，为民除病，从此他刻苦研习岐黄之术。20 岁左右，孙思邈在医学上已经有一定造诣并且小有名气，所以"京邻中外有疾厄者"都去找他治疗。除医学书籍外，孙思邈对儒家、道家、佛家的典籍也无所不读。青年时代，孙思邈已经是一位知识渊博，尤其是精通儒家、道家以及兼通佛学思想的学者了。

隋文帝治国时，曾邀请他做国子博士。他以身体有病为由，推辞了。进入唐朝后，唐太宗、唐高宗先后也邀请他到京城做官，也被孙思邈拒绝。他拒绝两个朝代三位帝王的邀请，主要原因是要专心致力于医学的钻研，替世间的人摆脱疾病的困扰。

关于学医，孙思邈曾说："有一些人，读了三年医学方面的书籍，自以为精通医学，就骄傲起来，等到给人治病三年以后，才真正知道自己所学的东西简直太少了。因此，要想在医学方面有所建树，必须夜以继日地学习，还要搞清楚医学的源流，绝对不可以道听途说，否则的话害人害己。"孙思邈为了学好医学，除了钻研古代经典医学著作、学习前代医学家的经验外，还经常到民间采集偏方，然后再加以实验和总结，把有疗效的偏方收集起来。

第六章　隋唐五代

孙思邈行医时，严格信守医德，他说："一名优秀的医生，面对患者时，一定要拿出自己平生所学的全部能力，丝毫不能有贪财等私心杂念。医生的职责就是救死扶伤，面对病人，无论贫富贵贱，亲疏远近，要平等对待，把病人看成自己的父母兄弟姐妹一样。遇到危险的病症，不能考虑自己的利害得失而犹豫不前。被请出门为人治病时，无论山高路远、无论白天黑夜、无论严寒酷暑，就要立即出发。"

孙思邈潜心钻研唐代以前医学家的著作，如《素问》《黄帝针经》《甲乙》《明堂流注》以及扁鹊、华佗、张仲景、王叔和、仓公、范东阳、阮河南、张苗和靳邵等诸家的《经方》，深入细致地研究了人体的"十二经脉""五脏六腑""表里孔穴""三部九候"和"本草对药"等。除了熟读经典、探究医理外，孙思邈利用久居山林的自然条件，整理并记载了大量的药物识别、采集、炮制以及储存等方面的经验。在长年为方圆几百里内的百姓医治疾病的实践中，孙思邈把所学的医学理论和临床实践融会贯通，他的医疗技术达到了炉火纯青的境地。

孙思邈治病时针药并用，效果很好。例如，唐高祖武德年间（公元618～626年），他成功地治愈了上吐下泻的重症；在贞观九年（公元636年），他治愈了汉王的顽固性水肿病；唐高宗永徽元年（公元650年），他运用内服中药的方法治愈了顽症箭伤；等等。孙思邈行医数十年，当时麻风病是一种很难治愈的慢性传染病，为了根治这种病，他不怕传染，亲自看护病人，把病人的病发状况和治疗过程，详细记录下来，然后精细整理，留给后人作为参考。

《千金要方》和《千金翼方》是孙思邈留下的两部重要的医学著作。在这两本著作里，我们看到他实事求是的科研精神和卓越的创造能力。

关于这两本医学著作，宋代的林亿说："这两本医学著作，上自文字出现，下至隋朝，无论医学理论还是方剂，书中基本都有所记录，并且增加了很多新的内容。"清代著名医学家徐大椿也说："张仲景在医学上的观点和学说到了唐代发生大变化。张仲景治疗疾病和撰写的医学理论，完全是根据《内经》而来，给病人开出的药方，也是古人代代相传，传下来的药方，并不是自己创造出来的；针对病情，用药量或增或减，也有据可查。所用药物都根据《神农本草经》的记载，没有一味是自己研究出来的。但是，《千金方》并不是这样的，孙思邈的医学理论，不但借鉴《内经》，还借鉴《内经》后的医学家的学说，使用的方剂，除了古方外，还应用后来的方剂。所用的药品，也并不完全根据

《神农本草经》，而同时采用杂方和单方中常用而有效的药品；所以一种病有几种治疗方法，也有用一个方法可以治疗几种病的。这是医学上的一个大变革。他能够自成一家，功绩是不可磨灭的。"

孙思邈身体力行，一心赴救，不图名利，用毕生的心血实现了自己的医德思想，他是我国医德思想的创始人，被西方称为"医学论之父"，同时还是与希波克拉底齐名的世界三大医德高尚的名人之一，也是中国古代著名的科学家、思想家，"药王"的桂冠，可谓实至名归。

女皇武则天

唐高宗是个懦弱平庸的人，即位后把朝政大事交给他的舅父、宰相长孙无忌处理。后来，他又立武则天为皇后，武则天是位权力欲极强的女人，逐渐把朝政大权掌握在手中，成了中国历史上唯一的一位女皇帝。

武则天，名曌，并州文水（今山西文水东）人。武则天从小就聪慧过人，表达能力超强，胆略谋识连大人也自愧不如。她的父亲武士彟强烈感觉到了自己这个女儿的不凡，于是就教她认字读书，让她对国家，对社会，对人世，对人生都有一定的了解。据史料上说，武则天才十三四岁时，就已经是个博览群书的大学者了，并且博闻强记，对诗词歌赋等也很有研究，而且书法的造诣也特别高，形成了自己的武氏风格，令人激赏。

公元637年，14岁的武则天因为出落得格外美丽，就被选入宫中，成了武才人。进了皇宫之后，武则天展现出了过人的天赋，她做事情决不拖泥带水，并且十分善解人意，再加上年轻貌美，唐太宗曾十分喜欢她，还给她赐名"媚娘"。

后来，唐太宗发现武则天不单是长得漂亮，还满腹经纶，比一般的女子都有见识，并且还十分懂得宫廷礼仪，进退得当，是个难得的人才，于是唐太宗就给武则天调了工作，不再让她伺候穿衣等事，直接调入御书房侍候文墨。这份工作可以接触到大量的朝廷公文，并了解到一些宫中事务，还可以读到一些市面上见不到的书籍典章，同时还能经常听到唐太宗与大臣讨论政务。这样一来，武则天不但开阔了眼界，而且熟知了帝王权术和处理政务的方法。

公元649年，唐太宗去世，武则天似乎跌到了人生的谷底。她同一部分没有子女的嫔妃一起，被赶出了皇宫，被迫到感业寺削发为尼。不出意外，武则天以后的人生就要在青灯古佛下慢慢枯萎了。这样的岁月对一个风华正茂且进取心强的人来说，无疑是一种绞杀。

但人生总有转机，新皇帝唐高宗李治继位后，专宠萧淑妃，王皇后为了对付萧淑妃，就把武则天带回了后宫。这次，武则天成功地抓住了机会，不但击败了萧淑妃，也拿下了王皇后，又经过与朝中大臣长孙无忌等的斗智，终于登上了皇后之位。

此后武则天便开始逐渐掌控朝政。唐高宗身体不好，就让武则天代他处理政务。随着唐高宗病情的加重，武则天开始独掌朝纲，在朝中就有了自己的亲信势力。这引起了唐高宗的不满，唐高宗就和宰相上官仪商议，决定废掉武则天。武则天得知后，迅速将此事平息，并从当年起，开始垂帘听政，与唐高宗并称"二圣"。

公元 666 年 10 月，武则天力排众议，参加了泰山封禅，然后又给大臣赐爵升官，扩大自己的政治影响力。公元 674 年，武则天将唐高宗的皇帝称号改为"天皇"，自己称"天后"，进一步提高自己的政治地位。此后，武则天培植武氏势力，并提出"建言十二事"，作为自己的施政纲领。

公元 683 年十二月，唐高宗去世，太子李显即位，即唐中宗，尊武则天为皇太后。但依照唐高宗的遗诏，军国大务由太后裁决。公元 684 年，废掉唐中宗，改立李旦，即唐睿宗。公元 690 年，已 67 岁高龄的武则天废了唐睿宗，改国号为"周"，自称"圣神皇帝"。

武则天称帝以后，采取了很多措施去发掘人才。例如，各地官员可以不论官阶去推荐人才，也可以自荐。受举荐之人若确实有才，会即刻得到重用。另外，武则天还对陈旧的科举制度进行了改革。考贡生时，考生不必遮住自己的名字，借以表示对考官的信任。为显示其对人才的重视，她还首创了殿试。此外，她还开创了对武举人的选拔。

与此同时，她以修书为名，广纳文士进宫，让他们随时对当朝政治提出自己的意见和建议，并协助宰相处理各地送来的奏章。这些人出入宫廷不走角门而走北门，因此得名为"北门学士"。由于武则天广纳贤士，在她当政时期，人才济济，不逊于贞观时期。李昭德、苏良嗣、狄仁杰、姚崇就是这样选拔出来的宰相，他们都是历史上有名的"贤相"。

武则天非常重视农业生产。她曾下令禁止买卖"世业口分田"，并彻查了豪门贵族的一些非法占田，仅洛州一地就查出 3000 顷非法田。通过清查，削减和取消了部分贵族的食封田和封邑；通过搜检"隐户"，减少了受豪门贵族控制的劳动力。据史书记载，武则天在位时期曾大兴水利，在今陕西、河北、河南、甘肃、湖南、四川、浙江、江苏、青海以及内蒙古等地区，都兴建了大小不等的水利工程。大的水利工程有的能流经几个省，有的甚至能灌田9万亩之多。为了鼓励农业生产，武则天提出了"重农桑，薄赋徭"的主张，规定地方官吏要做到使所辖地区"田畴垦辟，家有余粮"才能升官，如果官吏"为政苛滥，户口流移"就会受罚。同时，武则天还用减免赋税的办法，吸引逃亡人口在长安和洛阳周围的州县落户，目的是减轻群众生活的困难。这个措施对当时农业的发展，起了一定的积极作用。

为了政治斗争的需要，武则天把原来的《氏族志》改编为《姓氏录》，内容规定以后族为第一等，其余一律以官职高下为标准，分为9等。这样，无论你出身如何，只要立有军功，即使是士兵也能跟世家大族列为同一个等级里。

在抵抗外来入侵、保卫边境安宁、改善与相邻各国关系方面，武则天执政期间也颇有政绩。面对吐蕃族不断入侵和骚扰，武则天坚决抵御，给予反击。天授三年（公元692年），武则天派大将王孝杰攻破吐蕃，收复安西四镇，并重新在龟兹设立了安西都护府。之后，朝廷又在庭州设立了北庭都护府，以巩固西北边防，打通了中断已久通向中亚地区的"丝绸之路"。武则天还坚持边军屯田的政策，开发边疆地区，来减轻人民运粮的辛劳，对巩固边防也起到了积极的作用。

公元705年，武则天病危，宰相张柬之、崔玄以及众多文武官员率禁军入宫，逼武则天退位，拥戴庐陵王李显复位，恢复国号为"唐"。同年十一月，武则天病逝。武则天遗诏"去帝号，称则天大圣皇后"。

狄仁杰辅政

狄仁杰（公元630~700年），太原人，一生经历了唐高宗和武则天两个时代，在武则天执政时期，他的政治生涯达到巅峰。

狄仁杰小时候就有大志，勤奋读书，终于考取功名。他做过县令、刺史等地方官。他不像有些官员那样，大把大把地搜刮钱财，而是为当地百姓干了一些好事，特别是善于断案，使他的名声渐渐传扬开来。

武则天的宰相娄师德也是个很重视人才的人，他把狄仁杰举荐给武则天，武则天提拔他做了冬官侍郎。不久,就任他做了宰相,让他与娄师德共同辅佐她治理朝政。狄仁杰起初自以为了不起,有些瞧不起办事谨慎的娄师德,多次在武则天面前说娄师德的不是。

武则天听了只是笑笑,也不说什么。后来,狄仁杰又在武则天面前说娄师德如何如何无能。武则天听了,就问狄仁杰:"我这么重用你,把你从一个地方小官提拔起来做了宰相,你知道是怎么回事吗?"狄仁杰不解其意,说:"我是靠文章做得好中了进士的,也是靠自己的政绩一步步升上来的,从来没有求助过什么人。"武则天听了,好半天没说话,想了想便说:"我当初并不怎么了解你的能力,你之所以引起我的注意,受到我的重用,实在是娄师德的力量。"狄仁杰表示不相信。武则天就叫近侍从文件柜中翻出十几份举荐书拿给狄仁杰看。狄仁杰看了,才知道实情,十分惭愧,请求武则天处罚。武则天并没有因此而处罚他。

从此以后,狄仁杰改变了对娄师德的看法,同他精心合作,共同为武则天尽心尽力做事。

公元691年九月,狄仁杰被武则天任命为地官(户部)侍郎、同凤阁鸾台平章事,开始了他短暂的第一次宰相生涯。虽身居要职,狄仁杰仍谨慎自持,从严律己。武则天对他坦荡豁达的胸怀深为叹服。

狄仁杰以宰相职参与朝政之时,也正是武则天的侄子武承嗣踌躇满志之际。武承嗣认为狄仁杰将是他被立为皇嗣的障碍之一。于是,公元693年正月,武承嗣勾结酷吏来俊臣诬告狄仁杰等大臣谋反,将他们逮捕下狱。狄仁杰在狱中撕下棉衣,写下申诉状,想尽办法交到儿子狄光远手上。狄光远持书上告,武则天见到申诉状,知道狄仁杰等人确有冤情,但她当时十分依赖来俊臣,所以没有严查,而是将狄仁杰贬为彭泽(今江西彭泽)县令,就此了事。此后,武承嗣欲根除后患,多次奏请诛杀狄仁杰,都被武则天拒绝。

公元696年,北方的契丹侵犯周朝边境,夺取冀州(今河北临漳)。武则天想起治边有术的狄仁杰,便起用他为魏州刺史。次年,狄仁杰被再度拜为宰相,而此时武则天也正在为皇位继承人的问题而烦恼着。

武则天之侄武三思、武承嗣为谋夺太子之位,诬陷太子李旦,致使李旦被贬为庶人,还被赶出京城。

一日,武则天问狄仁杰:"大臣们屡次劝朕立武氏子弟为嗣,你对此有何看法?"狄仁杰深知武氏子弟骄奢淫逸,于是大胆奏道:"臣斗胆问陛下一句:

姑侄与母子相比，哪种关系更亲密？臣认为，若立李氏皇子为太子，千秋万代之后您仍受祭祀；若立武氏皇侄为嗣君，臣还从没听说皇帝给姑姑立庙的！"武则天不置可否，暂时搁下了这一话题。

不久后，武则天又对狄仁杰说："朕夜得一梦，见一只鹦鹉飞入宫中，两翼折断。不知此梦何解？"狄仁杰趁机开导："陛下姓武，鹦鹉指的就是陛下您，两翼就是您的两位皇子。现在他们流落外地，乞讨度日，难道不是陛下双翼折断？陛下如果保全二子，犹如保全自己的羽翼啊！"

最终，武则天听从了狄仁杰的意见，亲自迎接庐陵王李显回宫，将他立为皇嗣，唐朝李氏天下的统治才得以维系。狄仁杰因此被历代政治家、史学家称为有再造唐室之功的忠臣义士。公元700年，狄仁杰病故，朝野哀恸。武则天非常悲伤，罢朝达三日之久。她甚至叹道："狄公不幸辞世，朝堂一空！"

之后，武则天追赠狄仁杰为文昌右丞，谥曰文惠。唐中宗复位后，又追赠他为司空。唐睿宗重登帝位后再次追封他为梁国公。

唐玄宗与开元盛世

公元685年，唐睿宗李旦的第三个儿子李隆基出生了，此时，睿宗早已被废，武则天正在雄心勃勃地建设她的武周天下。身为皇室中人，李隆基很小的时候，就经历了许多错综复杂的宫廷变故和权力纷争，这促使他形成了机谋权变、意志坚定的性格。

李隆基7岁那年，发生了一件事情。当时，武氏族人当权，十分骄横，一次在朝堂举行祭祀仪式时，金吾将军武懿宗竟大声呵斥侍从护卫，十分无礼。李隆基马上怒目相向，喝道："这朝堂是我李家的，你算老几？竟敢这样骂我家的骑士护卫！"武懿宗没想到一个小孩子竟敢顶撞他，当场气得说不出话来。

当时，大家都十分害怕，怕武则天知道这件事后，会责罚李隆基父子。但武则天不但没有责怪李隆基，反而十分欣赏李隆基的这种气魄。到了第二年，武则天下令封李隆基为临淄郡王。

公元705年，武则天死后，唐中宗李显复位，但他懦弱无能，将朝政大权全交到了韦皇后和安乐公主之手，还把原来发动政变、拥立他做皇帝的宰相张柬之驱逐出了朝堂。韦皇后效仿武则天的做法，想让自己的宗族入主朝政，于是她就让自己的兄长韦温掌握大权，而中宗的女儿安乐公主，则是卖官鬻爵，胡作非为。

公元710年，韦皇后和安乐公主合谋毒杀了中宗李显，然后韦皇后就想效仿武则天，登基称帝，做第二个女皇帝。但没等韦皇后动手，一直在暗中观察局势的李隆基，联合自己的姑姑太平公主，抢先发动政变，攻占皇宫，消灭了韦皇后一派。然后，由睿宗李旦重新即位，李隆基为太子。

但睿宗李旦软弱，对太平公主一向忍让，太平公主则大肆培植势力，掌握了朝政大权，准备像母亲武则天那样也做皇帝。这肯定会遭到李隆基的反对，于是太平公主便借李隆基不是长子的理由，想要废掉李隆基的太子身份。

公元712年，睿宗实在厌烦了这种悲凉无奈的皇帝生活，便做了太上皇，让李隆基登位。李隆基和太平公主的矛盾本来就很深重，睿宗的让位，使矛盾激化了，双方都在寻找时机，准备除掉对方。

公元713年7月3日，李隆基果断抢先下手，除掉了太平公主和她的亲信，并将朝中倾向太平公主的官员一概罢免。自此，李隆基终于掌握了皇帝应有的权力。接着，李隆基把年号改为"开元"，表明了自己开创盛世的决心。

随后，李隆基对吏治进行了整顿，采取了很多有效措施：第一，精简机构，裁减冗员，不但提高了办事效率，也给国库省了一大笔钱；第二，加强对地方官的管理，每年10月，中央会派按察使到各地巡查，查办违法官吏；第三，恢复谏官和史官参加宰相会议的权力；第四，重视县令的任免，李隆基认为地方县令是国家管理地方的最基层人员，和百姓直接打交道，关乎百姓的生计，所以李隆基常亲自考核他们，干得好就升，干得不好就撤。

李隆基着力发展经济，他在执政初期这段时间十分节俭，并规定三品以下的大臣及后宫嫔妃，禁止佩戴金玉制作的饰物，并且下令释放宫女出宫，以节省开支。他令宇文融做一次详细的人口普查。结果查出逃亡户口共八十多万户以及大量的籍外田地，从而增加了国库收入及兵力来源。随着这些政策的施行，国家财政丰裕，全国的粮仓堆得满满的，并且物价很低。

李隆基还重视文化教育，把诗赋作为进士科考的主要内容。为了选拔优秀人才，他亲自面试吏部选上来的县令。他下令寻求历代遗书，共觅得各种书籍近五万卷，大大促进了唐代文化事业的发展。

在李隆基的带领下，唐朝的政治、经济、文化发展上了一个新台阶，甚至超过了当年唐太宗经营的繁荣局面，因唐玄宗前期年号为"开元"，历史上称他统治的28年是"开元之治"。

现实主义大诗人杜甫在一首诗里描绘出这一盛世之景:"忆昔开元全盛日,小邑犹藏万家室,稻米流脂粟米白,公私仓廪俱丰实。"开元后不久,唐朝便由盛而衰。

鉴真六渡日本

唐朝当时是世界佛学的中心之一。公元742年,来唐朝学习的日本学问僧荣睿和普照受天皇之命,要物色一位高僧到日本去弘扬佛法,传播文化。他们久仰鉴真学识渊博,专程从长安来扬州拜访鉴真,请他去日本。当时去日本的海路十分艰险。鉴真却毅然表示:"为传佛法,何惜身命。"后有21人愿意随鉴真同去。

鉴真生于公元688年,俗姓淳于,扬州人,出生在一个信奉佛教的商人家庭。他14岁出家为僧,"鉴真"是他的法号。

正当鉴真一行积极准备东渡之际,发生了一件意外的事情。一天,计划随鉴真赴日的道航和尚在师徒间议论时说:"我们这次去日本,是为了弘传戒法,因此去的人,都应该是德高望重,为人肃清,律宗学问精深者,而像如海这样的少学之辈,不应该让他同行。"如海是个血气方刚、好胜心强的年轻僧人,他认为道航蔑视自己,十分生气,便跑到淮南采访使那里诬告道航要入海与海盗勾结。采访使班景倩听后,大为震惊,急派士卒到有关寺院搜查、拷问、追捕。最后虽然查清是如海诬告,但采访使仍然将船只没收,禁止他们出海。鉴真的第一次东渡,就这样因为道航和如海的不和而失败了。

第二年,鉴真继续准备东渡。当时没有经费,鉴真解囊拿出自己的全部积蓄,作为筹办舟、粮的费用。他们用80贯正炉钱,买了一艘军用船,采办了必需的粮食、药品、用具和文物书籍,还雇了18名水手。鉴真考虑到在日本建筑佛寺等方面的需要,还招聘了玉工、画师、刻镂、铸写、绣师、修文、镌碑等工匠85名。

天宝二年十二月(公元743年),鉴真、荣睿、普照、思托、祥彦等100余人,由扬州登船,出大运河口,顺长江东下,不幸在狼沟浦(今江苏南通狼山)遇到飓风,船被击破。鉴真一行人,忍受着饥饿和寒冷,修理好航船,一个月后,又第三次扯起风帆,再次东渡。然而,没走几天,又碰上暴风雨,船被冲击到一块大岩石上,船上的人,整整饿了三天三夜。幸亏被渔民发现,他们才死里逃生。

第三次东渡，又失败了。但是，鉴真并没有灰心丧气，又第四次启程，东渡去日本。

鉴真率领一帮弟子，驾起船，刚出长江口，很不巧，又碰上大风浪。一夜之间，船被吹出七八百里，又被卷入可怕的海流中。

只见大海茫茫，水黑得像墨汁一样，风浪滔滔，一叶航船，随风漂荡。船上的淡水用完了，只能用一点点生米来填肚子。鉴真他们没法吃下生米，但为了生存，只能和着海水一起吃，弄得腹部又胀又鼓。他们在海上与风浪斗争，漂荡了半个多月，忽见天边露出一线陆地，他们满以为到了日本，谁知上岸一问，却是海南岛。

第四次失败，第五次再渡，又失败。这时，鉴真已经63岁了，由于长途旅行的艰苦，咸涩的海水浸入眼中，鉴真双目失明了。

但是，鉴真东渡日本的意愿，却丝毫不曾动摇。鉴真65岁那年，他第六次登上东去的航船。

当鉴真经过12年的磨难，凭着他百折不挠的精神，历尽艰险，走下航船，踏上日本国土时，情不自禁地洒下了热泪。

双目失明的鉴真，竭尽余生的精力，在日本兢兢业业地传播佛法，为中日文化的交流，做出了巨大贡献，播下友谊的种子。

鉴真那种蔑视困难，不怕艰险，百折不挠的精神，一直为中日人民所敬仰。

安史之乱

唐玄宗李隆基继位后，心怀天下，勤于政务，在前人的基础上，开创了流芳百世的开元盛世。但到了唐玄宗统治后期，他渐渐地像换了一个人，贪图享乐，不理朝政，宠溺宦官，还想方设法地夺了自己儿子寿王的妻子杨玉环，纳为自己的贵妃，每天都沉醉在歌台舞榭的世界里，朝政都交给奸相李林甫。

李林甫创造了一个成语"口蜜腹剑"，他处理政务的能力不行，但拍马屁的功夫登峰造极，极会讨唐玄宗欢心。他掌权以后，把朝中有能力的大臣排斥一空，安插亲信，欺上瞒下，造成唐朝政治黑暗，官员腐败成风，唐朝开始走向下坡路。

李林甫生怕别人抢了他的宰相宝座，除了排挤朝中的大臣外，对边境的节度使也不放心，怕他们对自己的地位造成威胁。当时，守边将领中有一些胡族人。李林甫觉得胡人文化水平低，连礼仪都不懂，肯定不会被调到中央取代他的位置，于是，就在唐玄宗面前鼓吹胡人善战，又不和朝官勾结，十分靠得住，所以要重用。

唐玄宗本来也猜忌守边将领，听到李林甫这么说，就提拔了一些胡人代替汉人当节度使。在这些胡人的节度使中，有一个叫安禄山的节度使，格外引人注目，唐玄宗、李林甫都特别看好他。

安禄山，营州柳城人，他父亲是胡人，母亲是突厥女巫，本名阿荦山。父亲死后，他随母亲改嫁给突厥人安延偃。他所在的部落破散后，便逃到唐朝，冒姓安氏，名禄山。因为骁勇，被幽州节度使张守珪用为捉生将。安禄山性格狡黠，善于揣度人意，投其所好，因而博得许多人的称誉，很快就被提升为平卢兵马使、营州都督等职。天宝元年（公元742年），设平卢节度，以安禄山为平卢节度使。天宝二年，安禄山入朝，深得玄宗宠信，第二年兼任范阳节度使，至天宝十年（公元751年），又兼河东节度使。安禄山身兼三镇，"赏刑已出，日益骄恣"，又见唐朝武备松弛，便招兵买马，笼络众心，阴谋起兵推翻唐朝的统治。安禄山的同伙史思明，是安禄山的同乡，也是杂胡，和安禄山是密友，此人骁勇善战，屡立战功。安禄山起兵时，史思明已官至平卢兵马使。

玄宗开元二十四年春，平卢讨击使、左骁卫将军安禄山奉命征讨奚、契丹的反叛者。安禄山轻敌深入，被敌人打得落花流水。按军法，安禄山应被斩首。唐玄宗惜才，只罢免了他的官衔。当时宰相张九龄极力劝玄宗依法行事，说："安禄山不服从指挥，丧师辱国，按军法不可以不杀。况且臣看他貌有反相，不杀必定成为后患。"玄宗说："卿不要对安禄山有成见，枉害忠良。"正是这位大难不死的安禄山，后来把他的救命恩人赶出了皇宫。

安禄山身体肥胖，貌似憨直，却心怀狡诈。在玄宗面前，说话又中听诙谐。玄宗曾指着他的大肚子说："这胡腹中有什么东西，竟然如此大？"安禄山答道："满满的全是一颗对皇上的忠心。"玄宗听后很高兴。又有一次让他与太子见礼，安禄山不拜。皇帝的侍从催他下拜，他拱手道："臣是胡人，不熟悉朝廷礼仪，不知太子是什么官？"玄宗含笑解释说："朕千秋万岁后，他是代替朕做君主的人。"安禄山说："臣实在愚昧，以前只知道有陛下一人，不知道还另有储君。"不得已,这才下拜。玄宗听后更加喜爱他。玄宗还让安禄山和杨贵妃及其姐姐、兄弟结拜,因而安禄山得以出入后宫,乘机提出认杨贵妃为干娘。玄宗和贵妃坐受干儿子的拜礼,安禄山先拜贵妃。玄宗问其缘故,答道:"胡人先母而后父。"玄宗哈哈大笑。

经过十年,安禄山地位猛增。为迎接安禄山入朝,玄宗下令由国库出资专门给他建造了一座极其壮丽奢华的府第。安禄山请求兼任河东节度使,玄宗于是把原河东节度使调任别职,满足了他的要求。玄宗对安禄山的宠信,当时在朝廷内外无人能及。

公元755年12月,安禄山经过周密准备,以"清君侧"的名义发动叛乱。唐朝当时军备废弛,安禄山叛军一直向南进攻,几乎没有遭到什么抵抗。安禄山很快就攻下洛阳,自行称帝,国号燕,并分兵西攻关中。

潼关是京城长安的门户,唐玄宗派大将哥舒翰带领重兵把守。叛军攻不进潼关,但是关里的朝廷内部却闹起矛盾来。哥舒翰主张坚守潼关,等待时机;郭子仪、李光弼也从河北前线给唐玄宗上奏章,请求引兵北上,攻打安禄山的老巢范阳,要潼关守军千万不要出关。

但是,宰相杨国忠却反对这样做。唐玄宗听信杨国忠的话,接二连三派使者到潼关,逼哥舒翰带兵出潼关。公元756年6月8日,哥舒翰的20万大军一出关,就中了埋伏,几乎被叛军打得全军覆没。潼关一失守,关内就无险可守了。当天晚上,唐玄宗、杨国忠带着杨贵妃和一批皇子皇孙,在将军陈玄礼和禁卫军护送下,悄悄地打开宫门,离开长安向蜀地逃去。

第三天,护卫皇帝的逃亡部队到了马嵬驿(在今陕西兴平市)。随行的将士又饿又累,加上天气炎热,怨言四起,都拒绝继续前行。此时,杨国忠的政敌太子李亨、宦官李辅国和陈玄礼认为,除去杨国忠的时机已成熟。于是,陈玄礼出面对将士进行煽动,被激怒了的士兵们大喊:"杨国忠勾结吐蕃谋反!"杨国忠逃进西门内,军士们蜂拥而入,将其乱刀砍死。杨国忠死后,将士们仍不满意,要求处死杨贵妃,唐玄宗无奈,只好狠心赐死杨贵妃。

这场兵变,史称"马嵬驿之变"。唐玄宗在经历了这场兵变后,急急忙忙逃到成都去了。太子李亨被当地百姓挽留下来主持朝政,这就是唐肃宗。

肃宗一面以朔方军将领郭子仪和李光弼分任朔方节度使和河东节度使,统兵进讨;一面命敦煌王李承寀借回纥兵,以增强军事力量。在战争期间,安史集团内部一再发生内讧,先是安禄山被自己的儿子安庆绪所杀,后来安庆绪又为史思明所杀，最后史思明亦为其子史朝义所杀。内部斗争大大削弱了安史军的力量。公元762年唐肃宗去世，太子李豫即位，是为唐代宗。他以雍王李适为天下兵马元帅，会诸道军与回纥军展开反攻，最后在次年正月平定叛军，史朝义自缢。

从安禄山发动叛乱，一直到史朝义失败，中原地区打了八年的内战，历史上把这件事称为"安史之乱"。安史之乱是唐朝中央政权与地方割据势力之间的一场统治集团内部的斗争，这次事件对社会、政治产生了巨大的影响，是唐王朝由盛转衰的转折点。

名将郭子仪

郭子仪是唐代中期的著名将领，开元年间以武举登第。安史之乱爆发时，郭子仪任朔方节度使。他率兵讨伐安史叛军，奋勇作战，先后收复了东都洛阳、西京长安，战功显赫，当时无人能比。

安史之乱平息后，郭子仪兼任关内与河东元帅之职，负责抵御回纥的侵扰，并多次将吐蕃的进犯击败。公元763年，吐蕃纠集西北其他少数民族军队二十多万人，突然向唐朝西部边境发起进攻，逐渐逼近京城长安。郭子仪猝不及防，就临时招募了两千多兵马，故意虚张声势，以引起吐蕃畏惧。吐蕃果然上当，以为唐朝派大军出击，就将全部军队撤出长安，退到了现在宁夏南部和甘肃东部的一带地方，准备寻找有利时机，再次进攻长安。长安的百姓仍然生活在吐蕃和其他少数民族的严重威胁下。

这时，唐朝的一个大将仆固怀恩倚仗自己镇压安史叛乱有功，就拥兵自重，不听朝廷调遣。公元765年，仆固怀恩勾结回纥兵和吐蕃几万人起兵作乱。夷军势大，唐朝大将郭子仪不得已而退守泾阳城，形势十分危急。就在此时，敌军主帅仆固怀恩却突然暴死军中。仆固怀恩一死，回纥、吐蕃内部互争短长，皆欲驾驭对方，结果各自分兵驻扎，形势变得对唐军有利。

郭子仪探知敌营变化，便派牙将李光瓒去劝说回纥降唐。过去，在平定安史之乱时，郭子仪与回纥军中许多将领都曾并肩战斗过，结过盟约，有些交往友谊。李光瓒来到回纥大营，劝说他们和唐朝合兵攻击吐蕃，回纥将领却提出要求面见郭子仪。郭子仪闻报，立刻决定只身前往。

郭子仪的部下将领认为这样做太冒险。实在要去，须多带军卒护卫。他的儿子郭晞也拉住他的马缰哭劝道:"父亲身为主帅,为什么要以身为胡虏的诱饵呢?"郭子仪对他说:"国破则家亡,我郭子仪又怎能保全自己。我现在前去以诚相见,如果他们听从了我,则是天下人的福分了。"遂不听劝告,打马离去。

回纥将领听说郭子仪元帅来到,大为吃惊。元帅药葛罗张弓搭箭,令士兵做好了迎战准备。从远处看到,来人并无护卫,并脱甲扔枪而至,皆疑惑不解。待至近前,往日和郭子仪有过交往的将领们互相顾盼道:"果然是郭令公。"纷纷下马迎候。郭子仪拉住药葛罗的手,责备他:"回纥有功于大唐,唐朝也待你们不薄,现在为什么要背信弃约,助纣为虐呢?仆固怀恩弃生母于不顾,叛变朝廷,实为乱臣贼子。你们胁从于他,绝没有好处。今天我单骑前来,杀留听凭你们。不过,你们当真背信弃义,我的军队定会和你们血战到底。"药葛罗惭愧地说:"仆固怀恩说唐朝天子归西,令公您也已弃世,国中大乱,因此联合我们前来收拾残局。现在他已遭天谴而暴亡,我们怎么还敢和令公作战呢?"

郭子仪乘机劝道:"吐蕃人多行不义,劫掠了无数财物,只牛马牲畜就沿途百里。这些财富正是上天所赐,我们联合起来打败他们,正是好时机。"当下,郭子仪和回纥将领盟誓,相约共进,士兵山呼万岁。吐蕃人闻讯,立刻撤军,被唐军和回纥军队乘势追杀,大败而走。郭子仪身入虎穴,挺身敌营,晓之以义,动之以情,示之以威,终于瓦解了敌方的联盟,化被动为主动,扭转了战局,最后取得了胜利。

公元781年,郭子仪去世,享年85岁。为了纪念这位功臣,唐德宗特意下旨加高郭子仪的坟墓,并让他与代宗之灵共享祭祀。郭子仪一生功盖天下而能使天子不起疑,位极人臣而没有大臣妒忌,生活穷奢极欲却无人指责,真算得上是古往今来的名臣中之罕见。

诗仙李白

李白(公元701~762年),出生在西域碎叶城(今吉尔吉斯斯坦托克马克),祖籍陇西郡成纪县(今甘肃平凉市静宁县南),我国唐代伟大的浪漫主义诗人,字太白,号青莲居士,与杜甫并称"大李杜",世人又称他为"诗仙"。李白存世诗文千余篇,主要代表作有《蜀道难》《行路难》《将进酒》和《梦游天姥吟留别》等诗篇，有《李太白集》传世。

李白5岁时，全家搬到了绵州彰明县（今四川江油）。20岁时，李白离开了家乡，开始了四处漫游的生活。南到洞庭湘江，东到吴越，寄居在安陆（今湖北安陆）。李白四处游历，希望多结交朋友，拜访社会名流，通过引荐，一举登上高位，实现自己的政治理想和抱负。可是，10年漫游的生活，却一事无成。李白继续北上到太原、长安，东到齐、鲁各地，后寄居在山东任城（今山东济宁）。此时，他已经结交了很多社会名流，也创作了大量的优秀诗篇，诗名满天下。

公元742年，唐玄宗召他进京，让他做供奉翰林，因称"李翰林"。然而，唐玄宗只让他待诏翰林，做文学侍从，这样李白就很难实现他的大志。李白性格桀骜不驯，无法忍受"摧眉折腰事权贵"的生活。三年后，李白因受别人诬陷，主动辞官，离开长安，又开始游山访仙，痛饮狂歌，疏解怀才不遇的忧愤，但并没有彻底放弃建立伟业，成为非凡人物的理想。

安史之乱爆发后，李白应邀进入了永王李璘幕府，他以为再次获得了建功立业的机会。于是，咏出"但用东山谢安石，为君谈笑静胡沙"的豪迈诗句。可是，永王军队被唐肃宗消灭后，李白因受牵连被打入狱中，后来在流放夜郎的途中被赦免。直到61岁时，他还请求从军入幕，希望自己能有"一割之用"，然而却因病在途中返回，未能如愿，62岁时病死在涂县（安徽马鞍山）他的族叔李阳冰家。

李白的诗想象奇特，感情慷慨激昂，意境奇伟瑰丽，言辞清新明快，形成了豪放、超迈的文风，他把我国古代浪漫主义诗歌艺术推到了高峰。大多是政治抒情诗，充分表现了诗人不凡的抱负，豪侠的气概，奔放的激情，他的诗也代表了盛唐诗歌昂扬奋发的典型音调。李白具有强烈的自我意识，诗中多以"大鹏"自比，"大鹏一日同风起，扶摇直上九万里"（《上李邕》）。但是李白因在长安三年未受到重用失望而归，他激昂的政治热情再次受到现实的冲撞，因而转化为怀才不遇的气愤而狂歌，"大道如青天，我独不得出。羞逐长安社中儿，赤鸡白雉赌梨栗。弹剑作歌奏苦声，曳裾王门不称情"。李白还以畅快淋漓的饮酒诗，排解自己怀才不遇的忧愁。如《将进酒》："人生得意须尽欢，莫使金樽空对月。天生我材必有用，千金散尽还复来。"与这种奔涌豪放，无所掩抑的感情气势相适应。

李白少年时学习范围比较广，除了儒家经典和古代文史名著，他还看诸子百家之书，并"好剑术"。崇信道教，因而他具有超脱尘俗的思想，同时还有建功立业的政治抱负。李白青少年时期在蜀地所写的诗歌，留存比较少，但是才华已经完全外露。

李白一生关心国家大事，希望为国建功。他的《古风》五十九首主要是对唐玄宗后期政治的黑暗腐败，进行揭露批判，并反映出贤能之士怀才不遇、没有出路的悲愤心情。诗中言多讽兴，气骨高举。虽然李白迫切希望建功立业，为国效力，但是他并不贪图荣华富贵，而是认为"钟鼓馔玉不足贵"。李白的很多诗篇，都表现了对人民生活的关心和同情，诗中多结合对统治者的批判。他的部分乐府诗，集中反映了当时妇女的生活和内心的痛苦，着重写思妇忆念征人，还写了弃妇、商妇和宫女的怨情。他的《丁都护歌》《宿五松山下荀媪家》《秋浦歌》"炉火照天地"，着重描写了农民、船夫和矿工的生活，表现了他对劳动人民的关怀。李白一生也写了很多描绘自然风光的诗篇。他的"飞流直下三千尺，疑是银河落九天"（《望庐山瀑布》），"蜀道之难，难于上青天"（《蜀道难》），"君不见黄河之水天上来，奔流到海不复回"（《将进酒》）等，形象雄伟，气势磅礴。这类诗篇，表现了李白的豪情壮志，反映出他对不平凡事物的追求和渴望。此外，还有一些诗篇，像《清溪行》《秋登宣城谢朓北楼》《独坐敬亭山》都着重刻画幽静的景色，清新隽永，诗风接近王维、孟浩然一派。李白还有很多歌唱爱情和友谊的诗篇。其乐府诗篇，往往是从女子怀人的角度来表达委婉诚挚的爱情。还有很多诗篇是表达寄赠、怀念妻室的，感情深挚。

李白的诗歌具有丰富的想象力，主要突出表现在他的七言歌行中，这方面能明显地看出是受到屈原的影响。从体裁方面来看，他擅长形式自由的古诗和绝句，很少写格律严整的律诗。他五古的代表作是《古风》五十九首。而他乐府中的五古，主要继承了汉魏六朝乐府民歌的优良传统，文笔朴素生动，处处洋溢着诗人的热情。李白的七言古诗具有更大的创造性，所写的景是形象雄伟壮阔，气势磅礴，色彩缤纷，而抒情则是感情激荡奔放，跌宕起伏，变化多端。从文学渊源说，李白的这些诗作是受屈原作品和鲍照《拟行路难》的影响。李白擅长绝句，他往往在南北朝乐府民歌的基础上，精炼诗句。五绝如《静夜思》《玉阶怨》等，寓意含蓄，意味深长。

诗圣杜甫

杜甫（公元712～770年），字子美，号少陵野老，巩县（今河南巩义）人，盛唐大诗人。杜甫和李白齐名，世人称他们为"李杜"。杜甫从小勤奋好学，7岁就能作诗，15岁名声远扬，20岁后游历吴、越、齐鲁各地。杜甫尊崇儒家"仁政"思想，有"致君尧舜上，再使风俗淳"的远大抱负。他常常在诗中揭露和批判朝廷的腐败、社会的黑暗，他还关心人民的生活，甚至愿意为解救人民的苦难而做自我牺牲。

公元731～745年，这段时间，杜甫过着"裘马清狂"的浪漫生活。他先后去过吴越和齐赵一带。此期间还去洛阳考进士但失败了。天宝三年，在洛阳结识了李白，并成了挚友。次年秋分手，就再也没有相见。杜甫在这期间，写了二十多首诗，大多是五律和五古，代表作是《望岳》。

天宝五年到十四年，杜甫被困长安，穷困潦倒，不断投向权贵，目的是能求得一官半职。天宝六年，他参加"制举"；十年献"大礼赋"三篇得到了唐玄宗的赞赏，后为宰相试文章，但是到最后没有什么结果。一直到天宝十四年十月，安史之乱爆发前一个月，才获得右卫率府胄曹参军一职。生活的窘迫和仕途的失意使杜甫认识到了统治阶级的腐败和百姓的苦难，迫使他逐渐成为一个忧国忧民的诗人。在创作上发生了深刻、巨大的变化，后来写出了《丽人行》《兵车行》《前出塞》《后出塞》和《自京赴奉先县咏怀五百字》等不朽名篇。在这期间，流传下来的诗将近一百首，其中大多是五七言古体诗。

公元756年到公元759年，正值安史之乱，杜甫创作大有成就。长安陷落后，他前往灵武投奔肃宗，但是在途中被俘，被囚禁将近半年。后来他冒着生命危险从长安逃回凤翔肃宗身边，任为左拾遗。不久后，因被告抗旨，差点被斩首。长安收复后，杜甫再次回京恢复原职。公元758年5月，外贬华州司功参军，永别长安，这时的杜甫已经认清了社会现实，并先后写了《悲陈陶》《春望》《北征》《羌村》、"三吏"和"三别"等传世佳作。公元759年，关辅大饥，杜甫对仕途倍感失望，立秋后就辞去了官职，经秦州、同谷，在年底到达成都。这时期流传下来的诗歌有二百多首，多是杜诗中的杰作。

公元760～770年这11年内，杜甫在蜀中待了8年，荆、湘3年。公元760年春，他在成都浣花溪畔建造了草堂，在那断断续续地住了5年。其间曾因变乱流亡到梓、阆二州。公元765年，严武离世，杜甫失去了依靠，举家离开成都。后因患病滞留云安，次年暮春迁到夔州。公元768年出三峡，辗转来到江陵、公安，同年底到了岳阳。杜甫生活的最后二年，居无定所，不断漂泊在岳阳、长沙、衡阳和耒阳之间，时间大多在船上度过。公元770年冬，杜甫死在长沙到岳阳的船上，享年59岁。逝世前写了36韵长诗《风疾舟中伏枕书怀》，其中有"战血流依旧，军声动至今"之句，仍然以国家灾难为念。这11年，他写了一千多首诗（其中夔州作430多首），占全部杜诗的七分之五。这部分诗多是绝句和律诗，也有长篇排律。著名的作品有《登高》《茅屋为秋风所破歌》《秋兴八首》《闻官军收复河南、河北》和《又呈吴郎》等。

杜诗现存有1400多首。他的诗都深刻反映了唐代安史之乱前后20多年时间社会的风貌，并记载了杜甫一生的生活经历；同时，诗中还把社会现实与个人生活紧密结合起来，达到了思想内容与艺术形式的完美统一；他的诗代表了唐代诗歌的最高成就，被后人称作"诗史"。但是杜甫并不是客观地叙事，以诗写历史，而是在深刻地、广泛地反映现实的同时，运用独特的艺术手段来表达自己的主观情感。

杜甫的诗中战争题材的数量比较多，对不同性质的战争所持的态度也不同。其中，反对朝廷穷兵黩武，消耗国力的有《又上后园山脚》《兵车行》等；主张平息叛乱，抵御外侮的有《观兵》《观安西兵过赴关中待命二首》《岁暮》等。而《前出塞》和《后出塞》两组诗，既歌颂了战士的英勇威猛，又谴责了君王拓边无度和主将骄横奢侈；用一个战士的自白影射了无数英勇士兵的不幸命运。在"三吏"和"三别"中，诗人同情人民的疾苦，愤恨野蛮拉丁；但是大敌当前，兵源紧缺，他只能忍痛含泪劝慰那些被征者，表现了作者内心尖锐复杂的矛盾冲突。杜甫还有很多歌咏自然的诗。歌咏的对象，既联系了自己，也联系了时事，是情、景与时事的相互交融，而不仅仅是情、景交融。

杜甫还有一些歌咏音乐、绘画、舞蹈、建筑、用具和农业生产的诗，诗中贯注了作者的情感，具有时代特色。杜集中也有部分诗歌，时代气息不浓，个人感情比较淡泊，尤其是在成都草堂写的一部分诗，那是他经过长期漂泊，短暂休息后心境的表现。在《春夜喜雨》《为农》《屏迹》《徐步》《田舍》《后游》和《水槛遣心》等诗中，诗人对花草树木、虫鱼鸟兽的动态有细致的观察，无限的喜爱以及深刻的体会，体现了杜甫的诗与为人的另一面。杜甫怀念亲友的诗，大多是缠绵悱恻，一往情深。如《月夜忆舍弟》怀念弟弟，《月夜》怀念妻子。在很多怀友诗中，尤以怀念李白的最为突出。杜甫从与李白分手一直到晚年，怀念或谈到李白的诗有十五首，都表现了他对李白的尊敬和对他们友情的珍惜。

杜甫的诗体制多样，奄有众长，兼工各体，并且能推陈出新。杜诗内容深刻，涉及的面比较广泛，而且感情真挚浓郁；在艺术上，杜诗集古典诗歌之大成，在这基础上加以创新和发展；他的诗在内容与形式上也大大拓展了诗歌领域，对后世影响深远。因此，杜甫被后人尊为"诗圣"。

书法家颜真卿

颜真卿（公元709～784年），字清臣，琅琊临沂（今山东临沂）人，后徙居京兆长安。出生在一个世代以儒学为业的书香门第。其远祖可上溯至孔子弟子颜回，五世祖是由北齐入隋的著名学者颜之推，从曾祖为初唐著名儒师颜师古。这样的家学传统，对颜真卿的为学、立身、处世必然带来深刻的影响。

后来家世开始衰落，至颜真卿父亲颜惟真时已十分贫穷。相传颜惟真亦好书法，少时家贫无纸笔，曾以黄土扫墙，习书练字。父亲死后，颜真卿年岁尚幼，随母亲殷氏寄养于外公家。母亲殷氏、姑母颜真定、伯父颜元孙、仲兄颜允南都曾是他的家庭老师。及长，博学善文，而尤长于书法。

开元二十二年（公元734年），26岁的颜真卿考中进士，两年以后以朝散郎、秘书省著作郎之职入仕，累迁至殿中侍御史。后来，由于他秉性刚直，不为奸相杨国忠所容，出为平原太守，故世称"颜平原"。

在他任平原太守期间，适遇安史之乱。安禄山、史思明举兵南下，河北大部分郡县皆陷，独平原城誓不降贼。玄宗皇帝闻知后，顾左右曰："朕不识颜真卿形状何如，所为得如此！"颜真卿的义举，使周围各郡的兵民深受鼓舞，公推其为17郡盟主。于是颜真卿联络其兄常山太守颜杲卿，合兵20万，抵御叛军。安史之乱平息后，朝廷召其入京，以功擢吏部尚书、太子太师，封鲁郡开国公，故又世称"颜鲁公"。不久又因其刚直不阿，疾恶如仇，先后受到奸臣李辅国、元载、卢杞等人的陷害，被排挤出京，贬为地方官。

元载事发伏诛后，朝廷复召颜真卿入京任刑部尚书。次年，70岁的颜真卿上表致仕，不许，旋又转为吏部尚书。不久，奸臣卢杞窃取相权，让皇上封颜真卿为太子太师，表面上看是升官了，实际上是剥夺了他的权力。卢杞并不以此而满足，还想置颜真卿于死地。建中四年（公元783年），淮西军阀李希烈反叛，攻陷汝州，朝廷听到消息后，非常震惊。卢杞想出借刀杀人之计，于是上奏说："颜真卿的威信很高，可以让他去说服叛臣。"昏庸的唐德宗竟然答应了，朝堂上下无不吃惊。颜真卿明知道卢杞欲加害自己，但他仍然以社稷为重，毅然前往蔡州李希烈的军营。当时，李希烈正准备僭号称帝，又因为颜真卿德高望重，打算任命颜真卿为宰相，以号召天下。颜真卿不为利诱，不为势屈，严词拒绝。李希烈于是拘禁颜真卿，命令10名士兵专门守着他，并在其所住院中掘一深坑，名之曰"坑颜"，颜真卿亦不为所动。李希烈无奈，只好把颜真卿转移到龙兴寺。颜真卿料定必死，就写下遗书，作为墓志和祭文，并常指寝室西壁之下说："吾殡所也。"兴元元年（公元784年）李希烈恼羞成怒，遂派人用绳子勒死颜真卿。时年76岁。

颜真卿于书法可谓陶铸古今，博采众长，不过得益最多的还是当时的草书大家张旭。颜真卿年少时，即闻张旭书名，于是亲诣京师向张旭请教笔法，然"竟不蒙传授"。回去后，颜真卿发愤攻书，夜以继日，虽小有名气，但仍"自未为稳"，于是再次来到洛下，向张旭请教笔法。张旭沉思良久，见颜真卿心诚，乃引颜真卿至东竹林院小堂，曰："笔法玄微，难妄传授。非志士高人，讵可言其要妙？书之求能，且攻真草。今以授子，可须思妙。"于是以问答的形式，将笔法尽授予颜真卿。颜真卿后来还将这次授受的重要内容整理成文，这便是流传至今的书论名篇《述张长史笔法十二意》。颜真卿得张旭真传之后，书艺有了质的突破，他曾这样说过："自此得攻书之术，于兹五年真卿自知可成矣。"比较他前后的书迹，亦如其言。后来颜真卿又经过自己的进一步努力，加之资质敏悟，终于超过乃师，成为有唐一代最为著名的书法家。宋人苏轼在《东坡题跋》中说："诗至于杜子美，文至于韩退之，书至于颜鲁公，画至于吴道子，而古今之变天下之能事毕矣。"清人王文治在《诗书绝句》中也这样吟道："曾闻碧海掣鲸鱼，神力苍茫运太虚。间气古今三鼎足，杜诗韩笔与颜书。"二人俱将鲁公字，与杜甫诗、韩愈文和吴道子画相提并论，并视之为古今四绝，可见对颜书评价之高。

颜真卿传世的书迹甚多，主要有：《多宝塔碑》《颜家庙碑》《东方朔画赞碑》《郭家庙碑》《颜勤礼碑》《元次山碑》《麻姑仙坛记》《大唐中兴颂》《李元靖碑》《自书告身帖》《祭侄稿》《争座位帖》《刘中使帖》《竹山堂连句诗帖》《蔡明远帖》和《裴将军诗》等。其中楷书以《颜勤礼碑》、行书以《祭侄稿》最为著名。

藩镇割据

安史之乱以后，平叛将领仆固怀恩想保留安禄山和史思明余部，借此拥兵自重，就奏请让这些叛将留守河北。由于唐朝政府无力收回他们的兵权，便答应了仆固怀恩的请求。如此一来，北方大部分区域被降将所占据。唐朝政府在平定安史之乱的过程中，曾经把边地军镇制度向内地扩展，在一些重要的州设立节度使，一般的州设立团练使或防御使。这样设置，使中原地区出现许多军事化管理的地方，这些军事机构便是所谓的藩镇。

安史余部及其党羽归降唐朝后，仍拥有重兵。唐政府采取妥协政策，封他们为节度使。唐代宗任命安史降将李怀仙、张忠志（后赐名李宝臣）、田承嗣、薛嵩分别为幽州、成德、魏博、相卫节度使，这就是安史之乱后出现的第一批藩镇势力。节度使职位往往是父子相传、兄弟相继或部将承袭，不受政府的任免调遣，成为独霸一方的割据势力，为争夺地盘常常互相攻战。他们不接受朝廷的命令，军队不听政府调动，不向中央缴纳赋税，并自行委派官吏。不久，魏博镇兼并了相卫镇，形成了卢龙、成德、魏博这三大藩镇，又叫"河朔（河北）三镇"，割据河北、山东、河南、山西，它们是唐朝后期藩镇割据的发源地和最大势力区。内地节度使也效法河朔，实行武装割据。全国各地有几十个藩镇据地自守。持续一百多年的藩镇割据局面形成。

唐德宗初年曾决定削藩，革除旧弊。公元781年，节度使李宝臣病死，他的儿子李惟岳要求继任父职，德宗断然拒绝。李惟岳便联合其他藩镇叛乱。唐朝政府采取以藩镇打藩镇的策略，李惟岳等藩镇叛军先后兵败被杀。但参加平叛战争的节度使借口朝廷封赏不公，又联合起来反唐，这就是"四王之乱"。这四王分别是冀王朱滔、魏王田悦、赵王王武俊、齐王李纳，朱滔是四王的盟主。与此同时，李希烈自称天下都元帅，联合四王反叛朝廷。唐政府征调泾原节度使率军平叛，镇兵途经长安，因未得到厚赏便发生兵变，攻入长安，劫掠府库，德宗被迫逃往奉天（今陕西乾县）。叛兵拥立朱滔之兄朱泚为大秦皇帝，李希烈也自称楚帝，一时出现"四王二帝"的局面。五年后，德宗才陆续平定这些叛乱。

宪宗即位后，任用名相贤臣，经济有所好转，出现了"元和中兴"的局面。宪宗改变德宗四面出击的削藩策略，他采用先弱后强的方针，先攻取基础薄弱的地方，派兵平定了占据成都、镇海的节度使，然后集中全力讨伐强大的淮西节度使。名相裴度亲临前线督战，名将李愬率军雪夜攻占蔡州，淮西节度使束手就擒。削平淮西割据势力，对其他藩镇也起到震慑作用，许多节度使纷纷归顺朝廷，但藩镇根源未除。宪宗死后，河朔三镇又发生叛乱。此后，藩镇之间连年混战，一直持续到唐朝灭亡。

长安米贵

唐贞元三年（公元787年）春天，一个文弱少年，身背书囊，风尘仆仆地来到京都长安城。他找到一家旅店稍稍休息一下，便拿着一卷手抄诗稿，急急走上街头。

长安城内，笔直的大街纵横交错，四通八达。此时正是正午时分，只听得城楼上的开市街鼓"咚咚咚"地敲响了。全城大小店铺、酒楼、茶亭，各种游艺场所，都纷纷开门营业。大街小巷呈现出一片繁忙、嘈乱的景象。

少年是第一次来到长安，对这一切，他感到既新奇又陌生，但此刻，他无心观赏眼前这五光十色的繁华世界。只见他挟着诗稿，匆匆忙忙穿闹市，走小巷，最后来到一个做官人家的门前。

少年向门人报了姓名，递了引荐书。一会儿，出来一位50多岁的老人。只见那老人目光深邃，举止洒脱，眉宇间流露出一股既亲切又高傲的神情。这正是少年久已渴望拜见的大诗人顾况。顾况当时任朝廷著作郎，在长安城很出名，求见和拜访的人很多。顾况原以为今天上门的，又是哪位达官显贵，没想到，来的是一个文质彬彬、陌生的少年。他把少年引进客厅，疑惑地问道："您就是……"

"学生姓白，名居易……"少年说着，连忙谦恭地呈上自己的诗稿，"恳请恩师指教。"说完，便忐忑不安地站在一旁。

顾况看见诗稿第一页纸上，工工整整地写着"白居易"三字，不禁笑起来："居易，居易，可是，长安米贵，要居住下去，可大大的不容易啊！……"

少年白居易一听，不安地低下了头。虽然他还未能完全理解这话的含意，却听出了点什么，他有些后悔，心想："早知不来长安了。"

这时，顾况已开始读起诗稿了。读着，读着，他眼前一亮，被一首题为《赋得古原草送别》的小诗吸引住了：

　　离离原上草，一岁一枯荣。
　　野火烧不尽，春风吹又生。
　　远芳侵古道，晴翠接荒城。
　　又送王孙去，萋萋满别情。

这是一首写送别的诗。诗中说，那荒原上繁茂的青草，一年一度从枯萎到荣盛，哪怕遭到野火的烧毁，只要春风一吹，它们又会顽强地生长起来。看那远方的野草，覆盖着漫长的古道，阳光下，一片碧绿的树丛，连接着荒凉的边城。眼看又要同远行的朋友告别，怎不叫人难分难舍。

"妙绝！妙绝！"顾况读完全诗，情不自禁地叫出声来，他不仅喜爱这首小诗质朴无华的风格，丰富、真实的感情，还特别欣赏前面那四句诗，那耐人寻味的意境：春草的生命力是那么顽强，纵然被野火烧毁，也永不能把它消灭。人，不是也应该有这种精神吗？

大诗人顾况终于发现少年白居易不凡的才能，他放下诗稿，向少年赞赏地看了一眼，乐呵呵地说："你能写出这样的好诗，我看，在长安居住下去，也不难了！"说着又走到白居易身边，"请别见怪，刚才我是跟你开玩笑的……"

白居易腼腆地笑了，紧张的心情一下子消失了。一老一少开始亲热地交谈起来。

经过顾况的赞扬，白居易的诗句一天天地流传开来。

韩柳古文运动

韩愈和柳宗元皆为唐代杰出的思想家、文学家，二人并列为唐宋散文八大家之内，由他们倡导的古文运动对中国文学发展产生了深远的影响。

最先提出"古文"这一名词的是韩愈，字面上的意思就是提倡学习先秦散文和两汉散文，因为它不受格律束缚，不用堆砌华丽的辞藻，可以自由抒写。"古文运动"也就是争取文体从骈体文的束缚中解放出来，重新恢复先秦、两汉散文传统。对骈体文的批评，在韩愈之前就已经有了。西魏的苏绰、隋朝的李谔都曾做过复古的尝试，终因他们治标不治本而失败，到初唐的陈子昂提出"汉魏风骨"，这才将散文的创作引上了正途。其后独孤及、梁肃等人也随之应和，虽不足以鼓吹大雅，但也算是开了先路。只是他们的能力有限，既缺乏成熟的创作实践，又时机未到，所以始终未能力挽狂澜，成大气候。这一责任，便历史性地落在了韩柳身上。

韩愈（公元768~824年），字退之，河南河阳人。安史之乱以后，阶级矛盾和民族矛盾日益尖锐，藩镇割据的局面已经形成，中央政令无法贯彻。同时佛教道教势力猖獗，破坏国家税收，威胁李唐王朝的统治。韩愈认为，人们对儒家所谓的"君臣之大义""夷夏之大防"产生了动摇，就是破坏了君臣上下尊卑贵贱的封建道德的准则。这种封建等级制度的破坏，就意味着整个封建统治秩序走向崩溃。韩愈为了挽救这种危局，不遗余力地提倡儒家道统，反对佛老。

韩愈一方面主张"文以载道"；另一方面反对骈体文，极力主张恢复先秦两汉的散文体，从词汇和语法两方面来建立新型古文的标准。他准备创造一种融合古人词汇语法而又适合反映现实表达思想的文学语言，同时力求用这种新颖的文学语言，创造一种自由流畅直言散行的新形式，这就是韩愈文体改革的主要内容。

韩愈不仅是古文运动的倡导者，而且也是杰出的古文学家。他把新型古文广泛地用于政论、书启、赠序、杂说、碑铭等各种体裁，创作出很多优秀作品，如《原道》《原性》《原毁》《争臣论》《谏迎佛骨表》等。

柳宗元（公元773~819年），河东解人，贞元九年（公元793年）进士。因为参与王叔文的政治革新，被贬为永州司马。柳宗元离开都城后，以文章为政治斗争的工具，竭力主张文章的内容必须"明道"，所谓"明道"就是宣扬正确的思想或主张。柳宗元以"明道"为己任，认为文学的功能在于"褒贬"和"讽喻"，写文章就是为了对美好的事物进行歌颂、宣扬，对丑恶的东西加以批判讽刺，从而赋予他的"明道"主张以具体的内容。柳宗元认为，要写好文章，必须以《诗》《书》《礼》《春秋》《易》为本，并参考《孟子》《荀子》《老子》《庄子》《史记》等书，以吸收融合它们的各种优点。

柳宗元不仅宣扬古代散文，而且写出了大量优秀作品，如《六逆论》《封建论》《捕蛇者说》《段太尉逸事状》《种树郭橐驼传》等。作者的主旨是用来说明自己一定的思想，或抨击势利场中"炎而附、寒而弃"的丑恶现象，或要求"使民以时"的安定社会秩序。韩愈柳宗元领导下的古文运动，在中国文学史上，是散文发展的转折点。

形式主义的骈体文，经过唐代韩柳领导的古文（散文）运动打击以后，开始走上了衰亡的道路,他们把文体从骈俪的桎梏中解放出来,把活泼流畅的散文送入艺术之宫,扭转了300年的文风。

李愬雪夜入蔡州

元和十二年(公元817年)九月二十八日,李愬下令进攻吴房(今河南遂平),将领们认为这天是黑道凶日"往亡"日,不宜出兵。李愬说:"我们兵少,按常规作战很难取胜,应该出其不意,攻其不备。敌人一定以为我们今天不会出动,不加防备,这正是袭击的良机。"李愬率军驰出,一鼓作气攻克吴房外城,杀敌一千多人。残军退守内城。接着,李愬坐在行军胡床上指挥,用计引敌出城,杀了敌将孙献忠。有人建议乘胜攻下吴房内城,李愬说这不是我的计划,率军返回文城栅。吴房一战,是袭取蔡州的前哨战。

回到大营,李祐献计说:"蔡州的精兵都在洄曲和四周边境上,蔡州城里都是老弱病残,可以乘虚直取蔡州。"原来六月间吴元济因将士相继叛降,感到形势窘迫,上表请罪,想束身入朝,结果遭到董重质及将领们的阻止,董重质并带走了蔡州城里的全部精锐和吴元济的亲兵出守洄曲。李愬认为不错,及时制定作战方案,派人秘密到郾城报告裴度。裴度赞许说:"打仗不出奇是不会取胜的。"批准了李愬的方案。

裴度接着率领幕僚将佐出城视察,与董重质遭遇。董重质率淮西轻骑拉弓挺刃,大呼而进,猛扑裴度。李光颜等将奋勇杀退敌军,裴度脱险回城。吴元济把内线各城的精兵强将尽量调往洄曲,防御裴度、李光颜。蔡州城及西线的兵力更加空虚了,这就为李愬袭击蔡州创造了有利条件。

李愬见时机到了,军心振奋,军纪森严,便秘密设计进攻蔡州,那是吴元济的老窝。

一个风雪交加的清晨,李愬率领9000人出发了。出发时,除了李愬和几名大将外,谁也不知去哪儿。走着走着,突然有人跑到李愬的马前,小声地问:"将军,我们去哪儿?"李愬果断地说:"只管向东进发!"

队伍一直走到黄昏,李愬命令部队稍作休整,接着又向东行进。这时,许多人起了疑心,齐声问:"我们到底去哪儿?"李愬神色坚定地说:"到蔡州城,捉吴元济!"一听这命令,许多将士吓得脸色都变了。

这个时候,风越刮越大,鹅毛般的大雪,越下越密,天色黑洞洞的。旗帜给风吹裂了,战马冻得走不动,不少士兵抵不住寒冷,抱着刀枪,倒在路旁冻死了。

他们所行进的小路,许多年没人走过,又是夜里行军,寒风像刀子一样,冷得刺骨,人人都心里叫苦,想着这次肯定没命了。但是,李愬平日里军纪很严,谁也不敢退缩,反正都是死了,只得横下一条心:坚持到蔡州,拼死打一仗,或许还有活命的机会。这样一来,兵士们反而觉得有劲了。半夜里,他们踏着厚厚的积雪,来到蔡州城外。

这么多人马,要接近蔡州城,声音很吵,如果被城里的人听见,就要坏事了。可是,想让这么多人马不出声,又实在办不到,怎么办呢?

李愬早就了解到,蔡州城外,有个养鸭鹅的池塘。只见李愬从容不迫地下令:"派500名士兵,每人手里拿着棍子,到池塘里去,使劲赶鸭鹅。"

一时间,只听见无数只鸭鹅同时放声呱呱大叫,响声震天。队伍趁着闹声,一直来到城墙下,也没被敌军发现。他们一拥而上,杀死守城的士兵,只留下一个打更的,让他继续敲更。城门被打开了,李愬大军悄悄入了城。

鸡叫头遍,天蒙蒙亮起来,雪止了。吴元济还在被窝里呼呼大睡。这时,有个兵士跑进屋,说:"不好,官军到了!"

吴元济懒洋洋地躺在床上,笑着说:"又是些犯人们闹事,等天亮了,我再收拾他们。"

还没说完,另一个兵士气急败坏地冲进来说:"城门,城门被官军打开了。"

吴元济不信,奇怪地说:"是部下们来讨衣服吧!"说着,才起床,就听见院子里一阵阵吆喝声、传令声、成千上万人的呼应声,他这才害怕起来,想抵抗已经来不及了。蔡州的百姓受够了苦,都恨透了吴元济,他们齐心协力,帮助李愬,捉住了吴元济,平定了淮西。

李愬夜袭蔡州,沉重打击了安史之乱以来的藩镇势力,使朝廷削藩举措取得空前胜利,国家又暂时统一。

永贞革新

安史之乱以后,唐王朝一蹶不振,只留下一个徒有虚名的中央政权。从唐肃宗、唐代宗到唐德宗的几十年间,昏庸的皇帝们不思进取,却只顾自己享乐，完全不管百姓的死活。特别是唐德宗在位的那20多年，外有吐蕃入侵，内有奸臣当道、藩镇作乱，他却毫不在意，反而加紧敛财，要地方官和节度使们每天"日进"、每月"月进"钱财，一年里掠夺的钱财，总有几十万贯。

从唐德宗开始，长安宫廷的禁军，都让宦官掌管，恶劣的先例一开，潜伏下宦官弄权的隐患。那些宦官实权在握，除了在朝廷里颐指气使，还在长安开了"宫市"。所谓宫市，就是皇宫里要用什么，都派"宫使"到集市中购买。几百名宫使进了市场，就好比庄稼地里飞来一群蝗虫，他们爱什么，伸手就拿，临走前只随便扔几个钱就算了事，实际上是公然地掠夺财物。

这种昏天黑地的状况，理所当然地要引起社会上有识之士的痛恨。一些从中下层升上来的朝臣，因为跟百姓接触的机会多，更了解局势的严峻，想改革朝政的决心也更大，王伾、王叔文就是其中的佼佼者。

王伾和王叔文原来是太子李诵的侍从官，王伾擅长书法，王叔文是下棋高手。他们发觉太子并不像德宗那么昏聩，不时流露出要改革时弊的意思，便常常向太子讲一些民间的疾苦，渐渐成为太子的亲信。

贞元二十一年（公元805年），唐德宗病死了，李诵继位当上了皇帝，这就是唐顺宗。可是，当了皇帝的李诵已经得了中风的毛病，连话都说不成，于是李诵便提拔王伾、王叔文主持朝政，实行一系列的改革，因为唐顺宗登基的年号是永贞元年，这场改革便被称作"永贞革新"。

王伾、王叔文联络了一批志同道合的中下层官员，其中有柳宗元、刘禹锡、韦执谊、韩泰。他们大刀阔斧地对朝政进行改革，得到了朝廷内外，特别是长安百姓的拥护。

这一年，唐顺宗发布了一系列命令，废除了百姓积欠官府的部分租税，降低了盐价，取消了宫市，停止了地方官对朝廷的进奉，还释放了一部分宫女。这就大大减轻了百姓负担，老百姓从革新中得到了好处。

王叔文知道百姓最痛恨贪官污吏，便果断下令撤了京兆尹李实的官职，把他放逐出长安。消息传出，长安的百姓们人心大快。李实被放逐的前一天，市民们暗地里做了准备，许多人在衣袖里揣上了石块瓦片，打算第二天在出城的街道上拦截李实，痛打他一顿。这一次，李实又得到了消息。他故伎重演，没等天亮，就偷偷溜出了长安。

革新派最关心的，当然是朝廷最为头疼的藩镇割据问题。在这方面，王伾、王叔文也采取措施，限制和削弱藩镇的势力。李诵登基不久，西川节度使韦皋派刘辟到长安，告诉王叔文："您如果答应把四川和湖北三川之地都划归韦皋，我们一定竭尽全力帮助您掌权，要是不答应，我们也有办法对付。"王叔文听了，十分恼怒，下令要捕杀刘辟，吓得刘辟一溜烟逃回西川去了。

王叔文等人的革新，对百姓、对朝廷都是有利的，却损害了贵族官僚和藩镇的利益，因此，他们内外勾结，千方百计攻击王伾、王叔文，要把这场刚刚开始的革新扼杀在摇篮里。

第一个反对革新的是宦官集团。本来，王叔文已经任命老将军范希朝担任禁军统帅，并派韩泰协助他接管宦官的兵权。宦官的头子俱文珍立即下了手令，叫禁军将领们别听范希朝的。范希朝和韩泰到奉天点兵，禁军将领一个也不来听点。没有兵权，王叔文的改革便走上了绝路。

大官僚们接着又使出了撒手锏。他们借口唐顺宗体弱多病，要求太子李纯出面主持朝政，后来索性要顺宗退位。这一招釜底抽薪，确实击中了改革派的要害。王叔文只得叹着气诵读杜甫的名句："出师未捷身先死，长使英雄泪满襟。"短促的改革，眼见就要走完全程。

唐顺宗在公元805年正月即位称帝，到了八月，就被迫退位，把皇位传给了太子李纯。唐宪宗李纯立刻站在宦官和大官僚一边，把王伾和王叔文贬逐外地。王伾到外地不久便死了。第二年，王叔文在渝州被贬寓所又接到诏令，皇上下令赐他死，王叔文只得含恨自尽。

跟二王一起革新的八位朝臣，也一律被贬出京城，其中就有著名的文学家柳宗元、刘禹锡等人。开始还给他们刺史的官职，半路上又把他们降职为司马，而且安置地点也改为边远的险恶地区。这就是历史上所称的"二王八司马"。短短的146天，以王叔文为首的革新集团确实给腐败的唐皇朝带来一股清新的空气。可惜这只是昙花一现，很快便夭折了。从此唐王朝越发不可救药。

甘露之变

唐文宗时期，大宦官王守澄掌权，此人为所欲为，根本没把当朝天子放在眼里。唐文宗曾与宰相宋申锡秘密商议，谋划铲除以王守澄为首的宦官们。不料郑注把消息泄露给王守澄，王守澄设计陷害宋申锡，诬陷宋申锡暗地里拥立漳王，并唆使神策军都虞侯豆卢著揭发宋申锡。

唐文宗知道后，让王守澄监视宋申锡。王守澄立即命令党羽，打算屠杀宋申锡全家。飞龙厩使马存亮虽然也是宦官，但他为人正派，认为治罪宋申锡的证据不充足，不应该杀他全家，如果鲁莽行事，会引起朝中大臣们的不满，最好先召集几位宰相了解一下真实情况。王守澄觉得有道理，就以皇帝的名义把牛僧孺等几位宰相叫来，宋申锡也在其中。当宋申锡来到中书省的东门时，被侍卫拦下，不让进去。牛僧孺等几位宰相进去后，对此事都表示惊讶，他们说："应该查明情况，然后再根据情节定罪。"

王守澄根本不听，马上抓捕漳王的内史晏敬则、朱训，以及宋申锡的录事王师文等。王师文闻讯而逃，晏敬则、朱训在严刑逼供下，被迫承认有"谋逆"这件事。这下，王守澄抓住把柄，准备以谋逆罪杀漳王和宋申锡。消息传出后，朝堂内外一片哗然，王质、李固言、卢钧、蒋系、裴休等人建议重新审理此案，牛僧孺也说，宋申锡官至丞相，没有必要反对陛下。

其实，唐文宗心里明白是王守澄故意栽赃，但又怕王守澄，便本着大事化小的态度，贬漳王为巢县公，宋申锡为开州司马，把晏敬则、朱训判处死刑。这件事就此了结，后来宋申锡病死在开州。

宋申锡事件后，王守澄更是胆大妄为，大臣的任免和生死，都掌握在他一人手里。唐文宗贵为一国之君，不甘心做傀儡，也想削弱宦官势力。在大臣们的建议下，唐文宗提拔五坊使宦官仇士良为神策军中尉，起到分割大宦官王守澄权势的作用。唐文宗为何偏偏提拔仇士良？原来，仇士良与王守澄有矛盾。仇士良上任后，就和大臣李训、舒元舆等人制订了一个消灭王守澄集团的计划。随着一系列操作，王守澄的宦官集团一步步被剪灭，王守澄本人也被毒死。

在灭掉王守澄宦官集团的过程中，李训功不可没，唐文宗就任命他和舒元舆、王涯为宰相。李训、舒元舆等人看到，王守澄宦官集团虽然被消灭了，以仇士良为首的新的宦官集团再次出现，于是他们就制订了一个彻底消灭宦官的计划。

太和九年（公元835年）十一月的一天，早朝完毕，金吾大将军韩约从外面进来，上奏说："左金吾厅后面的石榴树上出现甘露，这是天降祥瑞，皇帝的圣明感动了上天，才会降下甘露。"宰相李训、舒元舆听到后，忙率百官拜贺，并请皇帝即刻去观赏。唐文宗一听非常高兴，欣然同意，当即坐上龙辇离开紫宸门,并让李训先去看看。过了许久,李训回来,说甘露已经看不清了,暂时不要张扬出去。唐文宗将信将疑,就示意宦官仇士良、鱼弘志等前去探视。

仇士良、鱼弘志等宦官中计,李训马上部署亲兵,刺杀这些宦官们。仇士良等人来到金吾厅,恰好遇见神情紧张的韩约,仇士良有些惊讶,问道:"将军为何如此紧张?"话音刚落,一阵风吹来,金吾厅内的帷幕被吹开,仇士良一眼看到里面藏着士兵。仇士良等人见势不妙,撒腿就跑,边跑边大声说:"宫廷内要发生暴乱。"李训见状,马上命令金吾卫士拦住仇士良,可惜迟了一步,仇士良来到龙辇前,与此同时,李训也来到龙辇前。

仇士良怒气冲冲,大声说:"李训,你在宫内布置士兵,难道想谋反吗?"唐文宗根本不相信仇士良的话,仇士良二话不说,上前就打李训,未成想被李训推倒,接着李训从靴子里拔出匕首,刺向仇士良,被宦官拦住。

这时,罗立言率京兆逻卒300余名从东面赶到。李孝本率御史台从人200余名从西面赶来,并会同金吾卫士,登殿杀宦官十余人。仇士良让宦官在外面抵挡,自己带着唐文宗向宣政门跑去。李训紧紧在后面追赶。李训来到宣政门,大门紧闭。刺杀宦官的计划失败了,李训化装出宫,郭行余、罗立言、王璠也各自寻找藏身之处。

很快,禁军赶到,宰相舒元舆、王涯等人被抓。第二天早朝,唐文宗见没有一个宰相上朝,便问仇士良,王涯等诸位宰相为什么不上朝?宦官仇士良说王涯等人谋反,已经将他们逮捕关进监狱。仇士良说完以后,就把诬告王涯等人谋反的"罪证"呈给唐文宗。唐文宗接过来大致看了一下,便让郑覃、令狐楚等上殿,把仇士良诬告王涯的所谓"罪证"给他们看,并且流着泪说:"这是王涯亲笔所写的吗?如果他真的要谋反,一定要依法查办。"接着,任命令狐楚、郑覃为代理宰相,让他们起草诏令,向天下宣告李训、王涯等人的罪状。令狐楚觉得王涯等人冤枉,起草诏令时用语模棱两可,仇士良看后,非常不满意。

令狐楚没有按照仇士良的心思办理,仇士良就找个借口提拔李石当宰相,与郑覃共同辅政。这样一来,令狐楚虽在相位,实际上已被架空。几天后,仇士良命令300多名禁军,挑着李训的人头,押着王涯、舒元舆、郭行余、罗立言、李孝本等人游街示众,然后把他们全部斩首。

这就是"甘露之变"。从此以后,大宦官仇士良一手遮天。上威胁天子,

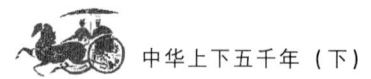

下欺压宰相,唐朝的政治环境更加腐败。

牛李党争

唐朝末年,中央政府高级官员主要分裂为两个政客集团——"牛党"和"李党"。牛党重要人物是寒门出身的牛僧孺、李逢吉、李宗闵;李党重要人物是士大夫出身的李德裕、李绅、郑覃。两党因一次科举考试而起纷争,自此以后,牛李二党冲突不断,互相攻伐前后长达26年之久。而风雨飘摇的大唐王朝也在"牛李党争"的这26年里,逐渐走向衰亡。

公元808年,唐宪宗亲自主持了科举考试中的制举测试"贤良方正直言极谏科"。考试题目要求考生针对当时亟待解决的政治、经济、文化问题提出自己的意见和对策。参加考试的牛僧孺、皇甫湜、李宗闵趁此直指时政利弊,言辞激烈,无所顾忌,受到主考官杨於陵、韦贯之的赏识,将他们三人列为上第。这触怒了时任宰相的李吉甫,他认为牛、皇甫、李三人是在攻击他。于是跑去向宪宗哭诉,说主考官杨於陵、韦贯之审查考卷时徇私舞弊。宪宗听后大怒。结果主考官以下官员均遭贬谪,牛、皇甫、李三人亦在李吉甫当权期间得不到任何升迁的机会。这件事本应该到此为止,可是李吉甫的儿子李德裕却认为老爹遭受的侮辱太大,对杨、韦、牛、皇甫、李的惩处太轻,决心继续予以打击。

公元821年,唐穆宗主持科举考试,结果又发丑闻。李宗闵(牛党)和李绅(李党)都向主考官有所请托。可是发榜之后,李宗闵的请托如愿以偿,而李绅的请托落空。李德裕抓住这个机会,联合李绅向皇帝揭发主考官和李宗闵徇私舞弊,致使李宗闵被贬出朝廷。

次年,李逢吉(牛党)上台当了宰相,借故将李德裕逐出了长安,接着又向皇帝推荐了牛僧孺(牛党)共理国事,这让李德裕对牛党的恨意深入了骨髓。

公元825年正月,牛僧孺和李逢吉对新登基的唐敬宗李湛倍感失望,遂自动辞职,出任地方官员。此时,李德裕在裴度的极力推荐下入朝就任宰相。与此同时,李宗闵也借助宦官的力量,从地方调回了中央,和李德裕并任宰相。两党巨头,短兵相接。有宦官撑腰的李宗闵显然占了上风,只几个月工夫,就把李德裕贬谪到西川任节度使,然后又复召牛僧孺回朝任宰相。

李德裕任西川节度使时，吐蕃王国维州（今四川理县）主将举城归降，使这座失陷已久、百战不克的险要重归原主。李德裕兴奋之余，立即拟具"收复失土"的反攻计划。可是李宗闵、牛僧孺为了打击李德裕，宣称："中国跟吐蕃和解，唯'信'与'诚'而已，得到一个维州，算不了什么。而失去信和诚，就不能立国。"他们命李德裕退出维州，交回降将。此决定一出，即刻引发举国公愤。牛僧孺被迫辞职，李德裕被征入朝，李宗闵、牛僧孺被放逐到南方。

公元847年，唐宣宗即位，任用牛党成员白敏为宰相，牛党因此又纷纷被重新起用，李党则全遭罢黜。已经年迈的李德裕又遭贬谪，这次他被赶到更加遥远的崖州（今海南三亚西北），不久便忧郁而死。纷纷扰扰互相倾轧共计26年的"牛李党争"随着李德裕的死终告结束。而大唐王朝在这26年里变得更加混乱，政治更加腐败。

黄巢起义

唐朝末年，朝政混乱、宦官专权、赋租繁重、民不聊生，全国各地经常爆发农民起义。

唐僖宗乾符元年（公元874年）末，私盐贩子王仙芝带领数千农民在长垣（今河南长垣东北）起义，他发布檄文，痛斥唐政府"吏贪沓，赋重、赏罚不平"。王仙芝自称"天补平均大将军"，表明要改变财富不均的社会现象，这个号召很快得到了广大贫苦农民的支持。同年六月，起义军击败唐天平节度使薛崇，占领了濮州、曹州。公元875年，黄巢也聚众响应。黄巢是山东冤句（今山东菏泽）人，由于数次考科举都没有考上，后来就靠贩卖私盐为生。黄巢这个人擅长骑马射箭，喜欢行侠仗义，从小就胸怀大志。黄巢起义之后，很快就发展到数万人，并与王仙芝率领的起义队伍会合。他们一路转战山东、河南、湖北等地，给唐王朝以重大的打击。

唐朝廷见一时无法消灭王仙芝、黄巢等人，便使用招安的办法，许诺王仙芝为左神策军押牙兼监察御史。王仙芝经不起诱惑，就想投降唐朝廷，黄巢知道后，痛斥道："当初我们对天盟誓，共同推翻黑暗的唐朝，现在唐朝廷给你一个官，你就忘掉初心，你这样做让手下的兄弟怎么办？"在黄巢和将士们的压力下，王仙芝没有被唐朝廷招安，但是黄巢和王仙芝产生了隔阂，无法并肩作战了。他们二人只好带领自己的军队，各自为战。

公元878年2月，黄梅一战中，王仙芝被唐军所杀，五万多名将士损失惨重，王仙芝手下的大将尚让带领余部与黄巢会合，推黄巢为统帅，统一领导农民起义军与唐朝廷对抗。面对强大的唐王朝，黄巢采取灵活机动的战术与唐军周旋。从公元878年2月起，起义军在黄巢的带领下横扫淮河南北各地，并乘虚南渡过长江，攻下处州、吉州、饶州、信州和福州。农民军焚官府，杀贪官、济贫农，得到当地人民的广泛响应，队伍迅速扩大到数十万人。

公元879年10月，黄巢率领的农民起义军来到广州，在此做短暂的休整。起义军大多是北方人，在广州水土不服，很多人感染疾病，黄巢在将士们的建议下决定返回中原。于是，黄巢以"百万都统"的名义发表北伐的政治宣言，并提出"禁止刺史殖（聚敛）财产，县令犯赃者族（灭族）"的相关政治主张。公元880年，起义军先突破长江防线，接着又突破淮河防线，很快便占领了唐朝的第二大城市——东都洛阳。

此时，黄巢率领的农民起义军距离长安非常近，严重威胁唐朝的国都，惊慌之中的唐僖宗连忙命令去防守长安的门户潼关。当时的禁卫军只有区区的2000人，而黄巢大军则有60万人。黄巢一边正面攻打潼关；一边命令尚让绕到潼关背后，对潼关实行两面夹攻。当地的群众也加入了围攻潼关的行列，他们自发地帮助起义军挖土填壕。起义军仅仅用了6天的时间，就攻克潼关，一路向长安挺近。公元881年一月八日，唐僖宗在宦官的护卫下，仓皇离开长安，逃往四川成都，起义军于同日傍晚占领长安城。十六日，黄巢称帝，在长安建立新政权，国号"大齐"，年号金统。

尽管起义军占领了长安，但没有建立稳固的根据地，他们实际的统治区域也仅局限于长安周边地区。另外，起义军陶醉在胜利中，没有及时追赶逃往四川的唐僖宗，这给了唐僖宗喘息的机会。他集结残余势力，联络各地军阀武装，向农民军发起反扑。那些先前投降起义军的节度使，也趁势倒戈，起义军很快陷入唐军的包围之中，被逼无奈下，黄巢只好撤出长安。

接着，起义军连连受挫，在瑕丘（今山东兖州西）被唐军包围，最后全军覆没。黄巢宁死不屈，自杀于泰山的虎狼谷。黄巢率领的农民起义军，经过10年的征战，沉重打击了唐朝政权，导致唐王朝彻底形成四分五裂的局面。黄巢最终没能推翻唐朝，但唐王朝已经名存实亡，到了土崩瓦解的边缘。

朱温篡唐

黄巢起义过程中,有个叫朱温的人,投降了唐朝廷。黄巢起义失败后,朱温因为镇压农民起义有功,唐僖宗把他封为宣武节度使,还赏了他一个名字叫"全忠"。朱温借机扩充势力,扩大地盘,力量日益壮大。

唐僖宗死后,唐昭宗即位。唐昭宗非常痛恨宦官,他想依靠朝中大臣除掉宦官,但一次次都失败了。后来,几个统领禁军的宦官暗中策划,把唐昭宗给软禁了起来。野心勃勃的朱温利用这个机会,与朝中宰相崔胤联合起来,以"救驾"为名,控制住了唐昭宗。他杀光了京城中所有的宦官,又杀掉了宰相崔胤,挟持唐昭宗迁都洛阳。临走之前,他还派人把长安的宫殿全部拆光,逼迫长安的百姓一起搬到洛阳去。

唐昭宗进入洛阳后,朱温把自己的心腹全部安排在军事要职上。后来,朱温干脆找了个机会把唐昭宗给杀了,另立了一个13岁的傀儡,这就是唐哀帝。

这时,朝廷上有一批效忠于唐王朝的大臣,仍有一定权势。朱温手下的一个谋士,因为没考上进士,非常痛恨掌权的朝廷大臣,就对朱温说:"这些人平时自命清高,自称'清流',我看应该把他们扔到黄河中去。"朱温就听了他的话,在一个深夜,把30多名朝廷大臣集中起来杀掉,将尸体扔进了黄河里。

踩着这些人的累累白骨,朱温当上了相国。但他并不满足于此,他的目标是要做皇帝。可当时地方上还有不少拥有军队、占有地盘的藩镇。朱温怕这些人找借口起兵与他作对,就决定采用"传禅"的办法,让唐哀帝自愿地把皇位让给他。

公元907年正月,朱温进入魏州,因生了病,就在节度使府中休养。魏博节度使罗绍威担心朱温在魏州住的久了会危害自己,于是进见朱温,劝说他赶快灭唐。

朱温虽然没有应允,但心里却认为他说得有理,于是急忙启程返回大梁。到了二月,在朱温的授意下,唐朝的一些大臣联名上了奏折,请求哀帝退位。哀帝在被迫之下下诏,命令宰相率领百官劝请梁王即位,朱温却假意派遣使者辞退了他们。从此以后,朝中大臣、各地藩镇节度使乃至湖南的马殷、岭南的刘隐,都相继上呈奏文,劝请朱温即帝位。接着,唐哀帝颁下诏书让位给梁王,任命使者率领文武百官准备皇帝车驾仪仗前往大梁。

朱温的哥哥朱全昱听说朱温即将即位称帝的消息后，对他说："朱三，你可以做天子吗？"后来一次朱温与亲戚在宫中饮酒赌博，酒喝得差不多的时候，朱全昱忽然把骰子扔到盆里去，斜眼望着朱温说："朱三，你本来是砀山的平民，跟随黄巢做了强盗。天子任用你做四镇节度使，富贵到了极点，你为什么一下灭了唐朝300年的社稷，自己称起皇帝来？这种事应该满门抄斩，还玩什么赌博？"朱温听了很不高兴，大家不欢而散。

时间一晃到了这年三月初四，朱温才登上金銮殿，接受唐朝的文武百官称臣，自称寡人。后来他又改名为朱晃，下令除去唐年号，改国号为大梁。于是大叛徒朱温就成了梁太祖，统治中国将近300年的唐王朝从此就宣告结束了。

梁朝以后，中原地区又陆续建立了四个朝代。为了跟以前同名的朝代相区分，人们把这几个朝代称为后梁、后唐、后晋、后汉、后周，简称"五代"。与北方的五代同时，南方也出现了九个割据政权，加上北方的北汉，史称"十国"。历史上就把这一阶段称为"五代十国"时期。

柏乡之战

朱温称帝后，他的最大威胁是河东的李克用。李克用原是西北沙陀族的首领，拥有一支沙陀骑兵，这支骑兵英勇善战。因助唐镇压黄巢起义军有功，唐僖宗中和二年（公元882年），被任为河东节度使，封为晋王。从此李克用以河东为基地，向外扩张，逐步占有山西大部分地区，成为割据势力中实力最强的一个军事集团，朱温称帝，李克用坚决反对，打着"匡复唐室"的旗号，联络其他军阀反对朱温。

李克用有个儿子叫李存勖，这个人颇有才略。他继承王位后，采取一系列的改革措施，并着力整饬军纪，练兵备战。在短短的几年内，使自己的实力得到增强，其势力范围进一步扩大。

李存勖心里非常清楚，河北西倚太行，东临大海，南襟黄河，北接大漠，战略地位十分重要。对梁、晋双方来说，谁控制了河北，就可以形成钳击对方的极为有利的态势。于是河北就成为梁晋拉锯争夺的一个重要地带。

当时，河北有成德（治所镇州，今河北正定）节度使赵王王镕，义武（治所定州，今河北定县）节度使王处直，卢龙（治所蓟县，今北京西南）节度使燕王刘守光，这三股割据势力中，刘守光的力量最强。开平四年（公元910

第六章 隋唐五代

年）十一月，刘守光出兵屯于涞水（今河北涞水），企图南下进攻镇、定二州。朱温早就觊觎镇、定二州，得到消息后，便以帮助赵王王镕对抗刘守光为借口，派遣杜廷隐、丁廷微率兵3000人分别进驻深州（今河北深州市）、冀州（今河北冀州区），妄图吞并镇、定二州。深州守将石公立早就识破了朱温的野心，他请求王镕拒绝梁军入深。但王镕没有听他的建议，反而命令石公立退出城外。结果杜廷隐入城后，立即杀了王镕留在城里的士兵，完全把整座城池占领了。到这时，王镕才看出朱温的真正意图，他很后悔，发兵攻城，结果没有攻打下来，于是就遣使赴晋向李存勖求援。

巧的是，义武节度使王处直也派遣使者来晋。成德、义武两镇经过协商，想共同推举李存勖为盟主，把兵力合在一起，共同对付朱温。李存勖知道他们的想法后，就召集众将商议对策，许多将领认为，王镕和朱温关系密切，他们这样做，可能是给我们设了一个圈套，我们不能中计。但李存勖认为，王镕本是唐朝的臣子，归服朱温等于自取灭亡，如果我们产生怀疑而不去救援，等到朱温把王镕灭了，则对我们也就大为不利。于是，李存勖做出了与王镕、王处直结成反梁联盟的决策，派遣周德威率兵出井陉（今河北井陉），屯于赵州（今河北赵县），以助王镕抗梁。至此，以李存勖为主的反梁联盟与朱温形成了对峙态势。

开平四年十二月初四，朱温命令手下大将王景仁、韩勍等率兵从河阳（今河南孟州市南）渡河北上，与罗周翰的部队合在一起，这样他们就有兵力4万人，然后经过邢（今河北邢台）、洺（今河北永丰东南），于二十一日到达柏乡。王镕得到消息后，慌忙告急于晋。李存勖得到信息后，感到形势异常急迫，就命令留蕃汉副总管李存审守晋阳，自己亲自率领主力部队出赞皇（今河北赞皇）东进，于二十五日至赵州，与周德威所部会合，共同迎击梁军。与此同时，定州王处直也派兵5000人，前来助战。

李存勖从俘虏口中得知，朱温在梁军出发前，曾对其前线指挥王景仁面授机宜，说王镕反复无常，终是梁的后患。此战务必为我攻而取之，将其翦灭。李存勖立即将这一情报送给镇州。进一步坚定了王镕附晋抗梁的决心。

十二月二十六日，李存勖的部队到达柏乡以北30里处，以周德威为前锋率骑兵向梁营挑战，梁军拒不出战。二十七日，李存勖军继续南下，驻扎于野河北岸，距离柏乡仅5里。他又派骑兵向梁营挑战，梁将韩勍率步骑3万人，分兵3路迎击李存勖的军队。晋军士卒见梁军衣甲鲜明，阵势堂堂，有些害怕。周德威见士兵胆怯，就鼓励这些害怕的士兵，说他们汴州的士兵，外强中干，根本就不堪一击。于是，周德威身先士卒，亲自率领千余名精骑突击梁军两翼，左冲右杀。经过4次冲击，虽俘获梁兵百余人，但终未动摇梁军阵势，遂且战且退，与梁军对峙于野河两岸。

面对这种进退两难的局面，李存勖有些急躁。他认为，我们是远道而来，并且是为了帮助王镕，战斗不能久拖，应当速战速决。但周德威认为，梁军士气正旺，我们应该等到他们的士气衰落了，再发动攻击。他分析说："镇、定二州的部队，善于守城，不善于野战。况且我所率领的骑兵，有利于在平原旷野上交战，如果同梁军对垒阵战，难以发挥骑兵的作用，势必寡不敌众，不如暂时退守高邑（今河北高邑）。那时，我就可以率领骑兵，骚扰他们，截断他们粮道，这样的话，不出一个月，他们就不攻自破。"李存勖求胜心切，对周德威的话根本听不进去，众将也不敢多说。这时，周德威请求重臣张承业，让他出面进谏，说服李存勖。张承业对李存勖说："周德威说得很有道理，他的话不能不听啊。"这样，李存勖才采纳了周德威的建议。于是，晋军改变与梁军在野河的对峙态势，主动拔营退至高邑。退至高邑后，每日派少量骑兵对梁营周围实行袭扰。梁军不敢出城割草饲马，到最后只得拆茅屋、座席喂马，但这根本不够马匹吃的，很多马匹都饿死了。

乾化元年（公元911年）正月初二，周德威见梁军人马困顿，战斗力已经大大削弱了，便与别将史建塘、李嗣源率3000精骑到梁军营前挑战，梁将王景仁、韩勍率兵出战。周德威一边交战一边撤退，引诱敌军北进。在周德威与梁军交战的同时，李存璋率领步兵已经在河边排好阵势，等待梁军的到来。梁军在周德威的引诱下，大举向北推进至高邑以南地区，看到面前有条河挡住去路，便竞相夺桥，企图渡河。李存勖见镇、定二镇守军面对梁军强大攻势难以支撑，急命部将李建及率兵200人增援，才打退了梁军的进攻，双方激战一上午，互有伤亡，难分胜负。此时，李存勖认为梁军既被诱出，被阻挡在河的南岸，事不宜迟，应该立即把主力拉出来，投入到决战之中，但周德威认为还不到决战时机。他建议坚持到日落之后，待梁军饥渴劳倦退兵之时，再出击。李存勖经过考虑采纳了周德威的建议。两军战至黄昏，梁军又累又饿，苦不堪言，梁将王景仁看到情况对自己不利，就开始向后撤退。周德威见战机已到，立即命令精锐骑兵向东、西两阵的梁军发起猛烈攻击。梁军遭到突然袭击，顿时阵脚大乱。东阵的梁军很快就被冲散了。晋将李嗣源率领部队直捣梁军西阵，并且命令士兵大声叫喊，东阵已经溃败了。西阵梁军听到后，无心恋战，开始溃逃。晋将李存璋率骑兵乘势追击，边追边喊不杀降者，梁军士卒纷纷解甲投兵而弃之。晋、赵两军合力追击，梁军溃散奔逃，死伤无数。梁将王景仁、韩勍、李思安等人仅率数十个随从逃走。

晋军占领柏乡后，一直把梁军追到邢州城下，然后才在赵州驻扎下来。驻守在深、冀二州的梁将杜廷隐听到柏乡战败的消息，就弃城逃走。此战，梁军除解甲弃兵投降溃散者外，共被歼2万余人，损失粮食、器械不计其数。梁军4万人仅剩数千人逃往河南。由于柏乡之战的胜利，晋军控制了镇、定等州及河北广大地区，为以后夺取河北全境，进一步灭梁建唐（后唐）奠定了重要基础。

柏乡之战，晋军取得了逐鹿河北的重要胜利，主要得益于正确的战略决策和作战指导。而在这两个方面，显示了李存勖、周德威作为帅和将各具特色的才能。

"儿皇帝"石敬瑭

后唐明宗在位的时候，最器重两个人，一个是他的儿子李从珂，另一个是他的女婿、河东节度使石敬瑭，这两个人都非常英勇善战。

但是，石敬瑭的野心很大，他并不满足于仅仅做后唐的节度使。明宗死后，李从珂即位，石敬瑭非常不服气。李从珂给石敬瑭安排官职，石敬瑭也假装有病，不去上任。李从珂非常生气，就剥夺了石敬瑭的官职和爵位。两个人终于闹翻了。

公元936年，李从珂派兵攻打石敬瑭占据的晋阳城。石敬瑭抵抗不住，就派亲信到契丹请求援兵，并表示自己愿意拜契丹国主为父亲，打退唐军后，把雁门关以北的土地献给契丹。石敬瑭的这种行为遭到了众人的一致反对，但他为了保全自己的利益，还是将使者派到了契丹。契丹国王耶律德光听到石敬瑭的要求后非常高兴。他本来就想进兵中原，当然愿意利用这次难得的机会，于是满口答应，立刻派出精锐骑兵到晋阳援救，把唐军打得大败。

石敬瑭亲自出城迎接耶律德光，一见到耶律德光，就称他为父亲。耶律德光仔细对石敬瑭观察一番后，觉得他的确对自己十分忠诚，就对他说："我看你的相貌和气度，能做天子，我要立你做皇帝。"石敬瑭非常高兴，他假意推辞一番后，就接受了。45岁的石敬瑭自称"儿皇帝"，称比自己小11岁的耶律德光为父亲，并将雁门关以北的幽云十六州割给契丹，每年向契丹进献丝绸30万匹。

这一年的十月，石敬瑭凭借契丹的支持，带兵攻打洛阳。李从珂打了几次败仗后吓破了胆。还没等石敬瑭的军队攻进城，李从珂就在宫中放了一把火自杀了。后唐政权灭亡。石敬瑭正式做了皇帝，定都开封，国号为晋，历史上称为"后晋"。

契丹灭后晋

后晋出帝（亦称少帝）即石重贵（公元914～964年），是石敬瑭的侄子，其父石敬儒是石敬瑭的长兄，曾为后唐骑将，他死后，石重贵被石敬瑭收为己子。

石重贵自小喜好骑马射箭，讨厌读书学习。石敬瑭称帝后，任命他为北京（今山西太原）留守，后又为开封尹、广晋（今河北大名）尹，晋封齐王。

天福七年（公元942年）五月，石敬瑭病重，请宰相冯道在他死后辅立其子石重睿。石敬瑭临终时，冯道却与天平节度使、侍卫马步都虞侯景延广商议，拥立广晋尹齐王石重贵为帝。石敬瑭病卒的当天，石重贵即位，是为晋出帝。

景延广手握兵权，又自认为拥立有功，在出帝即位后，开始专擅朝政。出帝石重贵虽在服丧期间，但照旧玩乐不已，朝政大事几乎全交给了景延广等少数几个人。晋出帝在位不到六年时间，其统治腐朽不堪，统治阶级内部倾轧严重。由于景延广主张废除与契丹的君臣关系，只保留祖孙关系，引起了契丹在天福末年的屡次南侵。

契丹前两次南侵都不同程度地遭到了失败，最后一次即晋出帝末年契丹再次举兵南下，直接导致了后晋的灭亡。

这次进犯，耶律德光首先指使大将赵延寿和瀛洲刺史诈降后晋，暗送假情报来骗诱后晋朝廷。晋出帝不察真伪，急欲侥幸成功，便命杜重威为北面行营招讨使，李守贞为兵马都监统率大军北上。晋出帝在诏书中大吹大擂，声称要"安定关南，次复幽、燕，荡平塞北"。杜重威趁势争取兵权，要求增兵。

晋兵到了瀛洲，州城四门大开，寂若无人。听说契丹将早已引兵潜出后，杜重威派偏将梁汉璋追击。梁汉璋追至淤口关，与契丹兵遭遇，以寡敌众，苦战一整天，中箭阵亡。杜重威非但不发援兵，竟率众南退。耶律德光见晋将中计，亲率契丹军主力自易、定向恒州推进。杜重威退至武强，闻讯又想继续南退，正逢张彦泽从恒州引兵来会，声言契丹兵可破。杜重威便派他当前锋，欲重夺恒州。进抵中渡桥，桥被契丹兵拆断，双方夹河列阵。契丹兵见晋军兵多势众，本想退兵，而晋军不敢出击，却筑垒为持久计，向敌军显露出怯懦的面貌，契丹兵知其不足惧，遂据北岸不去。杜重威在军中饮酒作乐，不议军事，拒纳李谷破敌建议。契丹兵切断晋军粮道和归路后，杜重威仍然不采取任何反击措施，只是一味向晋廷请求增兵运粮。前线危急，朝廷震恐，而晋出帝还在宫中调鹰作乐，行若无事。

晋军粮运断绝，进退维谷。偏将王清率众奋战，夺桥而进，契丹兵小退，而杜重威心怀异志，拥众不进，更不派一兵一骑救援，契丹兵纷纷涌至，王清及部众全部战死。

耶律德光诈许让杜重威做中原皇帝，于是杜重威率全军投降，后晋无可用之兵，耶律德光率各路降兵直趋汴京。晋出帝上降表，请罪求饶。耶律德光将石重贵等一行驱出宫外，迁往契丹，后晋灭亡。

刘知远建后汉

刘知远（公元895～948年），原为后晋的河东节度使。在契丹与后晋互相攻伐时，刘知远采取观望的态度，据守本境。后晋将领杜重威投降契丹贵族后，一部分后晋军逃归河东，增强了刘知远的实力，契丹贵族耶律德光攻入后晋都城开封称帝时，刘知远有步骑5万人之多，他一面分兵把守河东四境，以防契丹军侵入，一面派部将王峻以进贺表为名义，三次入开封刺探辽的国情。辽太宗耶律德光虽知道刘知远刺探之意，但为了拉拢河东势力而赐刘知远木楇，以示优礼与器重。同时派遣使臣问刘知远："你臣服南朝，又臣服北朝，到底有什么打算？"刘知远部将以为辽主已猜忌河东，情势危机，劝刘知远迅速起兵反辽。刘知远分析了当时的形势，以为"用兵有缓有急，当随时制宜。今契丹新降晋兵，虎踞京邑，未有他变，岂可轻动？且观其（契丹）所利，止于货财，货财既足，必将北去。况冰雪已消，势难久留，宜待其去，然后取之，可以万全。"刘知远以静制动的计策取得了成功，并为其建立后汉打下了基础。在耶律德光于开封称帝后，刘知远亦于晋阳（今山西太原）称帝。

为了收揽人心，刘知远称帝而不建国号，并继续沿用后晋高祖石敬瑭所用的年号，以示不忘晋廷。辽太宗耶律德光闻知刘知远称帝便下令削夺刘知远的官爵，并派耿崇美为潞州（今山西襄垣县）节度使、高唐英为相州（今河北临漳县）节度使、崔廷勋为河阳（今河南孟州市西）节度使，包围河东地区。在与辽的征战中，刘知远以迎晋出帝（即石重贵）到晋阳为名出兵抗辽。其下诏令河东各处官吏，不得搜刮百姓的钱帛贡奉辽国，处死所辖地区残酷掠夺百姓的契丹族官吏，慰劳表彰农民及武装抗辽的民众。刘知远的措施与辽在开封附近大肆掠夺的政策形成鲜明的对照，因而获得民众的支持。后晋的旧臣武装纷纷归附刘知远，为灭辽出谋划策。河东境内及其他地方的民众也纷纷组织起义军，到处攻杀辽的守军，抢占城镇。一些被迫投降辽的后晋官吏此时也杀辽官而降刘知远，并以此谋求官位。刘知远在民众的支持下，先打破了辽的围攻，支持潞州权知留后王守恩击退耿崇美的进攻。辽所派相州节度使高唐英尚未到任，州镇早已为梁晖据有。

会同十年（公元947年）年末，辽太宗终因中原地区民众起义此起彼伏，无法控制及契丹人不习惯中原水土等原因而仓皇撤军北返。刘知远闻知辽军撤离开封，则召集大臣商议进取之策，诸将认为应出师井陉（今河北井陉），攻取镇（今河北正定县）、魏（今河北大名一带），先平定河北，河北定则河南不战自服。部将郭威力排众议，以为出兵河北，兵少路迂，又无应援，难以制胜。他主张先定陕、晋，后攻汴、洛。刘知远抓住战机，依郭威之计，委派自己的弟弟刘旻镇守太原，自己则亲率大军由太原出阴地关（今山西灵石县西南）至晋（今山西临汾市）、绛（今山西新绛县），安定了陕、晋后方，又委派部将史弘肇为先锋，攻进汴洛。史弘肇治军严明，兵卒人人奋勇。一路所向披靡。辽守将得知刘知远来进攻，纷纷弃城北逃。洛阳守将刘晞在刘知远发兵的前两天便弃城而逃往大梁（今河南开封附近）。刘知远自太原发兵，仅用了21天便占领洛阳。在洛阳下令改国号为汉，是为"后汉"，仍沿用后晋石敬瑭天福年号，刘知远则为北汉高祖，自洛阳进军开封，一路畅行无阻。刘知远入开封后，后晋时的藩镇相继降汉称臣，黄河以南的州镇名义上归后汉所有。

刘知远建后汉后，辽将麻答仍盘踞黄河以北的恒州（今河北正定县），对当地人民实行残酷的统治，深为当地百姓所憎恨。及至刘知远入开封的消息传到恒州，当地百姓则群起驱逐麻答与辽人。麻答率辽人逃往定州（今河北满城县），与定州辽守将耶律忠（即耶律郎五）合兵。天雄节度使、后晋的叛将杜重威亦与麻答勾结，盘踞魏州以抗后汉。刘知远率兵亲攻魏州，杜重威力竭而降，刘知远杀杜重威，魏州归后汉所有。乾祐元年（公元948年），麻答与耶律忠慑于定州民众起义，弃城而逃归辽国，定州亦被收复，后晋末陷入契丹的州县至此已皆为后汉所有。

李昪建南唐

南唐的缔造者李昪是徐州人，小名彭奴。李昪的父亲李荣崇信佛教，积德行善。李昪6岁时，父亲被乱兵所杀，不久母亲也去世了。伯父李球无力抚养他，便把他送进濠州开元寺当了小和尚。

唐昭宗乾宁二年（公元895年），淮南节度使杨行密攻陷濠州，掠走了彭奴。因见他长得浓眉大眼，有一股英气，便收他为养子，极其喜欢他。但杨行密的几个儿子见彭奴英俊，心中嫉妒，容不下他。杨行密无可奈何，只得把彭奴送给爱将徐温。从此，彭奴成了徐温的养子，取名徐知诰。徐知诰长大成人后，身高七尺，四方大脸，声如洪钟，不怒而威。

梁末帝贞明五年（公元919年），徐温拥立杨行密的第二个儿子杨隆演为吴王，徐温则担任大丞相，掌握了朝中实权。徐温死后，徐知诰继续掌握朝中实权，被封为齐王。吴睿帝杨溥天祚三年（公元937年），徐知诰50岁了。他是个有野心的人，见老之将至，便急于夺位受禅了。这年十月，他逼杨溥禅位，改吴天祚三年为升元元年，自称皇帝，建国号为"大齐"。

徐知诰封徐温第五子徐知证为江王，第六子徐知谔为饶王，对徐温的后代都很厚待。

徐知诰称帝后，继续任用吴国旧臣，使政局得以保持稳定。

升元二年（公元938年）九月，太府卿赵可封请徐知诰恢复李姓，设立宗庙。为了内部稳定，徐知诰没有答应。这样，徐姓大齐王朝又存在了一年。升元三年（公元939年）正月，徐知证、徐知谔带头上表请徐知诰恢复李姓，宰相宋齐丘、枢密使周宗等人也上表请徐知诰恢复李姓。徐知诰说："朕不敢忘记徐氏的厚恩。"不久，大臣奏称："江西杨花化而为李，临川李树结成连理，这些都是还宗的征兆。江南流传一首童谣，有一句说'东海鲤鱼飞上天'。'东海'即徐氏郡望，'鲤'乃'李'之谐音，这是说李氏起自徐氏而为天下之主。"接着，齐王景通等人又再三奏请，徐知诰这才终于答应恢复李姓了。这年二月，徐知诰改国号为大唐，史称"南唐"。他自称是唐室后裔，命群臣考证他祖先的出处，最后确定他为唐太宗之子吴王李恪的十世孙。于是，命人续修族谱，成了大唐皇统的继承者，改徐温庙号为"义祖"，以示与自己的皇统有别。太庙配享按唐高祖、唐太宗、吴王李恪、义祖徐温顺次排列，既祭李氏，又祭徐氏。这一切都做好后，他又让大臣给他改名。几经提名，最后定名为李昇。

李昇在位期间，保境安民，不肯对外发动战争。他常说："百姓都是父母所生，怎能为了争城扩地，让他们肝脑涂地，血流遍野呢？仗一定要少打。"李昇把精力用于整顿内部，进行了一些政治和经济改革。南唐地大物博，土地肥沃。在整军备战的同时，李昇特别注意奖励农桑。为了增加劳动人手，他大量吸收四方流民。他不准境内滥度僧尼。虽然他自己崇信佛教，却不准寺院势力过度发展。

由于不发动战争，赋役又轻，南唐百姓能够安居乐业，生产积极性很高。在手工业方面，南唐的纺织业、印染业、矿冶业、制茶业、造纸业、晒盐业、造船业、金银陶瓷业、文具制造业都有突出成就，不仅产量高，而且工艺精细。

李昇掌权的十几年间，南唐户口增加，财用充足。李昇设太学，兴科举，大建书院、画院，使南唐成为乱世里文人士大夫的理想栖身之所。江北士人多流落到此，南唐的文化之盛在五代十国中是绝无仅有的。李昇澄清吏治，不用外戚辅政，不准宦官干政。在当时南北其他各国，在这方面都没有南唐做得好。

李昇称帝后，仍然保持艰苦朴素的作风，不忘本。他衣着朴素，脚穿蒲履，夏天在寝殿穿麻布衫。他不用金器、银器和玉器，平时用的是铁脸盆。宫殿不加扩建，仅布置一些盆景而已。左右侍候他的宫女不多，年纪大些就裁掉。

晚年，李昇为了追求长生，相信方士之言，服用丹药，中毒而死，在位七年。南唐历三主，共39年。

韩熙载夜宴图

顾闳中，生卒年代不详，南唐画院待诏，擅长画肖像，也画了不少历史故事画。《韩熙载夜宴图》是顾闳中以南唐中书侍郎韩熙载的生活逸事为题材绘制成的。

《韩熙载夜宴图》自右起共分五段。

画面一：韩熙载及诸宾客宴饮赏乐。操琴乐伎——以教坊副使李家明之妹为基点，环展出不同情态的听者。主人卧榻正面凝视弹者，同榻宾客纵身向前。榻前有扪心而思索的，旁边有倚屏探头偷听的。回首专注者眼中闪烁着会意的目光，挺胸端坐者仿佛被琵琶声勾去魂魄。"大弦嘈嘈如急雨，小弦切切如私语。嘈嘈切切错杂弹，大珠小珠落玉盘。"（白居易）弹者与听者情感交流，共同进入到一个迷离的境界之中。高雅的音乐声终掩不住主人的放浪，榻后似有乐伎酣睡在红绡帐里，枕旁一琵琶横出，真有"梦里不知身是客"（李煜）的意味。

画面二：韩熙载击鼓，女伎王屋山舞六么。六么即绿腰，属软舞类。有诗句云："南国有佳人，轻盈绿腰舞……慢态不能穷，繁姿曲向终。"（李群玉）画面上舞者转扭腰身，碎步轻踏鼓点，协调自如。打羯鼓的、击板的、合掌的无不中节合拍，配合默契。坐在靠椅上的宾客侧身倚靠显得舒展，身着袈裟的明德和尚（韩熙载好友）却双手抚胸，不露声色。

画面三：韩熙载与家伎妻妾聚坐榻上。这是乐舞活动的一个间歇，也是夜宴生活中的一个片段。主人净手时目光却扫向抱着琵琶和笛子的侍妇。同榻的4个妇女左右顾盼，笑语声声，沉浸在淫靡的贪欢之中。

画面四：韩熙载坐赏诸乐伎演奏管乐。这是全画中最精彩的一个片段，韩熙载解衣盘坐漫散不堪。排作一线的乐伎有吹笛者二、吹筚篥者三，对鸣横吹各有情貌。旁边打板者击拍领起，身心倾注、泰然自若。段末有男女二人隔屏对语，巧妙地引出下一个片段。

画面五：夜阑乐散，一宾客同诸女伎调笑言情；而韩熙载持鼓槌，扬手向客人告退，怅惘在"宴罢又成空"之中。

由于屏风的巧妙运用，使它在分隔场面时，丝毫不显得生硬，而在连接情节时，又很自然，这是画卷在结构上的一大特色。这幅画卷在造型、用笔、设色方面都取得了非凡的成就。画面上虽然也描绘了不同的场面、情景，但其重点是人物形象，尤其是对主人公韩熙载的刻画。这一人物在不同的场合出现，有的是端坐、有的是闲立、有的是击鼓、有的是洗手、有的是正面、有的是侧身，但从全图来看，他的形象和气质是统一协调的。这就突破了一般故事情节中人物形象描绘的布局，具备了肖像画的特点。在设色方面，以浓重色调为主，层层深入，不过有的也配以淡彩，但运用的相当自然。这种绚丽的色彩，大大渲染了富丽堂皇的环境气氛，更加反衬出人物精神的空虚忧郁。

《韩熙载夜宴图》是当时现实生活的写照，具有现实的基础。作品中的主人公韩熙载，是一个多才多艺、政治上有才干有远见的士大夫，然而却生活在国家悲剧和个人政治悲剧相联系的南唐。这种客观现实错综复杂的矛盾折磨着他的心灵。现实中的韩熙载，以及作品中所塑造的艺术形象，凝聚着深刻的现实矛盾和精神上的空虚苦闷，是当时上层士大夫和统治阶级生活的典型写照。

整幅画面纵28.7厘米，横335.5厘米。在这幅横长的画卷上，画家巧妙地利用居室中的屏风、坐榻为间隔，将画面划分成五个空间，从而展示出在时间流动过程中不同人物、不同活动的场面。既是连贯的，又是独立成章的；既有变化，又有统一。有点像电影艺术中的"蒙太奇"，组接不同的场景，不同的情节，从而调动起观者的审美想象力和理解力，在"运动"着的可视画面中进行艺术的再创造。这样，观者不仅在五个个别瞬间中展开审美心理活动，而且能体会到五个瞬间之间的内在逻辑关系，展开更为广阔自由、更为复杂深沉的欣赏联想。

图中用笔赋彩功力不凡。人物蓬松的须发勾染结合，显得十分自然。衣纹处理得严谨、简练、利落。杯、盘、帐、椅、凳以及妇女的披带上的花团锦绣勾画得精细入微，一丝不苟。服装艳丽，对比强烈，而大块面的黑榻却有稳定、统一画面色彩的作用。

《韩熙载夜宴图》所达到的艺术高度不是偶然的，它是时代的产物。五代时期，中原正值战乱频繁之际，不少学者、画师迁徙江南，江南又有东晋南朝深厚的文化底蕴。加之南唐二主笃爱文艺，创立画院，客观上也为美术创作活动的繁荣起了一定的促进作用。

刘䶮建南汉

南汉的缔造者刘䶮的祖父是上蔡（今河南上蔡）人，原是大食商人的后代。祖父迁到闽地，后因经商到了岭南。刘䶮之父刘谦在唐朝末年弃商从军，被做过宰相的南海节度使韦宙看中，将侄女嫁给他，还不断提拔他。后来，刘谦升任封州（今广东封开）刺史，拥有步兵上万人，战船100多艘。

刘谦死后，其子刘隐继任封州刺史，势力继续扩大，被后梁封为南海王。

为统一岭南地区，平定割据势力，刘隐连年挥兵出击。刘隐招兵买马，不耻下问，广纳贤才。刘隐死后，其弟刘䶮继任南海王。不久，他征服了周边的割据势力，在广州称帝，建立了南汉。

刘谦和妻子韦氏生有两个儿子，即刘隐和刘台。后来，刘谦又私纳小妾段氏，生下刘䶮。正妻韦氏大怒，杀了段氏，但未忍心伤害还是婴儿的刘䶮，而是抱回去和两个儿子一起抚育。

刘䶮称帝之后，继承哥哥的做法，厚待士人。唐朝流放到岭南的大臣的后代，以及为躲避战乱而逃到岭南的士人，都受到刘䶮的重用。

赵光胤被刘䶮任命为宰相后，总认为自己是唐朝名门望族之后，在南汉任官是身不由己，因此情绪一直很低落，加上亲属在北方，总流露出对家乡的怀念之情。刘䶮了解这些情况后，特地让人仿照赵光胤的笔迹写了封信，然后派人到北方把他在洛阳的家属都接到岭南。赵光胤感激不已，从此全心全意为刘䶮处理政事。

对于意见不一的人，刘䶮也不加害，而是用其他办法解决。在他称帝时，王定保极力反对，刘䶮便让王定保出使南平，然后称帝。王定保回岭南后发现生米已经煮成熟饭，又发起牢骚来，还讥讽刘䶮。刘䶮并不往心里去，只是得意地笑笑而已。

刘䶮兴办学校，提倡教育，在国内推行科举制度，地方官全用文人，避免了藩镇割据，使南汉国力蒸蒸日上。刘䶮在晚年大建宫殿，极尽奢华，用金银珠宝和奇异珍玩装饰其中，令人眼花缭乱。岭北商贾到岭南时，刘䶮往往招他们去看宫殿，夸耀自己的财富。

刘䶮非常残忍，常用一些酷刑，如炮烙、截舌、灌鼻、刀劈、锯割等。行刑时，刘䶮极喜欢观看。见到受刑人痛苦地挣扎时，他竟高兴得手舞足蹈，嘴里还念念有词，口水都流了出来，国人都认为他是怪物投胎所生。南汉光天元年（公元942年），刘䶮去世，其子刘玢继位。

刘旻建北汉

刘旻，原名刘崇，后汉高祖刘知远的亲弟弟，长得与众不同，有一副美髯，而且重瞳。但他空有一副好皮囊，却嗜酒成性，喜好赌博，是个草包。

刘旻没有本事，全靠哥哥刘知远提拔，升得很快。刘知远做河东节度使时，提拔他为河东马步军都指挥使，居哥哥之下，坐了第二把交椅，专管军事。后晋开运四年（公元947年），契丹灭掉后晋，刘知远起兵太原，做了后汉皇帝。刘知远领兵南下，驱逐契丹，夺取开封后，便以开封为都城，将原来河东这块根据地交给弟弟刘崇掌管，以太原为北京，任命刘崇为北京留守。

刘知远死后，其子继位，史称隐帝，由郭威等一些老臣把持朝政。郭威平叛立了大功后，刘崇对郭威十分畏忌，问谋士该怎么办，判官郑珙献计说："后汉江山必将大乱，我们太原将士一向名扬天下，再加上地形险要，易守难攻。单凭我们的辖地就能供应军需，主公要做到有备无患，固守河东，以免将来被他人所制。"

刘崇高兴地说："先生所言正合我意。"

于是，刘崇下令停止向朝廷进贡租税和财物，全部留下入库。接着，刘崇又招募一些亡命之徒充实军队，造了大量的兵器和铠甲，积极备战。刘崇还加重了对百姓征收的赋税，使百姓苦不堪言。

刘崇在名义上还和后汉朝廷保持着君臣关系，碍于他的身份，郭威等人对他也毫无办法。朝廷内部斗争激烈，没有力量处理河东的事情。不久，后汉隐帝因大权旁落，发动政变杀死了史弘肇等大臣。郭威起兵讨伐隐帝，隐帝出战身亡。

郭威为稳定局势和人心，没有立即称帝，而是让太后出面处理大事，自己在幕后操纵。他怕刘崇起兵征讨他，便提议立刘崇的儿子刘赟为帝。

刘崇头脑简单，看不出郭威的企图，还真以为可以高枕无忧了，他喜形于色地说："我儿子要做皇帝了，我还有什么担心的呢？"

刘崇身边的谋士提醒他早做准备，他根本听不进去。为探查虚实，他派人到开封去了解情况。

郭威知道刘崇派人来的意图，便用手指了指自己在身份低微时脖子上刺的飞雀说："自古哪有雕青天子，你回去告诉刘公，请不要猜疑，我对朝廷绝无二心。"

刘崇听了使者的报告，更加相信了，一心只想凭借儿子的帝位获得更大的荣耀和利益。这时，大臣李骧站出来说："郭威发兵犯上，目无君王，他不会甘心做臣子的，更不可能让刘姓人做皇帝。我们应该出兵太行，把守关口，观察事态发展。等刘赟登基后，我们再撤兵回来。"

刘崇听了大骂道："你这个臭儒生，想挑拨我们父子关系吗？"说罢，命人将李骧推出斩首，李骧悲叹道："我为蠢人谋事，真是该死！但我的妻子有病，无法独自谋生，请准我与她同死吧。"刘旻将李骧和他的妻子都杀死了。刘旻杀了李骧后，派人进京将此事告诉太后，以示忠心无二。不久，郭威即杀掉刘赟，在开封称帝，建立了后周。刘旻这才大梦方醒，深悔未听李骧之言。于是，他立即据晋阳为都称帝，国号仍是汉，史称"北汉"，年号仍称乾祐，表示继承后汉的正统。为表忏悔，他为李骧修了一座祠堂，焚香致祭。

刘旻任命陈光裕为宣徽使结交契丹，自称与后周有仇，愿意效仿后晋高祖石敬瑭称契丹主为叔皇帝。契丹主大喜，派大臣册封刘旻为"大汉神武皇帝"。为了替儿子报仇，刘旻与契丹联兵进攻后周，结果大败而归。后周太祖显德元年（公元954年），郭威病卒，柴荣即位，史称周世宗。刘旻以为报仇时机已到，借得契丹骑兵1万人，自带轻骑3万人，进攻潞州，向后周宣战。由于刘旻轻敌，北汉军大败。刘旻慌不择路，仅率十余骑逃回晋阳。

周世宗乘胜追击，直趋晋阳城下。不久，周兵粮草不继，只得撤军。临走时，迁走北汉臣民十余万人，使北汉的兵源和粮源发生很大的困难。

第二年十一月，刘旻忧病而死。他所建立的北汉偏处晋中一隅，屡靠辽兵增援才得以幸存。刘旻刚愎自用，昏聩无能，既无率兵之才，更无称帝之德。他乞求契丹为援，大损国人颜面。刘旻死后，其子刘钧继立，奉辽帝为父皇帝。

孟知祥建后蜀

后蜀的缔造者孟知祥是邢州龙冈（今河北邢台西南）人，武艺高强，智勇双全。祖父孟察和父亲孟道在郡里做军官，而父亲孟道于唐朝末年在河东任职，是晋王李克用的部下。

李克用看中了孟知祥，任命他为左教练使，还将自己的侄女嫁给他。

李克用死后，其子李存勖继任晋王，对孟知祥也很器重，十分欣赏他的才干，要任命他做位高权重的中门使，这是李存勖身边的要职。但是，孟知祥却不肯就任，极力推辞，因为以前的中门使几乎都因为得罪主子而被杀了。

孟知祥执意不肯出任中门使，李存勖只好答应，但要他推荐一个人代替他，孟知祥便推荐了郭崇韬。孟知祥改任马步军都虞侯，做了高级将领。

李存勖灭后梁之后，建立后唐，迁都洛阳，将太原定为北京，孟知祥被任命为北京留守。

后来，后唐派郭崇韬率军去灭前蜀。郭崇韬临行时，为报孟知祥举荐之恩，特地向李存勖推荐孟知祥担任蜀地的军政长官。

郭崇韬很快灭了前蜀，李存勖按照郭崇韬的推荐让孟知祥赴蜀主持军政事务，还设宴为他送行。这时，宦官正在诬陷郭崇韬，说他灭蜀后要造反了。因郭崇韬一身正气，最恨阴阳怪气、挑拨是非、害君误国的宦官，宦官这才诬陷他。李存勖宠信宦官，以他们为心腹，十分相信他们的话，正在犹豫是否杀掉郭崇韬。孟知祥劝李存勖道："崇韬是国家功臣，一向忠心不二，不会反的。等臣到蜀地调查一下，如果没事就让他回来吧。"

孟知祥在赴蜀途中，遇到了奉命前去杀郭崇韬的宦官，于是昼夜兼程赶赴成都，但赶到成都时郭崇韬已经被杀了。朝廷这样对待功臣，孟知祥的心一下子凉透了。

孟知祥在成都安抚众将，又派兵到各地剿匪，维持地方治安。不久，康延寿率军反叛，割据汉州（今西川广汉）。孟知祥派兵生擒康延寿，收降了他的几千士卒，扩充了自己的实力。

后唐同光四年（公元926年）四月，李存勖在兵变中被杀，其子李继岌在渭南遇害，李嗣源继位，史称"后唐明宗"，改元天成。

后唐朝廷发生内乱，死人的事如同儿戏。为了自保，孟知祥一心经营蜀中，有了称王的念头。他训练军队，扩充兵力达7万多人，对于朝廷的命令开始抵制。

这年冬天，宰相任圜派太仆卿赵季良入蜀，要孟知祥上缴200万缗犒军钱，并由赵季良制定两川征赋数额。孟知祥大怒，拒不奉诏。

枢密使安重诲担心孟知祥割据蜀中，派宦官李严入蜀做监军。孟知祥连忙陈兵于北境，想把李严吓回去。此举无效后，就在成都的欢迎酒宴上给李严扣上矫诏赴任的罪名杀掉。

后唐明宗见孟知祥尾大不掉，十分恼火，但鞭长莫及，只好改变策略，把扣留在凤翔（今陕西凤翔）孟知祥的妻儿送到成都，以示恩宠。从此，蜀地和朝廷维持着一种若即若离的关系。

后唐长兴元年（公元930年）孟知祥举兵反唐。后唐明宗派女婿石敬瑭前去讨伐，吃了败仗，被迫撤军，孟知祥乘机占据利州（今四川广元）和夔州等地，进一步扩大了地盘。

孟知祥要求后唐明宗给他独自治理四川的权力，后唐明宗一是顾及亲属关系；二是不愿孟知祥独立，使朝廷丧失大量的租赋收入，就答应了他，后来又于长兴四年（公元933年）二月封孟知祥为蜀王。这年十一月，后唐明宗病死，其子李从厚即位，为孟知祥称帝提供了机会。

后唐明宗在世时，碍于对他的恩宠，孟知祥一直没有称帝。等明宗一死，他就听从赵季良的劝告，于第二年，即后唐应顺元年（公元934年）在成都正式称帝，建立蜀国，史称"后蜀"。这时，后唐大乱，李从珂在凤翔起兵夺位，李从厚派兵镇压，大败而逃，根本无暇顾及西蜀。孟知祥在四川采取了一些惠民措施，废除苛捐杂税，减轻了百姓的负担。为了促进农业生产，孟知祥组织人力修缮水利设施。孟知祥还整顿吏治，选用清官上任，治理地方，巩固四川的统治。

在孟知祥的苦心经营下，蜀地逐渐稳定下来，生产力得到了恢复和发展，一斗米只值三文钱。孟知祥去世后，其子孟昶继位。他下令在成都城墙上遍种芙蓉，美化城市。每当九月花开，全城一片锦绣。成都简称"蓉城"，就是从孟昶植蓉开始的。

后蜀宰相毋昭裔与赵崇祚编印唐、五代词500首，取名《花间集》，对后世影响很大。毋昭裔还出资营建学馆，并雕版刻印《九经》，使蜀地文风大盛。

周世宗革新

公元947年，后晋节度使刘知远在太原建立后汉。但后汉只传了一个皇帝，大将郭威就发动政变，推翻了后汉，建立后周。他就是后周太祖。而刘知远的弟弟刘旻则占据了太原，成为割据政权，历史上称为北汉。北汉为了对抗后周，投靠了辽国。刘旻多次在辽兵的帮助下进攻后周，但都被周太祖击退。

公元954年，周太祖郭威死去。因为郭威生前没有儿子，就由皇后的侄儿柴荣继位，这就是周世宗。

这一年的三月，刘旻认为周朝的局势不稳，就勾结辽军，大举入侵。消息传到后周后，周世宗决定亲自率军前去抵抗。许多朝中大臣都前来劝阻，但周世宗主意已定。几天后，周世宗就率兵到了高平，跟北汉军队对上了阵。刘旻见后周兵士不多，十分得意，指挥北汉军队猛攻周军，周军几支队伍都纷纷败下阵来。周世宗见形势危急，就率领一支骑兵，冲到了最前面，亲自督战。周军将士看见皇帝亲自作战，士气大振，人人奋勇作战，打败了北汉军队。刘旻吃了败仗，不敢再小看周世宗。

经历战乱之后，人们迫切需要稳定的环境。后周在柴荣的治理下，渐渐进入发展时期。周世宗不仅是一位志在四方的军事家，更是目光远大的政治家，他知道打天下，也懂得守天下。因为自幼生活在社会底层，知道民间疾苦，为了让后周百姓安居乐业，柴荣对自己统治下的后周进行了大刀阔斧的改革。五代时期政治很黑暗，官吏都极为残暴贪婪。柴荣大力整顿吏治，改革科举制度存在的弊端，破格任用贤能的人，让真正有才学的人受到朝廷重用。对贪官污吏，他从不手软，就连他亲生父亲的故交犯法，也没有徇私情。柴荣虽然很严厉，注重法治，但是奉行人道。他废除酷刑，用人道的措施对待牢狱中的犯人，还命人彻底修改法律，制定了较为完善的《大周刑统》，这一法律准则的实施，对之后宋朝制定法律有着直接的影响。

在经济上，柴荣也通过许多方式进行改革，他下令罢黜正税以外的一切税赋，鼓励开荒，将无主的荒地分配给逃亡的人耕种，让更多的人在战乱后得以休养生息。在后周时期，佛教流传甚广，佛家宣传的思想让乱世中的人们抓住了救命稻草，大家纷纷出钱出力，修建寺庙，铸造佛像，希望能在往生后去另一个世界，开始幸福安定的生活。还有许多贫苦百姓，为了逃避徭役和赋税而出家，大量的金属被用来铸造佛像，以至于铸造钱币的金属紧缺。柴荣采取抑制佛教、打击寺院经济的措施，不准百姓私自出家，并拆毁寺庙，勒令僧人还俗，砸毁佛像用以铸钱，促进商业发展。有人认为柴荣这样做很不近人情，但是柴荣的回答颇具智慧，他说，平定乱世是千秋的功业，佛家曾说，如果为了帮助世人，眼睛和手都可以布施出去，何况区区铜像！

因为生活环境逐渐稳定，加之一系列行之有效的经济改革，生产得到发展，当时的开封城人口迅速增长。柴荣命人将城池大规模扩建，奠定了后来的开封城基础。当时的开封本就有"北方水城"的称号，柴荣扩建开封城后，命人治理黄河、运河等，建立起以开封为中心的水路交通网，一时间，开封成了当时全国规模最大、设施最完善、经济最繁荣的城市。之后北宋定都，也就选择了开封。

通过周世宗的一系列改革，后周的力量不断强大起来。随后，周世宗便发动了一系列兼并战争，他三次征伐南唐，每次都得胜。南唐主动除去帝号，割地请和。周世宗又派兵大败后蜀，占取了后蜀的大片土地。这都为后来结束五代十国的分裂割据局面奠定了重要基础。

公元959年，周世宗带兵北伐，在途中染病去世。

第七章
宋辽夏金

公元960年,后周诸将发动陈桥兵变,拥立宋州归德军节度使赵匡胤为帝,建立宋朝。宋朝是中国历史上承五代十国下启元朝的朝代,分北宋和南宋两个阶段。封建王朝发展到宋朝时,可以说各方面均已相当成熟。然而,辽、金、夏与宋同时占据着中国的北方、东北和西北。因此,整个宋朝历史几乎就是一部战争的历史。三百余年间,它几乎没有停止过与辽、金、夏进行战争。而宋积贫积弱,最终北宋为金灭亡,南宋为元所亡。

陈桥兵变

赵匡胤出身于官宦世家，从小就喜欢舞枪弄棒，骑马射箭样样精通。一次，他骑上了一匹谁也不敢骑的烈马，这匹马四蹄奔腾，一直向城门猛冲过去，眼看就要撞上低矮的门楣，在这千钧一发的时候，只见他纵身一跳，稳稳地落在地上。等马冲门而过后，他急步追赶，又轻身跃到马背上。看到这惊险而又精彩的场面，在场的人无不夸赞赵匡胤智勇过人。

21岁时，赵匡胤告别父母闯荡江湖。最初，赵匡胤投奔了后汉大将郭威，因为喜爱武艺，他得到当时正担任后汉枢密使郭威的赏识。郭威即位（后周太祖）后，赵匡胤为禁卫军长。

郭威死后，北汉趁后周新丧，发兵攻打后周。赵匡胤随柴荣出兵迎敌。两军在高平（今山西晋城东北）发生激战。这场战争对赵匡胤影响巨大。当时北汉军队占据上风，后周的两员大将见势不好便临阵脱逃，导致整个部队阵脚大乱，极为危急。赵匡胤临危不乱，带领所部骑兵直冲敌阵。北汉军队经受不住这种拼命的打法，一败而不可收拾。后周军居然反败为胜。

战后，赵匡胤被周世宗破格提拔为殿前都虞侯，世宗委派他负责整顿军队，组建殿前司诸军。赵匡胤平日为人质朴豪爽，江湖义气很重，慷慨大方，因此结交了一大批朋友。赵匡胤任命节度推官（掌勘刑狱）赵普为书记官，又重用了杨光义、石守信、王审琦、高怀德等一大批知兵善战的武将，并与他们结为"义社十兄弟"，从而在后周军队中形成了极大的潜在势力。

后周显德六年（公元959年），周世宗柴荣罢免殿前都点检（禁军统帅）张永德的职务，改任他为宰相，以赵匡胤代张永德任殿前都点检。此时，赵匡胤掌握了后周的兵权，同时还兼任宋州（今河南商丘市南）归德军节度使，负责防卫汴京。六月十九日，世宗驾崩，宰相范质受顾命扶助柴荣7岁的幼子柴宗训继立，是为恭帝，由符太后垂帘听政。柴宗训年幼不知国事，符太后20多岁，也没有治理国家的经验。一时人心惶惶，后周出现了"主少国疑"的不稳定局势。汴梁城"点检做天子"的谣言被传得沸沸扬扬。随后半年，赵匡胤借口整顿军队，撤换了一批将领。这样，在不动声色之中，一个由殿前都点检、归德军节度使赵匡胤与禁军高级将领石守信、王审琦等人组成的军事集团形成了，一场针对后周皇室的军事政变计划也在紧锣密鼓中酝酿成熟了。

后周显德七年（公元960年）正月，后周的君臣正在宫中庆贺新年，一片热闹景象。突然接到镇、定二州的急报，北汉勾结了契丹正大举南侵。后周符太后和宰相范质、王溥等不辨真假，急忙派赵匡胤率领大军北上迎敌。赵匡胤在接受命令的第三天，就点齐了部队，声势浩大地开出了汴京。老谋深算的赵匡胤并没有直接去前方迎敌，而是带领兵马在距离汴京二十里的陈桥驿安营扎寨。

一天夜里，赵匡胤假装喝醉了，便早早睡去。而赵匡义和赵普等亲信们就在将士中散布谣言，说当今皇帝尚且年幼，即使将士们出死力破敌也没有地方去领功受赏，更何况"如今天子弱小，强敌入侵，国将不保，如果现在另立一位英主，国家和百姓就会转危为安了。而这个皇帝之位，非赵匡胤不可！我们不如先拥立赵匡胤为皇帝，然后再出发北征"。这样，将士们的兵变情绪很快被煽动起来。

次日黎明，赵匡胤酒醉初醒，走出卧室，只见众将士一个个都手执武器，列队站在庭前，大声喊道："赵点检，请您出来，我们拥护您当皇帝！"

赵匡胤赶紧走了出来，还没等他说话，几个人把早已准备好的黄袍披在了他的身上，众将领跪倒便拜，高呼皇上"万岁"！

赵匡胤似乎还有推让的意思，但马上又镇定地说："你们既然推我做皇帝，可要听我的命令！"将领们齐声回答："绝对听从皇帝的指挥！"

"那好，全体将士听令：军队立即返回京城，回到京城后，不许抢劫，不许侵犯老百姓，保护好周朝太后和幼主，执行命令者有赏，违者斩首！"赵匡胤骑在马上大声地宣布道。

由于有石守信等人做内应，赵匡胤轻易地夺取了京城，把小皇帝降封为王，自己做了皇帝。定国号为宋，历史上称为"北宋"，赵匡胤就是宋太祖。

这就是历史上有名的"陈桥兵变"！

杯酒释兵权

赵匡胤称帝后，天下割据势力林立，这让他日夜担忧。建隆元年（公元960年），盘踞在潞州的昭义节度使李筠和在扬州的淮南节度使李重进先后起兵造反。李重进是周太祖郭威的外甥，北宋取代后周后，他既不满，也心怀不安。当他知道李筠在潞州起兵时，就秘密派人前往潞州，打算与李筠结成反宋同盟。但没想到的是，他派人秘密送信的时候，那个人却向宋太祖告了密。

赵匡胤在赵普的帮助下，首先击败了后周李筠和李重进等反抗势力，然后又采取了"先南后北"统一中国的策略，并先后消灭了南平、湖南、后蜀、南汉、南唐等割据政权，同时又派兵驻守在北方以防契丹的侵略。

虽然割据政权被消灭了，但是赵匡胤内心还是惴惴不安。他想，自己当初之所以能登上皇帝的宝座，是因为以前自己手握兵权。而现在，兵权全掌握在几个节度使和大将的手里，或许有一天他们也会把自己从皇位上赶下来。

建隆二年（公元961年）七月初九夜晚，月明星稀。赵匡胤大摆筵席，宴请有功之臣。在座的有慕容延钊、韩令坤、石守信、王审琦、高怀德、张令铎、赵彦徽等。这些人都是当时的名将，有的是赵匡胤的亲信，有的是赵匡胤的拜把兄弟，有的是直接参与陈桥拥立的功臣，如今都在做着禁军的高级将领。

三杯酒下肚，赵匡胤颇富感情地说："咱们原本都是好兄弟啊！从前像这样的宴会，三天要举行两次的。可是，自我受禅以来，国事太多，这样的宴会便很少举行，咱弟兄们也显得生分了。"

石守信说："这没什么。万岁执掌天下，我们大家都很高兴，虽说在万岁面前，酒喝的少了些，我们自己在下面可没少喝哩。"

"唉，"赵匡胤心事重重地长叹了一口气，"你们倒痛快！我可没睡过一个安稳觉呢。"

众人觉得有点奇怪，齐问："这是为何？"

赵匡胤说："你们也不想想，皇帝位子只有这么一个，谁不想夺呀，我能不担心吗？"

众人这才听出了弦外之音，纷纷说道："我们既然拥戴万岁登基，就不会再有二心……"

赵匡胤急忙打断大家的话："我们是怎样的关系！难道我对大家还信不过吗！我是说，如果你们下面也有了要把黄袍加在你们身上的人，你们能做得了主吗？"

这一问，大家都吓得满身大汗，在地上磕头不已，哀求皇上指引一条明路。

于是，赵匡胤明明白白地对大家说："人生在世，就像白驹过隙那样短促。人们追求富贵，不过是想多享点乐，让子孙也过上好日子罢了，此外还有什么追求呢？既然如此，尔等何不急流勇退，荣归故里，或到富庶的地方做个一官半职，多置些良田美宅，自己享用也留给儿孙。日日有美酒盈樽，夜夜有美人在怀，过神仙般的清闲日子。朕还可以与大家结为亲家，以保证你们的富贵。这样，我们君臣之间也两安了，大家各得其所，和美安乐，岂不更好？！"

众人一听，纷纷叩头，说："臣等出生入死，冲锋陷阵，能有今天的地位，已经很知足了。我们早就想舒舒服服地过好后半生，享受刀头舔血挣来的生活，只是苦于没有机会。现在陛下为我们如此周详地考虑，就像再生父母一样，没齿难忘！"

第二天上朝，这些功臣们都以身体有病为由，各自递上一份奏章，请求辞去兵权，告老还乡，言辞都十分恳切。赵匡胤假意挽留了一下，便改命这些将领为地方节度使，都不再担任禁军统帅职务，又增加节钺仪仗，把俸禄提高到丞相之上。赵匡胤并且把自己的一个妹妹、三个女儿也嫁给了其中的一些功臣。

从此，赵匡胤便把禁军的兵权收归己有了。这就是历史上有名的"杯酒释兵权"的故事。

耶律阿保机建辽

契丹族原来是鲜卑族的一个分支，主要分布在辽水上游的潢水（今西拉木伦河）流域，以游牧为主。唐初时期，契丹一族开始形成由八个部落组成的部落联盟，从各部落的首领中公推一人，作为部落联盟的首领，统一领导各部落生产、作战和处理对外关系。到了唐朝末年，由于汉族人民不断迁往契丹族居住的地区，契丹族人民也逐渐地学会了种地、织布、冶铁和建造房屋，开始过定居生活。

契丹部落联盟中有一个重要职位叫夷离堇。后来，契丹部落联盟中又设置了一个比夷离堇的地位还要高的职位，叫于越，负责掌握部落联盟的军事和行政大权。辽国的开国皇帝耶律阿保机就曾经先后担任夷离堇和于越，从而掌握了军政大权。

耶律阿保机，契丹人，公元872年，耶律阿保机出生在迭剌部耶律氏族一个贵族家里。他从小英勇善战，表现出卓越的军事才能和政治才能。自阿保机执政之后，他不断对外发动战争，掠夺了大量的财富和奴隶，他的权力很快超过了部落联盟的首领。公元907年，经过部落选举，阿保机当上了部落联盟首领。

按照惯例，契丹部落联盟的首领应该三年重选一次。可是阿保机做到了第五年还不肯让位，很多贵族非常不满，就开始反对他，结果被阿保机镇压了。后来，他们趁阿保机在外作战的时候，又起来反抗。这一次，阿保机没有强行镇压，而是下令举行传统的选举仪式。可是，他又当选为部落联盟的首领。那些贵族们不甘心，几个月之后又发动了叛乱，经过两个月的艰辛作战之后，阿保机终于平息了叛乱。

于是，当阿保机的权威没有人再怀疑的时候，于公元916年，阿保机称帝，国号契丹，建元神册。

阿保机深深懂得契丹族要发展，就必须重用有才识的汉人。公元913年，阿保机起用汉人韩延徽做他的谋士。阿保机对韩延徽百般礼遇，凡事都要和他协商。韩延徽见他如此器重自己，也愿意为他效劳，但他忘不了在幽州城的老母亲。有一次，他偷偷地回到幽州探望老母，并计划留在幽州，后被人排挤才重返契丹。阿保机不但没有责怪他，反而称赞他有孝心，再一次让他做了大官。其实，阿保机确实是一个很有人情味的君主。公元919年，阿保机在一次征战中得知母亲病重，立即从600里外的战场，驱马赶回家中，服侍和陪伴老母亲，直到母亲病好后才返回军营中。

韩延徽知恩报德，确实为阿保机在治理国家中，出了不少好主意。一天晚上，他找到阿保机，对他说："现在契丹国看起来很强大，打了不少胜仗，夺了不少地盘，但国内显得杂乱无章，不少人乘机发动叛乱，而且国家没有法律，没有文字，要想真正强大是很困难的。"阿保机见他说得很有道理，便要他出谋划策，来改造契丹。

阿保机模仿汉制建立了朝廷制度，设立南北宰相分管契丹，地方实行州县制，便于统一管理。接着设立类似御林军的官卫骑兵，由他们来保卫朝廷的安全。阿保机还制定了契丹历史上第一部成文法，处决了不少贪官污吏，昭雪了不少冤假错案。最有影响的是仿照汉字，创立了契丹文字，契丹文字成了一种有效的统治工具。

阿保机重用汉人，励精图治，终于使契丹成为威震一方的强盛的国家。

南唐后主李煜

南唐的最后一个君主叫李煜，字重光，史称李后主。这位李后主对于国家大事，基本上是一概不知，然而在琴棋书画方面却样样精通，尤其工于辞令，可谓是个不可多得的大才子。

李煜出生在南唐皇室，是南唐中主李璟的第六个儿子，在李煜上头还有五个兄长，但是除了大哥李弘翼，其他人相继早夭。两兄弟是完全不同的类型，李弘翼性格刚毅，有野心，对政治也颇感兴趣，李煜则一心沉潜于诗词文学之中，对担任王位继承人兴致索然。兄弟手足不用相残，这是多好的事，可是，历史往往爱开玩笑，或许是李煜的不问世事让父亲李璟感兴趣，又或许是李煜重瞳子的异相让李璟想到了虞舜、晋文公重耳和西楚霸王项羽，谁不盼望自己家能出个伟大的明君呢（事实证明，并非所有重瞳子都是做皇帝的命，李煜这千古词人就把皇帝的位子坐得一团糟）。李璟竟然决定让李煜来继承皇位，这让世人都吃惊不小。

其实，李煜的继位是非他莫属，即便父亲不指定，他也会坐上这个皇位，为什么呢？这得先说说他冷血的哥哥李弘翼。很早以前，中主李璟曾经在祖宗灵位前发誓，说要把皇位传给弟弟李景遂，后来，李璟终究还是存了私心，因为长子李弘翼立下显赫战功，他将其立为太子，其实，到这个时候，李璟的"兄终弟及"的誓言也就只是个誓言罢了，当不得真。且不说此时李景遂有没有想法，成为太子的李弘翼却坐不住了，他生怕父亲将位子又传给叔父，让自己空欢喜一场，就秘密杀害了叔父。不过很可惜，虽然除掉了唯一的对手，但李弘翼也没能当上皇帝，在叔父死后几个月，他也一命呜呼了。其实，不管李璟想要将南唐的大好河山交给谁，都已经没有选择的机会，除了儿子李煜，他还能指望谁呢？

李煜顺应大局，接下了南唐的摊子。他一即位，就立刻给北方的宋朝写了一封《即位上宋太祖表》，从这点上就可以看出来，李煜这皇帝做得有多么不情愿，他不愿扛这重担子，也不喜欢因为处理政事，浪费了自己吟诗作赋的时间。作为一个无心皇位的词人，登上帝位是李煜的不幸，但是作为一个皇帝，不知轻重地取舍，就成了国家的悲哀。李煜优柔寡断，这或许就是文人气质吧，可是他的这种个性运用在政治上，就成了致命伤。政治错误接二连三地出现，该杀的奸臣留着，不该杀的忠臣被杀了。国家本来就处在危急存亡之时，北方的宋朝正虎视眈眈盯着南唐这块肥肉呢，人家没动手，皇帝自己就先把出路一条条堵死了。

李后主为了偏安一隅，于是年年向北宋进贡。当赵匡胤召他来朝见的时候，他总是以各种各样的借口来推辞，生怕一去不复返。结果赵匡胤火了，就发兵前来攻打，南唐小国哪经得住赵匡胤的铁骑？于是李后主只得派大学士徐铉去求和。徐铉说："李煜侍奉陛下，犹如儿子一般尽心，为什么还要讨伐他？"太祖大怒道："那儿子怎么不和他老子在一起，却要分隔南北是何道理啊？"徐铉哑口无言，只好苦求太祖手下留情，不要攻取金陵。太祖怒道："现在天下一家，李煜理应归顺。卧榻之侧，岂容他人酣睡？"徐铉大惊，赶紧离开汴京，返回金陵。

公元976年，曹彬率领宋军攻破金陵。李后主本想一死了之，可怎奈缺乏勇气。于是带着全家老小一起来到了宋朝的首都开封。然而在异国他乡他总是怀念自己的国土，后来在他42岁生日那天多喝了几杯，伤感从心头涌起，挥笔写下了那首著名的《虞美人》："春花秋月何时了？往事知多少。小楼昨夜又东风，故国不堪回首月明中。　雕栏玉砌应犹在，只是朱颜改。问君能有几多愁？恰似一江春水向东流。"

此时的宋太宗赵光义听了非常生气，见李后主这么难熬，就赐他一杯毒酒让他了却残生。

尽管在政治上，李煜是个懦弱无能的昏君。然而，在文学中，他却是独领风骚的文人，除了《虞美人》外，还有《浪淘沙》《破阵子》等都是精品之作，后世的人们更是尊他为"千古词帝"。

高梁河之战

太平兴国四年（公元979年）五月，宋灭北汉。宋太宗欲乘胜收复燕云诸州失地，但将帅们认为已久战河东，不仅粮饷匮乏，而且师老兵疲，建议缓攻。实际上，战胜北汉后，将帅们想的是封赏，可是没有得到封赏，当然不愿投入新的战争。但殿前都虞侯崔翰，主张立即转战河北，认为这是收复燕云诸州的很好时机，不能再失去这样的机会。宋太宗决心转师河北，便与曹彬等商议调兵之事。

宋军未加休整，六月，向河北进发。同时诏令京东、河北诸州，送军储赴北面行营。宋太宗自镇州亲征，至定州。宋军初入辽境，接连胜利，东易州刺史刘禹以城降，涿州判官刘厚德以城降，宋军所到之处，几乎未遇抵抗。宋太宗至幽州城南，驻军宝光寺。辽军万余人屯于城北，宋太宗亲自率军斩杀千余人。由于宋军进兵神速，辽军无备，故大多溃散投降。宋既败辽城外军，遂命诸将围城，宋渥、崔彦进、刘遇、孟元莆从四面把幽州城围了三圈。又命造攻城大炮800门，令半月完工。赵延进等督造，仅八天便完工。汉族人民以"牛酒犒师"。宋太宗没等到各方面做好准备，军队也没有休整，就马上下令出兵。因为辽军没有防备，一开始宋军取得了一些胜利，收复了岐沟关和涿州（今河北涿州一带），并很快打到了幽州城南。

当时，辽国的南院大王（辽太宗时已改夷离堇为大王，称北院大王和南院大王）耶律斜轸赶忙前来增援。他派一支军队引诱宋军，自己率领大军，绕到宋军背后，进行偷袭。宋军腹背受敌，不得不向后撤退。耶律斜轸也不敢再战，把军队退回沙河北（今北京昌平一带），声援幽州。耶律斜轸的军队一退，宋军又把幽州团团围住。宋太宗督促将士日夜攻城，然而，宋军从太原赶到幽州，连日作战，已经疲惫不堪，士气大减。

此时，正在狩猎的辽景宗耶律贤，得知幽州危急，连忙停止打猎，召集大臣商议。辽景宗准备放弃幽州。大将耶律休哥说："请给我一支军队，前去支援，如果不成功，再退出幽州，也来得及。"辽景宗同意了他的建议，命他和另一名大将耶律沙带领10万大军，前往幽州。耶律沙率一支辽军，先赶到幽州。宋军集中力量迎击。双方在高梁河（今北京西）大战。耶律沙远道赶来，人困马乏，加上军队人数不足，因此，吃了败仗，只好退军。这天晚上，耶律休哥带领大队人马赶到。为了壮大声势，耶律休哥令每个士兵拿着两支火炬，远远看去，仿佛一条火龙。宋军不知道敌人究竟又来了多少，担心起来。

耶律休哥跟驻守在幽州城外的南院大王耶律斜轸的军队会合了。第二天，辽军分左右两路，向宋军发动了猛烈的攻击。这时守卫幽州的辽军也杀出城来。宋军腹背受敌，最终大败，死伤1万余人。

宋太宗看到形势不妙，连忙退兵南逃。逃到涿州，天色已晚，宋太宗正想进城休整，不料辽军又追来了。他的马已经跑不动了，慌忙跳上驴车，继续南逃，直至逃出辽国的疆界，才松了一口气。南逃的宋军，乱成一团，大量武器和物资都丢失了。耶律休哥虽然得胜，但是因为战斗中受伤，不能骑马，只好坐着车子追击。他追到涿州，见宋军已经走远，才停了下来。宋军收复的一些失地，又被辽军夺占去了。

此次战役，就是高粱河之战，又称"幽州之战"。由于宋太宗收复燕云十六州心切，没有充分准备，仓促出兵，最后以宋军失败告终。

一门忠烈杨家将

提到中国历史上的民族英雄，杨家将绝对是一个绕不过去的名字。

民间流传的杨家将的故事，涉及杨业、佘太君、杨延昭、杨宗保、穆桂英等祖孙数代的男女英雄，他们的故事很大程度上都是文学创作。历史上真实的杨家将，指的主要是杨业、杨延昭和杨文广。其中名气最大、功劳最高的，当属杨业。杨业本名叫杨重贵，其父杨信是麟州的土豪，趁五代混乱的时候，占据麟州，自称刺史。父亲死后，杨业曾在北汉做过一段时间的将领，战功卓著，所向披靡，国人称为"无敌"。无奈北汉国力衰弱，最终归降北宋。宋太宗素知杨业骁勇善战，威名赫赫，授予他左领军大将军、郑州防御使。高粱河战役之后，辽军不断南下。公元980年辽国出动十万大军，入侵雁门关。镇守代州的杨业带领数百名骑兵，从小路绕到雁门关北面。辽军想不到背后来了宋朝的军队，吓得四处逃散。在这场战斗中，杨业和北宋另一将领潘美痛击辽军，杀死辽国节度使驸马侍中萧咄李，生擒马步军都指挥使李重海，缴获很多兵甲战马。宋太宗给杨业升官至云州观察使。以后辽军望见杨业的旌旗，就不战而走。

公元986年，宋太宗分兵三路攻打辽国。东路由曹彬将军带领，向幽州挺进，中路由田重进将军带领，攻取河北西北部和山西东北部各地，西路由潘美将军和杨业将军率领，攻取山西北部各地。然后三路军队会合，收复幽州。

潘美、杨业的军队一路上英勇无敌，很快便打下了寰、朔、云、应四州。不过，由于中路、东路溃败，西路军成了深入的孤军，宋太宗命令他们迅速退回代州。不久，应州的宋兵不战而逃，辽军又乘机打进了寰州。随后，宋朝下令把寰、朔、应、云四州的人民迁到内地，要潘美和杨业的部队负责掩护。

杨业凭借自己多年的作战经验，提出了一个稳妥的作战方案。然而，对于他的方案，监军王优和潘美并未采用。杨业无奈，只得率本部人马出击。听说杨业前来，辽军出动大批军队，把宋军团团围住，杨业和他的部下虽英勇作战,但毕竟寡不敌众,后来身负重伤,坠马被俘。被俘后,杨业坚贞不屈,在辽营绝食三天后,壮烈殉国。杨业的儿子杨延昭,孙子杨文广,也都是赫赫有名的将领。这三个人是历史中杨家将的主要人物。杨家将三代血战报国的事迹,被后人所传颂。

王小波、李顺起义

王小波是青城县(今四川灌县南)人,靠贩茶叶为生。他为人正直,很有威望,公元993年2月,王小波聚集了100多个农民兄弟,在青城起义。他对大家说:"我痛恨这个贫富不均的世道,如今我们要起来均贫富。"

"均贫富"的口号是与唐末农民领袖王仙芝、黄巢所提出的"均平"口号一脉相承的,但是更加明确、更加深刻地反映了贫苦农民要求平均财富的迫切愿望,广大农民纷纷参加了起义军。

王小波率领义军打下了青城,又攻下了眉州彭山县。彭山县令齐立振是个自我标榜"清白"的贪官。朝廷居然还赏赐他"廉洁"的奖状。可是老百姓对他痛恨极了。义军把他的肚子剖开来,里面塞满了铜钱,以示惩罚。同时义军惩治了许多恶霸地主,将他们的不义之财分给了贫苦百姓。这样参加义军的人就更多了,很快发展到1万多人。

气势雄壮的义军经过整顿后又进攻江源县(今四川崇州)。这里地处要冲,由西川都巡检使张玘领兵把守。义军遂与官军展开了一场恶战。张玘一箭射中了王小波的额头,王小波负重伤作战,不仅没有退却,反而直冲过去,将张玘一刀劈死。官军见主将已死,便作鸟兽散。可惜的是王小波因伤势过重,不治身死,这对义军是个重大的打击。义军就推举李顺为首领。

李顺原来也是靠贩卖茶叶为生的。他是起义的最早倡导者,也是义军中的主要骨干,王小波的得力助手。在他的领导下,义军接连攻克蜀州(今四川崇州)、邛州(今四川邛崃),又猛攻成都的门户新津,义军一路杀富济贫,很得民心。

朝廷恐慌万状,调兵遣将,又将成都知府换了。义军也改变策略,先将成都外围据点一个个蚕食下来,使成都成了一座孤城,然后集中全力,终于打下了成都。新任成都知府,虽然逃脱了,但怕皇帝治罪,又惊恐义军追赶,竟忧郁而死。

李顺占领成都后,建立了农民起义军的政权,号称"大蜀",他自称"大蜀王"，还立年号，设置官制。这时候义军已发展到几十万人，完全控制了西蜀地区。

宋太宗开始认为小股农民反抗在所难免，并未予以重视，想不到大蜀义军势头难挡，已形成气候，就再不敢小看义军的力量。他派亲信宦官王继恩为西川招讨使，带领大军，前去镇压。这个王继恩就是当初太宗密谋害死赵匡胤的同伙，太宗派他出征，由此可见对农民起义军的重视程度。

王继恩兵分两路，一路指向巫峡，另一路驰援剑门。攻打巫峡的一路被义军利用险要的江防阻于巫峡外，而剑门此时尚在宋军手中，李顺急速派军去夺取。不断从成都溃退的宋军与剑门宋军一起将义军阻于关下，屡屡打退了义军的进攻。这时王继恩的一路大军也赶到了。义军从来未遇到这样强大的敌手，终于被打败了。李顺率领剩下的义军退守成都，从此西川门户大开，宋军源源不断地进入蜀地，情势发生了逆转。

这时，义军又犯了一个战略性的错误，没有加强成都的防御力量，也不反攻剑门，而把义军集中起来去攻打并无多大意义的梓州。梓州的宋军早有准备，把义军拖在城下，而王继恩的军队则渐渐扑将过来。义军腹背受敌，只好再退守成都。两次大败，使义军元气大伤。

成都终于被宋军攻陷，3万义军壮烈牺牲，李顺也战死于阵前。余部在张余等领导下，又坚持战斗了将近一年时间。

李顺虽然牺牲了，但人民怀念他，以美好的愿望说他并没有死，有的说他在湖北，有的说他在广州。宋朝统治者非常害怕"没有死的李顺"会卷土重来，便在广大地区搜寻他的踪迹，无辜杀害了许多同名同姓的人和面貌与李顺相似的无辜者。两年之后，还有人说李顺在广州出现，官府就抓了一个七十多岁的老者，说他是真的李顺，就把他杀了。由此可见"宁可错杀一千，决不放走一个"，历来的统治者都把这个信条奉为"金科玉律"。

王小波、李顺的起义延续了两年时间，沉重地打击了蜀地的封建势力。王小波提出的"均贫富"的口号，矛头直指封建社会的经济基础，对后世产生了深远的影响。

澶渊之盟

宋朝两次攻打辽国失败以后，不敢再主动出击，完全采取守势了。宋、辽持续20余年的长期战争,沉重的兵役、徭役征发,大量的人力、物力损耗,给双方的人民都带来了沉重的灾难。宋、辽人民都厌倦了战争,迫切地要求停战。

两国的统治者当中,宋朝一方是急于议和,辽国萧太后等人也意识到了无法一口吃掉对方的事实,双方从宋真宗初年就陆续开始进行了一些和谈的接触。

宋真宗景德元年(公元1004年)闰九月,辽国萧太后和辽圣宗集全国之力,以收回燕云十六州中被周世宗北伐夺去的瓦桥关(今河北雄具)以南地区为名,亲自统领十余万骑兵南下攻宋,其真正的目的却主要在于通过军事讹诈以尽可能地在和谈中争取到更多的利益。

因此,辽军对河北地区的宋朝城镇大多避而不攻,其主力长驱直入,十月即进抵黄河北边的澶州(今河南濮阳),直接对黄河南岸的宋都开封形成了巨大的威胁。

辽军兵临城下的消息传到开封,北宋朝廷一片混乱,宋真宗召集群臣,商量对付的办法。参知政事(就是副宰相)王钦若是江西人,主张放弃汴京,把都城迁到金陵。另一个参知政事陈尧叟是四川人,主张把都城迁到四川的成都。他们都为了自身的利益主张迁都逃跑,避开敌人的锋芒。

宋真宗犹豫不决,就问宰相寇准怎么办。寇准见有人煽动逃跑,便声色俱厉地说:"逃跑?是谁出的主意,应当斩首。现在是非常时刻,皇上不仅不能退,还应该亲自出征,这样才能鼓舞士气,一举击败辽军。否则,一退国家就完了!"

宋真宗无法,只好同意亲自出征,寇准也随同指挥。但宋真宗到达韦城(今河南滑县)时,又打起了退堂鼓。寇准说:"击败辽军,在此一举,现在人心恐慌,皇上只能前进,不能后退!"

寇准见真宗仍十分害怕,就进一步解释说:"眼下守城的各路军队,都盼望着皇上前去。皇上一去,必定士气大振。再说随皇上来的军队,他们的父母妻妇都留在京城,为保护京城百姓,他们也会以死报国的!"

这时,辽军的主将骄傲轻敌,只带几个骑兵在澶州城下察看地形,被守城的宋军发现,一箭射死了,辽军士气大落。而宋真宗此时在寇准等人的护卫下已到达澶州,登上了城楼。守城的将士和各路前来增援的宋兵,看到城楼上的黄龙旗迎风招展,士气高涨,欢声雷动,准备和辽军决一死战。

辽军虽然兵临城下,但孤军深入,粮草供应困难,主将又被宋军射死,所以萧太后打算放弃攻城,准备议和。恰好宋真宗也有这样的心理,不想打仗。寇准坚决反对议和,主张乘胜收复燕云十六州。一些主和派便放出谣言,说寇准想利用军队，夺取权势。在这种情况下，寇准没有办法再坚持自己的意见，只好同意议和。

同年十二月，宋、辽正式签订了合约，主要内容有以下几项：（1）宋、辽停战，双方都自边境地区撤退军队，互相也不再修建针对对方的堡寨。（2）宋、辽都放弃对对方的领土要求，北宋承认辽对燕云十六州的所有权，辽国也不再要求收回瓦桥关以南地区，双方维持白沟的边界不变，并共同保证边界地区的治安。（3）宋、辽结为兄弟之国，宋真宗称辽圣宗为弟，称萧太后为叔母，辽圣宗称宋真宗为兄。（4）宋朝每年送给辽国"岁币"银10万两，绢20万匹，由宋方派人运至边界交接。由于这一和约是在澶渊签订的，故史称"澶渊之盟"。

北宋在形势十分有利的情况下，订立屈辱的盟约，充分暴露了政府的软弱无能。

传奇宰相寇准

寇准生于公元961年，华州下邽（今陕西华县）人，从小就表现出与众不同的才华。年19时，至京城参加考试，录为进士，赴大名府成安县做小小县官，正式步入了仕途。寇准做官40余年，其间几次升贬，数起数落，他本人却不以为意，只是一心为百姓社稷，若没有超人的肚量，是很难坚持下来的。

淳化二年（公元991年）春发生旱灾，宋太宗赵炅将几位主要大臣找来了解情况，大臣们汇报了旱情，齐声说这都是天命，凡人实在没有办法。寇准却趁势说此非天灾，而是人祸，认为大旱之因，在于朝廷执法不公。宋太宗闻之，勃然大怒，拂袖而去。正当身边同僚都在埋怨寇准多事时，宋太宗又折身返回，向寇准询问到底是哪些事上执法不公，寇准却执意要太宗将掌管刑法的大臣召来再说。

等到太宗召来中书、枢密二府大臣时，寇准才说出各种因由，原来前些天时，祖吉与王淮两人俱因受贿枉法受惩，祖吉受贿少被杀了，王淮受贿多却只受皮肉之苦，甚至仍然做官。只是因为他是参知政事王沔的弟弟。在太宗的质问下，王沔自然不敢狡辩，立时叩头请罪。太宗狠狠地责备了王沔，并让寇准任左谏议大夫、枢密副使，以后改任同知院事。

寇准性情耿直，刚正不阿，很容易得罪别人，他与另一枢密院使张逊曾有不睦，二人公开争吵过几次，寇准并未放在心上，而张逊却怀恨在心。有一天，寇准与温仲舒并骑在街上行走，路旁一个疯子迎着寇准的马头高喊万岁。这件事恰巧被张逊和王宾看到，张逊便借题发挥，怂恿王宾到皇上面前诬陷寇准有谋反野心。寇准知道后，无论在太宗面前怎样澄清，也是为时已晚百口莫辩。太宗自然不信张逊所说，但又对谋反之事甚为敏感，一怒之下，不仅将张逊降职，也把寇准贬到青州（今山东益都）去当知州。而这只是寇准步入仕途的第一次遭贬。

寇准离开朝廷之后，太宗很快察觉到身边再无直言之人，便常常向身边臣子打听寇准在青州的情况。大臣们深知寇准性情，生怕寇准回京会危及自身利益，就在太宗面前屡次构陷寇准，阻其回京。太宗召回寇准的打算也只能暂时延迟。然而，一年之后，太宗很快又把寇准从青州调回身边，让他任参知政事。而寇准回到朝廷后办的第一件大事，就是建议皇上立次子元侃为太子（因长子残疾，有疯病），赵恒因之而成为皇太子。

一天，太子赵恒（即元侃，后改名"恒"）在街上行走，百姓们夹道欢呼，称之为"少年天子"，太宗听说了这件事，心里郁郁不乐，同寇准说："人心都转向太子了，把朕置于何地？"寇准却笑着劝解："陛下，这正是您的造化，也是普天下百姓的福气呀！"太宗冷静一想，恍然大悟，赏寇准对饮，二人大醉而归，此后太宗对寇准更为倚重。

但是好景不长，寇准与一些大臣在政事上互不相让，几位大臣便到皇上面前告他滥用权力，太宗又将他贬到邓州（今河南邓州市），这是寇准第二次遭贬。

公元997年，太宗赵炅病故，真宗皇帝即赵恒即位之后，便将寇准从邓州召回朝廷，迁尚书工部侍郎。自此几年之内，寇准屡次升迁，风头无两。咸平三年（公元1000年），真宗调寇准到开封府任职。咸平六年（公元1003年），寇准出任三司使，主管财政、贡赋，权位仅次于宰相。景德元年（公元1004年），又被升为集贤殿大学士，成为皇帝的私人顾问。

寇准的仕途达到顶峰，是在澶渊之盟之后。景德元年（公元1004年）闰九月，辽兵大举南下攻宋，发动了规模空前的军事行动。宋朝一些大臣心生怯意，怂恿皇上迁都。寇准力主真宗亲征，反对南迁，真宗听取寇准建议，抵达澶州稳定军心，宋军士气大振，射杀辽军先锋挞览，取得了与辽国订立"澶渊之盟"的资格，结束了长年的战乱，百姓生活也较之以前更为安定。此后，真宗对寇准更为敬重，即便寇准顶撞，真宗也并不怪罪，还将寇准升为宰相。

然而，皇上对寇准越是信任，便越是有人嫉妒寇准，更何况寇准性情耿直，本就极易得罪心胸狭窄之人，王钦若便是其中之一。在景德元年辽兵攻宋之时，王钦若便是提议迁都者之一，寇准曾因此向皇帝建议把提议迁都的人都斩了，用他们的血祭鼓出征，还点名要王钦若到要地天雄去阻击辽军。澶渊之盟签订后，王钦若对寇准自然是十分恼恨。

有一天上朝，王钦若故意问皇上，是不是因为澶渊之盟而对寇准的无礼一再忍让，皇上点头承认。王钦若进一步说："澶州之盟，陛下不以为耻辱，反把寇准当作功臣，臣不理解。"皇上一愣，忙问为什么，王钦若说："城下之盟，春秋时代就被认为是耻辱。澶州一仗，陛下御驾亲征，不但没制服辽军，反与外敌签订城下之盟，年年进贡，岂不是耻辱吗？陛下，赌钱的人快输光时，把所有的钱倒出来押注，就是'孤注一掷'。寇准将陛下作了赌注，若不是陛下福大命大，就危险啦！"真宗被王钦若说得心有余悸，越想越有道理，便渐渐有意冷落寇准，终于撤了他的宰相，将他贬到陕州（今河南陕县）做官。

从宰相降至地方官，对于这人生中颇富戏剧性的第三次贬谪，寇准自己却并未往心里去。在陕州做官时，他一有空就翻看《汉书》，以增长学识，并在闲暇时写下不少诗作。不久，寇准又被调往天雄（今河北大名）做官。辽国使臣有一次路过天雄时，见到寇准，特意讽刺道："相公为何不在京都做官呀？"寇准听罢，哈哈大笑，坦然回答："我朝天子因朝廷没什么大事，特派臣来北大门掌管钥匙，你无须多疑！"坦坦荡荡一句话，便把辽使的嘲笑化于无形，又不失去大国臣民气度。

终于，真宗身边还是需要寇准这样的直言善断之臣，天禧三年（公元1019年），寇准又被调回京城，升为尚书右仆射、集贤殿大学士，重新掌握大权。但是，真宗不久即患病中风，刘太后干预朝事，寇准看不惯刘太后的做法，便建议由皇太子出来监督朝政。刘太后知道后，寇准又被降为太子太傅，封莱国公。

大臣怀政想建议皇上传位给皇太子，让寇准再任宰相，此事被奸臣丁谓探知后，计划败露，怀政遇害。寇准则受牵连，被降为太常卿，不久又被贬为道州（今湖南道县）司马。当寇准一再被贬之时，病榻上的真宗还不知道实情，经常会问身侧众人："寇准呢？我怎么见不到他？"可见真宗对寇准的信任与倚重之深。

真宗去世之后，也即乾兴元年（公元1022年），寇准被贬为雷州（今海南境内）司户参军，之后又曾任衡州司马一职，并于次年在衡州病故，终年

62 岁。

晏殊为官清正

  晏殊是北宋抚州临川人。他自幼聪慧，7 岁就能写文章，被当时的人称为神童。宋真宗年间，右正言张知白在江南任职时，听说晏殊的名气后，就极力向朝廷举荐他。后来，真宗赵恒召晏殊与几千余名进士一同参加廷试。在考试中，晏殊神情自若，挥笔立成。赵恒大喜，赐他同进士出身。两天后，朝廷加试诗、赋、论等科目。晏殊听说后，就向真宗禀报说："我曾私下练习过这个赋题，请改试其他题目。"赵恒当时非常欣赏晏殊的诚实可靠。等文章诗赋写完后，赵恒读了晏殊的试卷，称赞不已。后来，晏殊被赵恒任命为秘书省正字。赵恒派直史馆陈彭年去考察晏殊的人际交往情况，凡是同他交往的人都对他称赞不已。

  第二年，晏殊因才学出众，深得赵恒的赏识。他先后被提拔担任太常寺奉礼郎、左正言、尚书户部员外郎、翰林学士等职。在这期间，赵恒每次向晏殊征询事情的意见时，晏殊都用方寸小纸细细书写自己的见解，禀奏时，总是连同底稿一起加封呈上。赵恒对晏殊如此谨慎、保密的态度很是满意。

  宋仁宗赵祯即位后，刘太后临朝听政。当时左仆射、同平章事丁谓，枢密使曹利用各自都要求单独晋见奏事，没人敢否定他们的意见。对此，晏殊建议说："群臣向太后奏事，太后垂帘听奏，群臣都不准单独晋见太后。"就这样定下了太后听政的礼仪。不久，晏殊上书说开封人张耆不能做枢密使，触怒了刘太后。刘太后指责晏殊陪侍赵祯游幸玉清昭应宫而持笏迟到。晏殊大怒，将笏板抛掷在地。御史为此弹劾他，晏殊被罢相，贬出京都任宣州知州。

  几个月后，他又改任应天知府，他延请范仲淹来教授书生门徒。自从五代以来，天下各处学府多被废弃，而大力兴学是从晏殊开始的。

  不久晏殊又被召入朝任枢密副使，后改任参知政事。当时陕西正值用兵抵御外敌入侵之际，为此晏殊向朝廷建议：一是停止派内臣充任监军，干扰军事指挥；二是朝廷不再把布阵图分授前线诸将，允许他们根据战场形势变化随机决定军事行动；三是大量招募弓箭手，严加训练，加强战备；四是请求出售宫中珍宝器物等，补充军费。这些建议均被朝廷采纳。

  晏殊在从政的同时，平时喜好交结贤士，当时知名的贤才大都出自他的门下，如范仲淹、孔道辅等。担任宰相后，他更加注重举荐贤士入朝。范仲淹、韩琦、富弼等一大批人才都是经由晏殊的举荐，才在朝中先后担任要职，甚至登上相位，成为一代名臣。

晏殊生性刚直俭朴，知人善任，富弼、杨察是他的女婿，都是一代贤士名臣。晏殊和富弼曾经同在枢密院供职，为此，晏殊请求辞去兼职以避嫌，但宋仁宗没有答应。仁宗在位时期，立志振兴朝纲，他接受晏殊的举荐，集中了一批人才革新朝政，对奸佞小人则不予重用。为此，晏殊触怒了一批奸臣，自然免不了遭到这些人的打击报复。

公元1054年，晏殊因病去世。宋仁宗亲临致祭，为自己没有及时亲临探视晏殊病情而抱憾不已。为此，他特下令罢朝两日，并追赠晏殊为司空兼侍中，谥号为元献。

西夏王元昊

在宋朝的西北面有一个民族叫党项族，他们利用宋辽长期征战，不断削弱的大好时机，积极发展自己。公元1038年，文武全才的元昊在兴庆（今宁夏银川市）正式称帝，建立了西夏国。

元昊当了西夏国的国王以后，就一心扑在治国上。他首先仿照宋朝的官制，设置了中央和地方各级机构，由党项人和汉人分别担任高级官员。在兵员上，他设立了10万擒生军作为常备军队，又选拔豪族子弟和能征惯战的骑士5000人组成侍卫军，作为护卫和打硬仗的精锐骑兵。元昊还仿照汉字创制了西夏文字，这对西夏和其他民族的交往，产生了积极的影响。

自幼习武的元昊，还是一个杰出的军事统帅。公元1040年以后，为了西夏的利益，元昊接连对宋朝发动大规模的军事进攻。这一年，元昊派人送信给驻扎在边境线上的宋军将领，表示求和。但暗中却亲率大军南下。打了几仗后，元昊表面上做出要撤军的样子，麻痹宋军，背地里却又派出一支军队绕到宋军后方，试图围歼宋军，最后只因天降大雪才被迫退兵。

公元1041年，元昊率军进犯渭州，宋军将领任福带领18000人出兵迎敌。双方刚一交战，西夏兵就纷纷丢下战马、兵器，落荒而逃。宋军见西夏兵不多，就在后面拼命追击，追了三天三夜，来到好水川，天已经黑下来了，宋兵只好就地休息。第二天，宋军四处探望，也不见西夏兵的影子。倒看到路旁放了几只大箱子。士兵走到跟前打开查看,就见从里面飞出几百只带哨的鸽子。原来,西夏有10万大军就埋伏在不远的四周,只等鸽子飞出,便一起杀出,将宋军团团包围,任福这才发现自己上了当,中了西夏兵的埋伏,率军拼命突围。但从早打到晚,也没有多少人冲出包围圈。结果,宋军一万多人战死,任福也身中数箭,被西夏兵刺死。

在这之后,元昊再次引兵攻打渭州,又将出城交战的大队宋军包围,经过激战,宋军全军覆没。

宋朝数战数败后,失去了战胜西夏的信心,而元昊看到再打下去,对西夏也没什么好处。公元1044年,双方达成协议,西夏向宋称臣,宋正式承认西夏政权,每年赐送西夏大量物品。元昊达到了自己的目的,双方冲突也逐渐减少了。

智勇双全的狄青

狄青(公元1008～1057年),字汉臣,北宋著名的将领,曾为抵御西夏军队的进攻和平定叛乱立下了赫赫战功。

狄青出身低微,曾是禁军里的一个普通士兵。他从小练就了一身好武艺,骑马射箭,样样精通,加上他力大无穷,后被提拔做了军官。

西夏元昊称帝后,宋仁宗派禁军防守边境,而狄青被派到陕西保安(今陕西志丹县)。不久,西夏兵开始进攻保安。保安的宋军曾多次被西夏兵挫败,士兵们听说打仗都有些畏惧。守将卢守勤也为此事整日愁眉不展。狄青主动要求担任先锋,抵抗西夏军。卢守勤见狄青主动要求当先锋,格外高兴,就拨给他一支兵马。每次上阵前,狄青都会精心装扮,他把发髻打散,披头散发,还戴着一个铜面具,一马当先,所向披靡。西夏士兵自从入侵宋境以来,从没碰到过这么厉害的对手。一看狄青这身装扮,已经心惊胆战了。经狄青和宋军猛冲了一阵,西夏军大乱阵脚,四处逃窜。狄青大获全胜。

捷报传到朝廷,宋仁宗非常高兴,提升了卢守勤的官职,狄青的官职也提升四级。以后几年里,西夏兵不断侵犯边境,扰乱了地方的安宁,狄青前后参加了25次大小战役,受了8次箭伤,但从没有打过一次败仗。西夏士兵只要听到狄青的名字,就吓得胆战心惊不敢与他交锋。

短短几年内,狄青先后收服了岁香、毛奴、尚罗、庆七和家口等族。此外,他还修筑了桥子谷城,筑造招安、丰林、新砦和大郎等军事堡寨,对保卫

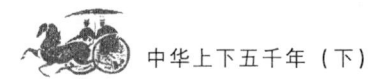

宋朝边境的州郡具有重要作用。

狄青的大志才略，深受经略判官尹洙的赏识，并把他推荐给经略使韩琦和范仲淹。范仲淹对狄青的才能特别震惊，特地送给他一部《春秋左氏传》，激励他说："将不知古今，匹夫勇尔。"

从此，狄青遂折节读书，开始研究秦汉以来的将帅兵法，后来对兵法十分精通，因而更知名了。狄青因获战功，不断升职，先后担任西上合门副使、秦州刺史、泾原路副都总管和经略招讨副使等。

公元1041年，元昊派兵攻打渭州，直逼怀远城，行营总管任福率兵迎战，桑怿做前锋，不慎中了西夏军埋伏，在好水川西的羊牧隆城附近，败给西夏军，任福和桑怿也都战死沙场。庆历二年（公元1042年），西夏军再度进攻定川，宋军惨败，总管葛怀敏战死，西夏军抵达渭州城下。这时，宋仁宗急调狄青率军前去应战，狄青到达前线后，趁对方没有防备，短兵相接，一举打败西夏军。当时，由于西夏正遭遇旱灾，财力不济，再加上战争不断，死伤极多，元昊早已无力攻宋，只能休养生息。后来，狄青因军功，提升到检校司空。

公元1052年，南方广源州的侬智高起兵造反，建立大南国，自称仁惠皇帝。宋仁宗接到警报后派狄青为统帅前去平叛。

狄青率大军到达桂林的南面时，发现道旁有一座神庙，据说这座神庙里供奉的神非常灵验。狄青马上命令部队停止前进，率众将走进神庙中，他从怀中拿出一袋钱币祷告说："此次出兵，胜败无法预测，若能大获全胜，我撒出去的钱全部是面朝上的。"

众将一听，大惊失色，都纷纷劝阻狄青不要撒钱，因为那么多的钱抛撒出去，钱面几乎没有可能全部朝上，这样做不是明摆着长他人威风，灭自己士气吗？狄青哪里肯听，挥手一掷，百枚铜钱纷纷落地，众将领提心吊胆地朝地上望去，不禁齐声叫绝，地上铜钱的面全部朝上。消息传出，全军欢呼，士气为之大振。狄青见状也喜形于色，忙命令拿来大钉百枚，将落地的铜钱一一钉住，并对将士们说："等凯旋而归，我们再来取钱谢神！"

其后，狄青率军在昆仑关大战侬智高的军队。两军相遇，宋军以一当十，个个奋勇争先，叛军一触即溃，四处逃窜，昆仑关很快被宋军占领。接着，狄青又用计攻破归仁铺，追奔50里，杀死叛军3000多人。

宋军得胜班师时，又来到了这座神庙。将领们纷纷拔出铁钉，取钱观看，一看才恍然大悟。原来狄青抛出的钱，两面都一样，只有面，没有背，方知主帅为了激励军队士气，用心良苦。

后来，狄青因为屡次立功，又被提升为掌管全国军事的枢密使。狄青身居高职，仍不忘求进，终于成为不可多得的一代良将。

正气凛然"包青天"

包拯（公元999～1062年），字希仁，宋庐州合肥（今安徽肥县）人。天圣五年（公元1027年）中进士，被任命为大理评事、建昌县（今山西永修）知县。"以父母皆老，辞不就。"数年后，父母相继去世，他才出去做官。

景祐三年（公元1036年），包拯在京城等候朝廷的任命，恰巧住在相府附近。当时的宰相吕夷简早就听说包拯是个孝子，又是一位颇有才干的人，也很想见见他，认为他选择这个居处可能是为了便于拜见自己，于是就一心等待他过府拜谒。不料包拯接到天长县（今安徽天长市）县令的任命，便立即离京赴任而去。当吕夷简知道后，大为惊异，同时对没有见到包拯深感遗憾。在封建社会的官场里，像包拯那样不奉承巴结权贵之人，实属罕见。

在任天长县知县时，一天，有人来告家中的牛舌被割，希望包拯为自己破案。包拯令其回家将牛宰杀去卖。不久，有人来告私自杀牛的人，包拯说："为什么割牛舌又来告人家？"那人"惊服"。由于这次巧断牛舌案，包拯明察善断的美名不胫而走。

宝元二年（公元1039年），包拯调任端州（今广东肇庆）知州。端州盛产砚石，自唐以来，端砚久负盛名，为四大名砚之一。宋代规定，端州每年都要向朝廷贡奉一定数量的端砚。历任知州，不仅如数完成规定的贡品，而且一般取数十倍用来馈赠权贵。致使砚工民不聊生，怨声载道。包拯到任后，命令制作砚台的工人只需交足贡品数额，余数自行销售。他任期届满"不持一砚归"。百姓奔走相告，称赞包拯为官清廉。

庆历二年（公元1042年），包拯被任命为殿中丞。次年，包拯改任监察御史。建议："国家岁赂契丹，非御戎之策，宜练兵选将，务实边备。""废锢赃吏，选守宰，行考试补荫弟子之法。"庆历五年夏，出使契丹。契丹倚仗国力强，动辄向宋提出无理的要求和指责。契丹皇帝令典客质问包拯说："雄州（今河北雄县）新开便门，乃欲诱我叛人，以刺疆事耶？"包拯反驳道："涿州

(今属河北)亦尝开门矣,刺疆事何必开便门哉?"其人自知无理,"遂无以对"。他顺利地完成了使命。

庆历八年,包拯任三司户部副使。在任注意发展生产,关心百姓疾苦。皇祐元年(公元1049年)他奉命经河北调发军粮,发现漳河两岸尽是沃壤,可人民不得耕种,邢、洺、赵三州民田一万五千顷,却都用来牧马。他奏请朝廷,建议将耕地全部分给百姓耕种交租。朝廷同意了他的建议。

次年,包拯改任天章阁待制、知谏院。多次评论斥责皇帝亲近的权贵宠臣,请求废除一切由皇帝从内廷而并非经过有关机构降下的恩命。又分别进上魏徵的三道奏疏,希望皇帝能把它放在座右,作为龟鉴。还上书皇帝,指出天子应当明于听取采纳正确的见解,辨别朋党,爱惜人才,不要有先入为主的看法;同时要求皇帝清除刻薄之人,抑制侥幸之辈,纠正刑法,申明禁令,不要大兴土木,禁止妖言惑众的不法活动。这些建议多数被朝廷采纳实行。他与谏官吴奎、陈旭等七人共同弹劾宋仁宗宠妃张贵妃的伯父张尧佐:"三司使张尧佐,凡庸之人,徒缘宠私,骤阶显列,自任以来,万口交讥。陛下何庇一尧佐,上违天意,下拂人情。"张尧佐看到众怒难犯,不得已辞去宣徽使和景灵宫使。仁宗皇帝被迫下诏:"后妃之家,毋得除二府职位。"从而杜绝外戚擅权的悲剧发生。

皇祐四年三月,包拯为龙图阁直学士、河北都转运使。数月后,徙高阳关路安抚使,"因籍一路吏民积岁所负公钱十余万,悉除之"。自皇祐四年到至和二年(公元1055年),包拯先后任扬州(今属江苏)、庐州(今安徽合肥)、池州(今安徽贵池)等知州,江宁府(今江苏南京市)和开封府(今河南开封市)知府。其间最为棘手的莫过于庐州和开封府。庐州是他的故乡,亲朋故旧颇多,容易陷入人情圈内,徇私枉法。可他到任后,前来拜访的亲朋皆吃了闭门羹,大多失望,不敢仗势欺人。包拯认为,为官必须清廉,"有法必依,执法必严",不能讲私人情面。一次,其堂舅倚仗他的权势,横行乡里,当包拯接到控告堂舅的状纸后,派人把他捕来,审问清楚,依法将堂舅打了70大板。消息传出,百姓奔走相告,称赞包拯秉公执法,铁面无私。

包拯既不顾私亲,也不畏权贵。他以无私无畏的精神赴任开封府尹。常言道,京官难当,因为皇亲国戚、宦官、权贵集中在京城。他们直接通天,依靠皇帝这个大后台,可以为非作歹,一般府尹不敢惹他们。包拯到任,首先革除不便诉讼的程序。原来百姓告状,必须先将状纸交给门牌司,由门牌司官吏转递,他们从中勒索钱财。常言说,"天下衙门朝南开,有理无钱莫进来",这是当时的真实写照。门牌司撤销后,百姓可以直接到府衙投递状纸,申冤告状,贪官污吏不敢敲诈百姓。开封城内有一条惠民河,达官贵人侵占两岸的土地,修建了许多花园和亭榭,致使河道越来越窄,越淤越浅,一遇大水,泛滥成灾,广大市民,深受其苦,包拯全部将它毁去。一旦发现有伪造地券,不管是什么人一律上报皇帝,撤掉官职。包拯"立朝刚毅,贵戚宦官为之敛手,闻者皆惮之"。他的态度一贯严肃,因而人们说他"笑比黄河清",尽管如此,"童稚妇女,亦知其名,亲切地呼曰'包待制'"。他为官清正,京师传说:"关节不到,有阎罗包老。"

嘉祐四年(公元1059年),包拯由谏议大夫升任枢密直学士,代理三司使。他在三司时,凡是仓库里供应皇宫的物品,过去都是摊派到外地州县,增加百姓负担,包拯特地设置场务机构向百姓购买,使百姓没有了这项困扰。嘉祐六年,任给事中、三司使。不数日授枢密副使。次年,病故,享年63岁。赠礼部尚书,谥孝肃。

包拯性格严峻刚直,痛恶官吏的苛刻,做事力求诚实宽厚,虽然疾恶如仇,然而未尝不以忠恕之道侍人,与人交往不随意附和,不以虚伪的言辞和笑脸取悦于人。虽然身居高位,但衣服、器用、饮食如同没有做官时一样。他曾经说:"我的后代子孙做官,如有犯贪污罪的,不准放他进入家门,死后也不准埋葬到我家的墓地里。不遵从我的这个志向,就不是我的子孙。"他要求将这条遗训刻在石头上,砌在堂屋的东壁上,"以昭后世"。这条遗训充分显示了包拯为官清廉的高尚情操。

根据出土的《包拯墓志》记载:"其声烈表,爆天下之耳目,虽'外夷'亦服其重名。朝廷士大夫达于远方学者,皆不以其官称,呼之为'公'。"及其去世时,"忠党之士,哭之尽哀。京师吏民,莫不感伤,叹息之声,闻于衢路"。西羌于呵归顺宋朝后,对押伴使说:"平生闻中丞包拯是朝廷的忠臣,某既归宋,乞赐姓包。"神宗准其所请,并赐名顺。包拯为官清廉给当时及后世的人们留下不可磨灭的印象。

忧国忧民的范仲淹

范仲淹(公元989~1052年),苏州吴县(今吴中区)人。两岁时,他父亲就死了，家境十分贫寒，常常连一顿饱饭都吃不上，只能以稀饭和咸菜充饥。但有志气的范仲淹，却从来不叫一声苦。

范仲淹从小就立下了大志，要好好学习，长大后好为国家做一番事业。所以，尽管是寒冬腊月，他每天都坚持学习到深夜，从不间断，有时困得连眼睛都睁不开了，就用冷水洗洗脸，再继续读下去。

后来，他到了应天府（今河南境内）学舍读书时，更是昼夜苦读。一次，皇帝路过此地，同学们都蜂拥前去观看，只有范仲淹一个人留在课堂里读书。有人问他为什么不去一睹皇上的风采，而错过这样难得的机会，他回答说："书念不好，见皇帝有什么用处，书读好了，有了真本事，再见皇帝也不迟啊！"

范仲淹人穷志不短，他十分注意保持自己高尚的气节。年轻时，他曾在一处寺庙里读书。一次，他偶然间发现房屋的地下埋着一坛白银，他分文未取，仍旧将它埋好。过了几十年，范仲淹做了大官，寺里的僧人为了翻修佛殿，向他募捐。范仲淹回信告诉他们去取那坛白银，僧人们果然在他住过的屋子里找到了那坛银子，个个感动得流下泪来。

范仲淹当了朝廷的大官，但却从没忘记老百姓的疾苦。宋仁宗的时候，江淮一带发生严重旱灾，老百姓的庄稼颗粒无收，吃了上顿没有下顿，整天以野菜充饥。范仲淹知道这件事后，立即向皇帝要求派官吏去救灾。但皇帝只顾在宫中享乐，根本没当一回事。范仲淹便大胆地质问皇帝道："陛下要是半天不吃不喝，会是什么滋味？如今江淮一带的百姓都挣扎在死亡线上，陛下怎么能置之不理呢？"仁宗被问得一时说不出话来，只好派范仲淹去灾区赈济百姓。

公元1038年，西夏国不断侵扰北宋边境地区，范仲淹被任命为军队统帅。范仲淹到达边关后，重新组织训练军队。在他的率领下，这支军队作战勇敢，常常将入侵的西夏军队打得落花流水。西夏人知道范仲淹的厉害，就再也不敢轻举妄动了。

公元1043年四月，宋仁宗将敢于直言劝谏、锐力改革的范仲淹调回汴京，任为参知政事。宋仁宗多次接见范仲淹，对他说："朝政急需变革，请爱卿尽快提出意见，供朕参考。"

范仲淹深知朝廷弊病太多，早就该加以整顿。没过多久，他就写了一道奏章，提出必须进行政治改革。这道奏章就是著名的《答手诏条陈十事》，它的主要内容包括：（一）明黜陟，即严明官吏升降制度；（二）抑侥幸，即限制侥幸做官和升官的途径；（三）精贡举，即严肃贡举制度；（四）择长官，即严格选拔地方官;(五)均公田,即按官职公平分配职田;(六)厚农桑,即重视农桑等生产事业;(七)修武备,即整治军备;(八)推恩信,即广泛落实朝廷的惠政和信义;(九)重命令,即要严肃对待和慎重发布朝廷号令;(十)减徭役,即减少公役人数,使更多农民可回家安心种地。

宋仁宗决意改革,看过范仲淹的奏章后,非常满意。他批准了范仲淹的奏章,并命令范仲淹主持改革事务,让大臣韩琦、富弼、欧阳修从旁协助。因当时的年号是"庆历",所以这次改革被称为"庆历新政"。

这年冬季,范仲淹选派了一批按察使去各路(路是北宋政区名称,相当于省)考察官员。一旦按察使发现哪位官员不称职,范仲淹就从政府公职人员花名册上勾掉这位官员的名字,永不录用。

范仲淹的举措得罪了不少保守势力,他们恨透了范仲淹,联合起来准备与他一决高低。枢密副使富弼对新政的前途非常担忧,对范仲淹说:"你的大笔一勾,可害得人家一家痛哭啊!"范仲淹严厉地说道:"让他一家痛哭,总比让一城百姓痛哭要强得多!"

在范仲淹的严格考核下,平庸的官员被撤职,才智过人的官员则受到提拔,官府的办事效率得到提高,宋朝的政府机构终于有了一丝生机。欧阳修、蔡襄趁机上奏宋仁宗,称宰相吕夷简处事不公,应革除官职。宋仁宗听取他们的意见,将吕夷简罢免。

可是,对改革不满的保守势力却不甘心失败,他们兴风作浪,到处散布范仲淹、富弼、欧阳修等人结党营私的谣言。他们还花钱收买宦官,让他们在皇帝面前屡进谗言,诋毁范仲淹等人。

当时,由于改革派官员石介的批评,枢密使夏竦丢了官职。夏竦十分愤怒,命府中一个聪明的丫鬟日夜模仿石介的笔迹。等到这名丫鬟的笔迹能以假乱真时,夏竦就命她伪造了一封石介写给富弼的密信。在信中,夏竦编造谎言,说改革派要废掉仁宗,另立明君。

公元1045年初,宋仁宗在谣言的困扰下失去了改革的信心。他废除了"庆历新政",将范仲淹贬为邓州知州。

第二年,岳州(今湖南岳阳)知州滕子京写信给范仲淹,请他为修缮好的岳阳楼写篇文章。范仲淹在花洲书院写下了著名的《岳阳楼记》。在这篇文章中,范仲淹提出了"先天下之忧而忧,后天下之乐而乐"的思想,即要求儒生在任何条件下都要心怀天下,忧国忧民。

范仲淹一生忠心为国，却因为其改革举措得罪太多人，最终在谗言影响下被一贬再贬。公元1052年，范仲淹被贬为陕西四路宣抚使，年逾六旬的范仲淹病死于赴任途中。

欧阳修古文运动

欧阳修（公元1007～1072年），字永叔，号醉翁，又号六一居士，庐陵（今江西永丰县）人，北宋卓越的文学家、史学家。他领导了北宋的"诗文革新运动"，这是中国文学史上继唐代古文运动以后的又一次文风改革。改革的目的是反对浮华艰涩的文风，倡导文章要通俗流畅，贴近生活，对当时诗文革新运动做出了巨大的贡献。

欧阳修4岁时，父亲病逝，他和母亲随叔父一起生活，幼年家贫无资，母亲郑氏以荻画地，教其识字。欧阳修自幼酷爱读书，常从城南李家借书抄读。欧阳修天资聪颖，刻苦勤奋，往往书还没有抄完，已能背诵。少年习作诗赋文章，技巧娴熟，文笔老练。其叔由此看到了家族振兴的希望，曾对欧阳修的母亲说："嫂勿以家贫子幼为念，此奇儿也！不唯起家以大吾门，他日必名重当世。"10岁时，欧阳修从城南李家借到了唐代的《昌黎先生文集》，一共六卷，甚爱其文，手不释卷，日夜攻读。这为日后他倡导改革文风打下了基础。

宋朝初年的时候，在当时和平的社会环境下，贵族文人提倡的文风占据了主流，这种文风追求华丽的形式，优美的词汇，可是内容却空洞无物，脱离生活。欧阳修读了韩愈的散文，觉得文笔流畅，说理透彻，跟当时流行的文章全然不同。他认真琢磨、学习韩愈的文风。长大以后，他到东京参加进士考试，连考三场都得到第一名。这之后，欧阳修更加坚定了改革文风的信念，大力倡导文风改革。在二十多岁时，欧阳修就已经很有名气了。

相比较文学上的成就，欧阳修的仕途之路却并不顺利。他官职不高，但是十分关心朝政，正直敢谏。他曾写信责备陷害范仲淹的吕夷简，后来因此被降职到外地，过了四年才回到京城。后来，又因为支持范仲淹新政，欧阳修遭人诬陷，又被贬到滁州（今安徽滁县）。

到滁州后，欧阳修在处理政事之余，经常去一些地方游历。滁州有个琅琊山，有个和尚在山上造了一个亭子，供游人休息。每当欧阳修去此山游览的时候，总会到这个亭子上坐一坐，一边饮酒一边观赏。因为他自号"醉翁"，所以就给这个亭子起名叫醉翁亭,他还专门为此亭写了一篇名作《醉翁亭记》,文章流畅自然,为文人雅客所争相传诵。

十多年后,欧阳修早已名满天下,宋仁宗终于想起了他,把他从外地重新调入京城,任职翰林学士,负责文化事业方面的事务。

担任此职后,欧阳修便发起了古文运动,他推崇韩愈"文从字顺"的写作风格,大力提倡流畅自然和条理简洁的文风,反对那种刻意雕琢、怪僻晦涩的写作特点。并且,他以身作则,写了很多优美的散文,引领了当时的文学风潮。

古文运动得到了当时一些著名文人的共鸣,如尹洙、梅尧臣、苏舜钦等人,他们也纷纷响应欧阳修的倡议,写了不少有名的散文。

后来,主管科考进士的官员,鼓励考生写通俗自然、言之有物的文章,凡是那种以偏、怪、诡为能的文章一律摒弃。

与此同时,欧阳修还提拔、培养了如王安石、曾巩、苏辙、苏轼等一批新生代文学家,这些人都有很高成就。这样,他倡导的古文运动就取得了巨大的成功。

王安石变法

王安石(公元1021~1086年),字介甫,抚州临川(今江西抚州)人,是北宋著名的政治改革家、文学家和思想家。他出身于寒素的庶族,家庭属于"仕则有常禄,而居则无恒产"的小官吏阶层。作为庶族地主的代表人物,王安石主张打击豪族地主对于土地的掠夺兼并,并试图从他们手中夺取劳动力归皇权直接控制,从而实行他所幻想的"周礼"古制。他的一系列改革措施,客观上起到保护小生产者利益,不受豪强侵夺的作用,因而在一定程度上缓和了阶级矛盾。在他执政期间,庶族地主的代表纷纷登上了政治舞台。

熙宁二年(公元1069年)七月以后,王安石主持制定的几项新法陆续公布了。

一项叫作"均输法"。北宋时,东京汴梁居民百万人,驻兵几十万人,是当时世界上少有的大都市。这么多居民,加上庞大的军队、官僚及政府和宫廷,当然要消费大量物资用品。北宋政府就命令东南各地(包括今江苏、浙江、安徽等地)每年上供货物——从水路运往东京。遇有特殊需要,还临时派官员下去搜刮。各地每年的年成不同,货物价钱贵贱不一样,再加上各地官吏层层剥削,富商大贾兴风作浪,上供给百姓造成很沉重的负担,国家也吃了不少亏。"均输法"规定由发运使总管东南地方的赋税,随时掌握各地货物的行情，根据京城各部门的需要，向各地征购。贵的时候少买，贱了就多买，近处有货就不到远处去买。这么一来，老百姓的负担减轻了一些，国家得了实惠，各地操纵市场的大商人却少赚了好多钱。于是这些大商人都叫苦连天。朝中一些官员也给皇帝上书，为他们鸣不平。

接着公布的是"青苗法"和"农田水利法"。

当时农村每到青黄不接的季节，特别是灾荒年间，贫苦农民为了活下去，不得不向大地主、富商借高利贷，借1000钱，一年以后要还2000钱、3000钱甚至4000钱。要是还不出来，就只好卖土地、房屋，甚至卖儿卖女，流亡他乡。王安石在鄞县（今浙江宁波市鄞州区）当县令的时候，就曾经把官府的钱借给农民，收一定的利息，帮助农民渡过难关。陕西有个叫李参的官员，也用过这种办法。他让当地农民根据收成情况、还债的能力，在青黄不接时向官府借钱，收获以后再还，这钱就叫"青苗钱"。王安石参照了这些经验，制定了"青苗法"。

青苗法规定，城乡居民一年当中可以向当地官府借两次钱，半年之内归还。借1000钱，要还1200钱。借钱的时候官府要根据各户的贫富，酌定借钱的数目。这样一来，老百姓虽然也要付不少利息，但比借高利贷合算多了。官府放债收利息，收入也增加了。可原来靠放高利贷牟取暴利的富豪，不但被断了财路，而且有些地方的官府还强迫他们也借青苗钱，付利息，吃亏吃大了。

"农田水利法"是鼓励各地官员、百姓兴修水利的，收益大的，国家给予奖励。资金不够，可以向官府借青苗钱，期限放宽，利息降低。

青苗法和农田水利法的实行，推动了当时的农业生产。可是代表大地主、大商人说话的保守派官僚们，却拼命攻击新法。元老大臣韩琦、欧阳修、富弼、文彦博，王安石的老朋友司马光、文学家苏轼兄弟，全都反对青苗法。就连参加制定青苗法的李常，也调过头来攻击青苗法。

王安石变法的目的在于富国强兵，借以扭转北宋积贫积弱的局势。然而变法触及了保守派的利益，遭到保守派的反对。法令颁行不足一年，围绕变法，拥护与反对两派就展开了激烈的论辩及斗争，史称"新旧党争"。元丰八年（公元1085年），宋哲宗即位初，高太后垂帘听政，起用司马光为宰相，新法几乎全被废掉。

王安石不计个人的得失，敢作敢为，进行了中国封建社会中最重大也是最有成果的改革。这次改革虽然一开始声势浩大，中途却曲折波动，最后终于以悲剧告终了。王安石有志气、有抱负、有学问、有才干、有魄力、有胆量,还有皇帝的全力支持,结果还是敌不过统治阶级中的守旧势力。他的一生,就是一幕丰富多彩的悲剧。这幕悲剧的结束,预示了宋朝已经日暮途穷,它的灭亡,是任何人也挽救不了的。

伟大的科学家沈括

沈括(公元1031~1095年),字存中,杭州钱塘(今浙江杭州)人,北宋科学家、政治家。一生成就颇多。沈括精研天文,提倡的新历法类似于今天的阳历。在物理学方面,他详细记录了指南针的原理和多种制作法;还发现地磁偏角的存在,这一发现要比欧洲早400多年;还对共振等规律加以研究。数学方面,沈括创立了"隙积求"和"会圆术"。在地质学方面,沈括提出了石油的命名。医学方面,记录了很多有效的药方,写出很多医学著作。

沈括的父亲沈周酷爱藏书,家中所藏之书,包罗万象,数量多得惊人。这为沈括日后成才提供了一个有利的条件。沈括的母亲许氏出身于官宦之家,也是位饱读诗书的才女,对沈括进行了良好的启蒙教育。沈括小时候就有强烈的求知欲和好奇心,在母亲的指导下,14岁时就几乎读完家中的藏书。此后,他跟随为官的父亲先后到过泉州、润州(今江苏镇江)、简州(今四川简阳)和京城开封等地。不同的地方给了他不同的见闻,增加了他的阅历,开阔了他的视野,小小年纪,便被认识的人称为"万事通"。

24岁时,沈括走上仕途,任过县令、知州。由于他博学多才,见识广泛,经他主持的事情没有干不成的。任职地方县令时,带领当地农民兴修水利,由于科学开挖,合理引导,圆满完成70万亩水浇地的灌溉工程。他在地方政绩显赫,治平三年(公元1066年),被举荐到京城昭文馆负责编校书籍。其间,宋神宗命令他主持评定浑天仪。沈括发现,现有的旧的浑天仪许多地方需要改进,提出制造新的浑天仪。得到许可后,沈括查阅资料、反复研究,终于制成更为先进的浑天仪。宋神宗听说后非常高兴,于熙宁五年(公元1072年),让他兼任司天监。司天监就是观察天文、修订历法的官员。从此,沈括一丝不苟地观测天象,精心推算历书。后与人合作,修成《奉元历》,比以往应用的几种天历、元历更加科学实用。不仅如此,沈括还通过自己的细心观察和推演最早发现了月亮本身不发光,主要靠反射太阳之光这个事实。他同时还推算出日食和月食发生的原因,这在当时是非常不容易的。

沈括不仅在天文方面成绩斐然,在军事方面也表现出非凡的才能。他在担任河北西路察访使和军器监期间,面对辽夏两国的侵犯,坚定地站在主战派一方。为了战胜外敌,他认真地读兵书,精心研究城防、阵法、野战、攻城等战略战术。当时神宗为了对抗辽兵,下令征集全国的牛车充当战车。沈括闻知,认为不妥。他觉得牛车笨重,一天行不足30里,遇到雨雪天更是寸步难行,上战场打仗只能贻误战机。当即上书神宗请命,要求由他来主持研制新兵车,神宗当即应允。沈括为尽快研究出对付敌人的武器,昼夜不停,很快便研制出新的战车,同时还对现有的作战武器进行了较大改进,提高了部队的战斗力。在此期间,他还编著了《修城法或条约》和《边州阵法》两部极有军事参考价值的兵书。

在地理学方面,沈括通过反复的考察研究得出一系列卓越而富有见解的论断。他在西北地区担任守将时,对当地的地质、地貌、气候等进行了实地考察,发现了石油这种物质可以用来点灯照明,但他并未止步于此,又对其进行详尽的研究,断言:日后此物必大行于世。九百多年后的今天,果然被沈括言中,石油成为人类赖以生存的能源之一。此外,沈括还指出浙东雁荡山奇特风貌是水流侵蚀的结果;推断出河北太行山脉地区本为远古时代的海滨;而华北平原则为黄河、漳河、桑干河等河流所携带的泥沙沉积而成;特别是他根据地下挖掘出的动植物化石准确推断出古代自然环境,明确指出那些化石即为古代动植物的遗体,这比西方文艺复兴时期达·芬奇对化石的论述要早400多年。

沈括对发展农业生产和兴修水利十分重视。早在他担任沭阳县主簿时,就主持治理沭水,修筑渠堰,解除了当地百姓的水患,开垦了7000顷良田。在担任宁国县令时,他在今安徽芜湖地区主持修筑了规模宏大的坚固的万春圩,并开垦了能排能灌、旱涝保收的良田1270顷,同时还著有《圩田五说》和《万春圩图书》等有关圩田方面的书籍。公元1072年,沈括还主持了汴河的水利建设。亲自测量了汴河下游自开封到泗州淮河两岸共840多里河段的地势。采用了"分层筑堰法",精确地测出开封与泗州之间地势高度差,这在世界水利史上是一个创举。沈括仅仅用了四五年时间,就引水灌田1.7万多顷。

沈括还有环保观念,提出我们不能随便砍伐树木。有一次,他在书中读到这样一句话"高奴县有洧水,可燃"。之后,他特意针对书中所说的内容进行了实地考察,在考察中,他发现了一种褐色液体,当地人都叫"石脂""石漆",用来烧火做饭,点灯、取暖。于是,沈括就给这种液体取了一个新的名字,叫石油。这个名字一直沿用至今。沈括当时就想到用石油取代松木作燃料。他还说不到万不得已千万不能随意砍伐树木,特别是古林,更不能破坏!在今天看来他的观点是正确的,但是沈括的这个观点当时却没得到重视。

沈括是一位具有多种发现的科学家。在数学研究上,他从实际计算需要出发,创立了"隙积求"和"会圆术"。在物理学研究上,他的成果涉及力学、光学、磁学以及声学等各个领域。尤其是他指出存在地磁偏角,是世界上关于这方面史料的最早记载。西方直到1492年哥伦布航海达美洲时,才发现地磁偏角,比沈括晚了400多年。沈括对医药的研究也有自己独到的见解。他曾致力于医药的研究,搜集药方,去伪存真。还亲自动手,治愈过许多病人。他在医学方面著有医药学著作《良方》三种。哲宗元祐三年(公元1088年),沈括还亲自主持绘制了《天下州县图》集,共计20幅,最大的一幅竟然达到长1.2丈、宽1丈的规模,可谓水平空前。此外,沈括在文学、史学、音乐、绘画以及政治、经济等方面均有所建树。

元祐五年(公元1090年),59岁的沈括搬到竹林葱郁、景色怡人的润州郊区梦溪园居住,在几乎与世隔绝的环境中著书立说。他呕心沥血,最终完成了科学巨著《梦溪笔谈》。

《梦溪笔谈》共30卷,17目,609条。内容不仅涉及天文、地理、生物、化学、医药、历法、气象、数学、制图、建筑、冶金、史学、音乐、文学、美术等诸多方面,同时记载了沈括一生的研究创作和科学成就。

《梦溪笔谈》以其丰富的内容和巨大的科学性而为中外人士所称道,有"中国科学史上的笔标"之美誉。沈括也以其在科学史上的杰出贡献和顽强刻苦的钻研精神而为后人所崇敬。

布衣发明家毕昇

所谓"布衣",就是平民、老百姓。劳动人民是智慧的创造者,从古至今,历史上许多有作为的人士皆为布衣出身。北宋时的毕昇,发明活字印刷,堪称"布衣发明家"。

毕昇生于一个农民家庭,小时候就聪明好学,可家里因为贫穷,没法供他上学。对知识的渴求,驱使毕昇躲在私塾外面偷听私塾先生讲课。私塾先生发现后，非常感动，就免费让他旁听。来之不易的机会，让毕昇格外珍惜，他每天起早贪黑，刻苦学习，深得私塾先生的喜爱。可是，好景不长，他12岁那年，遇上大旱，庄稼颗粒无收，父母均在这场大旱中饿死。心地善良的私塾先生谢清之收留了他。谢家也不富裕，毕昇不想连累谢家，便去外面找工作，一来可以维持生存，二来可以补贴谢家。

小小年纪，要想找到工作十分困难，好在毕昇能写一手漂亮的字。"播文堂"雕版作坊的老板动了恻隐之心，聘他当写字先生。就这样，毕昇在雕版作坊一干就是七八年。其间，老师谢清之见毕昇忠厚老实、颇有才气，就把自己的女儿许配给他。

婚后，为了维持一家的生计，毕昇更加努力工作。一天，岳父谢清之把他叫到跟前，说："毕昇，我也算得上半个文人，虽没有治国安邦的能力，但我想在有生之年为老百姓做点事。"说完，谢清之转身进入卧室，不大一会儿的工夫，手里捧着一摞书稿出来，对毕昇说："我几乎用了一生的精力，写成这部《汜胜之农书纂补》。书中收录了许许多多关于农业方面的知识，我希望它能够传播出去，对农民或许有些用处。你也知道，我们家徒四壁，根本拿不出多余的钱来出版它。我老了，有心无力，出版的任务，只能交给你去完成。"

岳父谢清之对自己恩重如山，如今又把重要的书稿托付给自己，毕昇非常感动，当即向岳父表示，一定要把这部书出版出来。

问题是，毕昇的薪水只能勉强养活一家人，根本拿不出余钱来出版书稿。但是，他不气馁，决定自己刻板，完成岳父的心愿。说的容易，一旦实施困难重重，毕昇利用一切可以利用的时间，不停地在雕版上刻字，平时那双握笔的手被刻刀磨出层层老茧，但他丝毫不在乎。然而，让他烦恼的是，一旦刻错一个字，整个雕版需刨光重新刻，既耗时又费力。毕昇想，刻一本书就需要如此高昂的代价，这样的印刷工艺太落后了，需要进行改进，让印刷不再烦琐。有了这种想法后，毕昇把书稿和未完成的刻板存放起来，开始研究新的印刷技术。

岳父谢清之一连几天没有看到毕昇雕刻书版，心中纳闷，便来询问原因。毕昇把自己的想法告诉岳父后，岳父非常赞同。得到岳父的肯定后，毕昇的干劲儿更大了。他夜以继日，反复试验，不怕失败。刚开始时，木板刻成的活字模，经过多次试验，发现两大缺点：一是刻字费力；二是木头遇到水很容易变形，导致版面凸凹不平，不方便印刷。为了解决这个难题，他查阅相关印刷资料，总结前人的经验。又经过无数次的实验，毕昇终于发明出胶泥活字印刷。他的发明在宋仁宗庆历年间（公元1041～1048年），比欧洲的古腾堡发明整整早了400年。

毕昇的活字印刷术还先后传至朝鲜、波斯、埃及、日本等许多国家。可以说，毕昇为我国文化的发展，以及世界文化的交流，做出了巨大的贡献。

光照千古的苏颂

苏颂（公元1020～1101年），字子容，泉州人，后迁居润州丹阳（今江苏镇江一带），是我国宋代著名的药学家和天文学家。

苏颂自幼聪颖过人，5岁就能背诵经书和诗文。10岁随父入京，学习勤奋刻苦。宋庆历二年（公元1042年），22岁的苏颂与王安石同榜中进士。

苏颂开始被授予汉阳（今湖北武汉市汉阳）军判官职，没有去赴任，后来改补宿州（今安徽宿州）观察推官，之后又调江宁任知县。苏颂在任内为官清廉，合理征收赋税，积弊为之一清。

宋仁宗皇祐三年（公元1051年），苏颂出任南京留守推官等职。他办事谨慎周密，很受当时任南京留守的欧阳修赏识。

宋仁宗皇祐五年（公元1053年），苏颂调到京城开封，任职馆阁校勘和集贤校理，负责编定书籍。在这段大约9年的时间里，苏颂不仅博览了各种藏书，而且还每天背诵二千言。他对诸子百家、阴阳五行、天文历法、山经本草和训诂文字，无所不通，成为一位学识渊博的学者。

宋神宗熙宁三年（公元1070年），苏颂主持礼部贡举。王安石要越级提拔秀州判官李定到朝中任太守中允，神宗让苏颂起草诏令，苏颂认为不合任官体制，断然拒绝，结果被罢免了知制诰的职务，外放婺州为官。元丰四年（公元1081年），苏颂受命搜集整理邦交资料，历时两年，写成《华戎鲁卫信录》250卷。

元丰八年（公元1085年），宋哲宗即位，十一月，诏命苏颂制作水运浑仪，费时6年制成。绍圣年间（公元1094～1098年），苏颂又与韩廉全撰写《新仪象法要》3卷。在这十几年的时间里，苏颂被擢升为刑部尚书和尚书左丞，后来官至宰相。元祐八年（公元1093年）苏颂辞去官职，绍圣四年（公元1097年）又被起用，封太子少师。徽宗建中靖国元年（公元1101年）五月夏至后一日，苏颂在丹阳家中病逝。次年葬于丹徒王洲山，赠司空，后追封魏国公。

苏颂一生政绩卓著，但是他的科学成就更为突出。他在药物学和天文学以及机械制造技术方面取得了杰出的成就，被英国科技史学家李约瑟称赞为"中国古代和中世纪最伟大的博物学家和科学家之一"。

在医药学方面，嘉祐初年，苏颂受诏校定与编撰医书。嘉祐二年（公元1057年），与崇禹锡、林亿等一起编写了《嘉祐补注神农本草》。又经过四年的艰苦努力，在嘉祐六年（公元1061年），苏颂编撰完成了《本草图经》21卷。它不仅对药性配方提供了依据，而且对历代本草的纠谬订讹做出了新贡献，特别是使过去无法辨认的药物可以确认无误。《本草图经》在生物学、矿物学与冶金技术上也有较大贡献，里面还有关于冶金技术的许多记载，简要描述了宋代三种钢铁的冶炼方法及其不同功用。

在天文学和机械制造技术方面，苏颂主持创制了水运仪象台，这是一个高12米、宽7米的巨型天文仪器。水运仪象台的上层是观测天体的浑仪，中层是演示天象的浑象，下层是使浑仪、浑象随天体运动而报时的机械装置。它兼有观测天体运行、演示天象变化，以及随天象推移而有木人自动敲钟、击鼓、摇铃，准确报时三种功用。苏颂主持创制的水运仪象台是11世纪末世界上最先进的天文仪器，也可以说是世界上最古老的天文钟。

苏颂在《新仪象法要》中绘制了有关天文仪器和机械传动的全图、分图、零件图50多幅，绘制机械零件150多种，其中多为透视图和示意图，这是我国也是世界上保存至今的最早最完整的机械图纸。

苏颂在《新仪象法要》中还绘有多种星图，有"浑象紫微垣星图""浑象东北方中外官星图""浑象西南方中外官星图""浑象北极星图""浑象南极星图""四时昏晓加临中星图""春分昏中星图""春分晓中星图""夏至昏中星图""夏至晓中星图""秋分昏中星图""秋分晓中星图""冬至昏中星图""冬至晓中星图"14幅。

苏颂星图是历史上流传下来的全天星图中保存在国内的最早星图。就所列星的数目而言，苏颂星图的贡献也是值得称道的。如欧洲到14世纪文艺复兴以前，观测到的星数是1022颗，要比苏颂星图少442颗。

苏颂在天文仪器、本草医药、机械图纸、星图绘制方面，都能站在时代的前列，这有诸多原因。最重要的一条莫过于他在科学上的开拓进取和创新精神。

苏轼与"乌台诗案"

苏轼（公元1037～1101年），字子瞻，又字和仲，号东坡居士，眉州（今四川眉山）人，世人多称他为苏东坡，北宋时期著名的文学家、书画家、词人和诗人，是"唐宋八大家"之一，豪放派词人代表。其诗、词、赋、散文，均成就极高，且擅书法和绘画，是中国文学艺术史上罕见的全才，也是中国数千年历史上被公认文学艺术造诣最杰出的大家之一。其散文与欧阳修并称"欧苏"；诗与黄庭坚并称"苏黄"；词与辛弃疾并称"苏辛"；书法名列"苏、黄、米、蔡"北宋四大书法家之一；其画则开创了湖州画派。

宋神宗年间，苏轼因为看到王安石主持的变法不尽如人意，因此反对变法。当时变法派势力很强，他们看到苏轼竟然反对变法，就对他大加排挤。

公元1079年，苏轼由徐州知州改任湖州知州。由于在徐州期间，他兴修水利，减轻赋税，提倡生产，为百姓做了大量有益的事，因此深受百姓的拥戴。在他离开徐州时，当地百姓从四面八方赶来，拜倒在他的马前，向他敬酒送行。

苏轼满怀对徐州百姓的留恋去湖州上任了，但是他无论如何也想不到，朝中主张变法的大臣正在罗织罪名，对他群起而攻，一场灭顶之灾就要降临到他的头上。

苏轼到达湖州任职后不久，监察御史何正臣首先向他发难，他弹劾苏轼给宋神宗赵顼的谢恩表是"愚弄朝廷，妄自尊大"。没过几天，另一个御史又从苏轼所写的诗文中摘出几句话，诬陷他诽谤朝廷，大逆不道。接着，曾因母亲去世借故不服丧而受到苏轼批评过的御史中丞李定见报复的时机到了，也上书攻击苏轼。一时间弹劾苏轼的奏折纷纷被摆到神宗皇帝的案前。

这些人之所以能抓住把柄，有恃无恐地攻击苏轼，原因在于苏轼所写的诗上。原来苏轼在外任官期间，目睹了新法推行过程中出现的许多扰民害民问题，他看不惯，就写了一些诗来讽刺这些事，意在希望引起朝廷重视。这些诗中以《山村五绝》这组诗最有代表性。没想到这些诗竟然被李定等人指控为包藏祸心、讥讽朝政的罪证。苏轼还有一首描写桧树的诗，这样写道：

凛然相对敢相欺，直干凌空未要奇。

根到九泉无曲处，世间唯有蛰龙知。

这首诗主要是描写两株桧树"凛然相对"、"直干凌空"、树根深入九泉、挺拔无曲的雄姿，借以抒发自己耿直不屈的性情，却也被随意曲解。那些爱搬弄是非的政敌说，皇帝是飞龙在天，而苏轼却向地下的蛰龙寻求相知，有对皇帝不恭之意。于是朝廷派人前往湖州逮捕苏轼，押赴京都，关入御史台监狱。御史台又称乌台，因此这个案子被称为"乌台诗案"。

此事在朝野上下引起了强烈反响。李定等人想置苏轼于死地，有的人生怕自己受到牵连，避之唯恐不及。但敢于站出来替苏轼求情辩解的人也不少。苏轼的弟弟苏辙当时在南京任判官，他请求用自己的官职为哥哥赎罪，结果被贬为筠州负责盐酒税务的小官。

此案的审理持续了很长时间，久久不能定论。苏轼在监狱中足足待了100多天，受尽了折磨。后来神宗赵顼因爱惜苏轼的才华，认为实在算不上大事，就把他贬到黄州当团练副使。

接下来的三年，苏轼在黄州度过了最失意的日子。因薪俸微薄，他生活常常需要朋友接济。后来，苏轼找到了一块名叫东坡的坡地，自己种起了庄稼，盖上了几间草屋。他给自己起了一个别号叫"东坡居士"。

在此期间，他的生活虽然贫苦，但他常常游览山水，写作诗词，来抒发自己的情感。其中那首著名的词作《念奴娇·赤壁怀古》就是他在游览长江边的赤壁时，想起三国时期赤壁大战时的情景，触景生情，有感而作的。

苏门四学士

北宋著名诗人黄庭坚、秦观、张耒、晁补之，都出自大文学家苏轼之门，所以当时号称"苏门四学士"。

"四学士"中，黄庭坚文学成就最高，又是江西诗派的领袖。其诗与苏轼并称"苏黄"，词与秦观并称"秦七黄九"。尤其是他的诗，对宋代文坛更是产生过较大的影响。他作诗一方面取法杜甫；另一方面博采韩愈、孟郊、白居易等人的技巧，在此基础上，又刻意创新，自辟门户，强调要"以故为新"，"化腐朽为神奇"，形成了瘦硬老辣，新奇峭拔的艺术风格，在宋代浩瀚的诗海中标新立异，别具一格，同王安石、苏轼等人一起，为宋诗争得了历史地位。

秦观是以词著称于文学史的。在艺术上，秦观一方面摒弃了晚唐五代词淫靡艳丽的词风；另一方面吸取了欧阳修、"二晏"、苏轼等人词的精华，以及民间乐曲中的营养，又敢于创新，这就形成了他独具的"柔婉清丽"的风格。他的语言平淡自然，很少用典，偶或用之，则溶化无渖，在婉约派词人中独具一格。总之，秦观的词是既有继承，也有创造，由于兼师众长，终能自成一家。

张耒和黄庭坚一样，是以诗负盛名。如果说黄庭坚的诗艺术性胜于思想性，那么张耒的诗恰恰是思想性超过艺术性。在"四学士"中，他的诗最富有现实主义内容。《劳歌》中"负重民"的形象，是生活在苦难深渊中的广大劳动人民的缩影。这些诗篇不事雕琢，自然流畅，与江西诗派雕琢刻镂的诗风大相径庭。这是他创作上的成功之处。但他忽视了使作品臻于完美的其他艺术因素，如形象的鲜明，构思的巧妙，语言的精炼等。所以，他的部分反映了人民生活的诗歌，缺乏艺术感染力，经不住咀嚼，语意雷同，流于草率。

真正追随苏轼的只有晁补之，难怪后人说："学东坡者，必自无咎始。"（张尔田《忍寒词序》）当时苏轼对词的革新，招致了不少文人的责难。而晁补之却奋力挺起，发展了豪放词派，这一功绩是不可抹杀的。其词无论是吊古怀今，言物咏志，还是抒写宦途感慨，田园山水，都具有一种豪放沉郁的风格。《洞仙歌·青烟幂处》是他的代表作，意境高远清雄，笔调奇逸，风格健朗。

司马光写《资治通鉴》

司马光（公元1019~1086年），字君实，北宋陕州夏县涑水乡（今山西夏县司马营村）人，世人称他涑水先生。我国古代著名的史学家，一生著作很多，有二十种五百余卷，其中由他主持编撰的《资治通鉴》一书，成为继司马迁《史记》之后最优秀的一部通史巨著，一直被历史学者所推崇，对我国的史学发展具有巨大影响。

传说司马光小时候特别聪明。在他7岁的时候，有一次，他和小伙伴们在院子里玩捉迷藏，大家打闹着追来追去玩得很起劲。忽然，一个小伙伴不小心掉进了院子里的大水缸里。那个水缸比小伙伴还高，只见他在水缸里拼命挣扎，大声呼救。其他伙伴们干着急，却没有一点办法。这时，司马光急中生智，举起一块大石头把水缸砸碎，救出了自己的伙伴。

司马光从小就特别喜欢读历史书，因此他头脑里蕴藏了大量的历史知识。由于对历史有着浓厚的兴趣，司马光在考中进士做了官以后，继续钻研历史。在长期的研究中，司马光发现已有的历史书种类虽然很多，但记载从远古一直到当代的比较完整的历史书却一本也没有。为了让人们完整地了解历史，司马光决心编一部完整的通史，取名《通志》，意思就是从头到尾的历史。

公元1066年，司马光把《通志》献给了英宗皇帝。《通志》总共8卷，书中记述了从公元前403年即周威烈王二十三年到公元前207年即秦二世三年，196年的历史，内容主要是写秦、齐、楚、燕、韩、赵、魏七国的盛衰兴亡，给皇帝作为借鉴。英宗看后，非常满意，就命他继续写下去，还下诏设置书局，提供费用，增补人员，专门编写。司马光深受鼓舞，于是在右掖门处的秘阁内设立了书局，还请了当时著名的历史学家刘恕、刘班、范祖禹等人，一起讨论了书的宗旨和提纲，并且做了分工，分别由刘班撰写两汉的历史，刘恕写魏晋南北朝的历史，而范祖禹撰写隋唐五代的历史，最后由司马光统稿，由司马光的儿子司马康担任文字的校对工作。

宋神宗即位后，认为《通志》这部书不仅能了解历代王朝的治乱兴衰，而且书中所记载的历史就像一面镜子，能时常对照借鉴。因此，宋神宗把书名改为《资治通鉴》。"资治"有帮助的意思，"通"是从古到今，而"鉴"是指镜子，有教训和警戒的意思。因此，后来人们把《资治通鉴》简称为《通鉴》。

从宋神宗即位到宋神宗去世前一年，司马光出任西京御史台，在洛阳继续编写《资治通鉴》。这个时期正好也是王安石搞变法维新的时期。司马光虽与王安石是好朋友，但他不认同王安石的变法主张，是反对派的代表。他认为王安石变法的目的是为了剥夺富人的利益，坚持祖宗之法不可改。他曾经对宋神宗说："我和王安石两个，就像冰块和火炭不能放在一起，冬天和夏天不可能同时出现一样。"由此可见，他和王安石的立场是极端对立的。

司马光在自己的著作里也渗透进了自己的政治观点，在《资治通鉴》的史料里多处体现了维护地主阶级利益的意味。这本书花费了司马光几乎全部的精力和心血，他每天不分昼夜地写，常常顾不上吃饭和睡觉。他害怕自己睡得过了头，于是自己设计了一个圆木枕头。睡在圆木枕头上，只要脑袋稍微一动，枕头就会滚到一边，把人惊醒。他把这个枕头叫作"警枕"。司马光这种勤奋治学的精神，历来为后人所称道，"警枕"的故事也广为流传。

《资治通鉴》的编写前后共用了十九年的时间，经历了宋英宗、宋神宗两代皇帝。司马光等人根据丰富的历史资料，记述了从公元前403年到公元959年共1362年的史实，按照事件发生的时间先后，编成一部294卷的编年史（按年月日顺序记载历史的一种体裁）。这部书对各个朝代的历史事件都做了详细的介绍，对政治、文化、经济都做了详细的总结。它是中国历史上一部伟大的著作，人们因此把司马光和写《史记》的汉代史学家司马迁合在一起叫作"两司马"。

司马光性情耿直，在书中，他评论任何历史人物，都十分客观。他在《资治通鉴》里面，不仅赞扬了每个皇帝做了好事的一面，也指出了他们残酷镇压老百姓、迷信荒唐的一面。这部书参考了300多种书籍，并且做了认真的考证，具有很高的历史资料价值，因此，后来的历史学家研究宋代以前的历史，都喜欢把《资治通鉴》拿来做参考。

女真英雄完颜阿骨打

完颜阿骨打（公元1068～1123年），汉名完颜旻，是乌古迺的孙子，他是女真族的一位杰出首领。

公元1112年春天，辽国皇帝耶律延禧到东北辉春州巡游，命令当地女真族各部落的酋长前来朝见，并设宴招待他们。耶律延禧几杯酒下肚，有了几分醉意，叫酋长们跳舞为他助兴。酋长们虽很不情愿，但不敢违抗命令，就各自跳起民族舞蹈来。这时，耶律延禧发现一年轻人却坐在那里一动不动，便气恼地催促他跳舞，但不管好说歹说，他就是不跳，宴会就这样不欢而散。

原来这年轻人叫阿骨打，是完颜部落的人。阿骨打力大无比，又有一手好箭术。一次，他和众射手练习射箭，他比其他人站远一百步，但却射得最准。这时，就见空中有三只鸟飞来，只见他拿弓在手，眨眼工夫就将三只鸟射落在地，众人一片惊呼！

阿骨打凭着他的勇猛和智慧，很快就成了女真各部落的首领。他日夜训练军队，准备反辽。公元1114年，阿骨打率骑兵2500人和一支辽军相遇。阿骨打看着忘乎所以的辽将，一箭射去，辽将应声落马，后面一将赶紧抢救，又被一箭射中脑门。阿骨打看见一辽兵正瞄准自己的部将，又随手一箭，将辽兵穿透胸背。骑士们见主帅左右开弓，箭无虚发，登时勇气百倍，向敌人发起了猛攻，顷刻，消灭了一大半辽兵。

公元1115年，已有一万多人军队的阿骨打在会宁（今黑龙江阿城南）称帝，国号金，阿骨打就是金太祖。

耶律延禧见阿骨打称帝，恼羞成怒，亲自率领70万大军，向金国扑来。

阿骨打虽有一万多人的兵力，但对付如此强大的敌军，心中也有些顾虑，但他没有退却,他哭着对部下说:"我和你们起兵,是为了不受辽国的欺压,不想却招来如此大祸。现在辽国70万大军前来,如果不是人人拼死力战,怎么能抵挡得了?要么,你们不如砍了我的脑袋,去投降辽国!"大家听了既心酸又气愤,表示唯有拼死决战。阿骨打利用将士们迫切求战的心理和拼死的战斗精神,一举歼灭了辽军的主力,耶律延禧跑了一天一夜,总算保住了性命。

从此以后,金国在阿骨打的统治下,日益强盛起来,最后终于灭亡了辽国。

金朝在金太祖完颜阿骨打的统治下,国富民强,势力很快发展到今内蒙古地区。不久,又攻下辽朝的上京临潢府。女真人大批南迁接受南方先进的生产技术,生产力又得到极大的提高。然而,由于女真曾长期在辽的统治之下,一直沿用契丹文字。金朝大臣完颜希尹便上书金太祖,指出:一个国家若无自己的文字,便不会永世长存下去。金太祖受到极大的触动,当即降旨,命完颜希尹主持创制女真文字的工作。完颜希尹为金朝有名的聪明人,他早就想为创制本族文字出力。如今,皇上既已下诏,他便当仁不让,网罗了一大批汉族和契丹族的有才之士,进行创制文字的繁复工作。他们模仿汉字的楷书和契丹文字,又结合女真人语言的特点,反复研究,终于创制出女真文字,使女真人有了自己记录历史以及进行书面交往的符号。这既是完颜希尹的创举,但也不失为金太祖的一大功劳。因为,如果没有金太祖的支持,完颜希尹是不可能完成这项工程浩繁的工作的。

为了能使自己的子民安居乐业,金太祖完颜阿骨打还发布了解放奴隶的命令,提高农业生产,禁止军队对百姓进行骚扰和侵害。从历史角度来看,他不失为一位治国之明君。

为了使女真人永远摆脱辽朝统治,不再受他们的欺压,金太祖又于天辅六年(公元1122年),继续将兵力向南推进,陆续攻占了辽朝的中京大定府、西京大同府和南京析津府。辽军完全被金兵摧毁。辽朝天祚帝耶律延禧惶惶如丧家之犬,拼命向夹山(内蒙古自治区呼和浩特西北)方向逃窜。两年后,天祚帝被金朝追兵所获。而金太祖完颜阿骨打——这位女真族心目中的民族英雄,也在胜利完成民族自卫独立战争后死去,时值公元1123年。

花石纲之役

崇宁元年(公元1102年)三月,宋徽宗命宦官童贯在苏州、杭州设置造作局，专门制作象牙、犀角、金、银、玉、藤等工艺品，以供宫中享用。同年七月，蔡京拜相。蔡京知宋徽宗对奇花、异木和怪石的特别嗜好，暗中指使苏州的富商朱冲，设法搜罗珍异的花石进贡皇上。朱冲初次进贡珍异的小黄杨三株，宋徽宗见后十分喜爱。此后，朱冲时常进贡花石，而且数量品色越来越多，并且逐渐由私自进贡变为奉诏进贡。花石都是用船装载，通过运河、汴河运往京城开封。运送花石的船只甚多，起运时以十船为一纲，所以称作"花石纲"。

崇宁四年（公元1105年）十一月，宋徽宗于苏州正式设置苏、杭应奉局，兼领花石纲，由朱冲之子朱勔主持，以便在东南地区搜罗更多的奇花异石，满足自己无度的享用。朱勔秉承宋徽宗的旨意，肆无忌惮地搜括民间的奇花异石。凡打听到士庶之家有一石或一木可供玩赏，即派遣吏兵闯入其家，指该石或木为御前之物，贴上黄纸封条，勒令原主人妥善看护。若花石有损或被窃，则以对皇上大不恭治罪。等到起运花石时，吏兵们刨地毁物、拆房倒墙，甚至趁机敲诈勒索，无所不为。稍有产业的人家也往往因此而破产，贫苦农民则更是苦不堪言。民间的奇花异石搜括殆尽，应奉局又不计代价求之于山野湖泽之中，往往为得到一花或一石，不惜耗费十多万缗钱和无数的民力。太湖中有一巨石，高达四丈，奇异可观，朱勔一伙必得之而心甘，出动大量的人力，费去无数的财物，才把那块巨石打捞上来。

花石的运送，需要许多船只和民工。应奉局肆意征用民船和商船，强行征集大量的农民充当工役。渔民失去赖以生存的船只，农民顾不上自己的土地，为此而导致家破人亡，民不聊生。巨石太重或伟木过长，装卸和运送都十分艰难，不仅需要大量的民工充役，而且还得劈山开路、疏滩凿礁。运送太湖那块四丈高的巨石时，两岸拉纤的民夫有千人之多。巨石所过之外，凿城断桥，毁堰拆闸，花了几个月的时间才到达京城，沿途破坏甚大。运送花石的船只一纲一纲往来于淮河、汴河中，两岸人民怨声载道。若遇旱季水浅，漕河不能行走时，花石纲并不停运，而是绕道于海，船载重物，航行于海，遇到不测风暴，往往人船皆被吞没。纲运的士卒也为此受苦不已，以致常常逃亡。

随着花石纲源源不断地把从东南地区搜括而来的奇花异石运到京城，更助长了宋徽宗的贪欲和奢侈。大观四年（公元1110年）八月，宋徽宗以张阁知杭州，兼领花石纲，以便搜括更多的花石。在蔡京的鼓动下，宋徽宗大兴土木，广建宫室。规模大又极其侈丽的延福宫，有以花石纲运来的嘉花名木怪石等砌制而成的众多的假山、林苑、岩壑。宫室的建筑,又使宋徽宗的胃口更大了,对花石的需求更多了。政和七年(公元1117年)七月,为了使花石及时、顺利地运到京城,宋徽宗又设置了淮、浙御前人船所,以宦官邓文诰为提举,执掌花石纲的运送。东南一带和淮、汴两岸人民则更是遭殃。而朱勔则以搜括花石有功,极得宋徽宗赏识,以致权势熏灼,朝中官吏自直秘阁至直学士,都争相依附于门下,若有逆忤,旋即被罢。因此,朱勔主持的苏、杭应奉局时有"东南小朝廷"之称。朱勔还借花石纲为名,勒索财物,霸占民产,其甲第园林半苏州,所兼并的土地跨州连县,多至三十多万亩,每年收租课十余万石。东南(尤其是苏州)人民恨之切齿。

花石纲之役的侵扰以及朱勔一伙的肆意掠夺,使东南一带民怨沸腾。宣和二年(公元1120年)十月,两浙路(北宋时的地方行政区,今浙江江苏南部)的人民在方腊的领导下,以诛朱勔为号召,举行起义,矛头直接对准花石纲之役。深受花石纲之役所害的东南人民以及纲运士兵纷纷加入起义的队伍。起义军成长迅速,进展顺利。宣和三年一月,方腊起义的怒潮越来越高。宋徽宗不得不假惺惺地派童贯往苏州,罢去苏、杭应奉局和造作局,以及御前花石纲运并木石彩色等场务;黜免朱勔父子、弟侄现任官职。同年四月,方腊起义被镇压;五月,宋徽宗旧态复萌,恢复应奉局,以梁师成和王黼内外总领,东南人民再次遭殃。直到宣和七年(公元1125年)十二月,随着北宋王朝内外交困和宋徽宗退位,应奉局花石纲之役的侵扰才告结束。

张择端与《清明上河图》

张择端(公元1085~1145年),字正道,东武(今山东诸城)人。自幼好学,早年游学汴京(今河南开封),后习绘画。宋徽宗时供职于翰林图画院,擅绘舟车、市肆、桥梁、街道、城郭。后"以失位家居,卖画为生,写有《西湖争标图》《清明上河图》"。他是北宋末年杰出的现实主义画家,其作品大都失传,存世《清明上河图》《金明池争标图》,为我国古代的艺术珍品。

《清明上河图》是他的巅峰之作,也是我国绘画史上罕见的风俗画长卷。《清明上河图》整幅作品纵24.8厘米,横528.7厘米,现藏北京故宫博物院。该图描绘了清明时节,北宋京城汴梁以及汴河两岸的繁华景象和自然风光。被《清明上河图》摄取到画面中的仅仅是汴京东角楼部分街区和郊外汴河沿岸一角的景象。描绘各种人物 500 多个；驴、马、牛、猪、骡、骆驼各类牲畜五六十头；各种车、轿 20 有余；大小漕运舟船 20 多只；楼台、农舍、店铺 30 余栋；还有"漕引江湖、利尽南海"的航运干线——汴河，飞架在汴河上木结构的虹桥、都市城楼摊棚、城区大街小巷、郊外丘岗田园、道路和溪流等，而在这汴河两岸、村野客栈、街坊瓦肆、桥栏城角内五花八门、形形色色的人事活动更为精彩。赶集的、贩卖的、饮酒的、问卦的、骑驴的、乘轿的、求药的、闲谈的、打盹的，还有推车拉舟、探亲上坟、说书杂耍、井边汲水等，中国的大千世界充满自己的生活意趣和健康活跃的生命力。

尽管是在一瞥或一瞬的二维平面的画卷上，但它毕竟反映的是一个活生生的现实世界，一个有人的动态、人的神情、人的思想和人的位置的三维空间世界，发生在 12 世纪一个清明节东方中国汴京的城市街区和郊外。贵胄呵斥、纤夫呻吟；权势者前呼后拥，扬长而去；负担者孤零，步履艰辛；酒楼高朋开怀畅饮；门边饿汉困饥难熬；还有僧侣向路人问道；小贩在闹市张望；游客在栏边攀谈，久久不愿离去；农夫在酒楼边停步，正被灯红酒绿吸引；路上征人心事重重；轿中闲人情意悠悠……而这当中多少也蕴含着画家对现实生活的理解和认识，浸透着画家选取能反映生活的片段，去构筑画面的心血。唐代画家笔下有长安深宫中仕女调琴、洗漱、啜茗、赏花，也有城郊外皇亲国戚踏春，显示出贵族气派。而在北宋张择端笔下，商人、小贩、纤夫、江湖郎中、农人船工统统进入了画面，充溢着浓郁的市民世俗意绪，别有一番生活情调。比起前者，后者无疑是一个重大突破。

画家从郊外拉开序幕，中经虹桥场景渲染，最后到闹市停顿收笔，三个不同的场景组成一个有起有伏、富有韵味的主旋律。画面起笔是村河。一支驼队沿着溪边的小径正向城市进发，古柳抽出新枝，高槐吐出嫩芽，田园刚刚从料峭的春寒中苏醒，旅人、农夫踏步在乡间道路上，犹如一曲竹笛领起的牧歌，显得格外清新、悠扬、深远。由下斜出的汴河是过渡。人家渐渐稠密，瓦肆脚店错落在岸边，还有船只簇拥在河港。以虹桥为中心一幕拉开，场面顿然变得激烈、惊险、壮阔。一只满载货物的大船顺流直下，正准备穿过桥洞，顷刻间桥上桥下、河中岸边多少人为之呼喊、惊慌，在这场戏剧性情节中，仿佛有数十只琵琶同拨急急嘈嘈的大弦，节奏紧促、气势逼人。虹桥到城楼之间客栈酒棚杂陈岸边，牛车推车满载而过道。这是一个短暂的歇息，正在酝酿下一个高潮的到来。紧接着高耸的东角楼拔地而起，直冲画端，似乎是丝竹合奏、钟鼓齐鸣，呼唤来一个热闹非凡的都市街区景况。主街宽阔，两边商号杂店栉比排列，百业兴旺、人群川流，豪华的"孙家正店"门前活跃着各色人物，到处闪烁着都市繁华的光彩。笔到"正芑太丞家"药铺顿收，干脆、利落，让观者自行补充画面，展开无穷联想。

为了使画面整体结构完善和丰富，防止罗列、呆板、单调，避免浮躁、杂乱，画家精心安排了一些小结构和一些精彩的小片段。郊外的小桥、村落和"S"形的乡间大道增添了田园风光的情趣；汴河下虹桥飞跨，画出一道优美的圆弧，把观者视线从左右引向上下；乌黑的房顶高低参差，组成几个稳重的大色块，定压住周围人事活动的杂乱；疏密变化的古柳高槐点缀在城角、街边，映出无限的活力和生机。画家还利用散点透视的灵活多变，充分展示广阔、丰富的生活画面。写屋顶、描室内、仰观飞檐、俯瞰池沼和田园，自由取舍剪裁、组织铺排，为了突出、加强某个对象，甚至可以延长或缩短空间距离。在塑造具体形象、表现物质对象上，画家用笔一丝不苟、认真仔细、毫不马虎和草率。人物面部和须发细柔，衣纹则刚劲。画柳枝挺秀，老干朴拙。房舍、城阙、车船细节清楚、结构准确。界画、工笔、写意与渲染灵活多变，显示出画家所具有高超多样的艺术技巧。

张择端的《清明上河图》是一幅描绘北宋汴京城一角的现实主义风俗画，具有很高的历史价值和艺术水平。

宋江、方腊起义

宋徽宗赵佶即位以后，对外扩张、对内残酷剥削，弄得民不聊生、怨声载道。大奸臣蔡京、童贯、梁师成等更不把老百姓疾苦放在心上，为了建造豪华的宫殿园林，在民间大肆掠夺，搜罗奇花异石，使平民百姓的生活雪上加霜。在这种情形之下，陆续爆发了方腊、宋江等人领导的农民起义。

宣和元年（公元1119年），当过县吏的宋江等36名讲义气、甘为百姓谋利益的好汉，聚集于郓州（今山东东平）的梁山，向朝廷宣战。

梁山南面有几百里的水泊，称为梁山泊。梁山泊既产鱼虾，又长芦苇，附近农民靠泊吃饭。由于北宋末年官府对梁山泊一带农民横征暴敛，百姓活不下去，便放下农具，拿起刀枪，到梁山投奔宋江。

宋江打出"劫富济贫"的旗号，深受百姓欢迎和拥护，起义队伍迅速扩大。连续打了几仗，均以少胜多，战无不胜，因此士气大振。

仅一个方腊就够朝廷应付的了，现在又添了个宋江，宋徽宗害怕极了，下令"招抚"宋江，许愿让他做大官。宋江对朝廷的招抚置之不理，继续率领义军同官兵作战，很快攻下青州城，于是威名传遍山东，吓坏了皇帝。

亳州知州侯蒙给皇帝上奏，出了个主意：宋江在黄河以北所向无敌，数万官兵无可奈何，不如赦免他，封以高官，用他的力量去制伏方腊义军。

皇帝看罢奏折大喜，觉得这是一箭双雕之计，立即任命侯蒙为东平府（今山东东平）知府，前去招降宋江。可惜不巧，侯蒙还未上任就病故了，使他的美梦落空。

宋江正确估量了起义军的实力，觉得与官兵硬拼是难以取得最终胜利的，所以采取避实就虚的策略：先攻击官军力量薄弱的淮南地区，又转向京东、江北的楚州（今江苏淮安）、海州（今江苏连云港市）等地进兵，不断取得胜利。但是，义军在沭阳县遭到重创。在这种时机之下，宋徽宗派海州知州张叔夜去招降宋江。

一天，宋江义军夺了官军十多只大船，装满货物准备运回根据地。张叔夜探知此情，心生一计：一面派人埋伏在周围，一面派兵去烧船。这天午夜，风格外大，官兵趁风势将船烧着，风助火势，眨眼间十几只船变成火船。

宋江见船上着火，命令义军全力以赴救火，张叔夜趁此机会下令伏兵出击，起义军前后受到夹击，防不胜防，遭到惨败。张叔夜见机会来了，大声喊道："宋江听命，你反叛朝廷，罪大恶极，但皇恩浩荡，只要你接受招安，就赦你无罪，还让你升官。否则，就只有死路一条了……"

宋江眼看大势已去，反抗无益，无可奈何之下，投降了官军。

方腊是睦州青溪县（今浙江淳安）人，雇工出身。青溪及其附近地区盛产竹木漆茶等经济作物，造作局和应奉局每年从这里勒索成千上万斤的漆，其他竹木花石的数量也极为庞大。小生产者和一般劳动人民的生活陷入绝境，怨声载道。于是在公元1120年，方腊发动几百名群众，聚集在青溪县万年镇，方腊对大家说："我们耕田、纺织，整年劳苦，生产的粮食和布匹全被朝廷夺去挥霍掉了。他们稍不如意，就鞭打我们，甚至把人活活逼死。对此我们能甘心吗？"众人愤怒地高声回答："不能！"于是，这些人宣告起义，起义得到了农民的拥护。方腊便组织人制造竹刀、竹枪作为武器，在平地上操练武艺，并且在道路上设下了许多陷阱，准备对抗官府。

很快，青溪县知县知道了农民起来造反的消息，于是派了五百人攻打起义军。方腊把一千多名起义军埋伏在官军的必经之路上，杀得官兵们落荒而逃，尸体躺倒了一片。胜利鼓舞了方腊和他的起义军，队伍很快壮大到十万人。方腊自称"圣公"，建年号"永乐"，设置官吏将帅，正式建立了起义军的政权。

很快，朝廷派两浙都监蔡遵和颜坦带领五千名官军前来镇压。起义军打败了他们，两位都监都送了命，五千名官兵也都成了刀下鬼。

起义军乘胜占领了青溪县城。之后，起义军势如破竹，在不到两个月的时间里，又先后打下了睦州、休宁、歙州、杭州等许多城市。

起义军的接连胜利，让统治者慌了神。他们通过各种手段千方百计地对付起义军。宋徽宗的宠臣之一童贯率领十五万名精兵，攻打起义军。方腊低估了官兵的力量，官兵对起义军采取又打、又骗、又拉的策略，企图分化瓦解义军。义军的缪二大王与洪载，被"招抚"归顺朝廷，使义军的力量削弱。方腊只好采取退却保存实力的对策，但兵败如山倒，不断有农民军叛变，最后，方腊等人只好躲在帮源峒东北的山洞里，后来被俘。

方腊被俘后，宋徽宗诱骗他归顺朝廷，方腊临危不惧，视死如归，痛斥皇帝的罪行，徽宗大怒，于宣和三年（公元1121年）八月二十四日，下令将方腊等38名起义军将士杀害。轰轰烈烈的方腊起义，就这样失败了。

宋江、方腊起义虽然以失败告终，但其产生的影响深远，具有伟大的历史意义。

海上之盟

"海上之盟"即北宋王朝和金国为共同对付辽国结成的同盟。因为当时北宋王朝和金国之间隔着辽国，宋、金的谈判使节只能通过从蓬莱到大连的海路秘密联系，因而称为"海上之盟"。北宋王朝主动提出与金国结盟，主要是想借助金国的力量灭掉辽国，收回被辽国占据的幽云十六州。受辽国控制的幽云十六州在长城以南，这使居于中原的北宋王朝的北方大门无险可守，辽军随时都有可能从幽云十六州出发侵扰中原，所以收回此地对北宋王朝非常重要。

北宋王朝建立后曾三次北伐辽国，企图收回幽云十六州，但都遭到了惨败。到了宋真宗时，北宋王朝打了一个胜仗，但仍没能收回幽云十六州，却匪夷所思地与辽国签订了一个不平等条约，这就是历史上的"澶渊之盟"。双方虽然讲和了，但条件是辽国仍然据有幽云十六州，并且北宋王朝每年要向辽国进贡银绢。这种局面一直持续到北宋末年。

其实，早在宋政和元年（公元 1111 年），宋徽宗就遣宦官童贯出使辽朝，了解辽朝国力的虚实。

童贯在出使途中，遇见燕人马植，此人能说会道，用甜言蜜语欺骗了童贯，还对童贯说："我这里有攻打辽朝的好计策，愿献给大人。"

童贯喜出望外，如获至宝。把马植改名为李良嗣。

几年后，马植投奔宋朝，他知道宋徽宗耳根子软，喜欢听好听的。于是他便大力吹捧宋徽宗。对宋廷说："你们是有所不知，辽朝的天祚帝荒淫无度，政治腐败，百姓天天大骂，女真族对辽统治非常仇视，恨不得杀了天祚帝。就是因为没有一个强有力的大国，给他们支撑，所以一直迟迟不敢动手。倘若我大宋与女真联手，我们一定能战胜辽朝，同享天下呀。这样燕京也就回归我大宋了，多美的事呀。"

宋徽宗听后非常高兴，即赐马植姓赵。并委任童贯负责与女真族通好等一切事宜。

这时大臣们都纷纷劝谏："望陛下三思。"

宋徽宗心意已决，说："其他人一概不得干预。"

宋金联合谋攻燕京的一系列活动就此展开。

宋政和七年（公元 1117 年），金军节节胜利的捷报传来，宋廷于是下令招募士兵登舟渡海，以买马为名，赴金朝探问。此次出使，宋船虽然抵达金朝的苏州（今辽宁金县）岸边，但见到岸上女真人兵众甲坚，竟不敢靠岸便掉头返回。

政和八年秋，宋遣武义大夫马政再次自山东登州（今山东蓬莱）渡海北上，接洽"共行吊伐"辽朝事宜。当他们到达苏州海岸时，正巧碰上巡逻的女真士兵，被绑缚送到涞流河边，面见阿骨打。宋使转达了朝廷欲与金联合作战的意图，提出灭辽后由宋朝收复五代时陷落契丹的汉地。阿骨打正为消灭辽朝而寻找同盟军，因此立刻表示，"你所说的那些地方，我军将会与宋通过夹击攻打它，攻占的人就享有它"。

为了加强彼此的进一步联系，金朝留下登州小校王美等人作为人质，遣使臣同马政来到宋朝。此后，双方使节来往不断。尤其是阿骨打起兵反辽以来，虽然迅速占领了一半以上的辽朝疆土，但是要迅速灭亡立国 200 余年的辽朝，仅凭自己的力量，尚觉不足。为了加速灭辽的进程，也盼望早日寻找到盟友。

在上京之战结束的前一个月,即宋宣和二年(公元1120年,金天辅四年)三月,宋金双方正式订立盟约。盟约内容为:宋金联合攻辽;金取辽中京,宋取燕京。灭辽后,燕京一带归宋,宋把原每年给辽的50万岁币转送金朝;宋金任何一方不许单独与辽讲和。此乃历史上的"海上之盟"。

事实上,宋、辽自"澶渊之盟"后,保持了长达100多年的和平局面,两国之间也结成了"兄弟之国",这对两国人民来说都是有利的。现在宋背着辽和金国签订同盟,无异于给辽国背后狠狠来了一刀。

盟约签订后,完颜阿骨打率领金军很快攻下了辽中京,同时派兵占领了西京大同,驻兵关外。童贯率大军挥师北上攻打燕京,却连连溃败,屡攻不下,只好求助于阿骨打。阿骨打挥师南下,兵不血刃地占领了燕京城。战后,金同意将太行山以东燕、蓟、檀、景、顺、涿、易七州交还于宋;宋每年向金纳岁币(进贡)银绢,另输代税钱;平滦营不是五代时契丹的受贿之地,不在归还之列;西京暂不还,另议;宋同意金带走燕地人口。

战争结束后的协议对宋来说,是相当苛刻的。但是宋徽宗急于庆祝所谓的"胜利",就答应了。宋朝统治者名义上收复了燕京和六个州,其实只得到了七座空城。而且每年要付出大批银绢,还要帮金国收税。

而金国继续攻打辽国的残余势力。宋宣和七年、金天会三年(公元1125年)春天,金军俘虏了辽国的天祚帝。辽国灭亡,也诱发了北宋王朝的灭亡,而金国却通过盟约得到了大量的好处,同时也认清了北宋王朝虚弱腐败的本质,从而让自己变得更加强大起来。

汴梁保卫战

李纲(公元1083~1140年),邵武(今福建邵武市)人。政和二年(公元1112年)进士及第入仕。因言事得罪权贵,又言事及政,朝廷恶其言,遭到贬谪。宣和七年为太常少卿。在金兵南下,举朝惶恐之时,他上御敌五策,是个忠心爱国、清廉坚贞之人。

靖康元年(公元1126年),钦宗命吴敏为行营副使,李纲为参谋官,负责保卫东京汴梁(今河南开封)。正月初四,传来金兵已渡过黄河的消息。钦宗同宰相议事,宰相们认为徽宗已去江南,建议钦宗也幸他处以避敌锋。李纲听说之后,要求皇上赐对。宰相白时中问李纲:"都城岂可以守?"李纲立即答道:"天下城池,岂复有如都城者!"而内侍说京城修城橹百不及一二,李纲回答道:"城坚且高,楼橹诚未备,然所守不在此。"当宋钦宗问:"策将安出?"时,宰相都默然不对。李纲明确指出:"今日之计,莫如整厉士马,声言出战,团结民心,相与坚守,以待勤王之师。"钦宗问何人为将,诸宰相都不敢承担。白时中突然问道:"李纲莫能出战否?"在国家生死存亡的关键时刻,李纲毫不犹豫,当仁不让地接受了领导保卫汴梁的重任。宋钦宗当即升李纲为尚书右丞、汴梁留守。

宋钦宗仍然想逃离汴梁。李纲坚决主张钦宗留在京城,他以唐玄宗离开长安去四川为例说明不宜出走。他指出:"今陛下初即大位,中外欣戴,四方之兵,不日云集,敌骑必不能久留。舍此而去,如龙脱渊,车驾朝发而都城夕乱,虽臣等留守,何补于事"!经李纲劝说,宋钦宗刚有留下之意,内侍又认为宫中后妃已经走了,建议钦宗也走,钦宗又动摇了,准备去陕西。李纲以死请求钦宗留下。于是钦宗表示留下,并对李纲说:"朕今为卿留下。治兵御敌之事,专责之卿,勿令有疏虞。"

但是,这天晚上,宋钦宗传旨宰相,他还是要走,决定明日一早便起程。初五天刚亮,李纲入朝。这时士兵已准备好,钦宗的车舆也阵列在前,李纲厉声问士兵,是否愿意留下死守京师,士兵齐声回答愿意死守。李纲又劝钦宗:"六军父母妻子皆在都城,愿以死守,万一中道散归,陛下孰与为卫?敌兵已逼,知乘舆未远,以健马疾追,何以御之?"宋钦宗听李纲所说极有道理,又决定留在汴梁不走了。李纲便传旨说:"敢有复言去者斩"!士兵无不感动流涕。于是宋钦宗便命李纲为亲征行营使,全权指挥抗金保卫汴梁事宜。

李纲劝说钦宗留下后,全力准备守城的器具,经过数天的努力,便基本完备。同时,又派出使者,催促各地增援汴梁的宋军。

正月初七,金兵开始攻城,李纲亲自上城督战,并招募壮士缒城而下,斩杀金将十余人,杀死金兵数千。金兵知道宋朝已有防备,便准备退兵,要求宋朝派大臣前往议和。在这次议和中,金人提出要宋给金国金银绢彩各以千万计,马、驼、驴、骡各以万计,宋尊金帝为伯父,割太原、中山(今河北定县)、河间(今属河北)三镇之地,并要宋以亲王、宰相为质。李纲坚决反对与金国订立这样屈辱的和约。他指出,金国所要的金银,即使竭天下之财也不够,而三镇是国家屏蔽,割给金国,则宋何以立国?李纲主张以谈判拖住敌人,等待增援的部队,到时可以击败敌人。宋钦宗与主和派,却不听李纲的主张，派出康王赵构、大臣张邦昌去金兵营地。正月十四日，各地增援的部队早已到达汴梁附近，见到宋军大批聚集，金兵开始感到恐惧。

李纲在增援部队陆续到达后，建议扼守关津、绝金人粮道；以重兵临敌营，坚壁不战，待金兵粮尽力疲，然后再取回与金的誓书，收复三镇；在金兵北回时，宋军可以中途击之，必大获全胜。

增援部队中的姚平仲立功心切，在二月初一晚率步骑万人去劫金营，结果败回。主和派乘机夸大失败，归罪李纲。初二，宋钦宗便罢去李纲尚书右丞、亲征行营使之职。李纲被罢的消息传出，太学生陈东率诸生数百人，伏宣德门上书，指出"李纲奋勇不顾，以身任天下之重"，是"社稷之臣"，要求"复用纲"而斥主和庸臣。上书之时，"军民不期而集者数十万，呼声动地"。宋钦宗迫于群情，只好追召李纲，复其尚书右丞，命为京城四壁守御使。

原来守御汴梁的将领蔡懋，在金兵攻城之时，竟不许士卒以矢石反击，使守城士兵不胜气愤。李纲一改蔡懋所为，他下令：能杀敌者予厚赏，使将士无不奋跃。在宋兵如急雨般矢石的打击下，金兵只好后退。当金兵得到割三镇的诏书和康王为质之后，便退兵。李纲主张遣兵护送，可击则击，他以兵十万人，分道并进，将士受命，踊跃成行。但是主和的宰相惧敌再来，急命将士退回，丧失了击败金兵的最后机会。

李纲临危受命，在军民的配合下，取得了保卫汴梁的胜利。

靖康之变

辽国灭亡后，金国最高统治集团从北宋对辽国作战的表现，以及交涉交割幽云十六州的过程中，已经看透北宋政治的腐朽和军事的无能，随即乘胜侵犯北宋。于宣和七年（公元1125年）十一月分兵两路南下，西路军由完颜宗翰率领从云中府（今山西大同）进攻太原府。东路军由完颜宗望率领，由平州（今河北卢龙）进取燕山府。两路约定攻下太原、燕山府后，西路军进击潼关北上洛阳与南渡黄河直向东京的东路军会师于开封城下。西路军在太原城遭到王禀领导的北宋军民的顽强阻击，长期未能攻下。东路军到达燕山府，宋守将郭药师投降，金兵遂长驱直入，于公元1126年十一月二十四日，到达开封城下。

此时，宋各地援兵，已经被主和派唐恪、耿南仲等人遣散，城内没有士兵。开封军民十分怨恨主持割地求和的宰相唐恪，纷纷要求罢免他。

钦宗看到百姓如此激动,只得将他罢免,另命主张抗金的何㮚为相,并调整了京城的防御部署,做了比较严密的防备。第三天,金军开始攻打通津门,守城宋军击退金军。此时,金西路军也抵达开封城下。金两路军并力攻打东城。宋东城守将刘延庆措施有方,击退了金军的进攻。金军见东城难攻,便转移兵力进攻南城。十四日,金军进攻朝阳门,宋军杀敌数百人。双方展开一场大战。金军进攻难以见效,被迫后撤。金军无奈,只好进攻北城,结果金军又被打败了。

金军再次攻打南城,可惜的是,宋军远远望见金军铁骑,便不战自乱,自相践踏,溺护城河而死者数以千人计。

宋军经过几次激烈战斗,消耗甚大。士兵人数下降。加上下大雪,北风吹,天气严寒,士兵们握不住兵器。宋钦宗畏惧了,他焦灼地踱来踱去。此时,懦弱的大臣说:"臣听说,有两位高人,力大无比,能够生擒金朝大将。"钦宗居然相信了,他从市场上寻到了高人,给予他们官职,赏赐大量黄金,让他们设法击退金兵。

有武将说:"陛下,如此不妥。"

钦宗说:"尔等不必多言。"

面对金军不断加紧进攻开封的险恶局势,高人却说:"不急不急,时机未到。"把其他忠心的将士们气得要死。

终于,闰十一月二十五日,高人下令"神兵"出征。他对将士们说:"尔等打开宣化门,士兵全部撤下城墙,不得偷看战事发展。"

高人们坐于城楼上,观看"神兵"与金军作战。

但是这些"神兵",全是一些从市场上找来的地痞流氓,毫无战斗力可言。

金军进攻,"神兵"早吓得四处逃窜。

高人也十分害怕,下令关闭城门,借口说:"我要作法。"溜下城楼,逃了。

金军趁势登上城墙,守城宋军四处逃散,京城遂被金军攻破。

金军攻占开封城墙后,开封军民愤怒万分,抗敌情绪越发高涨,自动组织起来抵抗金军。这样一来,反而使金军无法前进,只得守住城门,防止被开封军民赶下城去。

这时,金又重弹"和议"老调,金兵首领宗翰、宗望说:"我们不想灭掉宋朝,但要退兵,宋钦宗必须亲自来商议割地诸事。"宋钦宗想,只要金能退兵,什么条件都可以答应。于是,他竟然真的带上几位大臣,亲赴金营,交上降书。然而，金收了降书后，并没有撤兵的意思，他们进而提出早已计划好的要求：废黜宋钦宗帝号，另立国君。

宋钦宗这时才明白，金国要的不只是金银财帛，还要他宋朝的江山！宋钦宗失声痛哭，后悔不该屈膝求和，将大好的江山拱手送于他人。但是，事到如今，后悔根本无济于事了。

金兵不断地进行大肆掠夺，北宋百姓生活在水深火热之中。东京城内的米价甚至暴涨至一升300钱，许多人靠吃树叶、野草度日。此时又正值寒冬，冻死、饿死街头的人比比皆是。北宋统治者的投降政策使国家遭遇了灭顶之灾，人民饱尝了亡国之苦。

公元1127年春天，金兵把宋徽宗、宋钦宗关押至金营。金太宗下令废黜徽宗、钦宗二帝，随后，徽宗、钦宗、太后、皇后、妃子、公主、驸马、亲王大臣等3000多人被装上囚车，押送回金国当了奴隶，北宋自此灭亡。

这个事件发生在北宋靖康年间，因而在历史上被称为"靖康之变"。

南宋建立

金军从东京撤走之前，曾扶持北宋投降派首领张邦昌建立傀儡政权，以镇压南方人民的反抗。宋朝大臣宗泽听说宋徽宗、宋钦宗被金军俘虏，就想：国不可一日无君，北宋虽然灭亡了，但还有很多地方没被金军占领。他打算把康王赵构推上皇位，以团结军民，抵抗金军，收复失地。

康王赵构是宋徽宗的韦贤妃所生，在王室中地位很低。金军攻打东京时，赵构被宋钦宗派往外地招兵买马，躲过了靖康劫难。宗泽与赵构说了自己的想法后，赵构顾虑重重。他既怕自己即位称帝会得罪金军，又怕正在张邦昌政权垂帘听政的元祐皇太后反对他。

就在这时，张邦昌给赵构写了一封信，表示愿意让位给他。张邦昌本来是靠金军的扶持才当上皇帝的。金军一走，他失去了靠山，东京军民和朝廷旧臣开始反对他。张邦昌没有办法，只好让赵构来做这个皇帝。而元祐皇太后也很识时务，她为了保住自己的性命，也拥护赵构，重建大宋江山。

公元1127年，赵构在应天府（今河南商丘）登上皇位，重建宋王朝，这就是宋高宗。不久，宋高宗为了躲避金军，又逃到了长江以南，以临安（今浙江杭州）为都城。后来人们就把这个偏安江南的宋王朝称作南宋。

宋高宗即位以后，为了坐稳皇帝的宝座，就声称要抗击金军，营救二帝。他任命朝廷中威望最高的李纲为宰相，又派老将宗泽任东京留守，领兵进驻东京。但是，宋高宗也是个胆小的皇帝，他和宋徽宗、宋钦宗一样，怕金军怕得要死，不敢真的与金军对抗。他不但没有再把都城迁回东京的打算，甚至还想把都城从应天府继续向南迁移，希望能以长江为屏障，挡住金军，以保住自己的半壁江山。

李纲是个非常爱国的人，他为了使南宋王朝重新振兴起来，给宋高宗提出了十条建议，希望他励精图治，任用有才干的人，赶走朝中奸臣，为收复失地做好准备。可是宋高宗对李纲的话根本听不进去，他反而听信奸臣的谗言，罢免了李纲的宰相职位。从此，南宋的大权就掌握在以宋高宗为首的投降派手中。不久，他们一伙人又从临安逃到了扬州。

金军知道后，趁机南下，很快就渡过了黄河，占领了中原地区。宋高宗非常害怕，继续南逃，金军穷追不舍。最后，由于金兵都是北方人，不识水性，只好在沿途烧杀抢掠之后，放弃了追击，退回北方。宋高宗又回到了临安，成为苟安于江南一隅的小朝廷。

张浚矢志不渝复中原

张浚（公元 1097~1164 年），字德远，汉州绵竹县（今四川省绵竹市）人。他 4 岁丧父，但"行直视端"，"无诳言"，被人们视为日后国家的栋梁之材。进士及第以后，在靖康元年（公元 1126 年）为太常簿。他拒绝在张邦昌伪朝廷任职，听说宋高宗即位，立即前去。当宋高宗南奔扬州时，张浚劝谏说："中原乃天下之根本，"应做好返回中原的准备。

建炎三年（公元 1129 年），南宋朝廷发生了苗傅、刘正彦废黜高宗的叛乱，张浚以礼部侍郎、御营使司参赞军事、节制军马，组织和领导大将韩世忠、吕颐浩、刘光世等，粉碎了苗傅、刘正彦的叛乱，恢复了宋高宗的皇帝位，安定了南宋朝廷。宋高宗当时便准备任用张浚为相，张浚以自己年轻后进，辞而未当。

张浚力主收复中原，他认为，收复中原应从关陕开始，他担忧金兵率先入陕取蜀，这就会危及南宋政权所在的东南。他自告奋勇向宋高宗提出，由他去川陕筹备防务。宋高宗便命张浚为川、陕宣抚处置使，得以便宜黜陟。张浚到兴元（治所南中，今陕西汉中）时，金兵已取鄜延（治所延州，今陕西延安），金将娄宿已渡过渭水，进攻永兴（治所京兆，今陕西西安），而南宋诸将互不相援。张浚一到，便出行关陕，访问风俗、了解民情，罢斥奸邪和赃吏，搜揽豪杰，使诸将听命。张浚指挥在陕宋军，大败金兵，遏制了金军的攻势。张浚在陕三年，训练新兵，任用才略之士，规划收复中原，使四川安定如堵。

绍兴四年（公元1134年），张浚任知枢密院事，至长江巡视宋军。是时，金兀术拥兵十万人于扬州，准备渡江决战。张浚召集大将韩世忠、刘光世等议事，众将士见张浚亲临指挥，勇气顿增十倍。张浚部署之后，自己坐镇镇江节制。金兀术探知张浚亲至江上督战，心惧而退。绍兴五年（公元1135年），宋高宗任张浚为尚书右仆射，同中书门下平章事，兼知枢密院事，都督诸路军马，执掌了南宋军政大权。他每次奏对，"必言仇耻之大，反复再三"。使宋高宗听后，也感动流泪。

在张浚的努力下，宋军取得了多次军事上的胜利，南宋朝廷安定下来了。但是，张浚抗金收复中原的言行，使投降派秦桧、宋高宗很是不安。绍兴八年（公元1138年），宋高宗解除了张浚的军权，随后便将张浚贬出临安（今浙江杭州）。即使如此，张浚规复中原之志一如既往，他屡次上书畅谈收复国土，反对议和。秦桧对张浚恨之入骨，视为眼中钉，必欲拔之而后快，又贬张浚于江州（治所德化，今江西九江），后再贬至永州（治所零陵，今湖南零陵）。绍兴二十五年（公元1155年），秦桧指使人诬陷张浚谋大逆，准备处以死刑。正值秦桧病死，张浚才免于被杀。

张浚爱国雪耻、收复失土的思想和行动，受到广大百姓士人的赞扬。绍兴三十一年（公元1161年），金主完颜亮大举南攻。这时，宋高宗又想起了张浚，十月二十五日，命张浚为观文殿大学士，判潭州（治所善化，今湖南长沙），十一月初四，改任判建康府（治所江宁，今江苏南京）兼行宫留守。张浚奉诏，购船冒风雪奔向建康。当时从东边来的人劝张浚：金兵正在攻打采石（在今安徽马鞍山长江东岸），你不要轻易向前。张浚回答说：赴君父之急，只知直前。当时无一船敢在长江北岸航行，唯有张浚乘小船直往前去。

绍兴三十二年（公元1162年），宋高宗到建康，张浚迎拜于道左，卫士见张浚，无不以手加额致敬。是时，军民见张浚复出，都认为有了依靠，宋高宗也说："卿在此，朕无北顾忧矣。"当即命张浚节制建康、镇江府、江州、池州（今安徽池州）、江阴（今江苏江阴）军马。随后，张浚指挥宋军，击败包围海州（今江苏连云港）的1万名金兵，遏制了金军的进犯。

宋孝宗即位之后，召见张浚，称公而不称名，他说："久闻公名，今朝廷所恃唯公。"赐座而问，张浚对宋孝宗说，作为帝王，应兢业自持，身行清明，这样才能人心归服，敌人仇人也不足为虑了。宋孝宗册封张浚为少傅、江淮东西路宣抚使，晋封魏国公。孝宗每谈及张浚，总是说："朕倚魏公如长城。"

隆兴元年（公元1163年），张浚任枢密使，都督建康、镇江、江州、池州、江阴军马。张浚为收复中原，策划北伐，做好了反击金军的准备，在得到宋孝宗批准后，张浚便亲赴前线监督对金作战。在灵璧、虹县（今安徽泗县）大败金军，中原震动。但是，由于天气炎热不利作战，加上将领内部不和，以致失利。秦桧余党、宰相汤思退及主和派乘机攻击张浚，逼使张浚离职。汤思退等便割地向金求和。

离职后，张浚仍然十分关切国事。有人劝他莫谈国事，张浚认为，受国家大恩，爱国为本分，如果国家再用自己，即使已年老多病，仍将即日上路。隆兴二年（公元1164年）二月二十八日，张浚病逝。病时，张浚写下了遗言："吾尝相国，不能恢复中原，雪祖宗之耻，即死，不当葬我先人墓左，葬我衡山下足矣。"

张浚一生力主收复中原，虽历经坎坷，至死不渝，他以雪靖康奇耻为己任，反对议和，不愧为坚定的爱国者。

韩世忠黄天荡大败金军

南宋高宗建炎三年（公元1129年），金将金兀术（即完颜宗弼）率兵过江，追得宋高宗乘船下海躲避。在金兀术南下之时，便有南宋大将率兵从江阴至镇江，准备在金兵北回之时，断其后路。这位大将便是著名抗金将领韩世忠，时任浙西制置使。

韩世忠（公元1089～1151年），延安人。他"风骨伟岸，目瞬如电。早年鸷勇绝人，能骑生马驹"。18岁入伍，能开硬弓，善于驰射，勇冠三军，屡立军功。南宋建立，韩世忠便请宋高宗"移都长安，下兵收两河"。可见其抗金爱国之心。当宋高宗被苗傅、刘正彦逼迫退位时，韩世忠同张浚等捕杀苗、刘，复立高宗。为稳定南宋朝廷，立下了功勋。

在金兀术南下之时，韩世忠反对南宋朝廷迁至湖南、湖北，主张坚守江、淮。于是高宗命韩世忠为浙西制置使，守镇江。金兀术南下，诸将均败，韩世忠便从镇江退保江阴。韩世忠以前军驻青龙镇、中军驻江湾、后军驻海口，准备在金兀术退兵北归时，进行邀击。韩世忠决心"留江上截金人归师，尽死一战"。正月十五是上元节，为迷惑敌人，这天韩世忠便去秀州（今浙江嘉兴）看灯，晚上他就引兵直奔镇江。

金兀术当时留在临安（今浙江杭州），听说韩世忠兵屯镇江，便于二月初七急急收兵，三月十五日，金兀术率兵到镇江时，韩世忠已屯兵在焦山寺，扼住金兀术归路。金将李选见状，便向韩世忠投降。

金兀术为夺路北归，便遣使至韩世忠处，约日交战。

韩世忠看到银山龙王庙地势重要，敌人会登上去观察我方虚实，便派将军苏德率200人埋伏在庙中，200人埋伏于庙下。命他们听到江中鼓声时再出战。当晚，金兀术率四骑到龙王庙，被宋兵截获二人，金兀术仓皇而逃，几乎被擒。

第二天，韩世忠率水军与金兀术大战。在金山寺上督战的韩世忠夫人梁红玉，亲自擂鼓助战，宋军士气大振，奋勇杀敌，大败金兵。这样，金兀术夺路北归的打算，无法实现。金兀术见北归之路打不开，只好派人向韩世忠、梁红玉求情，表示愿意归还所抢掠的东西，请韩世忠、梁红玉夫妇放他北归。韩世忠、梁红玉坚决拒绝了金兀术的请求。金兀术又向韩世忠献上名马，想以此软化韩世忠、梁红玉夫妇，亦遭拒绝。

韩世忠、梁红玉率军同金兀术以及率部来援助金兀术的金将太一，在黄天荡相持，前后达48天。太一率兵在长江之北，金兀术则在长江之南，韩世忠、梁红玉以海舰进泊金山之下。韩世忠的海舰上有铁链，他让在铁链前联以大钩，当金兵船只冲击要夺路北去时，韩世忠便将宋军海舰分为两道，从背后袭击金兵船只，"每绽一绠，则曳一舟沉之"，打得金兵狼狈回守。

金兀术被困黄天荡，无法逃脱，便提出同韩世忠见面。他苦苦哀求韩世忠放他北归。韩世忠则严正提出，金国必须送回徽、钦两帝，把侵占的领土归还大宋，这样才可以放金兀术北归。金兀术顿时语塞，无言以对。以后，金兀术又要求会见韩世忠。韩世忠带二人与之面谈，金兀术无法北归便口出不逊，韩世忠顿时大怒，张弓欲射，金兀术骑马疾逃。

金兀术在黄天荡无法逃走，心中十分焦急。这时有一姓王的奸细，向金兀术献计，使之一夜开凿30余里渠道，从黄天荡通入长江，北逃而去。

韩世忠、梁红玉夫妇浴血奋战 48 天，大败金兵，几乎捕获金兀术，虽然他们功败垂成，但是黄天荡之役是金兀术行军打仗以来，首次失败，这大大灭了敌人的威风，使抗金将士的士气大增，其意义远远超过了一次战役的胜利。

一代才女李清照

李清照（公元 1084~1151 年），今山东省济南章丘人，是宋代女词人，婉约派的代表。对诗词散文书画音乐无不通晓，当以词的成就最高。代表作有《如梦令》《声声慢》《一剪梅》等。她的文学创作具独特、鲜明的艺术风格，居婉约派之首，对后世影响很深，称为"易安体"。

李清照出生在一个文学艺术气息浓厚的士大夫家庭，她的父亲李格非，进士出身，苏轼的学生，官职做到提点刑狱、礼部员外郎。藏有很多书，善属文，工于词章。而她的母亲是状元王拱宸的孙女，也有文学修养。李清照幼时过目不忘，出语惊人。少年时代就名噪一时，崭露峥嵘。

李清照 18 岁时，与赵明诚结婚。赵父是当时有名的政治家，官居右丞相。赵明诚本人也非常有学问。李清照与赵明诚结婚后一同研究金石书画，过着幸福美好的生活。后来，赵明诚终于取得了功名。赵明诚拿到的俸禄基本上都用来买书、画和有价值的古董。他和李清照在吃完晚饭后，常点起一支蜡烛欣赏买来的东西，直到蜡烛燃尽，才睡觉休息。就这样，经过近 20 年的日积月累，他们收藏的金石书画越来越多，最后完成了一部记载古代历史文物的著作《金石录》。

公元 1127 年，发生了"靖康之变"，北方金族攻破了汴京，徽宗、钦宗父子被俘，高宗南逃。在南迁过程中，李清照遭到了一连串的不幸。到了建康，赵明诚接到诏令，要到湖州当知府。由于战乱，李清照不能跟他一起去湖州，就问丈夫说："万一金军打过来，我该怎么办？"赵明诚坚定地说："这些古物字画是我们的命根子，无论你到哪里，都要保管好！"没想到赵明诚这一去，就得了一场疟疾死了。李清照悲痛欲绝，又带着一些珍贵的文物颠沛流离。但兵荒马乱的，文物不是丢失，就是被金军化为灰烬，等李清照最后在临安定居的时候，剩下的也为数不多了。

国家山河的破碎，珍贵文物的散失，丈夫的突然死去，对李清照的打击实在太大了。李清照又毅然地拿起笔来，用一首词来表达离乡背井、骨肉分散、孤寂无依的痛苦感受，来抒发自己怀念旧家故国的无限感情。

李清照一生创作了数十首词，是词坛上"婉约派"的杰出代表。她那些表达真情实感的词作，直到今天仍被人们广为传诵。她的作品因为在北宋和南宋时期生活的不断变化而呈现出前后期不同的特点。

李清照前期的词主要真实地反映了她的闺中生活和思想情感，题材方面集中写自然风光和离别相思。如《如梦令》二首，语新意隽，活泼秀丽。《一剪梅》《凤凰台上忆吹箫》和《醉花阴》等词，通过描写孤单寂寞的生活，来表达对丈夫的深厚感情，曲折婉转，清俊疏朗。而《晚止昌乐馆寄姊妹》是写对女伴们的留恋，情感真挚。虽然李清照的词大多是描写孤单寂寞的生活，抒发忧郁的情感，但是从中也能看到她对大自然的热爱，同时直白地表露出她对美好爱情生活的向往。

李清照南渡后的词与前期的词相比迥然不同。经历了国破家亡的悲惨遭遇，使她的精神极度痛苦，因而李清照的词作一改早年的清丽、明快，而句句充满了凄凉和低沉之音，以此抒发她伤时念旧和怀乡悼亡的情感。李清照的《乌江》诗："生当作人杰，死亦为鬼雄。至今思项羽，不肯过江东。"早就广为流传，人人熟知。这些作品都反映了她忧国忧民的情怀，毫无个人哀怨，与她的词风形成了鲜明的对照。

钟相、杨幺洞庭湖起义

南宋朝廷对金国采取不抵抗的政策，一再南退，把黄淮地区丢给了金国。金国为了"以汉治汉"，继张邦昌之后，又在中原一带扶持了一个刘豫做"皇帝"的大齐政权。虽然南宋皇帝不抵抗，但有不少爱国将领及广大士兵和百姓为了反对金国的荼毒，不断进行浴血奋战。

当时，黄河南北涌起许多义军队伍，他们靠山为营，依水为寨，夺取金军武器武装自己，其中以太行山区的八字军最为有名。八字军因在脸上刺了"赤心报国、誓杀金贼"八个字而得名。他们多次打败金军，后来受宗泽的节制，分别在河北、陕西一带作战。

如果说，八字军等义军组织还是由朝廷管辖，以抗击金军为目的的话，还有一部分民众则是不满南宋的政策，反对朝廷的高压剥削而起而反对朝廷的起义队伍。抗金义军和起义队伍虽然目标不一样，但他们都是求生存图发展，且是来自下层百姓，主要是农民，而且他们交相呼应，此起彼伏，在南宋朝廷的眼光中，他们都是"盗贼"。

在造反的队伍中，最有名的是由钟相、杨幺率领的洞庭湖的义军。钟相是鼎州武陵（现湖南常德）人。在金兵南下时，他组织了三百多名义民去参加保卫汴京的战斗，可是宋高宗宁愿向金妥协求和，也不愿农民组织起义，下令解散了各路义军组织，钟相就在家乡一带抗击金军。后来金军撤走，他就势发动了起义。他起义的意图很明确，号召百姓说："金兵占了我们的州县，朝廷不但不抵抗，反派军队来坑害我们。我们要抗击金兵，就要反了这个腐败的朝廷。现在朝廷的法是把人分为贫富贵贱。我们要行的法是让人人平等，不分什么贫富贵贱。"

他提出的号召得到了广大百姓的拥护，很快发展到十几万人，攻占了十多个州县，建立了大楚政权。

朝廷派土匪出身的孔彦舟为"捉杀使"去攻打钟相的义军。孔彦舟从他的老巢澧州（今湖南澧县）出发去攻打鼎州，行至半路就遭到了伏击，被钟相的义军打得大败。

孔彦舟自己也没多少"本钱"，但他的手下却有很多无赖流氓，非常狡猾。他心生毒计，就叫这些亡命之徒穿上破烂衣服，假装贫苦农民混进了起义队伍。钟相强调人人平等，见到"贫苦农民"来参加，当然非常欢迎，结果被这些奸细摸清了内部情况，内外勾结，把义军逼进了一条山谷。钟相父子不幸被俘，壮烈牺牲。

可是，起义的火焰并没有被扑灭。钟相的部下——青年农民领袖杨幺继续领导义军，展开更大规模的斗争。

杨幺本叫杨太。在洞庭湖一带，称年龄最小的孩子为"幺"，杨幺在起义军中比较年轻，人们就把他当作最小的孩子看待，亲热地称他为杨幺。这个年纪最小的孩子不仅作战勇敢，而且很有组织才能，他把被打散的队伍重新组织起来，很快就聚集了八千多人。他们利用自己熟习水性的特点，以散布在洞庭湖中星罗棋布的小岛作为基地，在水上与官军周旋。

官军为了消灭洞庭湖的义军，就使用了一种脚踏水船沿湖进剿义军。这种脚踏水船的原理如同现在的自行车一样，利用脚踏水轮来使船只进退自如，当然不是一个人脚踏，而是乘船的士兵同踏舟船，此船可以装载千人左右，威力巨大。杨幺善于用计，利用空船去迎战官军的兵船。其实空船并不"空"，高高的桅杆上绑着巨石，碰到敌船，就将巨石凌空砸下，砸烂敌船，官军落水，使他们真正变成了"水师"。

义军模仿官军的模样，也制作了巨大的脚踏船，去主动攻击官军。官军见义军船上空空如也，桅上也无巨石，就把这些船只作为"战利品"拖了回去。其实，义军暗藏在舱中不露面，待至被敌船拖住，他们就蜂拥而出，脚踏水轮撞击敌船，并登上船和岸上杀敌，使官军损失一万多人。

守在大营里的宋军主将还在等候"佳音"，杨幺派了一百多名义军，打着板鼓，吹着笛子，向他来"报喜"。他以为是军队打了胜仗，高兴极了，可是打开"喜报"一看，原来上面写的是义军消灭官军的人数，夺得装备的清单，"报喜信"变成讣告。这时，一百多名义军已吹起笛子，打着板鼓扬长而去。

宋高宗没有办法，只得动用重兵，派右相张浚亲自督战。张浚在抗金中也是一位著名将领，在以后的五尚原保卫战中，打败了金军西进包抄中原的计划，但对义军相当的仇恨，就派岳飞带领精锐部队，去进剿义军。岳飞更是抗金的英雄，他同张浚一样，限于阶级的局限性和"愚忠"思想的影响，充当了进攻义军的打手。岳飞采用分化瓦解的策略攻破了杨幺的大营，杨幺被俘壮烈牺牲。钟相和杨幺所领导的洞庭湖义军，坚持战斗了六年，给南宋朝廷以沉重的打击。

岳飞精忠报国

一位年仅20岁的青年，赤裸着上身跪在地上，他的母亲手持银针在他脊背上深深刺下了"精忠报国"四个大字，并教诲他要对国家赤胆忠心，英勇杀敌，死而后已。这就是历史上有名的"岳母刺字"，这位青年就是保家卫国、驰骋疆场、名垂青史的宋朝抗金爱国名将岳飞。

岳飞，字鹏举，公元1103年生于相州汤阴（今河南汤阴）一个农民家庭。他从小参加劳动，锻炼出了健壮的体魄和坚强的意志。他学习刻苦，尤其喜欢兵书，常常以沙作纸，树枝作笔，柴薪点燃当蜡烛，学至深夜。他还喜欢习武，虚心求教，勤学苦练，成为一个文武双全的有为青年。

公元1127年，金灭了北宋。金兵的入侵，激起了人民的反抗情绪。早在北宋灭亡以前，岳飞就已经应募从军，参加了抗金战争。由于岳飞作战英勇，屡建奇功，他受到了抗金大将军宗泽的器重，经过几年的磨炼和学习，他的武艺和指挥才能猛进，成了一名智勇双全的青年将领。他时刻不忘宋徽宗、宋钦宗被囚禁的"靖康之耻"，时刻准备着挥师北上，收复被金兵掠夺的大片国土。

以宋高宗为代表的主和派，他们不顾国家民族的利益，一切只为了保全本集团的既得利益，只顾苟且偷安于东南一角，不惜向金朝屈膝求和。他们担心抗金取得胜利，无法控制抗金派将领，又担心抗金失败，南宋小朝廷就要灭亡，因此，他们把妥协求和当作国策。

在宋朝面对气势凶猛的金兵时，在主和派主战派激烈斗争之时，岳飞向高宗写了一份奏章，希望他莫忘国耻，亲自率兵北上，收复中原。岳飞还言辞激烈地指责了主和派的卖国主张。岳飞充满希望等待着高宗采纳他的主张，但苦苦等来的却是革去他军职的一纸诏书。

岳飞痛苦不堪，在宗泽的举荐下，投奔东京留守杜充，但杜充是个胆小鬼，当金兵压境时，他弃城投降。他属下的将领中只有岳飞坚持与金兵作战。岳飞和当时宋军著名将领韩世忠的部队配合，前后夹击，为击败金军主力金兀术的部队建立了战功，受到了韩世忠的赞赏。

岳飞率领自己的军队，联合各路义军，组成一支强大的军队，多次打败金齐联军，屡建战功。这支以岳飞为统帅的军队，纪律严明，作战英勇，被人民称为"岳家军"。"岳家军"训练有素，战无不胜，所到之处，冻死不拆屋，饿死不掳掠，秋毫无犯，受到百姓的热烈欢迎，得到人民的大力支援。"岳家军"打起仗来，所向披靡，屡战屡胜，令金兵闻风丧胆，"岳家军"成为抗金力量的象征。

公元 1138 年宋和金签订了和约，宋朝向金朝称臣，每年向金朝进贡白银 20 万两，绢 25 万匹。岳飞坚决反对宋金和约，他不计个人安危，几次上书申言"金人不可信，和好不可恃"，并怒斥奸臣误国，秦桧恨之入骨。果然，公元 1140 年，签约不到两年，金朝就毁约出兵，赵构被迫应战。岳飞接令，挥师北上，"精忠岳飞"战旗所向披靡，一连收复好几座城池。在郾城之战中，"岳家军"以少胜多，打败了金兵的王牌骑兵"铁浮图"，给金军以沉重的打击，金兵统帅金兀术感慨万千地说："撼山易，撼岳家军难。"

在士气高昂、群情激愤下，岳飞率领部队乘胜追击，一直打到距离汴京（开封）只有 45 公里的朱仙镇，岳飞想渡过黄河，收复失地，重整山河的夙愿眼看就要实现了。他兴奋地鼓励部下说："直抵黄龙（今吉林农安，金朝首府），与诸君痛饮！"正当抗金形势喜人，中原故土收复可望时，赵构和秦桧却怕岳家军进攻会招来金统治者更大规模的军事行动，更害怕徽、钦二帝回来会构成对他统治的威胁，要抗金部队班师回朝，并在一天内连下 12 道金牌，催逼岳飞回京。

眼望抗金义士用生命和鲜血换来的中原沃土，岳飞悲愤地说："十年之功，废于一旦！所得诸郡，一朝全休！"岳飞是金兵消灭南宋的一大障碍，于是他就成了南宋和金朝进行肮脏交易以换取所谓"和平"的牺牲品。岳飞回到临安，陷于秦桧等人设下的陷阱。秦桧密谋诬告岳飞谋反，并遵照金兀术的旨意于公元1142年1月将年仅39岁的岳飞杀害。一代民族英雄就这样冤死在奸臣卖国贼的手中。公元1162年，宋孝宗继位后，为岳飞平反昭雪，并追谥为"武穆""忠武"。宋宁宗时追封为"鄂王"。

遗臭万年的秦桧

在杭州西子湖畔的岳庙门前，跪着四个用生铁浇铸被反绑着双手的人像，这就是卖国贼秦桧、他的妻子王氏、同党万俟卨和张浚。

靖康二年（公元1127年）三月，金扶持张邦昌为伪楚傀儡皇帝。时为宋御史中丞的建康（今江苏南京）人秦桧（公元1090~1155年），反对割地及立张邦昌为帝，遂为金所俘。从此，秦桧变节降金。

建炎四年（公元1130年）十月二十八日，秦桧由江苏涟水归宋，自称杀死金兵夺船而回，实为挞懒故意放归，充当奸细。宋高宗不顾群臣的怀疑与反对，宣称秦桧"朴忠过人"，于绍兴元年（公元1131年）八月二十三日任秦桧为宰相。秦桧任相后，再次提出"如欲天下无事，南自南，北自北"的卖国投降之策，实际上是将北方割让金朝，乞求议和。

秦桧的卖国投降言论，遭朝野强烈反对。宋高宗迫于舆论，又因向金乞和未成，遂于绍兴二年（公元1132年）八月二十七日将秦桧罢相。秦桧仅为相一年。宋高宗表示永不复用秦桧。

绍兴八年（公元1138年）初，金主和派挞懒欲与宋议和。宋高宗在各地抗金有利之际，坚持先安内后攘外，再次向金乞和。宰相张浚迫使赵鼎辞相，给秦桧以可乘之机。宋高宗为讨好于金，自食其言，于三月初七再次任"以诚待敌"的秦桧为宰相兼枢密使。

秦桧再次任相后，积极推行卖国投降政策。他向宋高宗说，要与金议和，必须由他一人独断专行，"勿许群臣预"。宋高宗乞和心切，委秦桧专门负责向金乞和，赞同秦桧的求和卖国方案。秦桧的卖国罪行，又一次遭到国人强烈反对。临安（今浙江杭州）贴出"秦相公是细作（奸细）"的大标语。胡铨上奏力主"斩秦桧与王伦以谢天下"。韩世忠、岳飞等将领表示坚决抗金,反对议和。宋高宗一意孤行,支持秦桧与金订立了"屈己议和"的卖国和约。

和约签订后,秦桧进一步阴谋"撤武备,尽夺诸将兵权",以使金顺利消灭南宋。由于抗金派反对,阴谋暂未得逞。绍兴九年(公元1139年)夏,金兀术杀害挞懒,准备南侵。绍兴十年(公元1140年)五月,金撕毁和约,分兵四路大规模攻宋。宋抗金呼声高涨,秦桧处境不利,即见风使舵,假意表示愿"谕诸帅同力招讨"金兵,以保住相位。七月,岳飞率10万大军大败兀术,抵近开封,直捣金军老巢的时候,突然连续接到命令,要他率部火速班师回朝。原来这是秦桧暗地里耍的诡计,他害怕金国被灭,自己的阴谋暴露,于是唆使宋高宗强令岳飞退兵。

岳飞回到临安后,被解除了兵权。秦桧立即指使同党监察御史万俟卨给高宗上书,诬蔑岳飞在金军进攻淮西时,拥兵不救,主动放弃阵地。又叫张浚诬告岳飞写信给部将张宪,准备发动兵变。宋高宗不问青红皂白就将岳飞的案子交给秦桧一伙审理。

秦桧见时机已到,立即将岳飞、岳飞的儿子岳云和张宪关进大理寺的监狱。在提审时,万俟卨煞有介事地问道:"朝廷哪里亏待了你们,你们要结伙谋反?"岳飞听他这样问,怒火万丈:"谋反?我岳飞自抗金以来,赤胆报国,从无二心,谋反二字从何而来?"万俟卨本来就做贼心虚,见岳飞反驳,竟不知说什么好,只是狂叫道:"死硬分子,谋反朝廷还不认罪,给我用刑!"岳飞、张宪和岳云虽受尽了酷刑,但仍不承认自己有什么叛逆行为。

案子审了两个多月,毫无结果,秦桧为此事闷闷不乐,他的妻子王氏看出了他的心思,阴毒地说:"岳飞是我们的死对头,不杀他后患无穷啊!"秦桧听了王氏的话,下了决心,遂暗中派人将岳飞害死,同时将岳云、张宪斩首。

秦桧残杀民族英雄,成了遗臭万年的卖国贼,将永远受到人们的唾骂和憎恨。

虞允文大战采石矶

公元1160年秋,金朝皇帝完颜亮亲自统率40余万军队大举南下。金军在淮河上搭造浮桥,兵马络绎不绝渡过,毡帐相望数十里,气势极为凶猛。这时,宋朝主战派陈康伯担任宰相,启用正在患病的老将刘锜为江淮浙西制置使,部署防御,不料负责淮西守备的王权闻知金军将来,先放弃庐州逃跑,刘锜只好退兵至扬州。淮西尽落敌手,金兵长驱直入,逼近长江沿线。

形势处于紧要关头。宋朝廷撤换前线主帅,并派遣知枢密院事叶义问坐镇扬州。公元1161年11月,完颜亮率大军抵达和州,欲从采石矶渡江入浙,直逼宋朝心腹地带。叶义问命参谋军事虞允文前往芜湖,督促主将交接工作,犒劳军队。

虞允文来到采石矶,战事已十分紧迫,金军的骑兵充斥道路。而宋军却三五成群,星星散散,士兵们解鞍弃甲坐在道旁,皆是王权的败兵。王权已离开部队,新任主将李显忠尚未到来,所以军心涣散,无人调遣。虞允文立即召集将领们开会,指出坐等主帅,必会贻误战机,我们应当立即做好御敌的准备。虞允文拿出诏旨和劳军的资费,说:"金帛、诰命都在这里,谁有功,就赏赐给谁。"大家都被虞允文鼓舞,说:"今天既然有了主帅,我们一定决一死战。"也有个别人提出:"你是受命犒劳兵将的,没有指挥督战的义务,如果有人告你擅权,你能承担责任吗?"虞允文激愤地表示:"国家社稷不保,我还往哪里躲避?"

在虞允文的带动下,宋朝兵将整装来到长江岸边。江北是一片金军营垒,居中黄屋是完颜亮的大营,金朝皇帝已在前一天祭天盟誓,准备明早渡江,到宋都临安的玉麟堂吃早饭。当时,金军有40万人,而宋军仅1.8万人。虞允文命诸将列阵不动,派出5支船队,两队分靠东西岸行驶;两队藏于小港中;一队停泊在中流,暗藏精兵待战。

部署刚完,金军已呼喊着开始渡江了。完颜亮挥动着小红旗指挥数百艘船只涌来,转眼间,已有70艘靠近南岸,直逼宋军阵地。宋军兵士抵挡不住,稍稍后退。虞允文入阵拍着统制时俊的肩膀说:"你的胆略名闻四方,怎么临阵却同小儿女子一般?"时俊受此激励,挥舞双刀冲出,率士兵与敌军殊死拼斗。此时,中流上的官军也用海船冲撞金人船只,使敌船大都沉没。金兵死了一半,只剩下另一半还在顽抗。

战至黄昏,有一些从光州溃散的宋军士兵逃到这里。虞允文灵机一动,马上授给他们一些旗鼓,让他们从山后转出,虚张声势。金人正在鏖战,忽见山后鼓声大作,旌旗飘扬,以为宋朝的援军到了,顿时失去信心,逃向远方。虞允文下令以劲弓强弩追射,金兵丢弃了4000余具尸体,狼狈退回。

虞允文估计金兵还会反扑,半夜时分,调遣部分将领,乘海舟驻上流,另派一支部队驻杨林口。不久,金军果然到来。由于宋军有备无患,前后夹击敌人,又获全胜,焚烧敌船300只。完颜亮连遭大败,恼羞成怒,看到在江水中挣扎的金兵也不营救,还叫人用棍棒击毙,又把出谋渡江的和造船的两个人杀了,自己带着残兵败将奔往瓜州。

隆兴和议

宋孝宗赵昚,是宋太祖赵匡胤的七世孙,绍兴三十年(公元1160年)被宋高宗册立为皇储。本来,自宋太宗赵光义撕毁"金匮之盟"后,宋朝的皇位一直在宋太宗一系中传承。只是由于宋高宗没有子嗣,当时又有"太祖之后,当再有天下"的传言,因而就把赵昚选为皇位继承人。

绍兴三十二年(公元1162年)六月,宋高宗主动退位,把帝位传给宋孝宗,自己改称"太上皇"。宋孝宗是南宋最想有所作为的君主,也是南宋唯一志在恢复的君主。即位第二个月,他就正式为岳飞冤案彻底平反,朝野人心为之一振。他对秦桧构陷的其他冤案也进一步做出处理,李光、赵鼎等去世的受害者,都恢复名誉,抚恤子孙;张浚、胡铨、辛次膺等健在者都受到了重用。他继续任用高宗末年那些坚持抗金、政绩卓著的大臣,陈康伯、虞允文、张专等都成为新班底的核心。

宋孝宗还积极筹划对金宣战,收复中原失地。隆兴元年(公元1163年)四月,在枢密使张浚的主持下,南宋分道出师北伐,史称"隆兴北伐"。

但是,此时北伐,条件却并不成熟。因为在秦桧多年的破坏下,南宋军队训练废弛,士气低落,战斗力十分有限。尤其是在岳飞被害,韩世忠等大将陆续去世之后,南宋军中缺乏有威信、有才能指挥大兵团作战的将才,要想在野战中打败金军,显然是不切实际的。像主持北伐的张浚,虽然一直主张抗金,却志大才疏,早年在陕西战场时就曾因瞎指挥导致了宋军的富平大败,根本不具备帅才,但他在遭到秦桧多年压制后东山再起,急于求成,不待准备就绪即贸然出兵,遂埋下了北伐失败的伏笔。

隆兴元年(公元1163年),张浚出任枢密使、都督江淮军马,派大将李显忠和邵宏渊出师北上,连破灵璧县(今属安徽)和虹县(今安徽泗县),进据宿州州治符离县(今安徽宿县)。金将纥石烈志宁指挥大军反攻,邵宏渊坐观李显忠与金军激战,李显忠失利,宋军各部相继弃城溃逃,损失惨重。符离战败后,主和派官员纷纷攻击张浚,抗战派、参知政事辛次膺辞官。宋孝宗被迫遣使与金议和，金提出的议和条件为：宋帝与金帝改为叔侄关系，宋朝归还被占的海、泗、唐、邓四州，归还降宋的金人，补纳绍兴末年以来的岁币。

南宋朝廷的和战双方再次展开激烈辩论。最后太上皇高宗出面为主和派撑腰，孝宗才决定继续遣使议和。十二月，陈康伯因病辞去相位，向孝宗推荐张浚自代。但太上皇指令让汤思退升为左相，地位在右相张浚之上，以为牵制。尽管如此，主战派仍自觉实力大增。

隆兴二年（公元1164年）正月，金帅仆散忠义再次来函，要价太高，口气强硬。孝宗在主战派的鼓励下，将卢仲贤以擅许四州的罪名贬黜，表明宋朝拒绝归还四州，否则将中止和议。和议陷入僵局。孝宗命张浚视师两淮，全力备战，准备与金军一决雌雄。

张浚招来山东淮北的忠义之士万余人，补充建康、镇江的正规军，增修两淮城堡工事，添置江海战舰，随时奉命待发。汤思退及其同党百般攻击张浚，诬蔑他"名曰备守，守未必备，名曰治兵，兵未必精"。孝宗最终屈从于主和派的压力。四月，召张浚还朝，罢去了他的相位。四个月后，张浚死在离京途中，遗嘱说："我曾任宰相，不能恢复中原，雪祖宗之耻，死后不配葬在祖宗墓侧，葬在衡山下足矣。"

张浚是南宋前期主战派重要代表，但从富平之战与隆兴北伐看来，他在军事上的全局决策并不成功，其中固然有当时当地宋军素质与双方力量对比等客观原因，但其志大才疏而急于求成的个人因素，也是无可讳言的。王夫之批评他"志大而量不弘，气胜而用不密"，可谓知人之论。他的遗言倒是真情实话，道出了自己的终生遗憾。总之，他一生坚持抗金，虽受秦桧迫害而不改初衷，终究是值得肯定的历史人物。

张浚罢相，汤思退独相达半年之久，孝宗已倒向了主和派。不过，汤思退人如其名，就想着退缩。他与金人暗通声气，要求金军重兵迫和。金军不给面子，继续进攻宋朝防线，主和派步步退让，金兵步步紧逼。汤思退主张干脆放弃两淮，退守长江，尽快与金议和。

这时，孝宗听到使金回朝的魏杞报告说金人议和要价贪得无厌，而此时抗金呼声再次高涨，太学生甚至准备伏阙进谏。终于，孝宗罢免汤思退。太学生上疏请斩汤思退及其同党王之望等，汤思退在流贬途中闻讯，惊悸而死。

隆兴二年（公元1164年）十二月，宋、金双方正式签订和约，规定：（1）双方停战，互不侵犯，仍然维持宋高宗绍兴十一年（公元1141年）的绍兴和议所划定的边界,即宋、金东以淮河中游,西以大散关为界,南宋在采石大捷后收复的海州(今江苏连云港)、泗州等地区都交还金国。(2)南宋不再向金称臣,宋孝宗称金世宗为叔,金世宗称宋高宗为兄,宋、金改为叔侄之国。金对南宋不再使用诏书,改称国书。(3)南宋不再向金国纳贡,改交岁币,每年由原来的银、绢各25万两、匹,减少为银、绢各20万两、匹。由于这一和约是在宋孝宗隆兴年间签订的,故史称"隆兴和议"。

"隆兴和议"以后,宋金关系再度恢复正常,直到开禧北伐才试图再次打破这种地缘政治的均衡状态。而隆兴和议到开禧北伐的40年间,对宋金双方来说,都是社会经济发展的最好时期。

辛弃疾气吞山河

辛弃疾(公元1140～1207年),不仅是我国南宋时期著名的爱国词人,也是英勇无比的抗金将领。

辛弃疾自小就目睹了金军残杀百姓的悲惨情景,立志长大后一定要立功报国,收复失地。

公元1161年,当金军再度侵犯南宋的时候,各地军民纷纷起来反抗。辛弃疾也组织了一支两千多人的队伍,参加了农民领袖耿京的抗金义军。耿京见他能文能武,就让他担任了文书职务,掌管义军的大印。

为了壮大义军的力量,辛弃疾说服了一个名叫义端的和尚,带领一千多人马归附了耿京。但义端是个居心不良的坏蛋,没多久就叛变逃跑了,还偷走了义军的大印。辛弃疾怒不可遏,估计义端一定是投降金军去了,便连忙快马追赶,果然追上了义端。义端吓得魂不附体,趴在地上连连求饶。辛弃疾按捺不住心中的怒火,一刀砍下了叛徒的头。

不久,辛弃疾说服耿京归附南宋,以便联合抗金。耿京接受了辛弃疾的意见,并派他去见宋高宗。当辛弃疾完成任务高高兴兴地从京都回来的时候,听说义军中一个叫张安国的小头目,乘辛弃疾外出之机,杀害了耿京,然后带着队伍投降了金军。辛弃疾不禁怒火万丈,当即组织了一支50人的骑兵队,乘夜袭击了金军大营,以迅雷不及掩耳之势,活捉了叛徒张安国,还当场召回了上万人的义军队伍。最后,辛弃疾把叛徒交给了宋高宗,当众砍首示众。辛弃疾以他无比的胆识和英勇,震惊了宋都,这时他才23岁。

公元 1179 年，辛弃疾被派到湖南做官。他从抗击金军的实际出发，创建了一支纪律严明、作战英勇的"飞虎军"。这支军队成了长江沿线最主要的一支防御力量，使金军胆战心惊，畏惧地称它为"虎儿军"。

然而，辛弃疾的积极抗金行动，却招致了主和派和投降派的忌恨，最后免了他的官职。从此，他开始了长达 20 年的隐退生活。

这 20 年中，辛弃疾无时不在惦念着抗金事业。他经常与友人共讨抗敌大计，准备着杀敌机会的到来。他用一首首悲壮豪放的词，来表达他的满腔热血和爱国激情。辛弃疾一生创作了 600 多首词，这些优秀的作品无不鼓舞着人们从事反抗民族压迫的斗争。

辛弃疾虽一生致力于抗金，但壮志未酬，67 岁那年，在抑郁悲愤中离开了人世。

爱国诗人陆游

陆游（公元 1125～1210 年），字务观，号放翁，越州山阴（今浙江绍兴）人，南宋时期著名的爱国诗人。他自幼熟读诗书，写得一手出色的文章。陆游生活的时期，正是南宋与北宋交替的年代。北宋灭亡时，陆游还很年幼，看到满目疮痍的国土，小小年纪的他便生出了对国家和民族的深厚感情。南宋建立后，陆游参加科考，打算进入仕途为国效力，但是，政治上的腐败，使这个优秀人才最终只能哀叹着"王师北定中原日，家祭无忘告乃翁"的遗言，郁郁而终。

陆游 29 岁时，去临安应试进士，被主考官取为第一。当时，一同参加考试的还有秦桧的孙子秦埙，因为陆游的文章被主考官赏识，秦埙只能屈居第二，这让秦桧很生气。第二年，考生们参加礼部考试，秦桧早早就去给主考官通气，让他们将秦埙定为第一名。可是主考官爱惜人才，考试后，还是秉公办事将陆游定为第一名，秦桧非常生气，直接将陆游从考生中除名，还追究当地考官的责任。从那之后，秦桧就开始打压陆游，不准他参与朝廷的工作，这种打压一直持续了几年，秦桧死后，陆游才得到出仕的机会，出任福州宁德县主簿。宋孝宗即位后，以陆游善词章，熟悉典故，赐进士出身，担任了枢密院编修官等官职。

陆游文采出众，虽出仕为官，却没有得到重用，不过陆游即使任闲职，他在任上时也花费大量精力处理公务，为当地百姓谋取福祉。有一年，陆游所在的地方遭遇旱情，百姓饥困潦倒，陆游在未征得南宋政府同意前，先拨义仓粮到灾区赈灾，救济灾民，然后再向朝廷奏请，这种先斩后奏的方式损害了朝廷利益，不久，他遭到同僚弹劾，以"擅权"的罪名被罢官还乡。陆游于是在家闲居了六年，之后，被朝廷召回，封其渭南伯，但两年后又将其以"擅权"的罪名革除，还被削去封号。陆游为官时，数次上奏章，谏劝朝廷减轻赋税，他忧国忧民的情怀无处抒发，不久又一次以"嘲讽风月"的罪名将他罢免。从此，陆游开始长期生活在农村。

陆游的一生渴望收复失地、统一祖国，但没有实现。在数次被朝廷弃用，被同僚弹劾陷害之后，只能回归故里，用诗歌来表达自己对祖国的热爱和对民族的忧虑。陆游辛勤创作，为后世留下诗作9000多首，是中国历史上写诗最多的诗人。陆游创作主要分为三个时期，从不同时期的创作成就能看出他的政治境遇。少年时期到46岁进入蜀地之前，这一时期的诗作仅存200首。其实，作为一个有才华的人，应试时能让主考官一眼相中，在青年和中年时期应该是创作高峰，但此时的陆游诗作甚少。第二个时期是陆游进入蜀地以后到64岁罢官之前，前后20年的时间，存诗2400多首。这段时间他仕途坎坷，借诗咏志，作品多了起来。陆游创作的高峰是他罢官回到农村后，存诗近6500首，诗中满是清旷淡远的田园风味，但这种恬淡中又不时流露出苍凉的人生感慨，陆游在这段时间的创作风格逐渐趋向于质朴。

无论是在什么时期，陆游的诗作中都始终贯穿着炽热的爱国主义热情，特别是在中年入蜀以后，感情表现得尤为突出。当他闲居在农村时，尽管享受着自由生活，但是心中的政治抱负得不到抒发，民间疾苦无法解决，情绪有时很消极。在陆游80多岁的时候，见到国难当前，自己无力报国，便告诫儿孙，将他们叫到自己床边，念了自己人生中最后一首《示儿诗》：死去元知万事空，但悲不见九州同。王师北定中原日，家祭无忘告乃翁。

韩侂胄草率北伐

南宋朝廷到了宋孝宗后期，不仅对外屈膝投降，内部也渐渐腐败起来。一些朝臣见皇帝不理朝政，只知享乐，便结党营私，争权夺利，甚至发展到更换皇帝、独揽大权的地步。宋宁宗赵扩继位后，立崇国夫人韩氏为皇后。因当时朝中大臣韩侂胄是韩皇后叔父的缘故，从此韩侂胄倚仗外戚身份，干预朝政，争权夺势，拉拢党羽，诛逐异己，逐渐形成一人专权的局面。

早年，韩侂胄任汝州防御使。当时韩侂胄认为自己拥立赵扩有功，对防御使之职十分不满，于是他把原因都归结到宰相赵汝愚的头上。许多朝臣看到韩侂胄贪欲过重，必成朝中之患，又见韩赵结怨，都说"祸从此始矣"。

过了不久，赵扩想任命刑部侍郎京镗为蜀中节度使，宰相赵汝愚认为他资历声望尚浅，表示反对。对此，京镗非常嫉恨赵汝愚，便开始和韩侂胄勾结在一起。为了和宰相赵汝愚争夺朝中大权，这以后韩侂胄大肆拉拢与宰相赵汝愚结怨的官员，并极力扶植自己的党羽先后当上朝中的言官等要职，完全控制了朝中大臣向皇上进言的权力。眼见自己羽翼丰满，韩侂胄便开始下手逐除异己了。

当时，儒家的"理学"非常盛行，宋宁宗把理学大师朱熹提拔为侍讲，到宫中讲学。朱熹看不惯韩侂胄专权害政，便经常利用讲学的时机，向赵扩恳切进言，列举韩侂胄的罪行。韩侂胄听说后，非常嫉恨朱熹，就给朱熹安了"伪学祸首"的罪名，唆使赵扩罢免了朱熹侍讲之职。

后来，韩侂胄倚仗外戚身份，常到宰相议政的都堂走动，连由宰相们处置的事他也要插手。左宰相留正见他这样指手画脚，十分不满，就派小吏对他说："此处不是韩知阁每日来往之地。"为此，韩侂胄大怒，后来便借留正与宰相赵汝愚在宋光宗陵寝用地上发生争执的机会，向赵扩进谗言，把留正贬为建康知府。

过了不久，吏部侍郎彭龟年接连上书弹劾韩侂胄，赵扩非但没有相信他的话，反而将他罢了官。

韩侂胄见赵扩对他非常宠信，从此在朝廷中更加骄横，于是就将宰相赵汝愚视为下一个打击目标。为此他便与工部尚书赵彦逾和京镗等串通一气，向赵扩进谗言，诋毁赵汝愚结党营私，对宁帝心怀二心。接着，韩侂胄又指使右正言李沐禀奏赵扩，说赵汝愚以皇室同姓而居相位，将不利于社稷，请将他罢黜，以安天下，杜塞奸谋之源。开始时宁宗还不相信韩侂胄等人的话，后来见众人都弹劾赵汝愚，就相信了赵汝愚要谋反的诬告，罢免了赵汝愚的相位。

铲除自己的强劲对手后，韩侂胄的地位更加稳固了，更加炙手可热，他先后被宁宗加封为少傅、太师、平原郡王、平章军国事等要职。当时朝中一些小人见状便攀附韩侂胄，纷纷得到了升迁，而韩侂胄靠着这帮家伙的支持独揽了朝廷的大权，更是作威作福，鼻息冲天。他在自己的私宅中设置"机速房"，文武百官如同上朝一样，每日到他这里报到议事。他还假造御笔诏书，用来发出升黜将帅的命令，朝中之事不分巨细，不禀奏韩侂胄，谁也不敢做主。韩侂胄俨然一国之主，赵扩成了有名无实的皇帝。

过了几年，韩侂胄越来越不满足于既得的权势，他千方百计煽动宁宗组织北伐，想为自己在历史上留下一个美名。为此，他让自己的亲信对北方的金国发动了进攻。开始时，宋军取得了一些小胜利，后来，金国派兵牢牢守住了战略要地，战场上的形势发生了有利于金国的变化。几仗之后，宋军惨败，金国要求宋朝割地、称臣。

这时候，南宋内部反对北伐的势力渐渐强大起来，紧接着韩侂胄的侄女韩皇后死去，韩侂胄失去了倚仗。于是在礼部侍郎史弥远的组织下，朝廷大臣纷纷上书，力陈韩侂胄倒行逆施，招致朝政混乱，边境形势危迫，请诛韩侂胄。当时就连金国皇帝完颜珣也要求宋朝献韩侂胄的人头，方答应归还淮陕之地。

赵扩虽依然庇护韩侂胄，但迫于金国和朝廷大臣的压力，无奈之下只好处死了韩侂胄。韩侂胄死后，他的众多党羽或是被杀死，或是遭贬职，都相应得到了惩处。

理学大师朱熹

朱熹（公元1130～1200年），字元晦，又字仲晦，号晦庵，晚称晦翁，谥文，世称朱文公。祖籍徽州府婺源县（今江西婺源），生于南剑州尤溪（今福建尤溪县）。宋代著名理学家、思想家、哲学家、教育家、诗人，闽学派的代表人物，儒学集大成者，世人尊称为朱子。

朱熹建立了一个庞大的"理学"体系。这一理论成为中国封建君主专制社会后期的统治思想，产生过巨大而深远的影响。他一生除有十年多时间做地方官从政外，其余的时间，主要是讲学和著述。

朱熹少年时，胸怀大志，非常好学，先后拜当时的经学大师胡宪、刘勉之等人为师，学业进步很快。高宗时，朱熹考中进士，被任命为泉州同安主簿。在任期间，他从县里挑选了一批青年作为弟子，每天向他们讲授圣贤修身治民的道理。

宋孝宗继位后，朱熹大胆进言，向孝宗讲了许多古代圣贤之君的治国之道，其中就有强国富民、加强兵备、安抚四夷等方面的内容。过了几年，朱熹担任知南康军。当年郡内遭遇旱灾，朱熹一到任就兴利除弊，整顿郡治，开仓赈济，使灾民顺利度过了饥荒。后来，他还奏请朝廷同意，修复了白鹿洞书院，多次在这里讲学。

有一年，浙东地区发生了非常严重的大饥荒，朝廷派朱熹去救灾。朱熹上路赴任，在路上他写信给浙东各郡县官员，要求他们招揽米商，并减免他们的税额，让他们四处籴米。朱熹尚未到达任所，四处运往灾区的粮食已运到了。朱熹到任后，整顿吏治，经常轻车简从，微服出访，访贫问苦，体恤民情，对于那些不合理的赋税，他予以减免或废除。不久他将这里治理得井井有条，当地官吏敬畏他，百姓爱戴他。这期间，有人诬告弹劾朱熹，但孝宗却说："朱熹政绩确实可观。"

到了光宗时期，朱熹曾任过一段漳州知府。到任后，他上书朝廷，免除了所属各县的七百万石田赋，减轻了当地百姓的四百万缗负担。鉴于当地风俗鄙陋，朱熹恢复了古时丧葬婚嫁的礼仪，命令老者向百姓宣讲，教授给年轻人，风俗渐趋淳朴。当地不少人崇信佛教，男男女女经常聚集在僧舍中传经、做佛事，还有些女人不出嫁却出家入庵为尼姑，朱熹下大力予以劝止。原来泉州、汀州、漳州边界不清，朱熹调查了解历史沿革，找有关人士会商，明确划定界线，上报朝廷批准。而当地豪强地主感到多有不便，大为不满。枢密院事留正是泉州人，他在乡里的族人也认为这种划界不可行。还有一个平民吴禹圭上书说这样划界是无故扰民。朝廷下旨先定漳州边界，其他地区勘界事宜从缓实行。朱熹未及完成此事，便因儿子病故辞官归乡了。

宋宁宗赵扩继位后，朱熹担任侍讲之职，经常借在宫中讲学之机，对朝政多有谏言。

后来，外戚韩侂胄渐渐登上相位，在朝中专权。朱熹就多次上书弹劾他，并多次在讲学中向宁宗进谏，但均没有达到效果。当时，为了排除异己，韩侂胄和他的亲信搞了"伪学"案，朱熹的理学一时间被斥为"伪学"，朝廷对此予以禁止。一时间，读书人战战兢兢，稍有名气的读书人便难以在朝中立足。在如此艰难的岁月中，朱熹仍坚持给学生讲学，对劝他遣散学生的人，他都是笑而不答。

到了公元1199年，朱熹因病辞官，第二年就病逝了，享年70岁。朱熹死后，当时尚未下葬，他的学生们要为他举行殡礼。有人却扬言说：四方伪学之徒聚会，为伪师送葬，并借机妄议时人短长和朝政得失，敦请守臣严加约束。所以在朱熹的整个葬礼过程中都有人严加监视。直至韩侂胄被杀后，赵扩才追赠他为中大夫、宝谟阁直学士，而这时朱熹已死了七八年了。

在朱熹入仕的五十年间，他只当过九年地方官，在朝中担任侍讲、待制才四十天，所以他家境一贫如洗。那时从各地来拜他为师的学生络绎不绝，师生只能一起吃豆饭，过着极清苦的生活，还时常靠借贷维持。在从政、讲学的同时，朱熹一生都致力于圣贤经传的研究，他为后人留下了《论语集注》《孟子集注》《启蒙》《大学章句》《中庸章句》等一大批经典著述。

朱熹最有影响的主张是"存天理，灭人欲"。现在看来，这一套克制压抑的思想有不少荒谬可笑之处，不过，我们也应明白，他要人们安于现状、不要起来为改善自己的生活而斗争的思想，最适合中国传统农业社会的统治。从元朝开始，道学成为官方钦定的统治思想，对人们的日常生活、一言一行都有极大的约束作用。后来人们看到道学发挥了跟宗教相近的作用，所以就把道学称为"儒教"。

叶适抗金

叶适是南宋时期唯物主义思想家，在他的生涯中，还有一段辉煌的抗金杀敌的故事。

公元1202年，叶适任兵部侍郎的时候，权臣韩侂胄准备发兵攻打金国。对攻金收复中原，叶适是赞成的，但他劝韩侂胄不要在毫无准备的情况下，去进行冒险。结果，宋军四路人马全线崩溃。金兵分九路南下，直捣两淮地区，江南为之震动。

金国大军压境，南宋朝廷人心惶惶，只好派叶适到建康（今江苏南京）去坚守。到了建康，叶适感到形势实在令人担忧，很多人已到了畏金如虎的程度。有一次，两个金兵骑马在江岸上奔走，这时，就见江北的人争先恐后地抢船渡江，惊慌失措，有上百人落水淹死。

要扭转这危急的局势，首先必须安定人心。要镇住人心，就必须打击一下金军的气焰。于是，叶适招募了200名武艺高强的勇士，每到夜间，就悄悄渡江来到北岸，他们隐蔽在芦苇丛中，时而用弓箭射击金军，时而突然跃出砍杀金军。金军不知虚实都惊恐万分，只好纷纷逃命。到天明时，金军发现宋军人少，再追赶时，宋军已上船远去了。就这样，叶适指挥这200人的敢死队，前后数十次渡江，杀死无数金兵。自此，金军再也不敢轻举妄动，肆意胡为了，沿岸老百姓的心绪也稍稍镇定下来。

为守住长江，叶适还努力经营江岸的防务，采取了两项重要措施。一是屯田，把流散的百姓安顿下来，耕田种地，挑一些强壮的人练武习艺。这样既安定了流民，又加强了防守力量。二是在各地建立据点47处，这些据点在战斗时能首尾呼应，互相支援。所以，金军几次想渡江南下，都被叶适调动的军队一一击退，金军只好望而却步。

然而，南宋朝廷的投降派，却一味地干着卖国求荣的勾当。叶适退敌有功，没有得到奖赏，反而被免了官职。叶适怀着满腔的悲愤回到了家乡温州永嘉县，结束了他的政治生涯，开始著书立说。

留取丹心照汗青

文天祥（公元1236～1283年），初名云孙，字宋瑞，又字履善。道号浮休道人、文山。江西吉州庐陵（今江西省吉安市青原区富田镇）人，南宋末政治家、文学家，爱国诗人，抗元名臣、民族英雄，与陆秀夫、张世杰并称为"宋末三杰"。"人生自古谁无死，留取丹心照汗青"是他著名的诗篇《过零丁洋》中的两句，表达了他保持民族气节，宁死不屈的英雄气概。

文天祥生长在南宋统治极端腐败，而蒙古贵族灭掉金国，准备南下灭宋的时代。所以，他少年时就立下了救国救民的远大志向。20岁时到临安（今杭州）赶考，中了状元。

文天祥步入仕途之后，马上察觉贾似道与一批宦官的误国奸行，对这些祸国殃民的宦官自是痛恨至极。因此，当蒙古军攻打南宋，宦官董宋臣怯懦劝理宗弃都逃跑时，文天祥便马上奏请杀掉董宋臣，以免动摇民心。然而，对宦官颇为倚赖信任的宋理宗却将文天祥撤职。虽然他后来又重回临安，担任起草诏书的工作，却又因其耿直不阿得罪了奸相贾似道，在37岁那年被迫致仕。直到南宋王朝面临危亡之时，文天祥才被派到江西担任赣州州官。

公元1274年，元朝大军连续攻陷襄阳、樊城（均属湖北）后，顺江而下，又在池州（今安徽池州）同宋军决战，结果宋军全军覆没，再也没有多少抵抗的力量了。这时，南宋朝廷的官员，跑的跑，溜的溜，没有人起来抵抗元军。只有文天祥费尽心机招募了三万军队，朝临安开来。但不久，也被元军击败。

公元1276年，元军打到离临安30里的皋亭山，想不战而灭亡南宋，要南宋政府派宰相出城谈判。但贪生怕死的宰相陈宜中，一天夜里偷偷地溜走了。朝廷只好任命文天祥为右丞相，和元军统帅伯颜进行谈判。

文天祥见了伯颜根本不提求和的事，义正词严地要元朝退兵。伯颜见他不是来投降的,就板着脸说道:"宋朝已经不行了,你还是坐下来和我们议和吧,否则对你没什么好处!"文天祥见伯颜威胁自己,气愤地说:"你别拿死来吓唬我,我身为南宋宰相,代表国家来谈判,早已把生死置之度外。"

伯颜见捞不到什么便宜,就扣留了文天祥。元军占领宋都临安后,文天祥被押往大都(今北京)。

押送途中,文天祥不想受辱,几次想到自杀。后来,他听说张世杰等人又在福州立赵昰为皇帝,就乘元军不备在京口(今江苏镇江)逃了出来。

第二年赵昰病死后,张世杰等人又拥立6岁的赵昺即位,据守厓山(今广东新会南)。

这时,文天祥率领军队在广东潮阳一带继续抗击元军。不久,遭到了张弘范率领的元军的包围,最后在海丰附近的五岭坡兵败被俘。

公元1279年2月,张弘范攻破了南宋朝廷最后据守的厓山,宋朝灭亡了。听到这个消息,文天祥非常伤心,朝着厓山失声大哭。

南宋灭亡后,忽必烈几次三番地派人来劝降文天祥,还答应让他做元朝宰相,都遭到了严词拒绝。文天祥坚贞不屈,宁死不降,元朝统治者见劝降无望,在脏臭的牢房里将文天祥整整关了三年,最后将他杀害。文天祥死时,才47岁。

第八章
元　明

元朝由蒙古族建立，是中国历史上第一个由少数民族建立的大一统王朝。定都大都（今北京），传五世十一帝，从公元1206年成吉思汗建立蒙古政权始为162年，从忽必烈定国号元（公元1271年）开始历时97年。

明朝是中国君主专制政权发展至极从而逐渐扭曲的时期。它的皇权绝对化，宦官当权，"东厂""西厂"的设立，无一不是这一结论的阐释。与此同时。北方少数民族及东南倭寇的相继侵扰以及农民大起义的爆发更使明王朝处于内忧外患，风雨飘摇之中。

成吉思汗统一蒙古

12世纪中叶蒙古部落中又分成若干部,孛儿只斤部是其中之一。它又有两个强大的氏族,一个叫乞颜氏,一个叫泰赤乌氏。

乞颜氏族的首领叫也速该。公元1162年,也速该参加了孛儿只斤部对塔塔尔的战争,恰在这时,也速该的夫人诃额仑生下了一个男孩,取名为铁木真,这便是后来举世闻名的成吉思汗。

铁木真长到9岁时,他的父亲被塔塔尔人给毒死了,以前追随他们家的族人,在泰赤乌氏族的挑唆下,都纷纷离去了,顺便还带走了他们家的牛羊。铁木真跟着自己的母亲,带着年幼的两个弟弟,几度迁徙,生活非常困苦,但铁木真从来没退缩过。

这样的艰难困苦,促使铁木真迅速成长,铁木真从小性格格外坚毅,并且身体强壮,箭法十分高超,越来越有首领的风范。铁木真的优秀,让曾经跟他们作对的泰赤乌氏族十分害怕,泰赤乌氏族的首领决定抓住铁木真,再折磨死他,让铁木真永远没有机会找他们复仇。

为了躲避追捕,铁木真逃到了一片森林里,但是森林里没吃的,铁木真实在忍不住饥饿,就出来找吃的,结果被泰赤乌人给抓个正着。泰赤乌人把铁木真当囚犯一样,到处示众,想用这个办法杀灭铁木真的威望,但是铁木真趁一次泰赤乌人举行宴会时,逃出生天。

经过这一次的劫难,铁木真意识到自己必须强大,才能不受别人的侵犯,于是他就想尽办法来扩充自己的实力。他不断寻找同盟军,在草原上树立自己的威望。他还认克烈部的首领王汗为义父,表面上依附王汗,不断地发展自己的力量。

没过多长时间,篾儿乞部突然袭击了铁木真,铁木真没有防备,仓促撤退,但是他的妻子让篾儿乞部的人给抢跑了。王汗赶忙派兵支援铁木真,两族的人联合在一起,在铁木真的指挥下,对篾儿乞部发起了反击,篾儿乞部抵抗不力,溃败了下去,丢弃了大量的牲畜和财物。

通过这场战斗,铁木真的军事才能得到了展现,也得到了大家的敬重,此后,铁木真就以克烈部为依托,不断扩张自己的实力。经过二十多年的浴血奋战,铁木真威名远播,他带领的蒙古部落已是草原上最强的雄鹰了。

公元1196年,铁木真和克烈部王汗协助金朝,一起出兵攻打塔塔尔部,塔塔尔部败退,铁木真不但得到了大批的牲畜、财物和奴隶,以及金朝的册封,更重要的是增强了铁木真的实力和威信。

公元1201年,铁木真与克烈部又一次协同作战,对札木合联盟发动了攻击,札木合盟军不敌。札木合本人投降了克烈部。第二年,塔塔尔部被彻底消灭,呼伦贝尔草原成了铁木真的天下。公元1203年,铁木真与克烈部王汗决裂,克烈部突袭了铁木真部,铁木真暂时败退。不久,铁木真就趁王汗不备,以牙还牙突袭了克烈部,将其灭亡。此后,铁木真又征服了汪古部,并于公元1204年,消灭了乃蛮部。

公元1205年,铁木真终于完成了统一蒙古的大业。他把东起呼伦贝尔草原、西迄阿尔泰山的广大土地都置于自己的统治之下。公元1206年春天,铁木真在鄂嫩河源头召开各部落首领大会。大家一致推举44岁的铁木真为全蒙古的大汗,尊称他为"成吉思汗"。铁木真建蒙古汗国于漠北,国号"大蒙古国"。

成吉思汗五征西夏

成吉思汗统一蒙古后,他的军事行动并没有就此停止。一方面,被成吉思汗打败的一些部落逃到了蒙古境外,继续活动;另一方面,在蒙古草原军事上的胜利,使蒙古统治者掠夺别人的欲望有了进一步的增长。

当时,蒙古国的南边与金朝、西夏相邻,成吉思汗曾因为金人杀了他的宗亲,才与金朝结下了不共戴天之仇,因此推翻金朝的统治成了成吉思汗既定的目标。成吉思汗起初想与西夏结盟,联合灭金。但是西夏奉行中立政策,婉言拒绝。所以,也将西夏列为统一中国的必取目标,逼夏主归降,扫除后顾之忧。

成吉思汗征讨西夏前,先扫除了他的障碍,使西夏陷入孤立无援的境地,他先后攻占了西夏的邻国盟友乃蛮部、篾儿乞部和乌梁海部。同时还特别研究了攻城的心理战法。当一切准备就绪,志在必得的成吉思汗再次向西夏进军,率大军包围丰城（今内蒙古包头市）之翰罗孩城。但翰罗孩城的人团结一致，坚守城池，誓死不投降。成吉思汗竭尽全力攻打了40多天后终破该城。

公元1209年7月，成吉思汗再次率军攻打西夏，此次大军转攻西夏国都兴庆城（今宁夏银川市），试图引出西夏各州勤王的军队并消灭他们，可是围城一个多月，也不见勤王兵迎战，破城没成功。于是，成吉思汗命人筑堤引河水灌城。因为所用的土松软，经水长时间浸泡后，没淹没城堤坝先溃决，反而淹了蒙军的兵马。成吉思汗见许久攻不下，就以优厚条件，招降夏主。但夏拒降，请求纳女以求和。成吉思汗只好答应，撤兵。从此西夏与蒙古修好十多年。在此期间，成吉思汗又率兵攻打了金，并向西平定贝加尔湖以西的各国。

公元1218年，成吉思汗让西夏国一起出兵西征。但被西夏王委婉拒绝，夏国诸臣的一句"既然没有实力，何必称皇帝呢？"激怒了成吉思汗，于是再度攻打西夏国都兴庆城。西夏君臣竭力防守。20天后，夏主见成吉思汗仍不撤兵，深夜率精兵突出重围，直奔西凉（今甘肃武威）。此时，成吉思汗既不能攻城，又不能分兵追击夏主。又考虑到西征的重任，于是改变进攻目标，向中西亚和欧洲进军。

成吉思汗西征欧洲7年，取得花剌子模、俄罗斯、匈牙利、波兰、叙利亚以及布里阿尔等40多个国家归顺的辉煌战果，但在这7年中他日夜不忘西夏君臣奚落之言，所以再次率军征讨西夏。5月底，夏主因为被久困，派使者乞降。第五次讨伐西夏是成吉思汗一生中最后一次征战，一个多月后的8月18日，成吉思汗正打算挥师南进灭金时，死在清水县行宫。根据他生前的遗愿，将遗体埋于漠北鄂嫩、克鲁伦、土刺三河的发源地——不儿罕山起辇谷（后来元朝诸皇帝死后也都埋于此）的一棵大树下，不起坟，遍地种树植草，使人不知陵墓所在，并且在护送成吉思汗遗体的途中一路上所能见到的人畜尽斩杀不留。

蒙古名臣耶律楚材

耶律楚材，元太祖和元太宗时的重臣，元代著名的政治家。

耶律楚材出生在金国衰败的贵族家庭，家庭经济状况虽不好，但学习条件优越。在母亲的精心教育下，耶律楚材学习非常用功，每天晚上读书都到深夜。因此博览群书，精通天文、地理、律历、术数，而且特别擅长著文。

第八章 元 明

公元 1215 年，蒙军攻占金中都，耶律楚材自此降蒙。成吉思汗听说他有才智，能占卜，命其觐见。成吉思汗知道了耶律楚材原来是被金国灭掉的辽朝东丹王突厥的八世孙，便对他说："辽金世仇，今吾以替汝报耶？"耶律楚材回答道："臣父祖以来皆尝北面事金，既为臣子，岂敢复怀二心，仇君父耶？"成吉思汗素喜忠义之士，见耶律楚材言语之中仍忠于故主，不禁心中欢喜，命"处之左右，以备咨访"。又见耶律楚材丰姿长髯，遂亲切称其为"长髯公"，而不直呼其名。其实耶律楚材并未受到成吉思汗多大的重视，只是因他善占卜，懂术数，才受到礼遇。成吉思汗起初用一批畏兀儿人观测天象。有一次，他们预测说今年五月十五日要有月食，耶律楚材却说月食将发生于明年十月十五日，结果耶律楚材预测准确。成吉思汗更加佩服耶律楚材的占卜，说："汝于天上事尚无不知，况人间事乎！"尽管如此，耶律楚材仍得不到成吉思汗的重用，只能继续充当神职人员。

当时，有个名叫常八斤的人，善造弓弩，很受成吉思汗的宠信，因而非常骄横。一次，他当着耶律楚材的面对成吉思汗说："现在正是用武的时候，耶律楚材是个儒生，对打仗的事一窍不通，有什么用处？"耶律楚材听了并不生气，从容地说道："制造弓弩须用制弓匠，难道治理天下就不需用治天下的人吗？"成吉思汗觉得他说得很有道理，就更加亲信重用他，而且要耶律楚材一直跟随在他的身边。耶律楚材作为治国能手，没有让成吉思汗失望，在不断进行的激烈的战争中，耶律楚材就为蒙古建国，建立了一系列规章制度。

公元 1219 年夏天，成吉思汗要出兵征讨回回国，出发那天，忽降雪三尺，有人质疑用兵是否有利。耶律楚材说："伏天下雪，是克敌制胜的好兆头，请尽管用兵！"听了这话，蒙军首先占了心理优势，果然战败了回回大军。

元太宗窝阔台继位后，耶律楚材被任命为中书令，并以中央大臣身份主持中原财赋。他以中原封建统治制度为范本，对大蒙古国的社会政治制度和治国方法进行了改革，取得了令世人瞩目的业绩。

蒙古贵族南下中原后，不知道如何安定社会，发展生产。有人甚至提出："得了汉人也没有什么用处，不如全部驱杀，使中原草木茂盛，成为牧地。"耶律楚材对窝阔台说："中原之地，财用所生，如果实行赋税制度，地税、商税、盐、酒、铁冶、山泽之利，每年可以征收到银五十万两，帛八万匹，粟四十余万石，足够供给军需和各种费用。"窝阔台采纳了他的意见，命耶律楚材主持制定税法。公元 1231 年秋，窝阔台到大同，各路头一年的赋税已如数收齐，耶律楚材将所征银币和仓库米谷簿籍呈给他过目，窝阔台对耶律楚材称赞不已。

耶律楚材反对蒙古的裂土分封制度，认为这将形成大大小小许多领地，不利于加强皇权和巩固对中原的统治。他劝窝阔台说，对诸王勋臣不如多给金帛，不要分给领地，让他们擅自课征。窝阔台采纳了他的建议，制定了中原赋税定额。如丝料项，根据耶律楚材所定税法，"每二户出丝一斤，以给国用，五户出丝一斤，以给诸王功臣汤沐之资"，这就是所谓"五户丝制"。与蒙古原来的分封制比较，更易为中原人民所接受。耶律楚材又坚持遵循中原传统，以户为单位，按户定赋，不采用蒙古原有的按丁定赋的办法，得到了窝阔台的允准。

耶律楚材主持制定了中原赋役制度，规定，除特旨或按规定可免除的赋税外，所有人户都要缴纳税粮，包括丁税和地税两种。人民还要负担科差，一是丝料，二是银丝杂色。另外，如盐、茶、酒、竹、木等也征税，其他诸课照前征收。这些赋税相对来说是比较轻的，有利于当时已遭破坏的中原地区休养生息。

耶律楚材特别提倡尊孔兴儒，因为统治者对儒学的赞同与否其实就是是否实行封建政策的分水岭。为此，耶律楚材举孔子五十一代孙孔元措为衍圣公，建庙立林。并召名儒进宫讲经，传授蒙古贵族子弟以圣人之道。在他的努力和支持下，各地陆续兴办起了庙学，以致各地儒生群起响应，"四海钦风"，读书之声响彻大江南北。耶律楚材上奏太宗说："制器者必用良弓，守成者必用儒臣。"太宗于是答应"可官其人"。

第二年大会科试，虽"被俘为奴者，亦令就试"。这次考试"得士4300人，免为奴者四之一"。在这批人中，出现了大批杰出人才。只可惜这种考试仅举行了一次，并未形成制度。耶律楚材还十分注意搜集、保存儒家经典，在征伐战争中，"诸将争取女子玉帛，耶律楚材独收遗书及大黄药材"。许多史书皆因耶律楚材的保存才得以流传下来，元朝修《辽史》就是以他保存的《辽实录》为资料的。

耶律楚材还是一个敢于犯颜劝谏的人。一次，元太宗要选美女充实后宫，耶律楚材故意拖延不办，还劝阻说："后宫已有美女28人，足够使用，如果再来选美，定会骚扰百姓不得安宁，陛下还是取消了吧！"太宗沉思了一会儿，点头答应。还有一次，朝中有一权臣肆意杀人，耶律楚材不避亲贵，竟将其收捕审讯，得罪了他的同伙，同伙忌恨在心，反而控告耶律楚材违法，元太宗大怒，竟将耶律楚材下狱治罪。事后，太宗后悔要释放他，耶律楚材拒绝松绑，说道："既然绑我，想必我肯定犯了什么罪，应当给百姓说清楚，如今要释放我，说明我无罪，但也要说明理由，怎么能这样反复，像做儿戏一样！"

听耶律楚材这样说，大臣们都吓坏了，但太宗非常开明，向他认了错，耶律楚材也乘机制定了赏罚制度。

耶律楚材作为元朝的奠基者，不失为中国历史上具有卓越贡献的杰出人物。

忽必烈建元

成吉思汗死后，蒙古汗国的汗位又陆续传了几代。公元1251年，贵由汗死后，汗位传到了蒙哥的手里。

蒙哥做了大汗以后，派弟弟忽必烈主管整个黄河以北地区的军事、行政事务。忽必烈借此机会招揽了一批有学问的汉族知识分子，让他们做了自己的谋士。这些谋士向忽必烈讲述"汉法"，教他如何用中原的封建制度来统治全国。忽必烈胸怀大志，听了这些话很受启发。公元1258年，蒙哥出动三路大军攻打南宋，不久就病死在合州（今四川合川）的钓鱼台城。蒙哥死前，没有留下遗诏指定汗位继承人。蒙古朝廷中的一部分势力准备拥立留守漠北的阿里不哥为汗，另一部分人却拥护忽必烈。忽必烈与众臣商议，与南宋议和，然后派人迎接蒙哥的灵车，接收大汗的宝玺，自己则带着少数随从，火速赶回了燕京。他假传蒙哥的遗言，遣散了阿里不哥的兵力，并取得了蒙古一些重要大臣们的支持。公元1260年，忽必烈召开忽勒台大会，继承了汗位。后来，由于阿里不哥思想保守落后，滥杀军将，抢夺财宝，很快就闹得众叛亲离。经过四年的战争，忽必烈终于打败了阿里不哥，取得了最后的胜利。

忽必烈继承了汗位以后，将政治中心从蒙古的和林移到了中原。公元1271年，在进攻南宋取得不断胜利的情况下，忽必烈接受汉族谋士刘秉忠的建议，取《易经》中"乾元"（极大）的意思，把蒙古国改为"大元"，元朝正式建立，忽必烈就是元世祖。元世祖在全国颁布建国诏书，向世人说明自己所统治的国家不只有蒙古一个民族，而是中国历代封建王朝的延续。第二年，忽必烈把燕京（今北京）改称大都，正式定为全国的首都。

元世祖忽必烈从继承汗位到去世，于其在位35年的统治中，作为一个蒙主君王，在如何适应汉族文化，如何由武功转向文治方面，应当说是做出了不少"革故鼎新"的特殊贡献。

忽必烈，蒙语尊称之为"薛禅"皇帝，意为"贤者"。他在青年时期就产生了"思大有为于天下"的抱负；在做藩王时，就已博得了"爱民之誉，好贤之名"。他在精习武功的同时，又十分重视汉学。在他周围，除有上层蒙古贵族外，还聚拢了一大批有学问的汉人，如河北邢州的刘秉忠、云中怀仁的赵璧、冀宁交城的张德辉，以及金朝的状元王鹗等人，都曾先后为忽必烈讲授《大学》《中庸》《论语》《孟子》等"四书"，《诗》《书》《礼》《易》《春秋》等"五经"。他还用精通汉学、博识多闻的汉族士人张文谦、窦默、姚枢、魏瑶、许国桢、许衡、赵炳、张惠等为他讲述治国平天下之道。忽必烈于公元1260年在开平初继汗位时，所发出的第一道诏书中便宣称，要"宣新宏远之规"，要改变先辈们只重武功而轻视文治的倾向。同年底，他又下诏再次强调要"鼎新革故；务一万方"。这一切，都充分表明，他早已清醒地认识到，作为一个少数民族的君主，要想成为以汉文化为主体的中华大国的真正统治者，就必须在文治方面做出一些重大改革。

他在施行改革中，既充分顾及蒙古族的强烈民族特性，避免"全盘汉化"，又采取了一些为汉蒙两族都能接受的变通措施，这便是"内外有别、一国两制"的办法。其具体内容是：

在宫廷家族内，基本上沿袭蒙古旧制：不娶汉家女为嫡妻；宫廷内侍一律由蒙古族人担任；皇帝即位、册立太子以及各种祭祀大典等，均以蒙古"国礼"进行。而在法制上则采取汉制与蒙古旧制并行的做法，即"因族而分，因俗而治"。蒙人犯法，由其自己的断事官"扎鲁忽赤"审理；汉人刑讼，则由刑部处治。这既维护了蒙古族特权，也不干扰汉族利益。

他采用汉制，逐步建立和完善统治机构。蒙古族原本是个游牧民族，蒙古汗国的行政机构一向十分简单。忽必烈即位之后，则采纳汉族文人学士建议，仿效汉族封建国家模式，逐步完善了元朝的中央统治机构。他初设"中书省"为中央最高行政机关；之后，又先后设置"中书左右部"，协理户口、赋役、狱讼等各项政务；后又改设"枢密院"总领军政，设立"制国用使司"以管理财政经济等。

其中，特别是创立分省行政区划，是忽必烈的一大特殊贡献。最初，设立

"行中书省"作为地方一级的行政管理机构,简称"行省",是中央最高行政机关"中书省"的派出机构。起先设置于燕京、陕西、太原、山东、成都等处,后来随着疆域的扩大,于公元1287年推向全国,共分设河南、陕西、甘肃、四川、云南、江浙、江西、湖广、岭北、辽阳十大"行省"。而山东、山西、内蒙古、河北等距中央所在地较近的四地,则称为"腹里",为中书省的直辖区。各行省之下,逐级设置"路、府、州、县"机构,从而在全国由中央到地方形成了一整套有明确管辖系统的行政区划。此前,中国历代对地方的行政管理,大体上都是沿袭秦始皇一统天下后创立的郡县制,这种"行省"制度的创立,可说是中国政治管理制度上的又一次重大改革。我国今天的地方行政区划,就是在元朝"行省"制度基础上,经明、清两朝而逐步完善起来的。忽必烈继承祖业,入主中原,既将蒙古族文化带入中土,又吸收汉文化而加以改进融合,为中国形成多民族大家庭起了重要作用。

马可·波罗来华

元世祖忽必烈在位的时候,元朝是当时世界上最强大最富庶的国家。博大而又神奇的东方大国成了许多西方人日夜向往的地方,他们纷纷来到中国出使、经商和旅游观光。其中最有名的就是马可·波罗。

马可·波罗的父亲和叔叔原来是威尼斯商人,他们一直在中亚西亚的一座城市布哈拉做生意。一天,忽必烈的使者经过布哈拉,见到他们二位,感到很新奇,对他们说:"我们的大汗还从来没见过欧洲人,你们如果能跟我一起去拜见大汗,一定能得到重赏,不知你们愿意不愿意?"兄弟俩听说要带他们到中国,高兴得手舞足蹈,连忙答应愿意前往。

元世祖见从欧洲来了两位客人,十分高兴,亲切地接见了他们,还问这问那,要求他们回去后给罗马教皇捎个信。希望他能派人到中国来传教。两人临走时,元世祖送给了他们大批珍宝。

兄弟俩回到威尼斯后,把他们到中国的见闻一说,年仅15岁的马可·波罗央求父亲和叔叔一定要带他到中国去。

公元1275年,他们三人来到上都(今内蒙古多伦县)。此时,忽必烈已经称帝,他听说欧洲又来客人了,赶紧派人把他们叫进宫里。元世祖一看又多了个英俊少年,就问是谁,他的父亲说:"是我的孩子,叫马可·波罗,也是皇帝陛下的仆人！"元世祖当晚举行宴会盛情招待他们，还留他们在朝廷里做事。

年轻的马可·波罗非常聪明，他在很短的时间内就学会了汉语和蒙古语，忽必烈对他十分赏识，派他去云南办事，马可·波罗借此机会，游览了全国各地的许多地方，走遍了中国的山山水水。中国的宽广地域和丰富的物产让马可·波罗很吃惊，他先后去了新疆、甘肃、内蒙古、山西等地，并且出使过越南、缅甸和苏门答腊。马可·波罗每到一个地方，就要详细考察当地的风土人情，在回到大都后，便将自己旅途中的所见所闻向忽必烈大汗汇报。

马可·波罗四处游历，不时还被大汗封为某地的官员，去任上管治些时间。对于在中国的生活，马可·波罗十分满意，但是时间久了，他越来越想念家乡，来中国整整17年，马可·波罗想到了回国。这样一个优秀的旅行家兼汇报者，忽必烈哪里舍得让他走呢，于是一再挽留。就在马可·波罗找不到回家的理由时，正好伊尔汗国国王的妃子死了，国王派遣使者来大都，向忽必烈请求将一位蒙古公主嫁给自己，忽必烈从皇族少女中挑选了一名叫阔阔真的少女，赐给伊尔汗国国王做王妃。当时，伊尔汗国的使者考虑到走陆路回国非常不方便，知道马可·波罗父子熟悉海路，就请求元世祖让马可·波罗一起护送王妃去伊尔汗国，忽必烈这才答应了马可·波罗离开的请求。

一行人踏上海船，经过印度洋，将阔阔真送到了伊尔汗国，马可·波罗这才和父亲一起，往威尼斯进发，经过三年的辛苦跋涉，终于回到了祖国。这个时候，距离马可·波罗离开威尼斯已有20多年的时间，他们的亲戚朋友都以为父子俩死在异国了，见到他们回来，还带着许多奇珍异宝，都很羡慕。马可·波罗的回国，轰动了当时的威尼斯，因为变得特别富有，所以人们还给马可·波罗取了个外号，叫"百万家产的马可"。

马可·波罗回家不久，威尼斯和热那亚发生冲突，双方的舰队在地中海打了起来。马可·波罗用自己的钱买了一艘大船，参与到保卫祖国的战斗中，但是，威尼斯最终打了败仗，马可·波罗被关进热那亚的监狱。在这里，他遇到了一个叫鲁思梯谦的作家，对他的旅游经历很感兴趣，就让马可·波罗详细讲述了在旅途中发生的事情，特别详细地描述了中国的著名城市，还有当时中国的富庶和文明。鲁思梯谦将马可·波罗的所见所闻记录下来，编成一本书，这就是著名的《马可·波罗游记》。书籍出版后，激起了欧洲人对中国文明的向往。因为马可·波罗成了名人，不久就被热那亚释放回家。

在马可·波罗的眼中，他在中国所见的事物都十分美好，工商业是发达的，市集是繁华热闹的，都城是宏伟壮观的，交通是完善方便的，总的来说，就是他所见到的中国繁盛昌明。这样一个世外桃源般铺满黄金和珠宝的沃土，让许多西方人无限神往。马可·波罗的东方之旅已经过去了700多年，但是他的探索精神，在今天依旧震撼着人们的心灵。

书法家赵孟頫

赵孟頫（公元1254~1322年），字子昂，别号松雪道人。湖州（今浙江吴兴）人，故又世称"赵吴兴"。赵孟頫系宋朝皇室，为宋太祖第四子秦王赵德芳后裔，宋太祖第十一世孙。他自幼聪颖，"读书过目辄成诵，为文操笔立就"。11岁时父亲去世，三年之后以父荫补官，授真州司参军。

公元1279年宋朝灭亡。25岁的赵孟頫即遭亡国之痛。由于他的特殊身份，不得不隐姓埋名，蛰居故里，寄情于翰墨文章。这期间为他日后在书法方面取得巨大成就，打下了深厚的基础。

在赵孟頫34岁时，元世祖忽必烈派侍御史程钜夫到江南去寻访隐士，在江南寻访到20余人荐举朝廷，其中第一人便是赵孟頫。也许他并不乐意出仕，但为了身家性命他恐怕也不敢拒绝。而在忽必烈眼中，他是个不但擅长书画而且也有治国之才的贤士，所以一见面就叹为"如神仙中人"，从而恩宠备至。由于他非凡的才华，很快便得到了元世祖的赏识，任命为奉训大夫、兵部郎中，后迁集贤直学士。

在赵孟頫所事诸帝中，以元仁宗最为器重他的才华。仁宗任命他为翰林学士承旨、荣禄大夫，官从一品。见到他后，称"子昂"而不名，并且在与侍臣们议论古代名人时说："文学之士，世所难得，如唐李太白，宋苏子瞻，姓名彰彰然，常在人耳目。今朕有赵子昂，与人何异！"后来听说赵孟頫患畏寒疾，敕御府特赐貂鼠裘。

诚如仁宗所论，赵孟頫确实是一代才子，他不但擅长书法，而且能属文，通音律，善绘画，谙道释，并以此"荣际五朝，名满四海"。然而有誉之者，亦有毁之者。毁之者大都是宋朝遗老遗少，他们认为赵孟頫既为宋室宗人，便不该改仕二朝。对此，赵孟頫曾有诗一首表明了自己的心境，他说："齿豁头童六十三，一生事事总堪惭。唯余笔砚情犹在，留与人间作笑谈。"既表达了自己在仕元问题上的羞愧之心，又说明了自己一生对笔墨的眷恋之情。

公元 1322 年，赵孟頫病逝于湖州家中，享年 68 岁。元朝追封他为"魏国公"，谥号"文敏"。关于赵孟頫的师承问题，明人宋濂说得比较详细："魏公之书凡三变。初临思陵（即宋高宗赵构），中学钟繇及羲、献诸家，晚乃学李北海。"又说："赵魏公留心字学甚勤，羲、献帖凡临数百过，所以盛名充塞四海者，岂无其故哉！"可见赵孟頫早期师法宋高宗，中年学钟繇和"二王"书，晚年又转学李北海。从他传世的墨迹看，赵孟頫还是受"二王"的影响最深。

赵孟頫传世书迹较多，主要有《洛神赋卷》《玄妙观重修三门记》《赤壁二赋帖》《急就章》《临兰亭序》《定武兰亭十三跋》《闲居赋卷》《胆巴碑》《仇锷墓碑铭稿》《汉汲黯传》和《各体千文》等，其中《胆巴碑》是最能体现他书风的代表作之一。

纺织家黄道婆

黄道婆（公元 1245~1330 年），又名黄婆、黄母，松江府乌泥泾镇（今上海市华泾镇）人，是我国元代著名的女纺织革新家。由于传授世人先进的纺织技术及推广了先进的纺织工具，而受到百姓的敬仰。清代时，被尊称为布业的始祖。

黄道婆出生前后，她的家乡就从闽广地区引进了棉花种植。乌泥泾先在一个名字叫"八千亩"的地方，播下了棉花种子。在黄道婆记事后，当时的棉花种植已经普及到江苏、江西、浙江和湖南等地，很多妇女都学会了棉花纺织技术。

黄道婆的父母靠租佃地主的土地艰难地维持全家人的生活。幼年时期的黄道婆白天跟父母在田里干活，晚上还要跟母亲学纺纱织布。后来家境越来越差，经常吃了上顿没下顿，在她 12 岁那年，父母只得狠心地把她卖给有钱人家当童养媳。在封建社会里，童养媳的地位十分低下，实际上是奴婢。黄道婆的生活，真是比黄连还苦。当时的南宋社会，生产力十分低下，作为妇女主要劳作的纺织业，其生产方式和劳动工具都是非常落后的。

黄道婆当童养媳，除了白天下地干活，夜间还要用简单而原始的方法进行长时间的纺纱、织布，经常累得干着干着就在纺车边睡着了。

有一次，在地里劳动了一天的黄道婆，晚上回到家时，已筋疲力尽，想休息一下，然后再起来做饭。谁知由于太累，一躺下就睡着了，到了吃饭的时候,她的公婆发现黄道婆还没做饭,便火冒三丈,不由分说地拉起黄道婆拳打脚踢,打得她遍体鳞伤,最后又把她关在一间放柴火的破茅屋里。

黄道婆回想起当童养媳以来所受的欺压和虐待,再也不能忍受下去了,要抗争,要找出一条活路。18岁那年,在一个风雨交加的夜里,她悄悄地逃到了黄埔江边,躲进一只即将远航的海船,来到了海南岛的崖州(今海南三亚)。

黄道婆来到崖州的黎族人民中间,由于人生地不熟,语言不通,开始时感到很苦闷,曾想离开这个地方,但黎族妇女对这位流落他乡的异族同胞充满了同情。她们热情地留她住了下来,待她如同亲姐妹一般。这使从小受尽了苦难和虐待的黄道婆感到就像到了自己的家一样。

她鼓起了勇气,决心靠自己勤劳的双手在这新的大家庭里生活下去。她和黎族妇女一起吃,一起睡,主动帮助她们干活,从洗衣、做饭到下地劳动,同黎族姐妹形影不离,情同手足,并努力学习黎胞的语言。

在长期的接触中,黎族妇女也发现黄道婆心灵手巧、朴实能干。她们向她询问内地的情况,向她请教一些工具的使用方法,彼此都很融洽,无话不说。渐渐地,黄道婆已和黎胞打成了一片。

在和黎族妇女共同的生活、劳动中,黄道婆发现:黎族妇女的棉纺织技术从去籽开棉到纺纱、织布都比她松江家乡先进得多。用黎族姐妹的方法进行纺纱织布,既省力,效率又高,织成的棉布也漂亮好看。

在去棉籽时,黄道婆看到黎族妇女们是用两轴相轧的方法,这种去籽方法比家乡手剖籽省力,质量也高。弹棉的方法,则是用四五尺长的大弓,先用一个酒瓶状的长木椎的小端击打弓弦,将棉絮弹松,起到开棉的作用;而棉中的杂质同时被弹出,就得到了蓬松、干净的棉花。黄道婆深切感到,大弓和木椎的作用是家乡的小弓手剖无法比拟的。黄道婆更为惊叹的是,黎族妇女的织花布技术也非常高超,家乡的织布技术简直无法与之相比。黎族人民用自己的土特产换来中原的丝织品,巧妙地将其中的色丝抽出,与棉纱搭配,织出丰富多彩的"细字杂花卉"的美丽图案。

黎族妇女用简单的纺织工具织出如此精美的纺织品,确实表现了她们非凡的纺织才能。她们巧妙地搭配颜色的方法,让黄道婆大开眼界,羡慕不已。

她暗自下决心一定要把这些技法学到手,于是便反复琢磨练习,虚心请教,有时吃饭睡觉前也忘不了要熟记一下所学的技术。在黎族妇女们的热情传授和自己的刻苦努力下,没过多久,黄道婆就熟练地掌握了一套复杂的织花技术。

岁月流逝，多少个春夏秋冬，黄道婆已经50多岁了。这时的黄道婆已是一个出色的纺织能手。在黎乡，她生活得很好，然而她没有忘记自己贫困的家乡。公元1296年，黄道婆历尽千辛万苦，又回到了阔别30多年的故乡。

当时，植棉业已经普及了长江流域，但是纺织技术仍然比较落后，黄道婆就把从黎乡带来的先进的纺织工具和使用方法介绍给大家，每天要接待很多人，手把手地教她们纺纱织布。

为了提高轧棉效率，黄道婆把黎族人民使用的轧车介绍过来，并加以改进，制成轧棉搅车，完全改变了当时用手剥或用铁杖榨取棉籽的手工操作方法。黄道婆还改进了弹棉花的工具，将原来费时费力的小弓改为大弓，这样，不仅速度快，而且弹出来的棉花也十分精细。

黄道婆还在改进纺车上下功夫，经过不断摸索，她又将原来用手摇，只能纺一根纱的旧式纺车，改进为同时纺三个纱锭的脚踏纺车，成为当时世界上最先进的纺织工具。

黄道婆除了改进棉纺工具，还依据黎族人民传授给她的织造技术，结合自己以前的实践经验，总结出一套较先进的"错纱、配色、综线、絜花"等织造技术，并把这个技术传授给家乡的人。因此，当时乌泥泾出产的被、褥、带等棉织物，上有团凤、折枝、棋局、字样等各种漂亮的图案，鲜艳如画。一时间"乌泥泾被"不胫而走，上海、太仓等周围地区都竞相效仿。这些纺织品远销各地，深受人们喜爱，很快淞江一带就成了全国的棉织业中心，经久不衰。16世纪初，当地农民一天就能织出上万匹布。18世纪乃至19世纪，淞江布更是远销欧美，获得了很高声誉。当时人们称淞江布匹"衣被天下"，这个丰硕的成果其中也凝聚了黄道婆的大量心血。

黄道婆革新纺织工具和技术，改变了家乡贫穷落后的面貌，带动了东南地区纺织业的迅速发展，她的光辉事迹至今仍被人们传颂着。

天文学家郭守敬

郭守敬（公元1231～1316年），字若思，出身于顺德邢台（今河北邢台市）一个书香门第。他从小受祖父郭荣的熏陶，对天文产生了极为浓厚的兴趣，更喜欢动手制作一些小型简易的测量器具。十五六岁时，他得到一本石印

《莲花漏图》，如获至宝，爱不释手，通宵达旦地刻苦钻研起来。本来，一些疑难费解处，只要请教请教祖父，就会迎刃而解。仆人看他苦闷成那样，饭不吃，觉不睡，也催他去找老太爷问问。可他说什么也不肯，非要自己弄个水落石出不可。功夫不负有心人，他终于凭自己的智慧，彻底弄通了此图的原理和作用。

郭守敬的祖父有一好友刘秉忠，精通天文地理、音律术数。郭守敬被送往刘秉忠门下攻读，并且结识了张文谦、王恂等学者。长期的刻苦用功和耳濡目染为他日后成为一个伟大的天文、水利专家打下了良好的基础。

公元1276年，朝廷下令修订历法，由许衡、张文谦、王恂、郭守敬等主持工作。实际负责的是郭守敬。他呕心沥血，一心要制定出新历法来。当时，有人主张，在历代历法的基础上修修补补。他坚决反对，自己细心研究了自两汉以来70多个历法，决定有取舍地继承其中有创建的13种。有人认为，过去的历法，是前人的经验总结，照抄前人，拼凑数据，计算计算就可以了。他不被冷语所动，坚持白天研究，夜晚观测。他感觉到原有的陈旧天文仪器已不堪再用，测量的数据也不准。提出"历之本，起于测验，而测验之器，莫先于仪表"的看法。于是，他亲自设计，指挥能工巧匠，先后创制出简仪（用以测量日、月、星、辰在天体上的坐标位置）、圭表（观测天象即日影长短等）、仰仪（观测太阳在天空中的位置）、立运仪、证理仪、候极仪、浑天象、玲珑仪、景符、窥几、日月公仪、星晷、定时仪等。《元史》称他创制的天文仪器"皆臻于精妙，卓见绝识，盖有古人所未及者"。

天文仪器制成之后，他在大都（今北京）城东修筑了一座观测天象的司天台，主持开展了一系列天文观测工作。其中一项重大成就，是关于"黄赤大距"（现代天文学上称"黄赤交角"）宿距度的测定。

汉代天文学家测定的黄赤交角为二十四度，后代一直沿用，谁也没注意度数在逐年减少。郭守敬对此持怀疑态度，坚持重新测量，结果是：二十三度三十三分三十四秒，相较于近代用天体力学公式计算出来的二十三度三十一分五十八秒，误差仅仅为一分三十六秒。

郭守敬对宿距度的测量，先后进行了5次，比公元1106年北宋测算的精确程度提高一倍，平均误差从九分缩小到四点五分。

为了制定精密历法，郭守敬还在全国范围内进行了大规模的天文测量。

根据大量观测资料，编制出的新历法"授时历"从公元1281年起到公元

1643 年止是使用时间最长的历法;也是古代最精密的历法,如果以小时计算,一年是三百六十五日五时四十九分十二秒,比地球绕太阳公转一周的实际时间只差二十六秒,跟目前国际通用的公元 1582 年开始使用的格里历完全相同。

作为 13 世纪我国杰出的天文学家,1970 年国际天文学会把月球背面的一个环形山命名为"郭守敬山"。中国科学院南京紫金山天文台把他们发现的四颗行星中的一颗命名为"郭守敬星"。

感天动地窦娥冤

关汉卿(公元 1234 年以前~约 1300 年),原名不详,字汉卿,号已斋(又作一斋、已斋叟),解州(今山西运城)人,另有籍贯大都(今北京市)和祁州(今河北安国市)等说。元杂剧奠基人,与白朴、马致远、郑光祖并称为"元曲四大家"。关汉卿不仅精通音乐戏曲,而且吟诗作画,吹拉弹唱,样样在行,是个多才多艺的人。

关汉卿生活在元朝统治十分黑暗的时代。为揭露封建统治阶级鱼肉百姓,人民所受的种种灾难和屈辱,他把自己毕生的精力放在了戏剧创作上。他一生写下了 60 多个剧本,其中《窦娥冤》是最著名的代表作。

《窦娥冤》写楚州读书人窦天章的女儿窦娥一生不幸的遭遇。窦娥 3 岁就死了母亲,7 岁时为抵债,被父亲送到蔡婆婆家做童养媳,婚后不到两年丈夫就害病死了,窦娥整日侍候着婆婆,过着清苦寡居的生活。

一天,蔡婆婆出外要债,欠债人谋财害命要勒死她,被流氓张驴儿和他的父亲张老儿救了下来。原来这父子俩是一对无赖,他们借口救了蔡婆婆,赖在她家不走,不仅肆意挥霍,张老儿还逼蔡婆婆嫁给他。蔡婆婆软弱怕事,勉强答应。张驴儿见窦娥年轻貌美,也想强娶她为妻。窦娥坚决不肯,还把他痛骂了一顿。

张驴儿见强迫不成,心生毒计,打算害死蔡婆婆,让窦娥孤身一人,无依无靠,看她还答不答应。过几天,蔡婆婆生病,要窦娥煮点汤给她喝,张驴儿乘窦娥不备,在汤里下了毒药。窦娥把汤端给蔡婆婆时,蔡婆婆突然呕吐,不能喝,就让张老儿喝了,张老儿中了剧毒,在地上翻了几个滚,就咽了气。

张驴儿本想毒死蔡婆婆,不料却害死了自己的父亲,就把罪责栽到窦娥身上,诬告窦娥毒杀了他的父亲。楚州知府桃杌是个势利十足的贪官,他暗地里收了张驴儿的钱,就硬要窦娥承认罪行。窦娥被拷打得遍体鳞伤,死去活来,也不承认自己有罪。这个无耻的贪官,见治服不了这个弱女子,就当着窦娥的面拷打蔡婆婆。窦娥心地善良,想到婆婆年岁已大,受不住酷刑,只得含冤招了供。

桃杌用卑鄙的手段,将窦娥定了死罪,押往刑场处死。窦娥见有冤无处申,向天地咒骂道:"地啊!你不分好坏,枉做了地!天啊,你错把好人当成坏人,枉做了天!"临刑的时候,她又对天发出三桩誓愿:"如果自己冤屈而死,一要刀过头落,一腔热血全溅在白练上;二要天降三尺瑞雪掩盖尸体;三要楚州大旱三年。"

窦娥的誓愿感动了天地。窦娥被冤杀后,一道血光喷溅到一丈二尺高的白练上。那时正是六月天气,就见天昏地暗,大雪纷飞,立即盖住了她的尸体。接下来,楚州地方大旱了三年。后来,窦娥的父亲在京城做了官,终于查清了窦娥的冤屈,处死了杀人凶手张驴儿,也将贪官桃杌革职问罪。

关汉卿写《窦娥冤》是为民控诉。贪官污吏和杀人凶手受到了惩处,又是为民申冤报仇。关汉卿不愧为人民的戏剧家!

西厢记

王实甫(公元1260~1336年),名德信,大都(今北京市)人,祖籍河北省保定市定兴(今定兴县)。元代著名戏曲作家,与关汉卿齐名,其作品全面地继承了唐诗宋词精美的语言艺术,又吸收了元代民间生动活泼的口头语言,创造了文采璀璨的元曲词汇,成为中国戏曲史上"文采派"的杰出代表。

王实甫的《西厢记》是元代杂剧艺苑里一朵傲立枝头的奇葩,标志着元代戏曲创作最高水平,在中国古代文学史上占有着崇高的地位。

《西厢记》所演述的崔莺莺和张生的爱情故事,来自唐代元稹的传奇小说《莺莺传》。故事写唐代贞元年间,张生游于蒲州,寄居在普救寺,爱上了暂住在寺里的崔氏之女崔莺莺,并与她订下了"终始之盟"。但后来张生却背弃盟誓,抛弃了崔莺莺。崔莺莺是一个大家闺秀,她不顾封建礼教的束缚跟张生相爱,表现了对爱情和自由幸福的追求。但她比较软弱,缺乏反抗精神。小说的作者元稹却诬蔑莺莺是个"尤物",为张生"始乱终弃"的背义行为辩护。

在王实甫的笔下,才与貌并非是张生和崔莺莺这一对才子佳人结合的唯一纽带。王实甫强调，这一对青年一见钟情，一发难收，后受到封建家长的阻挠，他们才做出冲破礼教樊篱的举动。王实甫对真挚的爱情给予充分的肯定，认为它纯洁无邪，不必涂上"合礼""报恩"之类的保护色。如在第五本第四折的［清江引］一曲中，他鲜明地提出："永志无别离，万古常完聚，愿普天下有情人都成了眷属。"他认为爱情是婚姻的基础，只要男女间彼此"有情"，就应让他们同偕白首，而一切阻挠有情之人成为眷属的行为、制度则应受到鞭挞。"愿天下有情人都成了眷属"是贯穿《西厢记》的主旨，从而使由《会真记》以来流传了几百年的题材脱胎换骨。《西厢记》杂剧在元代的出现，就像莺莺蓦然出现在佛殿一样，它的光彩在使人目眩神摇的同时，也照亮了封建时代昏沉的夜空。

南坡之变

元英宗名叫硕德八剌，他自出生后便一直在他父亲仁宗身边长大。他所接受的儒家教育，与他之前的历代元帝相比较而言，算是很充分的。但他父亲的苦心安排，又使他成为元朝唯一的一个没有直接经历过任何风波曲折就临朝执政的皇帝。

延祐七年（公元1320年）三月，英宗即位后，其祖母答己，依然像在仁宗朝一样干预朝政，与右丞相铁木迭儿共同把持朝政。因为拜住为左丞相，铁木迭儿"故不得大肆其奸"。说到英宗，还是其祖母答己扶植上台的。本来元武宗海山和元仁宗爱育黎拔力八达约定，仁宗死后，由武宗子和世㻋继位。但答己见和世㻋有"英气"，而硕德八剌"稍柔懦"，便力主立硕德八剌为帝，以便于控制。硕德八剌登基时，答己前往祝贺，想让硕德八剌委任更多她的私人。可是硕德八剌根本不买账，"毅然见于色"。老太太非常后悔，恨恨地说："我当初就不该扶持这小子即位。"于是饮恨成疾而死。答己的大红人铁木迭儿已先于她一个月前死去。

铁木迭儿、答己相继去世，公元1322年，元英宗随即立拜住为右丞相，采取了一些改革措施，众多汉族地主官员和儒士，如张珪、吴元珪、王约、吴澄等都受到了重用。他还发布了《振举台纲制》，要求推举贤能，选拔人才，罢徽政院及冗官冗职，精简机构，节制财用，行助役法并减轻徭役。在此期间，英宗又颁行了《大元通制》以便加强法制，推行汉法，清除铁木迭儿余党，查处他们的贪赃枉法事件。这些措施遭到一部分保守的蒙古贵族反对。御史大夫铁失就是铁木迭儿的余党之一，震惊之下他们密谋政变。

至治三年（公元1323年）五月，英宗下诏废除铁木迭儿的封爵；七月，将铁木迭儿的长子宣政院使班丹处死，另一个儿子锁南被撤职，他们的家产被没收。

掌管禁卫军的御史大夫铁失是铁木迭儿的义子，铁木迭儿死后他成了这派的头目。英宗没有斩草除根，将锁南和铁失留了下来，最终为自己引来杀身之祸。

至治三年（公元1323年）夏天，硕德八剌去上都避暑，铁失等人决定在他回大都的途中行刺，因为沿途护卫的军队，都是由他直接控制的阿速卫兵。同时铁失已经派了同伙斡罗思赶到北方去，想说服晋王也孙铁木儿来做皇帝。晋王也孙铁木儿是元世祖忽必烈的皇太子真金的长孙，驻守在蒙古的发祥地。当斡罗思来劝说的时候，晋王不但不肯，还将斡罗思绑了送去上都给英宗。但是斡罗思被押送到上都的时候，英宗已经离开上都，在回大都的路上。

这年八月五日，英宗离开上都向大都进发，在上都以南30里的南坡店过夜。这天夜里，铁失派阿速卫兵值夜，自己和锁南等16人，拿着凶器，闯进拜住和英宗的大帐，杀死英宗，拜住也同时被杀。这就是史上著名的"南坡之变"。铁失等一伙刺杀了英宗和拜住之后，拥立晋王也孙铁木儿为帝，这就是泰定帝。泰定帝即位一个多月后，将铁失一伙全部处死。

元朝从建立至"南坡之变"历经了一百多年的历史，从以往的鼎盛时期迅速走向了衰败，随之而起的农民起义，使这个原本已腐朽的王朝迅速土崩瓦解。

天历之变

致和元年（公元1328年），泰定帝病逝，时年36岁。泰定帝生前为了预防身后皇位继承之争，在即位几个月后便立了自己5岁的儿子阿速吉八为太子。泰定帝死后，阿速吉八并没能迅速即位。留守在京师大都的燕帖木儿就乘机发难，但是燕帖木儿的意图却不是将阿速吉八立为皇帝，而是欲立武宗海山的次子图帖睦尔为帝。

燕帖木儿是武宗的旧臣，武宗在位时，担任过武宗的警卫，被提拔为禁军的首领。泰定帝在位的时候，他当佥枢密院事（枢密院是元朝最高军事机构，佥枢密院事是高级官员，地位仅次于正副枢密院长官），留守京城，掌管枢密院的大印。燕帖木儿在泰定帝死后，与西安王阿剌忒纳失里密谋迎接怀王图帖睦尔为帝。西安王阿剌忒纳失里召集百官议事，他们趁着这个机会发动政变，将异己或诛杀，或逮捕。燕帖木儿便和西安王一起控制了朝廷，派心腹掌管枢密院；命令士兵重重把守宫门，不让消息走漏；派心腹立即去江陵迎接怀王来京城，让武宗的另一个旧臣、河南行省平章政事伯颜在途中接应；又暗中通知正在上都的弟弟撒敦，儿子唐其势，立刻赶回大都。

上都的倒剌沙得知燕帖木儿等人发动政变的消息后，决定先发制人，将燕帖木儿在上都的心腹全部捕杀，接着，让年仅9岁的皇太子阿速吉八登上皇位。又派遣大将失着率军队进攻大都，可是这支军队还没到达古北口，就被燕帖木儿的军队击败。

图帖睦尔到达大都后，燕帖木儿和西安王把图帖睦尔立为皇帝，改年号为天历。图帖睦尔就是元文宗。但是图帖睦尔在即位前和诸臣明确说了要接来逃难到察合台汗国的哥哥和世㻋，让位于他。

图帖睦尔虽然已经在大都即位，上都方面却不肯就此罢休。不久，上都方面的军队从榆林方向攻来，被撒敦击败；接着，双方又在榆河、昌平、古北口、密云这一带展开了激战，上都方面死伤惨重，全面败退。大都军队将上都包围得水泄不通，梁王王禅见大事不妙，趁夜色爬城墙逃走了。倒剌沙见局势无法控制，便放弃抵抗，打开城门，捧着玉玺投降。

元文宗图帖睦尔为了实践自己禅让的诚意，派使臣到察合台汗国，请哥哥周王和世㻋登基做皇帝。和世㻋于第二年（公元1329年）正月，在和宁即位，是为元明宗。这明宗做了仅仅一个月的皇帝，即暴卒于卧床之上。此时，身为"皇太子"的图帖睦尔又重新登上了帝位，这一事件史称"天历之变"。

琵琶记

高明（公元1305～1359年），字则诚，自号菜根道人。元代戏曲作家。浙江瑞安人。瑞安属古永嘉郡，永嘉亦称东嘉，故后人称他为高东嘉。他的长辈、兄弟均能诗擅文。高明的思想、品格受家庭、老师影响颇深。元惠宗至正五年（公元1345年），高明考中进士，先后做过处州录事、福建行省都事等职。他为官清明练达，曾审理四明冤狱，郡中称为神明。由于得罪权贵，他晚年退居归隐，以词曲自娱。

《琵琶记》是高明根据南戏《赵贞女》创作而成。《琵琶记》中高明保留了《赵贞女》原故事的基本线索，而将"弃亲背妇"的蔡二郎改造成为符合礼教标准的志诚孝子蔡伯喈。其主要的故事情节是：书生蔡伯喈与赵五娘新婚两月，本想奉养双亲一心尽孝，但在父母的一再催逼下只得赴京应试。蔡中状元后，牛丞相看中他的才学，想招他为女婿，他却上表辞婚辞官，欲回家奉养父母。但皇帝命蔡伯喈入赘相府，蔡伯喈无可奈何之下只有从命。家乡连遭荒旱，幸亏赵五娘辛苦奉养公婆，自己私下里以糠粃为食，而将求得的米粮侍奉公婆，却被公婆怀疑为偷吃家里的干粮。后来，公婆得知真相，悔恨而死。赵五娘剪发埋葬了公婆，然后身背琵琶一路弹唱乞讨，上京寻夫。在牛相之女的帮助下，夫妻重聚。最后一夫二妇同归守孝三年，受到了朝廷旌表。

为了给蔡伯喈开脱，高明精心设计了"三不从"的情节：一是他不愿赶考，父亲不从；二是他中状元后不愿娶牛小姐为妻，牛丞相不从；三是他上表辞官，皇帝老子不从。

《琵琶记》的出现标志着南戏创作艺术上的成熟，为南戏这种艺术形式的发展奠定了基础，对于明清传奇影响巨大。它获得了戏文中的"绝唱""南曲之宗"的诸多赞誉，还被译成了法、日等多种文字，在世界剧坛广为流传。

南戏"四大传奇"

传奇原指唐代文人创作的文言小说，后来被借作戏剧的名称。从元代南戏中开始形成一种戏曲文学形式——传奇。元后期出现被称为"四大传奇"的著名南戏《荆钗记》《拜月亭记》《杀狗记》《白兔记》是其巅峰之作。

《荆钗记》写宋代文人王十朋中状元后不忘旧妻的故事，歌颂他"糟糠之妻不下堂，贫贱之交不可忘"的道德品质。它主要讲王十朋是一个家境清贫但有才学的穷书生。可貌美心善的淑女钱玉莲择偶重才重德不重家财，她毫不犹豫地选择了王十朋。这使王十朋非常感动。王十朋进京赶考中状元后，他拒绝了丞相的逼婚。经过一系列的曲折后，王十朋赴任吉安，夫妻俩偶然相逢，有情人终于得以团聚。

《拜月亭记》写的是金朝末年，蒙古兵南下，兵荒马乱中，书生蒋世隆与兵部尚书王镇之女瑞兰旷野相逢，结伴而行，患难中结为夫妇。王镇强行拆散恩爱夫妻。瑞兰思念丈夫，幽闺拜月祷祝重聚，后蒋世隆考中状元，二人最终破镜重圆。

《杀狗记》是一出颂扬孝悌观念的社会伦理剧，讲述富家子弟孙华结交市井无赖胡子传、柳龙卿，并受他们的挑唆将兄弟孙荣赶出家门。孙华的妻子杨月真为了劝说丈夫，精心策划，把杀死的一条狗扮作尸体置于门外。酒醉归来的孙华看见"尸体"后，误以为祸事临门，于是，急忙请那些酒肉朋友帮忙移尸。可是，胡、柳二人不仅不肯前来，反而向官府告发，而此时他的弟弟孙荣不仅为兄埋"尸"，还在官府前主动承担杀人罪名。最后，杨月真说明真相，兄弟二人重归于好。

"四大传奇"中的最后一部就是《白兔记》，叙述刘知远幼年丧父，流落在马王庙。李文奎将他带回家牧马，并将女儿李三娘许配给他。李文奎夫妻去世后，兄嫂逼刘知远弃家从军。李三娘在家受尽兄嫂的打骂。她在磨坊中生孩子时无人照料，只得自己用嘴咬断孩子的脐带。16年后，已经发迹的刘知远做到了九州安抚使这样的大官，"咬脐郎"也长大，因出猎追赶白兔而遇见生母李三娘。质朴、善良、坚贞不屈的李三娘终于能与丈夫儿子团圆了。最后，刘知远将李三娘的兄嫂处以重罚。

王祯著《农书》

元朝元贞年间，宣州旌德县（今安徽旌德县）来了一位新县尹（相当于县长）叫王祯。这位新县尹和其他官老爷不一样，他生活俭朴，关心百姓疾苦，常常捐出自己的薪俸修路搭桥，为老百姓做好事。

一次，王祯路过田边，见一老汉病倒在地上不停地痛苦呻吟。他二话没说，忙命人将老汉扶起，叫来医生为老汉治病，并付了医药费。老汉为感谢救命之恩，连连向王祯叩头，但却不知道救他命的是县太爷。

王祯作为一县的父母官，对农业生产非常关心。在旌德县的农田中，时常可以见到他身穿布衣，和农民一起劳动，一起商讨耕作方法，耐心传授种植技术。王祯平时很注意积累农业科技知识，经过数年的艰辛笔耕，终于写成了30万字的不朽之作《农书》。

《农书》对我国劳动人民长期积累的农业生产经验，从耕垦、播种、施肥、灌溉到收获,做了全面的叙述。在《农书》中,王祯还对 80 多种蔬菜、瓜果等农作物的起源、品种和栽培方法做了系统的介绍。他还特别强调农业生产工具的重要性,认为没有好的农具,是搞不好生产的。经过细心钻研,他将历代使用的各种农具、农业机械、灌溉工具、纺织工具和一些生产用具等都绘成图样,一共 306 幅,并做了详细的说明。

王祯不仅是位农业科学家,还是一个发明能手。他改进和发展毕昇的活字印刷术,发明了木活字,大大地提高了印刷效率。他曾印刷过 6 万多字的《旌德县志》,不到一个月就印刷了 100 部。为了解决拣字难的问题,王祯还发明了转轮拣字盘,把木活字有规律地排列在两个木制的大转盘里,排版时只要坐着推动转盘,便可随手拣到所需的活字,大大节省了人力和时间。为了让人们了解和掌握木活字的制造方法,以及排版和印刷的经验,王祯还写了一篇《造活字印书法》,附在《农书》后面,成为我国印刷史上的珍贵文献。

王祯一生虽没有做过什么大官,但却选择了一条为民造福的道路,他给人们留下的物质和精神财富,将永存人间。

红巾军黄河起兵

元朝末年,统治阶级只顾享乐腐化,肆意搜刮民脂民膏。在阶级压迫和民族压迫下,老百姓已喘不过气来,只有推翻元朝统治了。

公元 1351 年,元朝统治者强征 15 万名民工疏通黄河。民工在两万人军队的监督下,顶风冒雨,不分白天黑夜地干,但官吏却不顾他们死活,不仅不让他们吃饱肚子,还随意殴打辱骂他们,不少民工在饥饿和皮鞭下,纷纷病倒或死去。

要救民于水火之中,农民韩山童和刘福通担起了这个重任。他们先在工地上传播一支民谣:"石人一只眼,挑动黄河天下反。"民工们预感到,轰轰烈烈的日子就要来到了。果然,几个民工在挖土时,挖出了一个只有一只眼的石人。这消息一传十、十传百,很快在十几万名民工中传了开来。其实,这石人是韩山童事先派人埋在那里的。韩山童还向大家宣布,他自己本来姓赵,是宋徽宗第八代孙子,而刘福通是南宋大将刘光世的后代,他们要率领大家恢复大宋天下。

这一宣布,很快就有三千多人响应。他们推举韩山童为首领,号称"明王",用红巾裹头,称"红巾军",准备正式发动起义。不料,起义走漏了消息,韩山童被抓遭杀害。

韩山童惨遭杀害后,刘福通立即起兵,一举攻占了颍州。挖河的民工们得到消息后,纷纷杀死治河官吏,投奔红巾军。起义军迅速扩大到十多万人。

起义军每到一处,杀富济贫,开仓放粮,深得民心,等攻下河南许多州县后,队伍已壮大到几十万人。元朝统治者闻听起义消息后,吓破了胆,急忙调动由色目人组成的精锐部队阿速军前往镇压。但双方还没交锋,阿速军就全线溃退了。

元军接连溃败,朝廷惊恐万分,又派30万人大军攻打红巾军,双方在汝宁(今河南汝南)交战,结果元军主将被杀,全军溃散。

公元1355年,红巾军达到了极盛时期,刘福通把韩山童的儿子韩林儿接到亳州(今安徽亳州),称"小明王"。建立国号"大宋"。接着起义军兵分三路,出师北伐,公元1358年占领汴梁(今河南开封),把汴梁定为都城。

红巾军北伐虽不断取得胜利,但由于三支队伍各自为战,互不配合,没有建立稳固的根据地,终于被元军各个击破。公元1359年,元军攻陷汴梁,刘福通在突围战斗中壮烈牺牲。

红巾军起义前后一共坚持了13年,经历了数百次大小战斗,沉重地打击了元朝统治。

朱元璋血战鄱阳湖

朱元璋称帝之前,曾打败了许多对手,陈友谅就是其中一个。陈友谅年轻时是一个县里小公务员,元末农民起义爆发后,他参加了徐寿辉等人领导的天完红巾军,因为他识文断字,又有几分文采,得到了重用,并逐渐掌握了天完的实权。最后,他干脆杀掉了徐寿辉,自立为王,定国号为汉。

元顺帝至正二十三年(公元1363年)四月,陈友谅率领大军,进攻洪都(今江西南昌),遭到了拼死抵抗。强攻不成,陈友谅派兵攻占了吉安、临江(今江西清江镇)等地,断绝了洪都与外面的一切联系和供给,使洪都变成了一座孤城,形势日益危急。

七月,朱元璋亲自率领20万人大军援救洪都。陈友谅放弃了已围困85天的洪都,挥军东下,出鄱阳湖和朱元璋决战。24日,两军在康郎山相遇。陈友谅的水军有大批战船，又高又大，看上去像小山一样。朱元璋见部下不少人害怕了，就对大家说："敌兵的大船首尾连接，不利进退，可以一举攻破。"于是，他命令将自己的水军分为20队，都带着火器和弓箭。他命令诸将："靠近敌舰，先发火器，然后放箭，搭上敌船就进行肉搏战。"大将徐达身先士卒，首战告捷，击败敌前锋大船，杀敌1500人，缴获一艘巨舰，军势大振。将领俞通海乘风发放火炮，烧毁敌舰20余艘。其他将领也奋勇歼敌，汉军死伤甚众。朱元璋见此状况，不禁喜形于色。突然，汉军大将张定边驱船向朱元璋的大船扑来，朱元璋连忙下令躲避，可是没走多远，就在沙滩上搁浅了。汉军战舰纷纷包围上来。朱元璋身边几员战将率军死战，也无法脱身，眼看朱元璋就要被俘虏。在这千钧一发之际，将领韩成将朱元璋推进船舱，自己穿上他的战袍，投水而死。张定边见状大喜，连忙下令打捞朱元璋尸体，以便用此瓦解宋军，夺取全胜。大将常遇春等人听说朱元璋投水，拼死杀来，一箭射中张定边。汉军见主将受伤，纷纷后退。徐达、俞通海等人乘机突破重围，救出朱元璋。

26日，两军再战。陈友谅把所有大船用铁索连接成组，以排山倒海之势，向朱元璋军杀来。朱元璋亲自指挥作战，但自己船小力微，根本抵挡不住，士卒纷纷后退。朱元璋接连杀掉后退的下级军官十几人，也制止不了。这时，部将郭兴说："不是将士不用命。我军船只太小，靠打硬仗不行，非用火攻不可。"朱元璋很赞同他的看法，命令准备好一些轻快小船和芦苇，将火药藏在里边。这天傍晚，正好刮起东北风。朱元璋命令一支敢死队驾驶7只小船，乘风点火，直冲汉军大船。风急火烈，陈友谅的战阵，转眼便烧成一片火海。火海腾空，把湖水照得通红。船上的士兵纷纷跳水，大半淹死。朱元璋挥军急进，汉军大败。

这一仗，陈友谅损失惨重，但仍然很有军事实力。28日，双方整军再战。战斗中，陈友谅命令各船集中火炮轰击朱元璋座船。刘基见状，急忙劝朱元璋避入别船。还没等朱元璋坐好，先前的帅船就被火炮轰得粉碎。陈友谅以为朱元璋必死无疑，得意忘形，汉军士气也为之大振。一会儿，朱元璋的帅旗又在别船上升起，朱元璋从容镇定地继续指挥战斗。汉军士兵以为朱元璋死而复生，有神力保护，无不失魂丧胆，士气顿时全无。陈友谅急令收军，但为时已晚。汉军大船被宋军小船包围，几只小船打一只大船。大船动作不灵，小船往来如飞。战斗进行到中午，汉军又一次大败。

八月，陈友谅收拾残兵，杀出重围，到达湖口时又遭到朱元璋事先埋伏在那里的精兵的阻击，陈友谅中箭身亡。张定边保护他的小儿子陈理，奔回武昌。次年2月，朱元璋兵临武昌城下，陈理战败投降。

鄱阳湖之战，不但是一次以弱胜强的战役，同时也扫平了朱元璋称帝路上的一大障碍。

朱元璋从和尚到皇帝

朱重八是朱元璋最初的名字，他生于濠州钟离（今安徽凤阳东）一个贫苦农民家庭里。朱重八17岁那年，淮北地方闹了一场严重的旱灾和蝗灾，接着又蔓延了瘟疫。朱重八的父亲、母亲和大哥接连传染上了疫病，咽了气。剩下朱重八和他的二哥，连买口棺材的钱也没有，亏得邻居同情他们，帮助他们把父母埋葬了。朱重八失去了父母亲，生活没有着落。邻居给他出了个主意，要他到附近的皇觉寺当小和尚，混口饭吃。就这样，朱重八就出了家。

元朝末年，政局变得越发黑暗和腐败，阶级矛盾和民族矛盾日趋尖锐，人民怨声载道，许多人不堪忍受剥削和压迫，纷纷拿起武器起来斗争。公元1351年，在颍州爆发了刘福通领导的元末农民大起义。次年，朱重八返回寺庙，发现寺庙已经被大火烧毁，他又失去了安身之所。这时，朱重八收到了濠州起义军同乡的来信，于是他便投奔了濠州红巾军郭子兴的部队。由于他智勇过人，做事考虑周全，精细果断，很快成了郭子兴的心腹，而郭子兴还把自己的养女马氏嫁给了25岁的朱重八为妻。这时候朱重八才有了正式的名字，名元璋，字国瑞。

公元1353年，朱元璋回到钟离招兵，之后又收编了张家堡、横涧山的地主武装，势力渐渐壮大起来。此后，朱元璋因为屡立战功先任镇抚，后升为总管之职，做了濠州红巾军中统兵一方的大将。

公元1355年，郭子兴病死。朱元璋凭借左副元帅职，成了这支起义军的实际领袖。同时，朱元璋在家乡一带不断扩充队伍，随后克滁州、援六合、下和州，势力也逐渐增强。他任用儒生冯国胜、冯国用、李善长等人为谋士，而且采纳了他们用金陵作为根据地来定天下，并建立帝业的建议。

同年，农民起义军领袖刘福通力推韩林儿在亳州称帝，号称"小明王"，国号大宋。第二年，朱元璋率领大军南下，攻破集庆（今南京），招降了康茂才等军民 50 多万人。后来，朱元璋改集庆为应天府，并设立天兴建康翼统军大元帅府。自此，朱元璋以应天作为根据地，东面是张士诚、西面是徐寿辉、北面邻着小明王等反元势力，只有南面有元军。于是朱元璋挥师向南，相继攻占了常州、江阴、常熟、徽州、扬州等地。他采纳了徽州儒生朱升"高筑墙、广积粮、缓称王"的建议，开始在应天屯田，兴修水利，恢复农业正常生产，并逐渐增强了经济实力，从而安定了后方，为军事供给和需求提供了保证。

朱元璋一举消灭东南的孤立元军后，便立即展开了与元末各割据势力的较量。从公元 1361 年到公元 1365 年，用了四年的时间，朱元璋击败陈友谅。接着，朱元璋自立称吴王，建置百官。之后，朱元璋的兵锋再次指向了张士诚、方国珍等武装割据势力。

元至正二十七年（公元 1367 年）十月，朱元璋命令徐达、常遇春率部队由淮安北上，攻取中原。十一月，攻克沂州；十二月，北伐军进至东平，元朝平章马德弃城逃走。徐达军至济南，元朝平章忽林台、詹同等，有的逃遁，有的投降。接着，济宁、莱阳亦相继投降。后来常遇春攻克东昌，茌平等县皆降。徐达又平定乐安。元顺帝此时命右丞相也速会同诸部守山东，左丞相秃鲁督令李思齐、张良弼守关中，脱列伯东进增援。李思齐等军阀拒不受命。到该年底，徐达、常遇春军尽占山东全境。当徐达军进入济南，方国珍已先此投降，汤和大军已攻取福州。朱元璋南征北伐两路大军，都按计划取得节节胜利，推翻元朝指日可待了。中书右丞相李善长率领百官，奏请朱元璋此时正式建国称帝。

至正二十八年，即太祖洪武元年（公元 1368 年）一月四日，朱元璋在应天府奉天殿登上皇帝宝座，建国号大明，年号为洪武。朱元璋经过十几年的苦心经营与南征北伐，终于实现了他想当皇帝的愿望，在应天建立起一个新的王朝——大明王朝从此走上历史的舞台。

洪武元年（公元 1368 年）七月，各路大军沿运河直达天津，二十七日进占通州。元顺帝妥懽帖睦尔率后妃、太子和大臣，开健德门逃出大都，经居庸关逃奔上都。八月二日，明军进入大都，元朝至此灭亡，蒙古族在中国的统治结束，明朝取得了在长城以内地区的统治权。

当了皇帝之后，朱元璋日理万机，勤奋执政，是我国封建王朝中非常勤勉的帝王之一。由他开创的明王朝，是中国历史非常强盛的一个朝代。

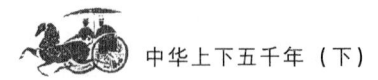

明太祖诛戮功臣

朱元璋称帝后，对李善长、刘伯温、徐达等功臣们也是论功行赏。但是，时间一长，他对这些既有能力又有权力的功臣们越来越不放心了。洪武五年（公元1372年），朱元璋颁布《洪武青花执壶铁榜文》，对文武功臣严加戒饬，严厉指责他们违法乱纪的行径。洪武八年（公元1375年），朱元璋颁布《资世通训》，洪武十三年（公元1380年）颁布《臣戒录》，警告大臣们如果对天子不忠、逾越礼制，将受到严惩。这些功臣们也许没有意识到，朱元璋已经举起了屠刀。

朝中有个叫胡惟庸的官员，位居左丞相，可谓一人之下，万人之上。胡惟庸在朝中结党营私，安插自己的亲信，排除异己，公开贪污受贿，谁想升官就得向他送礼，数年下来，他收受的财物数以万计。

洪武十二年（公元1379年），当时占城（今越南）派遣使者来大明朝贡，这属于国际邦交事务，胡惟庸不知为何，这样重大的事，竟没有向朱元璋报告一声，还是一个宦官无意中撞见，报告给了朱元璋。朱元璋向胡惟庸查证此事时，胡惟庸就将责任推到了礼部头上，而礼部呢，又将球踢回给了胡惟庸。朱元璋很生气，一声令下，就将所有相关人员统统抓起来，大刑伺候。胡惟庸感觉到朱元璋要向他下手了，就和吉安侯陆仲亨、中丞涂节等人串联勾结，想先下手为强，阴谋政变。朱元璋也不客气，马上将胡惟庸，包括涂节在内的相关人员等格杀勿论，诛灭三族，前后被杀死的约有1.5万人。

胡惟庸案的爆发，加快了朱元璋屠杀功臣的步伐。明朝的第一名将徐达，不但是朱元璋的朋友，更为朱元璋打江山出了大力，但正因为他有能力，所以才让朱元璋不放心。后来，据说徐达背上长了一个恶疮，不能上朝，朱元璋送了他一份御膳蒸鹅。但是生恶疮吃了蒸鹅会死人的，徐达明白朱元璋的心思，吃了蒸鹅后，没几天就死了。

洪武二十三年（公元1390年），胡惟庸案再被提起，李善长及吉安侯陆仲亨等人，被逮了起来，朱元璋以他们参与胡惟庸谋反的罪名，将他们全部处死。至此，单胡惟庸案被处死的就超过了3万人。

洪武二十六年（公元1393年）二月初八，早朝将罢，一切看起来很正常。突然，锦衣卫指挥蒋献出班参奏凉国公蓝玉谋反的种种罪状，蓝玉被当场逮捕。这一切来得竟是如此地快，如此地急，如此地莫名其妙，使蓝玉无法应付，但他很快就清醒了。他据理辩驳，毫不退让。吏部尚书出面审他，他就说吏部尚书詹徽就是我的同党。一言之下，武士们立即把詹徽从审判席上拉下，抓了起来，搞得一个个审问官张口结舌，不敢张狂。朱元璋也不再要蓝玉的口供，第三天，就把他处死了。

及时处决蓝玉，灭其口供，使朱元璋能够随心所欲地株连其他功臣。这是独裁者的惯用伎俩。为了清除他认为不可靠的官员，朱元璋借蓝玉谋反罪名，株连蔓引，将他们一网打尽。被杀的主要武将有开国公常升等一公、十三侯、二伯以及吏部尚书等二十几个人。蓝玉之案与胡惟庸案为朱元璋一手炮制的洪武时期的两桩惨案，两案共诛杀4万余人，史称"胡蓝之狱"，把勋臣宿将差不多杀干净了。

洪武二十七年（公元1394年）十一月，"蓝党"的事情基本处理完毕，收拾剩下来的颖国公傅友德等人便提上日程。朱元璋首先拿他的儿子开刀。二十九日，朱元璋主持一个有文武大臣参加的大型宴会，在步入宴会厅时，他见负责守卫任务的傅让（傅友德之子）没有按规定佩剑囊，便显出一脸怒气。待坐定之后，他就向全体文武官员提出傅让简慢无礼。这下傅友德自然坐不住了，于是站起身来，打算当场赔罪。谁知朱元璋竟然霍地站了起来，将那玉带紧紧抓牢，按在肚皮底下，一边问道："你站起来有何话说？哪个让你说话？"朱元璋又说道："去把你的两个儿子叫来。"傅友德只好战战兢兢地离开座席而去，当他走到大殿门口，卫士又传旨："带两人的首级来见。"随即递给他一把宝剑。这简直像晴天霹雳，傅友德木呆呆站了许久。他两腿瘫软，步履蹒跚地向前挪动着。

两颗血淋淋的人头提在傅友德手中。他似乎不再踟蹰，不再犹豫。返回的脚步显得坚定而有力，来到大殿，也不禀报，也不叩头，只是惊愕地站在皇帝面前，旋即当场自刎而死，两颗人头从他手中落下，在地上滚动，恰巧依偎在其父亲的尸体旁。这个虎啸风声、叱咤风云40年的沙场老将，就这样刚烈地结束了他的一生。

这个场面反倒使朱元璋十分尴尬。他成了实际上的被审判者，成了失败者。他只能用更大的震怒来挽回面子。于是传旨，立即查抄傅友德的家产，把他的妻子儿女宗族一起发配到云南、辽东。

洪武二十八年（公元1395年）正月，春节过罢不久，仅存的宋国公冯胜被诬陷在打谷场埋有兵器,图谋不轨。朱元璋把冯胜召了去,不动声色地说道:"有人告你私埋兵器呀!"冯胜站起来,想说什么,朱元璋制止他,摆摆手,说道:"你不必解释。没有就更好,我也不愿意多问。"随即斟一杯酒,推到冯胜面前:"你的罪过,我已经多次原谅了,可以说是仁至义尽。你把这杯酒喝下去,就回府去吧。"冯胜已经明白了皇帝的意思,也不说什么,端起杯一饮而尽,随即踉跄退去。他知道会有这个后果,算定会有这一天。这一天真的来了。他跌跌撞撞地来到府第门前,抽出匕首,一腔鲜血立即从胸膛涌出。明朝开国的最后一员猛将倒在血泊之中。时为洪武二十八年(公元1395年)二月初三,距离傅友德自杀仅2个月多几天。朱元璋的最后一块心病消除了。

明太祖朱元璋之所以大肆杀戮功臣,原因就在于当时太子朱标已死,皇太孙朱允炆是皇位的继承人。朱允炆年纪小而又文弱,明太祖怕自己死后,幼帝制服不了权高位重的功臣,从而对朱家天下造成威胁,因此就千方百计地寻找借口,杀戮功臣,消除隐患。

可是,朱元璋在为子孙扫除障碍的同时,也埋下了祸根。后来,他的孙子建文帝锐意削藩,燕王朱棣立即起兵"靖难",夺取天下。假使当时蓝玉等能征善战的开国功臣还在,朱棣未必敢兴兵,建文帝可能就不会成为"悲剧"了。

施耐庵与《水浒传》

施耐庵(公元1296~1371年),本名彦端,又名子安。祖籍是泰州海陵县或苏州吴县阊门(今江苏苏州)人。元末明初杰出文学家。他博古通今,才华横溢,词章诗歌,医卜星象、天文地理等,无不通晓。35岁曾中进士,后来弃官归里,闭门著书,与拜他为师的罗贯中共同研究《三国演义》《三遂平妖传》的创作,搜集并整理了关于宋江等英雄人物的故事,最终写成了"四大名著"之一的《水浒传》。

施耐庵是孔子七十二弟子中施之常的后裔。等传到施耐庵的父亲已经是第十四世。公元1296年施家添了一个男丁。一位老秀才给婴儿取名叫彦端,意思是这个孩子长大了,必定是位行为端庄的才子。而这个襁褓中的彦端,就是千古名著《水浒传》的作者施耐庵。

施耐庵7岁时,家境贫困,无法上学。但是他聪明好学,经常去借书看,有时还到学堂去旁听。就这样，他读了《诗》《礼》《大学》《论语》等许多书。13岁时，施耐庵就已经能在大庭广众之下，对答如流。

有一次，邻居老人病故，想请在浒墅关教私塾的季秀才帮忙写祭文。季秀才没有及时赶到，就有人提议让彦端试试，施耐庵年少气盛，欲显其才，并没有推让，走过来一挥而就。后来，季秀才看到这篇虽稚气但不失才气的祭文，称赞不已。于是主动提出，让施耐庵到浒墅关去读书，而且不收学费。后来，季秀才还把自己的女儿嫁给了施耐庵。

施耐庵在浒墅关读书时，勤奋刻苦。他不仅熟读了诸子百家，而且各方面的书籍他都阅读。当时刊行的《大宋宣和遗事》，讲述了"晁盖智取生辰纲""宋江杀阎婆惜"和"杨志卖刀"等故事，勾起了施耐庵的兴趣。他经常在课余时间阅读，还与伙伴们一起舞刀弄棒，练习武艺。当时，在苏州城里经常说唱如《青面兽》《武行者》《花和尚》《石头孙立》《同乐院燕青搏鱼》和《李逵负荆》等话本和杂剧，施耐庵有时也去听，不知不觉就对这些"擎天好汉""仗义英雄"流露出敬佩之情。

元至顺年间，他考中了进士，在钱塘（今浙江杭州）当了两年官。后来，因为看不惯官场的黑暗政治，更不愿意对当权者逢迎拍马，因此弃官回乡，从事著书。相传，他曾参加过元朝末年的张士诚起义军，与张士诚的部将卞元亨是好朋友。在张士诚失败后，他逃回兴化，开始隐居著书。相传《三国演义》的作者罗贯中就是他的门人。

施耐庵很早就有报效国家、解救黎民百姓的大志，并想用笔耕来施展自己的抱负和才华。有一天，施耐庵路过一个书铺，看到里面有很多手抄话本，其中有一本名叫作《张叔夜擒贼》，内容讲述了梁山好汉宋江等一百零八将杀富济贫的故事。于是，他立即买回并作为资料，把其他有关梁山故事都进行了修改，写出一部《江湖豪客传》。

施耐庵把大部分的精力和时间都倾注在《江湖豪客传》这部著作上。全书完成后，他还征求罗贯中的意见。罗贯中看出老师施耐庵的心思，于是就建议更名为《水浒传》。

《水浒传》的内容主要取材于北宋末年爆发的农民战争，最早的本子是一百回本。在梁山英雄排座次后，已经有了征辽和征方腊的故事。后来，许多文人进行了加工修改。于是，又出现了一百一十回、一百一十五回和一百二十回等不同的本子，增加了征田虎和征王庆的故事。清初金圣叹腰斩《水浒传》，删掉了七十一回以后部分，并添上了卢俊义惊噩梦的尾巴，即成为七十回本。

《水浒传》用大量的篇幅，来叙述不同人物被生活、被社会逼上梁山之后参加起义的经过。通过讲述每个人物的故事，揭露了封建社会的黑暗以及统治阶级的罪恶，并深刻地揭示了导致农民起义的社会根源。同时，作者还以极大的热情，歌颂了林冲、李逵、鲁智深等农民起义英雄积极反抗斗争的精神。书中故事丰富，情节曲折紧张，引人入胜。语言明快精炼，形象生动，往往三言两语就能刻画出一个鲜明的形象，具有很高的艺术水平。在描写运用战略战术上，具有唯物辩证法因素，比如以少胜多，以弱胜强，"敌疲我打"，"以己之长，破敌之短"，"后发制人，声东击西，诱敌深入"等。虽然这部著作反贪官，但是它具有忠君思想，不反皇帝。对方腊起义的丑化，应该给予否定。

虽然《水浒传》存在缺点，但是它对人民群众的反封建斗争却有积极的鼓舞作用。因此，当时的封建统治者把这本书视作洪水猛兽，诬蔑它是"海盗"之书，曾多次下令禁毁。

《水浒传》成书后，很快在社会上传抄开来，人们争相阅读，施耐庵的名声大振。

明洪武初年间，施耐庵病逝，终年75岁，他生前并没有看到《水浒传》的刊刻印刷。罗贯中后来又对《水浒传》进行了一些整理，并携带着书稿来到当时印书的中心福建建阳，希望将《水浒传》出版，但最终也没能实现。

一百五十多年后，一位叫宗臣的人奉旨来到福建做提学副使，罗贯中的后人借同乡的名义拜见了宗臣，请求准许刻印出版《水浒传》，以激发当时福建军民抗击倭寇的斗志。宗臣正负责整顿军备，闻此，即刻答应了他们的请求。这是《水浒传》首次正式刻印发行。

不过，后来《水浒传》的福建版本也失传了，据说仅剩一部五回的残本。到明万历年间，一位别号"天都外臣"的不知名的热心人，收集了民间的传抄本重新刻印出版。而在不断的传抄过程中，《水浒传》也经过了文人和艺人们不断加工增改，到明朝后期，已经出现了多种繁简不同的版本。万历年间杨宝见增编的一百二十回《水浒传》，则是我们现在一般看到的流行的版本。

罗贯中与《三国演义》

罗贯中（约公元1330～约1400年），名本，字贯中，号湖海散人，元末明

第八章 元 明

初小说家。除《三国演义》外，相传他还写过《残唐五代史演义》《三遂平妖传》《隋唐两朝志传》及杂剧《宋太祖龙虎风云会》。

罗贯中6岁的时候，在一次庙会上，偶然遇到一个疯老头儿，当时正有一群人围着听他说书，老头儿虽然疯疯癫癫，却说得一口好书。他生动的语言和惟妙惟肖的描述，把人物故事刻画得神出鬼没，听书的人往往听得痴痴呆呆，数小时站在周围一动不动。

罗贯中是第一次听人说书，一接触，便像遇到了磁铁一样，被深深地吸引住了。他挤进人群，蹲在地上，双手托腮，出神地听个没完。父亲怎么拉他也不肯走，直到庙会结束，他还意犹未尽。后来罗贯中偷偷在县城外的一座破庙中找到了说书的疯老头儿。

自此，罗贯中一有空闲便跑到破庙里听疯老头儿说书。他喜欢听书，是因为它描述了一个奇异的世界，这对于充满求知欲望、充满幻想的罗贯中来说，无疑是极富有吸引力的。只要疯老头儿的口一开，少年罗贯中便进入了一个轰轰烈烈的时代，并随着故事中的英雄一起杀富济贫，南征北战……

罗贯中从这些流落街头的市井之徒口中，学到了学堂中学不到的丰富知识，那些故事中性格鲜明的英雄人物深深烙在少年罗贯中心上，对他成年后的世界观有着深刻的影响。而那众多美丽动人的故事情节，也为罗贯中的创作奠定了基础。

长大后，罗贯中一路辗转，后来参加张士诚领导的农民起义，张士诚刚愎自用，至正二十三年（公元1363年）九月，罗贯中离开张士诚，于至正二十六年（公元1366年）回到杭州。半生漂泊四方的经历，已使罗贯中从充满幻想的年轻人成为一个很实际的人。他不再参与任何政治活动，开始把全部精力集中在写《三国志通俗演义》上了。

《三国志通俗演义》简称《三国演义》，是罗贯中根据西晋陈寿《三国志》和南朝宋人裴松之注中引用的野史杂记，吸收宋元话本和民间传说，经过再创造而写成。《三国演义》是我国最早的长篇章回小说，影响极大，书中人物和故事家喻户晓。

《三国演义》从东汉灵帝中平元年一直叙写到晋武帝太康元年吴国灭亡为止（公元184~280年），将近一个世纪。书的开始写东汉末年统治阶级腐朽昏庸，人民纷纷起来反抗，形成声势浩大的以张角为首的黄巾大起义。接着各地大小军阀镇压农民起义军。凶残的军阀董卓入京擅权，引起了十七路诸侯对他联合讨伐。董卓被杀后,曹操当权,挟天子以令诸侯。刘备和孙权联合抗曹,赤壁大战,奠定了三国鼎立的局面。此后,刘备据四川,孙权据江南,曹魏统治北方,相互攻伐争斗,直到司马氏篡曹魏政权建立西晋,消灭蜀国,灭亡吴国,天下重归统一。

《三国演义》在反映这些政治军事集团争权夺利的尖锐斗争时,描写了一个个政治骗局,一幅幅钩心斗角、尔虞我诈的场景,如第七十八回写孙权劝曹操做皇帝。当时孙权攻袭荆州,杀了关羽,孙、刘联盟破裂,刘备准备攻吴,形势对孙权不利。孙权便上书称"伏望""曹操阜正大位,遣将剿灭备","自己愿意""率群下归降"。狡诈的曹操看出这是孙权设下的一个圈套,企图让他与刘备发生战争,缓解蜀国对吴国的进攻,并让拥护汉王室的人进一步反对曹操,正是"一箭双雕"的"妙计"。曹操笑着说:"这个小子是想把我放到火炉上烤啊!"又如描写司马懿设计装病麻痹曹爽,然后突然发动政变,置曹爽于死地,篡夺曹魏大权,等等,这些描写都是惊心动魄,扣人心弦。

《三国演义》宣扬的是封建的正统观念,主张"拥刘反曹"。把刘备描写为一个理想化统治者,施行"王道""仁政"的代表来赞美;而把曹操描写为破坏"正统",违反"纲纪"的乱世奸雄来否定。但无论刘备还是曹操,在作者笔下,他们又都是能够创造历史的"超人"和"英雄",这些英雄天才人物,是"应天而生","受命于天"的,是受"上天保佑"的。如第三十四、第三十五回写蔡瑁要害刘备,但由于"天意""神力",刘备的马竟然"一跃三丈",使他脱离了险地。还有曹操败走华容道,身临绝境,最终还是"天意"所定,"未合身亡"而大难不死,等等。这些都是作者宣扬的唯心史观的"天命论"和"英雄论"。

《三国演义》塑造了一大批性格鲜明,影响深远的艺术形象。奸猾狡诈的曹操,忠贞和智慧化身的诸葛亮,勇武刚强、义重如山的关羽,还有赵云、黄忠、周瑜、鲁肃等众多人物,无不鲜活动人。《三国演义》着力描写、渲染的刘备、关羽、张飞三人间坚贞不二的君臣之义和生死不渝的朋友之义,千百年来产生了巨大的社会影响。而它塑造了无数英雄、谋臣的鲜明形象,更为千百年来的劳动群众所津津乐道,成为社会文艺生活中一个重要的话题,也为无数戏曲、评书等艺术形式提供了丰富的题材。

第八章 元 明

靖难之役

公元1398年，太子朱标病故，朱标的儿子朱允炆以长孙的地位被立为皇太孙。各地的藩王大都是朱允炆的叔父，所以根本不把年轻的皇太孙放在眼里，言行颇为不逊。明太祖去世后，朱允炆即位，年号建文，即建文帝。建文帝即位后，各位藩王的不满情绪日增。建文帝召见黄子澄，商讨削藩事宜。

一起商议这件事的还有一位大臣齐泰。齐泰想从兵力最强、野心最大的燕王朱棣下手。黄子澄不赞成这个做法，他认为这样容易打草惊蛇，应该先把燕王周围的藩王除掉，最后再对付燕王。恰好此时，周王的一个儿子向建文帝告发他父亲跟燕、齐、湘三王密谋造反。建文帝利用这个机会，夺去周王封爵，把他废为庶人。紧接着，岷、湘、齐、代四位藩王也相继被借故革去封爵、发配边疆。如此一来，藩王中势力较大的就只剩下燕王朱棣了。

建文元年（公元1399年）六月，朱允炆发布责备朱棣的诏书，并命令逮捕燕王府属僚。张昺、谢贵督率卫士包围了王府，并在北平9座城门布置了严密防守。形势十分紧迫，朱棣召集亲信属官商议。燕王护卫千户朱能提出，当务之急在擒杀张昺、谢贵；主将死，其军自乱。朱棣很欣赏他的意见，先在殿中设下伏兵，宣称自己病愈，打算乘官僚入贺时，拿下张昺、谢贵。张、谢二人相当警觉，不肯入府。朱棣又把朝廷点名要逮捕的官校捆绑起来，作为诱饵，请张昺、谢贵及朝廷使臣去验收。这次，张、谢二人不能不去了。他们一进王府，就被杀掉。除去此二人，城中官军果然大乱。

朱棣手下有两员可任大帅的武臣。一个是上边提到的朱能，他曾从燕王北征，多次立有战功。另一个是指挥佥事张玉，他曾任元朝的枢密知院，归降朱元璋后，从战有功，后来调任燕王左护卫，成为朱棣的亲信。杀了张昺、谢贵，朱棣命令张玉、朱能连夜出兵，攻夺9门。黎明时分，已得其8门，只有西直门一时难下。朱棣派人到两军对峙处，宣布说，朝廷已经同意燕王自治一方。守门官军闻言而散。接着，朱棣整顿城内秩序，只用3天时间，北平城就完全为他所控制，成为他稳定的大本营。

七月初五，朱棣正式誓师起兵。他援引朱元璋"朝无正臣，内有奸逆，必举兵诛讨，以清君侧之恶"的训示，以周公自居，宣布齐泰、黄子澄为奸臣，起兵是为了诛杀齐、黄。但同时，他去掉了建文年号，改用洪武年号，摆出争夺天下的姿态。因朱棣称自己的军队为"靖难"之师，史书把叔侄争夺天下的这场战争称为"靖难之役"。也许是受了黄子澄等人的影响，建文帝以为燕兵成不了大事，因而每天与翰林官方孝孺等人讨论周朝制度，试图以文治天下，并没有把军事放在心上。后来，连黄子澄都看出了形势的危急，指出，北兵素来强悍，不早作防御，怕黄河以北要保不住了，他这才匆忙任命长兴侯耿炳文为大将军，率师北伐。

与朱允炆相比，朱棣对这场战争的态度要认真得多。每次军事行动，他都亲自策划，亲自领兵作战，而且善于用将，使之各尽所能，北平城内稳定以后，朱棣立刻派兵攻占了通州、蓟州、密云、遵化、怀来、永平等处，并控制了北平最重要的关隘居庸关，解除了腹背受敌的后顾之忧。

官军与燕军真正的第一场大战发生在北直隶真定（今河北正定）。官军主帅耿炳文，早年是一员骁将，被朱元璋列为一等功臣。但他当时已65岁，而且受到朝廷中普遍存在的以老大自居的思想熏染，不以燕军为意。朝廷召集的军队号称30万人，实际只有10余万人，军中缺少多谋之士和善战之将。这些因素对官军都是不利的。

中秋之夜，燕军利用官军饮酒不备的机会，攻占雄县；又伏兵打援，消灭了鄚州援兵。得知两处失利的消息，耿炳文把所属军队会合一处。两军会战于真定城外。张玉、朱能等率兵从正面进攻，朱棣亲率奇兵从背后夹击，官军大败，死者众多，耿炳文退入城内固守，不敢出战。这一仗，燕军在数量上处于劣势，但却获得全胜。朝廷大为震动，主帅易人，黄子澄推荐李景隆总领平燕大军。

李景隆是开国功臣李文忠的长子，建文二年四月，他和另外两支官军会合于真定，计有60万人，号称百万人，准备决战。官军如此庞大，加上有几员猛将，像先锋平安、副总兵瞿能，还准备了火器，埋藏地下，杀伤力很强，所以占了上风。交战中，燕军凭借朱棣的镇定指挥，诸将的顽强抵抗，特别是朱高煦的拼命冲杀，双方相持不下。这时突然刮起大风，官军混乱，瞿能父子被杀，平安也被朱能打败。燕军乘机纵火，官军全军溃败，李景隆单骑奔走德州。燕军乘胜攻德州，他又弃城而逃，投奔济南。

从局部来看，官军不乏一些有才干的指挥者。守济南的山东参政铁铉和参将盛庸合力固守，竟使燕军久攻不下。铁铉用诈降计，朱棣受骗入城，险些被城门上的铁板轧死。他疾驰逃脱，怒不可遏，命令用炮轰城。铁铉又在城上悬挂朱元璋的神牌，使燕军投鼠忌器，不敢使用火器。就这样坚持了3个月，朱棣只好回师北平。朱允炆立即升铁铉为兵部尚书，封盛庸为历城侯，命他从李景隆手上接过指挥权。忧心忡忡的建文帝把希望寄托在这两个人身上。

盛庸、铁铉与燕军对阵，有出色的战绩。建文二年十二月，双方战于东昌。官军简选精锐，背城而战。朱棣大概为以前的胜利所陶醉，犯了轻敌的错误。他率轻骑冲入了官军左翼，被围数重，冲击不出。朱棣死里逃生，有赖于朱允炆的一道死命令，朱允炆怕背上杀害叔王的恶名，不许伤害朱棣。这样，朱能才可能像长坂坡救主的赵子龙一样，奋力杀开血路，保朱棣突围。张玉在此役中阵亡，燕军损失惨重。

这以后，两军互有胜负。从总的趋势看，东昌大捷不足以抵消耿炳文、李景隆两次惨败的影响。官军在数量上的优势已不那么明显，惧怕燕军的心理负担越来越重。为瓦解燕军，朱允炆发动和平攻势，将齐泰、黄子澄逐出朝廷，希望在这种姿态下与燕王罢兵，但被朱棣一口回绝了。

这场战争进行了将近三年，燕王的部队虽然胜多负少，但他的部队毕竟有限，这些年来转战各地，逐渐成了强弩之末，燕王对此也无计可施。恰在此时，宫内的太监向燕王告密说，京城如今兵力空虚，完全可以一举攻克。燕王抓住这个时机，孤注一掷，率领几乎所有将士南下，直取京城。部队所向披靡，很快就攻到长江对岸。见形势急转直下，建文帝又派人向燕王求和，以割让土地的条件，请求燕王退兵。这种缓兵之计当然瞒不过燕王，他指挥大军渡过长江，包围了京城。过了几天，守卫京城的大将李景隆打开城门投降，京城终于被燕军攻破。

公元1402年，明成祖废除了建文年号，次年，改年号为永乐。之后，明成祖改北平为北京，并派人在元大都的基础上营建了北京城。公元1421年，北京城主体工程全部建成，明成祖正式迁都北京，以北京为京师。

设立奴儿干都司

洪武元年，明朝军队攻克元大都以后，辽阳行省的元朝官员倚仗自己手中的武装，割据一方，结寨自保。但是后来元朝辽阳行省的最高官员刘益接受招抚，另一个元朝官员高家奴也战败投降，明朝在辽阳设置定辽郡卫，后来改为辽东都指挥使司，镇守东北地区。当时的东北北部还在元朝的残余势力控制之下，其中势力最大的是盘踞在金山（今辽宁开原西北）的纳哈出。纳哈出曾经当过元朝太平路的武官，元至正十五年（公元1355年），他被朱元璋俘虏，获释以后回到北方，当了辽阳行省的太尉（行省最高的军事首领）。他掌管了几万人军队，管辖二三十万人口。他效忠元朝，想利用自己的力量割据东北地区的西北部，阻挠朱元璋统一全国。

明太祖为了统一东北地区，在洪武二十年（公元1387年）派大将冯胜、傅友德和蓝玉率兵20万人征讨纳哈出，同时派纳哈出的降将前去劝说。纳哈出接受了招抚。纳哈出投降第二年，蓝玉在捕鱼儿海打败北元脱古思帖木儿（元顺帝的孙子）的军队，统一了贝加尔湖以东、黑龙江上游和中游以南的地区。

明成祖朱棣继续执行他父亲统一东北地区的政策，即位之后，便派邢枢召请居住在黑龙江上游中游以北和下游的奴儿干各部少数民族的酋长来朝，从而掌控了整个东北地区。明成祖在东北陆续设置了一些卫所，到永乐七年（公元1409年），连同明初设立的在内，已经有134个卫所了。这些卫所当中，地处北山（今外兴安岭）、兀的河（今乌第河）和黑龙江下游的卫所离辽东都司所在地辽阳有五六千里，对于统辖和管理多有不便。这一年的夏初，奴儿干地方的首领忽剌冬奴等65人进京，向皇上请求在奴儿干设立元帅府。明成祖也认为有必要在东北的北部设置比卫所高一级的机构，统辖和管理北部的卫所，便批准了这个请求，决定在奴儿干设都指挥使司。

永乐七年（公元1409年）闰四月，钦差内官亦失哈率领前去赴任的康旺等官员和几百名官兵，来到奴儿干，在元朝征东元帅府遗址上建立了都指挥使司。奴儿干都司设在交通比较方便的黑龙江下游东岸的特林地方，这里离海口150公里，南距吉林水程2500多公里。为了加强奴儿干都司与内地的联系，明朝恢复了元朝时候在北方设立的驿站，从辽东都司的边境到奴儿干的满泾（在奴儿干都司对岸），共有45个驿站。又在吉林松花江岸设立造船厂，以便通过水路运输粮食、贡品和其他货物。

奴儿干都司管辖的地区，西面到现在内蒙古自治区的兀良哈三卫而与鞑靼相连，东面包括库页岛及沿海岛屿，北面到外兴安岭，南面与辽东都司及朝鲜为邻。境内西部是蒙古族居住区，库页岛上是苦夷人，其他地区居住着女真人和吉列迷人。女真人和吉列迷人都是唐代黑水靺鞨的后裔。

朝廷根据各民族和各部居住情况和地理情况设立卫所，用"诰敕"（皇帝的命令）的形式任命各族和各部首领为卫所官员。他们依据明王朝的"诰命"

和"印信",行使职权,并定期向朝廷交纳贡赋,同时明朝政府给他们以优厚的赏赐。

明朝政府规定,官员每两年调换一次,士兵也要换防,亦失哈作为明朝中央政府的代表曾多次到奴儿干都司巡视,并且主持官员和士兵的调换,为明政府统辖和管理东北地区做出了很大贡献。他曾十次来奴儿干都司巡视,并在永宁寺西面和西南面的悬崖上各立了一座碑。这两座碑是明朝统辖和管理我国黑龙江流域的铁证。

郑和下西洋

"靖难之役"胜利后,朱棣登上了皇位,是为明成祖。一些"正统"的大臣都不服,认为他是篡侄儿之位而登上皇座的,很不光彩。像刘基的儿子刘璟在他登基时就不去朝拜,而且见面只称他殿下,不称皇上。虽然刘璟为此被关进大牢而悬梁自尽,但朱棣总不能把这些人都像对方孝孺那样来个"灭十族"吧。于是,他想出了一个主意,就是扩大自己在国际上的影响,像唐太宗那样做个四方尊敬的"天可汗"。这岂不可以收服臣心吗?

同时他心头总还有一道抹不掉的阴影,即惠文帝的下落。如果他真像人们传说中的那样已从地道逃出,到了海外,重新召集人马,用朝廷的名义讨伐叛逆,这样他又要遭难了。既然在国内找不到惠文帝的踪影,何不到海外寻访一番呢?

综上所述的两种原因,明成祖决定派宦官郑和带领军队出使西洋。郑和,原来姓马,小名叫三保,出生在云南一个回族家庭里。他祖父和父亲都信奉伊斯兰教,还到麦加(今属沙特阿拉伯)去朝过圣。受家庭影响,他从小就萌生到海外探险的愿望。12岁那年,朱元璋派兵平定云南,他被掳在燕王府当太监。朱棣见他聪明好学,很是喜爱,给他起了个汉人的名字,叫郑和。但在民间还是叫他为"三保太监",因为中国是个佛教盛行的国家,佛教以佛、法、僧为三宝,于是"三保"就演变成了"三宝"。

公元1405年,明成祖朱棣封郑和为钦差总兵太监,率领船队、出使西洋各国,由此揭开了世界航海史上最伟大的篇章。郑和之所以能成就这番辉煌的事业是因为他具有独特的机会和良好的条件,作为燕王的亲信和贴身随从,郑和有机会广泛接触统治阶级的上层人物,这样帮他开阔了视野,增长了见识。

再加上郑和为人正直，能与燕王推心置腹，一起商量国家大事，随时向燕王学习政治、军事和处理各类事物的谋略。跟随燕王朱棣后，耳濡目染，郑和受教育程度逐步加深。这一切都促使朱棣在挑选下西洋的最佳人选时，首先想到的就是郑和。郑和姿貌才智，在内侍当中无人能及，是领航远洋的最佳人选。

明王朝为首次远航做了充分而精心的准备，船队规模极其庞大，包括大船62艘，小船255艘，其中最大的海船长44丈，宽18丈，可载近1000人。使团人员众多，包括官员、仆役、工匠、兵士和水手，共计27870人，这样大的规模在人类航海史上也是罕见的。船队先后来到位于东南亚的占城、爪哇、满剌加、苏门答腊和南渤利，之后又转向印度洋南亚地区的锡兰、葛兰和古里。所到之处，郑和都亲自率领使团，拜访当地的酋长或国王，先递交明成祖的国书，再送上明朝精美的丝绸、瓷器、茶叶等礼品，以表示友好。同时，他也获得沿途各国赠送的各种礼物。在历时两年的漫长航行后，公元1407年秋天，船队回到祖国，受到了热烈的欢迎。

第一次远航的成功极大地鼓舞了明王朝，几个月后，郑和率船队开始第二次远航。当船队来到位于印度半岛的古里国时，郑和代表明王朝，正式册封古里国王，并向他赠送了大量精美礼物。公元1409年夏天，郑和率船队结束了这次远航，回到南京。第三次远航始于公元1409年秋天，船队继续在原先开辟的航线上前进，先后抵达东南亚和南亚的许多地区。公元1411年夏，船队回到南京，郑和向朝廷献上锡兰王和他的家属等俘虏。公元1413年秋又开始了第四次远航。船队这一次航行得更远，在前往东南亚和南亚的那些国家后，船队继续向西航行，经过马尔代夫群岛，抵达位于波斯湾的忽鲁谟斯，然后部分船队沿阿拉伯半岛向西航行，抵达祖法儿、亚丹，之后又来到东非海岸的木骨都束和麻林等国家。公元1415年夏天，船队返回南京时，带回了18个向明王朝纳贡国家的使臣，使明王朝在海外的影响和威望达到了前所未有的高度。

公元1417年秋天，郑和又一次率领船队远航。这次他肩负一项新的使命，这就是将因向明王朝纳贡滞留在中国的18个国家的使臣送回他们的国家。在第五次远航中，船队再一次抵达遥远的东非海岸，沿着海岸线航行得更远，抵达一些新的东非国家。当船队返航时，又带回更多的外国使臣以及狮子、长颈鹿、斑马、羚羊、猎豹、犀牛、鸵鸟等非洲珍稀动物。公元1419年夏，船队回到中国。

从公元1405年到1433年，明王朝先后七次组织船队远航，共计历时28

年，几乎跨越了半个地球。郑和下西洋的壮举，不仅是中国有史以来最伟大的海上探险活动，而且也是世界历史上最伟大的海上探险活动，其规模和影响远远超出以往任何一次人类的航海活动，充分显示了中国人的勇敢、智慧和勇于向大自然挑战的精神。

郑和指挥的这七次伟大的远洋航行，使中国与东南亚、南亚、西亚和东非的30余国建立了政治、经济和文化联系，发展了双方的贸易往来，并在这些国家留下了众多的遗迹。

纂修《永乐大典》

说到《永乐大典》就不得不说到两个人，明成祖朱棣和明代三大才子之一的解缙。

朱棣这位皇帝文治武功，在称帝之后，不仅注重国防建设，发展经济，对文化事业的发展也很是关注。永乐元年，他发觉"天下古今许多事物，分散记载在各书中，查看起来实在不容易"。于是萌生了想编一部大类书，把有书契以来的经史百家、天文、地志、阴阳、医卜、僧道、技艺等，凡是有关的著作，都分别编纂到一起，以方便查阅的想法。但身为皇帝，他绝不可能亲自去编纂，皇帝的工作是知人善任，于是他想到了一个人——解缙。

为什么当时朱棣选择了解缙来当这部书的主编呢？也许不仅仅是因为此人才高，还可能是因为解缙早在洪武时就有过这类的建议。当年，明太祖朱元璋非常酷爱《韵府群玉》这部书。有一次，解缙在《大庖西封事》中对朱元璋说，这部书很简陋，应该编一部像样的书。朱元璋也知道解缙才高，但认为他"冗散自恣"，不喜欢他总是直言不讳的毛病，便以大器晚成为由，让解缙的父亲将解缙领回，说是要他10年后再来朝听用。谁知解缙回家才8年，朱元璋就死了，编书的事自然也就被搁置下，无从提起了。此时明成祖看解缙才高可用，以前又有这种建议和打算，当即选中了他，让他来主持编纂这部即将驰名中外的世界最大的百科全书。

当明成祖向解缙表明了自己的意愿时，解缙非常赞成，并直截了当地说："只是编纂这类大书，人少了可不成。"朱棣这边立即给了非常好的条件，他对解缙说："那就由你领头来干吧！想调谁参加都成，朕跟礼部和翰林院打个招呼，让他们支持你。"于是解缙就成了编写《永乐大典》的组织者。《永乐大典》正式开编。

对于《永乐大典》的编纂，一开始解缙也没有太较真，他低估了明成祖对于此事的期望，认为不过是一个皇帝一时兴起，所以编排的工作进行的很快，第二年十一月，解缙等将所编成的图书进上，明成祖很高兴，特赐名为《文献大成》。解缙等147人因编书有功，也都受到明成祖的赏赐，但是，没过多久，当明成祖仔细翻检此书时，却发现这部书并不像他期望的那样好，内容上仍有很大的欠缺，于是召见解缙，责怪他编书不力，命其重修。

这次由3000多人共同参与编修的大书，在永乐六年（公元1408年）终于成功修成，它包括22937卷，凡例、目录就有60卷，分装成11095册，共计37000多万字。朱棣赐名《永乐大典》。

《永乐大典》是一部类书，类书就是将一类或多类文献资料辑录出来，按照一定的方法，如类、韵、字等进行编排，以方便检索和查阅的工具书。《永乐大典》采取的编排方法就是将同一类内容归于某一字下，如天文志都在天字下，再将字以《洪武正韵》为准，按声韵排列。这一编排，对使用者来说显然有不合理的地方，它在一定程度上造成了查找的困难，但是编纂时制定出的20多条原则，还是尽力去保持全书的系统性和条理性。

《永乐大典》的修纂，不仅充分利用了官府所藏图书，而且派遣官员在民间广泛访求书籍。它收录的书有七八千种。正是因为《永乐大典》，许多的古代著作才得以存其名，甚至存其内容。所以说，在中国文化史上，修纂《永乐大典》是一件功不可没的大事。

书成之后，《永乐大典》初置于南京文渊阁，迁都北京后移至北京文楼。后宫中大火，《永乐大典》多亏抢救及时，搬至史馆，得以幸存。此次灾难使当时的皇帝世宗想到孤本难存，萌发了抄一副本的念头。嘉靖四十一年（公元1562年），正式重录《永乐大典》，儒士百余人，分10馆进行抄录，经过将近5年的时间，副本抄成，将正本贮于文渊阁，副本贮于皇史宬。

大约在明末，《永乐大典》的正本不幸被毁，而副本由于保管不善也未能保全。清咸丰以后开始逐渐散失，后来八国联军侵入北京，《永乐大典》蒙受了更大的劫难，大部分被焚毁，其余部分被劫掠而去。而现在，存世的《永乐大典》仅剩300多册。20世纪60年代初，中华书局曾将征集得到的730卷影印出版。此等难得的好书，未能完完整整地流传于世，对于中国，乃至世界，都是莫大的遗憾。

第八章 元 明

土木堡之变

永乐末年，蒙古瓦剌部逐渐强大起来，首领脱欢率领部众攻杀了鞑靼的阿鲁台，吞并了各部落，立元朝后裔脱脱不花为可汗，自称丞相。脱欢死后，其子也先嗣位，他继承其父的扩张政策，东征西讨，以至于明朝连年边警不断。

此时，明朝正是王振专权。边警连连，王振却藻饰太平，他为了讨好瓦剌，以求边境的安宁，对瓦剌的贡使有求必应，给予优厚的赏赉。按原来规定，每年瓦剌贡使只有30余人，到了这时，他们欺负明朝软弱，贡使逐年增加，辄以千人计，朝廷此项费用与年俱增。

明英宗正统十四年（公元1449年）夏末，瓦剌骑兵果然开始进犯明朝。他们兵分三路，东西两路分别攻辽东和甘州，中路30万人马由也先亲率直冲明朝边防重镇大同、宣府。

七月二十日，山西边报传到北京，英宗命令严加守备。三十日，也先大军进攻大同边外的猫儿庄，明军右参将吴浩战死，这消息传到北京，英宗马上派驸马井源等四位将领各领一万人马增援大同。这时却发生了一件直接影响了英宗后半生的事情，宦官王振虽然在朝内擅作威福，却也心有大志，早就想建立战功，当下便紧紧地抓住这个机会，极力怂恿英宗亲征。英宗时年23岁，正是年轻气盛的年纪，跃跃欲试，令群臣讨论亲征计划。但英宗不是朱元璋也不是朱棣，并无他们那样卓越的军事才能，朝中大臣也极力劝谏亲征。他们认为，对付也先，应该采取坚壁清野的战术，明军蓄力，等待战机。当时正值酷暑干旱季节，水草不丰，也先没有强大的后勤补给，势必不能持久。此时明军先不与他交战，让他的气势渐渐耗尽，那时他没有掠到足够的物资，想撤退也难，乘他进退维谷、人困马乏时，明军再乘锐出击，必定能够取胜。况且兵乃凶器，战乃危事，皇上乃是万乘之尊，身系一国安危，亲履险地，是十分不妥当的。

但英宗并没有听取众臣的劝谏，下诏令自己的弟弟郕王朱祁钰留守北京，他以一句"保卫社稷江山，义不容辞"为由，一意下令亲征，王振、英国公张辅等公侯伯及文武官员、将士共50余万人从征。

明大军出居庸关，过怀来，抵宣府。一路风雨交加，士气低落，而前方战事却越来越吃紧。随行的大臣不断请求英宗留下，王振大怒，命这些大臣长跪于路边草中。王振的心腹、钦天监正彭德清看不过去，也劝王振："再往前行，只恐凶多吉少。"王振却说："果真如此，那也是命。"学士曹鼐听了，忍不住责问道："臣子生命不足惜，皇上系宗社安危，岂可轻率前进！"但王振仍坚持继续深入。

八月三日，大同明军主力在阳和口（今山西阳高北长城关口）与也先骑兵大战，由于监军太监郭敬的牵制，各部互不协调，全军覆没，三员主将二员战死，只有左参将都督石亨逃还大同。就在同一天，英宗令御弟郕王朱祁钰留守京师，又安排护驾从征的各部门大臣。次日，英宗率 50 万名京军精锐，不顾军士心中的不安，匆匆踏上征程，途经居庸关，过宣府，然后一路西行，到大同时，已是十八日。此时人困马乏，却又偏偏得知不好的消息，大同镇守太监郭敬密告王振：驸马井源和大同主力已经全军覆没。此时的王振早将他想要建立军功的宏图大志抛在脑后，心中的恐惧使他说服了英宗班师回朝。

且不说这 50 万人一来一去要耗费多少物资，也不说不战而退会给本就心中忐忑的军士带来多大的影响，单单从回师路线的选择上，就可以看出王振的自私与浅薄。对于回师的路线，大臣们主张尽量抄近路，从紫荆关回北京。王振却不同意，不顾大量敌军在侧，绕远路带来的经济负担，邀请英宗到他的老家蔚州去看一看，想要光耀门楣，走了 40 里，又担心大队人马会踏伤庄稼，会给家乡带去灾难，便改变主意向东前进。

三十日，英宗率大军到达土木堡，那时天还没有黑，土木堡离怀来县城仅有 20 里，护驾大臣建议进驻城中，这样至少可凭坚城守战，防备不测。但王振却因为吝惜后面千多辆辎重车没跟上，决定驻师等待，这也罢了，还偏偏选择了高冈无水的地方驻营。瓦剌兵日夜兼程，很快将土木堡重重包围。

九月一日，英宗下令突围，没有成功。由于地势高，挖井二丈多深不见水，人马饥渴难耐，而瓦剌兵越集越多，并开始分路发动进攻。第二天，也先派使臣假装讲和，指挥军队佯退。王振见瓦剌退兵，急忙下令移营取水。瓦剌兵乘机从四面冲杀过来，明军争相逃跑，被瓦剌骑兵往来践踏，死伤遍野。英宗随亲兵突围受阻，便下马盘膝而坐，成了俘虏。混战中，张辅等随从大臣多遭死难。护卫将军樊忠悲愤之中，痛斥王振，将王振锤杀于军中，自己力战而死。

此役，明军死伤几十万人，也先带着缴获的大量马匹、辎重，拥着英宗皇帝，退兵北去。这就是历史上的"土木堡之变"。

北京保卫战

明英宗朱祁镇被瓦剌俘虏以后，皇太后尽搜国库和宫中宝物，派使臣去瓦剌首领也先营中，要求赎回英宗朱祁镇。也先不予理睬。对也先来说，朱祁镇是最有价值的人质，比任何宝物都重要。

朱祁镇回不来，北京城内外的士卒不满10万人，又多是老弱病残，何去何从，是摆在明廷面前的严重问题。翰林院侍讲徐珵首先提出都城南迁。此人颇有学问，天文、地理、兵法、水利之书无所不读。他对瓦剌的威胁早有预见，朱祁镇亲征之前，就把眷属送回南方老家。他的意见得到一部分人，特别是南方籍官僚的拥护。

然而，朝中主要官僚反对迁都。资历最老的尚书胡濙说：太宗皇帝定鼎于此，为臣者岂可动辄言迁！刑部尚书江渊认为固守为宜。太监李永昌说：陵庙宫阙在北京，仓廪府库百姓万官在北京，如果南迁，大势去矣，宋朝"靖康之耻"就是前鉴。兵部侍郎于谦态度更坚决："言南迁者，可斩也。"太监金英也说："要死君臣同死，有言迁都者必诛。"阁臣陈循支持于谦，迁都之议被批驳，人们的注意力集中到北京的守御上，于谦成为朝廷所依赖的大臣。

在这关乎国家存亡的关键时刻，于谦强烈要求立英宗的弟弟朱祁钰为新帝，改英宗为太上皇，以此断绝瓦剌的妄想，并且建议坚决抵抗，立刻召集在外的勤王之师，誓死守卫京城。于谦的这些主张得到了多数大臣的一致支持，也打动了一直举棋不定的皇太后。于是，在皇太后的主持下，英宗的弟弟成为新皇帝，就是代宗，同时还任命了于谦为兵部尚书，全面负责北京的保卫工作，提议南迁的人被斥退，表明了君臣上下对抗瓦剌的坚定决心。

于谦担负起保卫京师的重任之后，迅速从各地调集士兵，召集民兵，同时下令日夜加紧赶制武器。北京城中的老百姓也积极行动起来，全力支持军队的守城工作。于谦料定瓦剌必将大举进犯，而京城兵械不多，便上疏请多方备战，并要求重用杨洪、石亨等文武将官，分路严守。代宗一一采纳。在君臣百姓同心努力下，北京城的守卫部队很快就增加到了22万人，防御体系也在于谦的精心部署之下完全准备就绪。北京城中君臣百姓上下一心，每个人的心中都充满了昂扬的斗志，就只等着瓦剌的军队前来。

明正统十四年（公元1449年）十月初一，也先率瓦剌大军南下，攻打北京,于谦受命后,立即召集诸将商议迎敌之策,成山侯王通主张到京师外修筑战壕,与敌决战。总兵石亨建议军队闭门守城,实施坚壁清野的办法来对付瓦剌军。于谦认为:"敌人来势凶猛,如果闭门坚守,敌人会认为我们害怕他们,他们的气焰会更加嚣张。应该到城外布阵列兵,与其对抗。"于是,明军决定到城外列阵迎敌。于谦将各部明军做了部署:总兵石亨、副总兵范广、武兴列阵于德胜门外,都督陶瑾在安定门外防守,广宁伯刘安率部守东直门,武进伯朱英在朝阳门外迎敌,都督刘聚守西直门,副总兵顾兴祖守阜成门,都指挥李端守正阳门,都督刘德新把守崇文门,都指挥杨节列阵于宣武门。于谦自己将兵部日常事务交给侍郎处理,然后到德胜门外石亨营中指挥作战。

十月初九,于谦下令,各部明军全部开到城外指定地点,随后令人将全部城门关闭,做出破釜沉舟、决一死战的姿态。为了有效地打击敌人,于谦宣布军纪:"战端一开,如果将帅不顾士兵,先期退却,则士兵可以斩将帅;如果士兵不听将令,畏敌逃窜,则后队斩前队。"于谦亲自披甲上马,同士兵一起列于阵前。将士见主帅身先士卒,人人感奋,勇气百倍。

很快,瓦剌军到达京城外,驻扎在西直门外。也先挟持英宗,要明朝派人出迎,想乘机攻进城去。朝臣一时不知如何是好,派人到军中问于谦,于谦说:"今日只知有军旅,其他不敢闻。"代宗于是拒绝派人出迎。

也先便率瓦剌军向京城发起猛烈进攻,立即遭到明军的奋勇阻击,被挡在德胜门外。于谦令石亨带兵埋伏在民间空屋里,派数骑前去挑战,将万余名瓦剌骑兵诱入埋伏圈,一声炮响,伏兵四出,火器齐发,瓦剌军人仰马翻,大败而逃,也先的弟弟中炮身亡。瓦剌军转攻其他城门,同样受到明军的坚决抗击。城外的老百姓配合明军,跳上屋顶墙头,用砖瓦投掷敌人。经过五天的激战,瓦剌军死伤惨重。

瓦剌人本来以为有明朝的皇帝在自己手中,北京城被攻破只是旦夕之事,可是他们完全没有想到,不但手中的皇帝毫无作用,北京城的守卫更是固若金汤,明朝的军队也与以前交战的军队完全不一样,人人不畏死,越战越勇。这时候瓦剌人反而不敢伤害英宗了,因为他们如果这时杀了英宗,不但于事无补,反倒会坚定明朝守城的决心。他们不但在战斗中遭到了很大的损失,在城外驻扎还时常受到城外百姓的袭击,防不胜防,又听说各地的援军马上就要到来,害怕退回草原的后路被截断,瓦剌人只好带着英宗急忙撤离北京。当晚,于谦确认英宗已经离开,即命令石亨等用大炮轰击瓦剌军营,杀伤大批瓦剌兵马。也先被迫下令全线撤退，于谦派将领分路追击，乘胜扩大战果。北京保卫战取得辉煌胜利，十一月，京城解除戒严。

北京保卫战的胜利，把明朝从败亡的边缘上挽救了回来。事后，论功行赏，代宗升加于谦为少保，总督军务，仍掌兵部尚书事。于谦辞让说："四郊多垒，卿大夫之耻也，敢邀功赏哉！"京师稍见稳定，但要重振国威，雪国耻，还需要卓有成效的努力。北京保卫战后，于谦又着手加强了北部边防的力量，整饬边将，让他们树立战守到底的决心。

也先在北京城下受挫后，又多次派兵骚扰明朝的边境，均未得逞。眼看武力并不能屈服明朝，英宗变成了空质，战争状态又使蒙古失去了以朝贡和互市的方式从明朝获取大量生活必需品和赏赐的机会。继续扣留朱祁镇已无利可图，杀他泄愤也是目光短浅的做法。也先于是决定以礼送还。既可以结好明朝，自己也不会有什么损失。

也先要送还太上皇，大臣们很高兴，认为应以隆重的礼仪迎回英宗，代宗对此却十分反感。国无二主，他已正式即皇帝位，英宗回国，他将何以自处？他对大臣们表示，他并非贪恋皇帝的位置，是他们硬要他做皇帝的，迎回太上皇，岂不要招惹是非？一席话，反映了他的心理状态。于谦从容答道，大位已定，没人敢有他意；以迎太上皇回答来使，既可以解眼下的难题，又便于应付变故。代宗这才同意。

公元 1450 年九月一日，英宗当了一年的俘虏后，终于回到北京，在南宫做起了幽居的太上皇。

南宫复辟

明英宗被瓦剌俘虏，在蒙古居住一年，回来后又在南宫幽居七年，于景泰八年（公元 1457 年）乘代宗病重，在武清侯石亨、左都御史杨善以及副都御史徐有贞、太监曹吉祥等人的拥戴下复登皇位，真可谓经历了天上人间的剧烈变化。

景泰八年正月，代宗病重，而皇位继承人尚未确定，朝廷内外均十分焦虑。在此之前，代宗强行废掉了英宗时立的太子，改立自己的儿子为太子。虽然这位新立的太子一年之后就病死了，但这件事在朝廷上引起了很大的争论，朝臣之间开始因为立储的问题产生了裂痕。这时代宗病重，"易位"的问题又成了大臣们私下里谈论的话题。武清侯石亨和宫内太监曹吉祥等人都主张让原来英宗立的太子即位。大臣徐有贞却认为现在太上皇健在，代宗又病重，不如趁此机会拥立太上皇复位。这样不但肯定能够成功，而且将来论起迎复之功，也一定能加官晋爵。石亨和曹吉祥本来就野心勃勃，想趁拥立新君之机捞一些政治资本。他们听了徐有贞这一番话，觉得可行。马上就分头行动，准备发动政变。他们趁着代宗病重放松了对英宗的监视之机，偷偷地把消息传递给英宗，帮助英宗夺回皇位。英宗当然求之不得，马上回答一定按照他们的计划行事。

十七日凌晨三更，石亨等人会合右都御史罗通，领军向南城进发。四更时分，开长安门，纳兵千余人入宫城，然后将门反锁，以阻遏外兵。接着，迅速赶到南宫。南宫宫门的锁都灌着铅，十分牢固。徐有贞让军士用巨木撞门，又命勇士翻墙入内，内外合力，墙坏门开，众人拥入。英宗听到喧闹声，燃烛出见，徐有贞、石亨等伏地请复登大位。呼军士举辇，军士惊慌不能举，徐有贞等帮着一起推挽，扶英宗登辇以行。英宗询问诸职官姓名，各人纷纷报上。到东华门，守门卫士大声喝止，英宗高喊："朕太上皇帝也！"东华门随声而开。众人拥英宗到奉天殿，升御座。

几天前，景泰帝曾传出谕旨，定于十七日早朝。这天按照惯例，百官于五更前在午门外朝房等待。忽然，宫中钟鼓齐鸣，宫门大开，徐有贞出来高声宣布："太上皇帝复位矣！"目瞪口呆的公卿百官在徐有贞的催促下，匆匆整队入宫拜贺。晨曦中，英宗端坐在宝座上，俯视群臣。为了安定人心，英宗传谕百官说："卿等以景泰皇帝有疾，迎朕复位，众卿仍旧用心办事，共享太平！"百官齐呼"万岁"，人心稍定。当日，英宗命徐有贞以原官兼翰林学士入内阁参预机务。次日，逮捕了兵部尚书于谦、大学士王文，并将一批大臣、太监下狱。二十一日，改景泰八年为天顺元年。英宗再次成为大明帝国的主宰。这场宫廷政变，史称"南宫复辟"，又称"夺门之变"。

因为是政变，英宗对朝廷官员进行了大换班。景泰时的阁臣统统罢免，主要阁臣陈循流放到辽东的铁岭，王文与于谦一起被杀；召徐有贞、李贤入阁。尚书中有1人被杀，2人流放，2人致仕。复辟有功的石亨封忠国公，张轨封太平侯，其他受封受赏者有数千人。几年以后，李贤对英宗说，把那次事件说成迎驾还可以，说成"夺门"，不可以示后，"夺"即有谋逆之嫌，而且幸而成功，如果万一泄露天机，他朱祁镇将被置于何地？英宗这才回过味来，他是在拿生命作赌注,对于那些复辟有功人员过于慷慨了。

复位以后,英宗又怀念起他的先生王振,把北京智化寺作为祭祀王振的场所,给祠堂送了一块"精忠"的匾额。同时,他又开始宠信本来是王振门下,在复辟中有功劳的太监曹吉祥,封他的干儿子曹钦为昭武伯。天顺五年(公元1461年),曹吉祥、曹钦等发动了一次未遂兵变,险些酿成大祸。

英宗也做了些好事情。在他之前,明朝还保留着嫔妃宫女殉葬的传统,他临死之前动了恻隐之心,下令废除这个野蛮的制度。

刘瑾窃权

刘瑾(公元1451～1510年),原本姓谈,陕西兴平人,6岁时被太监刘顺收养,后来也净身入宫当了太监,就谎称刘氏,侍奉太子朱厚照,即后来的明武宗。武宗即位后,刘瑾执掌宦官二十四司中专管娱乐活动的钟鼓司。武宗当时还是一个15岁的孩子,生性好嬉戏。刘瑾抓住天子年少喜好嬉戏的特点,每日进奉飞鹰、猎狗等物,供武宗游玩享乐,他也因此深得武宗信任。随着武宗玩乐享受的欲望不断增加,刘瑾也想尽办法,准备各种歌舞技艺去取悦武宗,武宗因此对他更加喜欢。后来武宗让刘瑾掌管司礼监,兼提督团营。刘瑾等人从此掌管了内府各个重要衙门和东厂、西厂,终于掌握了朝廷的大权。

此后刘瑾一方面继续使出各种手段讨好武宗,另一方面在朝中大发淫威。每当皇帝上朝时,刘瑾就站立在皇帝的身边,一同接受大臣的朝拜,一点也没有退让一旁的意思,人们都在私下里称他为"立皇帝",意思就是他是站着的皇帝。刘瑾在其专权期间,极力扩张自己的势力,广收贿赂,排除异己,孝宗为武宗留下的三位顾命大臣被他驱逐了两个。除此之外,刘瑾不断将自己的想法用法律形式固定下来,使他可以真正名正言顺地发号施令,权力达到了极限。

刘瑾专权用事,打击异己更是不遗余力。大学士刘健、谢迁曾力主逮治刘瑾等八太监,刘瑾把他们充军边关,痛加残害。一些官员挽留刘、谢,全部被撤职拿问,有的后来被列为奸党,揭榜朝堂,颁示天下。

正德三年(公元1508年)的一天,御道上出现揭露刘瑾罪恶的匿名书。刘瑾闻讯后大怒,假传皇帝的圣旨,召集朝廷文武百官,责令长跪于奉天门下。天气炎热,多人因中暑而死。黄昏时分,刘瑾又将其中的300多人逮入锦衣卫狱。幸亏李东阳等极力援救，被捕的大臣第二天才得以释放。当时内外官员稍为正直的，都被谪徙贬死，生杀予夺，尽由刘瑾掌握。人心惶惶，不可终日。

刘瑾在打击异己的同时，又将亲信党羽擢升要职。刘宇依附刘瑾，仗势凌人，任吏部尚书，后为文渊阁大学士，加授少傅兼太子太傅。张彩，安定人，善于献策，被刘瑾委以重任，视为心腹。当时，满朝文武在刘瑾重压之下，曲意逢迎，只求自保。

刘瑾的贪婪专权让大明朝背负着日益繁重的负担，结果怨声载道，民不聊生。安化王朱趁机于正德五年（公元1510年）四月发动叛乱，但是叛乱很快被平定。太监张永利用献俘之机，向武宗揭露了刘瑾的罪状。刘瑾被捕后，从其家中查出金银数百万两，并有伪玺、玉带等违禁物。经会审，刘瑾被判以凌迟，结束了其罪恶的一生。

应州大捷

正德九年（公元1514年），蒙古骑兵突然冲到了宣府以西的西海子地区。突袭的蒙古骑兵大约有四万人，当地边军无法抵挡，明政府急忙调兵驰援。明军与蒙古军队在顺圣川接战，明军没能抵挡住草原的铁骑，以失败告终，但蒙古骑兵也由于疲惫而退却。紧接着七月间，蒙古又在大同周围聚集了将近六万人的军队，安营扎寨，似乎是在等待时机发动进攻。明朝政府大为惊慌，明廷的朝野上下都引起了极大的震动。武宗大为震惊，多次到西部边塞巡视，要求各地边防将领一定要严加防范，而且表示要亲自督军，同蒙古一决高低。

正德十二年（公元1517年），蒙古五万骑兵直指明朝的边防要塞，战争开始。

明武宗此时表现出一个皇帝的威仪，承担了一次一个皇帝应该承担的职责。他积极进行军事部署，基本设定了以大同为中心的口袋式阵地，并准备选择在这个口袋的中部同蒙古军队进行生死决战。雄心勃勃的武宗不顾大臣们的坚决反对，下定决心要御驾亲征。一直都想在边塞建功立业的武宗终于有了机会，这是他盼望已久的事情。武宗亲自率领大军到达了顺圣川，然后从这里出发，进入了军事要地大同。此时的蒙古军队尚未发动进攻，明军也没能摸清楚蒙古人的真正动机和作战战略方针。几天后，武宗突然接到消息，说蒙古军队并没有向东朝大同方向进攻，而是忽然分道南下，首先和王勋等部的军队开始交战。由于王勋等部驻守的是这次战略阵形比较突出的位置，虽然不是很重要，但是孤立无助，很容易被全部歼灭，武宗马上派人火速增援。蒙古军队在应州西北地区同王勋等部交战不久，马上退出了战场，立即继续南下。从这里再往南就是雁门关和宁武关的中间地带，通过这里就可以直冲晋中平原，蒙古人的作战战略一下子变得明朗了。武宗决定和敌人在应州大战一回。由于明军的顽强阻击，双方的战斗互有胜负，蒙古军队的进程被大大延缓。不久，蒙古军队又发动了进攻，武宗亲自督军上阵，同蒙古军队展开了一场激烈的战斗。战斗持续了将近六个小时，蒙古军队全部撤退。由于天气原因，武宗和其他将领也陆续撤离战场，没有继续追击蒙古军队。回到大同后，武宗又进一步做了战略安排，然后得胜返回。

正德十三年（公元1518年）正月，武宗凯旋回朝。回朝前，他命令文武百官迎驾时在德胜门外搭几十座彩色帐篷，上写"威武大将军"，迎驾时要称皇上为大将军，可见武宗对这次战役的骄傲之情。

应州之战是武宗一生中最值得夸耀的一件事，这次战役是应该给予肯定的。此后，在相当一段时间内，蒙古军队没有再来侵扰。

"心学"大师王守仁

王守仁（公元1472～1529年），字伯安，学者称阳明先生，浙江余姚人，出身于官宦世家。弘治十二年（公元1499年）举进士，任刑部、兵部主事，因上封事触忤宦官刘瑾，贬为贵州龙场驿驿丞；后升任江西庐陵知县等职，多次镇压农民起义。正德末年，因平定宁王叛乱有功，授南京兵部尚书。他的著作编为《王文成公全书》。

王守仁在青年时代先习朱熹理学，后又转学佛老，最后归结于主观唯心主义的"心学"。为了与理学家争夺宗统地位，王守仁曾刊印《古本大学》，以反对朱熹篡改的《大学》，又辑录朱熹的一些著作编为《朱子晚年定论》，宣称朱熹晚年自悔，归向了陆九渊一派。王守仁对朱熹的这些攻击，加深了道学内部的门户争执。

王守仁以发挥陆九渊的思想为职志，他曾说："……象山辨义利之分，立大本，求放心，以示后学笃实为己之道，其功亦宁可得而尽诬之？而世之儒者，附和雷同，不究其实，而概目之以禅学，则诚可冤也已！故仆尝欲冒天下之讥，以为象山一暴其说，虽以此得罪，无恨。"王守仁哲学的出发点，即他所提出的"心外无物""心外无理"，便是脱胎于陆九渊的，而实际上也正渊源于禅学。这一点王守仁虽然力加隐讳，却是无法否认的事实。

王守仁哲学的主观唯心主义性质，可由他的语录中下列事例看出："先生（王守仁）游南镇，一友指岩中花树问曰：'天下无心外之物，如此花树在深山中自开自落，于我心亦何相关？'先生曰：'你未看此花时，此花与汝心同归于寂；你来看此花时，则此花颜色一时明白起来，便知此花不在你的心外。'"王守仁的友人认为自开自落的花不依赖人的意识而存在，而王守仁则否认有客观存在，断言花只是在为人心所感知时才作为花而存在。我们知道，人们之所以能感知事物，是客观事物作用于人的感官的结果。没有客观的花，就不能产生关于花的感觉。王守仁违背了认识的规律，否认作为认识对象的客观事物的独立存在，而把认识的主体"心"片面地膨胀为宇宙的本原。

王守仁认为人是天地之心，而人之心只是一个"灵明"。他说："可知充塞天地中间只有这个灵明……我的灵明便是天地鬼神的主宰。"王守仁所说的"心"不仅具有心理的意义，而且更着重从道德方面加以解释，把"心"伦理化，与所谓"天理""性""仁"等同起来，称之为"良知"。他说："良知是天理之昭明灵觉处，故良知即是天理。""良知"有分辨是非善恶的能力，可以发为孝悌忠信等封建道德。这就是说，封建道德是人心所固有的，只要把它发挥出来就行了。由此可见，在维护封建专制制度上，"心学"与理学是完全一致的。

王守仁的"致良知"说与"格物"说由主观唯心主义的世界观出发，王守仁标举了号为"致良知"的唯心主义的认识论。按照王守仁的体系，既然"良知"即是"人心"，它为人人所有，所以所谓在"良知"上用功夫，必然不是求取关于客观事物的知识，而是放弃任何对自然与社会的斗争。他说："圣人只是顺其良知之发用。天地万物俱在我良知的发用流行中，何尝又有一物超于良知之外，能作得障碍？"这种无障碍的自由意志实质上是取消了对必然的把握，而把人们导向神秘的直觉的自我冥想。不过，后来有些进步思想家却借用了王守仁的"良知"说，把"良知"改造成为理性的思考，并且用"良知"去批判封建专制主义，这和王守仁的本意有所不同。

"知行合一"是王守仁唯心主义哲学观的核心。王守仁认为"心"是包括一切的统一体，构成"知"的主体和客体不是对立的统一，而是他所谓"心"与

"理"不能分成两件事物,即不能"外心以求理"。在他看来,主体是认识的唯一源泉,"求理于吾心"乃是"圣门知行合一之教"。因此,"知""行"这两个范畴,在王守仁的哲学中都是指的思维活动,所以他说的"知"中就包括了"行"。

应该指出,王守仁的所谓"行"与实践是完全不同的。我们所说的实践是指变革现实的活动,而王守仁的"行"仍然属于内心修养的范畴。他曾说:"我今说个知行合一,正要人晓得一念发动处即是行了。"这与实践是毫无共同之处的。清初王夫之对王守仁的这种观点进行批判,指出"其所谓知者非知,而行者非行也","心学"家所谓"行"实际上是"以知为行"。

严嵩专权

严嵩,字唯中,江西分宜人,弘治十八年(公元 1505 年)进士。早年"读书钤山十年,为诗古文辞,颇著清誉",正德(武宗朱厚照年号)初年,他因病归乡,在分宜县城外钤山闲居 10 年左右。这是他一生中最轻松、最有机会发展他的文学才能的阶段。复官以后,他有 10 年左右的时间,并未得到皇帝和官僚们的特殊关注。

嘉靖七年(公元 1528 年),严嵩升任礼部右侍郎。朱厚熜把仪礼看得高于一切,礼部尚书或侍郎是最容易接近皇帝、最容易讨好或得罪皇帝的位置。严嵩抓住了这个机会。世宗父亲的陵墓显陵建筑完工,他奉命前去祭告。回朝后,他煞有介事地讲了不少途中所见祥瑞景象,什么"应时雨雾"呀,什么"群鹤集绕"呀,等等。他认为可以"撰文刻石,以祀天眷"。朱厚熜大为高兴,对他有好的印象。

嘉靖十五年,礼部尚书夏言入阁,空出的位置由严嵩接替。对于世宗父亲兴献王朱祐杬称宗入太庙一事,严嵩先是提出了反对意见,看到朱厚熜为此而恼怒他马上改变立场,筹划有关礼仪,甚为周详。朱厚熜原谅了他的这次"过失",他从此成为世宗最亲信的大臣之一。

嘉靖二十一年七月,夏言革职,八月,严嵩入阁。嘉靖二十三年八月,首辅翟銮削籍,严嵩成为首辅。但直到嘉靖二十七年,他才在这个位置上坐稳。前几年,夏言一度被召回朝廷,地位自然在他之上,严嵩与夏言同乡,科第先于夏言,但他在夏言面前"必称先达,事言甚谨",实际上是静待时机,以便取而代之。

嘉靖十八年（公元1539年），夏言与严嵩一道随同世宗去湖广谒显陵，"嵩再请表贺，言乞俟还京，帝报罢，意大不怿。嵩知帝指，因以请，帝乃曰：'礼乐自天子出可也。'令表贺，帝自是不悦言。"

嘉靖二十一年（公元1542年），世宗日事斋醮，兴致正浓，"以奉道尝御香叶冠，因刻沈水香冠五"，分赐夏言、严嵩等。夏言对世宗热衷于方术不以为然，"谓非人臣法服，不受"，而严嵩则趁机献媚，"召对冠之，笼以轻纱，帝见，益见亲嵩"。严嵩看到时机成熟，便联络术士陶仲文，"谋龋言代其位"，夏言发觉其谋，"讽言官屡劾嵩"，但这时世宗根本不相信夏言的话。严嵩在世宗面前"顿首雨泣，诉言见凌状。帝使悉陈言罪，嵩因振暴其短，帝大怒，手敕礼部，历数言罪"。是年七月，夏言终于被落职闲住，翟銮继为首辅。八月，严嵩拜武英殿大学士，入直文渊阁，仍掌礼部。

严嵩入阁时，已60余岁，"朝夕直西苑板房，未尝一归洗沐"，世宗益发认为严嵩勤勉，待之在首辅翟銮上。严嵩趁机排挤翟銮。嘉靖二十三年（公元1544年）八月，翟銮得罪削籍，严嵩代为首辅。但在这时，严嵩尚未具备可以控制整个朝政的势力。朝中大臣亦时而对严嵩表示不满。第二年即嘉靖二十四年（公元1545年）九月，世宗"微觉嵩横"，夏言再次被召回京，出任首辅。

夏言复出之后，"务张权"，"慷慨以经济自许，思建立不世功"。对于营私违法的官吏，严惩不贷，严嵩所引用的私人，也加以斥逐。当时深受世宗宠信的锦衣都督陆炳多不法，为御史所劾，夏言即拟旨速治，陆炳"行三千金求解不得，长跪泣谢罪，乃已"。夏言对于宦官亦"负气岸，怒视之"。这样，夏言便得罪了朝中的许多权贵人物和内侍宦官。于是，严嵩趁机与陆炳、崔元和宦官相勾结，构言攻击夏言。最后夏言以赞决陕西总督曾铣请复河套事失败，被攻倒。于嘉靖二十七年（公元1548年）正月，被尽夺官阶，以尚书致仕，同年十月被斩首弃市。

夏言被杀以后，严嵩再次当上首辅，内阁诸臣更不敢与之争长短。严嵩入阁和担任首辅以后，接受了张璁、夏言的教训，不论朱厚熜对他的依赖到什么程度，他从不改恭顺的态度，对朱厚熜周围的小宦官也下力巴结。世宗虽然对宦官控制极严，但他们说的话，还是会对他有影响的。

为了表示没有"擅政"的野心，严嵩建议，凡有重大政事，应同时召见首席勋臣和内阁同僚，而不要只召见他一人。类似这样的小动作，对解除朱厚熜的戒心，赢得朱厚熜的信任，确实起了不小的作用。加上严嵩朝夕在设施简陋、狭小潮湿的西苑值房内办公，回家洗浴一番都顾不上，朱厚熜更加感动，赞扬他"忠勤敏达"。

与朱厚熜的评价相反，朝中言官对严嵩很反感。他入阁之前，就不时受到弹劾，执政以后，受到的攻击越来越严厉。严嵩对言官抱着敌视的态度，他告诉朱厚熜，言官论事皆无深虑，偶有臆见，任意陈奏。朱厚熜则与他所见相同。对于攻击他的官僚，他多是先辩解一番，同时提出辞呈，这一般只会增加朱厚熜对批评者的反感；然后寻找机会，对攻击者施以报复。对于尖锐的攻击，他则要采取各种手段，例如，把对他的攻击解释成对朱厚熜的批评（这往往也是事实），来激怒刚愎自用的皇帝，置批评者于死地。严嵩大权在握，打击异己，培植私党，广占房田，搜刮民财，惹得天怒人怨，明世宗知道其所为后渐渐憎恶严嵩，而渐亲徐阶。

嘉靖三十七年（公元1558年）三月，刑部给事中吴时来、刑部主事张翀、董传策同上疏弹劾严嵩，此事在严嵩的压制下未成。由于张、吴二人为徐阶门生，董为徐阶同乡，严嵩怀疑此事系徐阶主使，便将张、吴、董下狱拷问，但没有结果。明世宗在这件事情上虽然没有怪罪严嵩，但对他更加怀疑。这使徐阶在以后同严嵩争权中处于有利地位。

嘉靖三十八年（公元1559年），严嵩之妻欧阳氏病死，按礼制严嵩之子严世蕃当护葬归乡，这件事使严嵩十分为难。因为严嵩年老智昏，对于皇上辞旨深奥的御札，多"瞠目不能解"，而其子严世蕃却"一见跃然，揣摩曲中，据之奏答，悉当上意"。几乎所有皇帝的问策，都由严世蕃代笔。严嵩一天也不能离开严世蕃，因此严嵩便向皇上请求，以孙子严鹄代严世蕃护葬归乡，让严世蕃仍留京都，皇上同意了他的请求。不过这时，严世蕃已不能"入南房代议"，严嵩只好将皇上的御札中提出的问题，派人送给严世蕃，但严世蕃经常与诸姬游玩，很难找到他的人，皇上的问题不能够及时解决，在宦官的催促下，严嵩只好自己应对。严嵩的对策难如帝意，皇上对他的不满一天天加深。

嘉靖四十年（公元1561年），明世宗所居住的永寿宫发生火灾，只得移居玉熙殿，由于玉熙殿较为窄小，世宗想营建新殿。当世宗皇帝向严嵩征求对此事意见时，严嵩提出希望皇上离宫暂住南城，而"南城系英宗为太上皇时所居也"，明世宗对此十分忌讳，严嵩的这一建议引起皇上强烈不满。当皇上征求徐阶意见时，徐阶主张重修永寿宫。皇上采纳了徐阶的建议，第二年工程完工后，改名万寿宫。由于徐阶的建议很合世宗的意图，从此明世宗"益亲（徐）

阶，顾问多不及（严）嵩。即及（严）嵩，祠祀而已"。严嵩失权只是早晚的事。

不久，严嵩又与道士兰道行发生矛盾，兰"恶严嵩"，便在皇上面前借用仙人语意，诉说严嵩的"奸罪"，世宗问道："如果真像神仙所说的那样，神仙为什么不惩罚他呢？"兰道士又假借神仙口气说道："此事留待皇帝自裁。"信道不疑的明世宗开始考虑除去严嵩了。

道士在世宗面前诉严嵩罪状的事为御史邹应龙知道了。邹应龙得知此事，上疏论严嵩父子不法事。他的奏疏未必比杨继盛、沈炼的奏疏更高明，但却抓住了时机。朱厚熜安慰了严嵩几句，让他致仕；严世蕃则下大理寺狱讯问，最后被处死。严嵩40多年的官僚生涯，近20年的执政历史，就这样结束了。

唐寅画风

唐寅（公元1470～1523年），初字伯虎，后更字子畏，桃花庵主、鲁国唐生、逃禅仙吏，均为他的别号。由于他晚年信佛，故又号六如居士，吴县（今江苏苏州）人。唐寅出生在商人家庭，其父是经营日用粮油的小杂货店主。幼时他发奋刻苦，加上个人天赋，少年时就已显露才华，16岁就中秀才。弘治十一年（公元1498年）28岁的唐寅参加南京应天府乡试，中第一名"解元"，他的才华甚至引起朝廷的轰动。于是他自称"江南第一风流才子"，并刻有"龙虎榜中名第一"印。次年，他却因科场舞弊案受累入狱，即将独步青云的他瞬间坠入了万丈深渊，从此，决心以诗文书画终其一生。

唐寅绘画造诣全面、精深，山水、人物、花鸟无所不工，而仕女画尤为精彩。他早年得到沈周的点拨，但对他艺术道路起到决定性作用的是其同乡恩师周臣。唐寅在学习周臣的基础上对古法做了大刀阔斧的改革，逐步显露出自己的风貌。他还经常与文徵明切磋画艺，积累经验。他博采众长，变化创新，将院体工笔法画同文人画的笔墨意趣融会一体，最终独树一帜。唐寅的山水画大多取材重山叠岭，画中江河胜景气魄雄伟，景物清丽秀润，造型严整，运笔潇洒，刚柔并用，使观者有身临其境的真实感。同时他还兼顾描写亭榭园林，题材面貌丰富多样。尽管唐寅山水备受大家盛赞，但广为流传的却是其仕女画。

仕女画是我国传统人物画的一个重要组成部分。唐寅的人物仕女画多取材于神仙故事、宫女、歌伎生活一类，尤其富于时代气息。他创造了一种身材纤瘦优美、面庞俊俏清秀的仕女形象。在刻画手法上总体分为两类：一类为工笔手法，线条细劲流畅，设色艳丽；另一类为笔墨流动、线描起伏张扬的写意，富有韵律感。

唐寅的传世作品有藏于故宫博物院的《墨梅》《王蜀宫伎图》《事茗图》，藏于台北"故宫"博物院的《树杉飞泉图》《桐山图》，藏于上海博物馆的《秋江垂钓图》《水阁松云图》《春山伴路图》等。

《王蜀宫伎图》是唐寅早期人物画的代表作，堪称工笔重彩作品的典范。此图俗称《四美图》，描绘五代前蜀后主王衍的四名宫女正在闲谈，等待君王召见。她们头戴碧冠金花，身披云霞彩饰的道衣，面涂淡粉，情态端庄而又娇媚。仕女体态优美娟秀，削肩窄背，动态天然。画家强调了形象的生动感和丰富性，在人物额头、鼻梁、下颌处施以"白粉"，被称作"三白法"，类似于西方绘画中被描绘对象最高受光面的高光，有助于提升立体效果。乌黑的头发映衬出细嫩俊美的脸庞，对衣裙的线描一气呵成，给人以薄纱在风中飘动的感觉。四人服饰颜色浓淡、冷暖相互烘托，使整体色调丰富而又和谐，显示出在笔墨、设色等方面的超群技艺。

《骑驴归思图》这幅山水图中所绘群山峻岭环绕，奇峰耸立，山路盘曲，危桥架于湍急河水之上，峭石中有飞泉直下，而村舍隐现在群山之中。景中人物虽小，但在唐寅笔下却动感逼真。驴上之人坐姿挺拔，桥上的挑夫行路小心翼翼。全画笔法刚劲犀利，用墨浓淡相宜，山体宏大浑厚，景致高远，充满了隐居山野的逸趣。

李时珍写《本草纲目》

李时珍（公元1518～1593年），字东璧，湖北蕲州（今湖北黄冈市蕲春县蕲州镇）人，中国著名医药学家。李时珍家世代业医，祖父是"铃医"。他的父亲，名言闻，号月池，也是当地的名医。

在封建社会里，医生的地位比较低，人们经常把他们与"算命""卖卦"的人相提并论，还经常受到官僚、地主和豪绅们的欺压。这种社会风气在明代最为严重，还规定"医户"人家不可以改行，这种蔑视医生的社会风气，让李言闻一时产生了改换医户地位的想法，就决定让李时珍走科举之路，来谋取一官半职，光宗耀祖。因而，李言闻下定决心让李时珍读书应考，希望以后能一朝功成，出人头地。李时珍从小就体弱多病，但是性格刚直纯真，对那些死板无趣的八股文，怎么也学不进去。14岁，李时珍中秀才后，曾三次到武昌考举人，都名落孙山。

有一年，蕲州一带，河水泛滥，田地、市巷都被淹没，农田荒芜，疫情严重，肠胃病流行。当时，蕲州官府创办的"药局"，不给穷人看病，穷人有病，都去找李时珍的父亲医治。这一切，都被李时珍看在眼里，记在了心里。李时珍20岁时，身患"骨蒸病"（肺结核），不断咳嗽发烧，几乎把命送掉，幸亏父亲的精心诊治，用一味黄芩汤治好了他的病。李时珍越想越不愿走科举道路，于是，他放弃了科举，专心学医，并下定决心："身如逆流船，心比铁石坚。望父全儿志，至死不怕难。"父亲李言闻最终也在冷酷的现实面前醒悟，同意儿子的请求，并精心地教他医术。

在父亲的教导下，李时珍遍读了古代的医药书籍，虚心学习前人的医药学研究成果，同时他又重视实践。长期的研究和实践，李时珍发现当时的药物书籍《本草》，存在许多错误。为了纠正其中的错误，李时珍在34岁那年，决定编写一部新的药典——《本草纲目》。他知道医药关系到人的生命，写作时非常慎重，遇上不明白的地方，尽可能去实地调查。

在编写《本草纲目》的过程中，最让李时珍感到头痛的就是因药名混杂，分不清药物的形状及生长的情况。虽然过去的本草书，也做了反复解释，但是有些作者并没有进行深入研究调查，而只是在"纸上猜度"，所以越解释越糊涂。比如药物远志，南北朝时期著名医药学家陶弘景说它是小草，又像麻黄，但是颜色青，开白花；而宋代马志认为像大青，并且责备陶弘景根本就不认识远志。类似这种情况很多，李时珍只能全记下来。这些问题该怎样解决呢？在他父亲的提醒下，李时珍意识到，"读万卷书"固然重要，但是"行万里路"更不可少。于是，李时珍既"搜罗百氏"，又去"采访四方"，深入实际进行调查研究。

李时珍穿上草鞋，背着药筐，徒弟庞宪和儿子建元伴随左右，进入深山旷野，遍访名医宿儒，努力搜求民间验方，并观察和采集药物标本。李时珍曾到过很多地方去采集药材，足迹遍布大江南北。后人为此还写了"远穷僻壤之产，险探麓之华"的诗句，来反映李时珍远途跋涉，四处采撷的生活。

科学的道路是崎岖不平的，有时甚至需要人们有奉献的精神。为了深入研究，李时珍以身犯险，试尝药物。他曾吞服曼陀罗，体验这种药的麻醉效果，一直到意识恍惚,失去痛觉的程度。李时珍不仅仔细调查、观察了植物药和动物药,还对矿物药也做了调查。李时珍曾去过铅矿、铜矿、石灰窑等地调查研究。在本草书中记载,铅是无毒的物质,为了了解铅的性能,李时珍深入矿区,通过对矿工们的健康调查,发现铅是有毒物质,而且"性带阴毒,不可多服"。同时还知道了铅中毒后会引起中毒性肝炎,从而人会出现黄疸症状。

李时珍为人认真、做事求实,为了能尽早完成修改本草书的艰巨任务,他去过很多地方,如湖南、湖北、安徽、江西、江苏等地的名川大山。同时,又阅读了八百多家药物书籍,经过三次修改,在他61岁(公元1578年)时,终于写成《本草纲目》。

《本草纲目》分16部,共有52卷,共计约有190万字。全书总共囊括了诸家本草所收录的药物1518种,并在前人基础上,新增收录药物有374种,加起来总共是1892种。其中,收录植物药物1195种;收录古代单方11096例;附绘的各种药物形状图有1100多幅。

更重要的是,《本草纲目》不但收录了前代本草著作的精华,而且修正了古书中的纰漏和不足之处,并增加了很多新内容,对当时的医药水平有很大的突破。还有就是,这本书突破了当时的编写方式,分类清楚,更利于后人学习研究。所以,《本草纲目》是我国16世纪以前的一部最系统、最科学的本草作品。

《本草纲目》为中国医药学的发展做出了巨大的贡献,同时,对世界医药学、植物学、化学等方面的发展也有很深远的影响。《本草纲目》出版后,很快就传到日本,接着又传播到了欧美各国。先后被译成十多种语言在国外出版。大家熟知的、创立进化论的生物学家达尔文,对《本草纲目》也有研究,并把它称作"中国古代百科全书"。

庚戌之变

长期以来,明朝的北部边境一直受到蒙古各部落的侵扰。"土木堡之变"以后,明朝在北部边疆一直处于防御状态。到了嘉靖二十二年(公元1543年),蒙古的达延汗病死,他的子孙们为了抢夺地盘,将蒙古重新推入了分裂状态。后来他的二儿子阿勒坦汗势力日渐强盛,成为蒙古族中最有影响的人物，明朝历史中称其为俺答汗。俺答是土默特部的首领，盘踞河套一带，拥众数十万人。

河套地区三面临河，土地肥沃，在地理位置上，接近明朝的一些重要边镇。出河套，即可攻击明重镇宣府、大同、三原，震动畿辅；入河套，则可攻击延绥、宁夏、固原等地，侵扰关中。因此，河套地区对明朝的北部边防有着重要的意义。

鉴于河套地区的重要性，总督三边军务的兵部侍郎曾铣力主收复河套，他上疏世宗，提出八项建议。夏言十分赞同曾铣的主张，在世宗面前大加称赞。嘉靖二十六年（公元1547年），曾铣便受命率兵出塞袭击鞑靼，取得胜利，随后他再次上疏提出收复河套的方略。

严嵩一直不甘心居于夏言之下，于是借河套问题向世宗进谗言，说夏言与曾铣勾结，轻开边战，败坏国事。昏聩的世宗竟然听信严嵩的话，不分是非曲直，再一次将夏言罢官，将曾铣逮捕下狱。严嵩又唆使咸宁侯仇鸾诬陷曾铣犯有掩盖败绩之罪，世宗也不调查核实，就传旨将曾铣问斩。

曾铣一死，夏言自知难逃严嵩的陷害，偏偏这时鞑靼可汗俺答率众入侵，严嵩乘机激怒世宗说："俺答进扰，都是夏言、曾铣挑起边衅所致。"于是世宗派人把夏言中途追捕回京，斩于西市。首辅被处极刑，震动朝野，再也无人敢提收复河套了。

嘉靖二十九年（公元1550年），俺答率领蒙古骑兵十几万人，从河套出发，进逼山西大同。驻守大同的总兵仇鸾全无军事才能，面对俺答的进攻，他只得用重金收买俺答，求他不要进攻自己的防区。俺答于是引兵东进，攻占古北口，挥师长驱直入，进逼京师。

京师闻讯大乱。世宗宣布京师戒严，下令集结军队准备迎战。谁知，军队却久久集中不起来。原来城中仅有四五万军士，老弱居半，还大多在总兵、提督、太监家中使唤。在这紧要关头，看管武器仓库的太监仍要按例索取贿赂，武器也无法顺利取出。世宗只好令文武大臣分守京城九门，同时派人到民间招募义勇，传檄各镇兵马入京勤王。

各镇接到勤王的诏令，陆续到达北京。仇鸾为了乘机邀功，也主动要求入援。世宗任命他为平虏大将军，节制各路勤王军队。各路援兵虽会聚北京，但因仓促出发，都没有带粮食，世宗只得下令犒军。可钱粮及诸项费用却无从所出，户部公文转来转去，转了两三天，士兵才领得几张薄饼。军队为饥饿、疲惫所困，一点战斗力都没有。

兵部尚书丁汝夔带领这些老弱病残的士兵守城，心里一点底也没有，便问首辅严嵩应该怎么办。严嵩说："在京畿地区作战，与边境地区不同，如果战败了，很难向皇帝隐瞒真相，俺答他们抢掠够了自然会退兵的，我认为眼下坚守城池是为上策。"丁汝夔听了严嵩的建议，命令守城诸将不可轻易出战。俺答汗前锋军只有七百多人，他们在京郊大肆杀掠，没有遇到任何抵抗，百姓们纷纷逃向京城，京城却九门紧闭，百姓号哭之声震天。

仇鸾趁机讨好世宗，接到勤王命令之后，马上带兵十万人进援京城，不想在昌平附近与俺答兵相遇，被打得大败，死伤千余人。俺答大摇大摆地率兵由古北口出塞而去。仇鸾杀了几十个百姓，向世宗报捷。世宗竟对仇鸾大加称赞，加封他为太保。

世宗怪丁汝夔看着俺答逞凶却按兵不动，一怒之下下令逮捕了他。丁汝夔急了，忙求救于严嵩，严嵩拍着胸脯对他说："有我在，一定不会让你死。"等到面见世宗时，世宗怒火万丈，严嵩在一旁一言不发。直到临刑前，丁汝夔才意识到被严嵩出卖了，他连声大呼："严嵩，都是你害了我！"

嘉靖二十九年（公元1550年）的干支纪年是庚戌年，所以这次俺答入侵被称为"庚戌之变"。这次战争，明军几乎没怎么抵抗，任俺答汗的骑兵大摇大摆地骚扰掳掠，只有大同游击王禄与蒙古小队骑兵战于怀来，杀死敌军，擒获战马12匹；山西游击柴绾战于昌平，夺还被掳掠的百姓200多人；都督仇聚战于海淀，生擒敌军4人。这次战争使世宗感到是一次奇耻大辱，为了泄愤，他追究丁汝夔的罪责，将其逮捕入狱，处以死刑。

戚继光抗倭

明代，日本的海盗常常骚扰我国东南沿海一带，搅得沿海不得安宁。历史上把这种海盗叫作"倭寇"。公元1553年，倭寇的几百艘海船，在江苏和浙江登陆，倭寇登陆后烧杀抢掠几十个城市。沿海的官吏和士兵不敢抵抗。

倭患日益严重，明世宗命严嵩想办法对付，而严嵩的同党赵文华思想守旧迷信，认为只要向东海祷告，求海神爷保佑，就能解决倭患问题。后来，朝廷又派了熟知沿海防务的老将俞大猷前去抵抗。俞大猷到达浙江后，就打了几个胜仗。没过多久，浙江总督张经被赵文华陷害，俞大猷因受牵连坐牢。沿海此时没人指挥，倭寇再次猖獗起来。于是，朝廷调戚继光到浙江，负责对付倭寇。

戚继光（公元1528～1587年），字元敬，号南塘，晚年自号孟诸。戚家世代为登州卫（今山东蓬莱）指挥佥事。他"幼倜傥负奇气"。好读书，通经史大义。嘉靖中，嗣指挥佥事，备倭山东，开始了他的抗倭生涯。戚继光决心消除倭患，他慷慨吟道："封侯非我意，但愿海波平"，表明了平寇的志向。后调任浙江参将，分管宁波、绍兴、台州的军务。

戚继光到浙江时，见卫所士兵并不习战，为了组织一支能征善战的平倭军队，他便到金华、义乌这些据说民风剽悍之地，招募士兵。浙江受倭寇之害极深，这里的百姓与倭寇有深仇大恨，抗倭最为坚决、最为勇敢。戚继光招募三千人，进行训练。他教士兵击刺之法，以长短兵器结合使用。戚继光又根据南方多水泽，不利于驰逐，便因地形制阵法，看怎么便利就怎么打。依据需要，戚继光还改进了战舰、火器、兵器，使之更精、更便利。戚继光就这样训练出一支特别精锐、适合南方战斗的"戚家军"，驰骋在抗倭的最前线，取得了一个又一个的胜利，戚家军也"名闻天下"。

嘉靖四十年（公元1561年），倭寇数千人大举焚掠台州的桃渚、圻头。戚继光闻讯率部急趋宁海，扼住桃渚之敌，在龙山大败倭寇，追击至雁门岭。倭寇狼狈逃走，途中侦知戚家军大多开往前方，台州空虚，遂偷袭台州。戚继光回军与战，手斩其魁，将敌残余追至瓜陵江全部歼灭。进犯桃渚的倭寇刚被消灭，圻头之倭又来进犯台州。

戚继光乘敌未至，率领精兵1500人迎头痛击。倭寇败退大田，坚壁不出，乘大雨逃往仙居。戚继光率军先行抵达仙居，设伏截击。倭寇大败，死伤甚众，少部分逃奔白水洋，匿百姓家。居民痛恨至极，纵火攻倭，全被歼灭。戚继光先后九战九捷，俘敌一千人有余，焚溺死者无数。此后，总兵官卢镗、参将牛天锡又在宁波、温州一带大败倭寇，浙东的倭寇遂告平定。

台州大捷后，戚继光以军功升都指挥使，肩负起更加重大的海防责任。他又增募义乌民兵2000人，使戚家军精锐部队达到6000余人。

嘉靖四十一年（公元1562年），福建成为倭患的中心，自温州而来的倭寇，会合福宁、连江之倭，攻陷寿宁、政和、宁德；自广东南澳转来的倭寇，与福清、长乐之倭相会，攻陷玄钟所，延及龙岩、大田、古田、莆田。倭寇还在横屿岛扎下大营。福建的明军面对日益猖獗的倭寇束手无策，连连向朝廷告急。明廷决定以浙援闽，胡宗宪急调戚继光入闽剿倭。同年七月，戚继光率所部精兵6000人由温州航行至平阳，斩荆棘，冒毒雾，陆行300里间道入闽。针对倭寇扎营于横屿、牛田、兴化三地，互为声援的特点，戚继光决定先破倭寇大本营横屿，乘胜攻牛田，最后灭兴化之倭。横屿四面环海，离岸10里，潮来成海，潮退成泥，陆军跋涉进攻，极感困难。若调海船来攻，又时有搁浅之患。戚继光令军士负草填泥，匍匐前进。倭寇未料到戚家军涉海作战，仓促应战，一败涂地。戚家军连克要隘，捣破寇巢，斩倭首2600余级，乘胜南进至福清，人民夹道欢迎。戚继光扬言我兵远来，须养锐待时而动，非朝暮可计。倭寇侦知，遂不防备。哪知戚继光当夜便亲自率军奇袭牛田倭巢，倭寇被焚杀殆尽，剩下的逃窜到兴化。戚家军稍事休整，即连夜追歼兴化的倭寇，夜四鼓抵贼栅，连克60营，斩倭1000余人，焚溺死者数千人。

第二天黎明，兴化百姓方知倭寇已被彻底消灭。居民扶老携幼，备彩帐郊迎十余里，道路充塞，杀牛载酒犒迎戚家军入城。

在福建平倭取得决定性胜利后，戚继光率戚家军回师浙江，经过临清时，又遇从东营澳（今福建福清东南）登陆的倭寇，戚家军毫不留情，对这支倭寇进行歼击，杀死倭寇二百余人。由于戚家军和其他抗倭将士的浴血奋战，福建的倭寇基本扫清。戚继光便在福州的平远台勒石纪平倭事迹，随后便返回浙江。

但是，在戚继光率戚家军离开福建之后，又有倭寇进犯，攻占了兴化，接着占据了平海卫（今福建莆田东南）。明朝廷命抗倭名将俞大猷为福建总兵官，调戚继光为福建副总兵官，共同剿灭福建倭寇。于是戚继光又率戚家军进入福建。倭寇占据兴化之后，将军刘显率兵于城外，不敢进击倭寇，俞大猷当时也不准备攻城，想等大军会合之后再进攻。嘉靖四十二年（公元1563年）四月，戚继光率戚家军赶到，福建巡抚谭纶命戚继光将中军，刘显为左、俞大猷为右，合攻平海倭寇。戚继光率戚家军先登，左右军继之，大败倭寇，斩杀2200人。谭纶向朝廷报功，以戚继光为首。嘉靖帝为这次抗倭的胜利，告谢于郊庙。戚继光因功进都督同知，世荫千户，代俞大猷为福建总兵官。

嘉靖四十三年（公元1564年），戚继光又多次击败和歼灭侵犯福建的倭寇。经过他和戚家军的多年战斗，福建的倭寇终于被扫清了。

在倭寇猖獗，百姓惨遭蹂躏之时，戚继光奋勇为国平倭，忠勇杀敌，保卫了国家、保护了人民，他抗倭大功，人民是永远不会忘记的。

吴承恩与《西游记》

吴承恩（约公元1500～约1582年），字汝忠，号射阳山人，山阳（今江苏淮安）人。他的父亲是个商人，常在沿海一带的城乡贩卖绸缎布匹。吴承恩自小失母，少年时便跟着父亲到处卖布，接触了许多各阶层的人，也通晓了许多世俗人情。他天性好学，爱看书，加以聪慧敏捷，因此文采出众。父亲看他有出息，便请了老师教他，想让他参加科考，将来谋个一官半职，也好显耀门庭。那时科举考的是八股文，是从"四书"中选出一句话作题目，然后再用四书五经中所讲的内容加以论证，内容固定，格式死板。这对于才华横溢的吴承恩来说，实在格格不入。所以几次应考，都名落孙山，父亲看他不是做官的材料，只好作罢。

后来，在他38岁的时候，被府学选为岁贡生，送到南京国子监读书。结业后分配到浙江的长兴县当县丞。县丞是知县的助手，一个八品的小文官。长兴县的知县是个粗鄙贪婪的家伙，成天只知道搂钱，置法律于不顾。吴承恩在他手下工作，又不肯跟他同流合污，不免要受他的排挤打击。吴承恩本来就倜傥不羁，讨厌官场那些应酬周旋，更不能忍受上级的欺凌，曾几次跟县令发生口角。因此，在嘉靖三十一年（公元1552）辞官回家。

吴承恩不做官了，便继承父业，做起行商来。一次，他带一个伙友，贩运布匹，来到浙江黄岩。路上碰到一伙强盗，他们个个头戴牛角头盔，披着五色长衣，脸上涂得五颜六色，凶恶狰狞，手拿弯刀。不但将他的布匹抢掠一空，而且伙友也被杀死了。他幸亏躲进芦苇丛中，才逃得性命。

吴承恩空手逃回家，只好在几亩祖田上力耕度日。闲暇时想起自己在官场上的种种遭遇，在各地贩布时所见到的种种社会现象，也想起盗匪、倭寇给父老乡亲带来的种种苦难，便想写部书，把这些都写下来。但怎样写呢？不能直接写官、写皇帝，那样必遭杀身之祸。想来想去，便产生了采用神话的形式来反映他的所见所闻，揭露朝廷的腐败、官场的黑暗。因此，他把各种人物集中起来，用天宫来代表朝廷和官府，各种妖怪则是贪官污吏和倭寇海匪的化身，用一个英雄人物，让他大智大勇，来象征那些像戚继光一样的英雄。

吴承恩看到一本名叫《大唐西域记》的书，记述初唐时的玄奘法师去天竺

第八章 元 明

（今印度）求取佛经的经过。他觉得这个题材很好，但《大唐西域记》是玄奘的门徒记录的玄奘的口述，十分简单。吴承恩又多方托友人寻找有关玄奘取经的有关书籍。后来他又搜集到《大唐大慈恩寺三藏法师传》和《大唐三藏取经诗话》等书。前者是玄奘的门徒为玄奘写的传记，后者则是经过加工的话本，已不是历史而是创作了。特别是书中有个主要人物"猴行者"，他很喜欢这个人物。于是，吴承恩便在这本书的基础上，反复酝酿，精心构思，写成了《西游记》这本神话小说。

《西游记》所创造的光怪陆离的幻想境界，还不同于远古的神话世界。在它荒诞的背后，不仅有想象，还有理智；不仅有对自然的惊讶，还有着对人生的探索。这个幻想境界乃是经历了几千年文明历史人类智慧的创造，它闪耀着理性的光芒。这些神奇的幻想绝非凭空假设、向壁虚构，而是大多写得入情入理，令人信服。

小说虽然是长篇巨作，但是却是由许许多多的短篇小故事连缀而成。郑振铎曾说，这个组织像是个蚯蚓似的，每节都能独立，砍去其一节一环，仍可以生存。所谓八十一难，细细琢磨，完整的故事也就四十几个。作者就是通过这样既联系又独立的四十几个小故事组成了五光十色的西行历险图，构置出它艺术大厦的长廊。

在人物塑造上，作者也显示了非凡的艺术才能。作品中不少神魔各有特征，为以后的神怪小说所望尘莫及。尤其在塑造孙悟空、猪八戒等几个主要人物形象中，更表现了作者高超的艺术才能。这几个形象都是人、动物和神的混合体，亦即是社会性、动物性和神异性的巧妙融合。如孙悟空既体现了中国人民理想主义的英雄典型，又具有七十二般变化的神通。而这一切又无不融合了猴子本质中的机灵、乖巧、敏捷、爱动等特征。甚至就在他七十二般变化时，也少不了会留下一条猴子身上所固有而难于处理的"尾巴"。在刻画人物方面，浪漫性的神魔小说不同于写实性的普通小说，它不是让人物服从于环境，人物性格随着环境变化而变化，而是在性格特征基本定型之后，通过虚构的种种环境和事件，反复渲染、多层次描绘，以突出人物的主要性格特征。如在大闹天宫时，孙悟空的反抗性和其他性格已经得到显示。西天取经的每一个故事，都不过是从不同方面再加以精雕细刻。作者在塑造人物时，还大量使用游戏笔墨，使神魔都显得很有风趣，充满喜剧色彩和滑稽意味。这种游戏笔墨，突破了天堂与尘凡之间的界限，填平了神魔与凡人之间的鸿沟。小说中的所有神魔，即使是雷公阎王、凶神厉鬼，也丝毫不让人感到敬畏或恐惧。他们不过是一群披着神秘观念的外衣，而内心却充满人情世故的有血有肉的形象。

《西游记》的文学语言亦颇有特色。作者大量使用谐词戏语，不仅形成一种轻松活泼的情调，而且渗透着异常浓烈的调侃性和戏谑性，读来非常有趣，并能给人以意味隽永的感觉。从而形成《西游记》所特有的语言风格：轻松活泼、明快洗练、乐观幽默、富有风趣。小说在人物语言个性化、口语化方面也取得了较大的成就。

张居正辅政

张居正（公元1525～1582年），字叔大，号太岳，幼名张白圭，湖广江陵（今湖北荆州）人。公元1525年在荆州的一户书香门第家中诞生了一位天才，这就是后来大名鼎鼎的张居正。公元1573年，年仅10岁的万历小皇帝登基，当时还不能亲政。当时的内阁首辅是高拱，由于高拱得罪了万历小皇帝的生母李太后，被革去职务，返回老家。内阁首辅大臣的位置就由张居正接任，主管明朝的所有军政事务。

张居正天生就是一个搞政务难得的人才，担任内阁首辅大臣后，进行了一系列的改革。

经济是一个国家的基本命脉，它的好坏直接关系到一个国家的强弱。在经济上，张居正下令对全国的可用耕地进行重新丈量，这项工作历时三年，最后得出明朝的可用耕地有700多万顷，比原来报备的土地多了300万顷。有了准确的耕地基数后，为了增加国家的财政收入，彻底改变国家的财政状况，张居正制定出"一条鞭法"。一条鞭法改变了传统的赋役制度。万历之前，明代的赋役主要包括两大项：赋税和劳役。百姓向官府上交钱财叫赋税，定期给官府义务劳动叫服劳役。这种赋税和劳役相互交替，给百姓的生活增添许多负担，是社会不安定因素的罪魁祸首。

所谓的一条鞭法，就是把税赋和劳役合并在一起进行征收，统一折算成银子上交给官府。它的好处是，百姓免除了劳役之苦，并且交一次税后，可以长时间不用交税，既减轻了百姓的负担，又可以起到安定生活的作用。不仅如此，税收账目也变得一目了然，那些经常偷税逃税的地主们，再也甭想钻政府的空子了，他们拥有多少土地，就必须老老实实地缴纳相应的税赋。

一条鞭法一经推出，马上收到立竿见影的效果，得到全国老百姓的积极拥护。短短几年时间，国家财政收入成倍增长，粮食也有了充分的储备。皇帝和太后对张居正更加信任，这让张居正更加能够放开手脚，进行大刀阔斧的改革。

在政治上，他认为官吏在任上的工作态度和工作行为，直接影响一个国家的正常运转。于是，他根据自己多年的做官经验，制定出考成法，从多方面考察各级官员对中央政策的执行情况，以此裁定官员的政绩，决定官员的升降。那些贪赃枉法、不学无术的官员，在考成法的监督下一个个原形毕露，丢掉官位，有的甚至搭上性命。不作为的官员害怕考成法，而百姓拍手称快，各级官员们再也不敢怠政了，为百姓多办实事多做好事成为他们的行动目标。

对经济和政治进行改革以后，张居正的下一个目标是国防。明朝嘉靖时，解决了南方的倭寇问题，但北方的鞑靼骑兵经常侵犯边境。如果不彻底消除隐患，明朝的统治始终不得安宁，老百姓也无法过稳定的生活。要想解决北方边境隐患，就需要一位能征善战的将军，张居正想到了抗倭英雄戚继光，他相信戚继光有能力守卫好北方边境。

于是，一纸调令，戚继光从南方来到北方，重点防御鞑靼人。戚继光没有辜负张居正的期望，到了北方后，他整顿边防，时刻备战，军队的战斗力马上提升到一个全新的高度；接着，戚继光征集民夫，在山海关到居庸关一段的长城上加修堡垒，这些堡垒遥相呼应，防御能力大为增强。这样一来，鞑靼骑兵寸步难行，他们曾多次发动袭击，结果均无功而返。在戚继光的守卫下，鞑靼人再也无法捞到好处，只好向明朝示好，一直战火不断的北方边境，终于安定下来。

张居正的改革，强化了中央集权，实现了"法之必行""言之必效"的效果。通过他的改革，国家的经济状况得到大大的改善，财政收入有所增加；官场上，出现风清气正的新气象；国防上，边境不再受到鞑靼人的入侵。张居正的改革，主要是巩固明王朝的封建统治，不可能触动地主阶级的根本利益，仅仅是在局部做了一些改良，不能挽救封建社会必然灭亡的历史总趋势。但是，张居正的改革，在一定程度上遏制了大官僚、地主阶级的既得利益，让更多的百姓从中得到好处与实惠。

利玛窦来华

16世纪、17世纪，中国社会正处于剧烈变动的明清鼎革之际。当时，随着基督教第三次传入中国，大批耶稣会士东来，中华大地出现了继汉唐以后中西文化交流的第三个高潮。许多欧洲教士在来华传教布道的同时也带来不少西方先进的科学技术和文化，其中最著名最有代表性的是意大利人利玛窦。

利玛窦（公元1552～1610年），本名玛泰奥·利奇，生于意大利贵族家庭，少年时代在家乡求学，其后进入罗马神学院，公元1571年加入耶稣会。明世宗嘉靖三十六年（公元1557年）葡萄牙殖民者强占澳门以后，澳门成为欧洲耶稣会士来华传教的一个据点。

万历十年（公元1582年），利玛窦来到澳门。第二年，他和教士罗明坚一起到广州肇庆传教。他们征得两广总督郭应聘同意在肇庆建立了教堂，用中文撰写《天主实录》，宣传天主教教义。为了能与中国士大夫阶层广泛交往，利玛窦穿着中国服装，刻苦学习中国语言文字，在念、写、说三方面狠下功夫，并且改名换姓，自称姓"利"名"玛窦"。以后，中国士大夫就称他为"利先生"或"利子"。其他来华的耶稣会士也都仿效他，纷纷改成中国姓名。

公元1589年，利玛窦来到韶州，之后到南京、南昌等地，经常与各地士大夫交往。由于他在学术文化方面学识渊博，谈吐遍及社会政治、天文地理、中西风俗等各方面，引起了士大夫的兴趣。南京的高级官员和王公贵族都开始与他结交，但是利玛窦知道，要使天主教在中国真正地扎根，仅仅结交官员是不够的，还必须取得皇帝的支持。

公元1601年，利玛窦第二次来到北京要求觐见皇上，这次获得了批准。明神宗十分喜欢他送的礼物自鸣钟，还命人跟利玛窦学习摆弄这个新玩意，并为它修建了一座藏钟楼。皇帝的支持十分有利于他们在华展开活动。为让耶稣会思想更容易被中国人接受，利玛窦极力将天主教教义和儒家学说糅合起来，进行"合儒""补儒"的工作，尽量利用中国原有的"天"的概念把"天"的主帝说成"天主"。天主教影响日益增大。尽管利玛窦时时不忘自己传教的职责，但是他在中国的传教事业并不是十分成功的，中国人感兴趣的是他所带来的西方科技知识。

为了增强基督教的吸引力，利玛窦决定印行一批有关欧洲科学的书。在此之前，利玛窦还绘制了地图，称为"山海舆地全图"，它本是用欧洲文字标注的世界全图。利玛窦在译员帮助下，改制做成中文的世界地图。为了迎合中国人的观念，他还特意抹去一条子午线，把中国放在地图中央。这幅地图第一次向国人介绍了世界其他地方的概况，打开了中国人的眼界。他还把西方绘制地图的投影术传入中国。这幅地图受到人们的欢迎，多次重印，并且还传入皇宫。利玛窦还制作了天球仪和地球仪，大大丰富了中国人的天文地理知识。

利玛窦等在华传教期间还与明朝士大夫研讨科学，著书立说，对中国近代科学先驱徐光启、李之藻等人研究、介绍西方天文、数学、物理、地理、测量、机械等科学，起了积极的促进作用。他同徐光启、李之藻一起从事天文、历法的研究。

利玛窦所著《圜容较义》一卷，是研究天体数学的著作，由利玛窦口述，李之藻笔录，合译成中文。利玛窦发现中国士大夫中不少人对数学很有兴趣，便想把古希腊著名数学家欧几里得的经典著作《几何原本》翻译过来。他曾几次与中国士人合作翻译，但都失败了。利玛窦感叹地说："东西文理，又自绝殊，字义相求，仍多阙略，了然于口，尚可勉图，肆笔为文，便成艰涩矣。"

万历三十二年，徐光启进北京翰林院，与利玛窦反复讨论后，于万历三十四年秋，开始合作翻译《几何原本》，利玛窦口述，徐光启笔录。第二年春，徐光启和利玛窦经过三易其稿，译完了前6卷。

《几何原本》共有15卷，徐光启想继续译完全书，可是因利玛窦忙于传教，便中止了。译出的6卷先刻印出来。该书不仅把欧洲古希腊数学家欧几里得的平面几何学介绍到中国来，而且它所涉及的平面几何图形比中国传统几何学要丰富得多。

从此，"几何"一词成了我国数学上的专有名词。徐光启在翻译中所使用的一套术语成为我国近代数学的科学术语，诸如点、线、面、平行线、直角、钝角、锐角、三角形、四边形等。

继《几何原本》的翻译，万历四十一年李之藻又和利玛窦合译另一数学名著《同文算指》。该书依据克拉维斯《实用算术概论》和程大位的《算法统宗》编译而成，汇中西算术于一体。全书共10卷，分为前后两编，并附有别编。前编2卷，主要论整数和分数四则运算。其余8卷，主要为比例、比例分配、多元一次方程组、开方等。

另外，有关水利方面的《泰西水法》也被介绍进来，关于火炮的使用也有专书介绍，这些书都对当时中国同类著述的出现功不可没。

利玛窦在中国共待了 28 年，公元 1610 年在北京去世，葬于北京阜成门外。作为最早正式介绍西方宗教和科技学术思想的人，利玛窦的活动促进了中西文化的交流，不仅使明末清初中国思想学风由明心见性的空谈变为讲求经世致用的实学，推动了中国近代科学技术的发展，而且也将中国文化介绍到西方，对西方思想文化产生了很大影响。

汤显祖与《牡丹亭》

明代传奇（戏曲）也很盛行。传奇源于宋元的南戏，明朝前期，南戏流行于江南一带，有余姚、海、盐、弋阳和昆山诸腔。嘉靖时，昆山乐工魏良甫花了 10 年时间研究南北戏曲的腔调和乐器，用笛管琵琶合奏，改造了昆腔的音律，得到人民的爱好，由此昆曲大兴。

随着城镇经济的繁荣，昆曲的流行，戏曲有了新的发展，出现了许多著名的作品。如康海的《中山狼》、李开先的《宝剑记》、王世贞的《鸣凤记》、梁辰鱼的《浣纱记》和徐渭的《四声猿》等，其中以汤显祖的《牡丹亭》最负盛名。

汤显祖（公元 1550～1616 年），字义仍，号海若，又号若士，江西临川（今抚州）人。早年即有文名，因不肯趋附权贵，34 岁才中进士，在南京任一些闲散官职，后被贬为地方小官。由于其同情人民，抑制豪强，为上司所不满，辞官回乡。

汤显祖曾从学于泰州学派的罗汝芳，后更接受李贽的思想影响，并和反理学的禅宗和尚交游，追求平等。政治上他和东林党领袖人物邹元标、顾宪成等关系密切。文学上，他和反对复古主义公安派的三袁站在一起。这些，对他的创作都起到决定性的作用。他多方面继承了前人的艺术成就，并能突破，予以发展，有所创新。在创作上，他打破戏曲音韵的格律限制，注意作品的结构和思想内容。他反对矫揉造作，主张"自然而然"地进行创作。他的作品在当时和以后影响都很大。

汤显祖在戏曲方面的代表作是《牡丹亭》，它不仅是明代传奇艺术的杰作，也是我国戏曲史上浪漫主义发展的高峰。

创作《牡丹亭》时，汤显祖非常认真、刻苦。每天天一放亮，他便起床了，匆匆梳洗完毕，就在书桌前坐下，酝酿剧中的情节、人物、语言。一旦构思成熟，他立刻伏案疾书，一写就是几个时辰，一直把他想好的这部分一口气写完，才搁笔休息。有时想到什么好句，就以手击节，反复吟唱，一字一句都仔细推敲、修改。他每写好一段词曲，就送到艺人手里，请艺人试唱。效果不好马上拿回家修改，直到艺人满意了、自己满意了为止。

《牡丹亭》写的是：南安太守杜宝的独生女儿杜丽娘，在封建礼教束缚下，与外界隔绝，幽居深闺。这个正在成长的青春少女，偶去花园中，为明媚的春光唤起了她青春的觉醒，梦中和一个书生柳梦梅相爱，醒后思虑致死。三年后柳梦梅到南安养病，发现丽娘的自画像，深为爱慕，丽娘感而复生，两人终归成为夫妻。这部作品，它通过杜、柳生死离合的爱情故事，表现出对封建礼教束缚的抗议，追求自由幸福的爱情和强烈要求个性解放的精神。这个故事不仅表达了青春女性争取爱情自由的深沉郁闷和热烈期望，而且深刻反映了封建礼教对青春合理权利所制造的厄难以及人们对美好生活的向往。

《牡丹亭》写成于万历二十六年（公元1598年），三百多年来一直受到人民的欣赏，流传不衰。全剧构思独特新颖，情节曲折生动，人物性格鲜明，极其感人，问世后轰动了当时的文坛，成为我国戏曲史上最伟大的作品之一。

东林党与阉党之争

明朝后期，一部分在政治上受到排挤的地主阶级知识分子和中下级官员，在原吏部郎中顾宪成的故乡，无锡东门的东林书院聚众讲学，讽议朝政，抨击时弊，倡导改革，被称为东林党。

早期与东林党对立的主要是一批代表大地主集团利益的官员，他们以地域结成浙、齐、宣等各党派，浙党首领沈一贯、方从哲都曾出任过内阁首辅。东林党与各党派的斗争是以争"京察"为发端的，以后争论的中心逐渐转移到太子废立问题上来。后期党争主要是与以魏忠贤为首的阉党的斗争。魏忠贤原名进忠，号完吾，河北肃宁人。他原是当地有名的市井无赖，后因赌博输尽了家产，被迫净身，做了太监。明熹宗时，魏忠贤与熹宗乳母客氏勾结，日益得宠，形成新的宦官集团，被称为"阉党"。

明熹宗初期，东林党人由于在皇帝继位问题上出力甚大，很得重用。杨涟、左光斗、刘一燝、周嘉谟、赵南星等人掌握了朝中大权，出现了"众正盈朝""东林方盛"的局面。邪恶派官僚势单力薄，不敢发表政见，但他们并不甘心，他们在等待时机。

魏忠贤宦官集团的崛起，引起东林正直官僚的注意，他们一有机会就对宦官奸臣加以抨击。如天启元年（公元1621年）四月，朱由校正式举行婚礼那天，刘一燝上疏，"请逐客氏"出皇宫。朱由校"恋不忍舍"，借故说："皇后年幼，还赖客氏保护，这件事等光宗葬礼后再议。"到光宗葬礼后，刘一燝又请旨，希望立即"遵前诏"，朱由校不得已，便遣还客氏。客氏出宫后，朱由校整天痛哭流涕，日不甘食，只得又宣客氏进宫。此时魏忠贤想扩大权势，迫切需要掌握大权的东林正直官僚的支持，他千方百计与东林人拉关系，但东林人对此却置之不理。如有一次，魏忠贤为了与赵南星拉关系，派人送书信，希望与赵相见，赵拒绝了。

魏忠贤见东林人不愿与自己合作，对他们十分痛恨。同时，转而与邪恶派官僚勾结。此时邪恶派官僚处于受压抑的地位，他们迫切希望借助宦官的力量，重掌朝政，因此，很快便与宦官集团合作。宦官集团与邪恶派官僚结合后，他们同东林党展开了激烈的政治斗争。

天启三年（公元1623年）二月，礼部尚书魏广微入阁，魏忠贤阉党内阁开始形成。年底，魏忠贤总督东厂，以同党田尔耕掌锦衣卫事，许显纯为镇抚司理刑，这样，魏忠贤就和刘瑾一样既掌握了批红决策权，又掌握了警察与司法大权。朱由校也是一个贪玩的少年，好亲自操斧拉锯，制作木器。每当他引绳削墨时，魏忠贤就奏事，他感到很厌烦，说："朕都知道了，你们好好去干。"魏忠贤于是以己意当圣旨，恣肆妄为。

天启四年（公元1624年），大学士叶向高致仕，东林内阁开始垮台。此后半年之内，东林党人数十人被从六部、都察院及六科给事中各要职上纷纷排挤出朝，阉党控制了朝政。当时依附魏忠贤的内外官僚有内臣30余人，都是掌握内廷重要部门的太监；外廷文武群臣有"五虎""五彪""十狗""十孩儿""四十孙"等名号。自内阁、六部至四方总督、巡抚，都有魏忠贤的死党。各地督抚相继为魏忠贤建生祠，称他为"九千岁"。刘瑾专权时已有阁部大臣阿附，但魏忠贤的阿附者如此之众，却是刘瑾不能企及的。

魏忠贤和阉党刊布《东林党人榜》《三朝要典》，推翻三案，屠戮东林人士。所谓三案，是指公元1615年（万历四十三年）发生的男子张差持杖击东宫的"梃击案"，公元1620年（万历四十八年）发生的光宗食红丸而亡的

"红丸案"和迫令西李选侍移出乾清宫的"移宫案"。三案后来成为党争的题目，排斥打击异己的借口。

面对魏忠贤集团的进攻，正直派官僚集团决心组织一次大的反击。天启四年（公元1624年）六月一日，杨涟上"二十四罪"疏，指出，魏忠贤"乱贼而仇忠义"，"颠倒铨政，掉弄机权"，"横行宫内，谋害妃嫔"；滥邀恩荫，"要持无穷"，操纵东厂，"快私仇，行倾陷"；对皇帝"进有傲色，退有怨言，朝夕提防，介介不释"，"凡此迷迹，昭然在人耳目。乃内廷畏祸而不敢言，外廷结舌而莫敢奏。间或奸状败露，则又有奉圣夫人为之弥缝。甚至无耻之徒，攀枝附叶，依托门墙，更相表里，迭为呼应。积威所劫，致掖廷之中，但知有忠贤，不知有陛下；都城之内，亦但知有忠贤，不知有陛下……陛下春秋鼎盛，生杀予夺，岂不可以自主？何为受制于小丑，令中外大小惴惴莫必其命？伏乞大奋雷霆，集文武勋戚，敕刑部严讯，以正国法，并出奉圣夫人于外，用消隐患，臣死目不朽。"（《明史·杨涟传》卷二四四）以大量事实揭露魏忠贤二十四个方面的罪行，要求对之进行严惩。

杨涟此疏犹如连珠炮似的一连轰击，将魏忠贤打得晕头转向。对此，魏忠贤十分害怕，跑到皇帝面前哭泣，诉说自己冤枉，并提出辞去东厂之职。客氏知道此事后，也到熹宗面前替魏忠贤讲了不少好话。这样，熹宗便对杨涟的上疏真假难辨，他怀疑杨涟想借此排斥异己。第二天上朝，熹宗便好言劝慰魏忠贤，而对杨涟却加以斥责，指责他借故滋事，沽名钓誉，离间皇帝左右，使皇上无依靠。杨涟的反击以失败而告终。

天启十年十月，赵南星、高攀龙被罢免；十一月，杨涟、左光斗等被削籍除名。魏忠贤的亲信阁臣魏广微撰《缙绅便览》一书，把前阁臣叶向高以下百余人列为奸党，而把阉党王永光、黄光缵等60多人列为正人。魏忠贤把这份名单当作用人的标准。新都御史王绍徽编纂《东林点将录》，仿照民间流传的水浒故事中"三十六天罡"和"七十二地煞"，列东林党名单。吏部尚书崔呈秀编《东林同志录》，按词林、部院、卿寺、台省、部属顺序，开列东林党人名单，编《天鉴录》，开列不附东林党官员的名单。阮大铖编了《百官图》。魏忠贤对东林党人的打击迫害持续数年，直到他垮台才停止。

杨涟事件后，魏忠贤控制了朝政，将不肯同流合污的官员指为东林党，列在黑名单上。在《东林点将录》中，阉党以《水浒传》一百零八将加上晁盖共一百零九人的绰号，加在一百零九个正直的官员头上，其中包括许多东林党的领袖人物：托塔天王李三才、及时雨叶向高、大刀杨涟、智多星缪昌期、青面兽左光斗等，攻击他们聚众意图谋反。当时开列黑名单已成为一大风气，东厂西厂都照单捕人，并把他们弄死。一时间，朝廷上下乌烟瘴气，魏忠贤的权势达到了顶峰。

天启七年（公元1627年）熹宗病逝，崇祯帝继位。魏忠贤见大势已去，自知被天下人所憎恨，难以自保，便自缢而死，阉党势力也遭到严重打击。东林人士逐渐返回朝廷。

党争到此已几近尾声，历经劫难的东林党人锐气大减。以张溥为首的江南地主阶级知识分子又结成"复社"，成为反对明末腐朽势力的中坚力量，与以阮大铖为代表的反对势力进行斗争，直至明亡。

东林党人主张改良政治、开放言路，反对横征暴敛，提倡减轻人民负担、缓和矛盾，并为此进行了坚持不懈的斗争，他们敢于揭露批判黑暗腐败政治，为民请命，为挽救明朝危机做出了巨大努力，反映了社会进步势力的要求。

地理学家徐霞客

徐霞客（公元1587～1641年），原名徐弘祖，号霞客，江阴（今江苏江阴市）人，伟大的地理学家、探险家和旅行家。

徐霞客生在"世代书香"的封建地主家庭里，他的祖父和父亲都是当时著名的学者。在这个文化氛围熏陶下，他从小就爱读历史、地理这类的书籍和图册。这些书让徐霞客从小就热爱祖国的大好河山，于是就立志要遍游名山大川。

15岁时，徐霞客参加童子试，但是没考中。父亲见儿子无意功名，也就不再勉强，开始鼓励他博览群书，要做一个有学问的人。徐霞客的祖上修建了一座万卷楼来藏书，这个藏书楼给徐霞客读书创造了很好的条件。徐霞客读书非常认真，只要是他读过的内容，别人问起，他都能一一说出来。此时，家里的藏书已经不能满足他的需要，于是徐霞客开始四处搜寻以前没读过的书。19岁时，他的父亲去世，徐霞客就想去外面游览名山大川，但是在民间有这样的说法"父母在，不远游"，徐霞客因为顾念老母在堂，所以没有立刻出游。

徐霞客的抱负深得母亲王夫人的理解和赞许，她鼓励儿子说："好男儿志在四方，哪能像藩篱中的雉鸡，车辕下的马驹一样，坐困家园！"在徐霞客初次出游太湖时，母亲还特地为他缝制了"远游冠"，以壮行色。

此后，徐霞客每次出游，都算好旅程，预定日期，按时返回。每次远游归来，都带点地方特产孝敬母亲。王夫人常是坐在豆棚下，一边织布，一边仔细地听着儿子对她畅谈旅途中的种种新鲜见闻与惊险经历。

每当听完之后，她总是喜形于色，欣慰地对徐霞客说："儿啊，你外出跋山涉水，我坐守家中，看着豆荚一天天长大，望着天际飘荡的白云，秋天到了，知道你该回家了。听着你介绍新鲜的旅途见闻，真叫人惊喜赞叹。比起那些碌碌无为的人，你也算问心无愧了。"为了显示自己身体的强健，消除儿子远游的顾虑，王夫人还在73岁那年和儿子一起游览了荆溪（今江苏宜兴）、句曲（在安徽宣城）。在封建社会里，一位年逾古稀的妇女能有这种崇高的精神和行动，实在难能可贵。母亲的衷心支持与勉励，更坚定了徐霞客的信念，使他以坚强的毅力，持续30余年，经历千难万险，周游祖国大地，遍览名山大川，在科学考察方面做出了杰出贡献。

徐霞客每次出游，都用日记的形式记下沿途所见所闻以及内心感受。无论是在山村茅屋的油灯前，还是在荒野破庙的松明下，他都坚持写作。他用饱满的热情，生动的笔触，歌颂祖国山河的壮丽多姿，同时也记录了他敏锐考察所得的一切，因而日记的内容丰富多彩，有山脉江河、地形地貌、奇峰异洞、瀑布温泉，乃至风土人情、民族关系、边疆防务、矿石物产等的详尽记录。这些文字记载，经后人编辑刊行，就是举世闻名的《徐霞客游记》。

《徐霞客游记》全书共二十卷，约四十万字，其中记载的多是关于西南和边疆地区的地理考察，尤其是对石灰岩溶蚀地貌的记录，内容详细准确，具有很高的学术价值。徐霞客在广西、湖南、贵州和云南也做了详细的考察，并对各地不同的石灰岩地貌进行了详细的描述、记载和研究。徐霞客曾考察过一百多个石灰岩洞。他听说湘南九嶷山有个飞龙岩，于是就请当地的和尚明宗引路，带着火炬去实地考察。飞龙岩是个非常大的洞穴，曲曲折折，洞里有洞，洞内到处是坑，还有水，很难行走。徐霞客全不顾及，一直走进去，即使鞋掉了也不在乎。和尚明宗几次劝他回去，他都不听，一直到火炬快烧完了，徐霞客这才恋恋不舍地往回走。当时徐霞客并没有任何仪器，全凭目测步量，但是他的考察大多十分科学。比如对桂林七星岩十五个洞口的记载，与今天的地理研究人员进行实地勘测的结果大体相符。徐霞客去世一百多年后，欧洲人才开始渐渐考察石灰岩地貌，徐霞客可称得上是世界上最早的考察石灰岩地貌的学者。

书中还记载着很多西南少数民族地区的政治、经济、历史和风俗习惯等，这也是研究我国少数民族历史的最宝贵的资料。

徐霞客的游历，并不仅仅是为了寻奇访胜，最重要的是为了探索大自然的奥秘。他在山脉、地质、地貌和水道等方面的调查和研究都有了新的突破。此外，他对许多河流的水道源头也进行了探索，像湘江支流萧、郴二水，广西的左右江和云南南北二盘江以及长江，等等，其中以长江考察的最细，浩荡的长江流经大半个中国，它的发源地在哪儿，很久以来都是个谜。战国时期，《禹贡》一书中记载"岷江导江"的说法，后来的书就沿用了这一说法。徐霞客对这个说法产生了怀疑，他带着这个疑问开始"北历三秦，南极五岭，西出石门金沙"，发现金沙江发源于昆仑山南麓，要比岷江长一千多里，于是就断定金沙江才是长江的上源。受条件的限制，徐霞客并没能找到长江的真正源头，但是他为寻找长江的源头，却迈出了极为重要的一步。在徐霞客之后很长一段时间内没人找到长江的源头到底在哪。公元1978年，国家派出一支考察队才确定长江的正源是来自唐古拉山脉的主峰格拉丹冬的沱沱河。

徐霞客在地理科学方面的贡献非常多。除上述的对火山、温泉等地热现象的考察研究外，还对气候的变化以及对植物因地势高度不同而发生变化等自然现象，也做了认真的描述和考察。另外，他对农业、手工业和交通状况及少数民族的风土人情、各地的名胜古迹演变，也都有生动的描述。《徐霞客游记》的文学价值很高，每篇都可以说是优美的散文。该书以清新优美的文字，描述了祖国山河的壮丽景色，抒情意味比较浓，曾被人誉为"古今游记第一"。

闯王李自成

明朝末期，官府腐败专横，不断加重赋税，农民又遇到天灾，怨声载道。公元1628年，在灾情严重的陕北地区率先爆发了农民起义。在农民起义中，涌现出高迎祥等几十支起义军。高迎祥牺牲以后，起义军主要有两支：一支由闯王李自成率领，另一支由张献忠率领。

李自成（公元1606～1645年），本名鸿基，陕西米脂县人。世代为农，家境贫寒，但父亲还是省吃俭用，供他读书。李自成读书非常用功。一个夏天的傍晚大雨刚过，天空月明星稀，先生和他对句。先生仰望天空，说出上联：

"雨过月明,顷刻呈来新境界。"李自成思索下联,这时,天气突变,狂风又起,遮云蔽月,暴风又要来临。他触景生情,昂然对道:"天昏地暗,须臾不见旧江山。"此联不仅符合情景,工仗对偶,更显示了他不凡的志向。

李自成10岁时,家乡连年灾荒,父亲被迫将他送去做和尚寄食,随后又去地主家牧马放羊。他13岁父亲去世后,便去一家酒店当佣工,后来又去学打铁。打铁不成,再去地主家打长工。到了21岁那年,他应募为银川驿马夫,但仍不能维持生计。因不能偿还向地主借的高利贷,被地主的奴仆抓进庄院打得死去活来。紧接着驿站马匹死了几匹,他被关进大牢,幸亏他侄儿李过设法营救,越狱而逃,叔侄两人一起来到甘肃境内,在明军梅三焕部下当兵,并结识了高迎祥。

高迎祥举兵起义后,李自成和侄儿李过在明军中发动兵变,杀死了将官,带着几十名兵士,先是投奔了王左桂领导的义军,后来王左桂被明军利诱投降,李自成叔侄就又投奔到高迎祥部的队伍中来。

艰难的生活,曲折的经历,磨炼了李自成的意志。在义军中他很快崭露头角,被任为"闯将",成为能独当一面的义军将领,带领部队开辟新的战场。

在义军的"荥阳大会"上,众说纷纭,莫衷一是,不少将领在明军的压力下,产生了动摇情绪。李自成当即表示:"退缩逃避都不是出路,主要的是必须大家齐心协力,步调一致各定所向,分兵迎击。"他还表示,"哪怕剩下一个人,也要奋战到底,何况我们有十万大军,只要我们团结起来,一定能战胜官军。"

果然,义军在他"分兵定所向"的战略思想的指导下,很快取得了攻破明朝中都凤阳的大胜利。后来,高迎祥壮烈牺牲后,李自成便众望所归地成了新的"闯王"。

崇祯帝朱由检,为了扑灭农民起义的烈火,根据兵部尚书杨嗣昌的策划,实施了一个"四正六隅十张网"的围剿战略,以四个小区为主要战场,六个省区为辅助战场,派出十个巡抚专讨农民起义军。

李自成在这种情况下和另一农民军主力张献忠的部队所受的压力最大。李自成从陕西向东进发,在三原碰上了老对头孙传庭的军队,结果战败失利,退守秦川。孙传庭紧追不舍,并与洪承畴合击,李自成再次失利退往四川。由于形势严峻,四川境内,起义军的许多首领都投降了明军,李自成成了一支孤军,而且他的部队也损失惨重。他为了避开明军的主力,再度从四川返回陕西。他手下有几个将领也叛变了，不仅兵力越来越少，而且粮食供应也发生了恐慌。他带着仅存的几千人马，抵达陕西潼关，陷入重围，明军在潼关南原设防数道，在数倍于己的敌人面前，李自成与身边的刘宗敏、田见秀和侄儿李过等将领个个身先士卒，冲锋陷阵，由于力量悬殊，起义军几乎全军覆没。最后李自成与妻女散失，只剩下十八骑突出重围。

潼关决战后，李自成等人进入陕西东部的商洛山。他们来回转移，飘忽不定；明军在商洛山中疲于奔命，寻找李自成，结果影踪全无。后来，孙传庭与洪承畴居然谎报朝廷说李自成已经困死在商洛山了，朝廷对李自成放松了警戒。

与此同时，农民起义军的另一主力张献忠为了保存实力，在湖北谷城接受了明政府的"招抚"，以积蓄力量，东山再起。

其他各路义军或降或败，轰轰烈烈的农民起义运动一度杳无声息，似乎完全被镇压了。明朝统治者认为义军已被斩尽杀绝，可以高枕无忧了，于是把洪承畴、孙传庭调离陕西。

其实，李自成等人潜伏在商洛山区。他们的生活极为困难，有时出山袭击豪强地主以维持生计；有时上山打猎，采集野食充饥。他们并没有丧失信心，而是总结经验教训，白天练武，晚上读书，聚集散失的旧部，整顿人马伺机再战。

在两年时间里，屯兵于谷城的张献忠乘四川兵力空虚，再次起义，率兵直取四川，朝廷大为惊慌，忙调集大军追剿张献忠。就在张献忠于谷城再次起义前，李自成曾风尘仆仆地赶到谷城，与张献忠会晤，另外一个农民义军首领罗汝才也赶来聚会，一起商讨目前的处境和今后的打算，张献忠还资助李自成马匹、粮食等。李自成抓住中原地区明军空虚之际，毅然出山，举兵东进，直袭河南，很快就席卷了洛阳四周的州县，形成了对洛阳的包围。

洛阳是福王朱常洵的封地。这个朱常洵是崇祯皇帝的叔父。因为他待人苛刻，纵容部属胡作非为，李自成鼓动明军哗变，洛阳便唾手而得。义军抓住了企图逃跑的福王，李自成当即宣布了他的罪状，当众把他砍了脑袋，接着又开仓赈粮，闯王的声势复振。

公元1644年初，建立政权，国号"大顺"。紧接着，李自成向北京进军，沿途宣传"五年不征，一民不杀""平买平卖"等口号，受到各地人民的热烈欢迎。

公元1644年三月十七日傍晚，起义军攻克彰义门，接着进攻内城各门。北京城人声鼎沸，喊杀连天，投掷的火炮和晃动的火把，照亮了北京城的夜空。北京城里的达官贵人惊恐万分，明崇祯帝也发出绝望的哀叹。几年来，数百万名官军都被起义军打败、消灭，眼下已经无处调集护卫皇帝的军队了，北京城旦夕可破。无奈之下，崇祯帝强迫皇后自杀，接着亲手砍死自己宠爱的妃子和女儿，然后跑到煤山（今北京景山），吊死在寿皇亭前的一棵老槐树上。

十九日清晨，灿烂的阳光照射着古老的北京城，百姓张灯结彩，焚香设案，迎候闯王。中午时分，"闯"字帅旗迎风招展，李自成骑着乌驹马，在数百骑精兵的簇拥下进入北京城。明朝就此灭亡。

第九章
清　代

　　清朝是中国历史上最后一个封建王朝。清朝时期，统一多民族国家得到巩固和发展，清朝统治者统一蒙古诸部，将新疆和西藏纳入版图，积极维护国家领土主权的完整。其间中国古代的专制主义也推向了最高峰。清朝前期农业和商业发达，江南出现了密集的商业城市，并在全国出现了大商帮。在此基础上，人口突破四亿人大关，占当时世界人口的三分之一。

努尔哈赤建立后金

公元1559年，努尔哈赤出生在建州女真的一个贵族家庭。祖父觉昌安和父亲塔克世都是建州女真的领袖人物，被明朝封为建州左卫的官员。努尔哈赤从小就练习骑马射箭，练得一身好武艺。努尔哈赤10岁丧母，继母待他十分不好。努尔哈赤被迫离开家，和当地小伙伴一起，在茫茫林海里打猎、挖人参、采松子、拾蘑菇，然后把这些山货带到抚顺去卖掉，挣钱过活。抚顺的集市很热闹，女真人常在那里用山货跟汉人交换铁器、粮食、盐和纺织品。努尔哈赤在抚顺接触了很多汉人，学会了汉文，也爱上了汉族文化。

当时的女真社会动荡不安，建州、海西和野人三大女真部落及其属下的若干小部落，为争王称霸，互相残杀，局部战争连绵不断。1583年，建州女真部有个图伦城的城主尼堪外兰，带引明军攻打古勒寨城主阿台。阿台的妻子是觉昌安的孙女。觉昌安得到消息后，带着塔克世到古勒寨去援助孙女。结果，觉昌安和塔克世在与明军、尼堪外兰军队的混战中牺牲了。得知祖父、父亲战死的消息，努尔哈赤悲痛万分。

公元1583年5月，为报杀父之仇，努尔哈赤起兵讨伐图伦城主尼堪外兰，由于当时萨尔浒城主诺米纳没有按约出兵相助，尼堪外兰乘机逃到了甲版。努尔哈赤攻下图伦城后，尼堪外兰仓皇出逃，努尔哈赤闻讯继续追击，当他追到明朝边境时，明朝出兵挡住了努尔哈赤，使尼堪外兰逃到了鹅尔浑。努尔哈赤见有明军保护尼堪外兰就撤了兵。回来后，他查出是五城族人龙敦暗中唆使诺米纳和诺米纳的弟弟奈喀达背叛盟约，并泄露了出兵的日期，于是在盛怒之下，杀了他们二人。

为了改变女真内部各部族四分五裂、一盘散沙的局面，努尔哈赤南征北伐，开始了统一女真的大业。

公元1584年正月，努尔哈赤攻克五城族人李岱的代佳城，他在城中发现了被龙敦杀害的嘉木瑚城主噶哈善哈思虎的尸首。六月，努尔哈赤为了替噶哈善哈思虎报仇，讨伐了龙敦的党羽萨木占。随后又在马儿墩寨攻打萨木占的党羽讷申，仅用四天时间便歼灭了敌人。

九月，努尔哈赤率领军队讨伐董鄂部，忽然天降鹅毛大雪，一会儿就积了半尺深，努尔哈赤只好下令回师。当时董鄂部却出城追击，努尔哈赤派出十二名骑兵就把他们击败了。恰在这时，王甲部请求努尔哈赤出兵攻打董鄂部的翁克洛城，于是努尔哈赤回师中途转而进军翁克洛城。战斗开始不久，他们就烧毁了翁克洛城的外城。紧接着，努尔哈赤亲自披挂上阵，他站在屋顶上向城里射箭。在战斗中，一个叫鄂尔果尼的董鄂部士兵，一箭射穿了努尔哈赤的头盔，伤了他的头部，但努尔哈赤忍住剧痛，毅然将箭拔了出来，又射了回去，杀死了一个董鄂部士兵。不料这时又有一个名叫罗科的士兵乘机向他射了一箭，此箭穿透铠甲，射中了努尔哈赤的脖子，入肉足有一寸多深。努尔哈赤还是把箭拔了出来，当时箭头连肉都带了出来，伤口顿时鲜血迸溅，染红了战袍。由于伤势过重，努尔哈赤骑着快马返回营寨。

过了几天，努尔哈赤伤愈之后，他再次率兵攻打翁克洛城，经过一番激战，终于拿下了这座城池。努尔哈赤派人找到曾经射伤过他的鄂尔果尼和罗科，二人被带到他的帐中。努尔哈赤上下仔细地打量了他们一番，只见他们两人昂着头，面无惧色，他忍不住脱口赞叹道："壮士！真是壮士！"后来，努尔哈赤因欣赏二人的勇猛，非但没杀死二人，还给他们封了官职。

努尔哈赤在统一女真的过程中，把女真人编为八个旗，旗既是行政单位，又是军事组织。每旗下面有许多牛录，一个牛录三百人，平时耕田打猎，战时打仗。这样既推动了生产，又加强了战斗力。为了麻痹明朝，他继续向明朝朝贡称臣，明朝廷认为努尔哈赤态度恭顺，封他为龙虎将军。他还多次到北京，亲自察看明朝的虚实。公元 1616 年，他认为时机成熟，就在八旗贵族的拥护下，在赫图阿拉（今辽宁新宾附近）即位称汗，国号大金。为了跟过去的金朝相区别，历史上把它称为后金。

萨尔浒之战

努尔哈赤于公元 1618 年的 4 月 13 日，亲自宣布女真人和明王朝的"七大恨"，其中包括明军杀害他的祖父和父亲；在女真人中间制造矛盾冲突；逼迫女真人交出土地；残杀女真族人。还指责明朝皇帝久居深宫，纵容边将"苦害侵凌"边民，号召女真人齐心合力打进抚顺，替无辜被害的亲人报仇雪恨。接着带领 28000 名八旗兵，直扑正在开马市的抚顺。

第二天深夜，努尔哈赤已经在抚顺城外做好了进攻的准备，抚顺城里，伪装成商人的后金士兵也到达了指定地点。只听得一阵笳声响起，城里的内应发出了信号，顿时，城内外火光冲天，杀声阵阵。到天亮的时候，抚顺的城墙已被攻破，守将李永芳全无准备，只得投降了努尔哈赤。接着，努尔哈赤乘胜出击，占领了抚顺周围的明军据点，前锋占领了另一个军事重镇清河堡。

抚顺和清河的失守，大大震惊了明朝政府。三年前，辽东守将还报告说努尔哈赤对明王朝"唯命是从"，怎么一下子就完全变成了敌人？眼见养虎为患，边事吃紧，明王朝立即下决心，竭尽全力镇压努尔哈赤。

明王朝派出领兵的，是曾经担任过辽东巡抚的杨镐，名将李如柏、杜松、刘铤分三路，领兵十万人包围抚顺，另外还征调朝鲜兵一万人，叶赫兵数千人，从东西两方夹击建州女真。

明军的策略不错，将军不是没有名气，可惜军械不足，粮饷匮乏，朝廷当年一连加了三次赋税，才勉强凑足"辽饷"，到第二年，才得以在沈阳誓师北伐。兵贵神速，明军这般拖拖拉拉，早成强弩之末，实在种下了失败的根苗。

第二年二月，杨镐组织了四路大军，由总兵官马林、山海关总兵杜松，辽东总兵李如柏和总兵官刘铤分别从四面合围赫图阿拉，大有把赫图阿拉一口吞掉的气势。

由于明军行动迟缓，努尔哈赤早就探得了所有的军事情报。他看到，东路、南路、北路三支明军由于行军路线上地形险恶，一时无法到达赫图阿拉，只剩下杜松领着的西路军，很快就会经由抚顺到达目的地，便采用"任你几路来，我只一路去"的方案，集中六万多名精锐八旗兵，全力进击杜松的西路军。

果然不出努尔哈赤所料，杜松的西路军很快来到一个叫萨尔浒的地方扎下了大营。杜松建功心切，派一支队伍先出界凡城，与后金的前锋，努尔哈赤的儿子皇太极率领的部队相遇了。皇太极的骑兵冲向正在渡河的明军，一阵厮杀后，明军伤亡不小，等明军回过神来，想回头包围骑兵时，行动迅速的骑兵却撤回到吉林崖坚守不出。

杜松听说前锋受挫，立刻亲自带兵支援。这时躲在一旁的努尔哈赤，看清了明军的动向，立即带了大部队，分兵两支，一支截断杜松的后路，另一支迅速地冲向萨尔浒，包围了明军在那里的大营。

萨尔浒明军大营的人马不少于两万人，但是，主帅在外，其他人都不敢擅自出战，只是用弓矢火炮抵挡后金士兵的猛攻。激战到傍晚时分，努尔哈赤一声令下，明军大营的四周火把一齐点亮了，明军大营仿佛成了火海中的孤岛。守营的明军又累又怕，不久，营垒便被攻破，明军死伤大半。而在界凡吉林崖的杜松听说大营被袭，急急地往回撤退，后路被后金士兵截断，吉林崖上的后金士兵，也呐喊着冲下山来，明军前后受敌，只得往北逃窜，杜松在途中战死。至此，明朝的西路大军悉数被歼。

第二个靠近赫图阿拉的，是北路军。总兵官马林听说杜松失败，就在尚间崖挖起好几条壕沟，架起了火炮，只等后金的骑兵攻来，就要开炮杀敌。

正当总兵官马林要下令开炮的时候，努尔哈赤追击杜松残兵正好路过这里。努尔哈赤登上山坡，看清双方的形势，知道如果单靠骑兵正面攻击火炮，那将酿成一场惨剧。他立刻带领自己的骑兵，绕到马林炮阵的背后掩杀过去。火炮来不及转身，近了又发挥不了作用，明军士兵又都在自己挖成的壕沟里，简直成了瓮中之鳖。马林看到无法挽回败局，丢下军队，只身逃得了性命。

东路明军在刘铤带领下，步步小心，开始还在宽甸打了个小小的胜仗，歼灭了前来拦截的后金部队五百人。当他们迫近赫图阿拉，到达一个叫阿布达里冈前的时候，对面来了一支明军队伍，穿着杜松部下的服饰。来人告诉刘铤，杜松已在赫图阿拉西郊，等候刘铤的东路军前往合围。

刘铤刚获小胜，没想到遇上的明军是后金军假扮的，一时大意上了努尔哈赤的当，立即挥兵通过阿布达里冈往西挺进。努尔哈赤早把大军埋伏在阿布达里冈上，看到刘铤部队进入埋伏区，一声令下，山冈上的后金骑兵漫山遍野冲杀下来。刚刚向刘铤报信的那支后金部队顿时露出真面目，立刻在内部动起手来，明军阵营立即大乱。刘铤拼命厮杀，终因寡不敌众，死在乱军阵中，东路军也被全歼。

坐镇沈阳的杨镐，本想听到四路大军的捷报，不料得到的消息竟是三路人马被歼，他急忙下令南路明军火速撤回沈阳。李如柏接到命令，马上叫后队改作前队，先锋官断后，往南撤退，一路上，后金的骑兵神出鬼没到处骚扰，直吓得李如柏部下风声鹤唳，草木皆兵，队列大乱。明军互相践踏，死了一千多人。

这场被称为"萨尔浒战役"的大战，前后只花了四天，努尔哈赤便集中优势兵力，各个击破，歼灭了明朝三支大军。这一仗后，辽东的局势发生了根本性的变化，原来占优势的明军丧失了主动，被迫采取守势，而努尔哈赤却处处主动，在第二年消灭了帮助明军的叶赫部。后金和明军的战线，也从原来的抚顺附近推进到铁岭一线，以后，他又步步进逼，攻下沈阳、辽阳，战火一点点烧向了明王朝的中心地区。

努尔哈赤命丧宁远

萨尔浒一战之后，努尔哈赤立即乘胜南下，先推进到沈阳以北的铁岭，以后，又趁明王朝神宗、光宗相继去世，朝廷自顾不暇的时机，占领了沈阳、辽阳等辽东重镇，辽东的广大地区落入了后金之手。最后，努尔哈赤定都在沈阳，后金成为明王朝在东北最强大的敌人。

面对强敌，明王朝却找不出对付的好办法，只知道频繁换将。著名的抗后金名将熊廷弼经略辽东有方，却两次因为得罪权贵被撤职，最后被魏忠贤残忍杀害。到明熹宗的时候，由于朝廷指挥失当，山海关外的大片土地已全部落入后金之手，胆小如鼠的明军守将，龟缩到山海关一线，明朝的首都，已经受到努尔哈赤咄咄逼人的威胁。

在这种危急关头，明朝的官员中，出现了一批深知辽东危险，立志保国安民的有识之士。东林党人孙承宗和抗击后金入侵的爱国名将袁崇焕就是其中的佼佼者。

袁崇焕本是一介书生，但从小就有马革裹尸的雄心壮志。天启元年（公元1621年）山海关外的土地尽失之时，担任福建邵武县令的袁崇焕正在北京考职，因为他政绩卓著，又有一整套的守卫辽东的战略主张，被破格留在京城，当了兵部的主事。

上任不久，袁崇焕就神秘地失踪了一段日子，上司不知他的去向，家人也不清楚。这位有心救国的志士，竟单人独骑，出了山海关，到实地考察一番。回京以后，他自信地宣称："只要给我军马钱粮，我一定能扼守住山海关。"

当时的山海关只有残兵5万人，城墙破败，难民众多，确实无法抵挡得住后金的进攻。别的官员视之为畏途，谁也不敢去担任守将，现在袁崇焕自动请战，当然得到朝廷要员的重视。于是，两个月前还是福建小地方七品官的袁崇焕，很随便被提升为五品佥事，到山海关担任了监军一职。

来到山海关，袁崇焕恪尽职守。他整顿军务，追截逃兵；他安置难民，修缮城郭；他与关外的蒙古察哈尔部联系，出关与蒙古首领歃血为盟，联手对付后金。他的这些作为，深得辽东经略、当时主持山海关防务的兵部侍郎王在晋的赏识。

但是，袁崇焕却对自己这位顶头上司很不满意。王在晋只求守关，不图恢复。关外人民起兵反抗后金,王在晋不敢出兵支持;诸将建议在山海关外另建一军事据点,作为山海关的屏障,袁崇焕等人主张建在宁远,王在晋却只敢在山海关外八里铺筑造,显然是怕触怒了努尔哈赤,遭到后金惩罚性的进攻。

于是,袁崇焕两次上书朝廷,要朝廷委任他直接指挥山海关的军务。当时的首辅还是叶向高,东林党人孙承宗还担任着兵部尚书,他们经过实地考察,决定支持袁崇焕。孙承宗还亲自到山海关督师。在他督师期间,袁崇焕得到重用,他们一同开创了辽西战线的大好局面。

在孙承宗的支持下,袁崇焕来到了宁远。这里是山海关外战略要地,东临大海,守军可以通过水道与山海关以及河北诸地联系,得到关内支援。守住宁远,山海关的防务得到了保障。所以袁崇焕在这里高筑城墙,铸造先进的西洋式火炮,城防坚固了,不仅城内百姓安下心来,辽东的难民也纷纷迁来居住,远近百姓把它视为战火之中的乐土。

在宁远修城后,袁崇焕又刻苦操练军马,辽东明军的战斗素质有了极大的提高。这以后,孙承宗又接受袁崇焕的建议,在锦州、右屯、大小凌河等战略要地,修城屯兵。明军的边防,又从宁远向前推进了百余里,熹宗初年所失之地尽数恢复。

辽东的大好形势,很快便因为朝廷内部的争斗而被冲散。魏忠贤专权,不仅杀了辽东老经略熊廷弼,还撤了孙承宗的职,换来了他的党羽高弟。

这位新任辽东经略比当初的王在晋还怕死,到了山海关就下了命令,要关外明军一律撤进关内。袁崇焕坚决反对,他说:"诸城已复,怎能轻撤?"如果锦州、右屯失守了,山海关也失去了屏障,他宣布:"我是宁远的守将,一定跟宁远共存亡。"高弟拿他没办法,只得把宁远之外的军民都撤进关内,还把10余万石的军粮马料扔给了后金。好不容易建立起来的军威,被高弟此举丧失殆尽。

明王朝的变故,早落入努尔哈赤的眼中。他以为高弟仓皇撤退,关外仅存宁远一城2万守军,已经不能阻挡后金的进攻,要讨伐大明,时机已经成熟。他随即亲率13万八旗军向南杀来,很快把宁远围得水泄不通。

袁崇焕早有准备。他把城外的守军撤回城中,在宁远四周坚壁清野,还把早就铸造好的西洋大炮架上城楼,还准备了许多歼敌守城的兵器。一切准备就绪后,城头上偃旗息鼓,只等后金士兵攻城时,给他们出其不意的打击。

天启六年(公元1626年)正月二十四日,后金的八旗兵开始攻城,漫山遍野的后金士兵逼近宁远西南城角。只听一声令下,城头上万箭齐发,八旗兵便推出了生牛皮蒙就的攻城车。攻城车不怕弓箭，推到城墙边后，躲在车中的士兵跳下车来拼命挖城墙，企图把城墙挖穿、挖倒。

城墙下边，是弓箭无法射及的死角。守城的明军便开始利用火攻，把浇满油的柴草点燃，扔到城下。他们还发明了一种叫"万人敌"的武器，在草席和棉被上均匀地洒上火药，然后卷成筒状，从城头扔到后金士兵和攻城车中间，再扔火把点燃炸药。炸药着火爆炸，就能歼灭死角的敌兵。

对在远处的敌人，袁崇焕用上了火炮。他在城楼上看到，一里之外，有一群群八旗兵聚集在一起，便下令火炮向敌群轰击。火炮轰然射击，敌人死伤惨重。努尔哈赤像以前一样，正在攻城队伍中指挥作战，火炮响了，他身边的八旗兵死伤累累，努尔哈赤也负了重伤。从25岁起就东征西伐的努尔哈赤从未遇到强敌，这一次无法再坚持下去了，只得带着八旗兵撤回了沈阳，不久便不治去世了。

一场恶战之后，宁远城仍岿然屹立，八旗兵不可战胜的神话终于被打破。努尔哈赤之死，更使明王朝上下欢欣鼓舞。袁崇焕因功升任辽东巡抚，主持辽东防务。后金与明朝的战争，进入了一个新的阶段。努尔哈赤去世后，他的第八个儿子皇太极成为后金之主。

清军入关

李自成攻取北京后，大顺军将领迅速腐化，李自成对他们也不加约束。公元1644年三月，李自成派唐通带着四万两白银和吴三桂父亲的手书，前去招降吴三桂。吴三桂十分心动，领着大军赴北京归顺。走到半路时，遇到从京城中逃出的仆人。吴三桂听说自己的父亲及一家三十余口被拘禁，爱妾陈圆圆被大顺军首领霸占的消息后，勃然大怒，决心和李自成对抗到底。

吴三桂为了稳定军心，在山海关内披麻戴孝，为死去的崇祯皇帝摆设灵堂。他自知实力不能与李自成的军队相抗衡，于是派部将杨坤、郭云龙去请求清廷出兵相助。杨、郭二人在翁后（今辽宁北镇附近）拜见多尔衮，奉上吴三桂的求援书。

多尔衮意识到这是夺取中原的大好时机，决心趁乱进攻北京。他给吴三桂回了一封信，信上写道："本王答应你的请求，愿意与你共同作战。但明朝已亡，我不会把中原让给他人。如果将军归顺我大清，必有王位之赏。"

过了几天，李自成、多尔衮各率精锐部队进抵山海关。吴三桂对降清一事犹豫不决,他一面派人与清军谈判,一面与李自成交战。可是,大顺军非常勇猛,吴三桂连连战败。他非常害怕,于是亲自到清营拜见多尔衮,向清军投降。

在多尔衮、吴三桂的两面夹击下,大顺军吃了败仗,退往北京城。吴三桂充当清军先锋,一路紧紧追杀李自成,大顺军损失惨重。多尔衮非常高兴,在山海关举行授爵仪式,封吴三桂为平西王。四月二十九日,李自成在北京举行登基大典,但由于清军进逼,他不得不刚登基就匆忙弃城而逃。

多尔衮领兵于五月初二日进入北京,明朝的文武官员们纷纷跪迎。多尔衮虽然占据了北京城,但面对的敌人依然实力强大。李自成虽退出了北京,却依然据有陕西、甘肃、山西、河南和河北的一些州县。另外,张献忠的大西政权据有四川;南京的明朝官员拥立朱由崧为帝,南方各省仍奉他为明朝正统。面对这一险峻局面,多尔衮采取先全力攻打农民军的战略。公元1644年底,清军攻占李自成大顺政权所在地西安。第二年五月,李自成不敌清军,在湖北牺牲。同时,多铎率领的清军攻占了南京,并一路南下,攻占杭州。公元1646年,张献忠也被清军击败。此后几年,清军逐步消灭各种反抗力量,到公元1659年基本统一了全国。

郑成功收复台湾

台湾自古以来便是我国神圣领土不可分割的一部分。17世纪初,资本主义较为发达的荷兰,逐渐取得了海上霸权。荷兰殖民者在侵占印尼爪哇等地组成东印度公司后,便不断派兵侵扰我国东南沿海一带,劫夺我国商船,掳掠居民,是当时中国人民的凶恶敌人。天启四年(公元1624年),荷兰殖民者侵占中国台湾,修筑要塞,在一鲲身(今台湾安平)建"热兰遮城"(又称台湾城),又在赤崁(今台湾台南)建"普罗文查"城,即赤崁城。两城互为犄角,作为他们控制中国台湾的据点。

荷兰殖民者向台湾人民征收重租,向7岁以上中国人收人头税,还巧立名目,征收打猎税、鱼税,控制对外贸易,设教堂,对中国人民进行奴化教育,企图变台湾为其永久殖民地。台湾人民对荷兰殖民者的残酷统治,不断进行反抗,但都被荷兰殖民者镇压下去了。台湾人民在反抗荷兰殖民者的斗争中,不断寻求大陆人民的支援,他们把希望寄托在坚持抗清的郑成功身上。

郑成功在明亡之后,一直在南明政权下进行抗清斗争,顺治十六年(公

1659年）郑成功与张煌言率17万水陆大军进行北伐，直指南京，收复四府三州二十四县，南京清军张皇失措，几不可守。但由于郑成功麻痹轻敌，贻误战机，反遭清军袭击，致使功败垂成，郑成功退守金门、厦门。清政府为对付郑成功，于顺治十八年（公元1661年）下令迁海，沿海人民内迁30里，禁止舟船出海，切断东南沿海人民同郑成功的联系，给郑成功造成很大困难。为了扭转局面，坚持长期抗清，郑成功决定"规取台湾"：驱逐荷兰殖民者，以台湾作为抗清据点。

正在郑成功计划东征收复台湾之时，曾任荷兰通事（翻译）的何斌，投奔郑成功，他描述了中国台湾的丰饶富足以及荷兰殖民者残暴统治，献上了自己精心绘制的地图，详尽说明了驻守台湾荷兰军队的部署与水路变化。郑成功听后欣喜异常，更坚定了收复台湾的决心。

顺治十八年三月，郑成功率2万名将士、数百艘战舰，离开金门，来到澎湖。四月一日，在熟悉水路的何斌带领下，乘鹿耳门（今台湾台南西北）涨潮，郑成功率部冒雨渡过了台湾海峡，四月二日登陆，随后船队安全驶入赤崁城和台湾城之间，切断了荷兰殖民者两个据点之间的联系，使之无法互相救援。四月三日，荷兰驻台湾总督揆一纠集军队，从海陆两路迎击郑成功大军。双方在台湾海峡展开了一场恶战。在陆上，郑成功率领的军队前后夹击荷兰殖民军，荷兰贝尔德上尉率领的240名荷枪实弹的精兵，被击毙大半，其余丢盔弃甲而逃。接着郑成功的军队又打退了救援赤崁城的荷军200名。在海上，郑成功以众击寡，集中60艘装有两门大炮的战舰包围荷舰，击沉荷兰主力舰"赫克托"号，另三艘荷舰仓皇逃退。

随后郑成功以1万兵力包围赤崁城，切断荷兰军的水源，迫使赤崁城荷兰军投降。郑成功遣使严正警告荷兰殖民者："土地我故有，当还我。"之后大军分水陆两路包围荷兰殖民者精心修筑的台湾城。荷兰殖民者企图凭借城垣坚固、弹药充足进行顽抗，以待援军。郑成功攻击不下，便采取长期围困之法，封锁台湾城内外一切联系，以困死荷兰殖民者。八月，巴达维亚东印度公司派遣700名援军乘十艘战舰增援台湾荷兰殖民军。郑成功围城打援，迎头痛击东印度公司的援军，被击败的荷兰军只得逃回巴达维亚。台湾城荷兰军的外援断绝，再无反抗能力。

台湾城被郑成功包围9个月，郑成功一再写信给揆一，劝其投降，归还中国领土。至康熙元年（公元1662年）一月二十五日，郑成功见荷兰殖民者顽固不降，便下达总攻令。荷兰殖民军死伤惨重，城内仅剩百余名士兵。郑成功命令数十门大炮轰击荷兰殖民军用以掩护台湾城的乌特利支堡，当晚占领这个堡垒。郑成功率军缩小对荷兰殖民军的包围圈，荷兰殖民军陷入了绝境。二月一日，荷兰殖民军长官揆一被迫在投降书上签字。郑成功率领中国将士经过9个月的英勇战斗，结束了荷兰殖民者在台湾的38年殖民统治，台湾回到了中国人民手中。在欢庆胜利的宴会上，郑成功慷慨吟诗："开辟荆榛逐荷夷，十年始克复先基。田横尚有三千客，茹苦间关不忍离。"表达了郑成功收回祖国神圣领土的坚定信念和壮志豪情。

郑成功收复台湾后，采取了一系列恢复和发展生产、建设台湾的措施，他"制法律，定职官，兴学校"，"台湾周千里，土地饶沃，招漳、泉、惠、湖四府民，辟草莱，兴屯聚，令诸将移家实之"。

郑成功驱逐荷兰殖民者，收复台湾，是中华民族历史上第一次取得抗击外国入侵的巨大胜利，大长了中国人民的志气。郑成功一生抗清，收复台湾，不愧为中华民族伟大的爱国者和民族英雄。

康熙智擒鳌拜

圣祖康熙皇帝，是清廷定都北京后的第二个皇帝。他8岁登基，69岁驾崩，在位61年，因而，也是中国历史上在位时间最长的皇帝。继位之初，一个8岁幼童，当然无力掌控朝政。但只经过8年时间，到16岁时，便全凭一己心计，亲手把实权从专横跋扈且勇悍奸诈的辅政大臣鳌拜手中夺取回来，可见其政治上的早熟，亦可见其聪明才干确有过人之处。

康熙之父顺治皇帝临终，在指定太子的同时，还亲自选定4名亲信大臣，令其辅助幼帝，佐理政务。这4人便是正黄旗的索尼、正白旗的苏克萨哈、镶黄旗的遏必隆和鳌拜。

起初几年，4位大臣还能本着协商一致原则辅佐幼帝。然而不久，鳌拜便以自己曾骁勇善战，为建立清王朝多有战功而骄横跋扈起来。居四大臣首位的索尼，乃四朝元老，鳌拜不敢与之争胜，但不久却老病而死。遏必隆一向唯唯诺诺，随声附和，与鳌拜又同属一旗，本为同党。唯有苏克萨哈班次居于第二位，鳌拜一直耿耿于怀，日夜谋划利用黄白二旗之间的矛盾挑起争端，设法除掉苏克萨哈。

鳌拜不但跋扈专权，而且阴险狡诈。他先是利用各旗间圈换土地的纠纷，假传圣旨，擅自拘捕了户部尚书苏纳海，并捏造结党罪名，激怒皇太后，将苏纳海等三人处死，从而孤立了苏克萨哈。苏克萨哈见鳌拜权倾朝野，欺君凌众，自己无力对抗，便向康熙帝提出辞去辅臣重任、"往守先帝陵寝"的奏疏。于是，鳌拜又乘机颠倒黑白，编造出苏克萨哈对皇帝"归政"有所不满、存心叛逆等24条罪名，不顾康熙帝的再三反对，操纵议政王大臣会议，强行治罪，将苏克萨哈及其长子内大臣查克旦、余子六人、孙一人、兄弟之子二人，尽皆绞死和斩首。由此可见鳌拜专横跋扈到何种程度。

鳌拜扫除异己之后，更加肆无忌惮。上朝时，起坐班行，自动列于遏必隆之前；朝中政事，先在家中与亲近私党议定，然后施行；各部院官员有所启奏，则须首先到家与他商酌；如有人不先知会而自行启奏，则加威怒怪罪；经常呵斥部院大臣，拦截奏章，甚而矫改谕旨。

公元1667年，即康熙六年，14岁的康熙皇帝开始亲政。但鳌拜自恃大权在握，文武百官也多数出其门下，不仅不肯轻易交权，还仍然逞威凌主。甚至在新年朝贺时，竟故意背反礼仪，身穿黄袍以和康熙帝分庭抗礼。鳌拜种种抗旨妄行，使年轻的皇帝进一步看清其结党乱政面目，决心设法铲除。只是，鳌拜揽权已久，党徒已众，而自己羽翼未丰，不能贸然动手。

康熙擒拿鳌拜之前，明里对他敷衍应付，暗中却加紧准备力量。首先他选择可资信任之臣，暗谕心意，制造舆论。一次临朝听政时，他问大学士李尉："若杀人亦听其误可乎？"即表明了他对鳌拜抗旨冤杀苏克萨哈等人之事，不会善罢甘休。与此同时，他又从侍卫和太监中选取了数十名身强力壮者"为扑击之戏"，实际上是鉴于鳌拜在侍卫中影响较大，不足依靠，自己以摔跤游戏之名，重新组织一支更为亲信的卫队，名为"善扑营"。他任命已故首席辅政大臣索尼的次子索额图为善扑营首领。鳌拜有时进来奏事，见康熙与这些侍卫下人摔滚嬉戏，以为康熙到底童心未泯，便也不加介意。

一切准备就绪，康熙在他亲政后第二年的一天，即公元1669年5月16日，他亲自召集善扑营全员，当面问众人说："你们都是我的臂膀，现在问你们，是惧怕我还是惧怕鳌拜？"众人齐声回答："只惧怕皇上！"到这时，康熙才向他们说明意图，宣布了鳌拜欺君妄上、残害无辜的罪过。然后，待鳌拜上朝入宫之际，只听一声令下，这些训练有素的摔跤能手便蜂拥而上，立即把鳌拜扑翻在地。鳌拜的一些死党，事前已被康熙以各种名义先后派出，到被康熙派人各个擒拿时，已无力反扑。

康熙处置了鳌拜及其党羽后，立即废除辅政之制，收回亲自批复奏章之权。从此，所有奏折朱笔御批，皆出康熙一人之手，再不假手他人代批。也于处置鳌拜之后，相继为苏克萨哈、苏纳海等受害之臣，平冤昭雪。以此为起点，康熙帝开始了他辉煌的执政生涯。

史可法视死如归

史可法（公元1602～1645年）字宪之，号道邻。原籍大兴（今北京大兴区），祥符（今河南开封）人。世袭锦衣百户。据说，史可法生前，其母曾梦见文天祥。崇祯元年（公元1628年）进士及第。历官员外郎、郎中、右佥都御史、户部右侍郎、南京兵部尚书，参赞机务，史可法"廉信，一生均劳苦"。"军士不饱不先食，未授衣不先御，以故得士死力。"

在李自成进军北京时，史可法誓师勤王。过江至浦口（今属江苏南京市浦口区），得到崇祯吊死煤山的消息，未再北上，史可法同南京诸臣议立明室之后，福王立，史可法任礼部尚书、东阁大学士，仍掌兵部事。史可法建议福王"素服郊次，发师北征"。福王对此只是唯唯应付，不做肯定答复。在奸贼马士英入阁后，便极力排挤史可法到扬州督师。

是时，江北分为四镇：总兵刘泽清辖淮安、海州（今江苏连云港西南），驻淮河之北，经理山东一路；总兵高杰辖徐州、泗州（今江苏盱眙北），驻泗水（今属江苏），经理开封（今属河南）、归德（治所商丘，今河南商丘）一路；总兵刘良佐辖凤阳（今属安徽）、寿州（今安徽寿县）、驻临淮（今安徽凤阳东），经理陈州（今河南淮阳）、杞县（今河南柘城）一路；靖南伯黄得功辖滁州（今安徽滁县）、和州（今安徽和县），驻庐州（治所合肥，今安徽合肥），经理光州（今河南潢川）、固始一路。史可法督此四镇，福王加他为太子太保、改兵部尚书、武英殿大学士，淮扬各镇均受史可法节制。

这四镇总兵，互有矛盾，其中有三镇争着要驻于扬州。为此，高杰兵攻扬州，刘泽清亦大掠淮上。史可法以国事为重，前往调解。使黄得功、刘泽清、刘良佐均表示听命，而高杰素惮史可法，也表示服从。史可法就这样安定了扬州，随即开府于扬州，并不时出巡各镇。自此以后，四镇发生冲突，史可法均设法进行调解，让他们共赴国难，劝他们同保国土。在史可法的感召下，高杰大为感悟，从此奉守史可法约束。

史可法在扬州，"行不张盖，食不重味，夏不筵，冬不裘，寝不解衣"。团结四镇，共保国土，使军事防御力量有所增强。在南京的马士英则连军饷也不给予，到清顺治二年（弘光元年，公元1645年）正月，史可法所部各镇军队，都因缺饷而饥饿。马士英又设法夺史可法的兵权，便命卫胤文为兵部右侍郎，到扬州总督军队。二月史可法从徐州回来，到扬州之前，黄得功发兵袭击卫胤文于扬州，使扬州震惊。只是在史可法派人调解之后，黄得功才退兵。而大将高杰又被杀害。这就使史可法保卫江南的实力大大削弱。

四月二十日，清朝大将多铎率兵攻至扬州。史可法调各镇兵保卫扬州，各镇竟无一出援。为此，总兵官刘肇基要求背城决战。史可法持重，希望采取万全之策，害怕有所闪失，反而不好，所以，否决了背城决战。这时，清军驻于扬州之斑竹园，多铎派人招降史可法，遭到史可法严词拒绝。史可法说道：我是大明宰相，大明朝没有投降的宰相，只有与城池共存亡的大臣。

四月二十一日，扬州城内有人动摇，总兵李栖凤、监军副使高歧凤率本部出降。扬州城的防御力量更加单薄了。但是，史可法仍坚守城池，他安排文武官员分段守城，自己则守卫最险要的旧城西门。史可法也十分清楚，扬州城势孤力弱，自己守城有死无生，便写信向母亲诀别，又给妻子写了遗书，表明自己要以死报国，并希望"死，葬我高皇帝陵侧"。表明他誓死效忠明王朝。

两天之后，清军发动攻城，用巨炮轰击扬州城的西北，城终于被攻破，史可法见城已破，悲愤之极，便拔刀"自刎不殊"。其部将便保护史可法从小东门出城，结果为清军大队所截，史可法等均被俘，见此情景，史可法神情自若地说："我史督师也。"

多铎听说抓获了史可法，便派人前往劝降。史可法依然坚贞不屈，他明确表示：城亡与亡，自己意已决，纵然碎尸万段，也决不后悔。又一次大义凛然地拒绝了多铎的利诱，最后壮烈牺牲。

忠义奋发的史可法，誓死保卫扬州，其事迹感人至深。他顽强抗敌、视死如归的爱国主义精神和崇高品格，始终受到人们的赞扬！

康熙削藩

康熙亲政后，开始着力整顿朝政，奖励农业生产，惩办贪官污吏，使清王朝逐渐变得强大起来，而南方的三藩却是康熙的心头之患。吴三桂、尚可喜、耿精忠，他们三个藩王都是投降清朝的明军将领，在他们帮助下清朝灭了南明，镇压农民起义军。清朝廷认为他们有功，封吴三桂为平西王，驻守云南、贵州；尚可喜为平南王，驻守广东；耿精忠为靖南王，驻守福建。这三王统称"三藩"。他们手握重兵，一旦造反将成为威胁国家统一的最大隐患。在三藩之中，吴三桂的势力最大，不但管辖两省，而且还牢牢掌握地方兵权，控制地方财政，自派官吏，不把朝廷放在眼里。

为削三藩，康熙帝一直在等待有利时机。当时，恰逢尚可喜想告老还乡，安度晚年。便给康熙帝上了一道奏章，请求让他的儿子尚之信继承王位，留守广东。康熙帝批准了尚可喜回老家，但是并没有准奏尚之信接任平南王。

吴三桂的儿子在京城，得知消息后，派人骑快马去通报吴三桂。吴三桂得知消息后大吃一惊，心想：小小的康熙帝，竟会做出如此的决定，看来我的王位也不稳啊！

吴三桂看到自己谋反的时机还没有成熟，便想试一试康熙帝对自己的态度。他便找来耿精忠一起上书，假意请求撤藩。吴三桂的谋士刘玄初劝道："大王，万万不可提出撤藩，康熙帝虽然年纪轻轻，但有胆有识，他对我们早有戒心，只是因为朝中有个鳌拜，使他没有精力对付我们。如今鳌拜等人被处置，他有时间和精力对付我们了。尚可喜辞退，他立即准奏，而且不准尚之信继承王位，可见他想削去藩位。如果您和耿精忠提出撤藩，他会立即批准的，不如我们在云南等待时机，再做打算。"

吴三桂听后，说道："你的话也有道理，不过，我想主动提出撤藩，让康熙解除对我的怀疑，这样我们就有更多的时间准备谋反了。我想他还不敢轻易动我，我为大清王朝立过汗马功劳。"

刘玄初劝吴三桂，吴三桂不听，执意上疏。康熙接到奏折后，非常高兴，他早就想削去三藩，今日一见吴三桂、耿精忠的奏折，就决定趁机削去二人的藩位。康熙帝虽已下定决心，但他想听听大臣们的意见，便召集文武百官，说了此事。

明珠说道："陛下，吴三桂、耿精忠、尚之信谋反之心，早已败露，我们应趁这个机会，削三藩，统一全国。"

而大臣索额图则提出反对意见，说道："陛下，吴三桂等人手握兵权，而且又招兵买马，势力十分强大，我们绝不可轻举妄动，否则他们必然会起兵谋反，我们不如安抚他们，让他们为大清王朝继续效力。"

英洛说道："陛下，吴三桂蓄谋已久，早晚会谋反的，不如趁他们还没有准备好，将其一网打尽，否则后患无穷。即使保留他们的王位，安抚他们，也不可能避免叛乱，我们应立即行动，先发制人打他们个措手不及。吴三桂和耿精忠上疏，假意撤藩，无非是想蒙骗皇上，放松对他们的警戒，以待时机，起兵谋反。"

康熙帝非常赞同明珠、英洛等主张撤藩的大臣的意见，他想：我必须立即采取行动，不能让吴三桂等人得逞。于是康熙帝不顾众臣的反对，说道："吴三桂蓄谋已久，撤亦反，不撤亦反，所以我决定撤藩。"康熙帝非常果断坚决，反对撤藩的大臣也都闭口不言了。

吴三桂、耿精忠只是假意请求撤藩，万万没有想到康熙帝会批准。吴三桂恼羞成怒，立即起兵反叛。

吴三桂蓄谋已久，所以来势凶猛，带领将士迅速向湖南、川陕进军。这些地方反清复明的思想仍然存在，吴三桂抓住民众这一心理，举起了反清复明的大旗。

公元1674年，吴三桂起兵叛乱第二年，耿精忠在福建起兵造反。公元1675年，尚之信也在广东造反。三路造反兵马杀气腾腾，势力蔓延到云南、贵州、福建、湖南、湖北等许多省。

康熙调兵遣将，集中兵力镇压吴三桂，并下令停止撤销尚之信、耿精忠的藩王称号，先将他们暂时稳住。于是，尚之信和耿精忠主动投降了。

由于尚、耿两个藩王撤兵，大大削弱了吴三桂的军事力量，使他处于孤立的境地。经过八年的对抗，吴三桂病死了，由他的孙子吴世璠继位，继续率兵造反。公元1681年，清军兵分三路攻击云南昆明，吴世璠被迫自杀而亡。清王朝历时八年，最终平定了叛乱势力，南方得到统一。

康熙三征噶尔丹

噶尔丹是蒙古族的一支准噶尔部的首领，自从他统治准噶尔部以后，便野心勃勃，大举进犯漠南。

公元1690年，康熙帝兵分两路：左路由抚远大将军福全率领，出击古北口；右路由安北大将军常宁率领，出击西峰口；康熙帝亲自带兵在后面指挥。噶尔丹由于熟悉地形，长驱直入，向南一直打到乌兰布通，距离北京仅七百里。

福全率领的左路大军全线反击。噶尔丹全线崩溃，便立即派了个喇嘛到清营假意求和，自己则率残部乘机逃往漠北了。福全一面命令停止追击，一面派人向康熙帝请示。康熙帝看穿了"求和"的实质，便下令继续追击。公元1694年，康熙帝约噶尔丹会见，订立盟约。噶尔丹不仅不来，反而暗地里派人到漠南煽动叛乱，并扬言沙俄将支援六万名枪兵，对付清军。

公元1696年，康熙帝第二次亲征。这次清军分三路出击：黑龙江将军萨布素从东路进兵；大将军费扬古率陕西、甘肃大军从西路出击，截断噶尔丹的后路；康熙帝则亲自带领中路军，从独石口（位于河北赤城县北）出发。三路大军约定好时间组织夹攻。

康熙帝带领的中路军先期到达科图，遇到了敌军前锋，康熙帝仍然决定进攻克鲁伦河，并派使者去见噶尔丹，告诉他康熙帝亲征的消息。噶尔丹闻言变色，慌忙来到山头察看。当他看见清军阵容强大，队列整齐，康熙帝黄旗飘扬，吓得他直哆嗦，立即下令军队向北撤退。

康熙帝马上派人通知西路军大将费扬古，做好半路截击的准备，自己则带兵乘胜追击。

当噶尔丹带兵撤退到昭莫多时，正遇上费扬古的军队。费扬古按康熙帝的部署，在路边小山上树林茂密的地方设下埋伏，双方展开了一场激战。费扬古又派一支人马在山下袭击叛军的背后，前后夹击。叛军伤亡惨重，噶尔丹带着剩下的几十名骑兵仓皇逃命。

噶尔丹叛军经过两次大战，所剩无几。康熙帝劝噶尔丹投降，但是他顽抗到底。隔了一年，康熙帝又率兵渡过黄河亲征。这时，叛军的将领听说清军又来时，纷纷投降。噶尔丹走投无路，服毒自杀。经此一战，清政府重新控制了阿尔泰山以东的地区。

土尔扈特回归

康熙年间，漠西蒙古中的一支，土尔扈特部落的人民被当地准噶尔部族人逐出了漠西地区。他们逐草而行，一天比一天远离故土，最后在俄国的伏尔加河流域定居下来，依然过着游牧生活。

开始的时候，俄国的沙皇力量有限，对伏尔加河地区还无法全部控制，土尔扈特人在那儿生活，跟当地的民族还算相安无事。游牧民族对生活的要求也不高，只要有块草地放牧牛羊，扎起帐篷，也就悠然自得了。

但是，沙皇俄国的力量一天比一天强大起来，逼着土尔扈特人做他们的臣民，向他们抽取十分沉重的赋税，每当俄国跟其他国家发生战争的时候，还要抽调大批土尔扈特人从军，去当侵略战争的炮灰。

土尔扈特也是爱好自由的民族，忍受不了沙皇俄国的压迫，就起来反抗。他们的骑兵常常攻打伏尔加河沿岸的俄罗斯城市，弄得沙皇政府大伤脑筋。俄国政府看到用武力无法征服土尔扈特人，又想出了另一手。他们要土尔扈特人放弃喇嘛教，改信沙皇的东正教。这种强迫改变宗教信仰的政策当然遭到了土尔扈特人的强烈反对，土尔扈特人开始深深地怀念自己的故土。

　　这时候，清政府日益强大，优待漠南蒙古人的消息不断从遥远的东方传来。土尔扈特人的首领，汗王阿玉奇听到这些消息，萌生了派人回故土去察看一番的念头。但是，土尔扈特人的死对头，准噶尔部族的噶尔丹正在漠西和漠北称王称霸，去中原的道路被阻。阿玉奇便要使者绕道西伯利亚，从贝加尔湖以北取道黑龙江流域去北京。使者于公元1710年出发，在冰天雪地里长途跋涉了两年多，终于到达了北京。

　　在北京，使者们深切体会到传统文化的魅力，又到喇嘛寺庙参拜了高僧。特别是康熙皇帝很快就接见了他们，对他们流落伏尔加河流域这么多年，仍旧强烈向往故土的赤诚之心大加赞赏，赏赐了他们许多东西，还答应派使臣随他们到伏尔加河流域去探望阿玉奇汗王和全体土尔扈特人。

　　不久，内阁侍读学士图理琛作为朝廷的使臣，跟土尔扈特人一同到伏尔加河流域。他们依旧沿西伯利亚的老路返回，又经过了两年艰苦的跋涉，一行人终于回到了伏尔加河畔。

　　土尔扈特人听说皇帝的使臣来到，都从散居的地方集中到阿玉奇大汗的驻地，前来拜见皇帝的使者。图理琛宣读了皇帝的圣旨，把礼品赠给阿玉奇，并且向阿玉奇他们介绍了喇嘛教在蒙满两族中受到尊崇的情况，还说了西藏的达赖喇嘛进北京朝觐皇帝，受到隆重欢迎的事。图理琛接着介绍蒙古族各部被皇帝礼遇的情况，包括喀尔喀人被迫害逃到漠南，被安置在最富饶的草原生活的经过。

　　阿玉奇真是羡慕极了。当初迫于无奈，来到伏尔加河畔，多年来受外国统治者的欺凌，跟其他蒙古族人比起来，真有天壤之别呀。可惜路途遥远，整个部族行动不便，否则真想再回故土呢。

　　图理琛在那里待了十几天，受到土尔扈特人热情的接待。阿玉奇几乎天天为他举行宴会，各地的土尔扈特人换上节日盛装，扶老携幼前来，给他做精彩的射箭、摔跤表演。

　　图理琛终于要离开伏尔加河畔了。阿玉奇准备了给朝廷的谢表和贡品，他的小儿子还特地送来一支精致的鸟枪,送给康熙皇帝,并祝圣上长命百岁。对故土的眷恋和兄弟般的亲情久久荡漾在异国的土地上。

从这以后,土尔扈特人与故土的联系加强了。准噶尔部的噶尔丹被打败后,从伏尔加河畔到北京,不必再绕道西伯利亚了。土尔扈特人的使臣到北京朝贡土特产,还到西藏去朝拜达赖喇嘛,在漠南的大集镇归化城进行贸易,换取蒙古族人必需的茶、布等传统的日用品。

匆匆又是几十年过去了,清朝已换了乾隆皇帝,土尔扈特人的大汗也换了阿玉奇的曾孙渥巴锡,他领导着伏尔加河两岸10万户土尔扈特人。

俄国沙皇看到土尔扈特人越来越强大,就千方百计地压迫他们。沙皇政府下令限制他们发展,抽调更多的土尔扈特青年去攻打土耳其,用成千上万土尔扈特青年的鲜血开拓疆土。最可恨的是他们从不承认渥巴锡的大汗地位,还要渥巴锡送儿子到彼得堡去当人质。

渥巴锡忍无可忍,他召集土尔扈特人的全体首领开会,对他们说:"我们正面临灭族之灾,外国人非把我们逼垮不可!他们要我把儿子送去当人质,就是要我们永远做他们的奴隶。"听了渥巴锡的话,首领们个个义愤填膺,有人主张跟俄国人拼了,有人主张回到故土去。最后,回大漠西故土去的意见得到了大家的同意。会上决定,等冬天伏尔加河一结上冰,北岸的土尔扈特人便到南岸来,一起东去回归故土。

这一年,是乾隆三十五年(公元1770年),冬天的天气格外暖和,伏尔加河居然结不上冰。南岸的土尔扈特人正准备东行的消息,又泄露了出去。渥巴锡只得单独率领南岸17万部众,杀了在部落里监视他们的俄国人,高呼着"子子孙孙永不当奴隶""回到太阳升起的地方去"等口号浩浩荡荡踏上了归程。

俄国的叶特琳娜二世女皇知道此事,大发雷霆,要俄国军队拦截住土尔扈特人,不让他们东归。土尔扈特人义无反顾,一路拼杀。他们杀退了尾追的沙皇部队,又冲垮了哥萨克骑兵的拦截,靠饮牲畜血止渴跨越浩瀚无垠的大沙漠,终于在一年后回到了故土。这时候,17万人只剩下几万人,他们个个衣衫褴褛,骨瘦如柴,足见回归的路程是何等艰苦。

乾隆听到土尔扈特人回归的消息,立即下令尽快抚恤安置。大量的牲畜、粮食、茶叶从各地调集来,送到阿尔泰地区。渥巴锡稍事休息,立即带着当年明朝皇帝赐给的土尔扈特大汗王玉印,到承德觐见皇帝。乾隆在承德盛情款待渥巴锡，约他一同围猎，还在承德替渥巴锡修建了一座喇嘛庙，立碑记述土尔扈特人回归的大事。渥巴锡回阿尔泰故土时，乾隆还封他做卓理克图汗，意思是英勇的大汗，让土尔扈特人世世代代居住在阿尔泰山的故土上。

四王画派

"四王"画派是指明末清初四位山水画家，他们是王时敏、王鉴、王翚、王原祁。"四王"的山水画主要承袭董其昌的衣钵，师法元人黄公望，画法效法古人，笔笔讲求来历、出处。

王时敏（公元 1592~1680 年），字逊之，号烟客，晚号西庐老人，江苏太仓人，明代万历年间的宰相王锡爵之孙。由于出身官宦之家，他于崇祯初年曾任太常寺卿，所以又被称为"王奉常"。王时敏家藏的历代书法名画很多，他在幼年便得到祖父的朋友董其昌的指点，将董其昌所选择临摹的王维、荆浩、董源、范宽、李成等人的稿本作为学习对象，在学习的过程中，他"闭目沉思，瞪目不语。遇有赏会，则绕床大叫，抚掌跳跃，不自知其酣狂也"。可见，他对传统山水画，特别是董其昌所推崇的南宗山水画的学习已经达到了痴迷的程度。"清六家"之中，王翚、恽寿平是他的学生，王鉴是他的族侄，王原祁是他的孙子，都在不同程度上受到了他的影响。王时敏是太仓人，太仓时称"娄东"，以王时敏与王鉴、王原祁为主干所形成的山水画派被称为"娄东派"。王时敏最推崇黄公望，他有多幅临仿黄公望山水的作品，但是，王时敏的作品虽然题仿黄子久或者摹黄子久，但并非完全的临摹，在笔墨和结构上都有自己的独到之处。《南山积翠图》是其晚年的作品，非常能够体现王时敏融黄公望技巧于笔端的绘画风格。此画构图繁密，山势雄壮，全景山水的气魄不输于宋元山水画。

王鉴（公元 1598~1677 年），字玄照，后改字园照、元照，号湘碧，又号染香庵主，曾任廉州太守，故又称"王廉州"，江苏太仓人。王鉴出身于书香门第，是明代著名文人王世贞的曾孙，年轻时曾得董其昌亲手点拨，并受到董其昌的思想影响。凭借家中丰富的古代字画收藏，王鉴对传统名画真迹进行了孜孜不倦地学习和研究。但王鉴并没有拘泥于对"元四家"的学习，他不但学习南宗，也涉足北宗画，善于转化古人的笔墨结构，形成自己丰富的山水画语言。他也擅长青绿山水画，融合了吴门画派的风格，将儒雅之气体现在缜密秀润的画面中。《青绿山水图》以大青绿设色着于披麻皴之上，不但浑厚苍润，体现了对元代黄公望的学习,而且色彩明朗,形成新的青绿山水风貌。

王翚(公元 1632~1717 年),字石谷,号耕烟散人、剑门樵客、乌目山人、清晖老人等,江苏常熟人。王翚出身于绘画世家,幼承家学,后来又得到王鉴、王时敏指点,遂名满江南。他擅山水,初摹黄公望,后广泛师法唐宋元明诸家,转益多师,不废师法自然,形成个人风貌。他的绘画理想是以元人笔墨,运宋人丘壑,而泽以唐人气韵。康熙三十年(公元 1691 年),他奉诏绘制《康熙南巡图》,完成后得到皇帝的褒奖,被视为画之正宗,追随者甚众,因他为常熟人,常熟有虞山,故后人将其称为虞山派。《秋树昏鸦图》是他晚年作品的面貌。王翚是"四王"中最不拘泥于南宗传统的画家,此画山峦横亘,洲渚连绵,黄昏归飞的群鸦形成了画面中灵动的部分,精湛的绘画语言创造出深邃宁静的意境。

王原祁(公元 1642~1715 年),字茂京,号麓台,王时敏的长孙,江苏太仓人。他是康熙庚戌(公元 1670 年)进士,由知县擢给谏,改翰林供奉内廷,人称"王司农"。由于皇帝嘉赏其画艺,命他鉴定古今名书画,后来曾任《佩文斋书画谱》纂辑官和《万寿庆典图》总裁官。据《国朝画征录》载,他曾在南书房奉诏为康熙皇帝画山水,"圣祖凭几而观不觉移晷",他将皇帝赐诗中"图画留与人看"一句刻成印章,以志隆恩。由于受到宫廷的器重,他的弟子遍布朝野,使娄东画派真正成为清代画坛的正统。在家学的影响下,王原祁对从五代到元代的绘画进行了全面地学习,其画风主要受元代黄公望影响。他的绘画喜欢干笔反复晕染,由疏向密,反复皴擦,干湿并用,画面显得浑然一体,自称笔端有"金刚杵"。他的风格由他的弟子及众多的追随者延续了康、雍、乾三朝,以至成为无可争辩的宫廷山水画主流。《仿高房山云山图》是模仿元代高克恭的作品,对江南的春天景色进行了描绘,运用了高克恭常用的横向的大墨点,并用焦墨破醒,富有厚重的感觉,但风貌与高克恭有很大区别。

弘仁与《雨后春深》

弘仁(公元 1610~1664 年),俗姓江,名韬,字六奇;又名舫,字鸥盟。弘仁少年孤贫性癖,事母以孝闻。自小就喜欢文学,绘画一生从未间断。他是明末秀才,明亡后,有志抗清,离歙赴闽,入武夷山为僧,师从古航禅师。云游各地后回歙县,住西郊太平兴国寺和五明寺,经常往来于黄山、白岳之间。弘仁是

"新安画派"的奠基人。他和查士标、孙逸、汪立瑞四人被称为清初"新安四大家",也称"海阳四大家"。张庚在《国朝画征录》中说:"新安画多宗清(倪瓒)者,盖渐师道先路也,"画史上称弘仁、髡残、石涛、八大山人为画坛"四僧"。

公元1656年弘仁作这幅《雨后春深》时,年46岁,他遁入这孤寂的僧人世界中已有九年。平静与淡泊不再是强作的心绪,而是他性格的本质。同样遭遇清兴明亡的时代变革,同样作为"遗民"而不满新朝的统治,弘仁所走的道路与"四僧"画家中的其他三个都不一样。他有对现实的强烈愤懑,却不像朱耷那般狂歌抛泪、疾笔挥洒;他有对社稷破碎的哀痛,却不作髡残那般蓬乱苍茫的山川;他有抒发艺术个性的志向,却不若石涛那样出新多变。弘仁是"四僧"中沉入僧人世界最深的一个。他在禅房孤灯的修炼中摆脱了人世的烦扰,政治上的抱负转化为艺术上的自慰。锋芒既去,剩下的是益发笃厚的出世情感。"俗人"很难测度僧人眼中的世界,因为他(们)既然在观念上要超越这个世界,去寻求彼岸的梦乡,他(们)眼中也许就另有一种关于自然的形象。但弘仁的净土理想却非那种光环似的虚幻景象,而是自然山水本质的"净"。

《雨后春深》正是"净"界的呈现,从丘壑结构到笔墨特点都围绕着"净"意的塑造。弘仁所画的山峰坡石有方正叠磊的特点,一个个棱角分明的"口"字迭合交错。由于少敷草木,专取石质,山峰有了寓刚强于内、凝肃穆于表的力量。在造型手法上,弘仁用线多于用面,勾勒胜于渲染。山石的线条是较为干涩的渴笔画成,尤其强调了轮廓线的纵横走向,在直挺的趋势中略带些波折,使简率的线条传达出山石清晰刚劲的脉络。在创作中,运作疏简、严谨的线条比较需要理性的控制,一笔行去,既勾勒物象的形,又体现线条自身冷峻、峭拔的意味。细细品察他的画,每一条线犹如一股水底的潜流,有沉着、刚毅的生命力。弘仁大部分作品都以线为主,这种特征后面正是他深沉的性情。避世后的默思,心接宇宙的静观,使这位孤独者趋向除却冗杂的画风,像哲人的理性思辨一样,他精练笔下的每一条线,用它严谨地构筑意念中的世界。

弘仁自己也认为他学法倪瓒,曾有诗曰:"迂翁笔墨予家宝,岁岁焚香供作师。"除了倪瓒山水章法上的简约、笔墨上的秀逸对弘仁有影响外,倪瓒自命高洁、不食人间烟火的气质也与弘仁隔世相知。但是,尽管二人心境与画风有某些暗合之处,毕竟不能将弘仁比作倪瓒。遁入空门的弘仁心灵与意志经受了更为深重的抗争与搏斗,只有在大自然的怀抱中,他才获得了精神的平衡。除了有类于倪瓒冷漠、萧疏的基调外，他还给画中的山水注入了哲理化的宗教精神。和他的许多画作一样，《雨后春深》也是以一堵山石将通往远方的景色隔断，前景画到视野的最近处，形成一个封闭的空间。彼岸世界的虚象成了画中可住居的实景，这个封闭的空间正是画家所寻求的一隅净土。这里的"净"不再是画外的概念。远近分明的山石袒露着胸襟，不着一点墨迹笔痕的水面好似未染尘埃的明镜，坡地和庭院前后也不生杂草，犹如被春雨洗涤过一般明洁……这些都是"净"的形象体现。"净"的同时是画境的静，山山水水空括一片静谧，如在等候着僧人——僧人在万念俱寂中，用他明澈了悟的慧眼，看到了他心中情感投射的自然。

题在画面右上方的诗是："雨余复雨鹃声急，能不于斯感暮春。花事既零吟莫倦，松风还可慰宵晨。"画家是那样敏感，鹃的啼声传到了"丰溪书舍"，使他感慨春的零落，"感"而命笔，鹃的啼声反衬出让人屏息的静。

弘仁在他家乡成为"新安四家"领袖，学其画风者也不少，但终究没有人达到他那般纯化的境界。他的画传到了东瀛，在那里也有相当多的知音。他溘然圆寂之时，日本的松尾芭蕉已经在俳坛上初露头角，芭蕉有一首著名的俳句："古池塘，青蛙跳入水声响。"其幽思微情与弘仁的这幅画可谓声色相闻。或许，只有同一种东方心灵，才能达到那神秘的空寂……

孔尚任与《桃花扇》

孔尚任（公元1648～1718年），字聘之，又字季重，号东塘，别号岸堂，自号云亭山人，山东曲阜人，孔子六十四代孙。作为深受儒家文化熏陶的文人，孔尚任渴望进入仕途，建立功名。但参加科举考试，却连乡试都没有通过。32岁时，孔尚任在曲阜附近的石门山中开始了隐居读书的生活。可是他的心并没有忘记功名事业。34岁时，他"尽典负郭田，纳一国子监生"。康熙二十三年（公元1684年），康熙南巡，北归途中经过曲阜，祭祀孔子，孔尚任被选为御前讲经人员，因讲《大学》首节受到皇帝褒奖，"不拘定例，额外议用"，破格任命为国子监博士。康熙二十四年到京赴任，由此开始了他的仕宦生涯。先后出任户部主事、宝泉局监铸、户部广东司员外郎等。公元1699年，《桃花扇》传奇脱稿，随即被广泛传抄，连康熙皇帝也令内侍来索要剧本。

孔尚任的诗文作品很多，有《湖海集》《岸堂集》《石门集》《长留集》等，今人汪蔚林汇辑为《孔尚任诗文集》出版。戏曲剧本除《桃花扇》外，还有与顾彩合作的《小忽雷》传奇，亦存。

《桃花扇》为传奇剧本，是一出写南明王朝兴亡的历史剧。作品以明末复社名士侯方域与秦淮名妓李香君的爱情故事为线索，侯因敢于反对阉党余孽，深受香君敬重，两人萌发爱情，侯题诗扇赠香君，以为信物。阉党阮大铖得知此事后阴谋拉拢收买侯方域，他通过画家杨龙友示意方域，愿代出资，使两人结合。方域初有允意，幸亏香君深明大义，坚决辞却了阮大铖暗中为她置办的妆奁，以自己鲜明的政治态度影响了侯方域，方域受其激励而拒绝。后阮大铖又寻机诬陷侯方域内通左良玉，方域被迫只身逃离南京，投奔督师扬州的史可法。不久阮大铖追随马士英迎立福王，更加疯狂地迫害复社人士，并逼迫香君嫁与漕抚田仰为妾。香君宁死不从，血染方域当年所赠诗扇。杨龙友采摘花汁，点染成桃图，这就是所谓的桃花扇。很快清军南下，攻陷南京，方域与香君在避难栖霞山时，相遇于白云庵，两人取出桃花扇叙旧，并相约出家。

《桃花扇》剧本虽以侯李爱情为剧作的主要线索，但全然摆脱了才子佳人爱情的旧套，进一步发展了《浣纱记》传奇以爱情为线索表现历史兴亡的写作手法。在剧本中，南明王朝政治形势的变化，直接影响着侯李二人的悲欢离合。剧中的爱情、爱情的主角，明显带有政治的色彩。

《桃花扇》剧本结构严谨，将以物为线、以事为线的传统叙事方式发挥得淋漓尽致。以事为线，即通过侯李二人的悲欢离合表现南明兴亡的事迹，使纷乱的史实、形形色色的人物，变得条理分明。

同时，剧本在结撰时，也很注意避免厌套。"排场有起伏转折，俱独辟境界。突如其来，倏然而去，令观者不能预拟其局面。凡局面可拟者，即厌套也。"（《桃花扇·凡例》）这一点突出体现在剧本的结局处理。在剧本的结尾，侯李二人劫后重逢，但孔尚任不用传奇剧本生旦团圆的惯例，而写二人花月缘断，各个修真学道而去。

《桃花扇》剧本的人物塑造值得称道。全剧登场人物众多，上自皇帝、文臣武将，下至落魄文人、青楼歌女、说书艺人、唱曲先生，来去纷纷，杂而不乱。对人物的刻画能够从生活出发，写出人物性格的复杂性。比如，杨龙友在剧中就是一个色彩斑斓、亦好亦坏的人物。他能诗善画，风流自赏。与权奸马士英是亲戚，与阮大铖是朋友，同时又与清流尤其是侯方域交往。他在权奸与清流间来往穿梭，两面逢源。在剧本中，杨龙友为赏识香君的才色，帮助侯方域成就好事；却又给阮大铖出主意，让其代出梳拢之资，由此结纳复社文人。

后来田仰欲寻美妓为妾，杨龙友复托人游说李香君，但悍仆强娶香君时，杨龙友又从中斡旋，设计让香君之母代替香君出嫁，并颇为自得地以为是一举四得："贞丽从良，香君守节，雪了阮兄之恨，全了马舅之威！"杨龙友的形象可谓八面玲珑。剧本的刻画既分寸合度，又符合生活的真实。

蒲松龄与《聊斋志异》

明崇祯年间，在蒲家庄内，一户蒲姓人家的第三个儿子出生了，这个孩子出生的时候，他的父亲梦见一个偏袒着上衣、胸口贴着圆如铜钱的膏药的病瘦和尚进了屋子，虽然这个梦不知道作何解释，但是这个与梦同生的孩子，从小就显示出了他的过人之处，甚有才华。

这第三个孩子被蒲家父母取名为蒲松龄，因为家道中落，没办法为孩子们请老师，蒲松龄及其哥哥弟弟，便都在家中跟随父亲学习。蒲松龄天资聪慧，看过的书籍能过目不忘，得到父亲的钟爱。18岁时，蒲松龄与刘国鼎的二女儿成亲，之后，开始自己求取功名的历程。蒲松龄在初次应试童试的时候，写的文章得到山东学史施闰章的赞赏。他的文章不似一般刻板的八股文，行云流水，酣畅淋漓。施闰章对其赞赏有加，并希望蒲松龄多写此类好文章。施闰章的赏识，让年轻的蒲松龄很欣喜，他踌躇满志参加考试，但在之后，却屡试不第。当时，如施闰章一样只看文章，不讲究规制的人比较少。蒲松龄的文章在施闰章看来，是篇篇佳作，但在别的考官眼中，却是与考试规制不符，这让蒲松龄很茫然。蒲松龄在外求学时，家中兄弟家变分家，但是没有影响他的求学之念。为了节约时间，他接受外甥的建议，去李家假馆借读，可是没过多久，因为分家导致自己家中破败，老屋三间，家徒四壁的情况出现，妻子儿女等着蒲松龄去养活，这样窘迫的境况，让蒲松龄不得不终止借读，去城西王村开始自己私塾老师的生涯。

几年后，蒲松龄的收入渐渐难以维持家中妻子及三个儿女的生计，为了解决生活问题，同时也为了开阔眼界，蒲松龄应聘于江苏宝应县令孙蕙，去县署做幕宾。当时的宝应因为连年水灾，百姓流离失所，孙蕙在此担任职务，处境很困难。蒲松龄到来后帮了他不少大忙，他代孙蕙拟出的文书，大都体现州县官吏的艰辛、灾区的惨状以及百姓的困苦，为孙蕙赢得了一定的声望。从家乡南下到宝应，蒲松龄见到了许多秀丽风光，这激发了他的创作热情，同时，他亲眼看见的仕途险恶、社会黑暗以及百姓的凄苦，又为他的文学创作提供了更深广的生活感受。

做幕宾虽然能维持生计，但是却不能圆蒲松龄的科举梦，于是，他决意辞幕，在离开家乡一年后北归。接下来近十年时间，是蒲松龄最艰难的日子，他满以为凭借自己的才智，会顺利通过科举考试而得以大展宏图，但事与愿违，他数次落榜，壮志难酬。科举无望，人到中年的蒲松龄，身负养家重担，在人生道路上艰难挣扎。

应试数十年，满腹才华却无人欣赏，为了解决生计问题还不得不常常去一些乡绅家里做老师，以换得报酬。蒲松龄的心终于凉了。他对科举不再抱有期望，但生活的困顿和科举的失意没有磨灭他创作的勇气。年轻时就着手创作的《聊斋志异》在这时候又开始继续被书写。写作《聊斋志异》时，蒲松龄在同县的毕家做塾师，毕家有万卷藏书，加上馆东对他很支持，蒲松龄的创作条件好了许多，因此得以将精力投入到搜集素材和构思创作中。《聊斋志异》是一部积极的浪漫主义作品，蒲松龄为了表达自己的理想，解决现实中无法解决的问题，在文中虚构了大量虚无变幻的情节，并且对人物的塑造，也大都以花妖狐魅的女性形象为主。这些奇思异想，或许就是蒲松龄对现实生活的一种另类反抗。

在科举道路上落魄一辈子之后，蒲松龄没能成为王侯将相；在文学创作的道路上奋斗一辈子之后，他的《聊斋志异》流传至今。当蒲松龄须发皆白，在清冷的窗前感叹着自己的人生，凄凉地离开人世时，他或许没有想到，许多在科举中出人头地的达官贵胄们，没有被世人记住姓名，而他一个屡试不第的科举失败者，却最终名传千古。

曹雪芹与《红楼梦》

曹雪芹生活在公元 1715 年到 1763 年之间，名霑，字梦阮，号雪芹，他还有两个别号"芹圃"和"芹溪"。曹雪芹的祖上原是汉人，明末入满洲籍，属于内务府正白旗下。后来曹雪芹的曾祖母，即曹玺之妻孙氏被选为康熙帝的乳母，因此皇帝对曹家多有厚顾。康熙二年（公元 1663 年），曹玺被任命为江宁织造，这是内务府的肥缺，除了为宫廷置办各种御用物品外，还充当皇上耳目，访察江南吏治民情。曹玺之子曹寅做过康熙的伴读，与皇上有着非同寻常的关系，在任江宁织造时兼任过四次两淮巡盐御史。当时曹家是江南门第显贵的望族，朱门府第，钟鸣鼎食，皇上还曾指婚，将曹寅之女嫁给平郡王做王妃。康熙 6 次南巡，就有 4 次由曹寅负责接驾。曹家也是"诗礼之家"，曹寅是当时著名的诗人、学者和藏书家，由于文才和名望，江南不少士子文人与之结交。这种家庭环境，对曹雪芹文学才能的造就有着很大的影响,曹雪芹生在南京,少年时曾经历了一段荣华富贵的贵族生活。

雍正帝继位后,曹家的命运发生了不可逆转的戏剧性变化。公元1727年,曹頫被罢官,并以"织造款项亏空""骚扰驿站"的罪名被抄家,曹家失势。十三四岁的曹雪芹随着全家迁到了北京,开始了生计艰难的清贫生活。他曾在一家学堂当过掌管文墨的杂差,终其一生贫困潦倒,生活艰难。晚年移居北京西郊,生活更加穷苦。公元1762年,由于幼子夭亡,他悲痛至极,这一年的除夕就因贫病交加而与世长辞。《红楼梦》是他留在世上唯一的,也是最宝贵的财富。

曹雪芹有感于家世从鲜花着锦之盛到凋零衰败之境的巨大落差,对人生兴衰和世道无情的深切体验也使他摆脱了贵族视角的褊狭,看到了封建贵族家庭不可挽回的颓败之势,同时也产生了幻灭感伤的情绪,这些就催生了《红楼梦》。《红楼梦》原名《石头记》,最初的雏形是《风月宝鉴》,后来,曹雪芹把它的内容进行了扩充,修改增删,最终成为《红楼梦》。在乾隆十九年(公元1754年)以前,《红楼梦》的初稿就已完成,并以80回抄本的形式在社会上流传,有脂砚斋、畸笏叟等人的评本。曹雪芹笔耕不辍,乾隆二十七年时已"批阅十载,增删五次"。然而他的幼子就在这一年夭亡,有病卧床的曹雪芹无力医治,也凄凉地离开了人世。遗憾的是《红楼梦》虽已有了完整的构思和安排,但80回之后却没来得及写,我们现在看到的120回本《红楼梦》的后40回是后人补续的。

"字字看来皆是血,十年辛苦不寻常",这真是概括了曹雪芹著《红楼梦》的艰辛。这部著作以封建贵族的家庭生活为素材,用贾宝玉和林黛玉的爱情悲剧以及贾宝玉和薛宝钗的婚姻悲剧作为经线,纵向剖析了导致这两个悲剧的深刻社会根源;同时,又以贾府的兴衰作为纬线,并通过贾、史、王、薛四大家族间卫道者和叛逆者间的矛盾冲突,横向展开了由多重角色构成的广阔的社会生活环境,揭露出封建社会的种种罪恶以及人们无法克服的内在矛盾,反映了当时中国的社会现实,有力地抨击了封建贵族家庭的腐败、荒淫,同时预示着封建制度即将濒于崩溃和必然灭亡的历史趋势。《红楼梦》生动详细地描绘了当时世俗日常生活,塑造了众多有血有肉、个性鲜明的人物形象,叙事艺术也十分高超,不管是思想上还是艺术上,《红楼梦》都超过了以往小说的成就,达到了我国古典小说的顶峰。

《红楼梦》在中国文学史上具有崇高的地位和深远的影响,在它之后出现了一大批续书和仿作,还多次被搬上舞台,深刻影响了后世的小说创作。《红楼梦》引起人们研究兴趣，还形成了专门的"红学"。《红楼梦》是属于中国，也是属于世界的，在国外也产生了诸多影响，是世界人民共同的精神财富。

乾隆帝文治武功

  乾隆帝，是清朝第五代皇帝。生于康熙五十年（公元 1711 年），卒于嘉庆四年（公元 1799 年），是雍正的第四个儿子，在位 60 年，退位后还当了三年太上皇，终年 88 岁。乾隆即位时，实行了宽猛互济的政策，务实足国，停止捐纳，平定叛乱，重视农桑等，充分体现了他的文治武功。乾隆精于骑射，向慕风雅，笔墨留于大江南北，而且是一个很知名的文物收藏家。但是乾隆为人重奢靡的生活，晚年时国库接近空虚，还重用贪官和珅，以至于在他晚年，农民起义层出不穷，也标志着清王朝从强盛走向衰败。

  弘历是雍正皇帝诸子中，能力和才华最出色的一位，在他幼年时就精于武术，喜欢艺术创作，因此深得祖父康熙的喜爱。在弘历 11 岁时，雍正就秘密建储，封他为和硕宝亲王。弘历经常以钦差的身份出京，行事稳重谨慎，恩威并施，很有政治天分，也因此经常参与军国要务。公元 1735 年，雍正驾崩，弘历顺利继承皇位。

  乾隆帝的"文治"主要表现在对政治、经济、文化方面的贡献。乾隆帝即位后，政治上避其祖宽父严的弊端，实行了"宽严相济"之策，整顿吏治，整理各项典章制度，优待士人，抚慰雍正朝受打击的宗室。在经济上，乾隆奖励垦荒，兴修水利，全国呈现出一派繁荣昌盛之景。从乾隆初年至中期左右，这是乾隆政治生命力最活跃的时期，也是备受后人称颂的时期。乾隆风流儒雅，喜欢著文吟诗，其诗作竟达四万二千余首，堪与《全唐诗》媲美。乾隆还非常重视文物典籍的收藏和整理，令人编成《石渠宝笈》和《西清古鉴》等书。乾隆最为突出的文化成就主要体现在全国范围内征集图书，编纂《四库全书》。

  乾隆曾六次下江南，六莅五台，奠孔林等，木兰秋狝达数十次之多，还多次在避暑山庄召见西北边疆少数民族首领，乾隆的这些举动对发展清朝的经济、巩固统治、安定边疆起到了重要的作用。

  在"武功"上，乾隆也技艺超群，有"十全武功"之称。乾隆即位后，曾先后两次平定西北的准噶尔部，一次平定新疆的回纥部，两次征服大小金川，还有一次镇压台湾林爽文起义，曾远征越南、缅甸和尼泊尔。在诸多战役中，平定准噶尔部对后世有着深远的影响。在康熙执政期间，蒙古准噶尔部首领噶尔丹被击败，但是他的侄子策布阿拉布坦在西北势力仍然很强，控制着西藏、青海、新疆等地，还时常与朝廷作对。在策布阿拉布坦死后，由他的儿子噶尔丹策零统领其众。

乾隆即位后，准噶尔部正发生内乱，公元1755年乾隆帝出兵，占领了伊犁。公元1757年再次出兵，完全消灭了准噶尔部的反叛势力。这场战争，从康熙时算起，已经持续了将近七十年。平定准噶尔部之后，维吾尔族首领大和卓木、小和卓木又在新疆煽动各部反清。于是，乾隆第三次向西北发兵。三年后，平定了大小和卓木叛乱。并在伊犁设将军，在喀什等地设了领队大臣、参赞大臣等职，还大幅度缩减了维吾尔族地区的赋税。西北安定下来，从此被控制在中央政权之下。在乾隆帝统治中期，西南的大小金川也发动叛乱，乾隆用了将近三十年的时间平叛，最终擒杀了两名主帅，使西南得以稳定。

乾隆在位时期，还令新疆、蒙古、四川、贵州等地相继改土归流，使人口不断增加，突破了3亿人，约占当时世界人口的三分之一，创中国封建社会最后一个盛世——"康乾盛世"。

编纂《四库全书》

公元1772年二月，乾隆发布上谕，要求全国各地开始为编纂《四库全书》征集孤本、珍本藏书，包括前朝作品和本朝名著。这道旨令一下，各地图书果然源源不绝地送到北京。征书工作历时七年，全国各地送的图书达一万多种，再加上宫廷内部原来收藏的大量图书，数量就很可观了。公元1773年，乾隆帝下令开设四库全书馆，担任编纂官的都是当时一些比较有名的学者，像戴震、姚鼐、纪昀等人。

书收集起来后，为了维护大清王朝的威严，乾隆皇帝下令，凡涉及明末清初历史而又不利于清朝的书籍，都要彻底销毁，甚至一些倡导民族大义的书也都被烧掉。更为滑稽的是，像顾炎武的《音学五书》一类根本没涉及政治的书籍，都被连版销毁。被销毁的书中，有些还侥幸保存了一个书目，仅存书目的书就达六千七百余部，九万三千五百多卷。因此，《四库全书》的编辑无形中成了对中国传统文化的一场大浩劫。

但是不管乾隆的动机怎样，这部规模浩大的《四库全书》到底还是编出来了，而且完好地保存下来。《四库全书》的总编纂纪昀在编写过程中发挥了极其重要的作用，他踏实苦干，治学严谨，每当得到一部书时，他都叫人写一篇内容提要，介绍作者的生平、书籍的版本、内容及简单的评价，汇编成为《四库全书总目提要》和《四库全书简明目录》，便于人们检索查阅。

学者们对大批图书进行编辑、校勘、抄写，足足花了十年工夫，到公元1782年，《四库全书》才算正式完成。《四库全书》是封建社会官方修订的最大丛书，卷数是明朝大型类书《永乐大典》的三倍多。《四库全书》编成后，为了整齐美观，一律手抄，先后抄了七部，分别收藏在皇宫、圆明园、热河行宫（今河北承德）、奉天（今辽宁沈阳）、杭州、镇江、扬州，其中三部后来在战争中被烧毁了。《四库全书》为保存和研究我国古代灿烂丰富的文化遗产，做出了巨大的贡献。有人甚至将它和万里长城、大运河并称为中国古代三大工程。

胡中藻之狱

胡中藻，号坚磨生，江西新建人，乾隆元年进士，官内阁学士，兼侍郎衔。胡中藻平日以韩愈自喻，自视甚高，又好攀缘权贵，自诩为鄂尔泰第一弟子。

鄂尔泰何许人也？鄂尔泰为满洲镶蓝旗人，姓西林觉罗氏。康熙三十八年中举。但在中年以前，鄂尔泰官运未通，不过充任宫廷侍卫、内务府员外郎之类小官。雍正登基后，对鄂尔泰十分欣赏。从此鄂尔泰平步青云，历任封疆大吏，雍正十年又由云贵总督任上内召拜相。并盖过已居内阁首辅的军机大臣张廷玉，一时显赫尊崇已极，无以复加。

其实在朝廷中，地位能与鄂尔泰相抗衡的，唯有张廷玉。张氏出身安徽桐城名门望族，早年中进士，点翰林，康熙五十五年官拜礼部侍郎，雍正即位后，张廷玉同样受到殊遇隆恩，只不过身为汉人，在满族贵族统治者尊满抑汉的政策下，较之满人的鄂尔泰不得不稍逊一筹罢了。

雍正死后留下遗诏，准鄂尔泰、张廷玉身后配享太庙，这是做臣子的最高荣誉了，乾隆即位，鄂、张都被任命为辅政大臣。但是，鄂、张两个却互争高下，互相争斗。两位重臣对立，下属官员也纷纷各投鄂、张门下，形成两大派系。历来皇权的重大威胁，即为臣工结为朋党。对此乾隆采取了严厉的措施。首先揪出鄂尔泰的门生、御史仲永檀，打击鄂系势力，接着又抓住张廷玉言行小过，将张廷玉削去伯爵。

乾隆十四年（公元1749年）鄂尔泰病故。次年，张廷玉也灰溜溜地回到桐城老家。但乾隆并未就此罢手，他认为鄂、张两派朋党势力尚存，需要采取进一步的措施，将其彻底剪除，胡中藻诗案正是乾隆打击朋党的借口而已。

胡中藻是鄂尔泰的高足，鄂派官僚中的一位重要人物。同时，胡中藻又与鄂尔泰侄子、甘肃巡抚鄂昌相友善，打击胡中藻，很容易就此将鄂派党人一网打尽，同时给张派党人以极大的震慑。

既为文人，便好舞文弄墨，卖弄风雅。胡中藻诗文更是好用怪僻之语，自炫新奇，他还将诗作结为《坚磨生诗钞》一集印行。胡中藻万没想到自己好攀缘、爱标榜和喜卖弄引来了杀身之祸，成为乾隆剪除朋党的第一个牺牲品。

为罗织胡中藻的罪名，乾隆首先让曾任军机处行走的蒋溥从胡中藻的《坚磨生诗钞》中寻找"罪证"。到乾隆二十年，乾隆便下手拿胡中藻开刀了。

乾隆二十年二月二十六日，乾清宫侍卫哈清阿和理藩院侍郎富森在江西新建将胡中藻拿获，随即解往京师。

在拿获胡中藻的同时，广西巡抚卫哲治奉谕将胡中藻任广西学政时所出试题及与人唱和诗三十六首上呈圣鉴；陕甘总督刘统勋奉旨查抄甘肃巡抚鄂昌抚署，搜查鄂昌与胡中藻往来应酬诗文、书信及其他文字；另外，将为胡中藻《坚磨生诗钞》作序和刊刻传播的侍郎张泰开严加讯究。

三月十三日，乾隆从泰陵返京途中驻跸韩村行宫，召集大学士、九卿、翰林、詹事和科道等，谕示将张泰开革职交刑部，胡中藻、鄂昌候拿解来京后交大学士、九卿、翰林、詹事、科道共同逐节严审。乾隆在其谕示中，给胡中藻《坚磨生诗钞》罗列了一串吓人的罪名，他指斥胡中藻："出身科目，名列清华，而鬼蜮为心，于语言吟咏之间，肆其悖逆和诋讪怨望。"

胡中藻是怎样于语言吟咏之间，肆其悖逆和诋讪怨望的呢？首先，胡中藻以"坚磨生"为号，"诚是何心"？！胡中藻诗文，在乾隆看来，无一不是鸱张猖吠，恶意攻击：

"一世无日月"，"又降一世夏秋冬"，是怀念明朝，攻击清朝；

"一把心肠论浊清"，胡中藻竟然把"浊"字加在国号"清"字上面，"是何肺腑"？

"斯文欲被蛮满洲"，显系诬蔑满人；

"老佛如今无病病，朝门闻说不开开"，这是攻击乾隆不临朝，乾隆说："朕每日听政，召见臣工，何乃有朝门不开之语？"

《进呈南巡诗》本是歌功颂德之作，但问题更大，"三才生后生"，三才为天地人，生为三才之后，不是骂为禽兽？真是狗胆包天，罪不胜诛！

"孝贤皇后之丧"一诗内，有"并花已觉单无蒂"，本是赞颂帝后恩爱之语，乾隆反咬说胡中藻是暗指孝贤皇后干政，"朕亦何尝令其干预朝政，骄纵外家之事？"拍马屁也拍出大祸。

"记出西林第一门"，西林者，西林觉罗，鄂尔泰姓也。乾隆骂道："攀援门户，恬不知耻。"骂的是胡中藻，指的则是鄂尔泰及其一党。

乾隆也是好卖弄之人。他说当初初见胡中藻进呈的诗文，语多险僻，就知他"心术不正"，因此在其出任广西学政时，训示他论文取士，宜崇平正。而胡中藻诗中，竟有"下眼训平夷"之句，乾隆说"下眼"，既为垂照之义，又可为识力卑下之意，因此胡中藻是借双关语来骂他。

胡中藻曾出试题：《孝经》又有乾三爻不像龙说。乾隆说，龙与隆同音，胡中藻是借试题诋毁乾隆。

如此罗织，哪一条不成罪名，哪一条罪名不是十恶不赦？

乾隆皇帝绝不是神经过敏，而是用心极深。他的训谕最后说，他见胡中藻诗已著数年，相信必有明大义的人来参奏，但是在廷诸臣及言官中，并无一人参奏，"足见相习成风，牢不可破"，因而不得不由他自己来"申我国法，正尔嚣风"。与胡中藻相关的臣工们，尤其是鄂尔泰一班人马，哪个不悚然而惧？

胡中藻既违天叛道，覆载不容，犯的是大逆之罪，按律应当凌迟处死。但乾隆帝"宽厚"为怀，免胡中藻凌迟，即行处斩。乾隆二十年四月十一日，胡中藻被斩首示众。

其实，乾隆杀胡中藻，并不是目的。这样做，就是以胡中藻案为突破口，狠狠打击鄂尔泰一派官僚。

马戛尔尼使中华

乾隆晚年，英国派出一个由贵族马戛尔尼伯爵为首的外交使团，于公元1792年出使中国。那时间，英国经过产业革命，并发展航海业，继西班牙、荷兰之后，已经成了西方最大的殖民主义强国。它在控制了印度之后，很想打开中华的大门，掠夺这块富饶土地上的财宝。但中国对他们来说是非常神秘的，为了试探，派马戛尔尼备了礼品带着包括许多技术人员在内的135人组成的使团来到中国，希望通过谈判得到一些利益。

乾隆帝接到英国使臣要来的报告，非常高兴。因为他的82岁生日将到，届时要在承德行宫避暑山庄举行隆重的庆典。一些属国的使节将要前来行礼，如果英国使者也能同时到达，与各国使者同时跪倒在他的面前，就能载入史册，向后世炫耀。

英国使团的船队经过将近一年时间的航行，终于到达天津大沽口，早已等在那里的直隶总督梁肯堂和钦差大臣徵瑞立即派人上船欢迎，并送去了大批食品。食品品种之众，数量之多，使马戛尔尼等英国人叹为观止，认为只有东方人才有这样大方的招待。第二天，梁肯堂又派人将四桌丰盛酒菜送到英使船上，其中，每桌的菜品就有48种之多，使洋人对中餐大饱眼福，大开胃口。随后，马戛尔尼等人改乘小船，经天津驶往北京，在北京圆明园稍事休息，又改行旱路乘马车前往承德。他们来到行宫，换上礼服，列队奏乐，走进避暑山庄。他们的长相、服饰和举动使清朝的官员也大为诧异。

这时出现了一件麻烦事，英使与中国皇帝相见时该用什么样的礼节？按照西方的习惯，是握手、拥抱、亲吻，堂堂中国皇帝的"龙体"岂容"夷人"接触。特别是亲吻，那"夷人"老长的胡子，满嘴的唾沫，还有那碧绿的眼珠，见了就使人望而生畏，怎能和"龙颜"相碰？马戛尔尼尊重中国人的习惯，同意把这一套免了，但也不肯按中国的要求对乾隆帝行三跪九叩大礼。马戛尔尼说："我国与那些贵国的附属国不同，本人是使者，代表国家的尊严，不能跪着去见贵国皇帝。"

乾隆如此优厚英国来使，要的就是他们行跪拜之礼，以显示"天朝威严"。他听说马戛尔尼不肯行跪拜之礼，自尊心受到极大伤害，大发雷霆，训斥身边的大臣说："英国使臣如此不懂规矩，朕很不高兴，都是你们过分优待，才使英人骄横不驯，不服天朝法度，这样无知的'外夷'不值得以礼相待。"

为了打开僵局，经过双方谈判，都做些让步，因为乾隆帝为了使自己寿庆增加"色彩"，而马戛尔尼怕影响自己使命的完成，便达成了单腿跪见的"协议"。英国也是君主国家，大臣见皇帝也是单腿跪见。乾隆帝认为单腿跪也是跪，就勉强同意了。

乾隆帝的寿庆如期进行，各国使臣行礼如仪，行三跪九叩大礼，唯独马戛尔尼单腿跪见。只见他身穿燕尾服，脚裹绑腿，足蹬长靴，一条瘦长的细腿跪于地上，使中国官员认为"夷人"比中国妇女"缠足"更甚，还"缠了腿"哩。虽显得不伦不类，倒也别有风味，足以显示出"万邦来朝"的盛况。

马戛尔尼高举外镶钻石、内装英王书信的木匣，呈送乾隆皇帝手中。乾隆帝接过匣子交给一旁的大学士，又拿一柄半尺长的玉如意，请马戛尔尼转呈英国国王。接着双方又赠送了一些私人礼品。行礼后就是盛大的宴会，宾主相敬，很为得体。

寿典过后，乾隆帝下令欢送马戛尔尼回国，但马戛尔尼却碍于使命尚未完成，要与中国谈判，赖着不肯走，他向清朝陪同官员提出要互派大使。

乾隆皇帝和清政府一向妄自尊大地认为外国都是"蛮夷"小国，自命为"天朝大国"。这次让英国使者来中国，不过是为了满足"万邦朝贺"的虚荣心，哪肯让"夷人"长驻北京，待在自己的身边？他还是让大臣示意使者回去。

马戛尔尼见建交不成，又提出了一些要求，例如，允许英国人在舟山、宁波、天津经商。允许英国人在北京设立洋行，在舟山和广州附近划出一块地方归英商居住；自澳门运往广州的英国货免税，英国商品按中国税率征税等。

乾隆本来就对英使来华存有戒心，现在"图穷匕见"，英使果然提出了许多要求。他断然拒绝说："我们天朝物产丰富，无所不有，不需要外夷的货物。因茶叶、瓷器、丝绸等是西洋各国必需的，朕已体谅他们的难处，准许在澳门开设洋行，以供他们所需，至于额外贸易之事，与天朝法度不合，不准进行。"至于英国提出的领土要求，乾隆帝的态度更为强硬："天朝法制森严，每一尺土地都载于版图，不容分割。"

马戛尔尼见自己提出的要求，一项也未实现，只好领着使团回国了。但是，他们在中国也探听、收集了不少重要的有关经济、交通和军事方面的情报，为以后侵略中国做了准备。

后来，在嘉庆帝时，英国也曾派使团来过中国，结果也是无获而归。

马戛尔尼使华是英国殖民主义者窥伺中国野心的表现。乾隆帝和清政府一方面拒绝了英国人的无理要求，维护了民族尊严；另一方面也显示了他们对世界形势的无知。这种唯我独尊的锁国政策，不仅使中国的发展远远落后于西方各国，还给西方列强侵华造成了可乘之机。

大贪官和珅

和珅（公元 1750~1799 年），钮祜禄氏，原名善保，字致斋，自号嘉乐堂、十笏园、绿野亭主人，满洲正红旗。和珅自幼家贫，因是八旗子弟，所以也学会了游手好闲，成了当地有名的无赖。和珅得宠于乾隆是在乾隆三十四年（公元 1769

年），当时，这位满族正红旗出身的青年才19岁，在乾隆皇帝身边当杂差，只是个小小的校尉。一天，乾隆正要坐轿出行，也不知是他想起了哪件不如意的政务，还是看到轿上的仪仗没有备齐，就生气地问："虎兕出于柙，是谁之过欤？"一旁的人听皇帝开口责问，知道他生了气，都吓得低下脑袋，不敢吭一声。唯独和珅在旁应了一句："岂非典守者之过邪？"皇帝要追究责任，用的是《论语》上的句子，和珅回答，也巧妙地用了《四书》中的一句。乾隆很高兴，就把他叫到身边，问了一些话。不久，和珅便当上了仪仗总管，几个月中，和珅渐渐摸透了乾隆的心思，专拣皇上爱听的说，又升官成为侍卫兼副都统。乾隆身边，终于出现了一位飞黄腾达的宠臣。

和珅升官的速度着实让人吃惊，自从乾隆三十四年被皇帝相中以后，第二年就担任了户部侍郎、军机大臣、内务府大臣，又过了五年，和珅成为户部尚书、议政大臣。到乾隆四十五年（公元1780年），和珅未成年的儿子，成为乾隆皇帝最小的女儿的驸马，从此以后，和珅便成为皇亲国戚，朝廷里的大红人。

一朝权在手，和珅便开始了结党营私，贪赃枉法的活动。他最强有力的倚靠，便是皇帝。哪个得罪了他，他就会在乾隆心情不好的时候，开口说那人的坏话，十有八九，那个人便要受到皇帝的惩处。谁要是犯了罪，只要送给和珅厚礼，他就会趁皇帝高兴的时候，说上几句好话，于是大事化小，小事化了，送礼的人便逃过了一次劫难。

和珅是户部尚书，掌握着国家财政大权；他又管着内务府，皇家财产也由他经管。国库里的，皇室的财物，他可以随心所欲往家里拿，各地向皇帝进贡的珍宝，只要他看得上眼，便从中截留了，不再向皇宫里送。

有一天，两广总督孙士毅在宫门外等待乾隆召见，和珅正好路过，见他手里捧着件稀罕之物，便上前打量了一番。那是个用鸽蛋般大小的珍珠制成的鼻烟壶，玲珑剔透，价值连城。和珅不禁贪心大起，涎着脸对孙士毅说："这玩意儿就给了我吧！"孙士毅满脸的尴尬，吞吞吐吐说了句："此物已禀报了皇上，我正候旨进献，实在不敢转送大人。"

和珅听了，冷冷一笑，说了声："我跟你开个玩笑，看把你吓的。"就把这事搁下了。过了几天，和珅又遇上孙士毅，他开口就说："我也得了个鼻烟壶，跟你那天的一模一样。"孙士毅一瞧，吓得目瞪口呆，原来和珅手里的那壶，便是自己贡奉给皇上的。孙士毅本以为是皇上恩赐，谁知打听下来，根本没那回事。他知道和珅一定在宫里弄了手脚，偷出那壶，据为己有。

对一件进献皇上的珍宝，和珅都敢这么胆大妄为，对各级官吏，他更是大着胆子索贿受贿。两淮地区的盐政，是当时最肥的缺。谁要想谋得这个职位，非给和珅送重礼不可。有一个叫徵瑞的盐政官，在任期间就送了和珅四十万两白银。至于各路军队的将军们为了给和珅送礼，不得不克扣军饷。从此，军政各方，贪污之风日盛，和珅把官场搞得乌烟瘴气，几乎到了不可收拾的地步，而乾隆却已老朽昏庸，什么事都交给和珅去办。

照说朝廷里还有谏官，他们的职责就是向皇帝举报违法的官吏。但是，和珅却有杜绝言路的办法，把一帮亲信拉进了御史队伍。和珅让自己的几位老师在朝廷里任高官，有的掌着科举，有的担任御史。最老的一位是两江总督苏凌阿，他当大学士的时候，两眼昏花，连人也辨不清了，走路都要人搀扶，但他跟和珅的弟弟是亲家，居然当上朝廷重臣，成了和珅的"活傀儡"，这种人当然不会出面弹劾和珅。

偶尔也有个把御史气不过，找机会弹劾与和珅有牵连的人，和珅却总能想办法遮掩过去。一位叫曹锡保的御史曾经弹劾和珅的家奴刘全，说他造的屋子超过了规定，这是一桩犯禁的大罪。和珅事前知道了，马上派人通知刘全，连夜把太大的房子拆了。到第二天，乾隆派人去调查，一切证据均已毁去，曹锡保反而落了个诬告，受到革职留任的处分。

和珅就是用这样的办法把持了朝政 20 多年，直到乾隆六十年（公元 1795 年）之后，乾隆退位当了太上皇，嘉庆登基之后，他的罪行才逐渐败露。

和珅是第一个知道嘉庆将继任皇位的人，于是，他立刻捧了一柄玉如意去送给嘉庆，表示自己拥戴嘉庆。但是，嘉庆早就知道和珅是位贪官，一点也没买他的账。只是因为乾隆还在，只得跟和珅敷衍着混日子。

嘉庆四年（公元 1799 年）正月，乾隆皇帝活到 88 岁终于死了。就在当月，嘉庆突然下令，将和珅捉拿下狱问罪，一面派王公大臣联席审问和珅，一面派人抄了和珅的家。

审讯还没结束，抄家的结果却出来了。查抄出来的东西，除了金银玉器等珍宝以外，还有金银元宝各 1000 个，沙金 200 余万两，赤金 480 万两，白银 940 万两。再加上种种银号、当铺、古玩店、田地等折合成银钱，总计有白银 8 亿两到 10 亿两，抵得上朝廷 10 年的收入。

嘉庆皇帝当即宣布了和珅 20 条罪状。许多大臣建议，要凌迟处死和珅。嘉庆却以为他毕竟是乾隆的宠臣，罪定得重了，有损乾隆的名声，只下了道旨令，让他在狱中上吊自杀。一代典型的贪官就在他49岁时走上了末路。

和珅富可敌国的财富，除了一部分纳入国库以外，大部分都被嘉庆收入了内务府，成为皇室的财产。这位中国最大的贪官搜刮到的巨额财富，最终依然变成了封建帝王的囊中之物，所以当时流传有"和珅跌倒，嘉庆吃饱"的说法。

第十章
近　代

鸦片战争是中国历史的分水岭，1840年起至1912年在腐朽的清政府统治下，中国逐渐沦为半殖民地半封建社会，其间发生了一系列的重大事件：太平天国运动、洋务运动、戊戌变法、义和团运动、辛亥革命等。特别是辛亥革命，推翻了清王朝的统治，标志着封建统治彻底结束，而1919年的五四运动，使中国历史翻开新的篇章，象征着中国新民主主义革命的到来。

虎门销烟

1839年6月3日，东莞虎门宽阔的海滩上，人山人海，热闹非常。天刚蒙蒙亮就从附近各城镇乡村赶来的人们，有打着赤脚的，有头戴斗笠的，男男女女，老老少少，每个人脸上都呈现兴奋的神色。他们热烈地交谈着，焦急地等待着。下午两点，突然一声"林钦差到"的传令使喧闹的人群立刻寂静下来。

只见那位被称呼为林钦差的官员，率领一大群广东各级军政官员，在清兵的护卫下健步登上虎门海滩上早已搭好的礼台。盯着夹杂在人群中的几个无可奈何的外国商人，林钦差把手一挥，庄严地宣布："烧！"在隆隆的礼炮声和广大群众的欢呼声中，络绎不绝的搬运工人和士兵把一箱箱鸦片倒入两个事先挖好的大池子，用水浸泡一会儿，然后倒进大量海盐和生石灰，石灰一接触到水，池子里马上沸腾翻滚，浓烟直冲云霄。等待池水平静、烟雾消散后，打开池底通海的涵洞，满池被销毁的鸦片渣沫哗哗流入了大海。接着重新往池中注水，关上涵洞，开始第二池的销毁。这样一池一池地进行销毁，连续进行了23天，到6月25日，总共销毁了两万多箱重237万多斤的鸦片。

这就是震惊世界而大长中国人志气的虎门销烟，那位被称呼为林钦差的官员是我国近代史上第一位伟大的民族英雄林则徐，那些被销毁的鸦片是林则徐1839年3月10日奉旨到广州查禁鸦片，经过斗智斗勇，从外国商人特别是英国商人手中收缴来的。

为什么要兴师动众缴烟销烟呢？原来鸦片（又叫大烟）是一种吸了容易上瘾的毒品，具有强烈的麻醉性，严重损害吸食者的健康。英国商人发现卖鸦片不但能赚好多钱，而且容易卖出去。于是千方百计地在印度扩大鸦片的生产，通过走私和贿赂清朝官员，把鸦片用船装运到中国。运进中国的鸦片一年比一年多起来，美国和俄国也争先恐后地参与贩卖活动。

鸦片吸食者多半是有钱人、大小官员和他们的家属，也有不少是普通老百姓。全国总共有几百万"瘾君子"。不管是城市，还是乡村，到处烟馆林立，烟雾弥漫，昏天暗地。尤其可怕的是，许多清军官兵也在吸食鸦片，他们随身带着两杆枪：一杆是当武器的枪，枪已生锈；一杆是烟枪，油光发亮。这样的军队怎么能打仗呢？

因为鸦片在中国畅销，大量的钱——白银流进了外国商人的腰包。结果，大家口袋里的银子越来越少，全国"闹钱荒"，进而"闹饥荒"。杀人不见血的鸦片，永远让人深恶痛绝。

1839年6月3日这个光辉的日子，从此载入了中华民族反帝反侵略的光荣史册。今天，当你去北京瞻仰天安门广场中心的人民英雄纪念碑时，可以看到碑上有一幅巨大的描绘虎门销烟壮观情景的浮雕。

第一次鸦片战争

虎门销烟，灭了英国人的气焰，长了中华民族的志气。

虎门销烟后，林则徐任两广总督。林则徐不仅有魄力，而且很有眼光，他已经看出西方国家的经济在迅速增长，所以林则徐下令：恢复与英国的正常交易，但是不允许向中国境内输入鸦片。

林则徐虎门销烟后，便加强军队训练，他知道英国的经济发展很快，世界各地都有其殖民地，它在中国失利，是不会甘心的。于是便上奏道光帝，想购买大炮。但昏庸的道光帝，认为虎门销烟之后，无论是外夷还是内敌都不会再作乱了，所以他认为林则徐此议是多此一举，因此没有批准。

这时林则徐便倡导官员捐款，强迫那些发了鸦片横财的人捐助，用这些钱购置了200门大炮，把这些大炮安装在虎门。与此同时，水师提督关天培加紧训练水兵，随时准备与英国侵略者决一死战。

果然不出所料，1839年9月，义律率领英军闯入九龙，林则徐早有准备，命令狠狠打击敌人。英国侵略者没能得逞，但他们不甘心，10月又带领舰队闯入珠江水域。水师提督关天培一看英军来了，立即下令向英军开炮。英国人被打得措手不及，慌忙逃跑。

林则徐得知水师取胜，非常高兴，又提醒关天培，敌人是不会善罢甘休的，要小心谨慎。

关天培组织水军在珠江海面严密监视着英军，只要英军一出现，就向英军开炮，随后带领水师冲杀过去。义律接连6次都没有得逞。

义律又气又恨，没有办法，只好向英国政府撒了个谎，请求援助。英国早想侵略中国，一听到这个消息，立即出兵。1840年6月，48艘舰船组成的远征舰队侵入广东海面，鸦片战争爆发了。

英国侵略者到了广州海面，看到清军戒备森严，又得知林则徐在此把守，便挥军北上，想攻打厦门。闽浙总督是邓廷桢，他更是早有准备，英军也没有缝隙可钻，只好继续北上。英舰到了浙江，由于定海防御薄弱，英军占领了定海。英军不罢休，又来到了天津白河口。英军在这里提出了割地、赔款等多项不合理要求。

道光皇帝得知英国来挑衅，开始之时，并没有惊慌，他认为英国军队不堪一击，但是英国舰队攻占了定海，这个胆小昏庸的国君就害怕了，立即派直隶总督琦善前往天津与英军议和。

琦善对英国侵略者卑躬屈膝，他对英军表示：只要撤兵，一定会严惩林则徐等人。

琦善对林则徐禁烟十分不满，因为林则徐断了他的财路，所以见到道光帝说道："陛下，林大人破坏两国贸易关系，操之过急，大英帝国本无侵略之意，只是因林则徐镇压英商，才不得已而派来军队，他们答应只要撤了林则徐等人，他们就会撤兵！"

昏庸的道光帝不知道英国侵略者的真正目的，只听一面之词，便将林则徐、邓廷桢等抗英将领革职查办，而派琦善到广州与英军继续交涉。

1841年1月，英军突然发动进攻，强占大角、沙角炮台，炮台守将陈连升与英军顽强战斗，英勇牺牲。琦善却下令撤退守兵，1月26日，英军占领香港。

道光帝得知香港失守，大怒，将琦善革职查办，派自己的侄子奕山前去广州督战。但是奕山无才无德，到了广州，每天只知大吃大喝，根本不做准备。为了显示一下自己所谓的才能，5月21日晚，贸然偷袭英船。由于准备不足，竟将中国的渔船击毁多艘，他正在洋洋得意之时，英军乘机反扑，轻易占领了泥城、四方军炮台，炮轰广州城。

奕山早已吓得六神无主了，派广州知府向英军求和。5月21日，奕山与英国侵略者签订了屈辱的《广州条约》。

但是英国人认为还没有达到打开中国市场的目的，1841年8月，英军进犯厦门。总兵江继芸英勇杀敌，但英军武器先进，总兵江继芸战死，厦门陷落。

1841年10月，英军又进攻镇海，两江总督裕谦率领大军与英军展开了血战，但浙江提督余步云临阵脱逃，镇海也失守了。

1842年6月,英军攻打吴淞口,江南提督率领清军与敌人拼杀,但是孤军无援,年近70岁的老将军陈化成战死在炮台上。英军乘机占领了上海、宝山、镇江等地。

1842年8月,英军侵入南京。道光帝为了维持自己苟延残喘的统治,宁可丧权辱国。于是便派耆英、伊里布到南京同英国议和。

英国侵略者为了给清王朝一个下马威,便带领二人参观英国的船队。二人吓得六神无主,向英军投降求和。英军提出十分苛刻的条款,而且十分傲慢。

耆英、伊里布将此事上奏道光帝,道光帝一看条款内容,十分生气,但这二人却说:"该夷船坚炮猛……益知非兵力所能制服。"道光帝没有办法,只好点头答应。1842年8月29日,在南京签订了丧权辱国的《南京条约》。

从此中国进入了半殖民地半封建社会。一些帝国主义侵略者纷纷来侵占我国领土,我国人民进行了不屈不挠的斗争。鸦片战争既是屈辱史,又是中国人民的斗争史。

三元里抗英

1841年5月29日,侵占广州附近炮台的英军窜到三元里附近,烧杀抢掠。菜农韦绍光的妻子恰好外出,被英军撞见调戏。韦绍光气愤极了,在村民的协力帮助下,打死打伤十多名英兵,把他们的尸体丢进猪屎坑,其余的英军见势不妙,赶紧逃走。

为了防备英军前来报复,韦绍光带领全村的青壮年到村北三元里古庙前集会,决定以黑底白边的三星旗为令旗,规定"旗进人进,旗退人退,英勇奋战,打死无怨"。韦绍光又亲自到附近各村各户请求支援。有个叫黄表的老先生,足智多谋,主张先把侵略军引诱到三元里以北丘陵起伏的牛栏冈,然后加以围歼。

第二天清晨,1000多名英军果然气势汹汹向三元里扑来。三元里附近103乡的民众,闻讯纷纷聚集到三元里古庙前,决心同前来报复的侵略者决一死战。韦绍光带领一支敢死队首先逼近英军。急得英军司令卧乌古命令炮兵赶快开炮。但这时,埋伏在牛栏冈周围的民众,突然杀声震天地从四面八方冲下平原,漫山遍野,向哪个方向开炮呢?英军炮兵摸不着头脑。开炮既已不可能,卧乌古便下令反攻,命一部分英军向右进攻,其余的英军向左冲锋。英军的这一反攻部署,正中黄表诱敌深入的妙计。民众于是边战边退,牵着英军的鼻子往牛栏冈上走。当英军进入牛栏冈上的杂葬岭时,预先埋伏在这里的民众奋起出击,把英军严严实实围困在中央。

只听一声锣响,七八千名群众,挥动手中的大刀、长矛、木棒、锄头等武器,争相向英军冲杀。英军的人头纷纷落地,死伤很多。战至下午2点左右,突然乌云四起,雷电交加,倾盆大雨从天而降。英军虽然带着枪,但火药被淋湿,失去了作用。牛栏冈下的稻田一片汪洋,哪里是路?哪里是烂泥田?英军被弄得晕头转向。他们穿着又笨又重的皮靴,在泥泞的稻田里寸步难行。而乡民身着蓑衣,头戴头笠,赤着双脚,越战越勇,迫使英军司令卧乌古下令撤退。

这时,雨却越下越大了,笨拙的英军哪能跑得过赤脚的乡民,只得硬着头皮进行肉搏战。他们短短的刺刀,却又奈何不了三元里人民的长矛,只有没命地四散逃避。

傍晚,卧乌古把逃出来的部队集合起来,发现一队英军失踪。他一面派人去搜寻,一面叫败兵退回炮台。原来,那一队失踪的英军,被村民围困在一座山上。村民轮流守卫,而不向山上进攻,把英军活活饿死在山顶。

经过牛栏冈这一仗的狠狠打击,不可一世的英国侵略军再也不敢到三元里附近去抢掠东西,也不敢想什么报复的事了。

以死报国的关天培

关天培,1781年出身于一个职位很低的以当兵为职业的家庭,江苏山阴(今淮安)人。他年轻时就喜欢阅读历史上有名的爱国英雄的故事,决心以他们为榜样,随时准备"以死报国"。为此,他练就了一身骑马射箭的好本领。23岁时,关天培正式参军。不久因为他熟悉兵营事务和兵营管理,先后被提升为江苏南苏松镇总兵、江南提督。1834年调到广东任水师(海军)提督。1839年林则徐在广东查禁鸦片期间,关天培积极支持、协助林则徐和英美鸦片贩子做斗争。同时,严格整顿操练水师,在虎门建造许多炮台,曾多次打退不服从禁烟的英国侵略军的武装进攻。

1840年6月,鸦片战争正式爆发。由于这时接替林则徐任广东军政首脑的琦善是一个有名的投降派,他把虎门沿海的许多军事设施拆毁,裁减兵船,解散很多招募到的水勇(海军士兵)。1841年2月25日,英国侵略军乘虚向虎门炮台发动突然进攻。关天培亲自坐镇靖远炮台指挥战斗。他召集守卫炮台的士兵一起宣誓高呼："人在炮台在，大家不准离开炮台半步！"在关天培的督阵下，广大官兵英勇奋战，发炮击退敌军的多次进攻。

战至26日下午两点多钟，突然南风大作，敌军乘着风势又一次开炮猛攻靖远炮台，炮声隆隆，弹片四溅，砂石乱飞，守卫炮台的官兵大半或死或伤。关天培身上十多处中弹片，鲜血直流，但他毫不顾及，双眼紧盯着海面上的敌军军舰，大声发令：开炮！开炮！可是他身边的炮手已经中弹牺牲了，关天培就自己往炮筒装足火药，对准英舰轰击。炮台上幸存的官兵为关天培奋力苦战的精神所激励，信心倍增，连续发炮轰击，使敌军舰始终不能靠近海岸。谁知天公不作美，突然下起了大雨，大炮的火门进水，火药被淋湿，失去了作用。

在这危急的时刻，关天培派快马送信向琦善请求支援，琦善却若无其事，不肯发兵支援。这时夜色已经降临，关天培孤身困守炮台。满腔怒火的关天培，拔出腰间佩带的利剑，指着正要爬上炮台的敌人，大呼一声："杀啊！"与敌军进行肉搏战。关天培左冲右突，挥剑杀死了不少敌人，他的左臂也在混战中被敌人砍伤。而躲在海面军舰上的敌军则趁机开炮轰击炮台。炮弹纷飞中，关天培背后中弹，弹头穿透了他的胸膛。关天培和守卫炮台的四百多名官兵，全部壮烈牺牲。

关天培壮烈牺牲后，他的老母亲和妻儿哭着拿出关天培牺牲前拿回家里的一只木匣子，打开一看，里面不是金银财宝，只有几颗掉落的牙齿和几件穿得很旧了的衣服。关天培这种为官清廉、忠勇报国的精神永远让后人敬佩。

三总兵血洒国门

清道光二十一年（公元1841年）八月，英国侵略军进犯浙江定海，葛云飞、王锡朋、郑国鸿三位总兵率清军，进行了英勇顽强的抗击，最后为国壮烈牺牲。

葛云飞（公元1789～1841年）字鹏起，又字凌台，号雨田。浙江山阴（今浙江萧山）人。葛云飞出身于下级军官家庭，从小读书习武。他仰慕岳飞，对岳飞的名言"文臣不爱钱，武臣不惜死"十分赞赏。他编写了汉代至明代11位名将事迹为《名将录》，以激励自己。30岁中武举。道光三年（公元1823年），35岁成武进士，授守备。道光十八年（公元1838年）署定海镇总兵，不久实授，丁父忧回乡。道光二十年（公元1840年）英国发动鸦片战争，攻占定海。浙江巡抚乌尔恭额"书邀葛云飞至镇海会商战守策"，葛云飞主张先守后战，被委派主持镇海军事。后闻浙总督邓廷桢奏请起复，便命葛云飞署定海总兵。

王锡朋（公元1786~1841年），顺天府宁河（今属天津）人。他少时"博览典籍，谙习兵法"。嘉庆十三年（公元1808年）中武举，授兵部差官，迁固原（今属宁夏）游击。此后参加平定张格尔之役，立有军功。道光十八年（公元1838年）为寿春（今安徽寿县）总兵。道光二十年，调防镇海。

郑国鸿（公元1777~1841年）字雪堂，湖南凤凰厅（今湖南凤凰）人。出身于下级军官家庭，从小读书，注意经世致用。伯父为千总，镇压苗民起义时阵亡，无子，以郑国鸿为嗣，袭云骑尉。镇压湖南苗民起义有功，历任守备、副将。道光二十年为处州（今浙江丽水）总兵，后调防镇海。

道光二十年底，各路援军到达，镇海防务巩固之后，葛云飞提出从英军手中收复定海。是时，清朝廷命伊里布为钦差大臣，余步云为浙江提督，到镇海主持全省军务。伊里布极力谋求妥协，他不顾广大将士的反对，邀请英国全权代表义律到镇海谈判，并命葛云飞参加会谈。葛云飞断然拒绝。

道光二十一年（公元1841年）正月，清政府与英国议定"以香港易定海"。并将英俘交还，收回定海。葛云飞与王锡朋、郑国鸿受命前往交割。葛云飞率兵至定海，要求英军先退出定海，再交还英俘。英军要求先还俘虏。但是，"（葛）云飞坚持前议，整军以待，英人如期交割而去"。四月，清廷实授葛云飞定海总兵。

定海收复之后，葛云飞与王锡朋、郑国鸿共同防卫定海。他们深知，英军还会来攻击定海，于是商定加强定海的防卫。葛云飞以"定海三面皆山，前临海无蔽"，便计划在街头筑土城，在竹山门、晓峰岭这两个要害处增建炮台。新任钦差大臣裕谦认为花费太大而未许。后来，裕谦亲至定海，"见（葛）云飞青布帕首，短衣草履，奔走烈日中；又闻其巡洋捕盗伤臂，夺盗刃刺之，始服其忠勇"。但还是只批准建筑土城，未同意建炮台增置大炮。

葛云飞在王锡朋、郑国鸿协助下，发动定海军民，在城南滨海处，建筑起长五里，高丈余，厚五尺的土城；还在安徽山上修筑了震远炮城。土城和炮城，成为抗击英军侵略的重要防御工事。

六月初，英舰退赴香港，清朝廷下令沿海各省撤兵撤防。但是，英国则调兵遣将，准备扩大战争。七月初，英军再次北犯。七月十四日，葛云飞正为即将撤离定海的王锡朋、郑国鸿饯行。席间，接到英军攻陷厦门的报告，王锡朋、郑国鸿当即决定,暂时不撤,与葛云飞一起迎击英军,保卫定海。并要求镇海大营,增炮益兵。

八月十二日,英舰二十九艘,到离定海三十里的横水洋。葛云飞、王锡朋、郑国鸿召三镇将士宣誓与定海城共存亡。是时,葛云飞率本部兵守土城,王锡朋、郑国鸿率本部坐镇定海,作为后援。英舰闯入定海海面之后,见滨海土城高而坚实,无隙可乘,便转驶向竹山门。葛云飞见状,立即率兵赶至竹山门炮台,亲燃大炮轰击英舰。清朝廷因此加葛云飞提督衔。

为了协调三镇部署,共同打击来犯英军,葛云飞、王锡朋、郑国鸿共同计议,调整防卫。王锡朋率本部驻守晓峰岭,郑国鸿率本部驻守竹山门,葛云飞仍守土城,正面防御英军。

当英军进犯竹山门、晓峰岭时,王锡朋、郑国鸿统率清兵,与之展开了激战,葛云飞派出使者向镇海大本营求援,但是提督余步云竟坐视不救。从八月十五日起,台风又猛烈袭击定海,风雨交加,昼夜不息,平地积水四五尺,给定海守军带来了巨大的困难。一方面是余步云拥兵不援;另一方面是英军的增援部队从鼓浪屿等地北上,一时间英舰达到四十余艘。英军在大部聚集之后,便展开了凌厉的攻势。

八月十七日清晨,英军利用大雾天气为掩护,兵分三路,攻击土城、竹山门和晓峰岭。

葛云飞不分白天黑夜,一直坚守在土城上。这天,他看到雾中海面上有一团团黑影,正向土城方向移来,便知是英军来偷袭了,立即下令开炮轰击,将英舰阻击在海面上。

在晓峰岭,王锡朋率本部士兵已与英军激战了四天,敌人乘这天大雾,由汉奸引导,登上了晓峰岭。清军没有大炮,抵挡不住。但是,王锡朋仍然率士兵奋勇抗击冲上岭的英军。当他听说竹山门吃紧时,还派出一部分士兵前去增援。在激烈的战斗中,王锡朋部将朱汇源、吕林环、刘桂五、夏敏忠、张魁甲等先后阵亡,士兵也死伤殆尽。在这危急关头,王锡朋仍然"手刃数人",最后力竭,壮烈殉国。晓峰岭失陷。

坚守在竹山门的郑国鸿,率部与英军激战多日。由于连日下雨,道路泥泞,行动极不方便。这天,英军乘雾偷袭,郑国鸿与守军奋勇抵御,致枪炮"热不可用"。接着,与英军短兵相接,展开了肉搏战。从早晨一直打到中午,郑国鸿部炮矢皆尽。有人建议退保晓峰岭,郑国鸿认为,竹山门不守,晓峰岭也无法保住，他说："武臣致命疆场，分也。"表明了以死殉国的决心。这时攻占晓峰岭的英军，一部分沿山脊而下，形成对竹山门的夹攻。郑国鸿部腹背受敌，将士伤亡几尽。这时，郑国鸿单骑冲向敌人，身被数十创，最后中炮阵亡，随之，竹山门沦陷。

坚守土城的葛云飞及定海士兵，已血战六昼夜，将士们仍然顽强抗击英国侵略者。这时，从竹山门、晓峰岭等处退下来的将士，通报了两处的情况，告知王锡朋、郑国鸿两位总兵已经壮烈殉国。葛云飞悲愤异常，同时，他也知道，局势已无法挽回。他将印信交付给随从军官，让他把印信送回大营，请求发兵剿敌。他说，自己死后也要为厉鬼协助杀英军。他还嘱咐同乡的士兵，自己将尽忠报国，请这位同乡回去安慰自己八十高龄的老母亲，尤其要转告自己的儿子，继承父亲报国杀敌之志。

当从竹山门涌下的英军冲来之时，葛云飞命掉转炮筒，向竹山门方向轰击。由于四千斤重的大炮陷入淤泥之中，难以转动。形势异常危急，葛云飞带头跳出土城，冲向英军杀去。二百多名亲兵跟着向敌人杀去。葛云飞持刀步行冲入敌阵中，率领亲兵同英军展开了肉搏战。他转战斗杀二里多，杀死伤众多英军。在战斗中，葛云飞的大刀斫折了，又拔出两柄刻有"昭勇""成忠"字样的佩刀，继续砍杀。直杀至竹山门山麓，葛云飞的"头面右手被斫犹血战，身受四十余创，炮洞胸背，植立崖石而死"。葛云飞和他的将士为国牺牲了，定海陷落。

葛云飞、王锡朋、郑国鸿三总兵血战定海，抗击英国侵略者，保卫国土，最后壮烈牺牲的事迹，受到清朝廷的充分肯定，分别被追谥为"壮节""刚节""忠节"。葛云飞八十高龄的母亲得知儿子殉国的消息后，悲恸异常，接着又说："吾有子矣！"

三总兵爱国抗敌的事迹，一直受到人们的追怀，后来，人们为之立祠于定海，合祀葛云飞、王锡朋、郑国鸿三位爱国将领！

陈化成碧血吴淞口

清道光二十年（公元1840年）英国发动了侵略中国的鸦片战争。至道光二十二年（公元1842年）四月，英军攻陷浙江海防重镇乍浦，随后进犯吴淞口（今上海宝山）。吴淞口扼长江而面东海，不仅是长江的入海口，而且也是由东海进入长江、黄浦江的水路门户，它还是江南漕运的战略要地。可见，吴淞口是一个十分紧要的江防、海防军事重镇。扼守吴淞口的是著名爱国将领、江南水师提督陈化成。

陈化成（1776～1842年），字业章，号莲峰，福建同安县人，他生于厦门的金门岛。行伍出身，嘉庆二年（公元1797年），陈化成因"捕洋盗出力"，被提拔为下层军官，至嘉庆七年（公元1802年）升任金门右营把总。由于屡有军功，由参将、副将、总兵而至道光十年（公元1830年）为福建水师提督。对于英国殖民主义者的侵略活动，陈化成都予以抗击。道光十二年（公元1832年）七月，英舰潜入中国东南沿海进行侦察活动，陈化成率水师阻截。道光十九年（公元1839年），英舰三艘进犯至梅林洋面（今福建泉州附近），陈化成当即率水师前往驱逐，保卫祖国领海。英舰竟不予理睬，还继续抛锚停泊，陈化成便命水师结队前进、以连环炮火打击进犯之敌，使英舰狼狈逃窜。年底，陈化成调任江南水师提督。

陈化成一到江南水师，便同两江总督伊里布视察吴淞、上海各处军营。面对"江南水师素怯懦"的现状，陈化成"选闽中亲军教练"，使之"士气稍振"。他在吴淞口，"择东西炮台要害处，依塘列帐，为守御计"。并沿塘修堡，防线达20里；沿黄浦江西岸向宝山延伸，筑成半圆形炮台，用重炮扼守江口。陈化成还在炮台附近水面筑木桩，以防止英军突然袭击、登陆。这样，陈化成加强了吴淞口的防御工事。

道光二十一年（公元1841年），英军进攻定海，陈化成深知，英军必然会攻击吴淞，必须进一步加强吴淞口的防御力量。他派官员到湖北采购上好精铁，又将废炮改铸，制成新炮。这年八月，定海失陷，葛云飞等三总兵英勇阵亡。不久，两江总督裕谦殉难。消息传来，陈化成悲愤无比，他"哭之恸"，并对部下说道："武臣死于疆场，幸也。汝曹勉之！"陈化成准备与英国侵略者作殊死战斗。两江总督牛鉴在向道光帝的奏报中也说道："（陈）化成心如金石，士肯用命，宝山民情甚属固结。"

道光二十二年四月二十三日，英舰抵吴淞口外。五月初一，英舰火轮三艘驰向吴淞口炮台，舰上列木人，以探测清军火力布置。陈化成立即识破了敌人的伎俩，下令不准开炮。英舰未达目的，怏怏而去。此后，英舰在口外逐渐增多，并以水牌投书挑战。五月初七，两江总督牛鉴见敌多我寡，提出要犒劳英军，缓师避战，陈化成反对此举。

五月初八，英军火轮6艘、炮舰7艘，结队向吴淞口中国守军发动进攻。

陈化成早就料到英军的进犯，所以他预先做了安排，命参将崔吉瑞防守东炮台、陈化成率部将周世荣守西炮台，徐州总兵王志元率部防守吴淞口对岸之小沙背，各炮台间，备有接应部队。陈化成亲自登上炮台挥旗督战，当英舰靠近炮台时，立即下令重炮轰击，清军炮弹连连击中英舰。侵略者遭到了沉重打击，才惊奇地发现，他们同中国军队作战以来，这次碰到了最厉害的炮火。陈化成指挥炮击，多发炮弹命中英军的旗舰，击毙了在甲板上的英国海军中尉希威特。见炮弹击中敌舰，清军无不欢呼，士气高涨。两江总督牛鉴"闻塘岸炮声"，连忙赶到炮台，挂起帅旗，鸣鼓助战。他想在胜利后分享战功。不意英军连连向帅旗发炮，吓得牛鉴仓皇逃跑。牛鉴的逃跑，大大影响了军心。这时，守在东炮台的崔吉瑞和守小沙背的王志元，都临敌丧失斗志，他们按兵不动，随后丢弃炮台、阵地逃走，使吴淞口的防御体系急剧瓦解。英军乘机登陆，轻易地占领了东炮台和小沙背，然后集中火力，前后夹击西炮台。

陈化成的西炮台陷入孤军作战的危急境地。随同陈化成扼守西炮台的周世荣，见军情危急，劝陈化成退兵。陈化成愤怒斥责周世荣，有负国家和百姓，并拔刀相向，周世荣竟临阵逃跑。英军密集的炮火打向西炮台，部将焦印福等壮烈牺牲，炮台上堆满了为国献身将士的尸体。陈化成也多处受伤，被炮火击倒在地。但是，他顽强地站立了起来，继续舞动红旗指挥炮击敌人。

英军终于攻上了西炮台，陈化成便指挥将士同侵略者展开了英勇的肉搏战。这时，陈化成战袍上染满了鲜血，他不顾自己身负重伤，也顾不得经过长时间发射，炮身已经滚热发烫，继续亲手燃炮轰击侵略者，手被震裂了，他仍不停止发射。突然，一发英军炮弹落到了炮台，66岁的爱国老将军陈化成中弹倒地，他再也没有爬起来，壮烈地为国牺牲了。吴淞口炮台亦随之失陷。

陈化成驻守吴淞口，当地人民倚之为长城；英国侵略者久闻他的英名，十分畏惧，称之为"陈老虎"。陈化成为国捐躯之后，吴淞数万百姓遮道痛哭失声，他们隆重地安葬了这位为保家卫国而英勇献身的爱国将领。在宝山、淞江等地，建立了陈化成祠、陈化成庙，以表示人们对爱国志士的崇敬和怀念。

洪秀全金田起义

第一次鸦片战争，标志着中国历史由封建社会向半封建半殖民地社会的转变。道光帝正是处于这个转折阶段的一个皇帝。他一方面不甘心洋人入侵，另一方面又无御敌之能；他一方面忙于应付洋人的入侵，另一方面又要镇压各地人民的反抗；他一方面想任贤用能整治朝政，另一方面又挡不住奸佞祸国殃民。总之他深陷在重重的矛盾之中不能自拔。1850年，道光皇帝怀着深深的遗憾生病死去了。他的第四儿子奕詝即位，为咸丰皇帝。

咸丰皇帝即位时正好21岁，登基未满一年，潜伏于广西紫荆山区的拜上帝会，在洪秀全的领导下宣布起义，掀起了一场轰轰烈烈的太平天国革命运动。

洪秀全，广东花县（今广东广州市花都区）人，父亲是个忠厚的农民，因其远祖是从中原搬迁而来，被称为"客家"。洪秀全少年时候读书很聪明，但因家穷，不得已辍学务农。15岁时他当了塾师，并坚持自学，接连参加科举考试，想走"学而优则仕"的道路。

道光十七年（公元1837年），洪秀全到广州应试秀才。在等待发榜的空隙中，他上街闲逛正遇两个外国人在传教。他拿到一份宣传品，随便翻了翻，感到没有兴趣，就将宣传品压入箱底，当时他只想"发榜高中"。然而，当时科场舞弊之风盛行，像他这样有真才实学的人并不受重视。而洪秀全自视甚高，认为中举"非我莫属"，结果名落孙山，由此生了一场大病，被人送回花县后，仍是高烧不退，神智昏迷。眼前幻象迭出，嘴中胡言乱语，过了四十天才病愈。经过这场大病，他性格大变，变得沉静庄严，不苟言笑。鸦片战争结束后，他又到广州去参加秀才考试，结果还是落第。他气愤到了极点，把书丢在地上，大喊道："等我自己来开科取天下士吧！"说明他已有了反抗清朝、自己取而代之的意识。回乡后，他仍旧当了塾师，无意中对六年前在广州得到的那本传教书颇感兴趣，觉得这本书中所讲的别开生面，很有道理。

这本书是苏格兰长老会牧师马礼逊的中国弟子梁阿友编撰的《劝世良言》，洪秀全从中了解到基督教的"单一神权""平等"等教义，大受启发。他就把自己的体会讲给老同学冯云山和族弟洪仁玕听，他俩也极表赞同，便仿照基督教的"洗礼"仪式，相约跳进了一个名叫石角潭的小河，洗净全身，象征结束旧我，开始新的生命和事业，并且组织了一个秘密革命团体——拜上帝会。

洪秀全称他六年前得的一场病是上帝接他到了上天，给他一本书，让他回到人间，诛杀妖魔，为民除害。他是上帝的次子；上帝是他的"天父"，耶稣是他的"天兄"。

他们三人"诛杀妖魔"从自己任教的塾师做起，分别带着学童，砸了孔子的牌位，于是他们三人就失去了塾师的教席，从广东来到广西传教。

后来三人分头活动，洪秀全回到花县悉心研究"教义"，要想写出自己的传教书。洪仁玕到已沦为殖民地的香港考察，而冯云山则到广西紫荆山区去组织群众。

冯云山在紫荆山区进行艰苦卓绝的组织宣传工作，他一面教私塾，一面深入到矿工、炭工、农民中传教，太平天国的领导骨干都是由他发展加入"拜上帝会"的。

杨秀清是紫荆山中烧炭工的领袖，虽有才干，但无出路。冯云山对他宣传"拜上帝会"的宗旨，使他大开眼界，加入了组织，犹如蛟龙出水一般地很快把烧炭工组织起来。萧朝贵原是农民，后来成了杨秀清的烧炭伙伴，他帮杨秀清在烧炭工中发展革命组织。

不久，洪秀全从广东来到紫荆山，与冯云山协商他已花了两年心血写成的"拜上帝会"教义，其中包括《原道救世歌》《原道醒世训》《原道觉世训》等文章，写得通俗易懂，很符合劳动人民的心意。其中有"天下多男人，尽是兄弟之辈；天下多女子，尽是姐妹之群"等句，宣传平等的思想，他们就把这些话向大家宣传。从此，洪秀全在紫荆山区威望大增，大家尊他为领袖。这时地主出身的贵县人石达开和桂平韦昌辉也参加了"拜上帝会"。石达开文武双全，久享威望，是洪秀全和冯云山登门邀请的。韦昌辉因受到官府的欺凌，主动投靠"拜上帝会"以寻出路。他们都捐献了全部家资，充作起义的经费。

洪秀全见时机成熟，于1851年1月11日在广西桂平金田村举旗宣布起义，称"太平军"。太平军战士从金田村出发，转战附近州县，连连告捷，并且一举攻下永安州城（今广西壮族自治区蒙山县），在那里建立政权，称"太平天国"，整顿队伍。洪秀全自称天王，封杨秀清为东王，萧朝贵为西王，冯云山为南王，韦昌辉为北王，石达开为翼王，其中以东王杨秀清权力最大。

从此，2000多年以来一场规模最大的农民反帝反封建的太平天国运动开始了，这场运动沉重地打击了帝国主义的势力，动摇了清王朝的统治基础。

太平军北伐和西征

太平天国建都天京（今江苏南京）以后，为了巩固革命政权，推翻清朝统治，夺取全国的胜利，又进行了北伐和西征。

1853年5月，两万多名太平军战士在林凤祥、李开芳、吉文元的率领下，从扬州出发。太平军纪律严明，斗志高昂，攻城夺地，势如破竹。他们经安徽，入河南，抢渡黄河，绕道山西，进攻直隶，不到半年，就行程四千里。10月直逼离北京不远的保定。

盘踞在北京的咸丰皇帝，吓得像惊弓之鸟，在调兵遣将加强设防的同时，已做好向承德逃命的准备。官僚、富户也收拾金银财宝，纷纷外逃，外逃的达三万多户。

北伐军乘虚向东进军天津。清军败北后，惨无人道地掘开运河，造成津南大水灾。北伐军被大水所阻，只得屯兵于离天津不远的静海县独流镇。咸丰皇帝派以凶残著称的僧格林沁指挥清军，开始反扑。

这时，北方已到了冰封地冻的季节。北伐军缺衣、缺粮，加上孤军深入，远离天京，处境开始不利，不得不放弃独流镇，退至阜城，等待天京派来援军，再重新挥军北上。吉文元在阜城英勇战死。林凤祥听说天王洪秀全派曾立昌率领的援军北上，马上分兵突入山东，准备接应。可惜，北上援军在临清遭到清军阻击而溃败，清军乘势猛扑，将林凤祥部队围困在直隶东光县的连镇，将李开芳的部队围困在高唐州。

战斗进入极其艰苦的阶段。北伐军怀着坚守待援的决心，不怕艰难困苦，跟清军浴血奋战。1855年3月，坚守连镇的太平军已经断粮，饿着肚子作战。清军乘机进攻，饿得浑身无力的太平军战士毫无畏惧，奋起反击，至死不屈。3月7日，林凤祥手持一百多斤重的大刀冲锋在前，准备突围，不幸中箭受伤，刀落被捕。僧格林沁把他解到北京向咸丰皇帝"献捷"。林凤祥被杀害于北京西市。临刑时，他横眉冷对，目光炯炯，表现了革命者坚贞不屈、视死如归的高贵品质。

李开芳率领的太平军被围困在高唐，听到连镇军败，就在这年3月17日乘夜突围，准备南归。李开芳身先士卒，率领八百多人冲出重围，到达茌平县冯官屯，又遭清军堵截。太平军在这里筑起防御工事，抗御清军。清军先用重炮轰击，未能攻下，又采用灭绝人性的手段，引运河的水灌冯官屯。李开芳被俘，北伐军全部战死。北伐的失败，使太平军失去了推翻清朝统治的时机，但在两年鏖战中，北伐军横扫六省，转战四千里，给清统治者以沉重打击，为太平天国整个革命战争的发展做出了杰出的贡献。

太平军在挥师北伐的同时，又开展西征。

1853年5月，由胡以晃、赖汉英、石贞祥率领的西征军战船一千多艘溯长江而上，兵锋所至，望风披靡，连战连捷，重新夺回了安庆、九江、汉口、汉阳等重镇，并占领了安徽、湖北、江西等省不少州县。第二年春，重新围攻武汉，攻克岳州，进取长沙。西征军在湖南与曾国藩的湘军展开了激烈的战斗。

曾国藩是湖南湘乡的大地主、清朝反动官僚。1853年咸丰皇帝授命他在湖南帮办团练，后来扩大成为湘军。湘军是当时最大的一支地主武装，具有比较强的战斗力，成为太平天国的劲敌。

西征军进入湖南后，湘军倾巢而出，竭力反扑。西征军占领靖港、湘潭，准备进攻长沙，4月28日曾国藩便亲自率领湘军水师进犯靖港。西征军集中炮火猛轰湘军的战船，把湘军水师打得团团乱转，差点儿使进犯靖港的湘军全军覆没。曾国藩羞愤投水，如不是被随从捞起，早就一命呜呼了。

曾国藩不甘心失败，7月间又拼凑湘军，扑向驻岳州的西征军。由于敌众我寡，驻守岳州的曾天养不得不率军退出岳州，进驻城陵矶。正在登岸时，又遭到湘军悍将塔齐布的袭击，曾天养中弹受伤。但他忍着疼痛，骑马冲入敌阵，一连杀死几十名敌人。正在这时，塔齐布来了，曾天养挺矛猛刺塔齐布，不巧只刺中敌马。正要拔矛再刺时，突然马蹶，曾天养从马上跌下，牺牲在敌人的乱刀之下。

湘军得胜了，曾国藩得意忘形，指挥湘军再向长江下游猛扑，一直打到九江。他叫嚣，要"肃清江面，直捣金陵"。

正在曾国藩狂叫的时候，太平军给他一个致命的打击。东王杨秀清及时派出石达开、罗大纲率领的西征援军，迅速抵达九江对岸的湖口。

石达开深知，这时要战胜湘军，只能计取，不能强攻。开始，太平军坚守湖口，坚壁高垒，不与敌人交战，只在夜间派出小股部队，乘小船在长江里纵火扰敌，或组织少数兵力，沿长江两岸不时向敌人的战船抛掷火箭、火球，使敌人夜夜不得安宁。后来，太平军采取诱敌围歼之计。1855年1月，太平军故意撤离湖口，诱敌深入鄱阳湖。骄横的湘军以为太平军胆怯后退了，乘着一百二十多艘舢舨，大模大样地驶进鄱阳湖。湘军舢舨一进湖，太平军立即把湖口堵塞，把湘军水师分割成两部：小舢舨在鄱阳湖中，大船留在长江里。太平军首先集中兵力，使用三四十艘快艇，猛击长江里笨重的湘军大船。四十多艘大型战船，很快就被太平军烧毁。湘军水师大败，溃逃到九江。罗大纲率领太平军乘胜连夜追击，不多时冲入敌军阵营，与敌军短兵相接。一部分太平军战船，乘风破浪，英勇追击曾国藩乘坐的战船。曾国藩眼看太平军将要追上，立即逃上另一只小船，又想投水寻死，被随从拉住，才逃回了南昌。

湖口、九江的胜利，使太平军扭转了败局，得以乘胜西进。太平军再次攻克汉阳、武昌，向江西进军。

太平军进入江西后，连克新昌、瑞州、临江、吉安、樟树等许多名城重镇。几个月内，攻占了大半个江西。曾国藩龟缩在南昌，既不能攻，又无法逃，正如釜底游鱼，旦夕可灭。不料，这时天京形势紧急，洪秀全将西征军调回天京，抗击清军江南大营，从而给曾国藩留下了绝处逢生的机会。

太平军西征的胜利，有力地扫荡了地主武装，扩大了太平天国的占领地区，有利于东进苏常和进军上海，有利于天京政权的巩固，也有利于革命形势的发展。

"亚罗"号事件

清政府连年调集军队，猖狂向太平军进攻，英、法侵略者趁此时机，在1856年底挑起了第二次鸦片战争。

这次战争的导火线，是"亚罗"号事件。

广州黄埔码头的附近江面，中外船只来往穿梭。有艘"亚罗"号划艇，从澳门开到了这里。1856年10月8日清晨，一艘巡船突然出现在"亚罗"号船前，广州水师千总梁定国指挥兵弁迅速登上划艇，命令船上水手集合，逐个盘问、检查他们的姓名、身份。检查完毕，当即将十余名中国水手押上了巡船。

广州水师为什么要逮捕"亚罗"号上的中国水手呢？原来，"亚罗"号是一艘走私船，船上的中国水手有的是海盗。如李明太、梁建富等人，一个月前曾在上川岛海面上抢劫。广州水师千总梁定国接到情报，所以对"亚罗"号采取了行动。

"亚罗"号是中国人的商船。船主萧成为了便于向香港当局领取通航证，特地雇佣一名英国人当船长。广州水师依法缉捕"亚罗"号上的罪犯，纯属中国的内政，可是，西方殖民主义者却用它作为发动第二次鸦片战争的借口。

广州水师逮捕"亚罗"号十余名中国水手的时候，英籍船长不在船上。他听到消息后急忙赶回，企图拒捕。梁定国不予理睬，坚持将十余名中国水手带上了巡船。

英籍船长恼羞成怒，急忙向英国驻广州领事巴夏礼报告。巴夏礼马上赶到码头，拦住在场的中国官员，大吵大闹，硬逼着释放被捕的十余名水手。梁定国也不予理睬,坚持将水手带走。

巴夏礼在黄埔码头碰壁后,向英国驻香港总督包令报告,说自己和英国国旗都受到了不能容忍的"侮辱",示意对广州示威的良机到来了。

在包令的指使下,巴夏礼又向两广总督叶名琛提出强硬照会。照会颠倒是非,将"亚罗"号说成是英国船,诬蔑中国人侮辱了英国国旗,破坏了《中英善后补充条约》。同时又提出三项无理要求:"有礼貌地送还被捕水手,书面公开道歉,担保以后尊敬英国国旗。"并限令四十八小时内答复。

开始,叶名琛拒绝巴夏礼的无理要求,后来经过审讯,将除了李明太和梁建富两名海盗以外的其余水手,都送回"亚罗"号。

可是,巴夏礼却拒绝接受,扬言必须将十二名水手全部送回,还要叶名琛公开道歉。

叶名琛屈服于外国侵略者的压力,将十二名水手全部送还给"亚罗"号,并给巴夏礼附去一封公文。不料巴夏礼不但拒绝接收十二名水手,连公文也不拆开看一看。原来包令已暗中指示巴夏礼,决定借此机会发动武装挑衅。

10月23日早晨,英国水师提督西马糜各厘率领三艘军舰,开始向广州武装进攻,首先攻击猎德和中流沙两个炮台。守卫炮台的中国军队,因为没有得到叶名琛的命令,不敢发炮还击,只得撤退。英军没有经过战斗,就占领了两处炮台。

英军发炮轰击中国炮台的时候,叶名琛正在校场上看军队比武。部下忽然前来报告英国军舰袭击炮台,要求下令还击。叶名琛却说:不会有什么事,傍晚时他们自会撤退的。不但不下令抵抗,反而下令"不可放炮还击",致使沿江炮台、要道,迅速沦入敌手。

25日,英国侵略军兵临广州城下,开始攻城。英军大炮不停地向广州城墙轰击,到了29日,广州城墙已被轰开一道两丈多长的缺口。英国侵略军乘机进入广州城,烧杀抢劫,无恶不作。广州人民忍无可忍,奋起反抗,一举烧毁了侵略者的老巢——十三洋行和美英使馆,摧毁了外国侵略者在广州城外设置的陆上侵略据点,迫使英国侵略军全部逃回船上,退出了广州。但是,烧杀成性的侵略者,在退兵的时候,还不停地纵火焚烧,在西濠一带放火烧掉了五千多间民房。

"亚罗"号事件于第二年春天传到英国首都伦敦。英国当局立即召开国会,首相巴麦尊不顾英国"下院"和英国人民的反对,强行通过扩大侵华战争的提案，任命额尔金为驻华全权大使，并派出一支侵略军，准备扩大侵略；同时，又照会法、美、俄等国政府，提议联合出兵，对中国发动战争。就这样，英国政府一手策划和挑起了这场侵略战争。

英国对中国发动侵略后，法国政府立即响应，1857 年秋天，英、法、美、俄四国公使在香港密谋策划，决定联合行动。

12 月中旬，一支五千六百七十九人的英法联军组成后，英、法两国公使即于 12 月 12 日向叶名琛提出最后通牒：要求让英法联军进入广州城，修改条约，赔偿损失，并限定十天内答复；否则，英、法联军立即攻城。叶名琛对英、法两国的侵略行动，不但没有做任何防备，而且胡说：这事我很有把握，保证没事，大约过十五天就可以了结。但是，事实完全相反，英、法侵略者于 12 月 29 日对中国发动了第二次鸦片战争。

捻军起义

咸丰三年（公元 1853 年），太平军北伐，经过安徽、河南，各地捻首纷纷聚众起事。

咸丰五年（公元 1855 年）秋，各地捻军首领齐集雉河集（今安徽涡阳），推张乐行为首领，以雉河集为中心。建国号"大汉"。张乐行称大汉明命王，分五色旗统领各军。张乐行自统黄旗，龚德树领白旗，侯世维领红旗，苏天福领黑旗，韩万领蓝旗。五旗以下又设五种镶边旗和其他旗号，由孙葵心等许多人分领。还制定《行军条例》十九条。河南夏邑黑旗首领王贯三，亦率部前来参加会议。人数约达十万人。

咸丰七年（公元 1857 年）捻军渡淮河南征，与太平军李秀成、陈玉成部会师于霍邱与正阳关等地，并接受太平天国领导，蓄长发，受印信，使用太平天国旗帜，张乐行被封为"征北主将"，五旗各领亦各有封号。但他们"听封而不听调"，不出境远征，并保持自己独立的组织和领导系统。

咸丰八年（公元 1858 年）张乐行等部北上占领安徽怀远、临淮和凤阳等地。次年夏天，和太平军合力攻克安远。十一月，怀远失守。一年以后，临淮、凤阳也相继陷落。同时，淮北捻军三万人在张宗禹等率领下，攻占苏北重镇清江浦（今安徽淮阳）。咸丰十一年（公元 1861 年）三月，龚德树率军配合太平军西征武汉时，战死于罗田松子关。九月，安庆失守，张乐行率众北归颍上。于第二年春，与太平天国联合围攻颍州（今安徽阜阳）。不久，苗沛霖叛变，向张乐行的背后突然发动攻击，使张乐行全军溃败。英王陈玉成被俘遇害。同治二年（公元1863年）三月，以僧格林沁为首的清军全力猛攻皖北蒙城、亳州，捻军根据地雉河集失守，张乐行被俘遇害。

当天京陷落时，东援天京的西北太平军、捻军联合部队，正与清军胶着于鄂东。天京陷落后，以僧格林沁的蒙古贵族骑兵为主的清军，趁机发动突袭，联军受到很大损失，乃分二路突围。一路陈得才为首东走；另一路赖文光为首北走，两支部队合时分。赖文光巧妙地避敌主力，在豫南罗山、光山等战役中，重创清军。陈得才却仍力图东进，结果于十一月初，在安徽霍山为僧格林沁所败。马融和等趁机以十余万之众，分批叛变。陈得才见大势已去，服毒自杀。其余部邱远才、张宗禹等突围与赖文光会合。推赖文光为首领。赖文光按照太平天国的兵制、纪律，整编捻军，并逐渐易步为骑，使捻军成为十万余人的骑兵武装。捻军还吸收了败散各地的太平军战士，著名的范汝增来归。

同治四年（公元1865年）初，僧格林沁率骑兵，在山东对捻军大举进攻，被赖文光统率的捻军打败。随后赖文光部从信阳出兵，横扫豫中。接着，进入鲁西，穿过鲁西南，突入苏北，然后又折回鲁西，在曹州（今山东菏泽）设埋伏。僧格林沁尾追不舍，向捻军寻机决战。终于陷入捻军埋伏圈，大部被歼，僧格林沁被击毙。

清廷闻讯后大震，急忙派曾国藩督师北剿。曾国藩针对捻军流动作战的特点，提出以静制动的方针。以点和线，来围困捻军，制止捻军的运动。他调集十万重兵，配以新式枪炮，在淮水北、运河西、沙河及贾鲁河以东，沿岸设防，想逐步收缩，把捻军消灭在包围圈中，还成立一支机动部队专供往来游击之用。但赖文光等所率捻军，以机动灵活的运动战术，多次重创清军，纵横驰骋于豫、鲁、苏、皖之间。

火烧圆明园

1860年8月，发动第二次鸦片战争的英法联军侵占大沽和天津，并继续向北京进犯。清朝咸丰皇帝带着一大群嫔妃仓皇逃往热河。

10月，英法侵略军占领了北京。这伙强盗在北京到处奸淫、烧杀、掳掠，致使闻名于世的圆明园，也惨遭浩劫。

圆明园位于北京市西郊海淀附近,离北京市区十多里。它建于明朝,到清朝乾隆年间又加以扩建。当时,乾隆皇帝征集了全国的许多名匠,花了无数的钱财,驱使成千上万的民工,经过长期艰苦劳动,才把园建成。后来,又经过一百五十多年不断修缮和经营,成了世界上一座最美丽、最宏伟的皇家大花园。

这座大花园由圆明园、万春园、长春园等园组成,其中以圆明园最大,所以统称圆明园。此外,还有很多属园,分布在圆明园的东、西、南三面,其中最著名的有香山的静宜园,玉泉山的静明园、清漪园等。后来的颐和园,就是在清漪园的基础上建造发展起来的。圆明园规模很大,周围连绵达三十余里。

圆明园是中国劳动人民智慧的结晶,是我国园林建筑、文化艺术的杰出典范。园内有富丽堂皇的宫殿,也有轻巧雅致的亭台楼阁;有象征热闹都市的"买卖街",也有象征农村风光的"山村"。其中不少景物是仿照全国各地名胜建造,例如,杭州西湖的平湖秋月、雷峰夕照,海宁的安澜园,苏州的狮子林等风景名胜,园内都有仿造。还有很多的景物是依照古人诗画的诗情画意建造的,如蓬莱瑶台、武陵春色等。人历其境,犹如游历祖国大江南北的名胜园林,引人入胜,美不胜收。

圆明园不但建筑宏伟,风景如画,还收藏了无数珍贵的历史文物,如书画、古代器皿、数不清的金银珠宝,因此也可说是世界上一座最大的博物馆。

可是,这座经营数百年,流尽了中国人血汗的圆明园,却遭到英法侵略军的彻底破坏。

法国侵略军第一个闯进圆明园,疯狂地进行抢劫。一名法军指挥官抢到的奇珍异宝和金刚石,价值接近200万元人民币。每个法国士兵也平均抢到了值六七万元的珍贵物品和金银财宝。当时,在法军的军营内,堆满了各式各样的钟表、五光十色的绸缎以及几十米高的珍贵文物,使一半以上的法军士兵无处睡觉而露宿野外。英国侵略军也不甘落后。英军司令干脆下令全军放假六天,官兵"各显神通"去抢去夺。有时为了争抢一箱金银或一盒珠玉宝石,官与官之间、官与兵之间或兵与兵之间互相拳打脚踢,甚至开枪火拼起来。他们抢的东西实在太多了,雇了几十辆大马车都装不下,只好忍痛把多余的金银丢弃。对于太大或太重而搬不动的贵重物品,这些丧心病狂的侵略者就把它砸碎。

这样大肆抢劫一番后,为了掩盖罪行,英国驻京公使下令将圆明园全部烧毁。10月18日和19日两天，近4000名英军一齐出动，闯入圆明园四处点火，一时间，浓烟滚滚，火光冲天，建筑物的倒塌之声传至十里以外，黑色的浓烟结成烟团，在空中向东南飘动，长达百余里，使整个北京城以及周围城镇连续几天都暗无天日。圆明园从此化为一片废墟。

而我们作为炎黄子孙，更应该记住圆明园这场大火，更应该记住这一段屈辱的历史！

天京保卫战

1862年5月，曾国荃率领的湘军，逼近天京城外雨花台。为了解除天京之围，太平军主力从东线调回天京，与曾国荃的湘军鏖战了46天，使湘军遭到很大的损伤，连曾国荃也被打伤。但太平军的消耗也很大，加上严冬已到，没有准备好寒衣，于是不得不在11月底主动撤退。

苏浙战场上，太平军从上海撤兵以后，中外反动派勾结起来，加强了对太平军的镇压。

1863年上半年，常熟、太仓、昆山等地相继被淮军攻陷。7月，李鸿章指挥淮军，向苏州大举进攻。太平军在慕王谭绍光的率领下英勇奋战，坚守苏州，屡次挫败来犯之敌。11月间，戈登督率常胜军夜袭苏州。谭绍光身先士卒，率领太平军狠狠打击敌人，打死打伤二百名敌军官兵。虽然中外敌人不断发动攻击，仍无法攻陷苏州。

敌人在军事围攻苏州的同时，展开了政治上的诱降活动。11月23日，慕王谭绍光忽然收到一封信，拆开一看，原来是戈登的劝降书。谭绍光严词拒绝，但是，郜永宽、汪安钧等八个可耻的太平军叛徒，却接受了敌人的诱降。12月4日，谭绍光召集军事会议，他在会上嘉奖英勇作战的太平军将士，谴责可耻的投降分子。这时，站在一旁的叛徒汪安钧，乘慕王不备，迅速抽出一把短剑，向谭绍光刺去。谭绍光正要反击，别的叛徒持刀蜂拥而上，把他杀害了。第二天，叛徒献城投降，苏州失陷。

接着，杭州、无锡、常州等军事要地都相继失陷，天京处在危急中。

1864年2月，天京的钟山要塞天保城失陷。东北方的太平门、神策门外，也布满了湘军壕堑。英勇的太平军坚守天京，毫不松懈，每次都把攻城的湘军打得狼狈退走。

由于天京长期被围,粮源断绝,李秀成从丹阳回到天京,建议洪秀全"让城别走",到湖北、江西等地重新组织力量,进行战斗。但遭到洪秀全的拒绝,未能实行。

随着时间的推移,天京形势一天比一天严重,城内粮食也越来越少。洪秀全只得号召大家用"甜露"(即野草)充饥,并带头煮食。天京军民尽管处境非常艰苦,仍然充满信心。

正在这时候,天王洪秀全不幸于1864年6月1日病逝。天王去世以后,局势更加危难了。7月3日,最后一处保卫天京的要塞地保城,被湘军攻陷。

7月18日,曾国荃窜到地道口,指挥士兵埋放火药三万斤炸城。神策门两次被炸塌,湘军从爆破口突入,都被太平军击退,太平军迅速堵好城墙缺口。由于围城的湘军多达五万人,而守城太平军不足一万人,能够战斗的只有三四千人。尽管太平军英勇顽强,屡次击败攻城的湘军,但由于内无粮草,外无救兵,伤亡不断增加,战斗力日益削弱。7月19日,湘军用炸药轰塌太平门城墙二十多丈,蜂拥入城。守太平门的太平军临危不惧,与湘军展开生死搏斗。最后,勇士们点燃柴草火药,在熊熊的烈火中自焚殉国。他们为农民战争史谱写下了雄伟壮丽、可歌可泣的诗篇。

天京陷落后,洪仁玕护持幼天王突围而出,经湖州,入江西,最后遭清军俘获,就义于南昌。洪仁玕就义时,威武不屈,视死如归,慨然吟诗:"天国祚虽斩,有日必复生。"表现出对农民革命必胜的信念。

天京的失陷,标志着我国近代史上第一次革命高潮开始低落,但是太平军余部,仍在大江南北坚持战斗。

长江南岸的太平军,以侍王李世贤、康王汪海洋、偕王谭体元为首,转战江西、福建、广东,出没于丛山峻岭之中,神出鬼没地打击敌人,一直坚持到1866年。

长江北岸的太平军,在遵王赖文光的率领下,与捻军会合。这一来,捻军的力量更强了,他们转战于江苏、安徽、湖北、河南、山东、山西、陕西、直隶等广大地区,不断打击清军。清政府曾派科尔沁亲王僧格林沁率军前往镇压。捻军充分发挥运动战的战术,把清军拖得疲惫不堪。1865年5月,他们在山东曹州杀死了僧格林沁。后来,捻军又分成东、西两支,继续坚持战斗,直到1868年才失败。

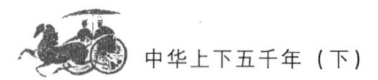

镇南关大败法军

  1885 年，68 岁的老将冯子材奉命率军防守广西镇南关，抵抗法国侵略军的进攻。为了有效地防备法军的袭击，冯子材把部队移到离关十里的关前隘口驻扎。这里高山峻岭，地势险要，易守难攻。冯子材每天巡视阵地，布置兵力。并督促在隘口抢筑起一道长达近四里的长墙。连接东西两边的山岭；在山岭上修建五座炮台，随时准备袭击敢于来犯的法军。

  不久，冯子材得悉法军将要偷袭的情报，便采取先发制人的策略，一面加强防守，一面发起主动进攻，急令副将苏元春率军前去阻击，又派出一部分亲兵去攻法军的据点扣波。3 月 13 日，从侧面来犯的法军，遭到苏元春部的迎头拦截，被打得落花流水。当法军四散败逃到驻地扣波时，又被早已埋伏在那里的冯子材亲兵打得晕头转向，死伤大半。其余法军狼狈逃进了文渊城。3 月 21 日深夜，冯子材亲自带领亲兵乘胜进攻文渊城，并一度杀进城中，毁坏法军多门大炮。

  接连的失败，使不可一世的法军气得暴跳如雷。3 月 23 日晨，法军司令尼格里亲自率领大军，从谅山大本营出发，分三路向镇南关反攻。侵略军在当时最新式武器——开花大炮的掩护下，来势汹汹。冯子材布置在东边山岭上的五座炮台，由于陈旧落后，火力弱，被法军大炮摧毁了三座。眼看侵略军就要冲破长墙防线，冯子材用白帕裹头，拿起一支长矛，大呼："如果就这样让敌军闯进镇南关，我们有何面目回去见两广父老！凡是临阵退缩者，不论何人，皆杀之！"全体将士在老将军视死如归的精神激励下，个个奋勇地冲出长墙，与法军展开了激烈的肉搏战，杀退了法军。

  第二天黎明，不甘心失败的法军又分三路发起进攻，每路三千人，分别配备数十门大炮，炮火比前一天更加猛烈。疯狂的法军在炮火的掩护下，一个个像恶狼一样越过防守的壕沟，冲到长墙下，有的甚至已经爬上了长墙。冯子材眼看形势十分危急，刻不容缓，便大吼一声，手执丈八长矛，又是第一个冲出长墙。他的两个儿子紧随其后，率领全部清军冲进敌群之中，经过一番惊天动地的搏杀，终于把法军击退。

  冯子材乘势下令发起反攻，在赶来参战的越南义勇军支援下，从各个山头、战壕、树林里冲出，排山倒海般向溃退的敌人掩杀过去。胆战心惊的法军司令尼格里急忙下令全线火速撤退，丢下一千多具尸体，夺路往谅山大本营逃命。

这就是著名的镇南关大捷,它使当时饱尝失败之苦的中国人民扬眉吐气,兴奋不已。尤其是老将冯子材,虽然年近 70 岁,仍那么英勇无畏,受到举国一致的称颂。

洋务运动

洋务,又称夷务,泛指包括通商、传教、外交等在内与西方资本主义有关的一切事务。洋务运动指清政府中一批具有买办性质的官僚军阀在 19 世纪 60~90 年代为挽救统治危机,自上而下推行的一场以引进西方的军事装备、机器生产和科学技术为主要内容,以富国强兵为目的的自救运动。

早在鸦片战争时期,在前敌作战的中国人就感到了西方强敌坚船的迅速,利炮的声势。身为抗英主帅的林则徐,对这种巨大的压力目睹身受,终身不能释怀。他对中西武器做了这样的对比:"彼之大炮,远及十里内外,若我炮不能及彼,彼炮先已及我,是器不良也。彼之放炮,若内地之放排枪,连声不断。我放一炮后,须辗转移时,再放一炮,是技不熟也。"战场上的优胜劣败才引导出魏源"师夷之长技以制夷"的著名命题,以及他的一整套兵械火器、养兵练兵之法的议论。作为一种时代思想,它又启迪了 20 年后的洋务运动。

洋务运动是时代的产物。经过两次鸦片战争,中国门户洞开,资本主义列强纷至沓来,老大帝国闭关锁国,孤立于世界之外的时代一去不复返了。在和世界接触的过程中,中国暴露了自己的愚昧和落后,挨打受辱,几乎无以自存。于是有识之士一致呼吁"自立""自强",这也是洋务运动之所以能迅速兴起的一个重要原因。曾国藩首倡"欲求自强之道,总以修政事、求贤才为急务,以学作炸炮、学造轮舟等具为下手工夫"。左宗棠也指出:"中国自强之策,除修明政事、精练兵勇外,必应仿造轮船,以夺彼族(指洋人)之所恃。"李鸿章说得更多,他清醒地认识到:"华夷混一局势已成,我辈岂能强分界画。"

洋务派的这些感触和认识,逐渐就形成了明确的主张和政策,从 19 世纪 60 年代至 90 年代展开了著名的洋务运动。洋务运动包罗的内容甚多,但大致而言,其核心或主导的内容可以归为二端,一是建立了一批近代军事工业和民用工业,二是创制了科技、文化、教育方面的诸种近代设施。

以前者而言,1861 年曾国藩在安庆建立军械所,1865 年李鸿章筹办成立江南制造局、金陵机器局,1866 年左宗棠设立福州船政局,1867 年崇厚设立天津机器局,这是四家新式军工企业。此外,各省先后办过20个机器局,这些机器局其实都是兵工厂。"求富"与"自强"相伴随,各地又涌现出数十家民用企业。这些企业所引进的大规模机器生产,实则是一种前所未有的新生产力。与此同时,聚集在这些企业中的成百成千的雇佣工人体现了近代新的社会力量。

以后者而言,19世纪60至90年代,西学东渐的步伐加快了,西方文化的影响扩大了,引进了不少西方的物质文明和科学技术,翻译了大量西书。仅以上海江南制造局翻译馆而言,从1868年成立到1880年的12年间,就翻译刊印了西书98种,235本;译成未刊西书45种,142本;销售31111部,共计83454本(《江南制造局翻译西书事略》)。到1907年,累计该馆译书销售总数约在8万部以上。晚清所译西书,内容包括声光化电、天文历算、船炮汽机、矿务技艺、兵制兵学、医农工商、政法律例、史志地理、外事交涉、学校教育等各个方面。从1862年到1893年,清政府还先后兴办了23所洋务学堂(如京师同文馆、江南制造局机器学堂、福州船政学堂、北洋水师学堂、天津医学堂等),培养了一批外语外事、科学技术和军事指挥方面的人才。

洋务运动在客观上刺激了中国资本主义发展、一定程度上抵制了外国资本主义的经济输入,但没有使中国走上富强之路。在中日甲午战争中,北洋海军全军覆没,标志着历时30余年的洋务运动失败,但对近代军事、近代经济、近代政治、近代文化产生巨大的影响。

中日甲午战争

1868年,日本新成立的明治政府开始推行资产阶级改革运动,史称"明治维新"。经过"明治维新",日本的资本主义得到比较迅速的发展,逐渐走上了军国主义道路。

明治政府一建立就制定了旨在征服中国和世界的所谓"大陆政策":侵占中国台湾,再征服朝鲜,进一步侵占中国东北和蒙古,继而征服全中国,最后独占亚洲,称霸世界。

1894年年初,朝鲜"东学党"领袖崔时亨,以"逐灭夷倭""尽灭权贵"为口号,在全罗道的古阜县发动农民大起义。很快,农民起义的烈火遍及整个朝鲜半岛。朝鲜政府被农民起义吓破了胆,国王亲自写信请求清政府派兵帮助镇压。狡诈的日本政府抓住这个机会,想趁机挑起侵略战争。它一方面玩弄外交手段，竭力劝诱清政府出兵，阴谋把清政府拖进预先设好的战争陷阱。另一方面又在国内秘密下达动员令，准备大规模出兵朝鲜。1894年6月4日，清政府应朝鲜国王请求，派遣直隶提督叶志超、太原总兵聂士成率领1500人去朝鲜。于6月9日至11日在朝鲜牙山港登陆。

日本得到清政府出兵的消息，立即按预定计划成立了战时大本营，并以护送驻朝公使大鸟圭介返任和保护侨民为借口，派出大批军队在朝鲜仁川登陆，占据了从仁川到朝鲜京都汉城一带的战略要地。到6月底，进入朝鲜的日本侵略军已达1万余人，兵力远远超过清政府所派遣的军队。

这时，东学党起义已被朝鲜政府镇压下去。清政府得到日本大规模出兵的消息，十分惊慌，提议中日两国同时撤兵。这项提议遭到日本政府的断然拒绝，日本政府无理地提出由中日两国共同"改革"朝鲜内政的要求，蓄意扩大事态。

战争到了一触即发的地步，国内舆论和在朝鲜的部分清军爱国将领、士兵都强烈要求清政府增援备战，以阻止日本的武装侵略。以光绪皇帝的师傅翁同龢为首的一部分官僚，主张对日作战，把日本的势力驱逐出朝鲜。但是，把持清政府大权的慈禧太后和李鸿章，既怕日本帝国主义的武力，又怕对日作战会消耗自己的实力，因此一直主张妥协退让，避战求和。

1894年7月中旬，汉城一带日军已增至近3万人，形势越来越紧张。

李鸿章在形势的逼迫和主战派舆论的压力下，被迫做了一些作战准备。他派左宝贵、卫汝贵、马玉昆、丰升阿等四军29个营，1.4万余人，从辽东渡过鸭绿江开赴朝鲜平壤。并用重金租用英国的"爱仁"号、"飞鲸"号、"高升"号三艘商轮，载运2000多名士兵，在中国军舰"济远"号、"广乙"号、"操江"号的护卫下，增援驻守在牙山的叶志超的军队。7月底，清援军途经丰岛海面时，突遭日舰袭击，清军官兵死伤惨重，日本不宣而战，正式挑起侵华战争。

1894年8月1日，中日两国同时正式宣战。9月，日军对平壤基本上形成了包围的态势。左宝贵指挥清军英勇抵抗，死守城北玄武门一带，并亲自登城开炮轰击日军，不幸中炮牺牲，玄武门失守，主将叶志超投降逃跑。9月17日，中日在黄海海面上进行了激烈的海战。提督丁汝昌正在旗舰"定远"号上召集各舰管带布置返航任务，这时，突然接到报告：发现西南方向驶来一支舰队。丁汝昌马上走上舰桥，举起望远镜眺望，果然发现远处海面上黑烟滚滚，不少军舰朝着北洋舰队直驶而来。舰上的空气顿时紧张起来，人们纷纷猜测这是哪国的舰队。待到这支舰队驶近，大家看清楚12艘舰艇的桅杆上都挂着美国国旗，这才松了一口气。丁汝昌一面命令各舰管带回舰做准备，一面叫信号兵用旗语向来舰联络。不一会儿，信号兵报告说："对方不回答。"

丁汝昌不禁疑虑起来，自己亲自走上舰桥察看。当两支舰队接近时，对方忽然降下了美国国旗，升起了日本军旗，并朝北洋舰队猛烈开炮。原来这是前来袭击北洋海军的日本舰队。他们利用卑鄙的手段，麻痹了清军官兵，妄图以迅雷不及掩耳之势，一举摧垮北洋舰队的力量。

在这紧急关头，丁汝昌当即下令用吨位最大、装甲最厚、炮火最强的"定远"和"镇远"号铁甲舰居中，全队列双翼阵迎敌。战斗打响后，狡猾的日本侵略者见北洋舰队中间太硬，打不好会吃亏，便仗着自己舰只航速快，立即横越"定远""镇远"两艘铁甲舰，猛攻中国舰队的右翼。右翼的"超勇""扬威"两舰相继中弹起火，"超勇"号受伤过重沉没了。"致远""经远""济远"号在日军的炮火袭击下，被迫和本队分开，陷入孤军作战的局面，分散了力量。海战中，丁汝昌受伤后仍坐于甲板上鼓舞士气，由"定远"号管带刘步蟾代其指挥督战。"致远"号管带邓世昌在鏖战多时、船舰受创的情况下，下令舰船猛撞日舰，不幸中鱼雷，全舰官兵壮烈殉国。"经远"号亦在其管带林永升指挥下坚持战斗到最后一刻。黄海海战北洋舰队虽然损失了5艘军舰和近千名士兵，但也重创了日舰。

这次黄海战役，中日参战的舰艇数目相当，力量对比互有长短。虽然中国舰队损失较大，但给了日军以沉重打击，可以说是胜负未分。可是，李鸿章为了保持实力，故意夸大损失，强调中国舰艇不如日本，企图推卸责任和压制广大爱国官兵的抗日要求，他采取"保船避战"的方针，可耻地命令北洋舰队全部躲藏在威海卫军港内，不准出海作战。从此，清政府就把黄海制海权拱手交给了日本侵略者，而给自己造成了坐以待毙的被动局面。

10月，日军偷渡鸭绿江成功，九连城、安东等相继失守，日军进逼辽阳。与此同时，日军另一支军队由辽东半岛的花同口登陆，南犯金州。徐邦道率部分清军与日军在金州激战，因寡不敌众、后援不济而退守旅顺，另一清军将领赵怀业不战而逃，弃守大连。11月17日，日军进攻旅顺，旅顺失守后，日军将进攻重点转向北洋舰队的基地威海卫。

1895年2月11日，日本水陆两路进攻刘公岛，刘公岛守军伤亡惨重，弹药快打完了，火力在不断减弱。丁汝昌看到再也无法挽回败局了，只得召开紧急会议，沉痛地下了最后的命令："各舰管带同时炸沉舰船，以免被敌人夺去。"但那些卖国将领怕空手投降会引起日本侵略者的不满，拒不执行沉船的命令，并派人持刀威胁丁汝昌。丁汝昌看到这些贪生怕死的将领已无报国尽忠之心，只想投敌保命，非常绝望，回到家中自杀殉国了。丁汝昌死后，英国顾问浩威盗用丁汝昌的名义，起草了投降书，向日本侵略者交出残余舰艇11艘，献上刘公岛炮台和军用物资。李鸿章耗费了大量的人力、财力、物力创建起来的北洋海军至此全军覆灭了。4月17日，李鸿章屈服于日本的压力，与伊藤博文签订了《马关条约》，甲午战争结束。

《马关条约》是继《南京条约》以来最屈辱的不平等条约。日本割占了中国大片领土，进一步破坏了中国的领土完整，助长了列强侵略中国的野心，引发了列强瓜分中国的狂潮，给中华民族带来了空前严重的危机。

邓世昌奋战日舰壮国威

在中日甲午海战中，清军北洋舰队的广大将士同日本侵略者作了殊死的可歌可泣的战斗，其中邓世昌尤为突出。

邓世昌（1849~1894年）字正卿，广东番禺（今广东广州）人。"少有干略，尝从西人习学算术"，他"留意经世之学"，"性沉毅，有大志"。同治六年（公元1867年），沈葆桢总理福州船政局，创办福州船政学堂，培养海军人才。邓世昌入学堂学习，他"精测量、驾驶"。学习成绩优异。光绪元年（公元1875年），为"海东云"号舰管带。李鸿章掌海军，调其至北洋海军。

光绪二十年八月十八日（9月17日）夜，中日海军在黄海爆发了激烈的海战，北洋海军提督丁汝昌乘旗舰"定远"号居中，"列诸船左右张两翼"，形成犄角鱼贯之阵，日舰则采取鱼贯纵阵。邓世昌指挥的"致远"舰为北洋海军第二队首舰，冲锋直进，异常英勇。双方交火之后，炮声轰鸣，海面上烟雾弥漫，波浪汹涌。"定远"号打出第一炮，震断了年久失修的舰桥，丁汝昌摔伤；不久，"定远"号上的帅旗被日军炮火击落。信号索具被摧毁，无法对舰队进行指挥。这时，北洋海军腹背受到日舰的攻击，形势危急。"世昌见帅旗没，虑军心摇，亟取致远纛竖之。"他慷慨激励将士："吾辈从军卫国，早置生死于度外，今日之事，有死而已！"他下令炮手开放舰首、尾的12时大炮、机器格林炮，先后百余发，多次击中日舰。邓世昌指挥"致远"舰，配合诸舰，重创日本后续舰只"比睿""赤城""西京丸"，使之"不能继行，终成孤军"。

海战至午后二时，日本联合舰队的精锐"吉野""高千穗""秋津洲""浪速"四艘快速巡洋舰，驶至北洋海军旗舰"定远"号前方，企图击沉指挥舰。邓世昌见此情况，立即下令"致远"号开足机轮，驶至"定远"号之前，迎击敌舰，以保护旗舰。"致远"号冲到前面，被敌舰包围，但是，在邓世昌的指挥下，全舰将士毫无畏惧，沉着应战。日本认为邓世昌在战斗中"勇敢果决，胆识非凡"。至午后三时，"致远"号在邓世昌的指挥下，纵横海上，冲锋陷阵。四艘敌舰，用榴霰弹攻击"致远"号。"致远"号右下舷吃水线下受伤，船体倾斜，甲板上烈火熊熊、浓烟滚滚，"致远"号虽负重伤，却依然挣扎奋进！

邓世昌深知，身负重伤的"致远"号不免沉没。而这时，弹药将用尽，敌舰仍然异常猖獗。他对将士们道："今日有死而已！然虽死而海军声威弗替，是即所以报国也！""吉野"号是日舰中坚，速度与"致远"号相当，仍在海上横行无忌，攻击北洋舰只。邓世昌当即决定全力冲向"吉野"号，与之同归于尽。他便对大副陈金揆说："倭舰专恃吉野，苟沉是船，则我军可以集事。"于是"鼓轮怒驶，且沿途鸣炮，不绝于耳，直冲日队而来"。

"致远"号的将士与邓世昌同仇敌忾，决心在最后时刻撞沉敌舰，以死报国。只见二百余名"致远"号舰将士集合在甲板上，面对祖国跪着，向祖国和亲人诀别。他们毫无惧色，视死如归。"吉野"号的日军见猛冲而来的"致远"号，吓得惊慌失措，为了逃命，纷纷跳水。"致远"号离"吉野"号越来越近，突然，"致远"号触上了敌舰攻击"定远"号舰的鱼雷，锅炉爆炸，船遂左倾，顷刻沉没。

邓世昌同陈金揆、二副周居阶等同时落水。邓世昌的随从刘相忠立即将救生圈扔给他，邓世昌坚决不受。这时，中国的鱼雷艇驶来相救，艇上士兵高呼，"邓大人，快上来"。邓世昌拒绝上船，他"以阖船俱没，义不独生，仍复奋掷自沉"。邓世昌平时所养的爱犬"太阳犬"，它"游涌波间，衔公臂，不令溺。公斥之，复衔公发"。"太阳犬"不让邓世昌下沉，但是邓世昌已决心与"致远"号舰及舰上将士共存亡，毅然用手将"太阳犬"之头按于水中，自己也随之沉入汹涌的海波之中。抗日爱国民族英雄邓世昌就这样以身殉国了。是时四十五岁。"致远"号舰二百余名官兵，除二十七人遇救外，其余全部壮烈牺牲。

邓世昌牺牲后，清朝廷以其在黄海大战中"首先冲阵，攻毁敌船，被沉后遇救出水，义不独生，奋掷自沉，忠勇性成，死事尤烈"，被"照提督例从优议恤"。并追赠他为太子太保、加谥"壮节"。

邓世昌奋战日舰，为保卫祖国，献出了自己的生命。他爱国主义的英雄事迹，长期以来始终受到人民的怀念和敬重。山东人民在成山角之巅为他修建了祠堂，以示敬佩之情。

戊戌变法

1895年4月，来自全国各地的举人正在北京参加会试，当他们听说清政府要与日本签订《马关条约》，一个个义愤填膺。康有为和梁启超也同其他举人一样，参加这次会试。当天晚上，康有为、梁启超等起草了一份反对议和、请求变法的万言书，并邀请这一千多名举人在上面签名。5月2日，一千多名举人将万言书递送至都察院，这就是中国近代史上著名的"公车上书"。这次上书，没有引起清政府的重视，却在全国引了轰动。自此，戊戌变法拉开了序幕。

"公车上书"尽管没有达到预期目的，但康有为、梁启超在变法维新的道路上取得了进展。他们先创办《万国公报》，借助这份报纸介绍资本主义的政治、经济、军事、教育等情况，为宣传维新变法提供了阵地。随后，他们联合朝中的改革派，在北京组织强学会，进行定期集会演讲。不仅如此，他们把《万国公报》改为《中外纪闻》，作为强学会的机关报进行发行。就这样，维新派的政治团体渐渐形成。

有了自己的阵地和团体，远远还不够，必须让清政府的高层也支持变法，才能起到真正的作用与效果。"公车上书"以后，康有为先后给光绪帝上了三次书。他陈述国家的危亡，痛斥殖民主义的丑恶嘴脸，要想让大清王朝不受外强的欺辱，必须进行改革，皇帝必须支持变法。康有为的上书，感动了光绪帝，他召见了康有为，向康有为表示不做"亡国之君"，让康有为筹划变法。

1898年6月22日，光绪帝颁布诏令，宣布变法。这一年是旧历"戊戌年"，所以这次变法又称为"戊戌变法"。这次变法涉及政治、军事、经济、文化、教育等多个领域。

7月，梁启超奉召主持译书局，专门负责翻译国外的书籍。9月，谭嗣同、杨锐、刘光第、林旭被光绪帝提拔为军机处章京。在这批新生政治力量的主导下，短短数个月的时间里，先后颁布了110多道变法新规与措施。

戊戌变法的主要内容是：裁撤政府的多余人员；废除旗人的特权；设立农工商局，奖励农工商业；改革财政制度，开办国家银行；修建铁路，开采矿产，兴办邮政；裁汰绿营兵将；废除八股；开办京师大学堂；奖励发明创造和著作；提倡广开言路；准许自由办报刊和上书建议等。这些改革措施，尽管没有一件触及清朝中央政府，但它给腐朽、懦弱的清政府从方方面面注入了新鲜血液。

正当维新运动进行得如火如荼之时，新政和措施触动了以慈禧太后为首的封建保守派的利益。面对维新运动，维新派与保守派的矛盾越来越尖锐。中央与地方的腐败官吏，暗地里联合起来，抵制新法。

为了提防维新派掌握实权，也为了提防光绪帝通过变法把各省的实力派人物拉拢过去，慈禧太后硬是逼着光绪帝下了三道命令，分别是：罢免维新派导师、军机大臣兼总理各国事务大臣翁同龢；今后，凡是新任命的二品以上的官员，必须向太后谢恩；委任慈禧的心腹荣禄为直隶总督，掌握天津一带的兵权。慈禧通过这三道命令，牢牢掌握了人事大权和兵权。

慈禧逼宫，引起光绪帝的不满，9月1日，光绪找借口，把礼部尚书怀塔布等六名官员撤职。身居颐和园的慈禧得知消息后，大为恼火，马上叫来荣禄，密谋政变。很快，荣禄秘密调遣聂士成的军队进驻天津，又命令董福祥的军队驻扎在北京西南的长辛店，为政变做好准备。

9月14日，光绪帝到颐和园向慈禧太后请安，发现慈禧的态度有所变化，马上意识到情况不妙。光绪帝回来后，立刻召见杨锐，命令他与康有为等人想办法挽救大局。众人经过商讨之后，决定拉拢袁世凯，诛杀荣禄，保卫光绪帝。

袁世凯在荣禄手下任职，此人城府很深，是新建陆军的首领。9月18日，谭嗣同代表维新派，去做袁世凯的工作。当谭嗣同见到袁世凯后，没有直接说明来意，而是以试探的口吻，问他如何看待光绪帝。袁世凯老谋深算，知道谭嗣同此行的目的，便回答道："当今皇上，是难得一见的贤明君主。"

对于这个回答，谭嗣同很满意，又问："维新运动关乎国家前途命运，而顽固的保守派，不希望变法成功，他们将矛头指向当今皇上。皇上处于危难之中，放眼全国，能保卫皇上的，只有将军您了，您可否愿意出手相救？"

袁世凯听完后，严肃地说："保卫皇上，是微臣的职责。只要皇上用得上我，我赴汤蹈火、万死不辞。"对于袁世凯的"忠心"，谭嗣同没有丝毫的怀疑，他就把计划全部告诉了袁世凯，并让袁世凯杀死荣禄。袁世凯口是心非，当场拍着胸脯答应了。谭嗣同哪里知道，他前脚刚走，袁世凯随后就向荣禄告密了。荣禄听说后，脸色大变，马上去颐和园，把这一情况告诉慈禧。

9月21日清晨，慈禧突然闯入紫禁城，对光绪帝进行一番痛斥后，将他软禁在四面环水的瀛台之中。随后，慈禧独揽朝政，命令关闭北京的九个城门，停止所有维新的法令和措施，在全城大肆搜捕维新派成员和支持维新的官员。维新变法彻底失败。这次变法仅持续了103天，又称"百日维新"。

戊戌变法失败后，谭嗣同、林旭、刘光第、杨锐、康广仁、杨深秀英勇就义。后来人们称他们为"戊戌六君子"。

八国联军侵略中国

随着帝国主义对中国的侵略不断加深，人民群众的反帝斗争也日益高涨。山东爆发了轰轰烈烈的义和团反帝爱国运动，沉重打击了在华的各国侵略势力，帝国主义于是要求清政府力加镇压，并以此为借口出兵干涉，借机瓜分中国。

1900年4月6日，英、美、德、法联合照会清政府，限令两个月内将义和团剿除，否则各国将出兵讨伐。此后，外国军舰陆续向大沽口集结。5月底6月初，各国侵略军约400人以保护使馆为名，由天津进驻北京，并进入西什库大教堂。之后，又有约2000名联军在英国的西摩尔率领下向北京进犯，途中遭到倪赞清带领的义和团的阻击。在廊坊，义和团与侵略军展开血战，粉碎了西摩尔向北京的进犯。廊坊一战的同时，聚集在大沽口的联军在俄国基利杰勃兰特率领下决定攻夺大沽炮台。6月17日凌晨，侵略军发起进攻，守军坚决抵抗。八国联军侵华战争正式爆发。

大沽炮台的失守使驻扎在北京的帝国主义侵略势力气焰更加嚣张，他们不断侵扰当地居民，袭击义和团众，这激起义和团更大规模的反抗。慈禧既怕义和团迅猛发展危及统治，又怕得罪帝国主义。不久，她得到来自总理衙门的谎报，即英人勒令皇太后归政于光绪帝。

这个消息使慈禧大为光火，于是决定利用义和团与侵略者开战。但是长江流域和东南各省督抚拒绝执行，李鸿章、张之洞等扣压宣战谕旨，与帝国主义互相勾结，订立章约，实行所谓"东南互保"。

5月21日大沽炮台失守以后，义和团即在老龙头火车站和紫竹林租界地展开了天津保卫战。紫竹林租界是各国领事馆所在地,是侵略军的大本营,因此自然也是义和团进攻的重点。张德成率义和团从租界西侧进攻,驱火牛破掉敌人的地雷阵,乘势进攻。清军在聂士成带领下从租界西南方发起进攻,在八里台战斗时,聂士成双腿中弹,但仍策马向前,又身中数弹,坚持指挥军队前进直至牺牲。慈禧本意只是向列强示威,眼见归政传言并未证实,便又向侵略军示好妥协,并下令攻杀义和团。义和团损失惨重,天津也随之失守。7月30日,八国联军成立都统衙门,对天津实行殖民统治。

天津保卫战的同时,北京义和团也在西什库教堂和东交民巷与侵略军展开了激战。由于清政府对外国殖民者采取明攻暗保的政策,使义和团很久都没攻下,反而伤亡惨重。8月4日,八国联军2万多人,从天津向北京进犯。一部分爱国兵将和义和团民众沿途阻击,均未成功。13日联军直抵北京城下,15日慈禧携光绪仓皇逃到西安。八国联军进入北京后,每到一处都大肆烧杀抢掠,京津许多地方都夷为瓦砾。联军还犯下了骇人听闻的累累罪行,不仅杀人如麻,肆意抢劫,奸淫妇女,还到处烧房毁灭罪证。很多王府被洗劫,颐和园的珍宝也被抢走,翰林院藏的孤本《永乐大典》损失殆尽。

1900年12月底,列强共同提出《议和大纲》十二条,迫使清政府无条件接受。1901年9月,清政府的全权代表李鸿章等与列强正式签订了条约,这就是《辛丑条约》。从此,中国完全陷入半殖民地半封建社会的深渊。

冯如创造世界纪录

1883年,冯如出生在距离广州200多公里外的恩平县(今广东恩平市)杏圃村,他的父亲冯业伦是一个朴实的庄稼汉。冯如年少时被父亲送到乡村小学去读书,因为他聪明伶俐,成绩出众,老师们都很喜欢他。在学校备受老师同学喜爱的冯如,课余还制作小手工,这让大家都觉得,将来冯如肯定能成为一个有出息的人。可惜,没过多久,一场厄运降临到这个普通的农家,冯如的四个哥哥因为疾病相继病逝,家里一贫如洗,冯如无奈之下,只好辍学回家帮着父亲务农。

在冯如12岁的时候,他的小舅舅从旧金山回来,舅舅见冯如一家生活困苦,便想把冯如带到美国去谋生。冯如是家里唯一的孩子,他的父母很不舍,但是小小年纪的冯如,听说美国科学进步,为了满足自己的求知欲,学到更多

第十章 近 代

知识,他恳求父母允许自己去美国。孩子的请求最终没法被父母拒绝,就这样,12 岁的冯如和舅舅一道踏上了通往美国的航程。旧金山人口众多,工业发达,冯如看着城市里高耸的烟囱,下决心学习工业技术,将来报效祖国。六年以后,冯如离开旧金山,来到纽约学习机器制造专业,他珍惜每一个学习机会,当时生活窘迫,为了购买书籍,冯如不仅从不多的食宿费里省钱,还利用课余时间去打工。生活的压力没有让冯如退却,他刻苦学习,成绩一直名列前茅,后来还获得减免学费的奖励。五年学习结束,冯如具备了广博的机械制造知识,通晓 36 种机器,并成为当地小有名气的机器制造家。

1904 年,日俄战争爆发,1905 年,日俄两国订立《朴次茅斯和约》,《和约》规定沙皇俄国将辽东半岛南端的旅顺口、大连及附近海域转让给日本,腐败的清政府对此置之不理,远在异国他乡的冯如,为祖国的遭遇痛心不已。为了报效祖国,他决心用自己的一技之长,制造出千百万架飞机,使中国的国防强大起来。认识他的人中,对制造飞机表示质疑,但是冯如很坚定,他要用毕生的精力为祖国研制飞机。为了筹集研制经费,冯如变卖了自己所有的金银玉器,还去找当地华侨募集,经过不懈的努力,冯如筹集到了 1000 多美金。1907 年,他和助手们租了一间厂房,开始了研制工作。半年时间过去了,冯如终于研制出了自己的第一架飞机,虽然不知结果如何,但他还是兴奋得流下了眼泪。

1908 年的春天,冯如在奥克兰市的麦园进行试飞,随着轰轰的马达声响起,飞机离开了地面,但升至数丈高时,却突然坠落到地上,人们惊呼着冯如的名字跑向飞机,幸好冯如并没有在这次失败的试飞中受伤。他从容地走向自己的助手,决定再一次从头开始。这一次的失败没有打垮冯如,然而不幸接踵而至,他们研制飞机的厂房被一场大火化为灰烬,几个月辛苦绘制的图纸资料都被烧得干干净净。就在冯如坚强面对灾难的同时,他接到了父母的家书,父母希望冯如能回家团聚,但是冯如发誓,飞机造不成,他绝不回国。

再次一点一点募集资金,重新购置工具器材,冯如耗费了大量心血。不久,一架全新的飞机诞生,冯如驾机试飞获得成功。从飞机设计到试航成功,仅仅用了一年零两个月的时间,冯如的成就,让人们赞叹不已。1910 年,冯如再接再厉,又设计制造了一架性能更好的飞机。他驾驶自己的飞机参加旧金山举办的国际飞行比赛,荣获优等奖。到这个时候,中国人冯如已经成为举世公认的飞机设计师、制造家和飞行家,美国一家报纸以《中国人的航空技术超过西方》为题，报道了冯如的成功。当时正在美国进行革命活动的孙中山，在观看了冯如的试飞表演后，极为高兴，欣慰地说："我们中国大有人才啊！"

在孙中山和广大华侨的鼓励支持下，冯如更加发奋努力，很快又制造出一架性能更优良的飞机，并创造了飞行20英里、速度每小时65英里、飞行高度700多英尺的新的世界纪录。1909年8月，冯如带着自己的飞机参加了国际飞行比赛，轻松地获得了优等奖。

一时间，冯如的名声更响了，欧美各国的大资本家争相派人去请冯如传授技术，有的甚至要用高额工资长期聘用冯如。冯如对此却不屑一顾，他说："我制造飞机，不是为个人的名利，而是为了祖国的强大。"

1911年3月22日，冯如带着两架飞机和制造飞机的机器回到祖国，在广州市郊选了一个地方，开办"广东飞行公司"。辛亥革命后被孙中山任命为广东革命军陆军飞行队长。为了普及航空技术，唤起更多人的重视和参与，冯如决定于1912年8月25日在广州燕塘举行一次飞行表演。

8月25日这一天，晴空万里，人山人海，只见冯如熟练地驾机起飞，旋转自如，凌空而上，高约120尺。观看的人们欢呼雀跃，掌声不断。正在这时，由于操纵过猛，飞机突然下坠，冯如的头、胸等多处不幸受了重伤，马上被送往附近的陆军医院抢救。谁知这天正是星期天，陆军医生全都去演练战地救护了，抢救因此被耽误。等到医生急急忙忙赶回来时，已经迟了。临终之际，冯如用微弱的声音对身边的助手们说："我死后，你们万万不能因此失去进取心啊！……"这一年，冯如只有29岁。

如今，如你去广州黄花岗七十二烈士墓参观的话，便可看到在墓的左侧，就是冯如忠魂长眠的地方。

詹天佑攻克难关

1909年10月2日，由中国工程师詹天佑设计并铺设的京张铁路正式通车，攻克了外国工程师不愿承担的难关，为中国人争了气。

詹天佑是广东南海人，是康有为的老乡。他从小对四书五经不感兴趣，却爱搜集机器零件，对最新奇的发明特别感兴趣。12岁便考上远洋留学预备班，后来赴美国深造，以优秀成绩毕业于美国纽海文中学，进入耶鲁大学学习铁路工程技术。清政府打算让詹天佑等成绩优秀的学生进美国的军校读书，却遭到美国政府的拒绝，詹天佑只得辍学回国。

回国后，詹天佑无法把学到的知识贡献给祖国，清政府只要他当翻译，学轮船驾驶，甚至叫他到军舰上当兵。中法马尾海战时，他就在福建水师舰队里参加过战斗。

直到光绪十四年（公元1888年），詹天佑才得以学以致用，来到唐山参加铁路建设。唐津铁路建成以后，京张铁路开始筹建。这条铁路虽然只有200公里，但要穿越崇山峻岭，隧道多，坡度大，一些外国公司都不敢承接这项工程。詹天佑却毅然挑起这副重担，担任了总办兼总工程师。

无数嘲讽立即降临到詹天佑头上。英、俄的工程师认为，不借助外国力量，京张铁路一定造不成，因为"中国的工程师还没出世，至少要等五十年"。国内也有人说詹天佑"不自量力，胆大妄为"。

种种刺耳的话不仅没有撼动詹天佑的决心，反而使詹天佑憋足了一口气，发誓要用事实回击种种舆论。他带着工程人员到实地考察勘探，奔波在崇山峻岭之中，他亲自测量定点，勘定线路，有时在危险地段作业，完全不顾个人安危。经过测量，詹天佑找到了修筑铁路的最佳线路，比临阵退缩的英国工程师确定的线路减少了2000多米的隧道。

光绪三十一年（公元1905年）九月，京张铁路正式动工，詹天佑把办公室搬到了工地，和工人们同甘共苦。他因地制宜，采用两端同时向中间掘进或者在中间打竖井向两端挖隧洞的办法，很快完成了京张铁路最困难的4个隧道的挖掘任务，它们质量优良，达到设计要求。

京张铁路最困难的铺设路段，是在八达岭一带，那里山高坡陡，坡度超过铁路修建允许的范围。若照通常的办法修筑，列车容易发生翻车的危险。詹天佑创造性地运用了折返线的办法，沿着山腰，设计出人字形的线路，降低了铁路的坡度，列车就可以安全地通过这段最陡的坡道了。

在整整四年的铁路建设过程中，詹天佑身临第一线。开掘隧道时，他亲自掌握炮眼的大小、深浅、方位；没有抽水机，就亲自下井挑水。他还设计了列车的挂钩，这种挂钩能让列车车厢自动挂上，这也是他的一项新发明。

宣统元年（公元1909年）10月2日，京张铁路在北京南口车站举行通车仪式，一万多名中外各界人士到会祝贺。一位外国工程师在会上说："我们过去自认是世界第一流的工程师，觉得中国没有建筑铁路的人才，绝对无法修筑京张铁路。现在，艰巨的工程不但已经完工，而且质量也是第一流的。我们不

得不表示钦佩。"

京张铁路的建成,和冯如制造飞机一样,大大增强了中国人民的自信心。科学技术在清朝末年虽然发展比较缓慢,但是也出现了像冯如和詹天佑这样优秀的科学家、工程师,他们的成就,在中国科技史上写下了光辉的一笔。